大直径盾构隧道技术工程示范

主　编　吴世明

副主编　李宗梁　刘冠水

人民交通出版社

内 容 提 要

本书以杭州庆春路钱塘江过江隧道为背景，主要介绍了盾构隧道技术方案、初步设计、初步设计变更、施工图设计及优化，施工组织实施、特别是关键技术实施、安全措施、质量保证等各个阶段的重要节点，既有方案论证，也有初步设计和设计变更、施工图设计和设计优化，又有事故隐患和故障的处理；既有工程技术，也有工程管理；既有成熟的工程技术，也有技术研究和创新。

本书可作为盾构隧道工程设计、施工、监理等人员的工作指导书和培训教材，也可作为高等学校隧道工程及相关专业师生的参考书。

图书在版编目(CIP)数据

大直径盾构隧道技术工程示范 / 吴世明主编. —北京：人民交通出版社，2013.4

ISBN 978-7-114-10462-6

Ⅰ. ①大…　Ⅱ. ①吴…　Ⅲ. ①隧道施工－盾构法
Ⅳ. ①U455.43

中国版本图书馆 CIP 数据核字(2013)第 051438 号

书　　名：大直径盾构隧道技术工程示范
著 作 者：吴世明　李宗梁　刘冠水
责任编辑：曲　乐　李　喆
出版发行：人民交通出版社
地　　址：(100011) 北京市朝阳区安定门外外馆斜街 3 号
网　　址：http://www.ccpress.com.cn
销售电话：(010) 59757973
总 经 销：各地新华书店
印　　刷：北京市密东印刷有限公司
开　　本：787×1092　1/16
印　　张：25.75
字　　数：602 千
插　　页：1
版　　次：2013 年 4 月　第 1 版
印　　次：2013 年 4 月　第 1 次印刷
书　　号：ISBN 978-7-114-10462-6
定　　价：65.00 元

作者简介

吴世明，男，1945年生，教授，美国密歇根大学博士。1999年曾获国家级有突出贡献的中青年专家称号；曾获国家科技进步二等奖和国家科技进步三等奖各一项，省、部级科技进步一、二等奖多项；曾出版专著多部，其中《大型地基基础工程技术》获中国图书奖；现任浙大网新集团总工程师，杭州庆春路过江隧道有限公司总工程师，杭州市钱江特聘专家。

《大直径盾构隧道技术工程示范》

编　委　会

主　编: 吴世明

副主编: 李宗梁　　刘冠水

编　委: (以姓氏笔画排序)

王承山　　王　博　　刘冠水　　吴世明　　李宗梁

何书壮　　何天铭　　杜　英　　张　迪　　张　彪

赵　博　　赵新合　　桑俊阳　　焦齐柱　　谢文斌

前言

PREFACE

城市化是我国当前经济和社会发展最具特色的表现形式，解决跨越城市大江大河两岸市内交通的方式主要有桥梁和隧道，在城市核心区或中央商务区(CBD)可能更多是隧道。隧道在保持自然生态和城市自然景观等方面更有优势，虽然建造隧道的造价高于桥梁，但综合各方面因素，特别是在节省用地和可持续发展方面，建造隧道比桥梁更为合理。

浙大网新集团有限公司于2006年获得杭州庆春路过江(钱塘江)隧道投资、建设、营运(即BOT)权之日便开始酝酿出版一部系统介绍大直径盾构隧道工程技术的专著，这一设想从一开始就得到了人民交通出版社的支持。为此，杭州庆春路过江隧道有限公司工程部和中国中铁隧道集团有限公司杭州庆春路过江隧道项目部、中铁第四勘察设计院集团有限公司杭州庆春路过江隧道工程项目组联合组成编写组，不仅把杭州庆春路过江隧道工程做成精品工程，同时也把它做成示范工程。为便于理解，本书基本以隧道建造过程为顺序，关键技术描述在相关章节中展开，并真实地记录了方案的选用，创新技术的研究以及工程问题的解决和工程经验的总结。在真实记录杭州庆春路过江隧道设计施工建设的全过程中力求具有示范意义，也就是在杭州庆春路过江隧道这个个性化工程的描述中体现出大直径盾构隧道工程的共性。

本书工程技术的描述包括技术方案、初步设计、初步设计变更、施工图设计及优化、施工组织设计，特别是关键技术实施、安全措施、质量保证等各个阶段的重要节点，既有方案论证，也有初步设计和设计变更、施工图设计和设计优化，又有事故隐患和故障的处理；既有工程技术，也有工程管理；既有成熟的工程技术，也有技术研究和创新。本书是杭州庆春路过江隧道工程设计、施工、监理、建设管理人员辛勤劳动和智慧的结晶，是一部不可多得的适用于盾构隧道工程设计、施工、监理人员的工作指导书和培训教材，也可作为高等学校隧道工程及相关专业本科生、研究生的教学参考书。

感谢浙大网新集团有限公司和浙大网新建设投资有限公司对本书编著出版的大力支持。

浙大网新集团有限公司总工程师
杭州市钱江特聘专家 **吴世明**

二〇一二年十二月一日

目录

CONTENTS

第一章　概　　述

随着我国城市化进程的加快,解决跨越城市大江大河两岸市内交通的方式主要有桥梁和隧道,为了保持自然生态和城市自然景观,当前的趋势更倾向于建造隧道,如上海自20世纪90年代初建造了南浦大桥、杨浦大桥之后,市区内穿越黄浦江的交通方式都是隧道。上海市内建造大桥不仅影响城市景观,而且占用了大量非常宝贵的土地资源。杭州市区内自建造钱塘江三桥和四桥之后,也基本上不再有建造大桥的计划,规划建造的三堡运河大桥也改为隧道,杭州市规划中还将建造望江路隧道和青年路隧道。虽然建造隧道的造价高于建造桥梁,但综合各方面因素,特别是在节省用地、可持续发展方面,建造隧道远比建造桥梁更为合理。杭州庆春路过江(钱塘江)隧道工程就是我国加快城市化进程的大时代背景下的产物。

杭州自本世纪初开始规划建设钱塘江北岸钱江新城和南岸的钱江世纪城,这是杭州市城市发展从"西湖时代"走向"钱塘江时代"的重要标志,而杭州庆春路过江(钱塘江)隧道工程是连接这两个城市CBD(中央商务区)的重要纽带,对形成杭州湾CBD起到不可替代的作用。过江隧道的建成将在杭州、萧山间构筑起一条安全、方便、快捷的市区通道,对于有效缓解交通紧张状况,推动杭州与萧山同城一体化、经济一体化进程发挥着重要的作用。

杭州庆春路过江隧道北起江干区庆春东路与新塘路交叉口,向东略偏南直至江边,穿越钱塘江,过江后下穿钱江二路,升出地面与市心北路相接。隧道线路总长4 180m,为城市主干道,双向四车道,设计速度60km/h。杭州庆春路过江隧道为杭州市第一个试行BOT建设的基础设施项目,浙江浙大网新集团有限公司通过省公共资源交易中心公开招投标方式取得项目投资建设权,建成后营运20年,然后移交给杭州市政府。

工程自2008年5月18日开工建设,2010年12月28日开通试运营,2011年6月27日正式运营。她是穿越具有举世瞩目的钱江大潮的钱塘江的第一条隧道,俗称"钱江第一隧"。她已成为杭州钱江新城一道新的人文景观,著名词赋学家王翼奇为钱江第一隧作"杭州庆春路过江隧道碑记"(见本书附录1)。

市政隧道绝大多数为双向四车道,采用11m外径大直径泥水平衡式盾构施工,泥水平衡式盾构是通过在支护环前面装配隔板的密封舱中,注入适当压力的泥水,使其在开挖面形成泥膜以平衡正面的土体压力,并由安装在正面的大刀盘切削土体表面泥膜,进而与泥水混合后,形成较高密度的泥浆,并由排泥泵抽吸,经管道输送至地面,送至地面的泥浆经分离和二次调整后可再次利用。盾构隧道技术已成为城市地下交通的首选工法。杭州庆春路过江隧道正是采用盾构法施工技术。穿越大江大河的大直径泥水平衡式盾构隧道工程一般都被列为省市重点工程,不仅因为它投资大,同时工程风险也很大。在过去20年内,隧道工程事故时有发生,我国在20世纪90年代上海穿越黄浦江隧道和北京地铁隧道施工中发生两起重大事故,人们还记忆犹新。大直径过江隧道工程通常包括富含水土层的超大超深基坑开挖、盾构机出入工作井(通常称进出洞)、穿越江河堤防、穿越管线(水、电、通信和燃气等)和既有构筑物、去除掘进过程中的障碍物或其他异常等重要工序,都有可能发生意外险情,处置不当就会造成事故。由于当前大直径隧道工程建设中的一些技术难点还未解决,在很大程度上还凭借经验,因此,不断探索、研究和总结穿越大直径泥水平衡式盾构隧道工程在各个施工阶段的关键技术,不仅有助于本工程建设,同时也为今后类似工程提供了指导和借鉴。

浙江浙大网新集团有限公司为投资建设杭州庆春路过江隧道专门成立了项目公司——杭州庆春路过江隧道有限公司,公司一开始就与勘测、设计、施工、监理等各参建单位一起共同设定,以把杭州庆春路过江隧道建成安全工程、精品工程和示范工程为目标,精心设计、精心施工,确保建成具有一流水平的过江隧道,杭州庆春路过江隧道的建成和通车是我国隧道建设史上的一个成功范例。

本书作为工程示范,涵盖了杭州庆春路过江隧道建设的全过程,全面、系统、具体地总结了庆春路过江隧道工程完整的建造技术,同时也介绍了技术创新的思索过程和研究成果,以及行之有效的工程建设管理理论与实践。

本书以隧道建设进程为线索,按工作井、江北明挖暗埋段和江南明挖暗埋段、江中盾构段、风塔和管理中心、隧道机电和监控系统、健康监测、附属工程等各个分项工程,从方案、初步设计、初步设计变更、施工图设计及优化、施工组织、施工,特别是关键技术实施、安全措施、质量保证等各个阶段或各个方面论述,力求做到目的明确、思路清晰、途径合理、方法科学、结论可靠,深入浅出,通俗易懂,便于实践。

庆春路过江隧道的建设过程是产学研结合、理论联系实际的过程,也是思想创新、技术创新和管理创新的过程,在一道道技术难题的解决过程中加深了对理论的认识,增强了分析问题的洞察力,提高了技术创新的能力和团队协作闯关的凝聚力。

大直径泥水平衡式盾构隧道的设计施工有它的共性,但是由于所处的自然地理环境、水文地质环境、城市交通环境和社会人文环境不同,每一个隧道又有各自的个性化问题和风险。本书通过杭州庆春路过江隧道个性问题的解剖,认识大直径盾构隧道的共性和相关技术难点的解决思路和方法,希望能给类似工程出现的问题一些启示。下面列举杭州庆春路过江隧道建设过程中所遇到的问题和风险。

(1)隧道线路设计纵坡控制。庆春路过江隧道处于动力条件较为复杂的河口段的上段,受径流、潮汐共同作用,钱塘江河床主槽变化大,因此,隧道线路设计纵坡控制点(河床最低冲刷点)选择显得尤为重要。

(2)深基坑降水。江南岸区段地下水位随季节气候及钱塘江水位动态变化明显,动态变幅一般在1~3m。场地地下水分为潜水和承压水两种类型。承压水含水层顶板高程为-32.67~-24.10m,透水性良好,沿线全场均有分布,为钱塘江古河道。承压水受上游侧向径流补给,水量充沛,富水性好,具有明显的埋藏深、污染少、水量大的特点。承压水位较高,承压水位在1m左右,施工开挖时易发生突涌、管涌等危害,施工降水方案是施工成败的关键。江南段施工分别采用了施工场地减压降水和基坑内疏干降水措施,降水措施的综合应用保障了江南段明挖结构施工的顺利完成。

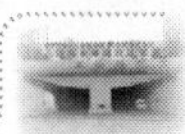

(3)盾构机改造。本工程施工中标单位既有盾构机外径为11m,而本工程盾构设计外径为11.65m,虽只有数十公分的差异,但整个盾壳以及相连的管路系统都将改动。本工程盾构主要穿越砂土地层、粉质黏土、粉土、粉细砂、卵石层、砂层等地层,盾构设计需重点对砂石及卵石地层的适应性加以考虑。盾构在砂土及卵石地段施工时,重点考虑了具备平衡掌子面水土压力的能力;足够的刀盘驱动转矩和盾构推力;合理的刀盘及刀具设计,恰当的刀盘开口率,合理的开口位置;盾构本体在压力状态下的防水密封性能;防止流沙流入盾体、人仓设计符合江底换刀要求;管片壁后同步注浆系统满足控制地表沉降要求;能够对较大的卵石进行破碎,有效防止堵管情况的发生;适应高水压的要求。盾构通过针对工程地质、水文地质和隧道断面的适应性改造,以每天平均3.3环的掘进速度,实现了隧道在2010年3月18日双线贯通。

(4)泥水分离系统的改进。与德国沙堡合作对MAB750型泥水分离处理系统作了针对本工程既有砂土、砾石,又有硬质黏土的地质状况的改进,原系统盾构机刀盘进入粉质黏土层后,由于该层黏土具有较强的黏性和塑性,造成泥水管路堵塞且泥水无法实现分离,大量黏土块淤积在泥水分离系统的筛板上。改进后,在采取加大泥水循环流量、调整泥浆密度等技术措施的同时,将塑料筛板改造为棒条筛,通过技术改进使得盾构顺利穿越了黏土层,为盾构持续平稳掘进提供了重要技术保障。

(5)健康监测。采用了国外精密监测设备,在对杭州庆春路过江隧道结构进行长期健康监测基础上,得到了穿越砂性土层大断面隧道在运营期横断面的受力和变形特性,细致分析了隧道上部潮位变化和河床冲刷对隧道钢筋内力、界面压力、隧底沉降等影响。实测数据表明,在运营期车辆荷载和潮水荷载作用下,由于施工期土体扰动影响,隧道纵断面沉降及管片与土体界面压力随着时间的推移而逐渐累增,大约半年后到达稳定;而内外弧钢筋受力变化情况和隧道直径变形则基本不变。这一结论对隧道运营养护具有一定的指导作用。

(6)基坑围护结构。江南主线段采用了放坡开挖+地连墙、放坡开挖+SMW工法、放坡开挖+地基加固、全放坡开挖+坡面锚喷网防护的围护体系;江北基坑设计采用1:0.75坡度放坡2m后,再采用SMW加钢支撑的围护结构形式或全放坡开挖的形式。对于周边相对空旷的粉性土基坑,采用此围护体系可缩短施工周期、降低工程造价和提高基坑开挖安全。

(7)盾构掘进沉降。对泥水盾构掘进引起的地面位移展开了大量的现场试验及理论研究,通过分析盾构掘进横断面地面位移特征、纵向地面位移的预测、固结沉降的特征及影响因素、泥水盾构掘进参数,尤其是盾构掘进速度和非正常停机等对地面沉降的影响,并在大量实测数据基础之上,提出了考虑盾构注浆作用在内的适用于盾构隧道施工的地面位移预测公式,用以指导施工和控制沉降。

(8)盾构尾刷更换。在盾构施工过程中,盾构的盾尾密封性能状态的良好情况,是决定盾构施工人员、机械设备及隧道安全的关键环节。因此,在盾尾密封出现失效的情况下,特别是在水底隧道,安全可靠的更换盾尾密封,保证盾尾密封更换时周围地层固结封水的可靠性,是一项迫切需要解决的问题。这不仅仅涉及盾尾密封更换的安全,也是保障已成型隧道安全和施工人员人身安全的需要。杭州庆春路过江隧道工程使用ϕ11.65m的大直径泥水盾构机下穿钱塘江,在下穿江底的过程中出现了盾尾密封失效的意外情况,为了保证隧道的安全,被迫停机对失效的盾尾密封进行更换。由于盾构机被迫停机位置地质条件复杂,地下水丰富且具有较强的承压性,因此采用液氮冻结封堵地下水的方法来防止地下承压水进入盾尾,保证盾尾密封检修的安全,保证作业人员、盾构设备和隧道的安全。此外,防灾监控系统、集成平台系统等技术方面也有许多开拓创新。

浙江浙大网新集团有限公司、杭州庆春路过江隧道有限公司还联合了中铁隧道集团有限公司、中铁第四勘察设计院集团有限公司、浙江大学和同济大学等开展大直径泥水平衡式盾构隧道工程建设关键技术研究,研究项目分别为:①粉土粉砂地基超长超深基坑综合围护技术;②大直径泥水盾构机安全进出洞及平稳掘进技术;③大直径泥水盾构施工地面沉降分析及预测;④大直径泥水盾构隧道安全穿越江堤的监测和控制;⑤大型盾构过江隧道运营发生火灾的排烟逃生分析;⑥大直径泥水盾构尾刷密封失效的冷冻法原位修复;⑦大直径盾构隧道建养合一及健康监测技术;⑧大型岩土工程风险分析与管理;⑨过江隧道工程建设BOT管理。共发表学术论文50余篇,详见本书附录2。

第二章　工程概况

第一节　初步设计及主要技术指标[1]

一、隧道线路方案[1]

1. 线路平面设计

隧道线路走向基本按规划确定，隧道起点为杭州庆春东路与新塘路交叉口，向东略偏南直至江边，过江后继续沿线路方向，接江南萧山区市心路，主线于滨江一路交叉口北侧(K3+440)处预留与钱江世纪城综合地下空间接口。

隧道在江北、江南各布置一对匝道，江北匝道与主线并行，接点前方为庆春路与钱江路交叉口；江南东西线匝道接规划公园东路、公园西路，近期承担主线进出口功能。为保证本工程近期交通功能的合理性和完整性，江南匝道接线道路向南延伸至规划内环路为止，工程终点位于内环路与市心路交叉口。隧道平面示意图见图2-1。

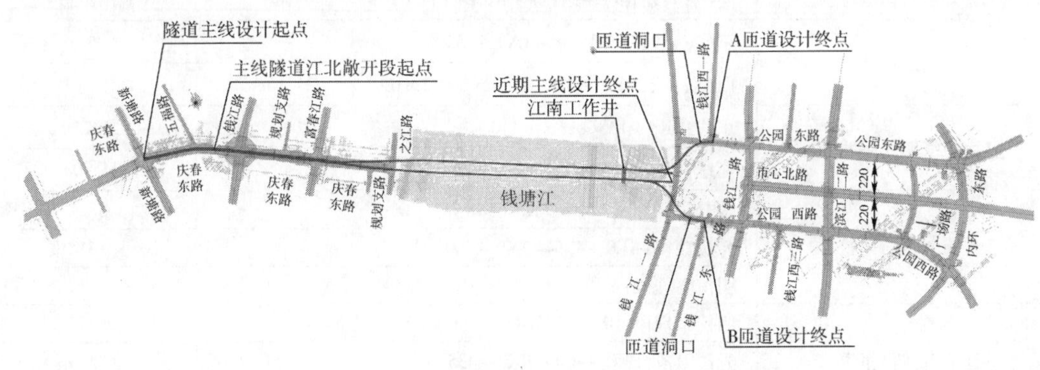

图2-1　隧道平面示意图

隧道建设规模如表2-1所示。

2. 线路纵断面设计

根据河演分析及河工模型试验得出河床冲刷深度及摆动范围。纵断面设计的主要特征为：

隧道建设规模表 表2-1

名　称	分段里程	长度(m)
江北地面道路	左线 LK0 +000 ~ LK0 +415	415
	右线 RK0 +000 ~ RK0 +412.37	412.37
江北敞开段	左线 LK0 +415 ~ LK0 +525	110
	右线 RK0 +412.37 ~ RK0 +521.23	108.86
江北光过渡段	左线 LK0 +525 ~ LK0 +565	40
	右线 RK0 +521.23 ~ RK0 +561.23	40
江北明挖暗埋段	左线 LK0 +565 ~ LK1 +320	755
	右线 RK0 +561.23 ~ RK1 +317.3	756.07
江北 Z(东)匝道	地面段:ZK0 +660 ~ ZK0 +889	229
	敞开段:ZK0 +889 ~ ZK1 +965	76
	光过渡段 ZK0 +965 ~ ZK1 +000	35
	明挖暗埋段:ZK1 +000 ~ ZK1 +180	180
江北 Y(西)匝道	地面段:YK0 +660 ~ YK0 +813.73	153.73
	敞开段:YK0 +813.73 ~ YK0 +889.23	75.5
	光过渡段 YK0 +889.23 ~ YK0 +924.23	35
	明挖暗埋段:YK0 +924.23 ~ YK1 +105	180.77
江北工作井	左线 LK1 +320 ~ LK1 +344.4	24.4
	右线 RK1 +317.3 ~ RK1 +341.7	24.4
盾构隧道段	东(左)线:LK1 +344.4 ~ LK3 +108	1 763.6
	西(右)线:RK1 +341.7 ~ RK3 +104.09	1 762.39
江南工作井	东(左)线:LK3 +108 ~ LK3 +133	25
	西(右)线:RK3 +104.09 ~ RK3 +129.09	25
江南主线明挖暗埋段	东线:LK3 +133 ~ LK3 +440	307
	西线:RK3 +129.09 ~ RK3 +434.084	304.994
江南 A(东)匝道	敞开段:AK0 +460 ~ AK0 +518	58
	光过渡段:AK0 +425 ~ AK0 +460	35
	明挖暗埋段:AK0 +147.81 ~ AK0 +425	277.19
江南 B(西)匝道	明挖暗埋段:BK0 +103.25 ~ BK0 +400	296.75
	光过渡段:BK0 +400 ~ BK0 +435	35
	地面段:BK0 +435 ~ BK0 +499	64
近期东主线隧道建筑长度(含江北引道段至江南主线终点)		3 025
近期西主线隧道建筑长度(含江北引道段至江南主线终点)		3 021.714
Z 匝道建筑长度		291
Y 匝道建筑长度		291.27
A 匝道建筑长度		370.19
B 匝道建筑长度		395.75
主线工程范围长度		5 352.55

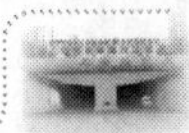

（1）隧道下穿钱江路、富春江路及新塘河，在满足管线及规划河底高程要求的情况下，尽量减小覆土厚度，降低工程造价。

（2）隧道顶位于历年实测河床最低冲刷线以下不小于 0.7D（D 为隧道外径，下同），满足施工期覆土厚度要求（抗浮安全系数为 1.35）；同时满足百年一遇冲刷线摆动范围下运营期抗浮安全系数不小于 1.1 的要求（抗浮安全系数为 1.20）；百年一遇最低冲刷线下盾构段最小覆土厚度为 4m。

（3）隧道纵坡主线最大为 4.25%，引道坡段最大为 4.85%。

盾构段横断面如图 2-2 所示。

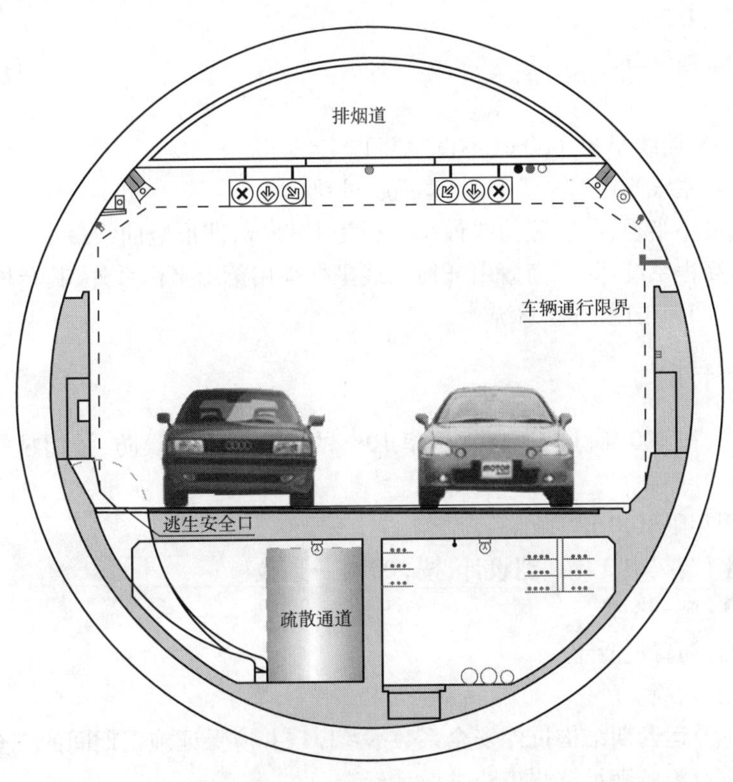

图 2-2　盾构段横断面示意图

二、隧道总体布置

（1）江南隧道主线轴线与规划市心路轴线一致，设计高程按规划钱江世纪城地下通道高程 -10m 控制。隧道机电设计部分均考虑了与地下城的衔接，尤其是通风排烟设计分析了隧道与地下城的相互影响并提出了解决方案；其余机电设计考虑了设备容量的预留或预留扩容的接口，使隧道地下城段建成后能与先期建设段统一管理。

（2）在江中圆形盾构隧道段车道板下方设置安全逃生通道，车道板左侧每隔 80m 设置一个逃生口和逃生滑梯。隧道两端明挖暗埋段每隔 250m 设置一处横通道。

（3）江北排风塔设置在庆春路东侧富春江路南侧的规划绿地中。江南排风塔紧邻盾构工作井，管理中心结合江南工作井采用半地下方式，位于钱江世纪城滨江广场公园绿地内。

(4)防淹门与人防门合并设置,设置于工作井附近的明挖段内,采用下落式。防淹门具有双向防淹功能,既防止隧道破坏江水涌入城市,又防止因城市内涝而淹没隧道。

三、几何设计标准

(1)道路等级:大城市主干道。

(2)主线设计车速:60km/h。

(3)车道数:双向四车道。

(4)车道宽度:3.75m+3.50m。

(5)车道净高:4.5m。

(6)路缘带宽度:0.5m。

(7)侧向净宽:0.75m。

(8)道路最小平曲线半径:600m(不设超高)。

(9)最大纵坡:主线不超过4.5%,匝道不超过6%。

(10)竖曲线最小半径:凸形竖曲线最小半径为1 800m,凹形竖曲线最小半径为1 500m。

(11)坐标与高程系统:除江南萧山征地红线坐标采用萧山坐标系外,其余均采用杭州坐标系,高程采用1985年国家高程系统。

四、结构设计标准

(1)抗震设防:按100年基准期超越概率10%的地震动参数设防,按超越概率3%的地震动参数验算。

(2)设计使用年限:100年。

(3)设计洪水位:按100年一遇设计,按300年一遇校核。

(4)道路荷载:城—A级。

(5)道路路面:沥青混凝土。

(6)人防等级:六级。

(7)隧道施工及运营期结构抗浮安全系数$K\geqslant 1.1$,并应保证施工期间的安全。

(8)两岸防洪设施应满足杭州市防洪设计标准。

五、主要设计原则[2]

1. 路线设计

(1)在遵循总体规划的基础上,根据隧道的特点和要求,各项技术标准和指标选用恰当、合理,平纵指标均衡连续,行车舒适。

(2)本工程地处杭州市中心地区,路线设计综合考虑路网条件、交通功能、重要节点的处理和工程实施性等因素,结合两岸地块、道路、总体规划,做到方案合理,节省投资。

(3)通过多方案比选,寻求功能、风险、造价和工程建设条件之间最佳结合方案,以充分发挥工程最大的社会、环境和经济效益。

(4)路线设计应满足两端匝道设置的要求,应妥善处理隧道进出口和接线道路、周边路网的交通组织,满足交通疏解的要求。

(5)根据两岸的总体规划,设计遵循"以人为本",做到隧道与周边环境的自然协调、和谐统一。

隧道设计技术标准和技术指标如表2-2～表2-4所示。

平面主要技术标准　表2-2

<table>
<tr><th rowspan="2">序　号</th><th rowspan="2" colspan="2">项　目</th><th rowspan="2">单　位</th><th>隧道主线</th><th>江南匝道</th></tr>
<tr><th>规范值</th><th>规范值</th></tr>
<tr><td>1</td><td colspan="2">计算行车速度</td><td>km/h</td><td>60</td><td>40</td></tr>
<tr><td>2</td><td rowspan="4">圆曲线半径</td><td>不设缓和曲线最小半径</td><td>m</td><td>1 000</td><td>500</td></tr>
<tr><td>3</td><td>不设超高最小半径</td><td>m</td><td>600</td><td>300</td></tr>
<tr><td>4</td><td>设超高推荐半径</td><td>m</td><td>300</td><td>150</td></tr>
<tr><td>5</td><td>设超高最小半径</td><td>m</td><td>150</td><td>70</td></tr>
<tr><td>6</td><td colspan="2">平曲线最小长度</td><td>m</td><td>100</td><td>70</td></tr>
<tr><td>7</td><td colspan="2">圆曲线最小长度</td><td>m</td><td>50</td><td>35</td></tr>
<tr><td>8</td><td colspan="2">缓和曲线最小长度</td><td>m</td><td>50</td><td>35</td></tr>
<tr><td>9</td><td colspan="2">停车视距</td><td>m</td><td>70</td><td>40</td></tr>
</table>

平面线形设计技术指标表　表2-3

<table>
<tr><th rowspan="2">序　号</th><th rowspan="2">项　目</th><th rowspan="2">单　位</th><th>隧道主线</th><th>江南匝道</th></tr>
<tr><th>采用值</th><th>采用值</th></tr>
<tr><td>1</td><td>计算行车速度</td><td>km/h</td><td>60</td><td>40</td></tr>
<tr><td>2</td><td>圆曲线最大半径</td><td>m</td><td>6 000</td><td>180</td></tr>
<tr><td>3</td><td>圆曲线最小半径</td><td>m</td><td>694.3</td><td>180</td></tr>
<tr><td>4</td><td>圆曲线最小长度</td><td>m</td><td>169.62</td><td>75.229</td></tr>
<tr><td>5</td><td>平曲线最小长度</td><td>m</td><td>193.369</td><td>233.014</td></tr>
<tr><td>6</td><td>缓和曲线最小长度</td><td>m</td><td>59.755</td><td>60</td></tr>
<tr><td>7</td><td>停车视距</td><td>m</td><td>70</td><td>40</td></tr>
</table>

纵断面设计时应充分考虑平纵结合。

2. 建筑设计

(1)隧道横断面设计应根据道路类别、级别确定合理而经济的建筑限界。

(2)隧道设计需考虑建筑消防及安全疏散。

(3)隧道洞口应设置光过渡设施,以确保行车安全。光过渡段设施以天然光过渡为主,并结合人工光过渡,以节约能源和投资。

(4)隧道装修应简洁明快、线条流畅、庄重美观,并具有现代感。装修材料应具有防火、防水、耐腐蚀、易清洁、有足够的漫反射系数等基本特性。

(5)建筑设计应注重以人为本,保护城市环境及人文景观。管理中心大楼、风亭等附属建筑设计在满足适用的前提下,应与周围环境相结合,同时体现出各建筑的独特个性,展现杭州市的时代风貌。

(6)设计中充分考虑应用环保节能材料。

纵断面设计技术指标表 表2-4

项　　目	单　　位	隧道东线	隧道西线	隧道匝道	江北地面道路
计算行车速度	km/h	60	60	40 ~ 50	60
线路总长	m	3 440	3 434.084	—	1 623.894
平均坡长	m	430	429.261	—	202.987
竖曲线总长度	m	973.45	979.85	—	845.622
凸竖曲线总长度	m	474.45	461.1	—	462.25
凹竖曲线总长度	m	500	518.75	—	383.372
最大凸竖曲线半径	m	4 700	4 600	2 000	25 000
最大凹竖曲线半径	m	7 500	7 500	2 250	18 000
最小凸竖曲线半径	m	4 500	4 000	1 500	10 000
最小凹竖曲线半径	m	4 000	4 000	1 500	10 000
最大切线长	m	90.475	88.55	48.5	88
最小切线长	m	50	50	30	30.186
最大坡长	m	791.234	795	385	322.996
最小坡长	m	190.365	210.071	163.812	170
最大坡度	%	4	4.25	4.85	0.7
最小坡度	%	0.3	0.3	0.3	0.059

3. 隧道横断面设计

圆形隧道横断面设计中，主要考虑以下因素：圆隧道按城市主干路标准设计，为双向四车道，设计速度为60km/h，以客车为主，但不考虑通行载货汽车、油罐车及装载易燃、易爆物品车辆。根据《城市道路设计规范》（CJJ 37—90　98 年局部修订版）的有关规定，参考公路设计的有关规范并结合盾构法隧道的实际情况以及国内外已建盾构隧道的实践经验，圆形隧道单向两条车道的宽度取3.75m + 3.50m，路缘带宽度为0.50m，安全带宽度为0.25m，侧向净宽为0.75m；车道通行净高为4.5m。建筑限界见图2-3，圆形隧道内布置见图2-4。

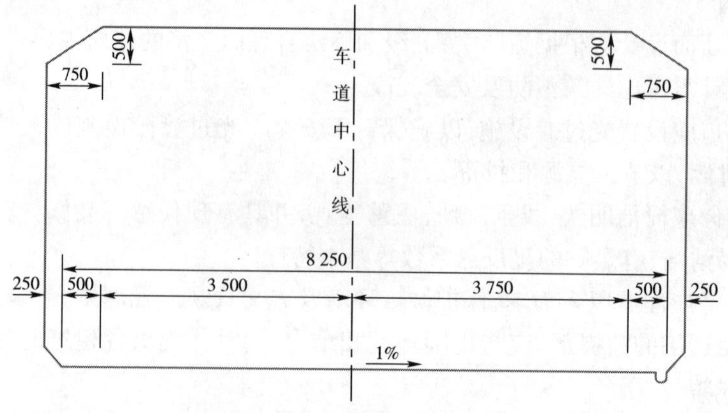

图2-3　隧道建筑限界图（尺寸单位：mm）

矩形隧道建筑限界与圆形隧道相同。主线隧道岸边暗埋段采用双孔一管廊的矩形横断面形式，中间设置设备管廊及安全疏散通道。各种设备箱均通过两侧侧墙预留孔洞嵌入结构内，各种管线则布置在设备管廊内，其余设备均布置在隧道顶部，限界与顶板底的高度为55.0cm，主线矩形隧道标准横断面如图2-5所示。

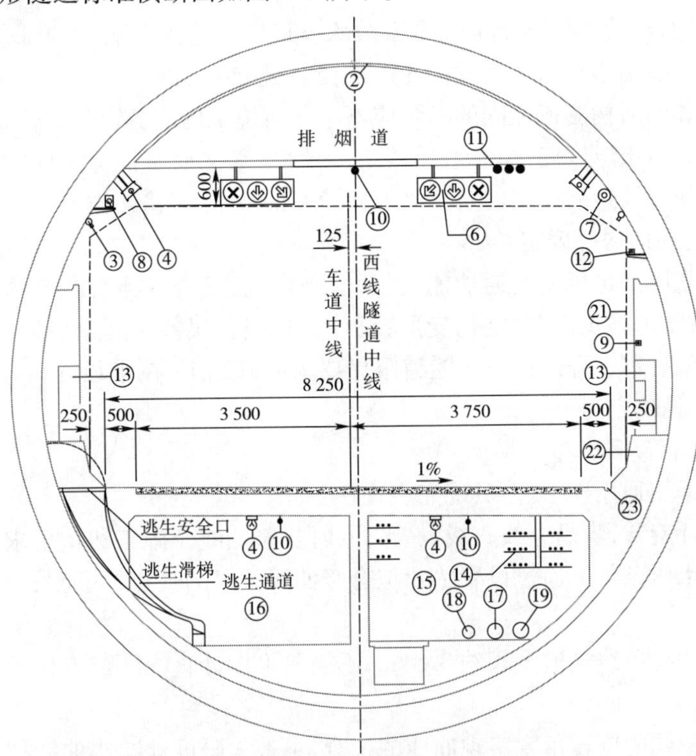

图2-4　圆形隧道内布置图(尺寸单位:mm)
注:图中标号意义同图2-24。

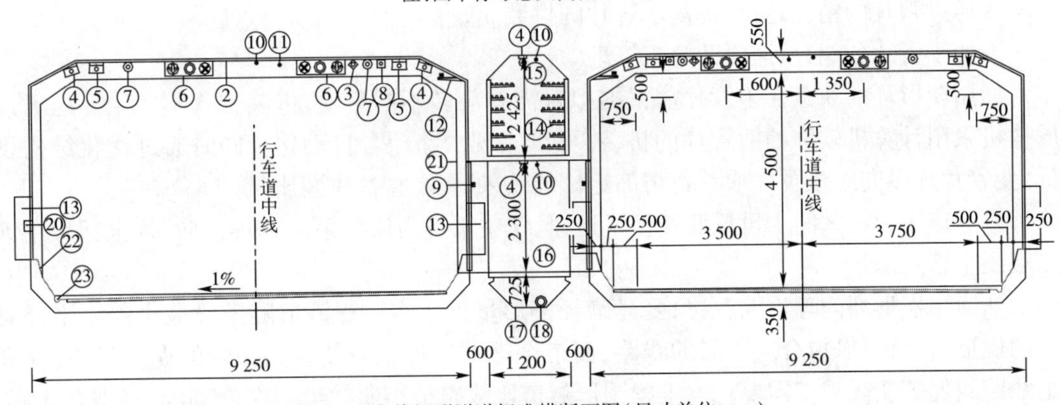

图2-5　主线矩形隧道标准横断面图(尺寸单位:mm)
注:图中标号意义同图2-24。

4. 盾构段结构设计

(1)盾构隧道段结构设计原则

①圆形隧道内径应满足规划交通功能所需要的公路隧道限界(包括车辆限界、设备限界、建筑限界)，并考虑隧道施工误差、结构变形、设计管片拟合误差及隧道后期不均匀沉降等因素。

②结构设计在满足强度和刚度的前提下，还应结合工程地质、水文地质条件研究具体结构措施，满足防水、耐久性等要求。

③接缝应具有可靠的水密性，满足止水、耐久性、受力和变形的要求。

④结构安全等级为一级，防水等级为二级。

⑤隧道施工期、运营期抗浮稳定安全系数 $K \geqslant 1.1$，且施工期盾构顶部位于历年实测最低冲刷高程下包络线不小于0.7倍盾构隧道外径。

⑥江中段相邻两盾构隧道之间的净距应不小于后施工盾构隧道的1倍直径。

⑦考虑本工程覆土厚度变化较大，沿线工程地质、水文地质情况不同，对圆形隧道分段计算、综合处理，使设计系列化、规范化，以取得较好的技术、经济效益。

(2)盾构隧道断面内径确定

隧道内径首先应满足规划交通功能、运营管理设施、安全设施所需要的空间要求，同时在此基础上，考虑隧道施工误差、结构变形、设计管片拟合误差及隧道后期不均匀沉降等因素所需的富余空间。本工程设计时在隧道限界要求的基础上，在半径方向考虑150mm的富余尺寸量，隧道内径确定为10.3m。

(3)盾构隧道衬砌环类型选择

本工程设计采用通用楔形环，其优点表现在：

①通过管片环旋转，满足全线直线段、平曲线段、竖曲线及施工纠偏要求，特别避免了其他类型管片在高水压条件下通过设置垫片拟合竖曲线施工的缺点，从而减少了施工风险，加强了防水性能。

②本工程东西线单线隧道全长约3.5km，不需要再设计直线环或专用的转弯环，减少了钢模数量。

③通过管片不同的旋转角度实现曲线的拟合，可最大限度地减小曲线拟合误差的积累，隧道轴线偏差可控制在5mm以内，满足隧道轴线拟合误差的要求。

④通过管片的精确定位，提高了管片的拼装质量。

⑤便于管片的储存、运输及施工管理。

通用楔形环的缺点在于管片需根据拟合需要旋转不同角度，拼装方式不固定。但通过盾构机采用计算机软件辅助管片的拼装，可以实现线路拟合自动化。同时通过优化结构设计，使管片环纵向螺栓及榫槽具备精确定位的效果，提高管片拼装质量。

本隧道东西线之间未设置联络横通道，且江中泵房为体内泵房，故衬砌管片全部采用钢筋混凝土管片。

从通用楔形环的理论上看，只要衬砌环楔形量大于本工程圆形隧道段最小曲线半径对应的楔形量，就可以拟合成所需的线路，而最合适的楔形量应使线路拟合的误差最小，并满足线路纠偏等实际施工需要。本工程圆形隧道段线路最小曲线半径为2 500m，经拟合计算，采用曲线半径600m对应的楔形量，可以精确地完成线路拟合，并满足盾构施工纠偏的要求。

管片环为双面楔形，楔形量为28mm。根据管片环分块及纵向螺栓设置情况，管片环间以12°的整数倍旋转，后一环相对于前一环应避免通缝拼装。经衬砌拟合专用程序计算，隧道轴线拟合误差（隧道拟合轴线上的任意一点与线路设计轴线上最近一点的距离）小于5mm。

5. 明挖隧道段结构设计

(1)明挖段隧道结构设计原则

①应根据工程地质、水文地质及周围建筑、道路、地下管线等环境条件,合理地选择施工工法及相应的基坑围护及结构方案。

②结构应满足城市规划、施工、运营、抗震、人防、防排水的要求,并具有足够的耐久性,使用年限为100年。结构安全等级为一级,重要性系数取1.1。主体结构应进行抗震验算,并采取相应的构造措施。人防按6级人防抗力验算。

③应根据施工阶段和运营阶段可能出现的最不利荷载组合,进行强度、刚度、稳定性和抗浮验算。主要构件最大允许裂缝开展宽度为0.2mm,次要构件为0.3mm。

④结构抗浮安全系数在不考虑侧壁摩阻力时,不得小于1.05;当计及侧壁摩阻力时,安全系数不得小于1.15。

(2)明挖段范围

地下明挖段结构包括江干区江北段和萧山区江南段。

①江北段分为主线段、Y匝道段、Z匝道段

主线段里程左线:LK0+415~LK1+344.4,长929.4m;右线:RK0+412.04~RK1+341.7,长929.66m。结构分为引道段、明挖暗埋段、工作井三部分结构;Y匝道里程YK0+813.73~YK1+105,Z匝道里程ZK0+889~ZK1+180,结构分为明挖暗埋段、敞开段两部分结构。

江北明挖段结构主要位于①$_{-1}$层杂填土、①$_{-2}$层素填土、②$_{-1}$层砂质粉土、②$_{-2}$层粉土夹淤泥质土、③$_{-1}$层粉砂夹粉土、③$_{-2}$砂质粉土中。

②江南段分为主线段、A匝道段、B匝道段

主线段里程左线:LK3+108~LK3+440,长332m;右线:RK3+105.37~RK3+434.08,长328.71m。结构分为工作井、明挖暗埋段两部分结构;A匝道段里程AK0+147.81~AK0+550,B匝道里程BK0+103.25~BK0+518,结构分为明挖暗埋段、敞开段两部分结构。

江南明挖段结构主要位于①$_{-1}$层杂填土、①$_{-2}$层素填土、②$_{-1}$层砂质粉土、②$_{-2}$层粉土夹淤泥质土、③$_{-1}$层粉砂夹粉土、③$_{-2}$砂质粉土中。

(3)明挖段基坑围护形式的选择

基坑围护形式的选择必须根据基坑开挖深度、地质情况、场地条件、环境条件以及施工条件,通过多方案比选确定,所采用的围护结构应安全可靠、技术可行、施工方便、经济合理。

按开挖深度的不同,经工程经济、技术综合比较后,推荐采用的基坑围护形式见表2-5和表2-6。

(4)明挖基坑支撑形式

设计采用钢管内支撑的支护方案。主体隧道基坑跨度较大,江北段约22~41m,江南段约10.2~21m,根据基坑跨度大小在支撑中间设置一道格构柱。竖井宽度较大,根据实际需要设计格构柱。

6. 隧道防水设计

(1)隧道防水设计原则

①贯彻"以防为主,刚柔结合,多道设防,综合治理"的原则。

②以混凝土衬砌结构自防水为根本，衬砌接缝、施工缝、变形缝防水为重点，确保隧道整体防水。

江北岸明挖隧道段及竖井基坑围护结构形式表　　表2-5

工　程　段	里　　程	基坑深度(m)	基坑宽度(m)	支护类型
主体隧道段	LK0 +415 ~ LK0 +460	2 ~ 4	22.1	1:2放坡
	LK0 +460 ~ LK0 +670	4 ~ 10	22.1	φ650mm SMW
	LK0 +670 ~ LK0 +817.5	10 ~ 12.4	22.1	φ850mm SMW
	LK0 +817.5 ~ LK1 +000	4.7 ~ 10	22.1	φ650mm SMW
	LK1 +000 ~ LK1 +320	12 ~ 17	28 ~ 40.8	600mm 连续墙
Z 匝道	ZK0 +850 ~ ZK0 +910	0.6 ~ 3	40.8	1:2放坡
	ZK0 +910 ~ ZK1 +000	3 ~ 10.5	40.8	φ650mm SMW
Y 匝道	YK0 +785 ~ YK0 +815	0 ~ 3	40.8	1:2放坡
	YK0 +815 ~ YK0 +906	3 ~ 6.5	40.8	水泥土挡墙
	YK0 +906 ~ YK0 +996	3 ~ 10.6	40.8	φ650mm SMW
竖井	LK1 +320 ~ LK1 +344.4	22.4	22	800mm 连续墙

江南明挖隧道段及竖井基坑围护结构形式表　　表2-6

工　程　段		里　　程	基坑深度(m)	基坑宽度(m)	支护类型
竖井		东线：LK3 +108 ~ LK3 +133	29.4	25	1 000mm 连续墙
		东线：RK3 +104.09 ~ RK3 +129.09	29.4	25	1 000mm 连续墙
主体隧道段	主线	东线：LK3 +133 ~ LK3 +440	23.2 ~ 17.6	10.8 ~ 21	800mm 连续墙
		西线：RK3 +129.09 ~ RK3 +434.08	23.2 ~ 17.6	10.8 ~ 21	
	A 匝道	AK0 +147.81 ~ AK0 +333.81	18 ~ 11	10.2	600mm 连续墙
		AK0 +333.81 ~ AK0 +369.81	—		φ650mm SMW
		AK0 +369.81 ~ AK0 +478	11 ~ 5.0		φ850mm SMW
		AK0 +478 ~ AK0 +550	5.0 ~ 0		1:2放坡
	B 匝道	BK0 +103.25 ~ BK0 +283.25	18 ~ 11	10.2	600mm 连续墙
		BK0 +283.25 ~ BK0 +445	11 ~ 5.0		φ850mm SMW
		BK0 +445 ~ BK0 +518	5.0 ~ 0		1:2放坡

③隧道防水等级为二级，机电设备集中区段的防水等级为一级。

④结构防水设计和施工必须符合环境保护的要求，并根据具体情况采取相应对策，减少对环境的影响。

⑤所有防水构件、附加防水层、混凝土外加剂等应满足耐久性要求。

(2)盾构隧道防水要求

从本工程所处的工程地质、水文地质条件看，盾构段大部分处于粉细砂承压水地层，承受最大水压力约0.47MPa。由于位于粉细砂层，如果发生漏水，将可能引发隧道周边地层损失，从而导致隧道变形，直接影响隧道自身和地面建筑物的安全，同时渗漏水路面打滑可能导致交通事故。因此本工程对防水要求非常高，处理好隧道防水至关重要。

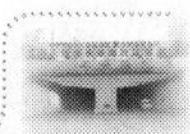

对于高水位工程环境的盾构隧道而言，与防水设计直接相关的就是管片抗渗要求高、接缝防水水压力及密封材料接触面应力的提高。

(3)管片自防水设计

管片自防水的关键在于混凝土配置及质量控制。隧道管片的混凝土等级为C50，抗渗等级为S12，限制裂缝开展宽度≤0.2mm。

采用高性能硅酸盐水泥，掺入二级以上优质粉煤灰和粒化高炉矿渣等活性粉料(掺量≤20%)，配以抗裂、耐久为重点的高性能混凝土，减缓碳化速度。管片水泥采用抗水性能好、泌水性小、水化热较低、干缩性小的中热硅酸盐水泥，避免水泥水化热过高而产生膨胀裂缝。

(4)接缝防水设计的重点

接缝防水设计首先应根据所收集到的施工实例资料，对施工过程中的防水效果作出综合分析，结合试验决定适合本工程实际的密封垫设计方案；同时从管片拼装误差、接缝容许变形量和密封材料特性三方面出发，通过理论计算出设计安全系数。

密封垫的止水机理是在管片压密后，靠橡胶本身的弹性复原力密封止水。为了使密封垫的弹性复原力能永久保持，除了密封沟槽的斜度设计之外，最重要的就是密封垫的断面设计。

管片防水密封垫设计对水膨胀密封材料的期望是：管片拼装完成的短期内即刻止水是靠材料在接缝中的弹性复原力；在管片衬砌承受水土压力后的长期止水则要依靠其水膨胀机能予以加强。同时，严格控制密封垫的膨胀方向可以极大提高长期止水性能。

综合国内外相关工程和材料研究成果可知，在管片接缝防水密封垫的设计过程中应主要考虑以下几点：

①对止水所需的接触面压力，设计时应考虑接缝的张开量和错位量。

②在设计确定的耐水压力条件下，接缝处不允许出现渗漏。

③在千斤顶推力和管片拼装的作用力下，不致使管片端面和角部损伤等弊病发生。

④要考虑远期的应力松弛和永久变形量。

管片纵缝、环缝接缝防水如图2-6所示。

(5)明挖段防水

①内衬结构混凝土自身防水

为提高内衬结构混凝土自防水功能，结构采用C35防水钢筋混凝土，并采取措施提高混凝土的抗渗能力和减少裂缝。混凝土的抗渗等级采用S8(0.8MPa)，限制裂缝开展宽度为≤0.2mm。

结构外表面设置柔性卷材全包防水。

②施工缝防水

结构纵向施工缝主要采取两个措施：a.在纵向施工缝中间设钢板止水；b.在新、老混凝土界面上涂刷黏结材料，增加两者之间的黏结力，减少结构的开裂。

③变形缝防水

重点考虑变形缝防水。变形缝防水设两道防线：a.外防水，即侧墙，底板外设外防水止水带，顶板面层粘贴防水材料；b.中间防水，采用预埋橡胶止水带；c.内侧预留嵌缝槽，采用密封胶嵌缝，如图2-7~图2-9所示。为减少变形缝处的差异沉降，底板设置凸凹榫槽，其余构件设置钢筋剪力杆，增加变形缝处的抗剪能力。

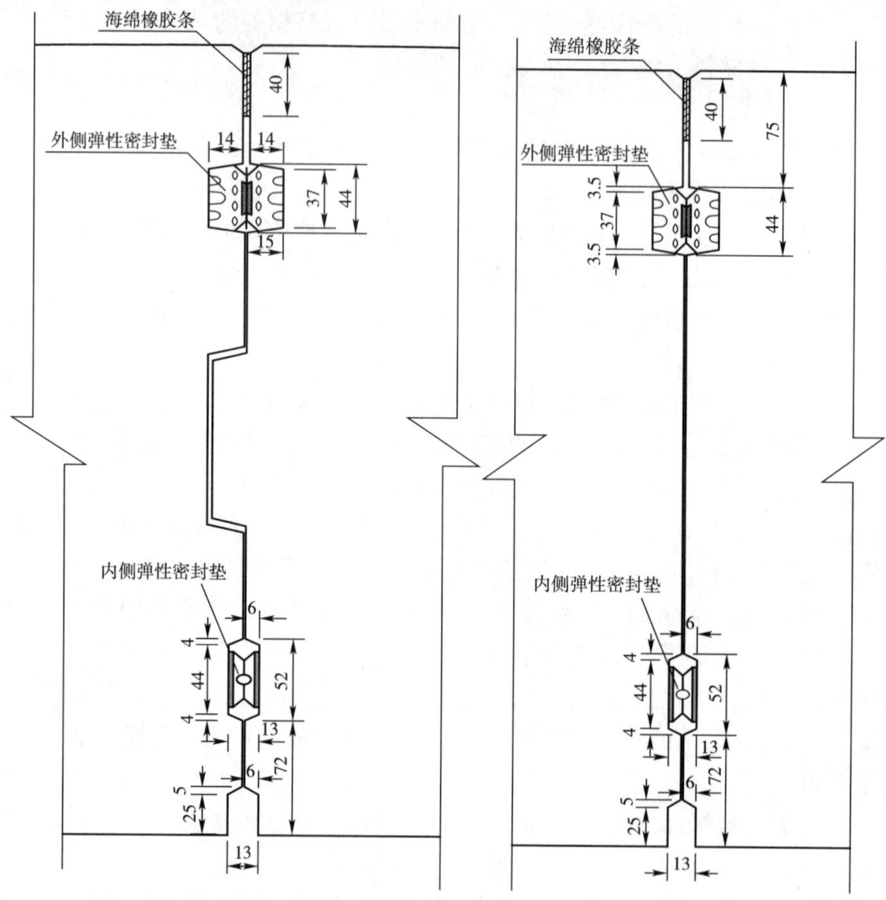

图 2-6 管片纵、环接缝防水图(尺寸单位:mm)

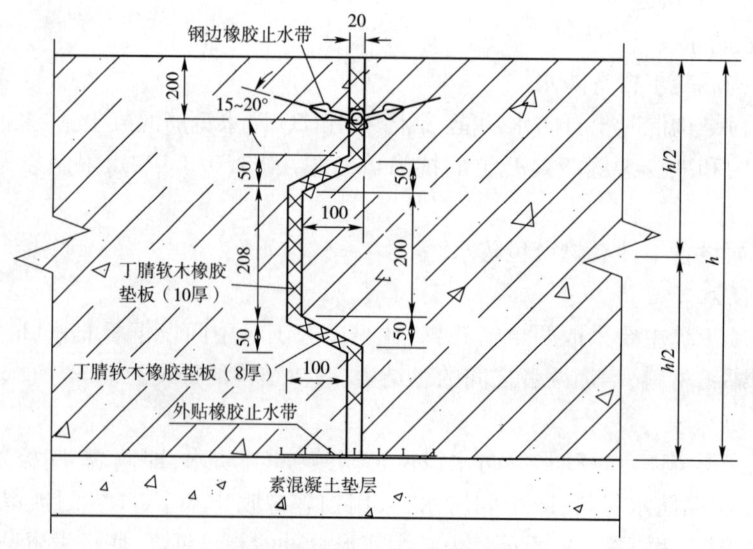

图 2-7 底板变形缝设置图(尺寸单位:mm)

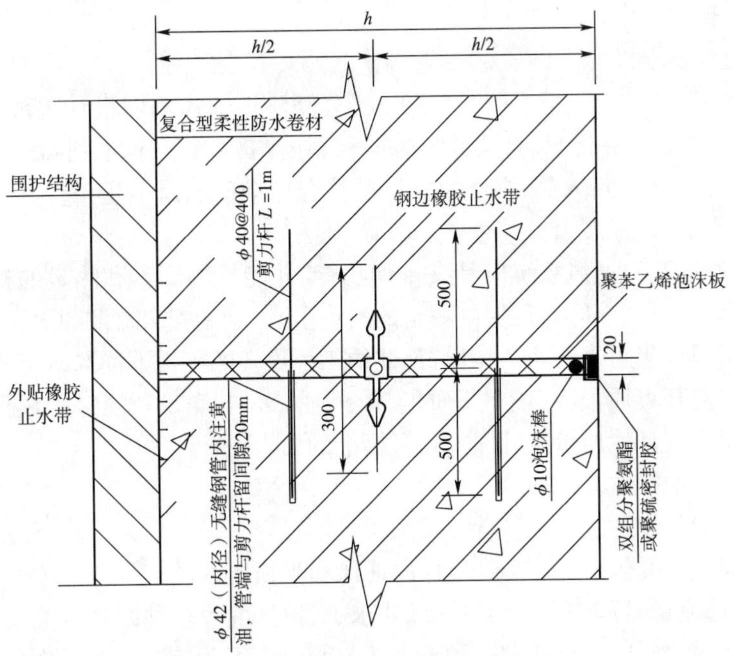

图 2-8　侧墙变形缝设置图(尺寸单位:mm)

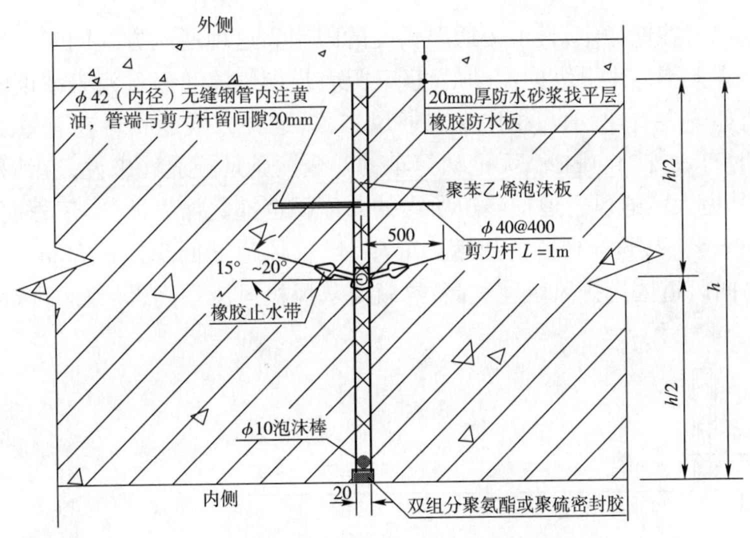

图 2-9　顶板变形缝设置图(尺寸单位:mm)

④后浇带防水

工程实践表明,隧道渗漏水主要是变形缝、施工缝漏水。本次设计为减少变形缝数量,按“少缝设计”的理念,纵向按 20m 左右设置一道后浇带,宽度 1 ~2m,将变形缝间距增加至 60m 左右。后浇带防水设置三层防线:a. 外防水,即侧墙,底板外设外防水止水带,顶板面层粘贴防水材料;b. 中间防水,采用钢片;c. 内防水,采用密封胶嵌缝。后浇带采用 UEA 补充收缩混凝土浇筑。

7. 通风设计

(1)通风设计要求

①通风标准:隧道内污染空气允许浓度按《公路隧道通风照明设计规范》(JTJ 026.1—1999)采用,在正常交通情况下,通风系统应能稀释隧道内汽车行驶时排出的废气(废气以CO和烟雾为代表),为乘用人员、维修人员提供符合标准的通风卫生条件,为安全行车提供良好的空气和清晰的能见度。

②火灾事故情况下,通风系统应具有排烟功能,并能控制烟雾和热量的扩散,而且为逗留在隧道内的驾乘人员、消防人员提供一定的新风量,以利于安全疏散和灭火扑救。

③在确保通风效果可靠性及节能运行、节约工程投资的前提下优选适当的通风方式。

④控制通风对环境质量(环境空气质量、噪声)的影响,满足环境保护目标要求,污染空气排放后应满足大气环境质量达到国家二级标准的要求。

⑤尾气排放标准按欧Ⅱ标准。

(2)通风模式的比选

隧道通风模式主要包括:纵向通风、横向通风和半横向通风三种。具体通风方式的选择与隧道长度、交通流量、行车方式、洞口环保要求、气象环境等多种因素有关。随着隧道长度越来越大,交通量越来越多,单独的一种通风方式已经无法从节能、经济及安全可靠性等方面满足要求,因此在这三种基本通风方式的基础上组合而成多种新的混合通风模式。

①全横向通风

系统安全可靠、性能稳定,且不受通风长度的限制。这种通风方式同时设置送风道和排风道,隧道内基本上不产生沿纵向流动的气流,只有横向气流。而且污染浓度的分布沿全隧道大体上均匀,如图2-10所示。相比纵向通风方式,这种方式能相对较有效地控制空气卫生品质及火灾时有效排烟。因此,无论从行车的安全性还是舒适性来说,这都是一种最好的通风方式。但其庞大的通风管道使隧道所需的断面积也随之加大,对本工程而言,正常运营时通风量为289m^3/s,按送排风道内风速10m/s计算,风道断面积接近58m^2,显然难以满足要求;同时全横向风道内送排风风速过高,这就要求风机风压很高,导致运行费用过高,故全横向通风不适合本工程。

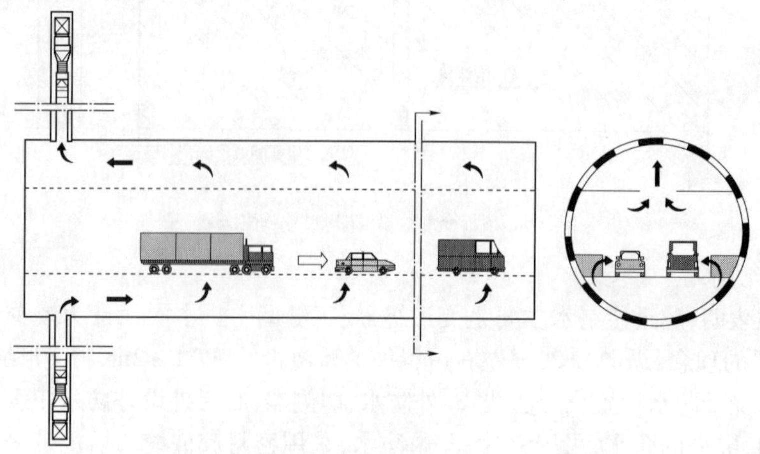

图2-10 全横向式通风

②半横向通风

利用隧道作为进风或排风道，只需设进风道或排风道，隧道断面介于全横向通风和纵向通风之间，可以利用部分活塞风作用。半横向式通风可使隧道内的污染浓度大体上接近一致，如图2-11所示。

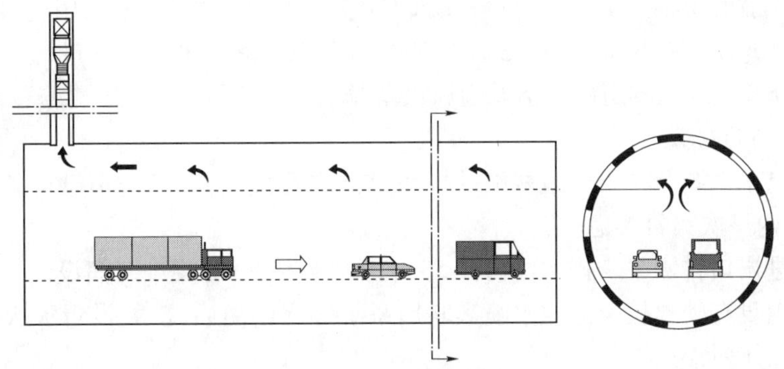

图2-11　半横向式通风

从图2-11中可以很清晰地看出，排风型半横向式通风可以解决隧道洞口环境污染问题，对洞内环境条件的改善和隧道防灾排烟均较纵向式通风有利。

送风型半横向式通风是半横向通风的标准形式。新鲜空气经送风管直接吹向车道，对排气直接稀释，这对后续车很有利。污染空气在隧道上部扩散，经过两端洞口排出洞外。

但送风型半横向通风通过风道送风，由洞口沿隧道纵向排风，会造成进出洞口区域废气污染；排风型半横向式通风通过风道排风，由洞口沿隧道纵向进风，因在隧道内会出现风速为零的中性点，导致通风换气不畅，有害物浓度无限上升，因此目前很少采用。所以半横向式通风虽然投资费用约为全横向式通风的一半左右，但风道面积小，风速高，导致运营成本上升，因此本工程也不推荐采用。

③纵向通风

纵向通风包括全射流通风和射流+轴流组合式分段通风方式，根据隧道长度和需风量，设置送排风井，可灵活掌握其组合方式，做到经济合理。

纵向通风具有以下优点：

a. 充分利用隧道拱部净空，对土建工程影响极小；

b. 有害物浓度呈三角形分布，空气清新程度较好；

c. 通风设备功率较省，运营控制简便；

d. 单向行车时可充分利用交通风，节省运营费用。

纵向通风方式以其简单、实用的优点在隧道通风中起到越来越大的作用，成为隧道通风方式的首选。但是，纵向通风在火灾情况下只能沿隧道纵向排烟，因此不利于人员疏散，考虑到隧道顶部的富余空间可以用作排烟道使用，在火灾时可以采用半横向通风的方式将烟气从隧道顶部就近排出隧道，创造一个有利于人员逃生的环境。因此本次设计推荐采用纵向通风+半横向排烟的通风方式。

本隧道连接钱塘江两岸钱江新城和钱江世纪城，出口端规划主道与地下城连接，隧道通风方案应结合钱江世纪城通风方案综合考虑，而且洞口污染物的排放应采取一定的控制措施，结合以上三种通风模式，过江隧道采用"射流＋轴流组合式"分段通风方式。东线近期隧道内需风由A匝道进入，由风井排出，部分气流由出口排出；远期钱江世纪城建设完成出口端主道延长，可考虑延长部分主道采用横向通风或从主道出口进气的纵向通风方案，两种方案均能和近期"射流＋轴流组合式"分段通风方式良好衔接；西线近期采用进口进气，风井排污，部分气流由B匝道排出的通风方式，并在排风机房预留通风设备容量，远期加大竖井排风量，另一部分气流经主隧道由地下城通风设备排出。

8. 给排水与消防设计

(1)隧道供水系统分别由隧道两端的杭州市供水网接入并贯通，不设自备水源，火灾工况按同一时间内一次火警考虑。

(2)隧道进出口排水泵房排水能力按50年暴雨频率5min集中时间设计。

(3)隧道内设有消火栓及泡沫水喷雾联用系统等水消防系统，并设置灭火器，以迅速可靠地扑灭各类初期火灾。

(4)隧道最低处需设排水泵房，以排除冲洗、渗漏及消防废水。隧道内各类废水及敞开部分的雨水分段集中，通过泵房提升后，纳入市政雨、污水系统。

9. 供电设计

隧道的供电应确保安全可靠，并满足国家供配电设计规范中对一级负荷、特别重要负荷的供电要求，除考虑两路相互独立的、互为备用的供电电源外，应增设应急电源。备用电源的容量应能满足交通信号、监控、通信、车辆导行照明及正常排水等方面的要求。设计应采用经过实践证明、行之有效的新技术、新设备，努力创造与本隧道相适应的经济效益、社会效益和环境效益，并积极采用各项节能措施、努力降低电能消耗。

10. 照明设计

照明设计必须满足隧道正常交通运营和事故情况下消防的需要，分设一般照明和事故应急照明。隧道照明方式采用连续光带式，同时在隧道的进出口设光过渡照明。隧道照明应可靠、节能、美观，照明设备和控制方式便于运营管理。

11. 监控设计

(1)遵循"以人为本、集中管理、分散控制"的设计原则，进行有效的运营、管理及维护。

(2)系统采用当今国际上的先进技术，设备选型立足于国内外成熟先进的新技术、新产品、新工艺，并遵循国家或国际标准，系统构建及设备设置做到高度集成、安全可靠、功能先进、经济合理、人机界面友好。

(3)系统分为信息管理层、设备控制层、现场设备层三层网络系统结构，并充分考虑通路的实时性和可靠性要求。系统应具有很高的可扩展性、稳定性、开放性、可接入性；采用标准化接口并能做到资源充分共享，为将来杭州市道路交通统一化管理预留网络接口和通信接口。

(4)下层设备在与上层系统通信中断时，应自动进入降级运行模式。

(5)建立多系统集成的多功能中央计算机信息系统，并通过监控(含中央计算信息系统、交通监控、设备监控、电力监控)、防灾报警、闭路电视、通信(含有线、无线、广播、时钟)等分系统，统一在中控室内完成智能监控、状态显示、操作、维护、监视、通信以及资源共享等

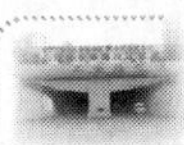

诸多功能。各分系统界面清楚,有优先级及工作权限设置,保持相对独立性,且均有自诊断功能,以便及时准确地发现异常和故障,并能迅速地排除故障。

(6)建立智能化综合操作模式,包括交通管理模式(分正常、短暂应变、长期性交通措施、超速预警、违规处理、超高检测、事故检测等)、环境管理模式(分空气质量检测及调控模式、照明检测及调控模式、节能模式等)、火灾报警及联动模式。

(7)现场设备选型应满足现场工作环境以及环保和节能的要求。关键设备采用冗余配置。各子系统的配置和控制应尽可能地采用模块化结构,以确保系统的可靠性,并易于操作、维修方便,室外及隧道内设备的防护等级需达到 IP68。

(8)现场设备与应急电话、报警按钮、消火栓箱等尽量集中放置,便于施工、使用和维修。

(9)FAS 系统的设计贯彻"预防为主,防消结合"的消防工作方针,并应满足国家、交通行业以及浙江省公安消防部门的有关规定。FAS 系统设计按两级监控方式设置,第一级为中央级,作为 FAS 系统集中监控中心,设置于隧道管理中心中央控制室;第二级为现场级,作为现场 FAS 系统控制,设置于隧道工作井内。全线消防系统所有的调度指挥权在中央级。隧道管理控制中心作为消防指挥中心,实现对隧道的消防集中监控管理。各工作井的消防控制,均能够接受管理控制中心的消防救灾指令并对其所管辖范围独立地进行消防监控管理。

(10)BAS 系统确立"以人为本"的隧道科学化使用、维护和管理原则,应具有开放性、可靠性、先进性、可扩展性等特点。BAS 与 FAS 之间通过可靠性数据通信接口,能直接接受 FAS 的火灾信息。按火灾工况的规定,控制有关设备按火灾工况运行。对正常工况及火灾工况兼用的设备,在正常工况时由 BAS 控制,火灾工况时按 FAS 发布火灾模式指令,BAS 优先执行相应的控制程序。

12. 管理用房设计

隧道管理中心房设置在江南钱江世纪城,紧邻江南盾构工作井,结合江南工作井设计。为体现以人为本的设计理念,同时尽量减少管理用房对周围景观的影响,将管理中心供配电室、消防泵房等设备房设置在地下工作井内,中央监控室及少量办公用房设置于地上一层建筑内,并尽量降低管理用房露出地面的高度,在满足功能要求的前提下尽量降低管理中心的建筑面积,以便与周围景观很好的融合。

13. 环境保护设计

环保工程设计应符合国家环境保护总局关于本工程环境影响报告书的批复中提出的环境保护工程措施要求,应优先采用无污染或轻污染的新技术、新工艺、新材料、新设备,其污染物的排放必须达到国家、浙江省及杭州市的有关标准和规定。

14. 防洪

应采取措施确保工程在施工期和运营期满足杭州市的防洪要求。

六、工程投资[2]

本工程推荐方案主线工程长度 5 352. 55m,近期隧道东主线建筑长度 3 025m,西线建筑长度 3 021. 714m,工程概算总额为 194 726. 62 万元,技术经济指标: 36 795 万元/km。

第二节　工程水文地质简介[3]

一、工程建设环境概况及基础资料

1. 气象

杭州市地处亚热带湿润地区的北缘，属亚热带季风性湿润气候，四季交替显著，有一些明显的特殊气候现象，如寒潮、雾、梅雨、台风、春秋季低温、干旱等。

(1)日照

平均日照时数为 1 800 ~ 2 100h，平均年日照百分率为 41% ~ 48%，每年最高的 7、8 月份，日照时数在 220h 以上，冬季一般在 120 ~ 150h 以下。

(2)气温

常年各地平均气温为 15.3 ~ 17.0℃，最冷月(1 月)平均气温为 3.0 ~ 5.0℃，最热月(7 月)平均气温为 27.4 ~ 28.9℃，极端最低气温为 −15 ~ −7℃(如 1966 年 1 月 24 日为 −10.5℃)，极端最高气温为 38 ~ 43℃(如 1930 年 8 月 10 日为 42.1℃)，冬季土层冻结深度为 20 ~ 30cm，基本雪压为 0.4kPa，年平均结冰日数为 39.5d。

(3)湿度

年相对湿度为 80% 左右，月平均相对湿度以夏季最大，冬季最小，总的来说各地相对湿度变化都不太大。

(4)降雨

杭州市平均年降水量为 1 100 ~ 1 600mm，各地平均降雨日为 150 ~ 160d，年最大降雨量为 2 356.1mm(1954 年)，年最小降雨量为 954.6mm(1967 年)，降水以春雨、梅雨(4 ~ 6 月)、台风(7 ~ 9 月)为主，月最大降雨量为 514.9mm(1954 年 5 月)。

(5)风况

杭州市 7 ~ 8 月份常受太平洋台风影响，带来狂风暴雨，台风侵袭本流域每年约 2 ~ 3 次。杭州市气象站实测最大风速为 28m/s(1967 年 8 月)，风向为 ESE，春季及冬季多北风，汛期多东南风，最大台风达 12 级，风速为 34m/s。基本风压为 0.35kPa。

2. 河段水文

钱塘江发源于安徽省休宁县六股尖，在浙江省海盐县澉浦镇附近注入杭州湾，干流全长 668km，流域面积约 55 558km^2。富春江电站以下为感潮河段，即钱塘江河口。其中，富春江电站至萧山市闻家堰镇段(长 78km)主要受径流作用，潮汐影响较小，称“河流段”；闻家堰至澉浦段(长 115km)受径流、潮汐共同作用，称“河口段”；澉浦以下为杭州湾，主要受潮流动力作用，称为“潮流段”。拟建隧道工程的位置处于动力条件较为复杂的河口段上段(图 2-12)。

钱塘江河口纵剖面上存在一个庞大沙坎，上起闻家堰，与河口段上游边界相同，下至杭州湾乍浦，长达 130km。沙坎顶端在仓前一带变动，其高程比闻家堰—乍浦的河床连线高出 10m 左右。河口段河床冲淤剧烈，自然条件下主槽平面摆动频繁，摆幅较大。

以1960年新安江水库建成投入运行和1968年后以围垦缩窄江道为主要形式的河口段大规模整治对河口有较大的影响，使河口段的水沙运动及其边界条件发生了显著变化。

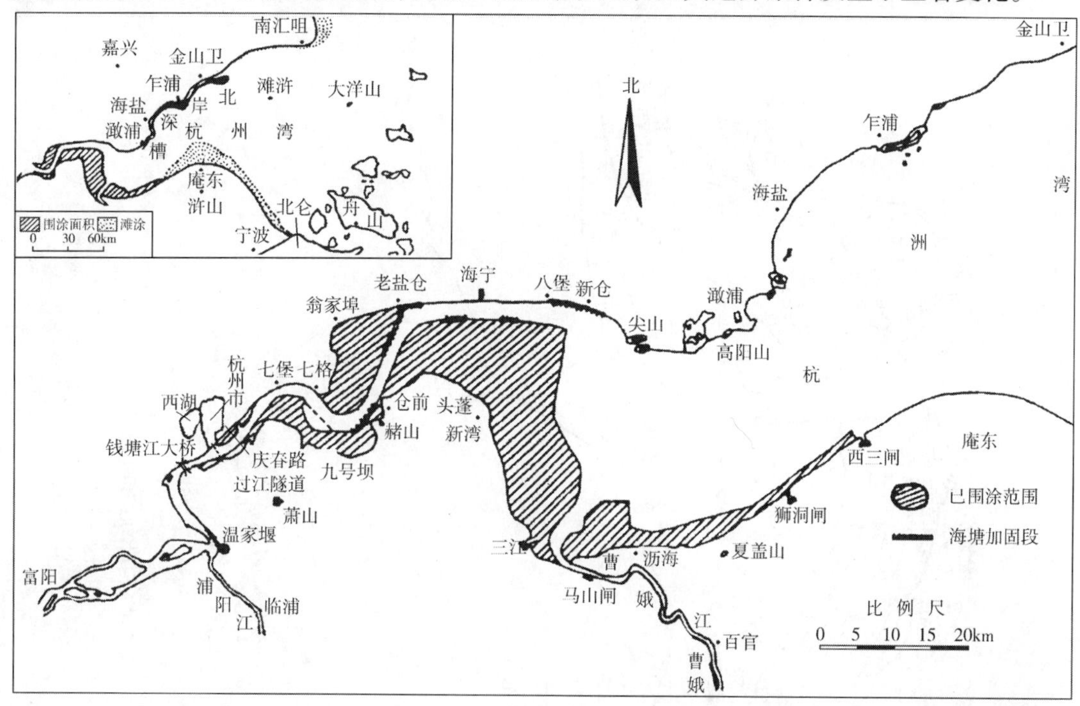

图2-12　钱塘江河口形势图

隧道工程所在的闸口至七格河段，原河宽达1～5km，因主泓摆荡，江道很不稳定。1928年开始增建丁坝群进行整治，至解放初这些丁坝群被冲毁或淹没于两岸淤沙中。从1953年起，先后在南岸钱塘江大桥至西兴码头下游，北岸从一堡至七堡共修筑丁坝29座，坝长100～300m不等。丁坝建成后，坝间不断淤涨，使钱塘江大桥至七格20km的江道河槽基本稳定。目前，该段江道已按规划要求，河宽缩窄至1～1.3km，如图2-13所示，隧道附近北岸的整治丁坝已在海塘内，而南岸还有部分坝体残留在江中，长度为100～300m，隧道断面恰位于西兴7号坝与8号坝之间。

工程附近北岸临江海塘堤顶高程按500年一遇设计，堤脚按100年一遇标准设计，并于1998年建成，堤顶高程为11m（含挡浪墙顶），如图2-14所示。现临江海塘为杭州市市区防洪确保线。

隧道南岸防洪堤为钱塘江确保线海塘，按50年一遇标准设计，但目前堤顶高程已超过设计标准，防洪堤挡浪墙顶高程为11.17m，于2002年竣工，海塘断面如图2-15所示。南岸标准海塘是杭州市滨江区及萧绍平原的防洪屏障。

二、径流特征及断面设计洪水流速

1. 径流特征

钱塘江流域水文测站以芦茨埠水文站为代表，控制面积为3.16万km^2。根据芦茨埠站60多年的资料统计分析，其流量特征如表2-7所示。

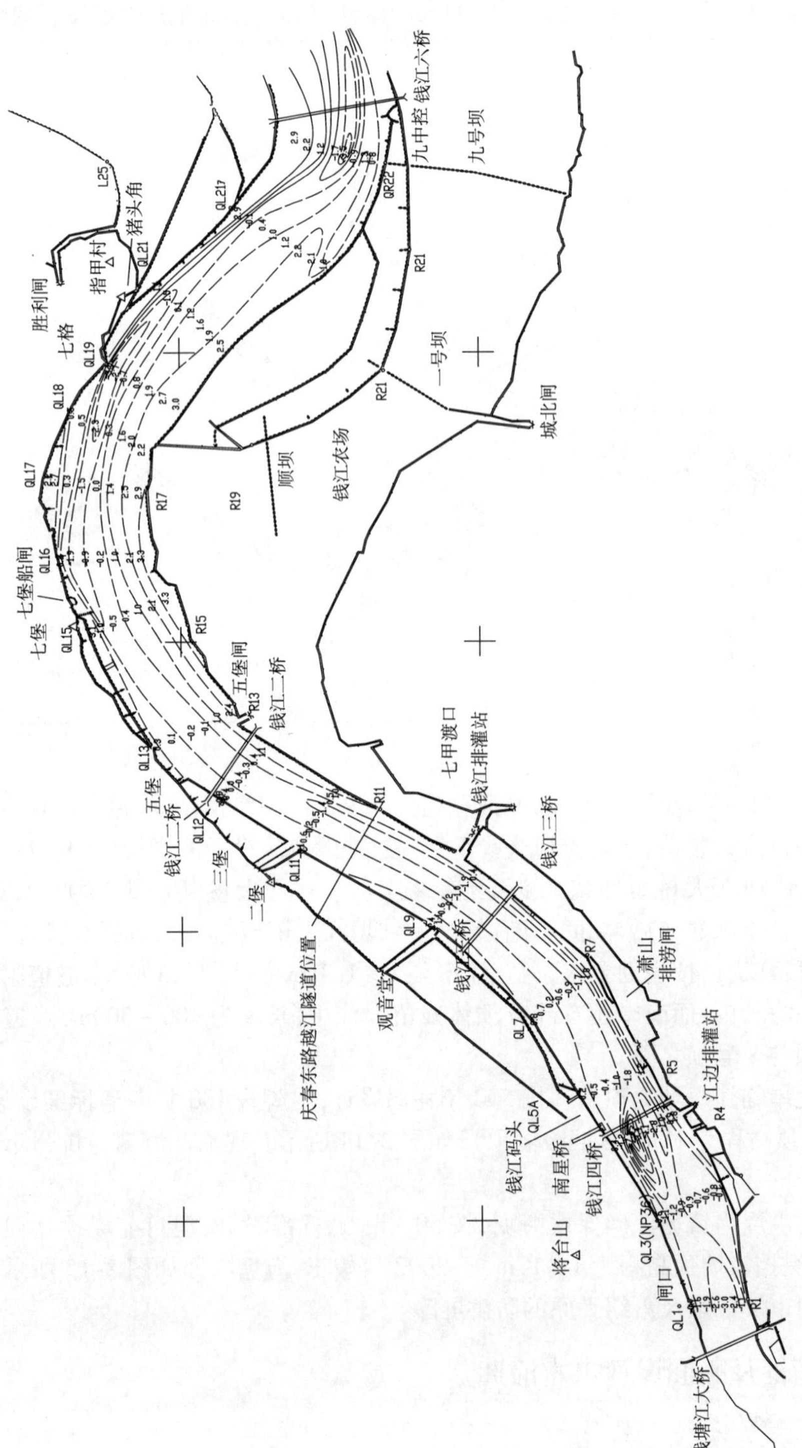

图2-13　庆春东路过江隧道工程位置及其附近河段2003年4月形势

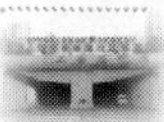

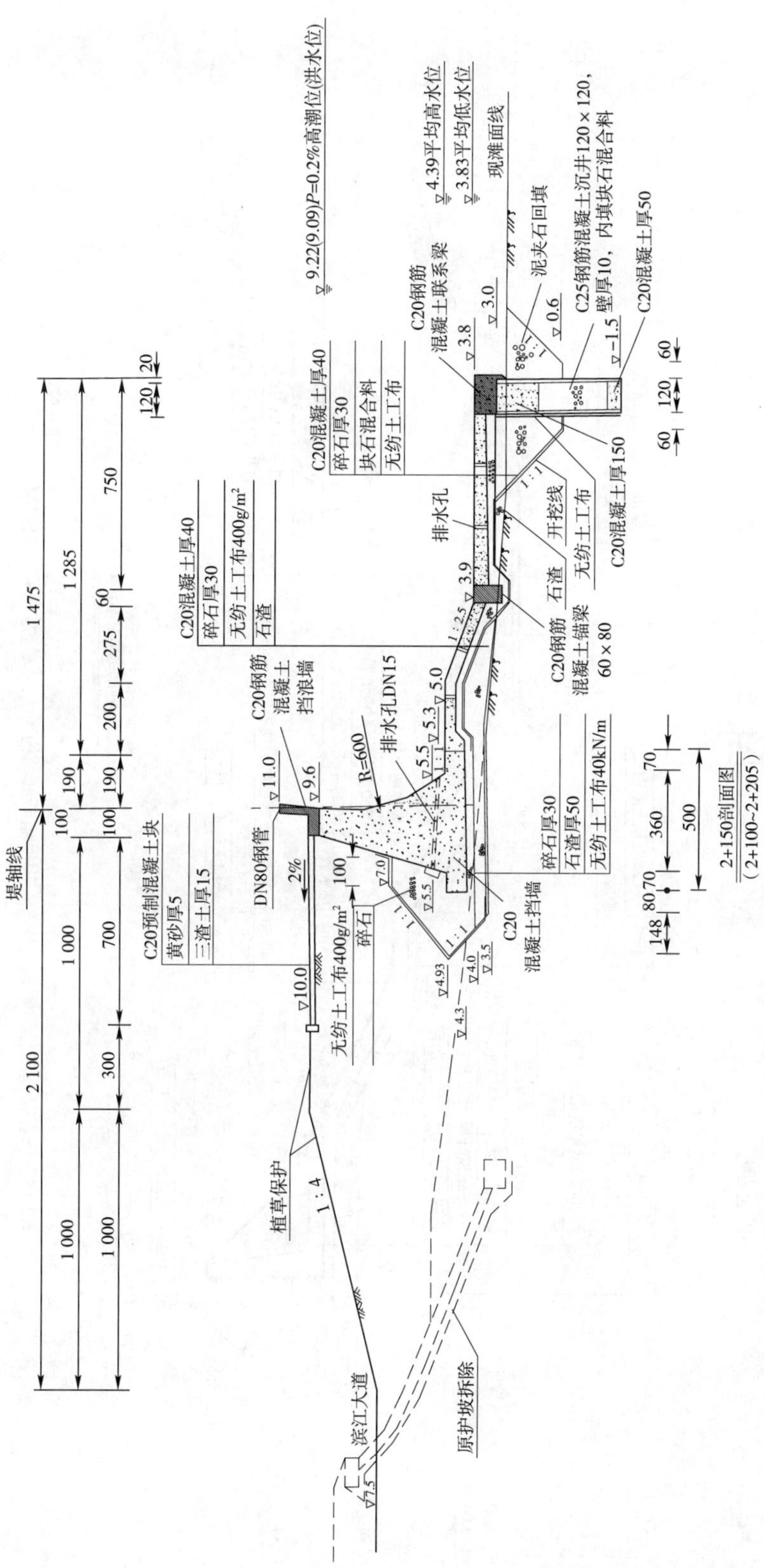

图2-14 庆春路越江隧道附近钱塘江北岸海塘断面结构图(尺寸单位：cm；高程单位：m)

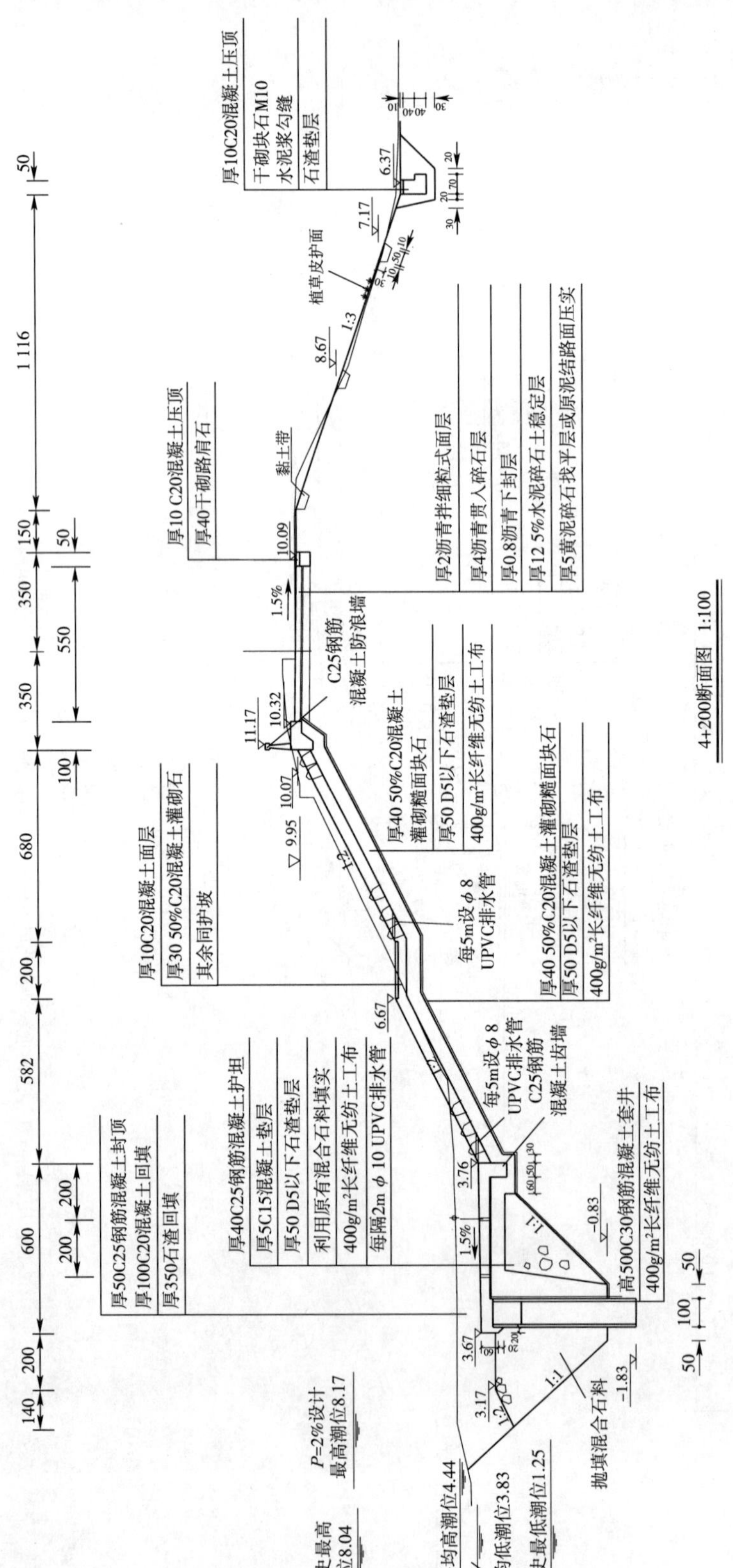

图2-15 庆春路越江隧道附近钱塘江南岸海塘断面结构图(尺寸单位：cm；高程单位：m)

芦茨埠水文站流量特征(1932~1992年)(单位:m^3/s) 表2-7

项 目	数 值	出现时间
多年平均流量	952	
最大年平均流量	1 710	1954年
最大洪峰流量	29 000	1955年6月22日
多年平均年径流总量	300亿	
最小年平均流量	412	1979年
最小枯水流量	15.4	1934年8月22日

钱塘江径流具有明显的年内和年际变化。年内存在洪、枯季之分,3~6月或4~7月为丰水期(或称梅汛期),径流量占全年的70%左右,大洪水主要出现在5~7月,8月~次年2月或3月为枯水期;径流量年际间变幅也较大,最大与最小年径流量之比达4.15,且多年连续丰、枯水文年交替出现。20世纪60年代和20世纪80年代(除1983年外)径流偏枯,20世纪50年代、70年代及90年代则较大。

1960年建成的新安江水库(库容为178.6亿m^3)对径流的影响较大。水库建成后削减了洪峰流量,也减少了大洪水的出现次数,使流量在年内的分配趋于均匀。根据相关研究,将上游建库后芦茨埠、闻家堰各种频率的洪峰流量列于表2-8中。

新安江建库后芦茨埠、闻家堰两站洪峰流量(单位:m^3/s) 表2-8

频率	0.2%	0.33%	1%	2%	5%	10%	20%
芦茨埠	30 700	28 400	23 100	21 600	17 300	15 240	13 130
闻家堰	34 700	32 200	26 400	24 600	19 900	17 540	15 000

2. 断面设计流量及洪水流速

隧道断面的各频率流量和洪水流速采用一维水流数学模型求得。

一维水流数学模型的上边界取为富春江电站,下边界取为澉浦,计算范围河道长195km。数学模型的验证计算采用1955年6月22日、1989年7月2~5日、1997年7月8日及2003年6月等多次中小洪水,其中1955年6月发生的洪水为钱塘江历年最大,芦茨埠水文站的最大洪峰流量达29 000 m^3/s。验证计算结果表明,闻家堰、闸口、七堡、仓前站水位计算值与实测值符合较好,隧道断面的流速、流量过程计算与实测也基本吻合。表明模型选用的计算参数合理,可用于计算隧道断面设计流速、流量。

在验证计算的基础上,以富春江电站各频率的洪水过程作为上边界,选择澉浦洪水期的中潮、大潮及特大潮的潮位过程为下边界,以平均江道地形作为计算地形,在这些计算条件下,得到隧道断面各频率的流量及相应的最大平均流速,见表2-9。计算结果表明,当上游发生大于50年一遇大洪水时,隧道断面已无涨潮流,但下游潮汐波动对断面流量过程和洪水流速过程还是有影响的,最大流量和最大洪水流速出现在特大潮落急时刻。

隧道断面各频率流量和最大断面平均流速 表2-9

频率	0.2%	0.33%	1%	2%
断面流量(m^3/s)	36 140	34 110	29 600	28 240
断面平均流速(m/s)	3.30	3.19	2.93	2.84

3. 隧道工程附近水位特征统计分析

(1)潮汐特征

距离隧道工程最近的水位站有两个,分别是上游约 9.3km 处的闸口站和下游约 6.7km 处的七堡水位站。闸口水位站自 1915 年开始有全年完整的水位记录,1939 年～1945 年因抗日战争资料缺测,至 2002 年有 80 多年的水位记录;七堡自 1956 年建站至今有 40 多年的水位资料。两站的潮位特征值见表 2-10。

闸口站和七堡站水位特征值(自建站至 2002 年) 表 2-10

项目	单位	闸口		七堡	
		量值	出现时间	量值	出现时间
平均高潮位	m	4.45		4.44	
平均低潮位	m	3.96		3.75	
平均潮差	m	0.49		0.69	
最高水位	m	8.03	1997.8.19	7.98	1997.8.19
最低水位	m	1.24	1954.8.10	1.26	1955.8.14
最大潮差	m	3.69	2002.9.8	4.22	2002.9.8
平均涨潮历时	h:min	1:33		1:25	
平均落潮历时	h:min	10:52		11:01	

钱塘江河口为强潮河口,其潮汐为非正规半日浅海潮,一日两涨两落。潮汐除了随天文条件变化外,还明显地受河床纵横向变形的影响。河床变形则受径流左右,丰水年水量充沛,河口段沙坎刷低,江道主槽顺直,则闸口低潮位降低,潮差增大。枯水年沙坎高程高,主槽弯曲,低潮位抬高,潮差减小。本河段高低潮位年内变化较大,以梅汛后的 7～10 月大潮期高潮位最高,低潮位最低,潮差也最大。

钱塘江是喇叭形河口,河口段内有庞大的沙坎使外海传入的潮波剧烈变形,致使涨潮历时缩短,闸口为 1.5h,落潮历时延长,约 11h。隧道工程处的潮汐特征可由闸口和七堡两站内插得到。

(2)水位影响因素

钱塘江河口段最高水位产生原因有:①上游洪水造成,多发生于 4～7 月;②台风增水,多发生于 7 月下旬至 10 月。统计闸口站 1915 年有正式全年水位记录以来的实测资料,由洪水造成的占 66%,由台风造成的占 34%。而七堡站的年最高水位由洪水造成的百分比下降到 48%,比由台风暴潮引起的年最高水位次数所占的比例略小。

由于钱塘江河口本身水文、潮汐及泥沙运动非常复杂,从而决定了河口段的洪水位受多种因素影响。这些因素主要有:

①径流对洪水位的影响

径流对洪水位的影响有两方面,一是洪峰过境,引起水位抬高。闸口—七堡段年最高水位有 48%～66% 发生在 3～6 月的梅汛期,是洪峰造成的。七堡以下河道断面面积渐增,潮

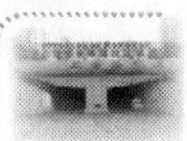

势渐强，洪峰影响逐渐变弱；二是前期径流不同，河道形态也不同，同样大的洪峰水位也有所不同。钱塘江河口是游荡型河道，河床由细粉砂组成，虽经整治仍有大幅度冲淤变化，海宁市丁桥以下主槽仍时有迁徙。长期径流偏小，沙坎较高，河道断面缩小，则水位偏高；反之，丁桥以下主槽偏北趋直，沙坎较低，断面扩大，则水位下降。

②潮汐对洪水位的影响

下游澉浦潮汐大小对该河段洪水位起顶托作用，相同的江道条件与洪水条件下，潮汐大则洪水位高。就平均情况而言，澉浦高潮位增减1m，该段洪水位增减0.2～0.4m。可见澉浦潮汐大小影响此河段水位，特别是在有利江道情况下比较明显。

③洪峰类型的影响

钱塘江洪水一次过程约5～7d，峰型有两种：1955年型，洪峰偏后，形状平胖；1982年型，洪峰偏前，形状尖瘦。两种类型的洪峰过程，后者最高水位高于前者0.5m左右。

④风暴潮的影响

钱塘江河口每年7～10月台风期经常受风暴潮引起的增水影响，如果与天文大潮相遇，两岸将形成异常高水位。闸口以下沿江各站实测最高水位均由1997年8月19日天文大潮遭遇9711台风造成的。

此外，新安江水库蓄水运行及1968年开始的大规模治江围涂等人类活动对该段的水位也有很大的影响。一方面新安江建库削峰作用使该段洪水位降低；另一方面下游治江围涂使河口段高潮位有明显抬高。

总之，隧道工程所在河段的水位变化既受众多自然因素的影响，又受人类活动（如上游修建大型水库、河口大规模治江围涂等因素）的影响，十分复杂。

(3)设计高、低水位

①闸口站设计高、低水位

闸口站年高水位主要由洪水或台风暴潮形成。洪水发生在每年4～7月上旬的梅汛期，台风暴潮发生在7月下旬至10月中旬的台风期，两者发生时间并不重合。实测年最高水位中2/3是洪水造成的。直到1997年8月，历史最高水位即1926年6月的7.59m和1997年7月的7.75m，均发生在梅汛期的洪水过程中。

1997年8月，由于9711号台风引起的暴潮影响，闸口水位高达8.03m，为闸口站的历史实测最高水位。发生在梅汛期的闸口高水位一般持续数日，台风暴潮造成的高水位则持续1h左右。

如1997年9711号台风期间闸口最高水位比“7.9”洪水期高出0.28m，但两者均高于以前历史最高水位（7.59m）的持续时间，前者仅67min，后者达67h，相差60倍。

有关文献曾采用统计法，以年汛期、梅汛期以及台风期最高水位为样本，分别分析水位重现期。结果发现，闸口站100年或50年一遇的高水位，仍以梅汛期出现者最高。1997年针对“7.9”洪水和9711号台风钱塘江河口各水位站出现异常高水位，又进行了详细的补充分析。

闸口站设计水位的分析计算主要采用洪水成因分析法，并且用统计方法进行了校核。有关文献在研究闸口洪水时，选取不同的江道地形作为初始江道条件，采用动床数值模拟方法，联合求解非恒定的水动力方程、输沙方程及河床变形方程，即在考虑河道在洪水过程中有冲淤变化的条件下计算得到。为了考虑潮汐影响，又应用耿贝尔Ⅰ型、皮尔逊Ⅲ型曲线拟合等方法进行了校核计算。

经综合分析后得出，设计高水位时，初始江道条件为平均情况，再考虑新安江水库调节及河口段江道缩窄围涂影响等因素，从而得到的闸口站各级频率高水位，见表2-11。

闸口站低水位主要受制于沙坎顶点高程，沙坎顶点高程受梅汛期径流量和尖山河段主槽曲直等因素影响较大。考虑到海宁十堡以上河道基本得以整治，尖山河段主槽极端走南的可能性很小，故剔除相应于此种情况的点后进行统计分析，采用皮尔逊Ⅲ型曲线拟合，求得闸口站各级频率低水位，同列于表2-11中。

闸口、七堡站设计高、低水位(单位:m)　　表2-11

频率	闸口		七堡		隧道断面	
	高水位	低水位	高水位	低水位	高水位	低水位
0.20%	9.28		8.82		9.02	
0.33%	9.01		8.65		8.81	
1%	8.44	1.15	8.30	1.10	8.36	1.13
2%	8.14	1.34	8.08	1.29	8.11	1.33
5%	7.59	1.59	7.78	1.55	7.70	1.57
10%	7.29	1.82	7.51	1.78	7.40	1.80

②七堡站设计高、低水位

七堡站高水位所受潮汐影响比洪水大，近50年来，七堡站高水位从大至小排列的前四次均由台风暴潮引起，依次为9711号台风、7413号台风、9417号台风和9608号台风。设计高水位计算采用《城市防洪工程设计规范》(CJJ 50—1992)推荐的极值Ⅰ型分布，统计系列中考虑了钱塘江围垦缩窄的影响，对围垦前年极值样本进行修正。同时采用距平值分析方法进行校核计算，具体做法是以逐年年最高潮位与当年平均潮位的差值，即距平值作为统计样本，采用皮尔逊Ⅲ型适线进行重现期分析，分析结果再加上20世纪90年代的平均高潮位作为某重现期的设计高潮位，该值低于耿贝尔所得的结果，见表2-11。

七堡站设计低水位根据闸口低水位通过相关方法求得。所得结果见表2-11。

(4)潮流特征统计分析

潮波自杭州湾进入钱塘江发生剧烈变形，涨潮历时缩短，落潮历时延长，前坡变陡，后坡变缓。据多年资料统计，闸口站涨潮历时平均为1.5h，落潮历时平均为10.9h。

2002年3月在隧道工程断面下游的钱塘江二桥附近进行了全潮测验(表2-12)，涨潮潮流历时约2~2.5h，落潮历时为10~10.5h，与多年平均的涨落潮历时基本相当。测量期间，富春江电厂日平均流量可达1 660m^3/s。受其影响，中、大潮涨潮流速偏小，仅3号点位可观测到明显的涌潮，大潮涨潮实测最大测点流速及垂线平均流速分别为1.54m/s和1.16m/s；相应的落潮实测最大测点流速及垂线平均流速分别为1.61m/s和1.38m/s。由于测点在河口段上游，受径流影响较大，径流较强时落潮流大于涨潮流。但若径流弱潮汐强，则会出现相反的情况。

各点位最大流速统计表　　表 2-12

测验日期	潮型	点位	涨潮				落潮			
			测点		垂线平均		测点		垂线平均	
			流速(m/s)	流向(°)	流速(m/s)	流向(°)	流速(m/s)	流向(°)	流速(m/s)	流向(°)
3 月 28 日、3 月 29 日	中潮	1	0.59	207	0.51	205	1.23	57	1.04	43
			0.30	230	0.26	222	1.27	55	1.01	41
		2	0.65	243	0.56	244	1.49	54	1.17	51
			0.29	283	0.20	279	1.64	54	1.28	57
		3	1.01	228	0.88	233	1.33	58	1.12	57
			0.68	244	0.57	236	1.20	50	1.05	47
3 月 30 日、3 月 31 日	大潮	1	0.73	193	0.60	203	1.28	54	1.03	42
			0.46	194	0.40	193	1.30	48	1.03	38
		2	0.62	271	0.45	259	1.58	49	1.24	47
			0.40	257	0.33	238	1.61	56	1.23	58
		3	1.54	234	1.16	246	1.57	45	1.38	43
			1.13	232	0.85	229	1.14	48	0.93	39

注:1 ~3 号为垂线编号。

2003 年 6 月为配合隧道工程预可行性研究工作,进行了一次水文测验,在隧道断面布置 5 个水文测点,自西向东依次为 QS2031、QS2032、QS2033、QS2034、QS2035。水文测验结果的特征值如表 2-13 所示,实测流矢图如图 2-16 所示。

庆春路过江隧道断面各测点涨、落潮实测最大流速(流向)统计　　表 2-13

点位	潮型	面		0.2H		0.4H		0.6H		0.8H		底	
		流速(m/s)	流向(°)	流速(m/s)	流向(°)	流速(m/s)	流向(°)	流速(m/s)	流向(°)	流速(m/s)	流向(°)	流速(m/s)	流向(°)
QS2031	涨潮	2.12	189	2.22	188	2.24	197	2.24	204	2.22	192	2.14	191
	落潮	1.08	54	1.08	54	1.00	50	0.90	48	0.82	38	0.78	36
QS2032	涨潮	1.76	198	1.82	198	1.82	194	1.70	186	1.52	190	1.42	192
	落潮	1.60	54	1.58	54	1.40	54	1.16	54	0.98	54	0.84	48
QS2033	涨潮	1.45	167	1.48	171	1.52	176	1.58	185	1.62	195	1.54	202
	落潮	1.86	50	1.79	47	1.70	42	1.51	34	1.32	28	1.02	33
QS2034	涨潮	2.32	243	2.32	235	2.30	217	2.06	208	1.82	213	1.24	208
	落潮	1.90	4	1.80	4	1.58	16	1.44	18	1.28	20	1.12	22
QS2035	涨潮	1.62	196	1.53	202	1.46	212	1.43	211	1.38	200	1.42	190
	落潮			1.28	21			1.08	21	0.86	24		

由图2-16，表2-13可知：该断面涨潮最大流速为2.32m/s，流向243°，出现在QS2034点位面0.2H层。最大涨潮流的平面分布，因受行洪期下泄洪峰影响和河床地形的不同，各点位实测最大流速的大小略有不同，其量值为1.62～2.32m/s。

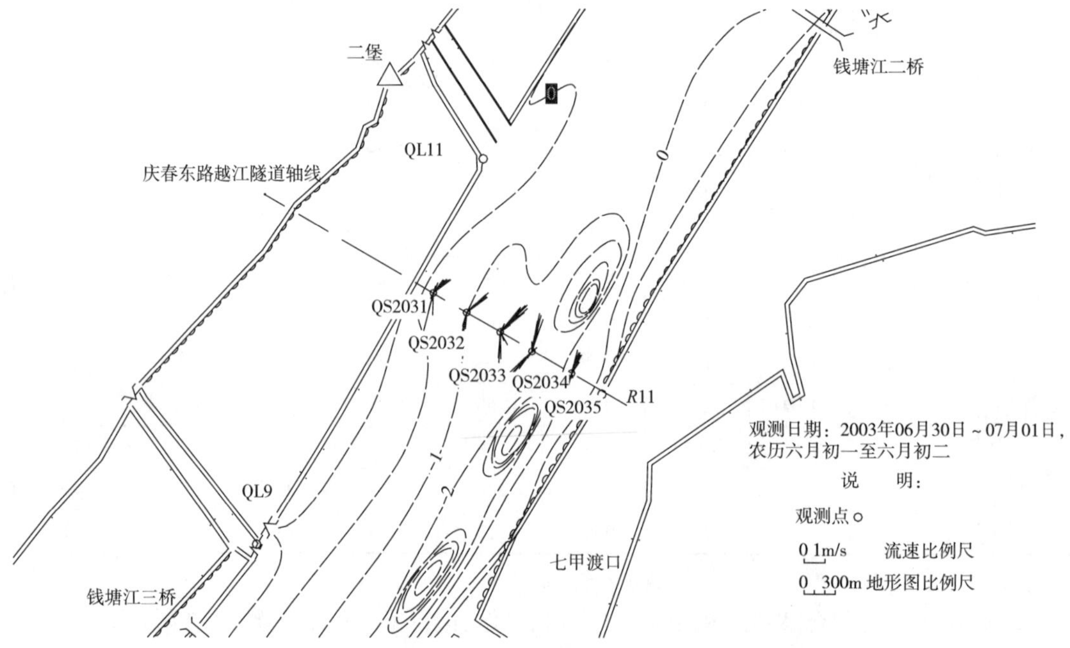

图2-16　庆春路越江隧道断面2003年6月30日实测流矢图

断面落潮流最大流速的极值为1.90m/s，流向4°，出现在QS2034点位面层。最大落潮流的平面分布，在西侧的QS2031点位为1.08m/s，向东逐渐增强，如QS2032点位为1.60m/s，QS2033点位为1.86m/s，至QS2034点位达1.90m/s，然后又减弱，在最东侧的QS2035点位流速为1.28m/s。

(5)泥沙

钱塘江流域来沙很少，富春江电站建成前年平均输沙量约为900万t，干流潮区界芦茨埠站最大含沙量为1.76 kg/m^3，平均含沙量为0.2 kg/m^3。但海域来沙丰富，澉浦平均含沙量为3.5 kg/m^3。每潮往复输沙量为1 000万t。澉浦以上河段，悬沙由均匀的粉砂组成，中值粒径大多为0.02～0.04mm，本河段床沙粒径与悬沙基本相同。

2003年6月隧道工程附近测验资料如表2-14所示，各测点位最高含沙量为8.113kg/m^3（出现在QS2031点位），0.2H层含沙量平均为0.248～0.646kg/m^3，0.6H层为0.818～1.214kg/m^3，0.8H层为1.403～2.052kg/m^3，底层为2.204～3.278kg/m^3。

各点位的底质土样除QS2035点位外，主要以粉砂为主，比例占93.9%～97.1%，并含有少量砂和黏土，而处在南岸边的QS2035点位主要以砂为主，占70.9%，粉砂为辅，占27.6%，黏土占1.5%。测验结果表明隧道东侧的QS2035点位的底质土样明显要粗。其中值粒径为0.104 0mm，其他各点位的中值粒径为0.025 6～0.040 6mm。

(6)涌潮

涌潮是钱塘江河口一种特殊的水力现象。由于河口段河宽急剧收缩，河床迅速抬高，潮

波从外海向河口上游传播过程中产生剧烈变形，遂使涨潮波前形成明显锋面，陡度达1∶2.9～1∶9.4，近岸滩地较浅处潮波锋面往往破碎，此即涌潮。涌潮行进速度一般约为4～7m/s，同一地点水位涨率可达1m/s。水位骤升的同时，流速亦从落潮方向反转成涨潮方向，随之流速剧增，俗称"快水"，快水一般持续20min左右。

隧道工程断面含沙量统计（kg/m^3）　　表2-14

断面	特征值/垂线号	层次	0.2H	0.6H	0.8H	底	垂线
过江隧道	QS2031	最大	0.508	1.884	5.751	8.113	2.303
		最小	0.069	0.095	0.110	0.114	0.099
		平均	0.248	0.818	1.856	2.358	0.910
	QS2032	最大	0.845	2.772	5.609	7.908	2.453
		最小	0.071	0.104	0.131	0.148	0.106
		平均	0.277	1.214	2.052	2.390	1.019
	QS2033	最大	0.600	1.920	3.513	5.684	1.704
		最小	0.075	0.095	0.111	0.102	0.100
		平均	0.303	1.001	1.770	2.641	0.943
	QS2034	最大	0.867	2.154	4.683	7.752	2.291
		最小	0.066	0.132	0.143	0.155	0.125
		平均	0.346	0.989	1.915	3.278	0.974
	QS2035	最大	2.763	5.811	5.933	6.574	4.775
		最小	0.076	0.112	0.112	0.159	0.101
		平均	0.646	1.132	1.403	2.204	1.026

近年来，涌潮约在尖山至高阳山一带形成，上溯过程中逐渐增强，至八堡—大缺口一带最大，之后强度渐弱。强潮时，涌潮潮头可上溯到闻家堰以上，全程约90km。

影响涌潮强弱的因素较多，其中澉浦潮差、江道地形及低潮位水深最为重要。涌潮强弱直接决定于水位的最大涨率，澉浦每月朔望后2～3d，潮差大，涨潮历时短，沿江涌潮较强；上、下弦后的几天，涌潮则较弱。1988年7月21日的后几天，尖山上游的旧仓甚至没有涌潮发生；7月28日以后，澉浦潮差渐大，涨潮历时缩短，涨潮期平均涨率达0.22m/s，旧仓开始出现涌潮；至8月1日，涌潮可高达1.2m，为半月中最大。每年9～10月，沿江涌潮相应较强，与澉浦潮差大小规律一致。

涌潮强弱还决定于当时的江道地形，尤其是尖山河段河槽曲直及钱塘江沙坎顶端高程。尖山河段主槽弯曲走南，涌潮较弱（如20世纪80年代）；顺直走北，则涌潮较强（如20世纪70年代、20世纪90年代）。最近几年工程附近河段的涌潮明显增强，相应闸口潮差变化如表2-15所示。同时根据2002年9月的闸口站最大潮差达3.69m，七堡最大潮差达4.22m。

但去年由于上游径流偏枯，闸口至澉浦河段淤积严重，工程河段涌潮偏小。

闸口站历年潮差统计(单位:m)　　表 2-15

年　份	年平均潮差	最大月平均潮差	年最大潮差
1970～1977 年	0.58	0.98	2.22
1980～1988 年	0.45	0.75	1.67
1989～1996 年	0.84	1.44	2.87

涌潮强度习惯上采用涌潮潮头高度表征，根据 1987 年及 1990 年两次同潮观测，并考虑涌潮高度与潮差的关系，隧道工程附近断面最大涌潮高度为 2.0～2.5m。据以往的试验研究，涌潮高度达到 2.5m 时，测点瞬时流速可达 6～7m/s。

三、周边环境

1. 港口码头、防汛设施

三堡船闸：位于本隧道下游左岸 1km 处，1987 年建成，为京杭大运河与钱塘江沟通工程，按五级航运标准通航 300t 级船队设计，年通航能力为 300 万 t。

七甲排灌站闸：位于本隧道上游右岸 1.3km 处，共设 4 孔，闸孔总净宽 24m，设计过闸流量 $90m^3/s$，排涝 60 万亩(1 亩 $=666.6m^2$)，灌溉 60 万亩。

江干排灌闸：位于本隧道上游左岸 1.5km，共设 3 孔，闸孔总净宽 10.5m，排水面积 $50km^2$，灌溉 5 万亩。

近来，杭州市在钱塘江三桥至三堡船闸段沿江建设城市阳台工程和新塘河排涝泵站出口工程，其中城市阳台在江干排灌站处，位于工程上游 1.5km；新塘河排涝泵站出口位置在三堡船闸处，位于工程下游 1km 处。

2. 隧道周边道路

江干区：秋涛路高架为六车道，地面为六车道；庆春路西段为四车道，东段为六车道；新塘路、钱江路、富春江路均为六车道。

萧山区：机场路机动车专用道为四车道；市心路为六车道；钱江二路、滨江二路、内环路等均为六车道。

3. 沿线主要建(构)筑物及地下管线

沿线主要构筑物有江北富春江路南侧的新塘河，江南先锋河、后解放河、部分三层左右的民宅及钱塘江两侧的防洪堤。

新塘河宽 16m，平均深约 3.3～3.7m，最大流量 $20m^3/s$，由 C15 毛石混凝土或钢筋混凝土砌成的 U 形结构，规划河底高程为 2m，主要作用为汛期排涝。隧道明挖结构下穿河道，施工期间需临时改河。

先锋河原为农田灌溉用，现已基本废除。规划远期为排水、蓄水及休闲娱乐亲水水源。隧道从其下约 20m 处以盾构法穿越，施工期间对河流无影响。

后解放河河宽约 30m，现为排涝、灌溉作用。规划远期为排水、蓄水及休闲娱乐亲水水源，且远离隧道。近期江南接线道路需设桥涵跨越现后解放河。

钱塘江两侧的防洪堤为钢筋混凝土结构，盾构从江北防洪堤下约 21m、江南防洪堤下约

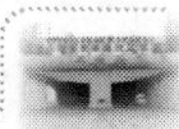

23m 处穿过，隧道施工对防洪堤基本无影响。

沿线与隧道有关的地下管线，主要分布在庆春东路的新塘路至富春江路段以及钱江路、富春江路与庆春东路的交叉口处。管线类型有雨水管、污水管、自来水管、电力、通信、煤气管，其中钱江路口的地下 220kV 电力管埋深约 1.45m、D2200 二污干管埋深为 2.2～3.8m，平均覆土为 3.1m 左右。其余道路沿线雨水管埋深约为 1.25～3.25m，污水管埋深约 1.4～2.4m，自来水管埋深约 1.2m，煤气管埋深约 0.9～1.65m，通信管埋深 1.5～2.0m。

四、工程地质与水文地质

1. *地形、地貌及施工环境*

杭州市区地处浙西中低山丘陵与浙北平原接壤地带，其西南部为低山丘陵地形，北、东、南三面为堆积平原。

隧道工程区位于低山丘陵与平原交接处，起于江北庆春路新塘路口处，穿越钱塘江，至江南市心路钱江二路处。钱塘江为浙江省境内第一大河，河流总体呈西南—北东流向，经杭州后向东入杭州湾海域。隧道区江面宽约 1 300m，两岸地形平坦，岸区地面高程一般为 5.0～6.5m（1985 年国家高程），河床高程一般为 -2.3～0.85m。隧道穿越段所处钱塘江河口上段，系七甲微湾与七格弯道的过渡段，受上、下游弯道影响，在径流、潮汐反复交替作用下，河床冲刷剧烈，河床主槽摆动频繁且摆幅较大。

富春路至之江路段现为荒地，有水塘分布，因之江路管廊基坑开挖，有大量土方堆筑于江北工作井南侧。南岸现多为鱼塘和苗木，有零星民居分布。因近年人工围垦作用，北岸已于 1998 年建成 100 年一遇标准海塘，堤顶高程为 11m 左右；南岸于 2002 年建成 50 年一遇标准海塘，防洪堤挡浪墙顶高程为 11.17m。堤内区已无潮汐影响，施工环境条件相对较好。

2. *地层岩性*

（1）地基土层的划分

隧道区地层根据地基土的岩性、埋藏分布特征、物理力学性质，结合静力触探曲线及室内土工试验分析，可将勘探深度内地基土划分为 9 个工程地质层，共 20 个亚层和 2 个夹层，分层简述及顶板高程、厚度详见表 2-16。

（2）各地基土层的特征及分层描述

根据上述划分的工程地质亚层，自上而下分层描述如下：

①$_{-1}$层：杂填土

褐灰～灰色，松散，质不均。混杂较多碎石、角砾和砖块，粒径一般为 2～6cm，少量达 10cm 以上，含量占 10%～30%。表部多为混凝土路面，之下主要以碎块石、砖块及混凝土块等建筑垃圾为主，为近期人类活动改造堆填。主要分布于江北段。

①$_{-2}$层：素填土

灰～黄灰，湿～稍密，无层理。成分以砂质粉土为主，局部含碎石，质较均，沿线主要为人工开挖回填土，特别是在庆春东路，早期地形主要为池塘，后期堆填采用粉土、碎石等，分选性略差，一般为 4～5m，最大厚度达 9.0m 左右，底部有灰黑色富含有机质的砂质粉土，为原先塘底淤积而成，性质差。本层在江北岸沿线分布普遍，江南岸仅在个别地段有揭露。

江南岸现多为苗木地，浅部以耕植土为主，一般厚度为 0.5m 左右，不作专门分层。

沿线各土层一览表

表 2-16

层号	成因时代	土层名称	土层简述	层厚（m）	平均层厚（m）	顶板高程（m）	平均高程（m）	围岩分类	可挖性分级
①$_{-1}$	aQ	杂填土	成分为建筑垃圾，以块石、碎石为主	0.50～7.80	2.93	4.05～8.17	6.93	Ⅰ	Ⅰ
①$_{-2}$	aQ	素填土	灰，湿，成分为稍密状砂质粉土	0.50～6.20	1.93	−1.12～7.96	4.72	Ⅰ	Ⅰ
②$_{-1}$	al-mQ_4^3	砂质粉土	黄灰～灰，湿，稍密，薄层状，含 Fe、Mn 斑	0.70～9.30	5.18	−0.53～5.91	3.36	Ⅰ	Ⅰ
②$_{-2}$	al-mQ_4^2	粉土夹淤泥质土	灰，很湿，稍密，薄层状，夹黏性土微层理	1.10～8.45	4.09	−7.00～2.94	−1.05	Ⅰ	Ⅰ
③$_{-1}$	al-mQ_4^2	粉砂夹粉土	灰黄绿，湿～很湿，中密，薄层状	1.10～5.80	3.32	−9.25～−1.54	−4.83	Ⅰ	Ⅰ
③$_{-2}$	al-mQ_4^2	砂质粉土	灰色，很湿，稍密，薄层状，夹黏性土微层理	0.70～6.50	2.85	−10.28～−2.52	−6.35	Ⅰ	Ⅰ
③$_{-3}$	al-mQ_4^2	粉砂夹粉土	灰绿～灰，湿～很湿，稍密，薄层状	1.80～8.00	4.55	−10.72～−5.25	−8.30	Ⅰ	Ⅰ
③$_{-4}$	al-mQ_4^2	砂质粉土	灰色，很湿，稍密，薄层状，土质不均一	0.80～3.20	1.82	−12.52～−10.89	−11.67	Ⅰ	Ⅰ
④	mQ_4^1	淤泥质粉质黏土	灰色，流塑，饱和，薄层状	0.50～10.30	4.08	−14.82～−11.49	−13.01	Ⅰ	Ⅰ
⑤$_{-1}$	al-lQ_3^2	粉质黏土	浅灰～绿灰，可～硬塑，中厚层状	0.50～6.00	2.56	−23.20～−12.29	−17.61	Ⅰ	Ⅰ
⑤$_{-2}$	al-lQ_3^2	粉质黏土	黄灰，可～硬塑，厚层状，含 Fe、Mn 斑	0.50～12.40	6.28	−25.90～−12.29	−17.66	Ⅰ	Ⅰ
⑥$_{-1}$	mQ_3^2	黏土	灰色，软塑，厚层状，质均	0.90～5.90	2.61	−26.62～−17.74	−21.17	Ⅰ	Ⅰ
⑥$_{-2}$	mQ_3^2	粉质黏土	褐灰，软塑，厚层状，含腐植物碎屑	0.80～9.80	4.76	−30.18～−19.26	−23.80	Ⅰ	Ⅰ
⑦$_{-1}$	al-lQ_3^1	含粉砂粉质黏土	灰黄～灰白，可～硬塑，中厚层状	0.60～5.40	2.20	−31.07～−22.30	−28.53	Ⅱ	Ⅱ
⑦$_{-2}$	alQ_3^1	粉细砂	灰黄，中密，中厚层状，低压缩性	0.80～7.70	3.08	−32.67～−24.10	−28.87	Ⅰ	Ⅰ
⑦$_{-2}$夹	al-hQ_3^1	粉质黏土	灰，褐灰，软～可塑，中厚层状					Ⅰ	Ⅰ
⑧$_{-1}$	alQ_3^1	圆砾	灰黄，中密～密实，厚层状，分选一般	1.20～8.60	3.55	−36.93～−29.48	−31.88	Ⅱ	Ⅱ
⑧$_{-2}$	alQ_3^1	卵石	灰黄～浅灰，密实，厚层状，低压缩性	10.80～18.0	15.47	−39.51～−30.73	−35.13	Ⅲ	Ⅲ
⑧$_{-2}$夹	al-hQ_3^1	粉质黏土	灰，褐灰，软～可塑，中厚层状					Ⅱ	Ⅱ
⑨$_{-1}$	k_{1c}	全风化含砾砂岩	紫红色，厚层状构造，风化强烈	3.90～9.30	5.19	−55.55～−47.95	−50.73	Ⅲ	Ⅲ
⑨$_{-2}$	k_{1c}	强风化含砾砂岩	紫红色，厚层状构造，中细粒结构	5.10～8.80	6.67	−58.46～−52.69	−55.83	Ⅳ	Ⅳ
⑨$_{-3}$	k_{1c}	弱风化含砾砂岩	紫红色，厚层状构造，中细粒结构	>10.0		−64.37～−60.04	−62.06	Ⅳ	Ⅳ

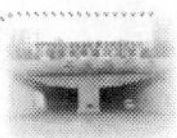

②$_{-1}$层:砂质粉土

黄灰,湿~很湿,稍密,似层状构造,层理不太明显。局部黏粒含量较高,摇振反应迅速,切面粗糙,干强度及韧性低。浅部受氧化作用,多形成有铁锰质氧化斑点,质均,中压缩性。本层在沿线大多路段缺失。

②$_{-2}$层:粉土夹淤泥质土

灰色,稍密,很湿,薄层状构造。黏粒含量较高,局部含少量淤泥质土或粉质黏土微层理,偶见少量有机质和贝壳碎屑。摇振反应迅速,切面粗糙,干强度及韧性低,均匀性较差。土质较均一,局部夹粉砂,性质一般,中压缩性。

③$_{-1}$层:粉砂夹粉土

绿灰,黄绿灰,湿~很湿,中密为主,薄层状构造。一般单层厚度为0.2~0.5cm,含较多细小云母片,土质不太均一,粉土以砂质粉土为主,性质较好,摇振反应迅速,切面粗糙,干强度及韧性低,中压缩性。本层全线两岸分布较普遍,钱塘江段缺失较多。

③$_{-2}$层:砂质粉土

灰色,稍密,湿~很湿,薄层状构造。一般单层厚度为0.1~0.3cm,土质较均一,夹有淤泥质粉质黏土微层理,层面多见云母屑,偶见腐殖物碎屑及贝壳碎片,摇振反应迅速,切面粗糙,干强度及韧性低,性质一般。

③$_{-3}$层:粉砂夹粉土

灰,绿灰,很湿,中密,薄层状构造,局部层理不明显。含较多细小云母片,偶见腐殖物碎屑,摇振反应迅速,切面粗糙,干强度及韧性低,性质较好,中压缩性。本层全线普遍分布,仅个别点有缺失。

③$_{-4}$层:砂质粉土

灰色,稍密,湿~很湿,薄层状构造。一般单层厚度为0.2~0.4cm,土质不甚均一,自上而下淤泥质粉质黏土微层理渐发育,层面偶见腐殖物碎屑及贝壳碎片,摇振反应迅速,切面粗糙,干强度及韧性低,性质较差。本层江北及盾构段缺失,仅在江南段有揭露。

④层:淤泥质粉质黏土

灰色,流塑,饱和,薄~中厚层状构造。黏塑性和均匀性自上而下渐好,局部为淤泥质黏土,偶见灰黑色有机质斑点,高压缩性,摇振反应无,切面稍有光滑,干强度及韧性高,力学性质差。一般厚度较薄,沿线分布较普遍,仅个别地段缺失。

⑤$_{-1}$层:粉质黏土

浅灰绿色为主,局部呈黄灰色、灰黑色、灰白色,可塑~硬塑,厚层状构造。黏塑性较好,刀切面光滑,摇振反应无,干强度及韧性高,局部偶见粉土团块,偶见泥质结核,中压缩性,土层性质自上而下渐好。本层主要分布于盾构段,江北及江南有零星出露。

⑤$_{-2}$层:粉质黏土

灰黄、褐黄色,可塑~软塑,厚层状构造为主。含铁、锰质氧化斑点及细小结核;均匀性一般。本层上部黏塑性一般较好,局部呈黏土状,下部多含粉土细膜,呈不均匀、不连续状分布,中压缩性,性质一般。本层摇振反应无,切面稍有光滑,干强度及韧性高~中等。本层中部个别孔揭露存有夹层,颜色呈灰白色和浅灰色,为软~可塑状,不单独分层。本层沿线普遍分布。

⑥$_{-1}$层:黏土

灰、褐灰色，软塑，厚层状构造。质较均，黏塑性较好，含半炭化腐殖物碎屑及少量有机质斑点，摇振反应无，切面光滑，干强度及韧性高，中偏高压缩性。沿线缺失较普遍。

⑥$_{-2}$层：粉质黏土

褐灰色，软塑，厚层状构造。黏塑性一般偏差，摇振反应无，切面稍有光滑，干强度及韧性中等，质不均，多含腐殖物碎屑，下部含粉细砂薄膜，局部见粉砂薄层，中压缩性。沿线个别有缺失。

⑦$_{-1}$层：含粉砂粉质黏土

黄灰，黄绿灰色，硬塑，中厚层状为主，黏塑性较差，含粉细砂，质不均，摇振反应无，切面稍有光滑，干强度及韧性中等，局部黏性一般，中压缩性，沿线有缺失。

⑦$_{-2}$层：粉、细砂

黄灰，褐灰色，中密，中厚层状，砂质分选一般，矿物成分以长石、石英为主，见褐灰白色团块，质不均，局部与粉质黏土互层，中压缩性，沿线局部有缺失。

⑦夹层：粉质黏土夹粉砂

褐灰色、灰色，软塑，薄层～中厚层状构造。黏塑性一般，含少量粉、细砂，局部多夹细砂薄层；刀切面略显粗糙，黏塑性一般，韧性及干强度中等，摇振反应无。本层在BJ16、DZ24有揭露。

⑧$_{-1}$层：圆砾

灰黄色，中密～密实，厚层状，质不均，卵石含量约占25%，圆砾占50%以上，分选一般，次圆扁平状，中粗砂充填，一般粒径以1～2cm为主，最大粒径达5cm以上，少量黏性土胶结。本层顶部一般黏性土含量较高，自上而下颗粒渐粗，局部地段存在粉砂透镜体夹层，钱塘江中局部厚度较大，沿线部分路段有缺失。

⑧$_{-2}$层：卵石

灰黄色～灰色，密实，厚层状，卵石含量约占50%～60%，粒径以2～5cm为主，最大达7cm以上，深度多见粒径达10cm以上，母岩成分杂，以火山岩类为主，分选性一般，次圆扁平状，圆砾含量约占25%，中粗砂充填，少量黏性土胶结。本层一般在高程－40～－35m段以下颜色呈浅灰色，均匀性、分选性渐差。本层低压缩性，性质良好。沿线全场分布。

⑧$_{-2}$夹层：粉质黏土夹细砂

褐灰色、灰色，软塑，薄层状构造，一般单层厚10～15cm。黏塑性一般，含少量粉、细砂，局部多夹细砂薄层；刀切面略显粗糙，黏塑性一般，韧性及干强度中等，摇振反应无。本层在DZ5、DZ46、DZ48孔有揭露。

⑨$_{-1}$层：含砾砂岩

全风化，紫红色，灰紫色，厚层状构造，粉砂结构，泥质胶结。矿物风化蚀变强烈，泥质含量较高，母岩结构较难辨认，岩芯多呈成砂土状，手捏易散，钻探中岩芯易磨损，见少量风化成砂土状的角砾。

⑨$_{-2}$层：含砾砂岩

强风化，紫红色，灰紫色，厚层状构造，中细砂结构，泥质胶结。岩质风化强烈，见少量灰绿色凝灰质斑点，偶见方解石薄膜，砾石以圆砾为主，多为次圆状，含量约占5%～10%，质软，岩芯轻敲易碎，钻进易磨损。

⑨$_{-3}$层：含砾砂岩

杭州市庆春路过江隧道工程地基土承载力值及基坑围护设计参数一览表　　表2-17

层号	土层名称	层厚(m)	围岩类别	天然承载力特征值	基床系数		天然重度	桩基参数				渗透系数		剪切强度								无侧限抗压强度			固结试验					静止侧压力系数
					水平 $\times 10^4$	垂直 $\times 10^4$		钻孔灌注桩		预制桩		垂直	水平	三轴快剪UU		三轴固快CU		固结快剪(峰值)		直接快剪(峰值)		原状土	重塑土	灵敏度	压缩系数	压缩模量	前期回结压力	压缩指数	回弹模量	
								桩端土极限端阻力特征值	桩周土极限侧阻力特征值	桩端土极限端阻力特征值	桩周土极限侧阻力特征值			黏聚力	内摩擦角	黏聚力	内摩擦角	黏聚力	内摩擦角	黏聚力	内摩擦角									
				f_k	K_s	K_c	ρ	q_{pk}	q_{sik}	q_{pk}	q_{sik}	K_h	K_v	c	φ	c_{cu}	φ_{cu}	c	φ	c	φ	C_u	C_u'	S_t	a_{1-2}	E_s	P_c	C_c	Er_{800}	K_0
				(kPa)	(kN/m^3)	(kN/m^3)	(kN/m^3)	(kPa)	(kPa)	(kPa)	(kPa)	(cm/s)	(cm/s)	(kPa)	(°)	(kPa)	(°)	(kPa)	(°)	(kPa)	(°)	(kPa)	(kPa)		(MPa^{-1})	(MPa)	(kPa)		(MPa)	
①	填土	0.50~7.80	Ⅰ				19											5	20											
②$_{-1}$	砂质粉土	0.70~9.30	Ⅰ	135	2.0	1.3	19.5		15		15	1.49E-04	1.99E-04	34.1	1.6	35.9	34.8	5.0	29.1	8.2	27.1				0.17	9.72	409.6	0.122	0.17	0.27
②$_{-2}$	粉土夹淤泥质土	1.10~8.45	Ⅰ	100	1.4	0.9	19.2		30		35	1.78E-04	2.07E-04	36.1	2.7	37.0	35.5	5.8	28.1	8.3	27.4				0.19	9.37	426.5	0.171	0.19	0.29
③$_{-1}$	粉砂夹粉土	1.10~5.80	Ⅰ	160	2.8	1.8	19.5		48		52	1.58E-04	2.20E-04	25.0	2.0	36.5	38.7	4.3	29.0	8.8	26.0				0.16	10.07	419.8	0.115	0.16	0.27
③$_{-2}$	砂质粉土	0.70~6.50	Ⅰ	145	1.8	1.1	19.8		40		45	2.24E-04	4.55E-04	21.5	2.9	42.0	21.7	6.0	29.8	10.2	27.9				0.18	10.71	385.0	0.154	0.18	0.33
③$_{-3}$	粉砂夹粉土	1.80~8.00	Ⅰ	180	3.0	1.9	19.8		52		55	3.11E-04	1.03E-03	27.9	1.4	27.7	30.1	5.2	29.1	8.2	26.7				0.17	10.53	419.1	0.123	0.17	0.24
③$_{-4}$	砂质粉土	0.80~3.20	Ⅰ	120	1.0	0.6	19.5		28		30	2.46E-04	3.83E-04	33.4	0.2	21.6	18.0	7.0	25.0	8.0	24.0				0.32	6.38	450.8	0.185	0.32	0.43
④	淤泥质粉质黏土	0.50~10.30	Ⅰ	75	0.8	0.5	18.5		20		20	1.45E-07	3.23E-07	30.7	0.2	28.0	12.9	20.1	10.2	18.7	8.0	55.9	17.6	2.9	0.72	3.21	146.6	0.369	0.72	0.56
⑤$_{-1}$	粉质黏土	0.50~6.00	Ⅱ	180	2.0	1.3	19.8		50		52	1.24E-07	1.51E-07	87.8	1.9	34.9	26.0	37.4	18.2	35.8	16.1	133.2	91.6	2.1	0.23	6.57	299.8	0.194	0.23	0.42
⑤$_{-2}$	粉质黏土	0.50~12.40	Ⅱ	170	2.2	1.4	19		48		50	2.16E-07	2.46E-07	73.8	1.7	35.5	19.0	38.3	17.7	38.0	13.8	150	60.7	1.6	0.28	6.06	327.9	0.217	0.28	0.50
⑥$_{-1}$	黏土	0.90~5.90	Ⅰ	120	0.9	0.6	18.8		36		38	9.55E-08	1.28E-07			39.0	16.9	30.0	15.5	29.0	10.0	63.4	12.7	5.0	0.46	4.57			0.46	0.52
⑥$_{-2}$	粉质黏土	0.80~9.80	Ⅰ	150	1.6	1.0	19		38		40	1.77E-07	2.85E-07	41.6	0.9	41.0	20.5	28.0	16.1	30.0	9.7	78.3	17.6	2.7	0.36	4.81	283.4	0.209	0.36	0.48
⑦$_{-1}$	粉质黏土夹粉砂	0.60~5.40	Ⅰ	180	2.6	1.6	20.1		55		60	3.92E-07	6.47E-06	55.6	2.6	55.7	25.7	25.4	23.5	26.0	13.2				0.25	6.84	300.0	0.172	0.25	0.42
⑦$_{-2}$	粉细砂	0.80~7.70	Ⅱ	220	4.8	3.0	20.5	1 500	60	3 600	62	2.74E-04	6.49E-04	17.2	3.0	54.7	23.8	3.0	27.2	4.0	26.1				0.10	15.0	366.0	0.105	0.10	0.29
⑧$_{-1}$	圆砾	1.20~8.60	Ⅱ	500	8.0	5.0	21.8	2 600	110	7 500	120	7.50E-02	9.30E-02												0.06	50.0			0.06	0.22
⑧$_{-2}$	卵石	10.80~18.0	Ⅱ	600	10.0	6.3	22.5	3 000	130	8 500	150	9.30E-02	1.20E-01							3.0	30.0				0.11	15.9			0.11	0.20
⑨$_{-1}$	全风化含砾砂岩	3.90~9.30	Ⅱ	280	6.5	4.1																			0.05	60.0			0.05	
⑨$_{-2}$	强风化含砾砂岩	5.10~8.80	Ⅱ	400	13.0	8.1												24.3	20.0	30.0	16.5				0.46	3.90			0.46	
⑨$_{-3}$	中风化含砾砂岩	>10.0	Ⅲ	800	19.0	11.9																								

注:1. 当桩基按抗拔桩设计,桩侧摩阻力按本表采用抗拔系数 λ 折减,砂土 $\lambda=0.5\sim0.7$,黏性土、粉土 $\lambda=0.7\sim0.8$。

2. 隧道围岩类别按《地下铁道、轻轨交通岩土工程勘察规范》(GB 50307—1999)确定。

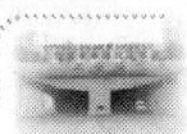

中等风化，紫红色，灰紫色，厚层状构造，中细粒结构，钙泥质胶结。矿物成分杂，略显风化，砂质以中细砂为主，含少量圆砾。岩芯呈碎柱状，强度低，手易折断，未见明显构造痕迹。

(3)地基土的物理力学性质

上述各土层物理性质指标、岩土设计计算参数见表2-17。

土层设计参数应根据拟建物具体特征，结合施工方法以及土层性质局部的差异性作适当调整；建议物性指标及变形指标采用平均值；对强度指标和基床反力系数等则建议根据允许变形及实际应力情况酌情选用。

3. 地质构造及地震

(1)区域地层及大地基底构造

沿线场地广义上区域地质构造单元隶属扬子准地台钱塘台褶带，浙西北大复向斜的翼部。自中生代以来，本区主要经历了印支、燕山两期构造运动，其中印支运动以强烈褶皱的活动方式在本区形成北东向的褶皱和断裂构造，表现为北东向的紧密线型褶皱构造，形成了西湖复向斜、超山向斜、皋亭山向斜等；印支运动后，本区处于陆缘活动阶段，由于受太平洋板块的俯冲作用，造成固化地台的再次活动，局部有岩浆岩喷出和侵入。

杭州地区侏罗世发生的燕山运动，火山活动强盛，堆积形成了葛岭、宝石山及孤山。白垩纪以沉积作用为主，河湖相碎屑物质循早期断陷或凹陷沉积，同时伴随小规模火山喷发活动，填平了三墩凹陷和乔司凹陷，现今均淹没于平原之下。

根据勘探揭露，拟建隧道底部基底地层主要为白垩系朝川组，岩相为一套河流——浅水湖盆沉积，岩性上为紫红色含砾砂岩，据区域资料该层厚度为200～1 300m。

(2)本区断裂构造、区域地震安全性评价及场地地震动参数

本区地壳运动以断裂为主，受印支、燕山运动影响而发育了一系列的北东向断层及北西向断层，其中北东向断层往往被北西向断层切错。据活动性断裂与历史地震资料分析，本区主要导震断裂如下。

萧山——球川深断裂：该断裂起自球川经建德至萧山，西南延至江西境内，北延平湖进入上海，本省内长约350km，地表由一系列平行的断层组成宽约1km的断层带，多为逆冲断层，该断层主要形成于晚古生代。拟建隧址钱塘江水域存在一条走向约30°，断面南东倾，倾角陡的断裂，上覆第四纪地层未见错动，为不活动断裂。该条断层是萧山——球川深断裂带的其中一个断面。

昌化——普陀大断裂：该断裂西起皖南绩溪，经浙西昌化、临安、杭州、绍兴三江镇，过镇海金鸡山入屿头洋，延伸至普陀南，全长约500km。该断裂形成于中生代，第四纪晚更新世到中更新世的活动，晚更新世以来活动不明显。

据历史记载，场地附近震级3级以上地震曾发生过11次，最大地震震级烈度为4.5级，最大震中烈度为5度，均属浅源构造地震，而接近6度破坏性地震仅在富阳、盐官一带各发生过一次，震源深度在十到十几公里。沿线场地地震活动总的待征是震级小、强度弱、频率低，且有一个比较稳定的趋势，近代地震均为微震，烈度接近破坏性地震仅发生在外围区域。

综合地貌形态、构造活动性和地震分析可知，沿线场地新构造运动表现出大面积间歇性升降，但无明显的升降差异运动，构造活动微弱，区域稳定性良好，近场区范围内存在发生6级地震活动的背景。场地区域构造和场地地震动参数区划如图2-17所示。

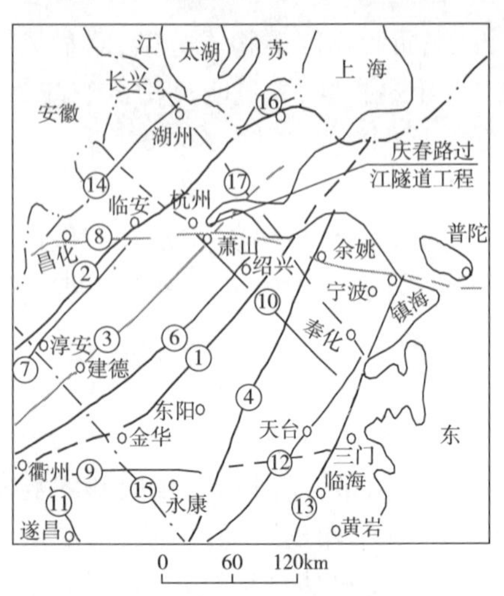

① 江山—绍兴深断裂
② 马金—乌镇深断裂
③ 球川—萧山深断裂
④ 丽水—余姚深断裂
⑤ 下庄—石柱大断裂
⑥ 常山—漓渚大断裂
⑦ 开化—淳安大断裂
⑧ 昌化—普陀大断裂
⑨ 衢州—天台大断裂
⑩ 孝丰—三门湾大断裂
⑪ 松阳—平阳大断裂
⑫ 鹤溪—奉化大断裂
⑬ 温州—镇海大断裂

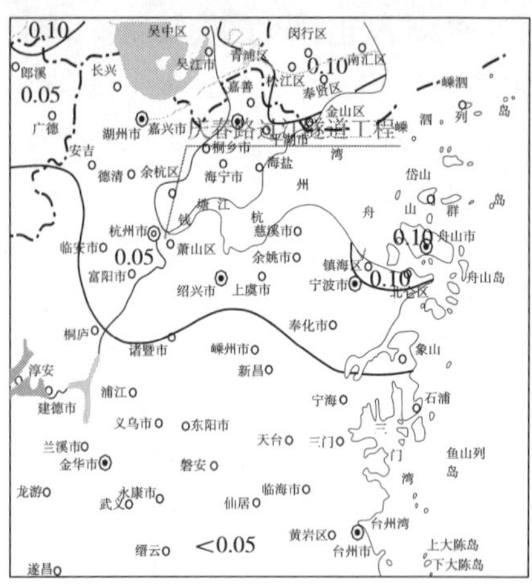

图 2-17 场地区域构造图和场地地震动参数区划图

地震设防参见场地地震动参数表(表 2-18)。

场地地震动参数 表 2-18

计 算 点	地震动参数	A_m(g)	β_m	α_m(g)	T_1(s)	T_2(s)
萧山岸	50 年超越概率 63%	0.021	2.25	0.047	0.1	0.35
	50 年超越概率 10%	0.084	2.25	0.189	0.1	0.40
	50 年超越概率 3%	0.134	2.25	0.302	0.1	0.45
	100 年超越概率 10%	0.105	2.25	0.236	0.1	0.40
	100 年超越概率 5%	0.131	2.25	0.295	0.1	0.45
	100 年超越概率 3%	0.167	2.25	0.376	0.1	0.5
杭州岸	50 年超越概率 63%	0.022	2.25	0.050	0.1	0.35
	50 年超越概率 10%	0.080	2.25	0.180	0.1	0.40
	50 年超越概率 3%	0.126	2.25	0.284	0.1	0.45
	100 年超越概率 10%	0.106	2.25	0.239	0.1	0.40
	100 年超越概率 5%	0.128	2.25	0.288	0.1	0.45
	100 年超越概率 3%	0.150	2.25	0.338	0.1	0.5

4. 水文地质特征

(1)地下水类型及地下含水层特征

沿线钻探深度范围以内地下水主要可分为第四系孔隙潜水含水层和第四系孔隙承压水含水层两大类。

①孔隙潜水含水层特征

主要赋存于场区浅部人工填土及其下部粉、砂性土层内,含水层底板大致以④层淤泥质粉质黏土层为界,其富水性和透水性具有各向异性,且分布连续。特别是表部填土层,透水性良好,下部粉性土层透水性弱,江北岸区段含水层厚度为 15.8 ~ 22.4m,钱塘江江中段含水层厚度为 11.7 ~ 15.0m,江南岸区段含水层厚度为 18.1 ~ 19.4m。本区民井简易抽水试验降深 0.52 ~ 1.10m,单井涌水量为 1.64 ~ 10.8m^3/d。

孔隙潜水受大气降水竖向入渗补给及地表水体下渗补给为主，径流缓慢，钱塘江中段潜水以向下游排泄为主，岸区则以蒸发方式排泄和向附近河塘侧向径流排泄为主，与钱塘江水体水力联系密切。地下水位随季节气候及钱塘江水位动态变化明显，据区域资料，动态变幅一般在1~3m勘察期间实测潜水位埋深0.70~3.10m，相对于高程为2.86~6.07m，平均水位高程为3.75m。

②孔隙承压水含水层特征

主要赋存于下部⑦砂土和⑧层圆砾、卵石层内，上覆④层、⑤层、⑥层黏性土，是相对隔水层，构成了含水层的承压顶板。含水层顶板高程为-32.67~-24.10m，厚度大于20m，透水性良好，沿线全场均有分布，为钱塘江古河道。承压水受上游侧向径流补给，水量充沛，富水性好，具有明显的埋藏深、污染少、水量大的特点，一般单井开采量为1 000~3 000m^3/d，水位高程为-5.5~+4.5m，随季节变化，动水位埋深通常为8~12m，是市区地下水主要开采层之一。勘察实测承压稳定静止水位埋深为9.30~11.15m，相对于高程为-3.98~-3.80m，单位涌水量为17 976~23 262L/(h·m)。

(2)沿线土层渗透性特征

根据场地浅部地层注抽水试验，在埋深3.5~11.5m的潜水层(明挖暗埋段)静止水位高程为4.98~5.68m，渗透系数为1.49×10^{-4}~4.21×10^{-4}cm/s；而埋深在42~45m的承压含水层(盾构隧道段)静止水位高程为-3.98m，渗透系数为1.16×10^{-1}cm/s。

沿线上部黏性土层属弱透水层性质，而深部卵、砾石层则为强透水层。隧道南北暗埋段开挖主要位于上部粉砂性土层内。

其渗透性特征为：

①粉、砂性土透水性受其颗粒级配、密实程度、均匀程度等控制，故相同层位土层亦存在各向异性。

②粉、砂性土受流水作用自然沉积形成，天然状态呈层状，一般薄层理发育，因此其透水性水平向较垂直向略好。在垂向上②层粉土透水性较③层略差，这是②$_{-2}$层发育有少量淤泥质土微层理的缘故。

③水平向上钻探揭露，相同层位内土颗粒相对而言江北段较江南段略粗，江北段粉性土较江南段透水性要略好。

隧道盾构段施工主要位于⑧层圆砾及卵石层内，其承压水头、涌水量及含水层渗透系数值均对盾构施工影响较大。该层位透水性主要受颗粒级配、黏粒含量及胶结程度影响而异，其渗透性特征为：a.钻探揭露该层位顶部一般含少量黏性土，呈灰黄色；b.自上而下砾石颗粒呈“由细渐粗”规律，且一般高程在-40m~-37m以下多呈浅灰色，分选性明显变差，透水性自上而下为渐好趋势。

(3)环境水腐蚀性评价

沿线场区为二级场地环境类别，各类型环境水体分述如下：

①潜水含水层

本区域潜水物理指标为：无色、无味、无臭、透明；水化学类型为$HCO_3\cdot SO_4-Ca\cdot Mg$型、$HCO_3-Na\cdot Ca$水，pH值为7.3~7.9，属中性水，其中Ca、Mg离子总和为5.4~16.8mmol/L，为微硬水~极硬水。

潜水含水层与钱塘江地表水体水力联系密切，钱塘江水质在落潮时物理指标为：无色、无味、无臭、透明；水化学类型为 HCO_3 · Cl－Ca · Na 型水，pH 值为 7.9～8.2，呈弱碱性水，其中 Ca、Mg 离子总和为 3.4～16.8mmol/L，为微硬水～极硬水。

腐蚀性评价：潜水对混凝土无腐蚀性，对混凝土中钢筋无腐蚀性，对钢结构有弱－中腐蚀性。

②承压水含水层

本区域承压水物理指标为无色、咸味、无臭、无沉淀、透明；水化学类型为 Cl－Na · Ca 型水，pH 值为 7.1～7.9，属中性水，其中 Ca、Mg 离子总和为 33.8～34.5mmol/L，为极硬水。

腐蚀性评价：承压水对混凝土无腐蚀性，对混凝土中钢筋无腐蚀性，对钢结构有中等腐蚀性。

③钱塘江江水

钱塘江水质为海水与淡水交互作用。据所取水样资料（涨潮、落潮与平潮时），江水物理指标为无色、无味、无臭、无沉淀、透明；水化学类型为 HCO_3 · Cl－Ca · Na 型水，pH 值为 7.9～8.5，呈弱碱性水，其中 Ca、Mg 离子总和为 1.45～2.8mmol/L，为软水。矿化度为 213.85～420.91mg/L，说明钱塘江水质在涨潮、落潮、平时均为淡水。

腐蚀性评价：钱塘江江水对混凝土无腐蚀性，对混凝土中钢筋无腐蚀性，对钢结构有弱腐蚀性。

五、特殊（不良）地质条件即河床演变分析

1. 特殊（不良）地质条件

（1）地基土的液化

场地 20m 深度以内浅饱和粉（砂）土层渗透性较好，为主要的潜水含水层，其力学性质具有明显的触动性和流动性，易受人工振动影响而出现砂土液化现象，从而降低土层强度。

按Ⅶ度地震设防时，在近震条件下②$_{-2}$层和③$_{-2}$层部分会产生轻微～中等液化。

（2）流沙、管涌可能性评价

隧道盾构法施工在钱塘江内将遇⑦$_{-2}$层粉细砂，其黏粒含量为 6.7%、粉粒含量为 24.8%，土的不均匀系数为 16.6，可能产生流沙现象。

隧道底部施工可能触及⑧层圆砾、卵石层，其不均匀系数为 155，易产生管涌现象。

（3）暗塘、暗浜

江北暗埋段和江南暗埋段早期均为钱塘江河口冲海积形成滩地，经后期人工围垦成鱼塘，且面积较大，现南岸鱼塘尚存，北岸则均已回填形成暗塘，其分布范围主要位于钱江路至钱塘江堤区域。根据本次勘探揭露，江北岸区填土厚度普遍较大，一般为 4～5m，局部地段可达 9.3m，回填下部以粉土为主，上部则多为建筑垃圾，大小混杂，成分较复杂，均一性差，开挖时易引起坍塌，对地下连续墙的成墙施工影响较大。

（4）断层

隧址所在的水域存在一条走向约 30°，断面南东倾、倾角较陡的断层。该断层上覆第四系地层未见错动，其活动期在上覆第四系地层之前。下伏含砾砂岩之基岩面高程约－55～－51m，隧底高程约－32m，第四系覆盖层在此断层处厚约 20m。隧道施工基本不受其影响。

2. 河床演变分析

通过河床演变分析、动床数学模型计算、动床物理模型试验等三种手段对隧道工程河段的水域条件及设计条件下河床最低冲刷高程进行了研究，其结论如下：

(1)庆春路隧道工程所在河段受潮流和径流的共同作用。在平均江道及洪水期遭遇下游澉浦特大潮时，隧道工程断面0.33%和1%频率的设计流量分别为34 110 m^3/s和29 600 m^3/s，相应的最大断面平均流速分别为3.19m/s和2.93 m/s。

(2)工程河段年最高水位由流域洪水及台风暴潮造成。根据高水位成因分析和频率统计分析结果，并考虑河口段围涂缩窄影响等因素，求得闸口设计高低水位；七堡设计高水位采用极值I型分布模式计算求得，其中修正了围垦前的年极值样本，低水位则通过与闸口相关求得。隧道断面设计水位按闸口和七堡两站的距离内插求得，300年一遇的设计高水位为8.81m。

(3)工程河段内河床冲淤年内具有“洪冲潮淤”的特点，连续丰水水文年，年内河床大冲大淤，枯水水文年冲淤幅度相对较小。钱塘江河口大幅度缩窄后，工程河段径流作用相对加强，同样的洪峰流量比围涂缩窄前显著冲深。

(4)工程河段处于七甲弯道和七格弯道的过渡段，落潮流主槽在上游三桥一带偏靠南岸，涨潮流主槽在下游二桥一带靠北岸，在不同水文年径、潮流势力对比的影响下，主槽变幅较大，该河段主要表现为三种不同河势，即南槽河势、中槽河势和宽浅河势。

(5)受径、潮流两种动力作用及上下游弯道影响，工程断面深泓摆动频繁、摆幅较大。历年的实测地形资料表明工程断面主槽最深点高程为-14.8m，工程附近断面上、下包络图如图2-18所示。

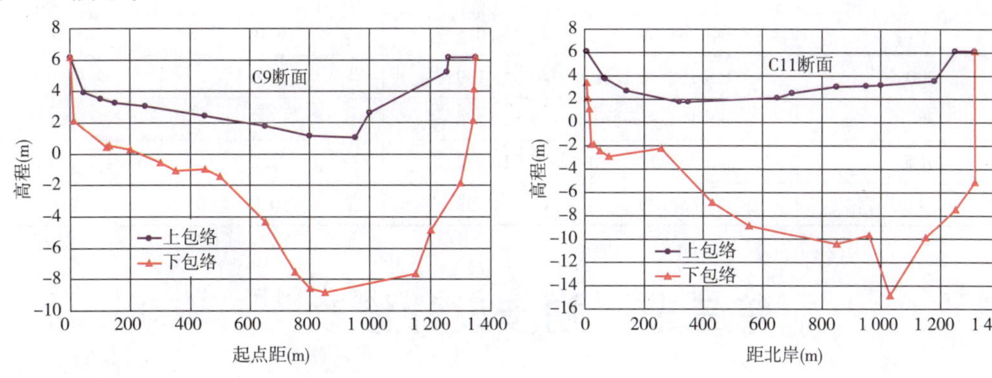

图2-18 C9、C11两断面包络图

(6)采用动床数学模型研究隧道断面的冲刷高程，模型经多次实测洪水水文泥沙资料及河床冲淤实测资料的验证，验证计算结果与实测资料基本吻合，为设计条件下隧道断面冲刷高程的研究奠定了坚实的基础。

(7)动床整体模型试验应用最新的地形资料，经2004年7月工程附近水域的实测水文资料进行验证，模型沿程的潮位、测点流速过程及流速平面分布等与实测基本吻合，在此基础上应用1997年4月的实测地形资料和1997年4~7月的实测流量资料进行了动床冲淤验证，断面冲淤量和冲淤形态及平面分布与实测基本吻合，表明动床比尺模型能较好地复演工程附近水域的洪水水流运动及河床的冲淤情况，为方案的试验奠定了坚实的基础。

(8)实测资料分析、动床数学模型计算、动床比尺模型试验等研究结果表明，隧道断面100年、300年一遇的设计条件下河床最低冲刷高程分别为－17.2m、－17.7m左右。同时根据断面历史地形资料分析和水槽模型冲刷试验等，得到河床的上、下包络线及设计条件下的工程断面冲刷线见图2-19和表2-19。

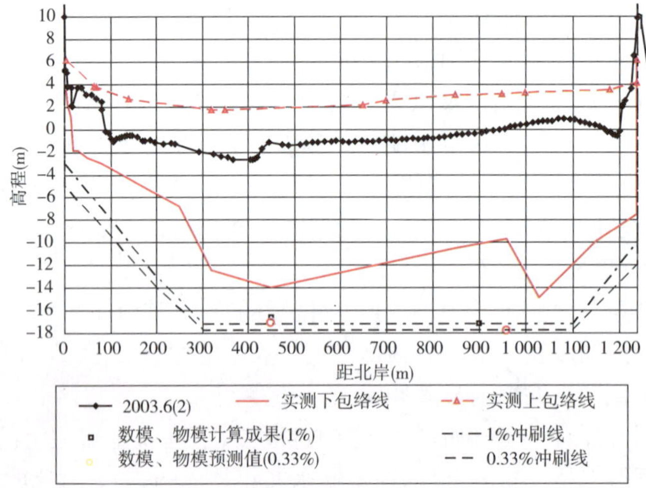

图2-19 隧道断面历次测图上、下包络及设计条件下的可能冲刷线

隧道断面设计条件下冲刷高程 表2-19

离北岸距离(m)	X	Y	河床高程(m)	
			1%	0.33%
0	3 348 297.09	40 521 015.77	－3.0	－5.0
200	3 348 198.30	40 521 189.68	－13.0	－14.0
300	3 348 148.91	40 521 276.63	－17.2	－17.7
1 100	3 347 753.77	40 521 972.27	－17.2	－17.7
1 239.5	3 347 684.86	40 522 093.57	－10.0	－12.0

第三节 初步设计修改[4]

一、总体情况

杭州庆春路过江隧道工程初步设计按照规划线路走向，自江干区庆春东路与新塘路交叉口，向东略偏南直至江边，过江后从规划休闲广场下穿，接萧山侧市心北路，主线于滨江一路交叉口北侧(K3＋440)截止，预留与钱江世纪城综合地下空间开发系统的接口，隧道通过东、西线匝道接规划公园东、西路，近期承担主线进出口功能，原初步设计隧道江南段平面布置如图2-20所示。

由于萧山区调整了钱江世纪城规划，需对庆春路过江隧道江南接线方案进行相应修改：取消隧道与公园东、西路相接的A、B匝道，主线隧道从原初步设计终点LK3＋440向南延伸，下穿

钱江二路后爬升出地面与市心北路相接 。修改初步设计隧道江南段平面布置如图 2-21 所示。

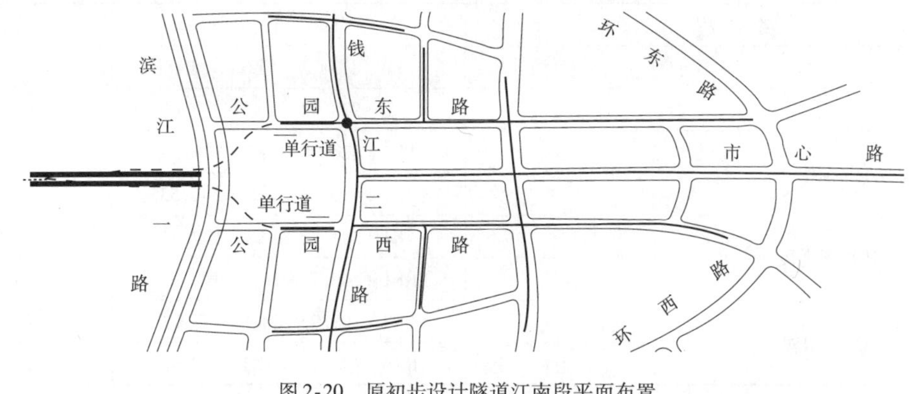

图 2-20　原初步设计隧道江南段平面布置

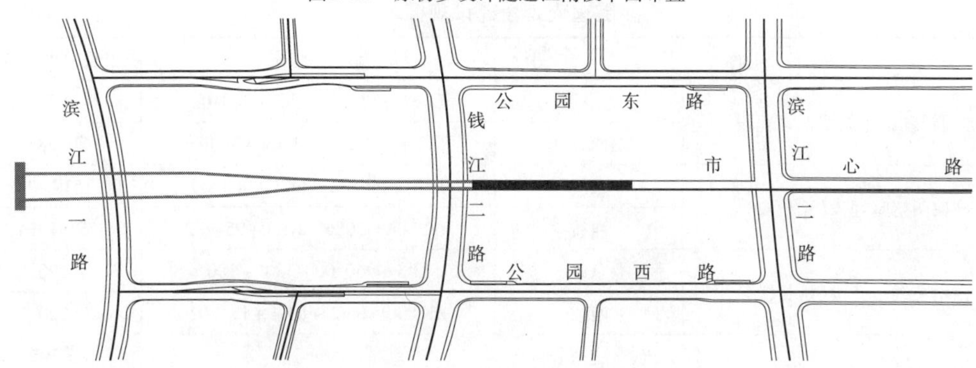

图 2-21　修改初步设计隧道江南段平面布置

修改范围:考虑到本次江南接线方案的调整对整个过江隧道工程江北段、江中段以及江南工作井均无影响,本次修改初步设计范围为江南主线明挖段(LK3 +033 ~ LK3 +440)及延伸部分(LK3 +440 ~ LK4 +180),包括主体隧道工程及机电设备工程,不含外部电源及给排水管路的外部引入等。

二、隧道建设规模调整

初步设计修改后,隧道将北段、盾构段及江南至工作井以北段均按照原初步设计不做调整,隧道江南工作井以南至隧道江南出口范围进行了重新设计。调整后的具体情况如表 2-20 和表 2-21 所示。

隧道建设规模表　　表 2-20

名　称		里 程 范 围	长　度(m)
江北敞开段	东线	LK0 +415.00 ~ LK0 +565.00	150
	西线	RK0 +412.00 ~ RK0 +561.23	149.19
江北明挖暗埋段	东线	LK0 +565.00 ~ LK1 +320.00	755
	西线	RK0 +561.23 ~ RK1 +316.13	754.9
江北 Z(东)匝道	敞开段	ZK0 +889.00 ~ ZK1 +000.00	111
	明挖暗埋段	ZK1 +000.00 ~ ZK1 +180.00	180

续上表

名　　称		里程范围	长　度(m)
江北 Y(西)匝道	敞开段	YK0 +813.73 ~ YK0 +928.00	114.27
	明挖暗埋段	YK0 +928.00 ~ YK1 +105.00	177
江北工作井	东线	LK1 +320.00 ~ LK1 +344.20	24.2
	西线	RK1 +316.13 ~ RK1 +340.53	24.4
盾构隧道段	东线	LK1 +344.20 ~ LK3 +109.92	1 765.72
	西线	RK1 +340.53 ~ RK3 +107.45	1 766.92
江南工作井	东线	LK3 +109.92 ~ LK3 +132.72	22.8
	西线	RK3 +107.45 ~ RK3 +130.25	22.8

隧道南延段建设规模表 表 2-21

名　　称		里程范围	长　度(m)
原设计江南主线明挖暗埋段	东线	LK3 +132.72 ~ LK3 +440.02	307.3
	西线	RK3 +130.25 ~ RK3 +434.086	303.836
江南明挖暗埋段(延长段)	东线	LK3 +440.02 ~ LK3 +960.00	519.98
	西线	RK3 +434.086 ~ RK3 +954.02	519.934
江南主线敞开段(延长段)	东线	LK3 +960.00 ~ LK4 +180	220
	西线	RK3 +954.02 ~ RK4 +174.02	220
东线隧道长度			3 395
东线隧道建筑长度			3 765
西线隧道长度			3 392.79
西线隧道建筑长度			3 761.98

三、隧道主要技术标准

隧道建设规模调整后，主要技术标准不变，修改初步设计隧道总平面如图 2-22 所示。

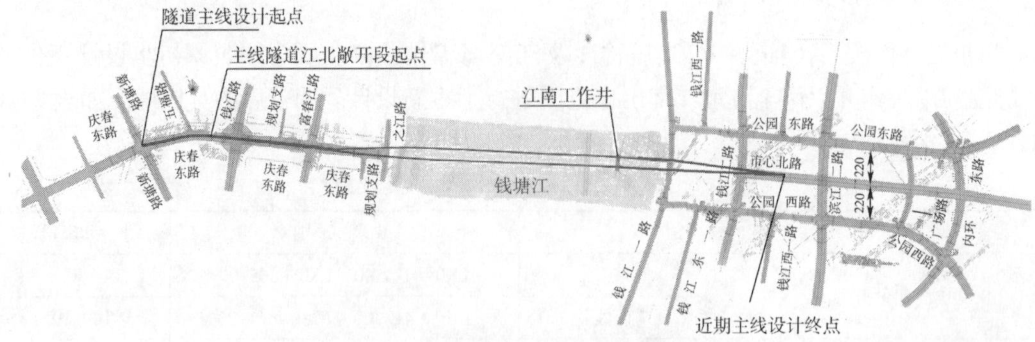

图 2-22　修改初步设计隧道总平面图

四、工程投资调整

隧道修改初步涉及范围为江南工作井 LK3 +133 ~ LK3 +440 和 LK3 +440 ~ LK4 +180(南

延段)，取消江南A、B匝道，增加隧道主线设计长度，隧道主线直接出地接市心北路。修改设计终点由LK3 +440延伸至LK4 +180，修改设计长度为1.047km，其中南延段长度为0.74km。

工作井—南延段终点修改初步设计的概算额为38 505.41万元，原初步设计工作井~LK3 +440和A、B匝道的设计概算额为23 579.49万元，考虑新项目人工补差因素概算增加额为18 357万元。修改初步设计后，工程概算总额调整为213 083.62万元。

第四节 隧道内通行净空高度的调整

一、隧道通行净高调整起因

庆春路过江隧道是连接杭州江北钱江新城、江南钱江世纪城两个CBD的重要过江通道，对缓解过江交通压力和加强两个新城之间的联系将起到重要作用。按照原初步设计庆春路为大城市主干道，设计车速度60km/h，根据《城市道路设计规范》(CJJ37—90 98年局部修订版)等相关文件确定了隧道通行净空高度为4.5m。

在工程建设过程中，考虑到过江交通设施安全的重要性，结合杭州已经运行的隧道或下穿通道的实际情况，超高车辆撞坏限高装置甚至破坏通道顶部的装饰面层等现象屡屡发生，因此提出了必要在4.5m通行净空高度的基础上再次研究希望能有所提高，以确保过江隧道顶部安装的设备及装饰层的安全。

二、隧道断面净空高度确定

1. 断面净空确定原则

(1)隧道横断面设计应根据道路类别、级别确定合理而经济的建筑限界。

(2)结构净空应满足规划交通功能所需要公路隧道限界(包括车辆限界、设备限界、建筑限界)，并考虑隧道施工误差、结构变形、设计管片拟合误差及隧道后期不均匀沉降等因素。

2. 隧道横断面设计

(1)圆形隧道横断面设计中，主要考虑以下几方面的因素：

①满足隧道建筑限界要求

圆形隧道按城市主干路标准设计，为双向四车道，设计车速为60km/h，以客车为主，但不考虑通行载重货车、油罐车及装载易燃、易爆物品车辆。根据《城市道路设计规范》(CJJ37—90 98年局部修订版)的有关规定、参考公路设计的有关规范并结合盾构法隧道的实际情况以及国内外已建盾构隧道的实践经验，圆隧道单向两条车道的宽度取3.75m +3.50m，路缘带宽度为0.50m，安全带宽度为0.25m，侧向净宽为0.75m；车道通行净高为4.5m。建筑限界见图2-23。

②考虑防灾救援的需要

在盾构段及明挖段顶部设置了射流风机，以排除烟雾。在隧道的左侧防撞侧石处，纵向间隔80m布置了800mm×1 500mm的疏散口，疏散口通过滑梯和楼梯与路面下的安全通道相连，能有效快速地将人员疏散。

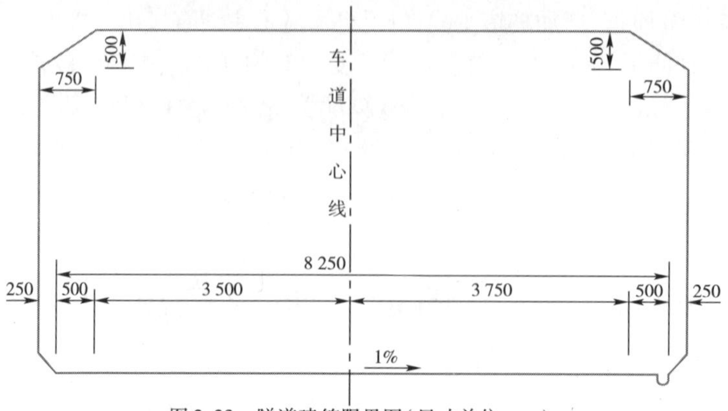

图2-23 隧道建筑限界图(尺寸单位:mm)

③考虑各种运营设备布置的需要

维持隧道正常运营的设备、电缆和管线需要一定的设备空间。布置这些设备的基本原则是:满足各设备的工艺要求;不得侵入建筑限界;维修保养方便。

圆隧道内的设备分为两种类型。

一类为各种电气和给排水设备:包括车道信号灯、照明灯具(基本照明灯具、应急照明灯具)、火灾探测器、扬声器、水喷雾头、监控摄像机、CO - Ⅵ检测仪、可变情报板、各种设备箱(包括消火栓箱、灭火器箱、电话箱、照明配电箱、风机控制箱)、环形线圈等。

这类设备根据不同的工艺要求,采用大分散小集中的原则有序布置,即沿圆隧道纵向分散布置,而在横断面上相对集中布置:VMS智能指示牌、照明灯具、漏泄电缆布置在车道上方,安装高度0.60m;监控摄像机、CO - Ⅵ检测仪布置在侧墙的上部;各类设备箱分别布置在车道左侧、右侧侧墙下部(防撞侧石的上面);环形线圈则埋在车道路面中。

另一类是以传输功能为主的电缆、水管等管线:包括DN150消火栓管、DN250水喷雾管、DN250排水管及各种电缆(包括动力电缆及变压器、照明电缆、漏泄电缆、监控电缆)。除漏泄电缆布置在车道上方外,电缆均布置在车道板下专用电缆通道内。

根据安全疏散方式和设备功能要求,将圆隧道横断面车道板下部空间分隔为两部分:安全通道(含安全口和滑梯)和电缆通道。

隧道内主要运营设备有:给排水管、消防箱、照明灯具、变压器、配电箱、电话箱、车道信号、扬声器、电视监控摄像机、CO、VI仪以及各种电缆等。其中各种设备箱布置在隧道内两侧钢筋混凝土内衬预留孔洞内。通信信号电缆及电力电缆、各种给排水管布置在行车道下左侧的电缆廊道内。其余设备均根据设备安装、使用、维护要求布置在隧道顶部。

④考虑隧道内装修的要求

隧道内装修主要目的是提供舒适、美观的行车环境。顶部装修要求具有防水、引水、防火、吸收噪音的功能,装修层厚度为3~5cm。隧道两侧需浇筑钢筋混凝土内衬。其内表装修主要考虑美观和防火需要,装修所需空间与内衬一起考虑。

⑤施工误差

由于地质、结构以及施工技术等因素,盾构法施工的隧道衬砌的误差是不可避免的,结合本工程的具体情况及盾构机的选型情况,并参考既有盾构法隧道的施工经验,拟定隧道的施工径向误差为150mm。

综合考虑上述各因素，圆形隧道内径确定为10.3m，横断面布置见图2-24。

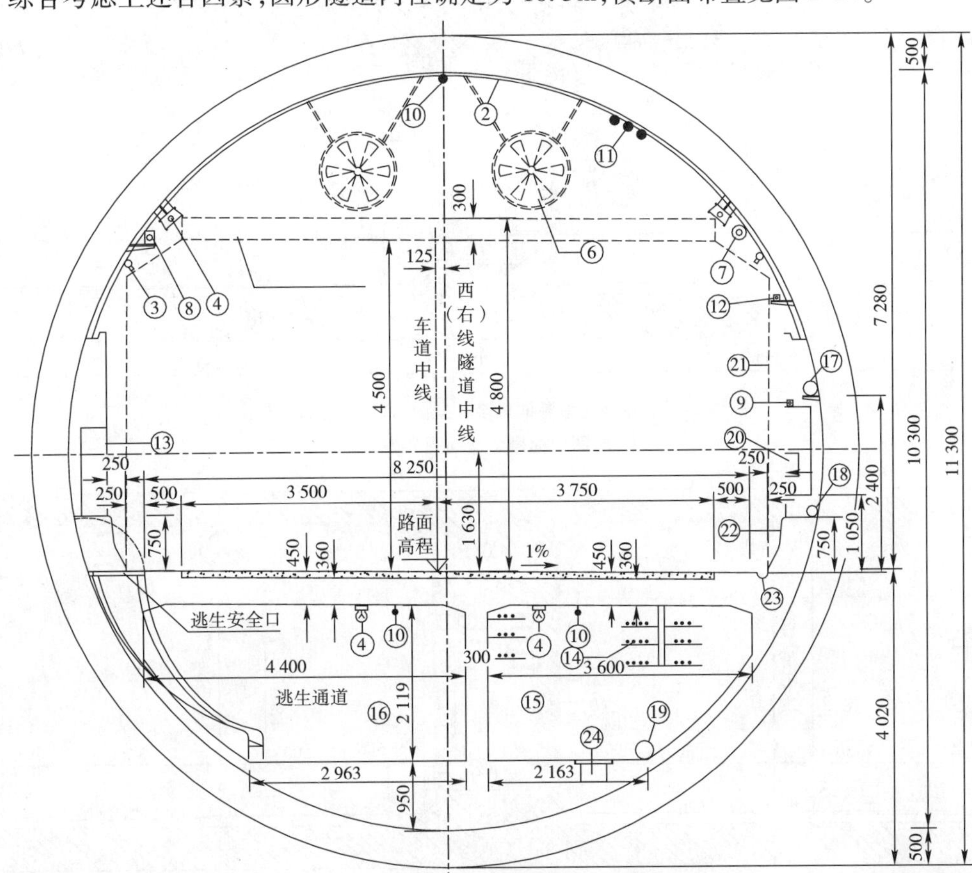

图2-24　圆隧道断面布置图（尺寸单位：mm）

①-射流风机；②-内衬（防火、吸声）；③-水雾喷头；④-基本照明灯具、应急照明灯具；⑤-加强照明灯具；⑥-车道信号灯、情报板；⑦-扬声器；⑧-监控摄像机；⑨-点式火灾探测仪；⑩-线式火灾探测仪；⑪-泄露电缆；⑫-CO-VI检测器；⑬-设备箱；⑭-电缆桥架；⑮-电缆通道；⑯-逃生通道；⑰-水喷雾器；⑱-消火栓管；⑲-排水总管；⑳-紧急电话；㉑-车辆通行界限；㉒-防撞墙；㉓-路边沟；㉔-集水沟（图2-24～图2-30）

（2）矩形隧道横断面

矩形隧道建筑限界与圆形隧道相同。主线隧道岸边暗埋段采用双孔一管廊的矩形横断面形式，中间设置设备管廊及安全疏散通道。各种设备箱均通过两侧侧墙预留孔洞嵌入结构内，各种管线则布置在设备管廊内，其余设备均布置在隧道顶部，限界与结构顶板底的高度为55.0cm，矩形隧道内净空（单向）宽度8.75m，路面以上高度5.05m。主线矩形隧道标准横断面如图2-25所示。

矩形隧道设置射流风机段，采用壁龛式局部加高矩形隧道内净空高度解决，加高高度为1.5m。路面层（含混凝土基层）厚度为30cm。主线矩形隧道风机段横断面见图2-26。

（3）引道段横断面

引道段采用U形结构，其内净空宽度在满足建筑限界的基础上主线仍为8.75m，匝道为8.25m，其设备主要布置在边墙两侧，管线由矩形隧道引到地面后穿过结构到隧道外，主线引道断面如图2-27所示，匝道净高与主线一样。

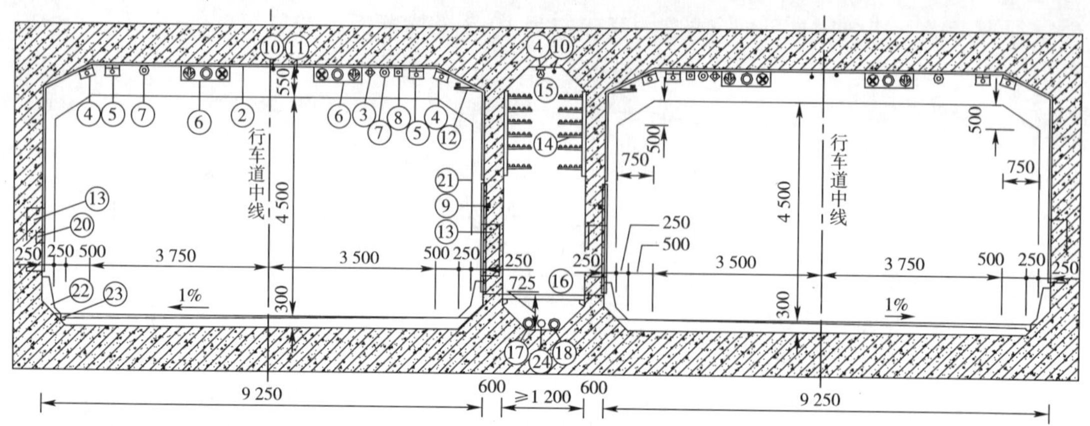

图 2-25　主线矩形断面标准布置图(尺寸单位:mm)

注:图中标号意义同图 2-24。

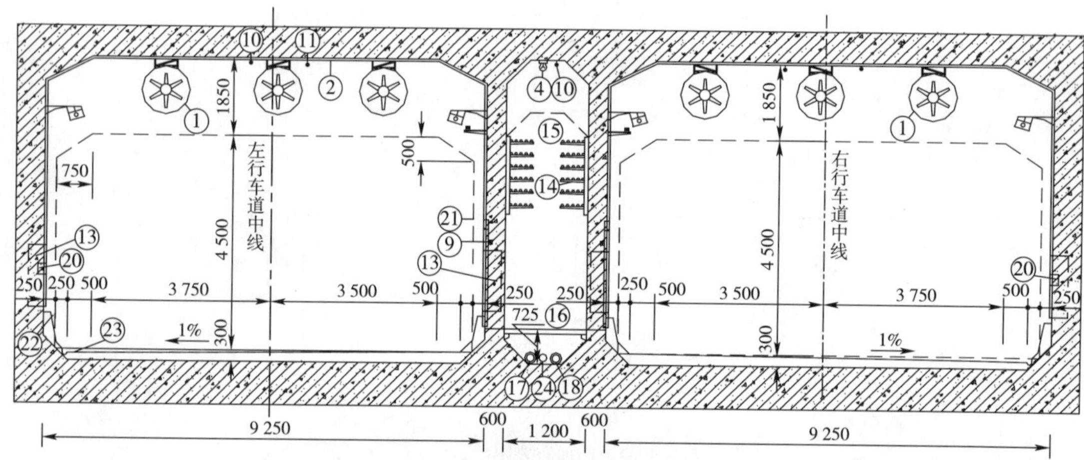

图 2-26　主线矩形断面风机段布置图(尺寸单位:mm)

注:图中标号意义同图 2-24。

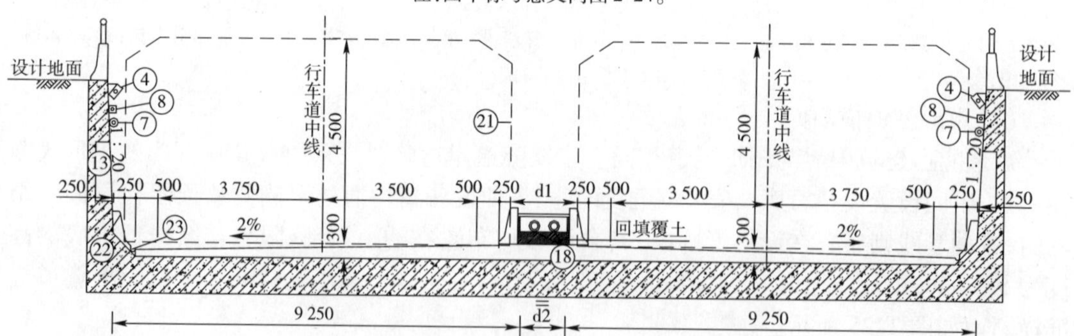

图 2-27　主线引道横断面图(尺寸单位:mm)

注:图中标号意义同图 2-24。

三、增大有效通行净高的措施

为了提高车辆的通行净高能力,提高隧道的建筑限界净高是最有效的办法。但国家规范规定的对应规划道路等级的建筑限界净高标准应该是一个经济、合理、安全的建筑限界标准,

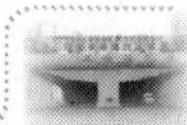

超过道路等级提高建筑限界标准，一般来说不经济。从本隧道建设进度来看，江北富春段结构已建成通车，富春路至钱江路段结构基本建成，江南盾构始发明挖段也已建成，提高建筑限界会造成既有工程的浪费，也会影响既有工程的工期，且不符合国家相应规范及有关部门的批复。因此从隧道的实际情况来看，考虑到隧道建筑限界上部距离结构内轮廓还有一定的设备安装空间，对于明挖段有55cm设备安装空间，圆形盾构段则大于55cm，应采取措施尽量减少设备安装所占用的车道上方的空间，做到设备下底线距离建筑限界有不小于30cm的富裕空间，则车道板上方的行车有效通行净高不小于4.8m，可大大提高隧道的有效车辆净高通行能力。

(1)综合各系统专业设备占用空间大小，对隧道通行净高有影响的是：

①隧道内的可变情报板，长5.3m，高60cm。

②照明灯具。

③射流通风机。

④横穿隧道的消防给排水管道。

(2)针对上述设备采取措施如下：

①结合交通监控系统要求，将可变情报板布置在隧道敞开段入口处及盾构隧道中部。敞开段入口处情报不受上部空间限制，盾构段满足可变情报板下车道实际通行净高4.8m的要求，见图2-28。

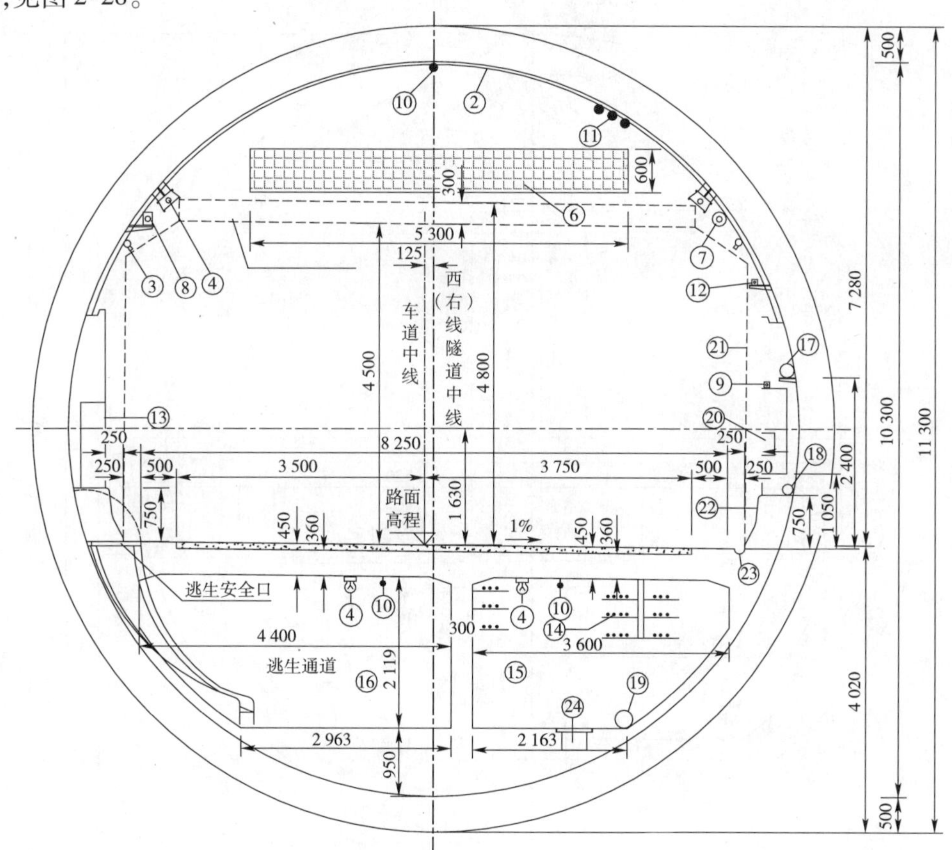

图2-28　盾构隧道内情报板布置(尺寸单位:mm)

注:图中标号意义同图2-24。

②照明灯具布置在隧道车道限界两角处，且灯具较小，不占用有效通行车道空间。

③明挖段内射流风机布置如图2-29所示，在对厂家标准悬挂采取一定措施后，射流风机安装后能满足车道板上空通行净高4.8m的要求。盾构段射流风机安装后，可以确保车道有效通行净空满足4.8m，如图2-30所示。

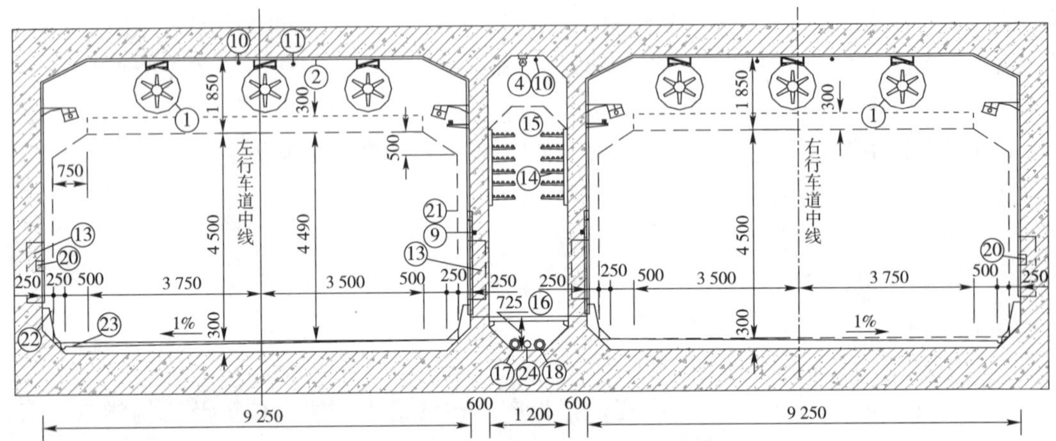

图2-29 明挖结构内射流风机布置图(尺寸单位:mm)

注:图中标号意义同图2-24。

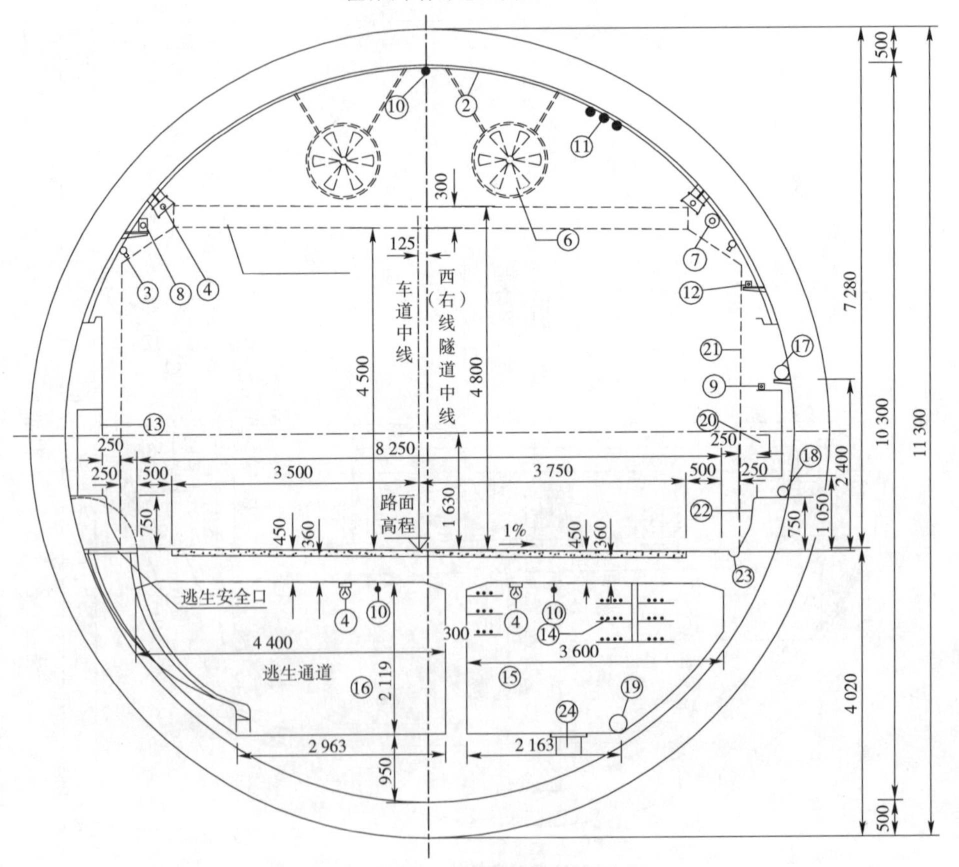

图2-30 盾构内射流风机布置图(尺寸单位:mm)

注:图中标号意义同图2-24。

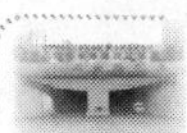

④横穿隧道的消防给排水管一根为 ϕ150mm，另一根为 ϕ200mm，位于匝道与主线隧道连接处，从明挖结构顶采用吊环吸顶安装，安装高度不大于 25cm，因此也能保证车道板上方有效通行净高不小于 4.8m。

四、隧道通行净空高度调整结论

(1)在采取优化设备安装措施后，车道层上方有效通行净空可以达到 4.8m。

(2)庆春路过江隧道属于重要的大型水底隧道，即使隧道有效通行净高增大至 4.8m，也应切实限制超限车辆的通行，这是整个隧道安全运营的必要条件。

此外设置完善的预警、监控及事故及时处置系统，在隧道入口处设置多道通行限高预警、预防措施（如多道限高栏杆、多道声光警告及进入暗埋段前的强制制止措施），加强监控和及时处置事故苗头，保证隧道的通行安全。

第三章 工 作 井

第一节 江北工作井设计与施工

一、江北工作井位置与功能

本隧道在江北设一个盾构井，在江南东西线分设两个连通盾构工作井，盾构施工工序为：两条圆形隧道均从江南竖井出发，向江北方向推进，进入江北工作井。

江北工作井东西线合并设置一处，中心位于LK1+332.2处，且位于规划庆春东路南端（富春江路与之江路之间）道路底下，埋深约2m。工作井外包尺寸为37.75m（长）×24.4m（宽），基坑最大挖深22.5m，施工时作为盾构接收井。

整个工作井运营阶段分为四层，地下一层布置了隧道集中排风机房、消防泵房、弱电监控机房、民用通信及消防楼梯；地下二层布置了高压室、低压室、风机配电室、烟道及消防楼梯；地下三层为车道层；地下四层为安全通道及电缆通道由圆形段过渡到矩形段的过渡空间，布置了风机房、废水泵房及电瓶车停靠位。

二、江北盾构井基坑支护设计[5]

江北盾构井位于庆春路上，里程为LK1+320~LK1+344.4，盾构井全长24.4m，地面高程6.5m。

根据本段工程所处的周围环境及开挖深度，按照《建筑基坑支护技术规程》（JGJ 120—99）规定，基坑安全等级定为一级。围护墙最大水平位移≤40mm，抗隆起安全系数$K_L \geqslant 2.5$。

挡土结构采用地下连续墙，顺作法施工，基坑开挖深度为22.5m，地下连续墙厚度为1.0m，深度为37.0m，采用C30钢筋混凝土，在基坑深度范围内设5道支撑。基坑支护体系如图3-1~图3-5所示。钢支撑采用ϕ609mm钢管，壁厚16mm。

根据地质资料，基坑底位于⑤$_{-2}$粉质黏土层中，承压水头较高。盾构井周边无重要的控制性建筑物，根据国内相关工程经验，设计采用纯降水的方式。

三、江北盾构工作井结构设计

江北盾构井位于新建道路庆春路上，里程为K1+320~K1+344.4，盾构井全长24.4m，地面高程6.5m。本工作井施工阶段作为盾构的接收井，运营阶段在井内设置车道板、消防泵房、安全通道、电缆通道和排烟道等结构。

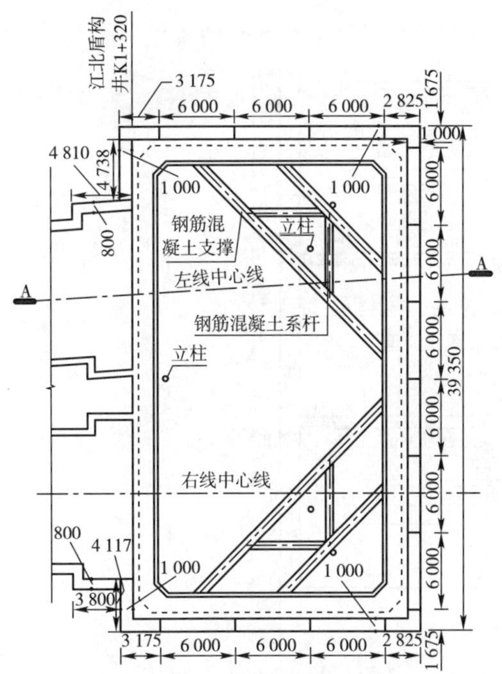

图 3-1　第一层钢筋混凝土支撑平面布置图(尺寸单位:mm)

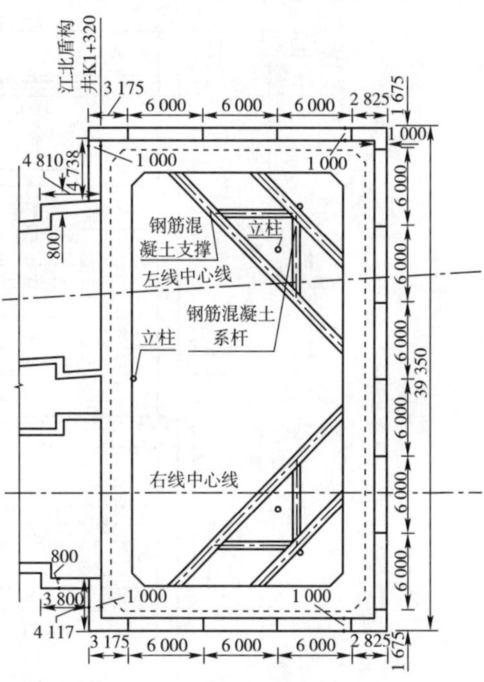

图 3-2　第二层钢筋混凝土支撑平面布置图(尺寸单位:mm)

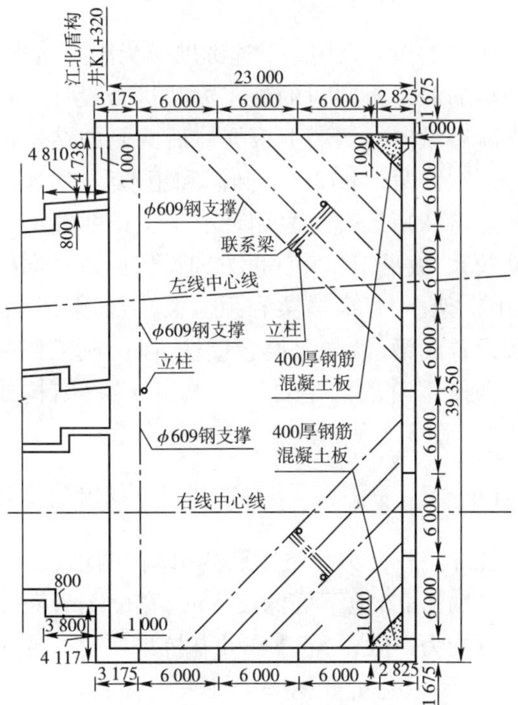

图 3-3　第三、四层钢支撑平面布置图(尺寸单位:mm)

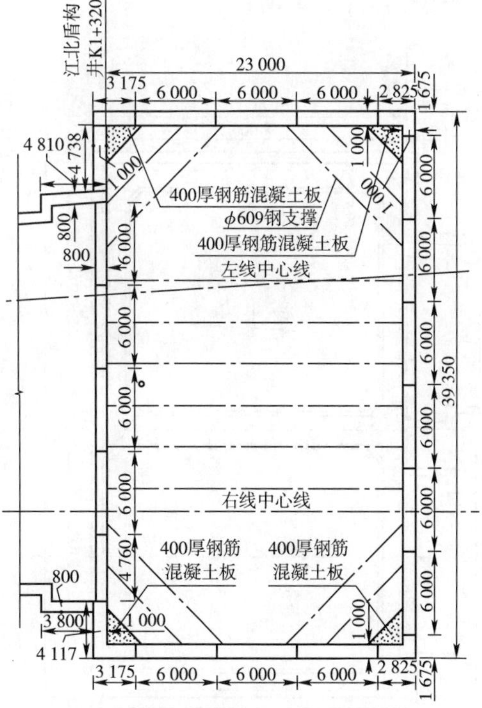

图 3-4　第五层钢支撑平面布置图(尺寸单位:mm)

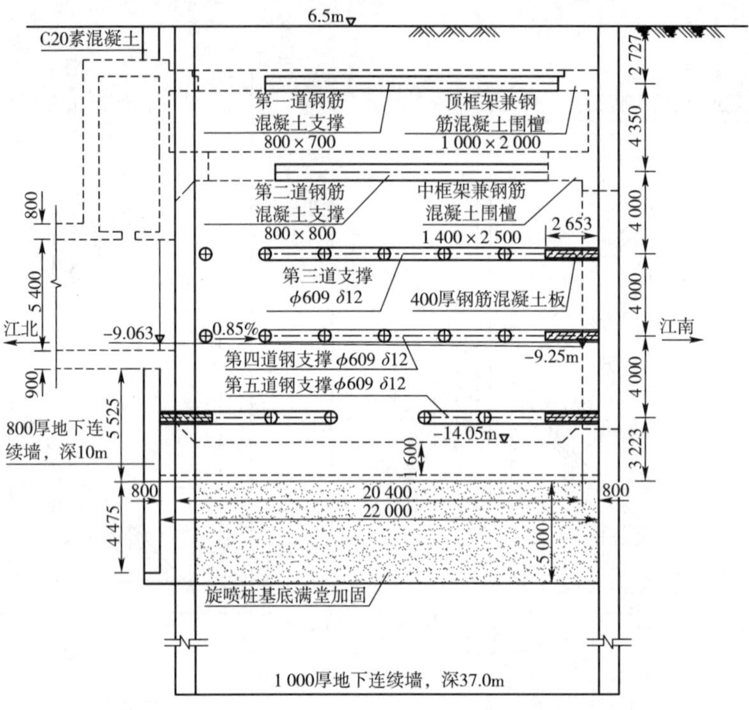

图3-5　围护体系剖面图(尺寸单位:mm)

江北工作井根据盾构接收、材料的运输和运营阶段设备布置要求确定平面大小,平面尺寸为37.75m×24.4m。

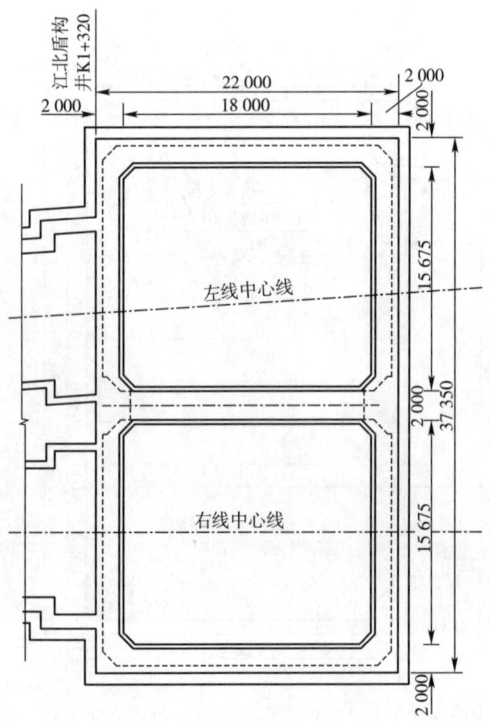

图3-6　顶框架平面图(尺寸单位:mm)

江北工作井采用地下连续墙作为围护结构、现浇钢筋混凝土内衬的施工方法进行设计。在垂直隧道纵向的侧墙上根据前后两侧的结构形式分别预留两个ϕ12m的圆洞和矩形洞,供连接圆形隧道和矩形隧道之用。由于工作井埋深及跨度较大,故沿工作井深度方向设置两道横向框架:中框架、中框架横梁和顶框架、顶框架横梁。底板设置底梁,沿竖向设置壁柱,以构成工作井施工和使用阶段的主要受力框架体系,结构如图3-6~图3-8所示。

四、江北盾构工作井的地下连续墙施工

江北工作井为地下墙和内衬墙"两墙合一"的复合墙形式,地下墙深度36m,宽度1m,深度及宽度均为一般,二清工作井基坑采用明挖逆作法施工,所以基坑开挖安全性大大提高。对此,江北工作井地下墙的接头采用了普通锁口管的接头形式。江北盾构工作井的施工重点是地下

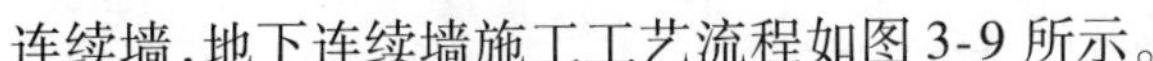
连续墙,地下连续墙施工工艺流程如图 3-9 所示。

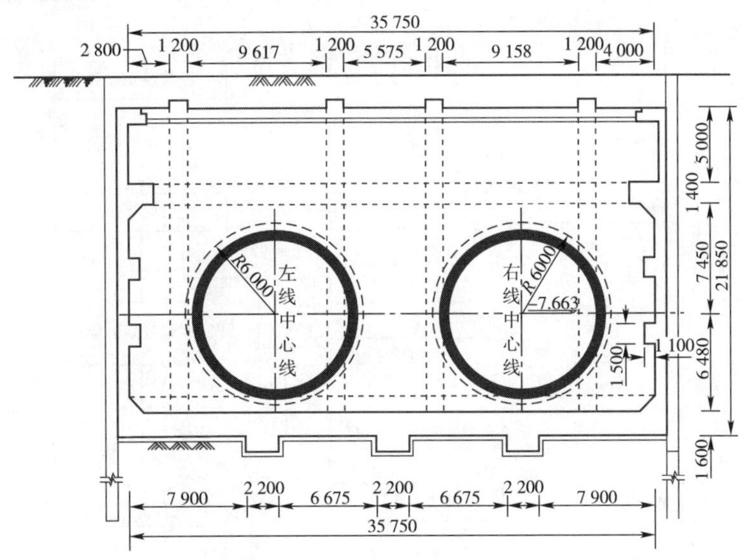

图 3-7　结构横剖面图(尺寸单位:mm)

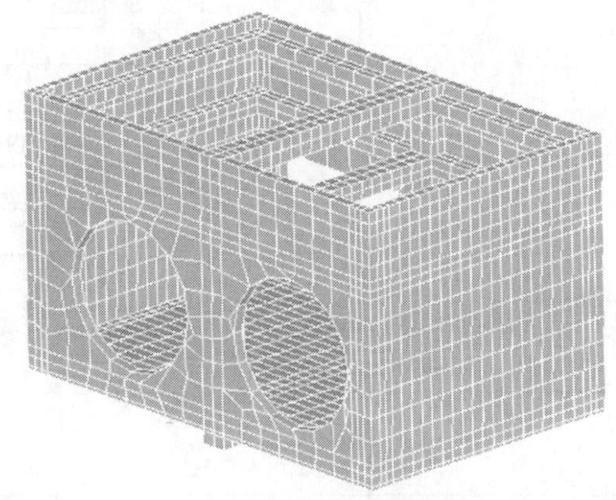

图 3-8　江北盾构井主体网格图

1. 导墙的施工

在地下连续墙成槽前,应砌筑导墙。导墙制作应做到精心施工。导墙制作质量的好坏将直接影响到地下连续墙的设计轴线,它是对成槽设备进行导向、存储泥浆稳定液面、维护上部土体稳定、防止土体坍落的重要措施。

地下连续墙的轴线定位后,采用反铲挖土机械开挖沟槽,然后在沟槽上分段沿地下墙轴线设置龙门桩,并恢复地下墙轴线以准确线形。然后由人工配合修坡,随后立导墙模板,模板内放置钢筋网片。

导墙内墙面要垂直,墙面与纵横轴线间距的允许偏差为 ±10mm,内外导墙间距允许偏差为 ±5mm。在拆模后应有专人进行平面几何尺寸和垂直度的复核,以确保平面偏差达标和垂直度的要求。混凝土养护期间起重机等重型设备不应在导墙附近作业停留,成槽前支撑不允许拆除,以免导墙变形。

导墙施工允许偏差如表 3-1 所示。

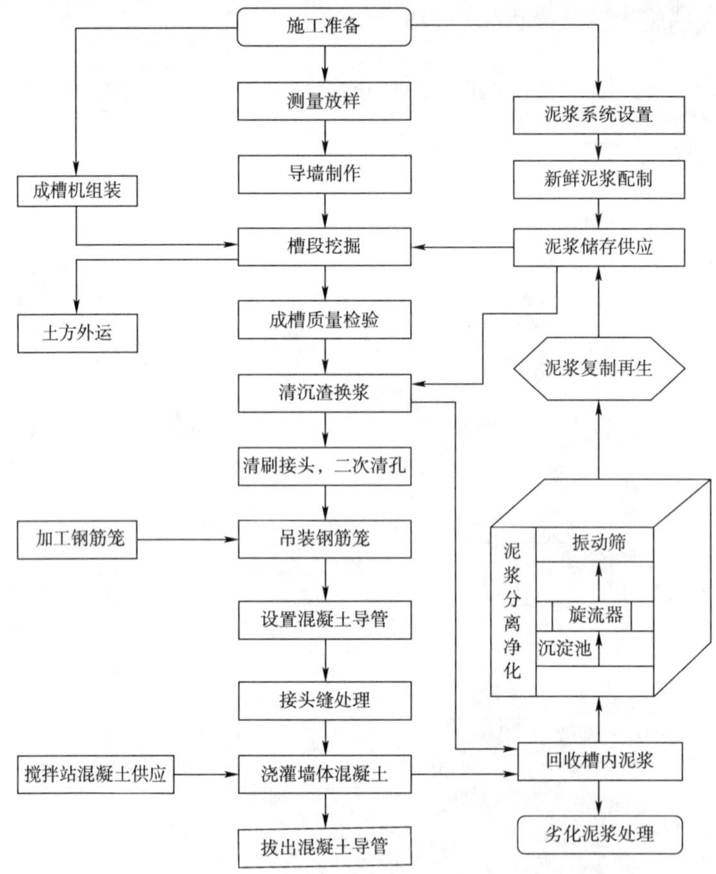

图 3-9 地下连续墙施工工艺流程图

导墙施工允许偏差表

表 3-1

项目		允许偏差	检查频率		检查方法
			范围	点数	
内墙面	与地下连续墙轴线间	对轴线距离的允许偏差 < ±10mm	每幅	2	尺量
	倾斜度	<1/500	每幅	1线	
	不平度	3mm	2m		直尺
导墙顶面	高程	±10mm	6m		直尺
	不平度	<5mm	6m		
内外导墙净距		较地下连续墙设计厚度增加40~60mm			

2. 泥浆制备与处理

本工程造孔护壁泥浆采用膨润土泥浆。在现场布设一个泥浆系统，内设3台LS400型高速搅拌机制浆，布设6台3PN泥浆泵用于供浆和弃浆。同时在泥浆池边布设泥浆净化系统，配合成槽设备的供回浆和清孔。

混凝土浇筑时排出的泥浆进入弃浆池，经除砂、沉淀、掺加新鲜泥浆等工艺手段处理后可再次利用，以期达到减少环境污染的目的。不可再利用的泥浆使用泥浆泵打入泥浆车运至弃浆场地。

泥浆处理工艺流程如图 3-10 所示。

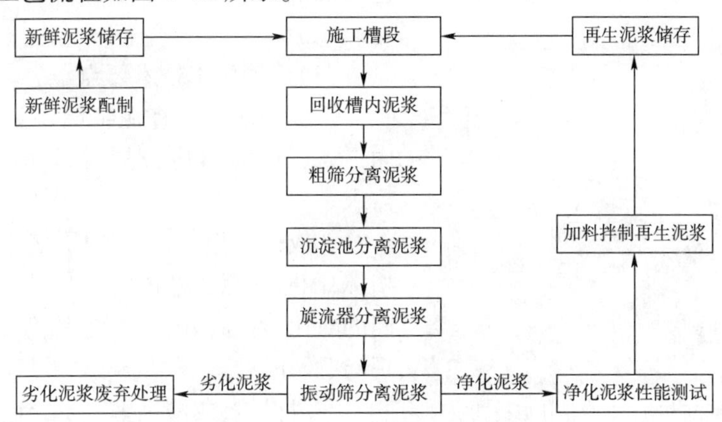

图 3-10 泥浆处理工艺流程图

新制泥浆需膨化 24h 后方可使用，采用泥浆泵通过供浆管路泵送至槽口。制浆原料的选用主要由泥浆的各项物理、化学指标来决定，其中一项重要的指标为密度。新制泥浆配合比如表 3-2 所示。

新制泥浆配合比（$1m^3$ 浆液） 表 3-2

膨润土品名	材料用量（kg）				
	水	膨润土	CMC（M）	Na_2CO_3	其他外加剂
钙土	970	60 ~ 80	0 ~ 0.6	2.5 ~ 4	适量

3. 成槽开挖

槽段划分时采用设计图纸的划分方式。但在各转角处需向外延伸，以满足槽段断面尺寸及钻孔入岩的需要。地下连续墙应遵循“先转角槽段、后标准槽段”的顺序安排槽段开挖施工。

（1）成槽采用隔槽施工

采用液压抓斗成槽机成槽时，先施工距离已完成墙体远的一端，后施工距离近的一端。成槽机定位时，机械履带应与槽段平行，施工时应确保抓斗中心与槽段中心一致。遇到土质较硬时，应将抓斗提起约 80cm。冲击数次后再抓土。起斗时应缓慢，在抓斗出泥浆面时应及时回灌泥浆，保证液面不低于导墙顶面 300mm。抓出的泥土用汽车运到场区内的临时弃土场集中堆放，按规定的时间运至场外指定的弃土场。

地下连续墙嵌岩深度根据成槽过程中的岩样、设计深度和参考成槽速度进行确定。

（2）终槽验收时需完成以下工作：

①检查成槽施工记录。

②测量成槽深度。

③使用探槽器进行槽段宽度、深度、垂直度的检查。

槽段验收合格后，及时进行清槽换浆。采用空气吸泥法反循环清槽，吸泥管采用 $\phi125$ 钢管，通过压入压缩空气至槽底的吸泥装置将泥沙吸出，同时向槽段内不断输送新鲜泥浆，置换出带渣的泥浆，吸泥管应不断移动位置，确保清槽后槽底沉渣厚度满足要求。孔底停滞 1h 后，槽底 500mm 高度以内的泥浆相对密度不大于 1.15，黏度为 18 ~ 22s，含砂率小于 4%。二期槽段成槽后，在清槽之前，利用特制带钢丝刷的方锤在槽内一期槽段的混凝土端头上下来回清刷,直到钢丝刷干净不带有泥污为止。江北工作井地连墙液压成槽机如图3-11所示。

图3-11　江北工作井地连墙液压成槽机

(3)成槽施工技术要点

①成槽前应检查泥浆储备量,施工机械,场内道路,水、电供应,泥浆循环等是否满足施工需求。

②成槽过程中,根据地层变化及时调整泥浆指标,随时注意成槽速度、排土量、泥浆补充量之间的对比,判断槽内有无坍塌、漏浆现象,以便发现问题及时处理。

③成槽时,成槽机垂直于导墙并距导墙至少3m以外停放。成槽机起重臂倾斜度控制在65°~75°,挖槽过程中起重臂只能进行回转动作,严禁进行俯仰操作。

④在开槽和地面以下5m范围内,成槽速度要慢,应将槽壁垂直度调整到最佳程度。

⑤成槽机停止施工时,抓斗严禁停留在槽内。

⑥成槽过程中应加强量测,确保成槽垂直度、深度符合要求。

⑦成槽时始终保持维护槽壁稳定所需的泥浆面高度,采用"高液面、低密度"的办法,以增加混凝土对钢筋的握裹力,并促使混凝土灌注顺利进行。

⑧成槽过程中,及时根据地层变化情况对泥浆参数进行调整。

⑨严格按设计要求做好连续墙接头部位的施工。

4. 钢筋笼制作与吊装

钢筋笼按一个单元槽段在现场制作,整体一次吊装。

5. 水下混凝土灌注

水下混凝土灌注前应认真做好混凝土灌注前的各项准备工作,并与商品混凝土拌和站取得联系,确保及时、连续地供应混凝土。

混凝土浇灌前,先检测槽底沉渣厚度,如不符合要求,利用导管进行二次清槽。

混凝土灌注采用吊车或提升架吊住混凝土料斗,通过混凝土料斗提升导管,混凝土上料利用混凝土输送车直接送入料斗灌注,开管采用充气橡胶球塞。初灌混凝土必须保证导管埋深在1m以上。灌注过程中,导管应始终埋入混凝土中2~4m,最小埋深不得小于1.5m。混凝土浇筑应连续进行,混凝土面上升速度不小于2m/h,最长允许间隔时间20~30min。在灌筑过程中,采用混凝土面测定仪每隔30min测量一次混凝土面上升高度,仪器利用传感技术和取样技术可比较精确地测量水下混凝土上升面,以此保证槽内混凝土面的高差不大于30cm,保证准确适时拔管。

混凝土的质量直接影响到地下连续墙的质量,施工期间除了加强与商品混凝土拌和站的联系与沟通外,应高度重视进场混凝土的质量检验,重点作好每车进场混凝土的外观检查和坍落度的测试。

(1)混凝土灌注施工技术要点

①地下墙混凝土浇筑尽量安排在无大风、雨的天气进行。

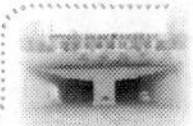

②导管水密性要好，混凝土灌注过程中绝对不能作横向运动。不能使混凝土溢出漏斗流进沟槽内，初灌混凝土导管的埋入深度不小于1m，故而漏斗容量要满足两倍漏斗容量的一次浇筑高度大于1m的要求才行。

③混凝土的供应速度不小于$20m^3/h$，中间间隔不超过30min，坍落度控制在18~22cm，缓凝时间4~6h，首盘混凝土量应严格控制，首盘浇筑后导管口埋入混凝土的深度不小于2.5m。

④灌注时作好混凝土灌注记录，混凝土面每上升3~4m，在两导管外和中间取三点测量混凝土面高度，按最低面控制导管的提升高度。

⑤灌注初始时，两管同时灌注，之后轮流灌注。两侧混凝土面的高差不能大于30cm，否则调换浇入点，务必使混凝土面水平上升。灌注过程中，经常上下提动混凝土导管，以利于墙体混凝土密实，导管每次升降高度控制在30cm以内。

⑥灌注中严禁混凝土等杂物跌落槽内，污染泥浆，降低泥浆性能造成塌孔，增加灌注困难。

⑦混凝土导管轻拿轻放，每次灌注前均严格检查拼装垂直度及密封情况，确保混凝土导管拼装后垂直、水密封性合格。

(2)地下连续墙施工中常遇到的问题及预防、解决措施如表3-3所示。

地下连续墙施工中常遇到的问题及预防、解决措施 表3-3

名称、现象	产生原因	预防措施和处理方法
导墙破坏或变形	导墙的强度和刚度不足。 地基发生坍塌或受到冲刷。 导墙内侧没有设支撑。 作用在导墙上的施工荷载过大	**预防：** 按要求施工导墙，导墙内钢筋应连接；适当加大导墙深度，加固地质；墙周围设排水沟；导墙内侧加支撑；施加荷载分散设施，使受力均匀。 **处理：** 已破坏或变形的导墙应拆除，并用优质土（或掺入适量水泥、石灰）回填夯实，重新建导墙
槽壁坍塌 （在槽壁成槽、下钢筋笼和浇筑混凝土时，槽段内局部孔坍塌，出现水位突然下降，孔口冒出细密的水泡，出土量增加而不见进尺，钻机负荷显著增加等现象）	遇竖向层理发育的软弱土层或流沙土层。 护壁泥浆选择不当，泥浆密度不够，不能形成坚实可靠的护壁。 地下水位过高，泥浆液面高程不够，或孔内出现水压力，降低了静水压力。 泥浆水质不合要求，含盐和泥沙多，易于沉淀，使泥浆性质发生变化，起不到护壁作用。 泥浆配制不合要求，质量不符合要求。 在松软砂层中挖槽，进尺过快，或钻机回旋速度过快，空转时间过长，将槽壁扰动。 成槽后搁置时间过长，未及时吊放钢筋笼浇筑混凝土，泥浆沉淀失去护壁作用。 由于漏浆或施工操作不慎，造成槽内泥浆液面降低，超过了安全范围，或下雨使地下水位急剧上升。 单元槽段过长，或地面附加荷载过大等。 下钢筋笼、浇筑混凝土间隔时间过长，地下水位过高，槽壁受冲刷	在竖向层理发育的软弱土层或流沙层成槽，应采取慢速成槽，适当加大泥浆密度，控制槽段内液面高于地下水位0.5m以上；成槽应根据土质情况选用合格泥浆，并通过试验确定泥浆密度，一般应不小于1.05；泥浆必须配制，并使其充分溶胀，储存3h以上，严禁将膨润土、火碱等直接倒入槽中；所用水质应符合要求，在松软砂层中成槽，应控制进尺，不要过快；槽段成槽后，紧接着放钢筋笼并浇筑混凝土，尽量不使其搁置时间过长；根据成槽情况，随时调整泥浆密度和液面高程；单元槽段一般不超过6m，注意地面荷载不要过大；加快施工进度，缩短挖槽时间和浇筑混凝土间隔时间，降低地下水位，减少冲击和高压水流冲刷。 严重坍槽，要在槽内填入较好的黏土重新下钻；局部坍塌可加大泥浆密度；如发现大面积坍塌，用优质黏土（掺入20%水泥）回填至坍塌处以上1~2m，待沉积密实后再进行成槽

续上表

名称、现象	产生原因	预防措施和处理方法
槽段偏斜(弯曲)(槽段向一个方向偏斜,垂直度超过规定数值)	成槽机柔性悬吊装置偏心,抓斗未安置水平。 成槽中遇坚硬土层。 在有倾斜度的软硬地层处成槽。 入槽时抓斗摆动,偏离方向。 未按仪表显示纠偏。 成槽掘削顺序不当,压力过大	成槽机使用前调整悬吊装置,防止偏心,机架底座应保持水平,并安设平稳;遇软硬土层交界处采取低速成槽,合理安排挖掘顺序,适当控制挖掘速度。 查明成槽偏斜的位置和程度,一般可在受偏斜处吊住挖机上下往复扫孔,使槽壁正直,偏差严重时应回填黏土到偏槽处1m以上,待沉积密实后再重新施钻
钢筋笼难以放入槽孔内或上浮	槽壁凹凸不平或弯曲。 钢筋笼尺寸不准,纵向接头处产生弯曲。 钢筋笼重量太轻,槽底沉渣过多。 钢筋笼刚度不够,吊放时产生变形,定位块过于凸出。 导管埋入深度过大或混凝土浇筑速度过慢,钢筋笼被托起上浮	**预防:** 成槽时要保持槽壁面平整;严格控制钢筋笼外形尺寸,其截面长宽比槽孔小140mm。 **处理:** 如因槽壁弯曲钢筋笼不能放入,应修整后再放入钢筋笼。 钢筋笼上浮,可在导墙上设置锚固点固定钢筋笼,清除槽底沉渣,加快浇筑速度,控制导管的最大埋深不超过6m
混凝土浇注时导管进泥	初灌混凝土数量不足。 导管底距槽底间距过大。 导管插入混凝土内深度不足。 提导管过度,泥浆挤入管内	**预防:** 首批混凝土应经计算,保持足够数量,导管口离槽底间距保持不小于1.5D(D为导管直径),导管插入混凝土的深度保持不小于1.5m;测定混凝土上升面,确定高度后再距此提拔导管。 **处理:** 如槽底混凝土深度小于0.5m,可重新放隔水塞浇混凝土,否则应将导管提出,将槽底混凝土用空气吸泥机清出,重新浇筑混凝土,或改用带活底盖导管插入混凝土内,重新浇混凝土
导管内卡混凝土	导管口离槽底距离过小或插入槽底泥沙中。 隔水塞卡在导管内。 混凝土坍落度过小,石粒粒径过大,砂率过小。 浇筑间歇时间过长	**预防:** 导管口离槽底距离保持不小于1.5D;混凝土隔水塞保持比导管内径有5mm空隙;按要求选定混凝土配合比,加强操作控制,保持连续浇筑;浇筑间隙要上下小幅度提动导管。 **处理:** 已堵管可敲击、抖动、振动或提动导管,或用长杆捣导管内混凝土进行疏通;如无效,在顶层混凝土尚未初凝时,将导管提出,重新插入混凝土内,并用空气吸泥机将导管内的泥浆排出,再恢复浇捣混凝土

续上表

名称、现象	产生原因	预防措施和处理方法
锁口管拔不出（地下混凝土连续墙接头处锁头管，在混凝土浇筑后抽拔不出来）	锁口管本身弯曲或安装不直，与顶升装置、土壁及混凝土之间产生较大摩擦力。 抽拔锁头管千斤顶能力不够或不同步，不能克服管与土壁混凝土之间的摩阻力。 拔管时间未掌握好，混凝土已经终凝，摩阻力增大；混凝土浇筑时未经常上下活动锁头管。 锁头管表面的耳槽盖漏盖	锁头管制作精度（垂直度）应在1/1 000以内，安装时必须垂直插入，偏差不大于50mm；拔管装置能力应大于1.5倍摩阻力；锁头管抽拔要掌握时机，一般混凝土达到自立强度（3.5～4h）即应开始预拔，5～8h内将管子拔出，混凝土初凝后，即应上下活动，每10～15min活动一次；吊放锁头管时要盖好上月牙槽盖
夹层（混凝土浇筑后，地下连续墙壁混凝土内存在泥夹层）	浇筑管摊铺面积不够，部分角落浇筑不到，被泥渣填充。 浇筑管埋置深度不够，泥渣从底口进入混凝土内。 导管接头不严密，泥浆渗入导管内。 首批下混凝土量不足，未能将泥浆与混凝土隔开。 混凝土未连续浇筑，造成间断或浇筑时间过长，首批混凝土初凝失去流动性，而继续浇筑的混凝土顶破顶层而上升，与泥渣混合，导致在混凝土中夹有泥渣，形成夹层。 导管提升过猛或测探错误，导管底口超出原混凝土面底口，涌入泥浆。 混凝土浇筑时局部塌孔	采用多槽段浇筑时，应设2～3个浇筑管同时浇筑，并有多辆混凝土车轮流浇筑；导管埋入混凝土深度应为1.2～4m，导管接头应采用粗丝扣，设橡胶圈密封；首批灌入混凝土量要足够充分，使其有一定的冲击量，能把泥浆从导管中挤出，同时始终保持快速连续进行，中途停歇时间不超过15min，槽内混凝土上升速度不应低于2m/h，导管上升速度不要过快，采取快速浇筑，防止时间过长坍孔。 遇塌孔，可将沉积在混凝土上的泥土吸出，继续浇筑，同时应采取加大水头压力等措施；如混凝土凝固，可将导管提出，将混凝土清出，重新下导管，浇筑混凝土；混凝土已凝固出现夹层，应在清楚后采取压浆补强方法处理
槽段接头渗漏水（基坑开挖后，在槽段接头处出现渗水、漏水、涌水等现象）	挖槽机成槽时，黏附在上段混凝土接头面上的泥皮、泥渣未清除掉就下钢筋笼浇筑混凝土	在清槽的同时，对上段接缝混凝土面用钢丝刷或刮泥器将泥皮、泥渣清理干净。 如渗漏水量不大，可采用防水砂浆修补；渗涌水较大时，可根据水量大小，用短钢管或胶管引流，周围用砂浆封住，然后在背面用化学灌浆，最后堵引流管；漏水孔很大时，用土袋堆堵，然后用化学灌浆封闭，阻水后再拆除土袋

五、江北工作井施工难点及对策

（1）江北工作井基坑开挖深度达22.89m，基坑跨度达37.9m，从地表到设计开挖底高程要穿越5个土层，地质条件较为复杂，如何保证基坑在施工过程中变形量不超过设计规定的警戒值是面临的一大挑战。为了克服基坑跨度大、开挖深度深而导致基坑变形量大的工程难题，在施工过程中严格遵循基坑变形的“时空效应”理论，尽量减少基坑暴露时间，采取分段开挖、分段浇筑的明挖逆筑施工工艺。

（2）采用明挖逆筑施工时，内衬墙施工质量的好坏直接关系到主体结构的渗漏水情况。因此为了确保内衬墙的施工质量，需要采取必要的措施：

①在内衬墙施工前需先检查地下墙的渗漏水情况，对渗漏水情况比较严重的部位要进行及时堵漏。

②为确保内衬墙混凝土的浇筑质量，需在顶层环顶梁及地下一层～地下三层环顶梁上

预埋混凝土浇筑孔(兼作混凝土振捣孔)。

③采用明挖逆筑施工时,水平施工缝是结构完工后最容易渗漏水的部位,因此止水带的安装质量是关键。为了保证施工质量,严格将橡胶止水带安装在设计指定的位置,并在施工缝处预留注浆孔,在主体结构施工完成后再进行压浆处理。

六、江北工作井开挖及结构施工

1. 井点降水

根据江北工作井基坑开挖及基础底板结构施工要求,需要设置降水井以保证基坑施工安全。其主要目的是疏干坑内地下水,方便挖掘机和人工坑内作业;降低坑内土体含水率,提高坑内土体强度,减少坑底隆起和围护结构的变形量,防止坑外地表过量沉降;提高边坡稳定性,防止土层纵向滑坡;及时降低开挖土层下卧层底部承压含水层的承压水水头高度,防止基坑底部突涌的发生,确保施工时基坑底板的稳定性。

根据江北工作井的实际情况,考虑疏干抽水的实际效果,经计算,在江北工作井基坑内布置4口疏干井(JB1~JB4),井深28m。

对于承压水层水头压力对基坑底板开挖施工的安全影响,经计算,当基坑开挖深度达到21.50m时,下部承压水的顶托力将大于基坑底至承压水含水层顶板间的土压力,可能造成基坑施工发生突涌等现象。结合江北工作井围护结构设计,江北工作井地下连续墙的深度进入了粉质黏土层的中下部,距离粉细砂层层顶约3.0m,同时结合井群干扰抽水水位下降的预测结果,在江北工作井工布设8口降压井(YB1~YB8)。降压井井深46m,井管直径为325mm,壁厚6mm,过滤管总长6m,埋深38.00~44.00m,过滤管以下2.0m为沉淀管,埋深44.00~46.00m,过滤管以上为井壁管,井管外36.00~46.00m范围进行人工填砂,31.00~36.00m范围填黏土球,0.00~31.00m范围填黏土,井口采用混凝土。同时在坑内布设2口观测井兼备用井(GB1~GB2),观测井结构与降压井相同。

疏干井、降压井、观测井布置如图3-12所示。

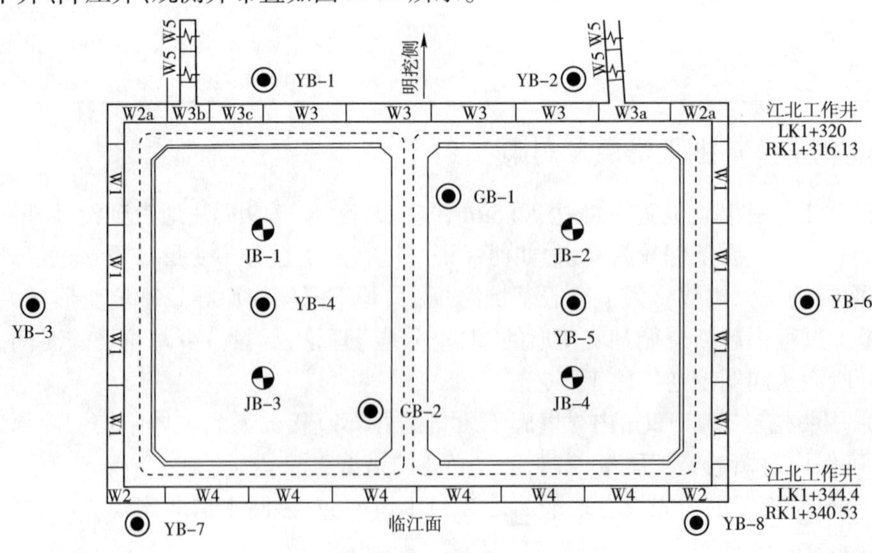

图3-12 江北工作井降水井平面布置图

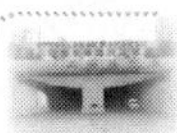

2. 基坑开挖

为了控制基坑在开挖过程中的变形量，拟将基坑沿长度方向分六段进行分层对称开挖，其中Ⅰ区、Ⅵ区为第一开挖区段，Ⅱ区、Ⅴ区为第二开挖区段，Ⅲ区、Ⅳ区为第三开挖区段，每层的一次开挖深度不大于2m。

基坑开挖过程中临时放坡坡度为1∶1.5～1∶2。基坑开挖以机械挖土为主，人工修挖为辅。开挖期间基坑四周设置可靠的安全栏杆踢脚挡板，防止高空坠物事故的发生，场地周围及基坑内必须有足够的照明度。基坑开挖施工遵循“先端部、后中间”的原则，即挖土施工先将端头斜撑位置土体挖出，放出1∶2.5坡度后再挖中间段，在中间段挖土中也采用分层。分小段开挖，随挖随撑，每层深度控制在1.50m左右。在开挖最后一层土时，当机械挖土离控制高程300mm时，一律改用人工修正坑底，并及时排除积水，保证内部结构施工时垫层能铺设在原状土上。土方开挖如图3-13所示。

图3-13　工作井内土方开挖

3. 主体结构施工

内部结构由钢筋混凝土底板、内衬墙、支撑梁、环梁等构成，采用明挖逆作法施工，环梁及内衬墙采用砂垫层作为结构底模，底板采用素混凝土垫层作为结构底模。

江北工作井结构混凝土分9次浇筑，施工流程如图3-14所示。

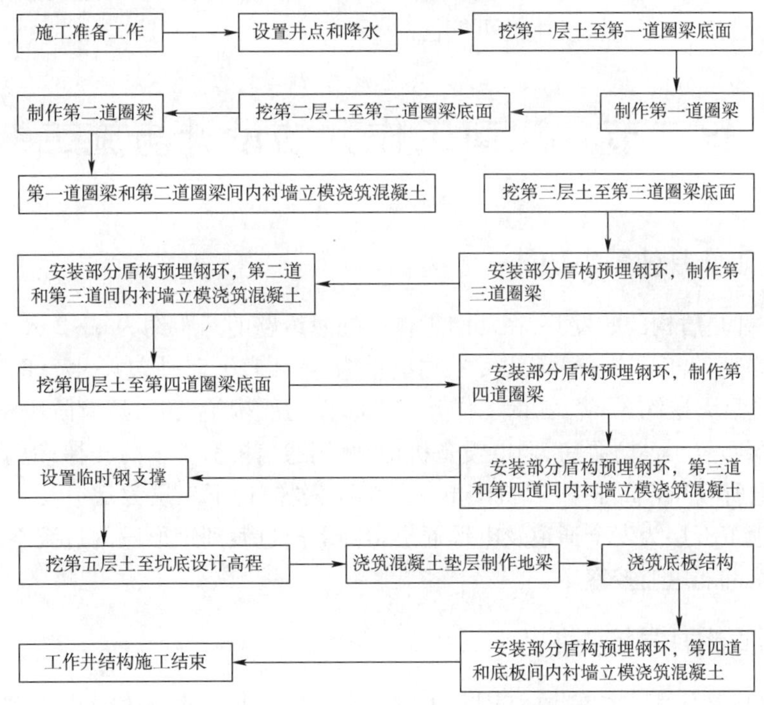

图3-14　江北工作井结构混凝土施工流程图

4. 基坑监测

江北工作井基坑保护等级为一级。对基坑施工期间基坑变形和其影响范围内的环境变形、被保护对象的变形以及其他与施工有关的项目或量值进行测量,及时全面地反映它们的变化情况,实现信息化施工,并将监测数据作为判断基坑安全和环境安全的重要依据。基坑监测可以为修正设计和施工参数、预估发展趋势、确保工程质量及周边管线安全运营提供实测数据,是设计和施工的重要补充手段。

基坑监测内容包括:围护体水平位移;围护体顶部水平位移;围护体顶部垂直位移(沉降);支撑轴力;地下水位;基坑周围地表沉降;周围建(构)筑物变形;地下管线变形。

基坑围护体水平位移监测采用的方法是,深入到围护体内部,用测斜仪自下而上测量预先埋设在围护体内的测斜管的变形情况,以了解基坑开挖施工过程中相应土体挖除对围护体水平位移的影响程度,分析围护体在各深度上的稳定情况。测点布置根据基坑平面布置情况工布设 3 个。测斜管为外径 70mm、内径 66mm 且内壁有十字滑槽的 PVC 管,管长度与围护体深度相等,约 35m,固定在钢筋笼上随之一起埋入地下墙内。

基坑围护体顶部水平位移监测,利用全站仪测量围护体顶部各个测点与基线间距离和角度的变化,从而了解围护体因相应位置土体的挖除对其顶部水平位移的影响程度,分析围护体的稳定情况。

基坑围护体顶部沉降监测,建立高程控制网,利用精密水准仪观测测点高程变化情况,从而了解土体挖除对围护体竖向变形的影响程度,分析围护体的稳定情况。

支撑轴力监测采用在支撑混凝土内部钢筋上设钢筋应力计的方法。

地下水位监测采用预埋水位观测管于土体内,用水位计测量,了解止水及降水效果,包括管涌、流沙等岩土工程病害发生的可能性。

第二节 江南工作井的设计与施工

一、江南工作井位置与功能

江南工作井是盾构的始发井,在江南工作井处两线路的间距约为 63. 2m,为与管理中心设置相结合,东西线工作井合并设置,中心里程为 K3 + 120. 5,外包尺寸为 82. 18m(长) × 25m(宽),基坑最大挖深 31m。江南工作井施工时作为盾构始发井,运营阶段整个井上下分五层,地下一层布置了消防泵房、弱电设备机房、民用通信机房及消防楼梯;地下二层布置了 10/0. 4kV 变电所、10kV 高压室、风机配电室及消防楼梯;地下三层为烟道及风机房;地下四层为车道层;地下五层为安全通道及电缆通道由圆形段过渡到矩形段的过渡空间,布置了风机房、废水泵房和弱电监控室。

二、江南盾构井基坑支护设计

根据规划要求及线路方案,在江南萧山侧设东线盾构井和西线盾构井,东西两盾构井连通,设置里程为 LK3 + 108 ~ LK3 + 133,盾构井全长 25m,地面高程为 7. 7m。

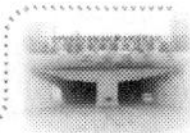

根据本段工程所处的周围环境及开挖深度，基坑安全等级定为一级。围护墙最大水平位移量≤40mm，抗隆起安全系数 $K_L \geq 2.5$。

挡土结构采用地下连续墙，顺作法施工，基坑开挖深度为 28 ~ 29.5m，地下连续墙厚度为 1.0m，深度为 50m，采用 C30 钢筋混凝土，在基坑深度范围内设 7 道支撑。钢支撑采用 ϕ609mm 钢管，壁厚 16mm。

(1)结构计算：同江北盾构井。

(2)基坑防水及基础处理

根据地质资料，基坑底位于⑦$_{-1}$粉质黏土夹粉砂层中，承压水头较高。盾构井周边无重要的控制性建筑物，根据国内相关工程经验，设计采用纯降水的方式。

三、江南盾构工作井结构设计

江南盾构始发井设置于江南侧东西线空地上，江南东西线两个盾构井连通，设置里程为 K3 + 108 ~ K3 + 133，盾构井全长为 25m，地面高程 7.7m。本工作井施工阶段作为盾构的始发井，运营阶段在井内设置车道板、消防泵房、安全通道、电缆通道和排烟道等结构。

盾构井根据盾构接收、材料的运输和运营阶段设备布置要求，确定平面大小，平面尺寸为 82.18m × 25m。盾构井采用地下连续墙作为围护结构，现浇钢筋混凝土内衬的施工方法，地下连续墙和侧墙作为重合结构进行设计。在垂直隧道纵向的侧墙上，根据前后两侧的结构形式分别预留一个 ϕ11.9m 的圆洞和矩形洞，供连接圆形隧道和矩形隧道之用。由于工作井埋深较大，故沿工作井深度方向设置两道横向框架：中框架、中框架横梁和顶框架、顶框架横梁；沿竖向设置壁柱，以构成工作井施工和使用阶段的主要受力框架体系，结构如图 3-15 和图 3-16 所示。

四、江南盾构工作井施工

江南工作井主体结构与江北工作井相同，采用明挖逆作法施工，设置 5 道钢筋混凝土圈梁和 1 道 ϕ609(t = 16)钢支撑。内衬外包尺寸为 84.4m × 22.8m，开挖面积为 1 924m^2。其施工工艺和程序与江北工作井相同。但因江南工作井开挖深度更深，施工作业难度和工程风险相对更大，在地下墙接头处理工艺和基坑底加固方面略有不同。

1. 江南工作井地下墙接头形式

江南工作井基坑开挖深度较深，平均挖深达到 29.4m，是在钱塘江区域施工的最深基坑。且工程所处的地质条件相当不利，砂性土层厚，含水率丰富。如在开挖过程中发生地下连续墙接缝因夹带泥沙而发生流沙涌入或承压水涌入，将会造成灾难性的后果，因此放置在基坑开挖过程中地下连续墙的接缝渗漏水是本工程基坑开挖安全保证的关键所在。同样，为确保地下连续墙接缝防渗漏要求，确定适合的接头形式又是施工的关键。

江南工作井与江北工作井同样采用地下墙和内衬墙“两墙合一”的复合墙形式，但江南工作井地下墙成槽深度较深，基坑开挖的风险较大，因此在江南工作井地下墙施工中将 H 型钢接头改进为止水能力更强的止水钢板抗剪接头。接头工艺如图 3-17 所示。

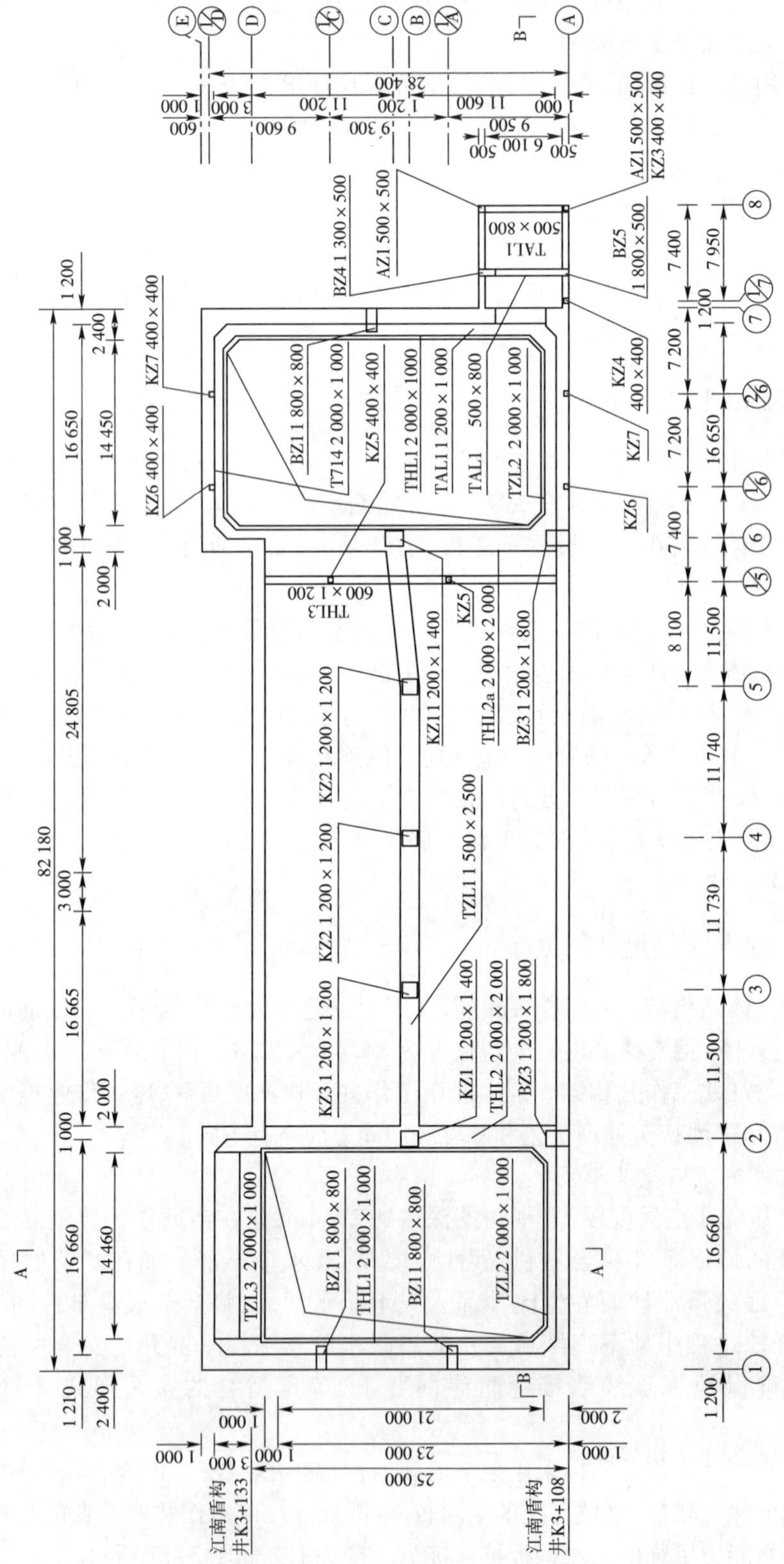

图3-15 顶框架平面图(尺寸单位：mm)

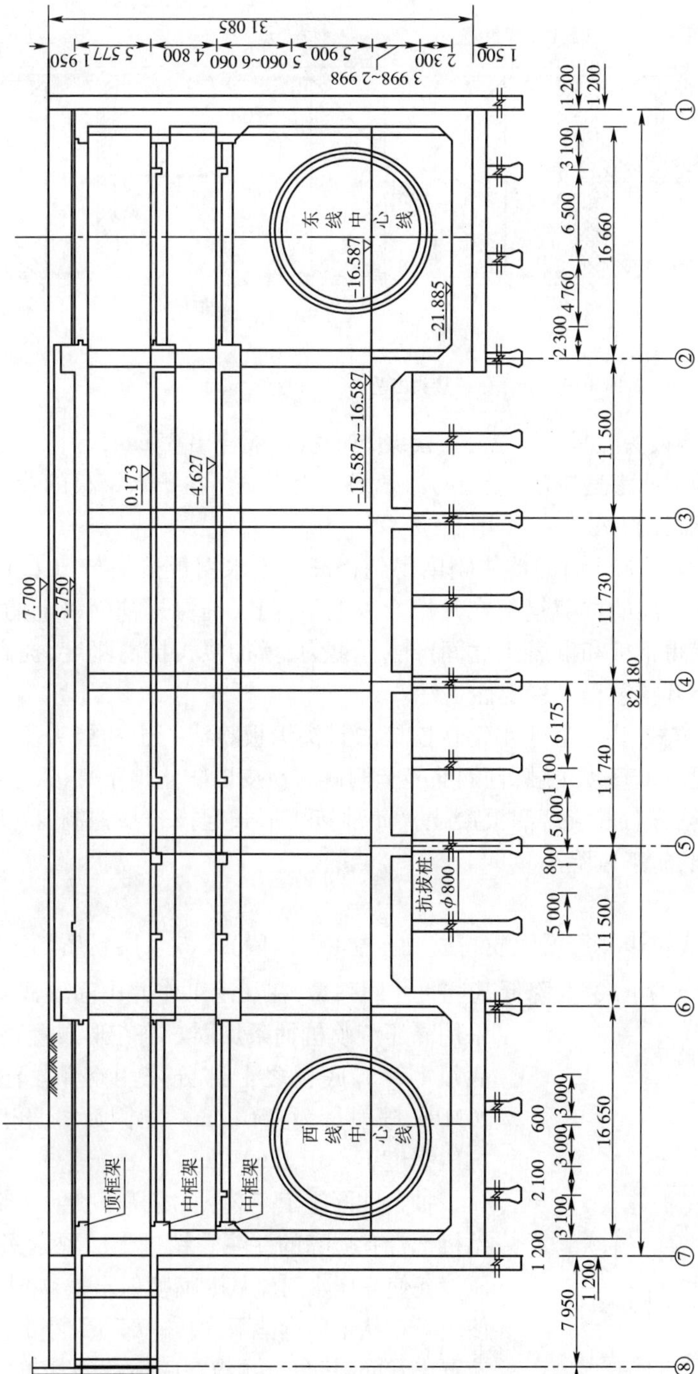

B–B

图3-16　结构横剖面图(尺寸单位：mm；高程单位：m)

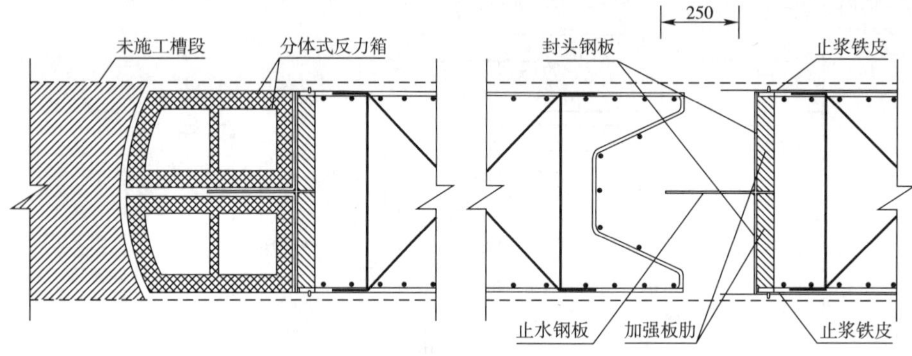

图 3-17　止水钢板接头工艺图(尺寸单位:mm)

止水钢板在地下墙接头上呈“十”字,在接缝处止水钢板伸出 35mm,延长了地下水的渗流路径,大大增加了地下水渗透难度,接头防渗效果更为明显。在止水钢板的背侧增加了反力箱,以起到对纵向钢板的有效保护作用。

采用“十”字接头使得地下墙的整体刚度得到提高。止水钢板接头与 H 型钢接头均属于刚性接头,止水钢板中间的抗剪钢板在开挖面以上不开孔,确保开挖面以上的止水要求,自开挖面以下开孔,使得钢板和混凝土之间产生握裹力,增加接头抗剪刚度,提高地下墙整体刚度,地下墙在基坑开挖过程中稳定性更好。

采用“十”字接头方式,由于和止水钢板连接的封头钢板将混凝土和接头反力箱相互隔离,使得反力箱不与混凝土直接接触,且钢筋笼上两侧封铁皮以防止地下墙混凝土浇筑时水泥浆从两端绕到反力箱背后形成绕灌混凝土。此种接头形式起拔容易控制,接头质量易于保证,施工的可靠性强,施工风险小。

2. 坑底抽条加固

江南工作井基坑底位于④层淤泥质粉质黏土层(中间段)及⑤$_{-2}$层粉质黏土层,设计为考虑提高基坑底地基土的承载力、降低基坑土体回弹量,在江南工作井中间段浅基坑范围内采用高压旋喷桩抽条加固。梅花形布置,加固范围为底板下 4m,底板之上部分采用空钻。注浆压力为 20MPa,喷射量为 150L/m。加固后桩身土体无侧限抗压强度不小于 1.5MPa。

抽条加固施工工艺,采用高压喷射注浆就是利用钻机把带有喷嘴的注浆管钻进土层预定深度后,用高压设备使高压水射流从喷嘴喷射出来,冲击破坏土体,使土颗粒从土体剥落下来。一部分细小的土颗粒随浆液冒出水面,其余土颗粒在喷射流的冲击力和重力等的作用下,与浆液搅拌混合,并按一定的浆土比例和质量大小有规律地重新排列。浆液凝固后,便在土中形成一个固结体。施工工艺流程如图 3-18 所示。

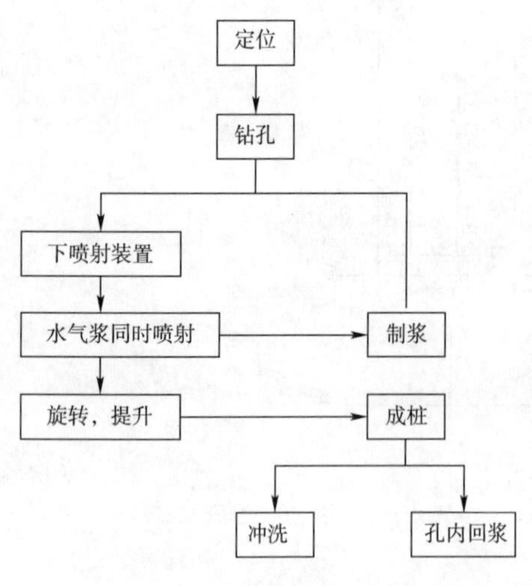

图 3-18　旋喷桩施工工艺流程图

坑底抽条加固施工技术参数如表 3-4 所示。

抽条加固旋喷桩施工技术参数表　　表 3-4

序　号	技术指标项目	单　位	参　数
1	空压机压力	MPa	0.5～0.7
2	空压机流量	m^3/min	0.6～0.8
3	泥浆泵压力	MPa	1
4	泥浆泵流量	L/min	70～80
5	注浆管提升速度	cm/min	8～10
6	加固材料(P.O　32.5 普通硅酸盐水泥)	kg/m^3	380～400
7	水灰比		1:1

3. 基坑降水

经计算，江南工作井基坑开挖深度超过 17.24m 时，需对承压含水层进行水头降压。地下连续墙内共布设 7 口降压井 J1～J7，并在暗埋段留设若干口备用井 BYJ（依据承压井试抽水运行情况决定是否启用）。承压降水井均为 47m 深，井壁管为直径 325mm、壁厚 6mm 的钢管；滤管长度 10m，位于埋深 36.00～46.00m 处；滤管以下 1m 为沉淀管，起到使过滤器不致因井内沉砂堵塞而影响进水的作用，沉淀管接在滤管底部，底口用钢板封死，直径与滤管相同，位于埋深 46.00～47.00m 处。井管外 34.00～47.00m 处按《供水水文地质勘察规范》（GB 50027—2001）要求人工填砂，29.00～34.00m 处填黏土球，0.00～29.00m 处填黏土。江南工作井承压降水井具体布设尺寸及井体结构详见图 3-19。

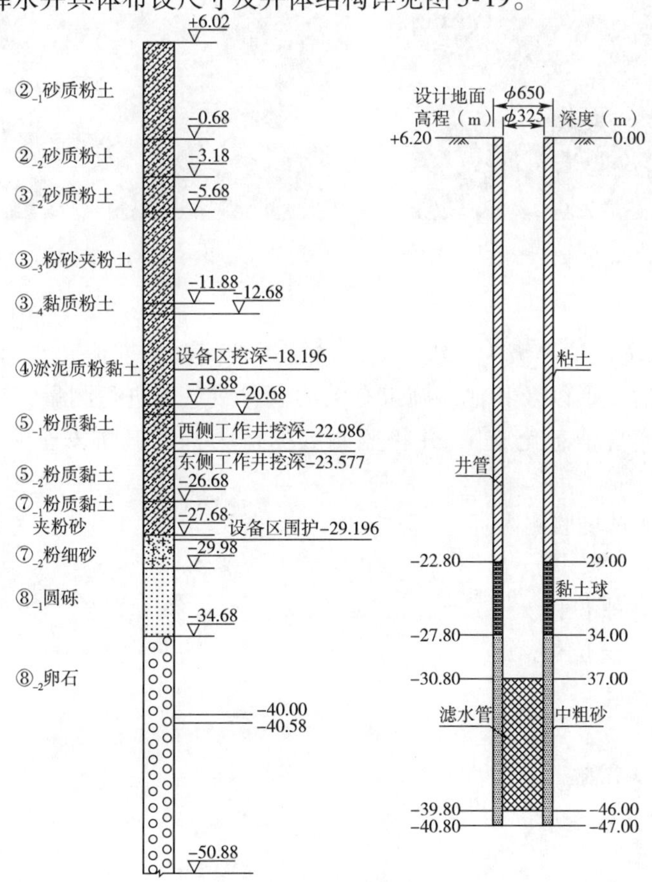

图 3-19　江南工作井承压降水井井体结构图（高程单位：m）

通过对江南工作井降水分析得出，共需要8口疏干降水井；基坑中部需降承压水头10.07m，基坑工作井需降承压水头18.53m，才能满足防突涌安全系数不小于1.2的要求；采用素混凝土地下连续墙隔渗帷幕+坑内抽水降压方案，成功克服了高承压水的影响，保证了基坑开挖安全。

4. 内部结构施工

江南工作井内部结构由钢筋混凝土底板、内衬墙、各层中框梁、环梁等构成，采用明挖逆作法施工。中框梁、环梁等采用地模作为底模施工，对于薄弱地层可适当铺设砂垫层、木模板扩散应力；底板采用素混凝土垫层作为结构底模。

江南工作井结构混凝土分为11次浇筑，按照围护结构变形情况及施工进度减少水平及垂直施工缝，以减少后期结构渗漏水的可能性。完成后的江南工作井结构见图3-20和图3-21，具体施工流程见图3-22。

图3-20 江南工作井洞门

图3-21 江南工作井结构图

5. 基坑监测

江南工作井基坑保护等级为一级。对基坑施工期间基坑变形和其影响范围内的环境变形、被保护对象的变形以及其他与施工有关的项目或量值进行测量，及时和全面地反映它们的变化情况，实现信息化施工，并将监测数据作为判断基坑安全和环境安全的重要依据。

(1)江南工作井基坑监测内容

①围护体水平位移。

②围护体顶部水平位移。

③围护体顶部垂直位移(沉降)。

④支撑轴力。

⑤地下水位。

⑥基坑周围地表沉降。

⑦周围建(构)筑物变形。

⑧坑底隆起。

江南工作井基坑监测采用的方法与江北工作井相同，因江南工作井施工范围为农田，无

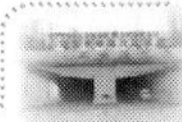

需要监测的管线，但江南工作井开挖深度深，坑底高程距离承压水含水层距离小，需要进行坑底隆起监测。坑底隆起的监测使用分层沉降仪，测出预埋在土体内设计位置各沉降标的移动量，以了解基坑内底部土体的回弹隆起。根据基坑实际情况，采用量程为 40m，分辨率为 1mm 的分层沉降仪进行监测，测点布置在基坑两端开挖最深处和中间位置，各设置一个测孔，每个孔设置 3 个沉降标，深度分别为坑底以下 1m、3m、4m，共布设 3 个孔位、12 个沉降标。

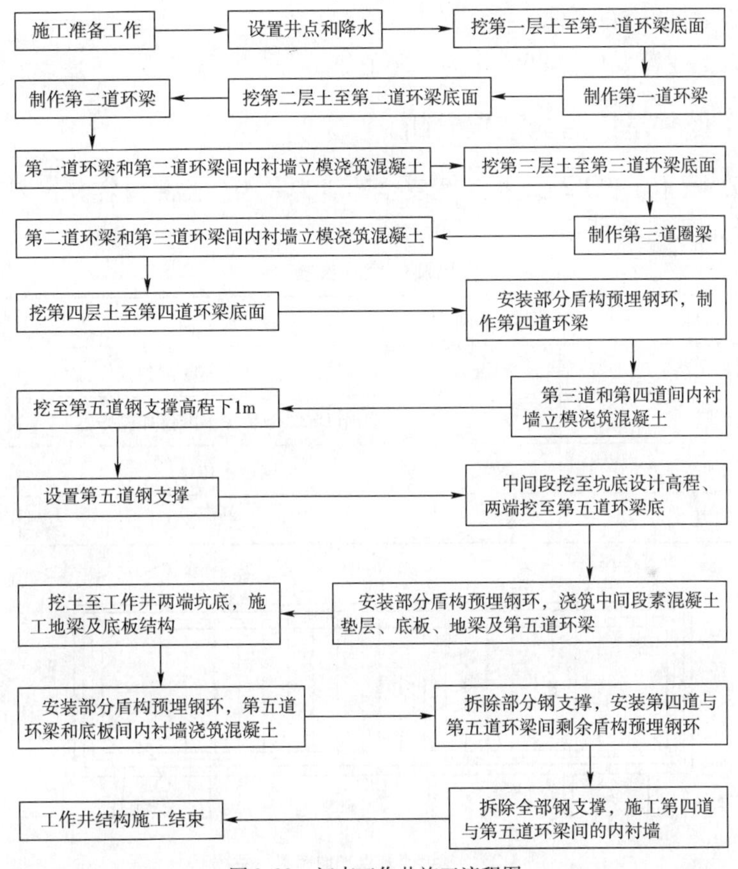

图 3-22　江南工作井施工流程图

(2)基坑监测观测频率

①在施工开始前应完成有关各项测点的埋设工作，并取前三次读数的平均值作为初始读数，以保证测试数据更接近真实。

②施工开始后，根据有关技术规程的规定和开挖进度安排观测频率。

③基坑围护施工期间，影响范围内的建筑物、地下管线监测每 2 天 1 次。

④基坑开挖期间，开挖段内监测点每天 1 ~2 次，未开挖段每周 1 ~2 次。

⑤基坑底板完成的区段，每周 1 ~3 次，在换撑期间每天 1 次。

⑥基坑主体结构施工结束后 2 个月内，对建筑物和地下管线每周监测一次。

⑦根据监测数据变化情况，监测频率进行适当调整。

⑧当监测数据达到报警范围或遇到特殊情况以及其他意外工程事件，适当加密观测，直至 24h 不间断的跟踪监测。

（3）基坑监测报警值

①围护墙体水平位移 0.14% H（H=41.1m，开挖深度）。

②围护墙体顶水平位移 0.1% H（H=29.4m，开挖深度）。

③地表沉降量 0.1% H（H=29.4m，开挖深度）。

④刚性管线沉降量 10mm，速率≤2mm/12h。

⑤支撑轴力大于设计值的 70%。

⑥水位下降或上升 500mm。

施工阶段以上述警戒值的 80% 作为预警值。

五、江南工作井基坑监测结果分析

根据设计要求，本工程基坑支护工程安全等级为一级。监测内容及仪表等如表 3-5 所示，监测点布置如图 3-23 所示。

监测内容及仪器 表 3-5

监 测 项 目	图　　例	仪 器 设 备	测 点 数 量
墙体水平位移	●CX	北京航天 CX－03 测斜仪	8
地表沉降	▲C	苏光 DSZ2 型精密水准仪加测微器	48
地下水位	ⓌW	国产水位计	6
支撑轴力	▌ZL	钢弦式钢筋应力计	12

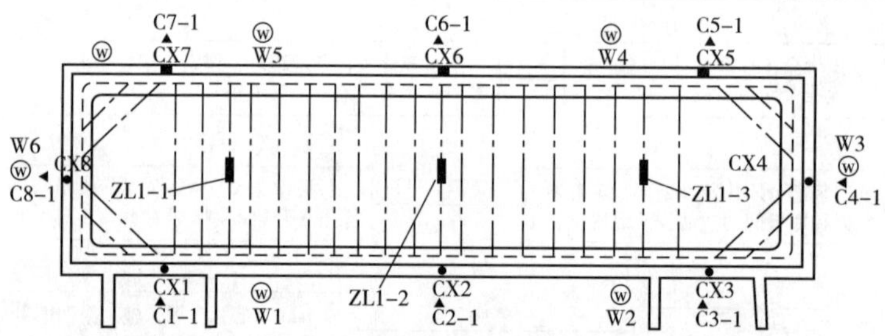

图 3-23　基坑监测点平面布置示意图

1. 墙体水平位移监测结果分析

CX4、CX6、CX8 分别位于东坑、中坑和西坑，图 3-24 为墙体水平位移随开挖深度的变化曲线。

由图 3-24 可以看出，基坑开挖过程中，墙体的最大水平位移与开挖深度及时间密切相关。随着基坑开挖深度的增加，墙体水平位移逐渐增大，最大水平位移发生位置也逐渐下移，且总体表现为中间大、两端小的趋势，呈“抛物线”形。支撑设置后，墙体水平位移有微量的回弹。

CX6 测斜孔所得墙体水平位移最大值为 29.8mm（向基坑内），深度约 17m。该侧斜孔位于中间设备井中部，即江南工作井长边中点。墙体水平位移较大的主要原因在于江南工作井长度过大，达 86.8m。与之形成鲜明对比的是 CX4、CX8 测斜孔所得墙体水平位移最大值仅为 20.4mm 和 19.3mm（向基坑内），所测结果为江南工作井短边中心的墙体水平位移，且

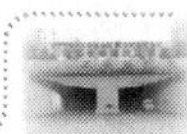

其所处的两端盾构井最大挖深达29.4m，比中坑设备井还要深5.4m。可知地下连续墙墙体水平位移除了与基坑挖深有较大关系外，还和基坑的平面尺寸密切相关。在以后的设计中可考虑通过加强中部支撑刚度，将大尺寸基坑"分隔"成两个或数个较小的基坑，以达到控制墙体水平位移的目的。

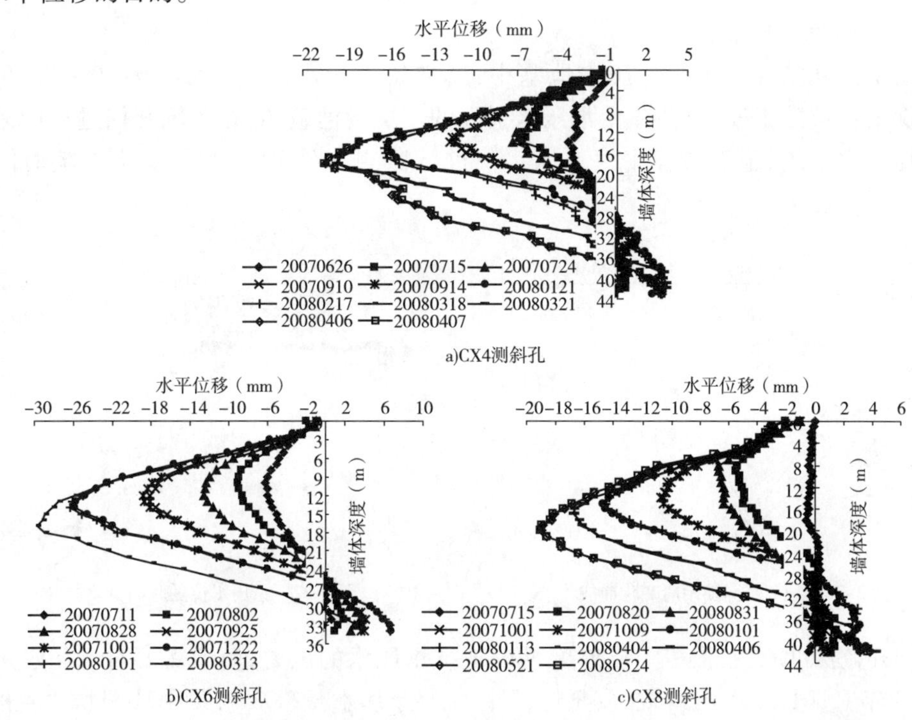

图3-24 测斜孔水平位移-深度关系曲线

2. 基坑周边地表沉降监测结果分析

图3-25a)，b)分别为中间设备井和西边始发井附近地表沉降随时间的变化曲线。

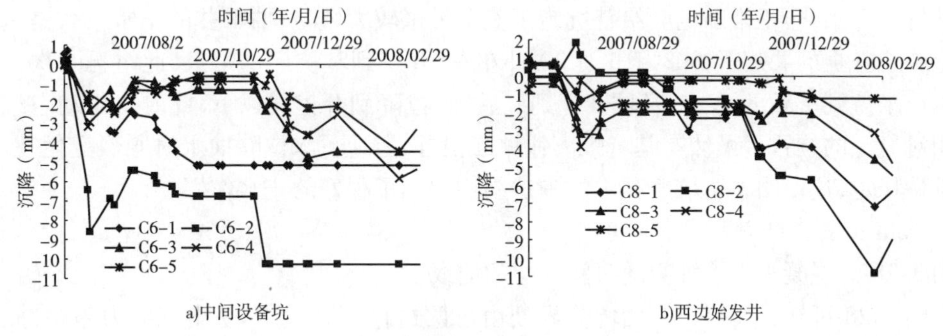

图3-25 地表沉降随时间变化曲线

断面内测点C-1～C-6与围护体的距离分别为相应位置基坑开挖深度的0.25倍、0.5倍、0.75倍、1.0倍、1.5倍和2.0倍，由于各断面的C-6测点在基坑开挖不久后均被破坏，测试数据予以舍去。由图3-26可知，随着基坑开挖深度的增加，地面沉降总体上呈逐渐增大的趋势。

图3-26为地表沉降随距离的变化曲线。由图可以看到，并不是离围护结构越近地表

沉降就越大,地表沉降最大点发生在距离围护结构 0.5 倍开挖深度的地方,地表沉降随距离的变化呈现"汤勺"状。由图可知,两个断面的最大地表沉降在 10 mm 左右,且 1.0 倍基坑开挖深度以外地表沉降已经很小。该承压水处理方法可以为以后类似工程提供借鉴。

3. 地下水位监测结果分析

江南工作井基坑位于高承压水地基中,其初始承压水水头经实测约为 -2.58 m 左右。为保证基坑施工安全,防止由承压水引发的基坑突涌破坏,在基坑开挖过程中采取承压水减压降水措施,施工过程中对承压水位进行监测。图 3-27 为承压水位随时间变化曲线。

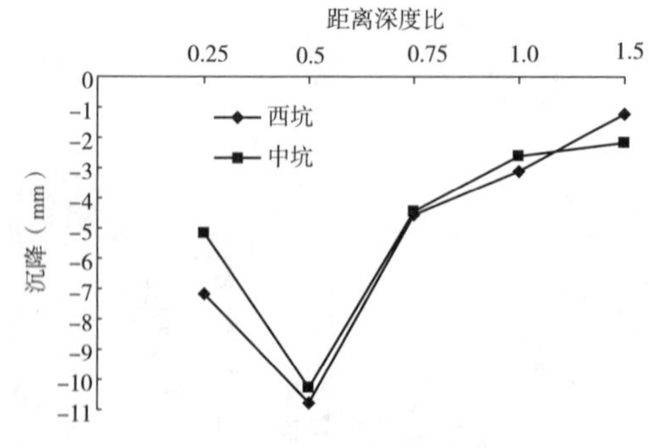

图 3-26 地表沉降随距离变化曲线

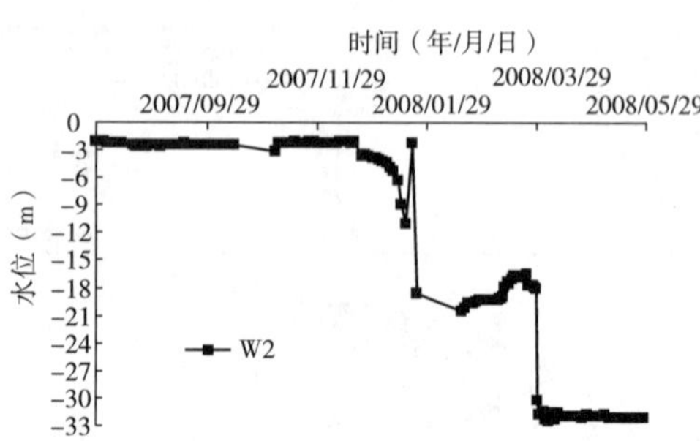

图 3-27 承压水位随时间变化曲线

初期开挖深度不大,上覆土层厚度足以抵抗承压水的压力,尚不需要对承压水进行降压。2008 年 1 月 1 日为考虑施工安全性,开始抽降承压水。2008 年 1 月 21 日坑内暂停降承压水,由图 3-27 可知,由于⑧圆砾卵石层渗透系数很大,素混凝土地下连续墙隔渗帷幕在底部横向、分幅间竖向均可能存在渗漏,停止抽水后,水位迅速回升到初始承压水位,之后重新开启抽降承压水,使水位迅速下降到 -19 m 左右。因此,基坑下层开挖施工期间,必须保证抽水井持续降水,非正常断电会给基坑施工安全带来较大风险,抽水井的正常工作是基坑下层开挖施工安全的关键。2008 年 3 月 30 日左右,开挖到基坑底部附近,此时再一次大幅度抽降承压水位到 -30 m 左右,基坑开挖到底后,水位降到开挖面以下,此时水位动态维持在一个相对稳定的位置。虽然本基坑距离钱塘江很近,但地下水位除抽水时剧烈变化外,其他时间维持稳定,这说明本基坑工程中的围护结构起到了很好的止水作用。

4. 混凝土支撑轴力监测结果分析

图 3-28 为混凝土支撑轴力随时间变化的曲线。

由图 3-28 可知,中坑与东、西坑分界处由于两边存在高差,容易出现应力集中,此处的轴力会比其他地方大很多。其混凝土支撑最大轴力大于 8 000kN,中间设备井混凝土支撑最大轴力为 4 188.5kN。所以当两边存在高差时,支撑刚度应适当提高。随着基坑开挖深度的加大和下部支撑的架设,第一道支撑的轴力逐渐变小,甚至有可能出现拉力,这在混凝土支撑中是值得警惕的,当混凝土长期处于受拉状态时,会引起围护结构的破坏。总体上看,第一、二道支撑轴力发展缓慢,第三、四道支撑轴力上升很快,在架设或拆除支撑过程中应加强对支撑轴力变化的监测,防止由于支撑轴力的突然增大或减小而对基坑的稳定性产生重要

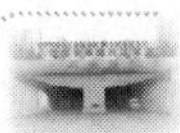

影响。

本工程内部结构钢筋混凝土支撑轴力最大值为8 414.2kN,位置在西坑与中坑分界处第四道混凝土梁上,还不到设计容许值的40%。曾经有工程支撑轴力实测值是设计值的2.25~3.30倍,说明混凝土支撑轴力还有很大的发挥空间,设计偏于保守,应对设计方案进行优化。

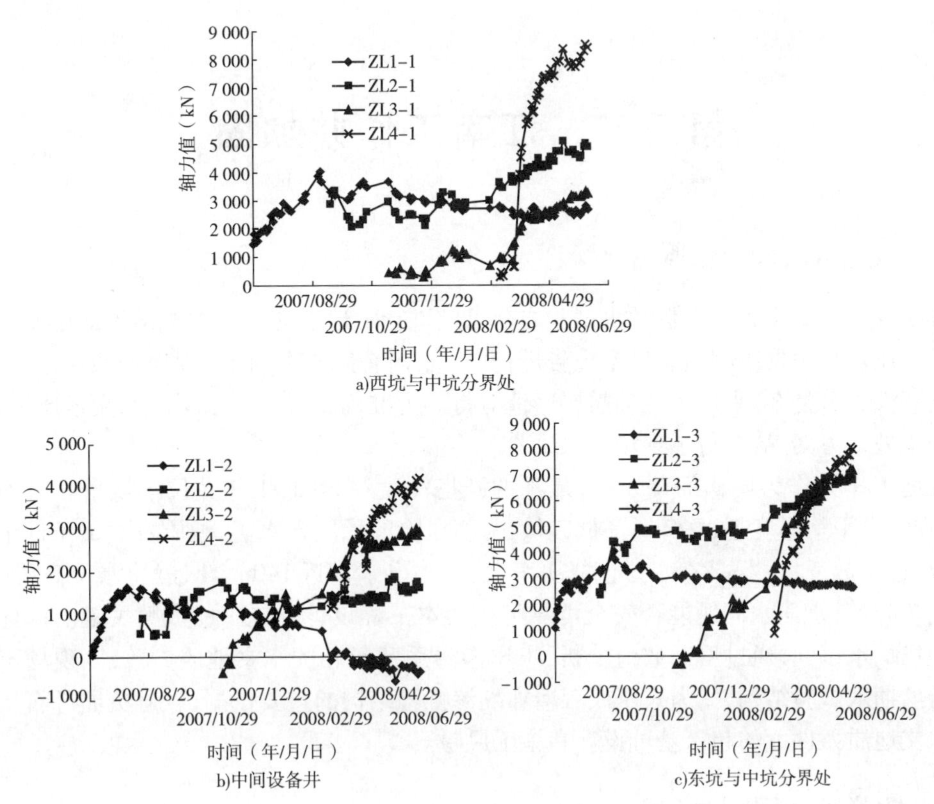

图3-28　支撑轴力随时间的变化

通过对江南工作井基坑进行围护结构水平位移、钢筋混凝土支撑轴力、地表沉降、地下水位的监测分析,得到了一些有益的参量变化规律:

(1)地下连续墙墙体水平位移除了与基坑挖深有较大关系外,还和基坑的平面尺寸密切相关。在以后的设计中可考虑通过加强中部支撑刚度,将大尺寸基坑"分隔"成两个或数个较小的基坑,以达到控制墙体水平位移的目的。

(2)随着基坑开挖深度的增加,地面沉降总体上呈逐渐增大的趋势。地表沉降最大点发生在距离围护结构0.5倍开挖深度的地方,地表沉降随距离的变化呈现"汤勺"状。该工程止水帷幕结合减压降水的措施,起到较好的止水和降水作用,且1倍基坑开挖深度以外地表沉降已经很小。

(3)基坑下层开挖施工期间,必须保证抽水井持续降水。虽然本基坑距离钱塘江很近,但地下水位除抽水时剧烈变化外,其他时间维持稳定,这说明本基坑工程中的围护结构起到了很好的止水作用。

(4)中坑与东、西坑分界处由于两边存在高差,容易出现应力集中,此处的轴力会比其他地方大很多,当两边存在高差时,支撑刚度应适当提高。随着基坑开挖深度的加大和下部支撑的架设,第一道支撑的轴力逐渐变小,甚至有可能出现拉力。在架设或拆除支撑过程中,应加强对支撑轴力变化的监测,防止由于支撑轴力的突然增大或减小而对基坑的稳定性产生重要影响。本工程钢筋混凝土支撑轴力均未达到设计值,设计偏于保守,应对设计方案进行优化。

第三节　江南工作井加固

一、承压水层抽水试验

本工程江南工作井在现场抽水试验之前已经进行了地下连续墙围护结构的施工。原设计降低承压水是根据工程地质勘察报告进行的,为全降水方案。因工程地处钱塘江边,地质及水文条件十分复杂,承压水处理需要谨慎对待。为准确获得承压水层的水文地质参数,指定承压水处理方案,故进行了现场抽水试验。

江南工作井作为盾构的始发井,最深的开挖深度约30m,工作井位于钱塘江古河道之上,该古河道平均厚度超过22m,高低起伏,为高风险的承压含水层,地质及水文条件十分复杂,如渗透系数近10^{-1}cm/s、水位恢复比率大、单井出水量近140m^3/h、静止水位高(距离地表仅约7m)等,承压水问题能否安全可靠解决为本工程设计及施工的成败关键。因此必须进行现场抽水试验,通过后期数值分析,求出渗透系数等相关水文地质参数,以现场不同工况进行的抽水试验结构,作为减压或者增加隔渗帷幕结构的重要依据,以避免卵砾石层内高风险水文地质条件下的超深基坑设计和施工风险。

二、抽水试验目的及方案[6]

抽水试验的主要目的是确定⑧号卵砾石层的水文地质参数、单井涌水量及孔隙潜水含水层与孔隙承压含水层之间的水力联系特征,为进一步完成工作井深基坑减压降水设计服务。

由于$⑧_{-1}$圆砾层及$⑧_{-2}$卵石层内地下水量丰富,室内土工试验求的水文地质参数不能代表整个含水层的水文地质特征。为有效控制承压水风险,确保基坑设计施工安全,在现场抽水试验中实现如下目标:

(1)确定各底层特别是第⑧的水文地质参数(渗透系数,储水系数)及单井涌水量、水位恢复比率等,为基坑减压降水或减压隔渗帷幕设计提供计算依据。

(2)确定孔隙潜水含水层与孔隙承压含水层之间是否存在水力联系特征。

(3)进行坑内、坑外布井的减压设计效果比较及相互影响,确定井位布置原则。

为确保抽水试验数据可靠,现场先后进行了2次抽水试验及生产型抽水试验,第一次布置4口试验井,由于该区域卵砾石层地质条件复杂,所取数据需进一步验证;第二次抽水试验布置8口井,详见表3-6和图3-29。

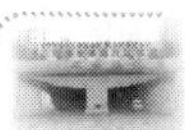

江南工作井第2次抽水试验井布置表　　表3-6

抽水试验阶段	试验井编号	试验井井深(m)	试验井用途
第一次	A1	51.5	试验井、放置水位测试探头
	A2	51.5	试验井、放置水位测试探头
	A3	53.5	试验井
	A4	53.5	试验井
第二次	J1	56	试验井
	J2	62	完整试验井
	J3	56	试验井
	J4	48	承压水观测井、放置水位测试探头
	J5	41	承压水观测井、放置水位测试探头
	J6	45	承压水观测井、放置水位测试探头
	J7	45	承压水观测井、放置水位测试探头
	B1	17	潜水观测井、放置水位测试探头

第二次抽水试验中除J2为完整井外，其余均为非完整井，孔径均为$\phi700$，滤管采用即机加工，透水率大于25%，采用3台$160m^3/h$深井泵进行抽水循环试验；第三次为生产性抽水试验，利用坑内7口降压井及12口试验井进行。

三、现场抽水试验实施与结论[7]

利用12口试验井进行各类工况的单井、群井抽水试验，8只水位测试探头中7只放置于观测井内(J4、J5、J6、J7、A1、A2、B1)，1只放置于抽水试验井内，利用数据采集仪与电脑连接后自动采集水位高与时间的对应关系，共进行了五类工况的单井及群井模拟抽水试验。典型抽水试验如图3-30和图3-31所示。五类工况为：

(1)单井连续抽水至稳定，其余11口井观测水位降，单井停水至稳定，其余11口井观测回水；

(2)单井抽水至稳定，第2口井连续开启，其余10口井观测水位降，反之观测回水；

(3)2口井同时抽水至稳定，其余10口井观测水位降，反之观测回水；

(4)3口井间隔开启抽水至稳定，连续开启第2、3口井，其余9口井观测水位降，反之观测回水；

(5)3口井(群井)同时抽水至稳定，其余9口井观测水位降，反之观测回水。

由图3-30可知：无论3井连续抽水还是同时开启抽水，B1潜水位观测井水位无变化。因此，在抽下层承压水时，上层潜水变化不明显，两者之间没有水力联系。

由图3-31可知，距离抽水井最近的观测井A2(两井间距离7m)水位最大降深29m，距离最远坑内J6观测井(两井间距离30m)最小降深2.21m，坑内J7井水位降深2.22m，与J6井间降水斜率很小。

由图3-32可知：坑外水位比坑内水位恢复快，总体上水位恢复非常迅速，坑内在30s左右水位恢复达到6%～8%，坑外在30s水位恢复达到20%左右，在120s水位恢复达到52%左右。这个试验结果表明，工作井深基坑采用抽水降低水头压力进行施工的方案风险十分巨大，应选用风险更低的方案。

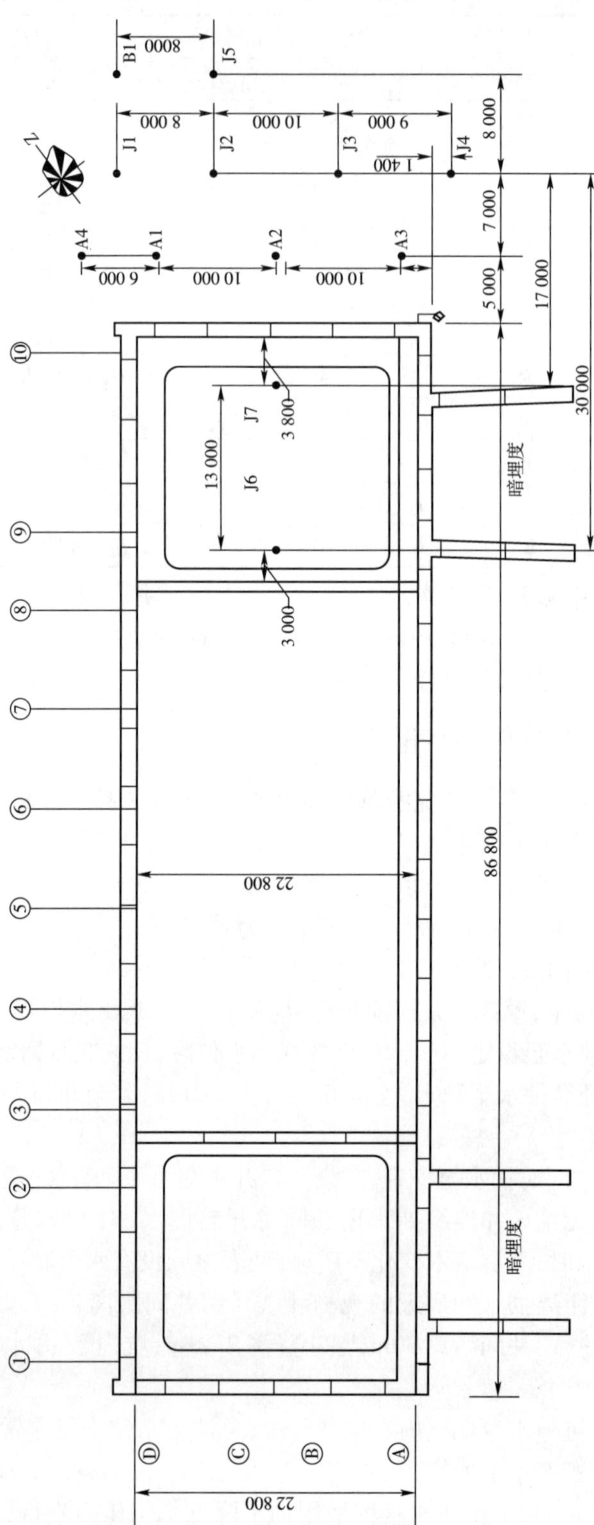

图3-29 江南工作井第2次抽水试验井平面布置图(尺寸单位：mm)

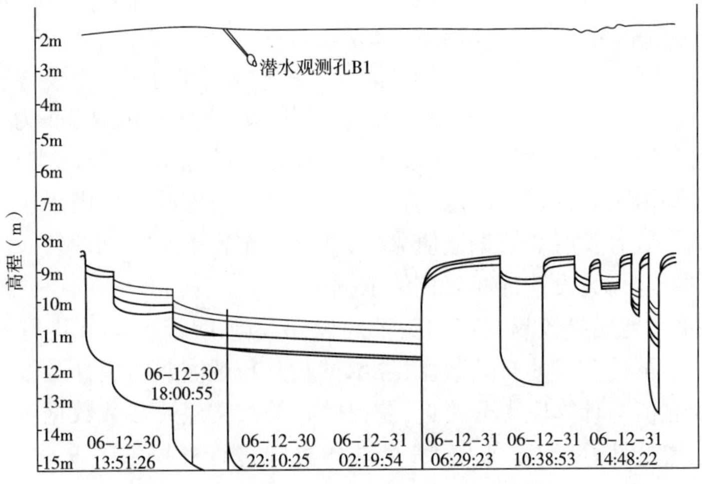

图 3-30 潜水位与抽水关系曲线

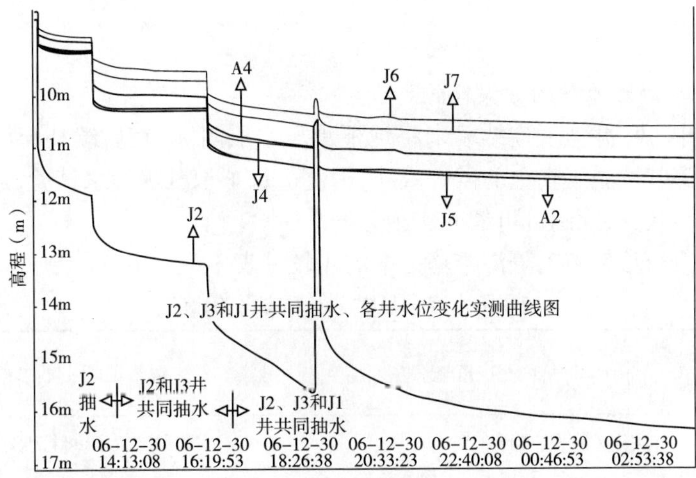

图 3-31 3 口井间隔连续抽水试验水位曲线

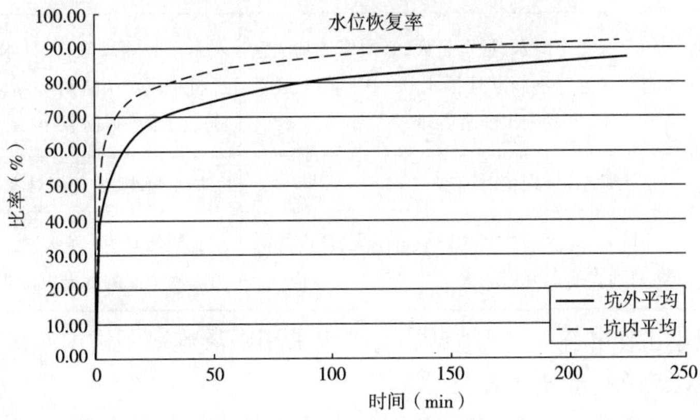

图 3-32 水位恢复比率曲线

通过抽水试验测得单井抽水量：根据降水井井径及前期抽水情况，本次抽水试验阶段选用上海深井泵厂生产的深井水泵，在抽水试验及生产性抽水试验时经过实际测量，单井流量可达 140m^3/h。

承压水静止水位：通过抽水试验观测和长期观测得知，承压水初始水头为 -2.58 ~ -1m。

由于江南工作井在施工阶段是杭州市开挖深度最深的基坑，缺乏同类工程的勘察、设计成果参考资料，未知因素多，风险大。为验证钱塘江古河道卵砾石层内承压水含水层水头压力，历时 2 个月抽水试验及后期数据数值分析，共设计布置了 12 口试验井，经数值分析得出了各层水文地质参数，作为设计计算复核的依据。

卵砾石层内水文地质参数测定直接关系到设计及施工安全，必须进行现场抽水试验测定及验证；根据抽水试验获得的有关数据，抽水试验井与观测井的设计及施工质量满足设计要求。经拟合，观测值与计算值十分接近，获得的相关水文地质参数数据可靠、有效；由于卵砾石层含水率大、渗透性好、回水速率大，全降压方式进行开挖施工安全可靠性差、风险巨大。因此设计时应充分考虑承压水的处理，以保证基坑开挖及结构施工安全。

四、方案确定

1. 减压降水与隔渗帷幕的方案比较

因前期设计中工作井地下连续墙未将地下承压水层阻断，在后续补充勘察后发现高承压水可能存在对深基坑施工安全的巨大威胁，因此进行了承压水抽水试验，通过试验数据验证了承压水相关性状，必须制订可靠的实施方案。

减压降水方案与重新施工隔渗帷幕方案的比较见表 3-7。

减压降水方案与隔渗帷幕方案的比较 表 3-7

比较项目 \ 方案	坑内全减压降水方案	隔渗帷幕 + 坑内减压降水方案
实施的可行性	实施风险大，可行性差	实施风险较小，可行性好
施工难度	钻孔深度较浅，进入承压水层实施降水即可，施工相对较容易	成槽深度较深，穿越卵石层，实现隔断承压水，有一定难度
施工风险	由于采用全降水，抽水量大，必须保证基坑施工过程中连续不间断地抽水，如中断降水后果非常严重，恢复施工非常困难	由于有隔渗帷幕，抽水量较小，隔渗帷幕已经将承压水层进行隔断，无需连续降水，基坑施工过程中风险较小，施工安全容易保障
抽水处理	抽水量小，处理相对困难	抽水量小，处理相对容易
对环境的影响	全降水，降水漏斗曲线影响范围大，坑内外降水，对地表的沉降影响大	有隔渗帷幕，降水漏洞曲线影响范围小，坑内降水造成的地表沉降影响小

综上，为了减小工作井深基坑开挖风险，确定采用隔渗帷幕 + 坑内减压降水的方案。

2. 不同结构形式的隔渗帷幕比较

选择何种结构形式隔渗帷幕方案，必须充分考虑以下主要影响因素：

(1) 工程地质方面，地表约 35m 下为近 20 ~ 21m 厚的卵砾石层及风化基岩层，普通的抓

斗成槽施工工艺很难完成。

(2)水文地质方面,承压水含水层埋深相对较浅,厚度约22m,渗透系数大,回水速度迅速,承压水含水层静止水位仅位于地表下8m。

(3)前期工作井围护结构设计,原设计的钢筋混凝土地下连续墙仅插入卵砾石层上部,未嵌入岩层,对高承压水没有隔断。

(4)隔渗帷幕结构受力,由于原钢筋混凝土地下连续墙未贯穿承压水含水层,隔渗帷幕实施完成后其内外存在很大的承压水水头压力差,隔渗帷幕下部结构承受的水土压力差较大,帷幕墙体需有一定的刚度及强度要求。

(5)承压水隔断,隔渗帷幕底部需嵌入风化基岩不透水层,该层的渗透系数及围岩的完整性需满足隔渗帷幕要求。

(6)必须确保隔渗帷幕墙体的隔渗效果,且因前期降水方案论证时间较长,需综合考虑施工工期的问题。

(7)在安全、合理、可行的前提下,还应综合考虑隔渗帷幕的造价,合理控制费用。

设置落底式竖向隔渗帷幕,通常采用高压旋喷法、高压注浆法、深层搅拌法、钻孔咬合排桩和地下连续墙等新型隔渗帷幕。结合本工程的实际情况,承压水含水层主要为圆砾与卵石,孔隙率较大,高压注浆难以控制注浆量且成桩质量难以控制,因此对高压旋喷隔渗帷幕、深层搅拌隔渗帷幕和地下连续墙隔渗帷幕三种形式进行综合比选。表3-8为三种隔渗帷幕方案比较表。

经综合比较,落底式素混凝土地下连续墙隔渗帷幕方案在理论上和实践上可行性最好,具备工期短、接头质量好、垂直度易控制、不易渗漏等优点,从工程可行性、经济性、工期控制和对后续工程的协调性更为有利等方面进行综合考虑,确定采用800mm厚素混凝土地下连续墙隔渗帷幕结合坑内降压降水的方案。

五、方案实施

1. 方案主要指标及主要工艺

素混凝土地下连续墙隔渗帷幕方案设计主要指标及主要施工工艺如下:

(1)地下连续墙墙体为素混凝土,地表30m以下混凝土强度为C20,地面至地表下30m内采用C15;这主要是考虑到地表30m以下素混凝土墙需要承担较大的水土压力差,而同时又必须兼顾后续盾构机始发时需要穿越素混凝土墙,因此采用了两种强度指标。

(2)盾构始发范围与暗埋段后续地下连续墙结构交叉处的素混凝土地下墙隔渗帷幕采用低标号的素混凝土C15、加大粉煤灰用量、减少水泥用量、控制粗集料直径等技术措施,以使得盾构始发时易切割,尽量减少对后续施工的影响。

(3)地下连续墙的厚度为800mm,墙趾嵌入风化基岩2m,墙深暂定60.5m。

(4)在充分考虑拱效应的基础上,新建墙体距离原墙体的距离取3m。

(5)地下连续墙采用液压铣槽机成槽。

(6)混凝土浇筑采用泥浆下直升导管法。

(7)槽段连接采用“接头管法”。

素混凝土地下连续墙隔渗帷幕平面布置如图3-33和图3-34所示。

三种隔渗帷幕方案比较表　　表 3-8

序　号	比较项目	方　案　一	方　案　二	方　案　三
		高压旋喷隔渗帷幕 + 坑内外降压降水辅助	搅拌桩隔渗帷幕 + 坑内外降压降水辅助	地下连续墙隔渗帷幕 + 坑内降压降水辅助
1	设计要点	至少双排 ϕ1000	双排 ϕ850	至少 800mm 厚
2	可靠度	隔渗效果较难保证,可靠度差	隔渗效果较难保证,可靠度较差	隔渗效果可以保证,可靠度好
3	可行性	理论上可行,但需经可行性试验	理论上可行,但需经可行性试验	理论实践均可行
4	工期	不确定因素多,约需 9 个月	不确定因素多,约需 9 个月	施工相对快捷,约需 4 个月
5	造价	至少布置双排,水泥土损失大,造价难控制	需双排,水泥土损失大,造价难控制	单排,造价可控
6	深化设计	原地下连续墙 + 水泥土隔渗墙结构补充	原地下连续墙 + 水泥土隔渗墙结构补充	原地下连续墙 + 补充地下墙帷幕 = 双排围护,工程安全度提高
7	交叉作业	需待抽水试验检验,与结构不可交叉施工	需待抽水试验检验,与结构不可交叉施工	隔渗效果相对较好,可与内部结构交叉施工
8	设备改选	需改进设备,增大钻杆转矩及空压机流量	需改进设备,增大钻杆转矩,配置螺旋钻杆作先导孔	采用铣槽机,无需改进
9	成孔难度	钻孔需深入至中风化基岩,穿透卵砾石层,钻进困难,需采用套钻等工艺	钻孔需深入至中风化基岩,穿透卵砾石层,需采用螺旋杆间隔施工先导孔	采用铣槽机成槽进度快,可快速穿透卵砾石层,深入至中风化基岩
10	倾斜度	倾斜度需小于 1/200,施工很难保证	倾斜度小于 1/200,采用先导孔仍难以保证	采用铣槽机,倾斜度可保证小于 1/300
11	接缝处理	接头质量难以保证,易发生渗漏并迅速扩大	接头质量难以保证,易发生渗漏并迅速扩大	铣槽接头质量较易控制,不易发生渗漏
12	停电风险	中断降水后果严重,基坑易发生管涌	中断降水后果严重,基坑易发生管涌	地下强隔渗效果好,中断降水后修复较易
13	渗漏风险	水泥土在动水状态下易发生渗漏	水泥土在动水状态下易发生渗漏	不易发生渗漏,且易堵漏
14	环境影响	降水漏斗曲线影响范围相对较小,地表沉降相对较小	降水漏斗曲线影响范围相对较小,地表沉降相对较小	降水漏斗曲线影响范围小,地表沉降小
15	工程试验	需进行围井试验,检验方案的可行性	需进行围井试验,检验方案的可行性	仅需进行单井抽水试验

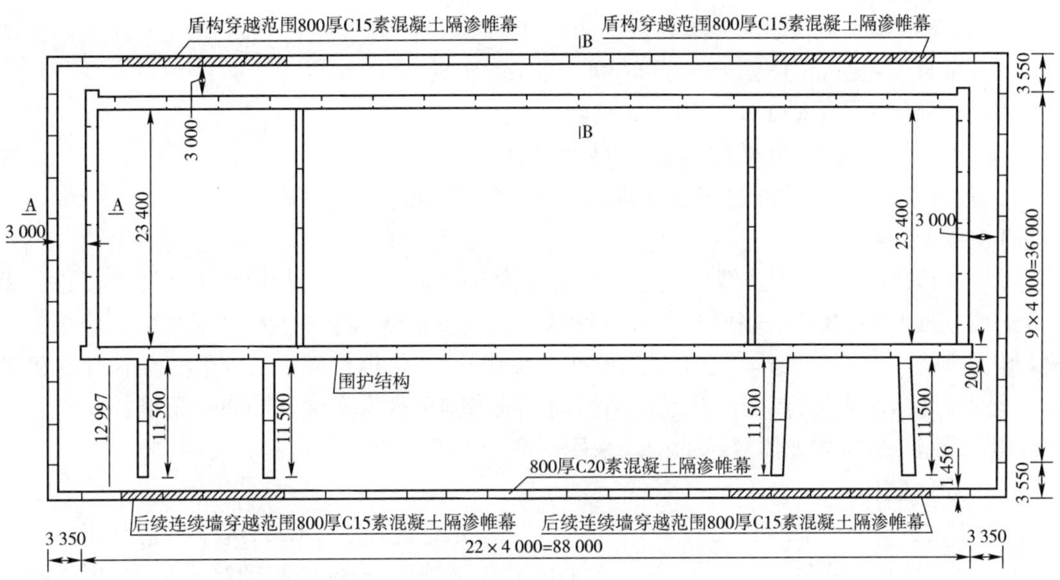

图 3-33　素混凝土地下连续墙隔渗帷幕平面布置图(尺寸单位:mm)

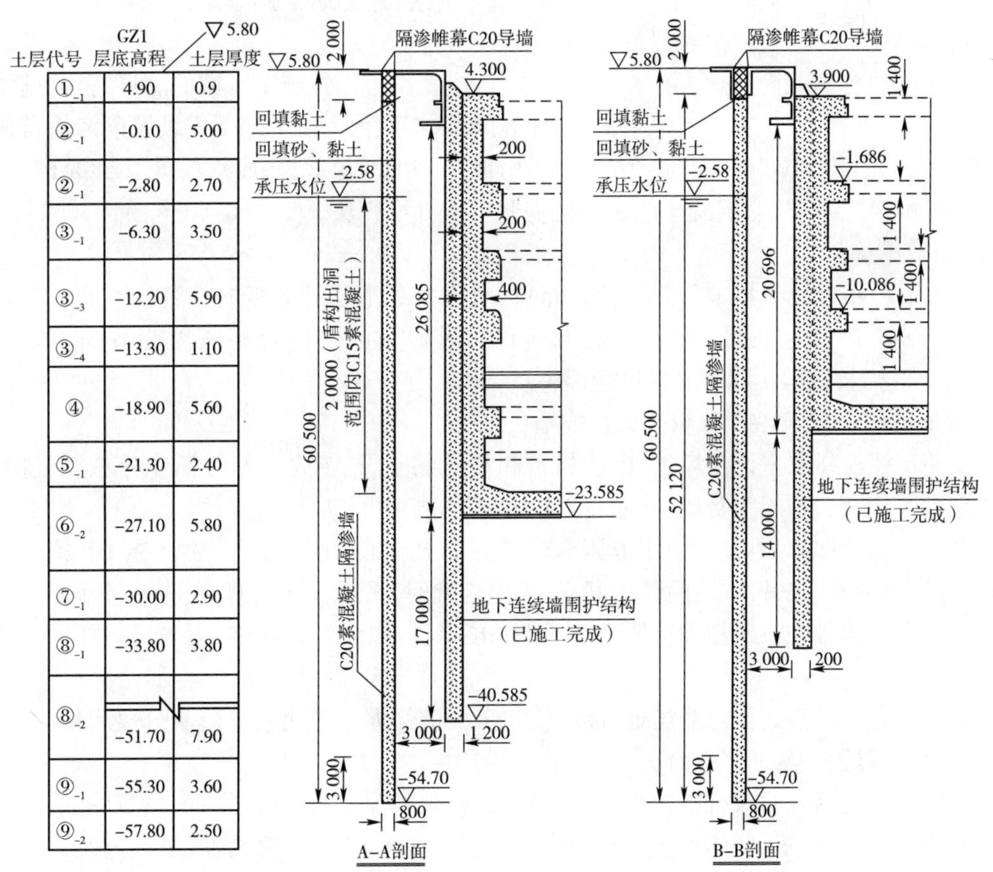

GZ1 ▽5.80

土层代号	层底高程	土层厚度
①-1	4.90	0.9
②-1	−0.10	5.00
②-1	−2.80	2.70
③-1	−6.30	3.50
③-3	−12.20	5.90
③-4	−13.30	1.10
④	−18.90	5.60
⑤-1	−21.30	2.40
⑥-2	−27.10	5.80
⑦-1	−30.00	2.90
⑧-1	−33.80	3.80
⑧-2	−51.70	7.90
⑨-1	−55.30	3.60
⑨-2	−57.80	2.50

图 3-34　隔渗帷幕剖面图(尺寸单位:mm,高程单位:m)

2. 隔渗帷幕地下连续墙施工设备双轮铣槽机选择原则。

(1)垂直度控制,整体偏差小于1/300,可保证质量。

(2)成槽能力,最大可双铣50MPa基岩。

(3)可全天候施工,反循环出渣,工效快,以保证工期进度。

(4)环保要求铣槽后通过泥浆管排渣施工,场地污染小。

3. 隔渗帷幕施工

施工的素混凝土地下连续墙隔渗帷幕平面为94.7m×43.1m,与原地下连续墙三边相距3.0m,明挖段相距13.0m,墙厚0.8m;设计深度初定60.5m,确保进入承压水层下卧层$⑨_{-1}$全风化含砾砂岩不小于2m。施工时先施作2幅槽孔,再依据槽底出渣对$⑨_{-1}$全风化含砾砂岩层物理、力学性质进行综合判断后,最终确定隔渗帷幕入岩深度。隔渗帷幕墙体材料选用C20素混凝土(盾构始发需穿越的槽段采用不高于C15素混凝土材料)。

(1)导墙制作

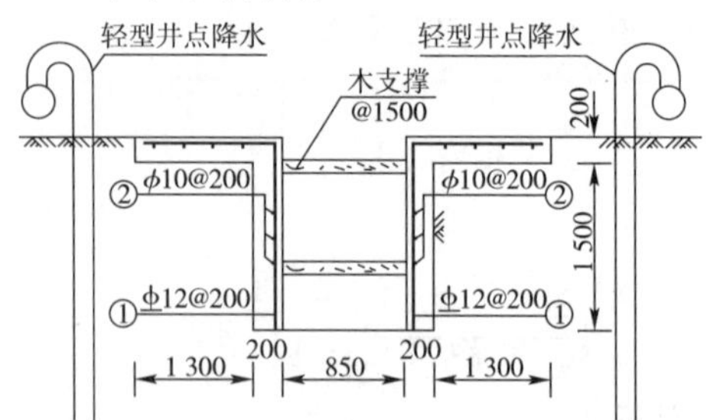

图3-35 导墙施工断面图(尺寸单位:mm)

导墙混凝土标号为C25;施工平台利用现有的工作平台,在施工平台外侧砌筑排浆沟,用于排水排浆。导墙施工断面如图3-35所示。

(2)素混凝土地下连续墙隔渗帷幕施工工艺流程

根据江南工作井施工区域的底层特点、施工条件等因素,本次素混凝土地下连续墙隔渗帷幕施工采用抓斗和CBC25型液压双轮铣联合成槽,槽幅间连接采用"接头管"法,混凝土浇筑采用泥浆下直升导管法。

(3)成槽施工

槽段划分结合机械技术参数和设计布置,考虑与地下连续墙竖向接缝的错开。先行幅长度为6.8m,闭合幅长度为5.8m和6.0m,靠近转角幅的闭合幅长度为6.3m、6.25m、5.35m,个别幅长根据实际情况可进行调整。

抓斗和CBC25型液压双轮铣联合成槽:

①使用抓斗抓取上部杂填土、砂质粉土和粉砂黏土,施工先行幅时抓斗分三抓成槽,先抓两端,后抓中间;施工闭合幅时,才有三抓成槽,先抓中间,后抓两端;

②抓斗抓至卵砾石层后,使用液压双轮铣铣削至孔底,施工方法与抓斗相同,施工先行幅时,分三铣成槽,先铣两端,后铣中间;施工闭合幅时,采用三铣成槽,先铣中间,后铣两端;

③考虑转角幅的特殊性和重要性,4个转角幅都将作为先行幅施工,采用一抓两铣成槽方法;

④抓斗施工废渣运至弃渣场地,液压铣施工废渣经泥浆净化系统渣水分离后集中出渣,再运至弃渣场地;

⑤槽段终孔后经验收合格进行清孔换浆,终孔验收项目有孔位、孔深、槽宽、孔斜。槽孔厚度不小于800mm,孔深不小于设计孔深,孔斜采用超声波仪器检测,满足规范及设计要求标准(1/300)。

(4)素混凝土浇捣

在清孔验收合格后，做好混凝土浇筑的准备工作，包括浇筑导管配置、混凝土面测量工具准备、浇筑料斗准备以及供水管路检查等。混凝土浇筑属于关键过程，需严格按以下要求控制：

①采用泥浆下直升导管法浇筑，导管距孔底15~25cm，跑球法开浇。

②槽孔浇筑导管距孔端部1~1.5m，中心不大于4.0m。

③各导管均匀进料，混凝土面高差不大于0.5m，导管埋深控制在18~22cm。

④浇筑过程中每隔1~2h检测槽口熟料的坍落度，要求入仓时坍落度为18~22cm。

⑤浇筑过程中，每间隔30min或每浇筑2~3车混凝土后测一次槽内混凝土面。

⑥在现场绘制浇筑图，以此作为拆卸导管的依据，在开浇和终浇阶段应缩短测量混凝土上升面的间隔时间。

⑦混凝土面平均上升速度不得小于2m/h，中浇高程不低于设计高程。

⑧混凝土浇筑过程中保证连续供应，不得出现混凝土供应中断的现象。

考虑到后期施工，盾构出洞始发需穿越的隔渗帷幕槽段将采用不高于C15素混凝土的材料，以降低盾构穿越的施工难度；隔渗帷幕与后续明挖段地下连续墙交叉影响槽段内预埋直径ϕ100的PVC管材，以便后期微震爆破破碎或直接冲击破碎，降低后续段施工难度。

4. 隔渗帷幕生产性试验

考虑到第一次在杭州地区钱塘江边施工深度达60m的地下连续墙，需要在素混凝土地下连续墙隔渗帷幕先期施作2幅槽孔作为生产性试验，为保障后续施工的质量和安全提供确切的施工参数。

为减小与内部结构施工间的相互影响，选取基坑外侧2个标准幅槽段作为生产性试验施工槽段。槽段长度6.8m（浇筑幅长6.0m），槽幅宽度0.8m；上部35m采用液压抓斗成槽施工至⑧$_{-1}$圆砾层，下部采用液压铣槽机成槽施工至槽底设计深度。

（1）生产性试验进程

第一幅试验槽段于2007年8月15日9时开始，采用液压抓斗成孔；8月16日第一孔施工深度达到35m至⑧$_{-1}$圆砾层；8月17日第二孔施工深度至35m⑧$_{-1}$圆砾层。8月19日液压铣槽机开始成槽施工，8月20日凌晨1时，铣槽机成槽施工至57.5m，进入⑨$_{-1}$全风化含砾砂岩层面。8月20日上午10时，通过对57.5m处出渣岩样综合分析判断，认为地层已经进入⑨$_{-1}$全风化含砾砂岩层，与补充勘察报告的底层描述一致，可作为相对不透水层。并最终确认，按设计要求素混凝土地下连续墙隔渗帷幕进入⑨$_{-1}$全风化含砾砂岩层3m。8月22日下午，第一幅试验槽段成槽施工完毕，并进行清孔验收；8月23日墙体混凝土浇筑完毕。

第二幅试验槽段于2007年8月19日上午开始采用液压抓斗成孔，8月22日下午开始采用铣槽机成槽施工，8月23日施工至深度约57.5m处进入⑨$_{-1}$全风化含砾砂岩层面，8月25日晚第二幅试验槽段施工完毕，并进行清孔验收；8月26日墙体混凝土浇筑完毕。

（2）通过生产性试验的小结

试验幅施工过程中有计划地控制了成槽施工速度，选择代表性地层对槽段进行静置，实测泥浆指标，并采用超声波测壁仪器检测槽孔垂直度及孔壁坍塌情况，进而优化调整泥浆的参数性能。

①通过生产性试验，两幅试验槽段整体施工情况良好，成槽施工中基本无漏浆、孔壁坍

塌等不良情况出现，终孔阶段槽孔偏斜率小于1/300，清孔后槽底沉渣小于10cm。

②通过生产性试验，明确了成槽质量控制标准，如表3-9所示。

成槽质量控制标准表 表3-9

控制项目	允许偏差
槽孔长度允许误差	±3cm
槽孔宽度	≥0.8m
槽口位置偏差	≤3cm
成槽偏斜率	≤1/300(3.33‰)
墙顶中心线允许偏差	±2cm

抓斗开槽时，严格按照设计槽孔偏差控制斗体下方位置，将斗体中心线对正槽孔中心线，缓慢下放斗体抓取地层土，要求每抓2～3斗即旋转斗体180°，以此保证槽孔垂直。

在成槽过程中，利用抓斗和液压铣上的孔斜显示装置监控孔斜情况，随时可以监测成槽偏差率在设计允许的范围内。在槽幅完成后，用超声波测壁仪器在槽段内扫描记录槽壁面凹凸情况，对槽幅垂直度进行监测评定。

③通过生产性试验确定了泥浆性能指标控制标准，如表3-10所示。

泥浆性能指标控制标准表 表3-10

性质	阶段			试验方法
	新制泥浆	循环再生泥浆	混凝土浇筑前槽内泥浆	
密度(g/m^3)	≤1.1	≤1.2	≤1.2	泥浆比重秤
含砂率(%)	不要求	不要求	≤6	1004型含砂量测定仪
漏斗黏度(s)	28～50	28～50	28～50	马氏漏斗
pH值	7～9	7～9	7～9	pH试纸
检测频次	2次/d	2次/d	1次/槽	

在施工过程中施工人员定期和不定期地对施工中的泥浆比重进行检测，如发现泥浆不符合标准，必须立即对使用中的泥浆作循环处理或换用新制备泥浆。

④通过生产性试验确定了隔渗帷幕墙体质量控制重点。

新制混凝土的检验：混凝土浇筑时，每间隔2h取样进行坍落度、扩散度的现场检测。

混凝土物理力学性能检测：浇筑时随机在槽口处取样，按设计要求进行28d抗压强度、抗渗性能室内试验检测。根据工程的实际情况，共划分为50个单元槽段。依据规范要求，为了能够准确全面地反映出混凝土的质量，每100m^3混凝土取一组混凝土抗压试件，每3幅槽段取一组混凝土抗渗试件。

墙体接缝处检测：根据工程需要，如在隔渗帷幕工程完成后，生产性抽水试验反映出基坑深水仍旧不能满足后续施工要求，将在墙体的接缝处钻孔进行压(注)水试验，以检验接缝处的渗透性。如果墙体接缝处透水性过大，可对透水处进行灌浆或高喷处理。

第四章　江北明挖段隧道工程

第一节　管线迁改

一、管线、公用市政设施现状

庆春路西起新塘路，东至之江路，其中新塘路至富春江路已按50m实施，敷设有给水管、雨水管、污水管、燃气管、通信共同沟及电力电缆管沟。

(1)给水管道

庆春路道路北侧现状敷设有D600给水管道。杭海路与庆春路现状斜交，敷设有两根D600给水管路；钱江路道路两侧及东侧分别设有D300及D1 200给水管路，其中D1 200为至下沙的重要给水干管。富春江路西侧敷设有D400给水管道。在庆春路段从北向南横跨线路设4条D300、D200、D200、D200给水支管路。管材为球墨铸铁管。

(2)雨水管道

庆春路南北两侧现状设有D400~D1 500雨水管路，以现状杭海路为界，西段雨水管穿过新塘路路口向西排入新开河，东侧雨水管道穿过富春江路路口向东排入新塘河。其中在钱江路路口接入北侧钱江路D600支管，在富春江路路口接入北侧富春江路D800支管。富春江路至之江路段道路北侧建有D1800新塘河临时排水管，由临时泵站提升涝水排入钱塘江。

(3)污水管道

新塘路以东污水管路沿庆春路两侧敷设，北侧现状有D200~400，过五福路后在隧道敞开段与南侧D2 200管路在北侧相会，D2 200管路在高程上与隧道主线相冲突。钱江路以东污水管路敷设在庆春路线路中线上，在富春江路斜向穿出汇入新塘河中。

(4)燃气

沿道路北侧人行道设有DN200燃气管道。其中在庆春路上，新塘路至富春江路间自北向南设D150支管路3条。

(5)通信

沿道路南侧非机动车道设有40~24孔通信共同沟。其中在钱江路交叉口自西向东设32孔、在富春江路交叉口自西向东设26~32孔通信管路。在庆春路上其他路段自南向北设(108−6×2)3条支路。

(6)电力

沿道路南侧人行道设有16孔电力电缆沟，其中钱江路交叉口东侧设有10kV+220kV大型电缆沟,总宽度约4m。在庆春路其他路段自南向北敷设6~12孔共8根钢管电力排管或电力沟。钱江路至富春江路段道路北侧近期已建220kV电缆沟。

二、地下管线迁改保护原则

收集到相关地下管线资料后,针对不同类型的管线有针对性地进行保护,其迁改保护原则有:

(1)施工前,调查所有与施工有关及基坑开挖影响范围内的各种管线,查明管线的类型、规格、材质、位置及走向等基础资料。

(2)根据查明的管线资料,针对各种管线的不同控制要求,对基坑开挖中不需要拆迁和改移的管线,做出具体的设计方案和保护措施。

(3)管线保护的设计方案及其技术措施在得到甲方和监理的认可外,同时要和管线主管部门共同商讨,并达成一致意见。

(4)支吊结构必须坐落在坚实、稳定可靠的支墩上。

(5)管线应在其下的原状土开挖前支吊牢固,并经检查合格后再采用人工方法开挖下部土方。

(6)管线漏水(气)时,必须修理好后才可进行支吊,对跨越基坑较长或接口有断裂危险的管线,应先采取加固措施,再进行悬吊或直接架设在钢梁上。

(7)在施工过程中,必须对悬吊的刚性管线进行监测。

(8)工程施工时,不得碰撞支吊系统或利用其做起重架、脚手架或模板支撑。

(9)对支吊的管线应根据管线类型分别设立一定的安全保护区,严禁施工机械靠近。

(10)基坑土方回填时,在悬吊的刚性管线下应砌筑支墩加固,防止管线下沉,然后再拆除钢桁架,并按设计要求恢复管线和回填土。

三、管线迁改保护方案

1. 平行线路方向管线迁

平行线路方向的给水管路、污水管路、雨水管路、电力工程管线、燃气工程管线和通信工程管线等均按相关部门要求迁改。

2. 垂直或斜交管线迁改及保护方案

(1)杭海路交叉口

由于现状杭海路口为隧道主线下挖段,故现敷设于杭海路两侧的给水、煤气、通信、电力等管线均需在隧道施工前永久迁改至五福路以西绕行。以上管线除短暂割接需要外,均不允许停止运行。

第二污水系统为杭州市老城区污水干管,施工及割接期间均必须保证正常运行。

(2)钱江路交叉口

钱江路交叉口现状自西向东设有DN300给水管,32孔通信管,D1200给水管及10+110kV电缆沟。除DN300给水管可以短期停水外,其余管道均需在施工期间保护以保护运行。采用轻型型钢钢架和军便梁整体悬吊保护。

(3)富春江路交叉口

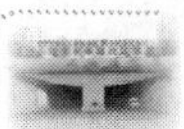

富春江路交叉口现状自西向东敷设有10kV电缆沟、DN200燃气管、DN400给水管、DN1800污水管和28～36孔通信管。除污水管外，其余管道考虑局部停运施工，施工完毕后恢复。采用轻型型钢钢架和军便梁悬吊保护。

现状位于富春江路西侧的滨江污水泵站D1 800出水管为钱江新城排污主管，需在施工期向东移位运行，待隧道完工后恢复原位运行，不允许停水施工。

(4)其他路段横跨隧道主线管线保护迁改方案

其他路段横跨隧道主线管线，有的通过路基基层施工期采用混凝土进行表面加强保护，随时监测即可，有的采用轻型型钢钢架悬吊保护方案。给水管和16孔电力电缆管线采用军便梁空中悬吊保护方案。

四、管线专项保护施工技术方案

根据现场管线类型、管线直径大小、管线质量、管线要求等采取不同的保护方案。

(1)轻型钢架悬吊保护方案

钢架现场拼装，两边架立在围护结构上，个别地段采用扩大基础，要求基础牢固，架立稳定。一般段钢架中间架立在格构柱上，匝道与主体结构结合段钢架架立在格构柱与主体围护上，以增加钢架整体稳定性。图4-1为轻型钢架悬吊保护方案示意图。

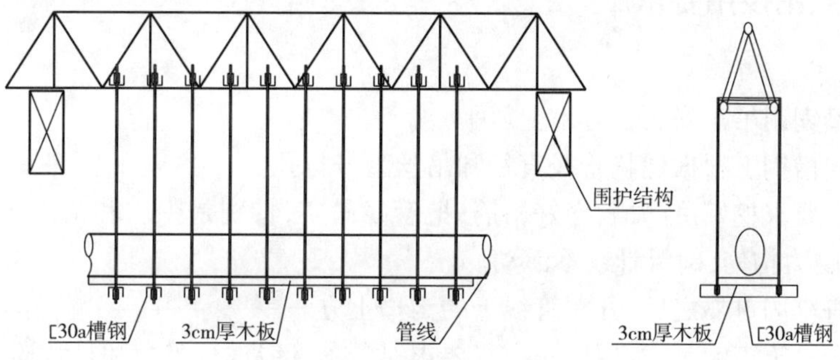

图4-1　轻型钢架悬吊保护方案示意图

(2)大型型钢悬吊保护方案

根据管线情况采用单根或多根大型I字钢或槽钢，架立在两侧围护结构上，下设钢丝绳或吊板对管线进行保护。图4-2为大型型钢悬吊保护方案示意图。

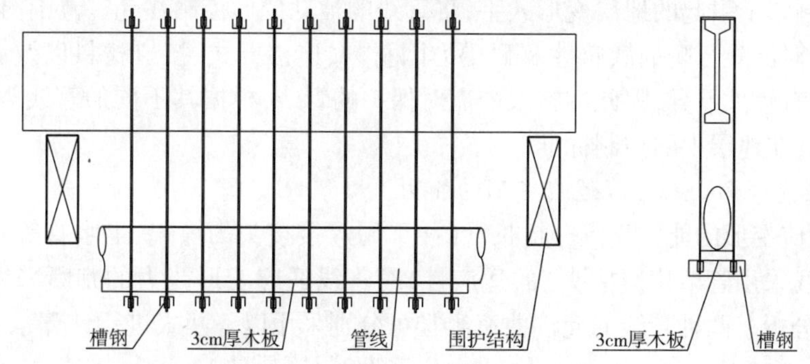

图4-2　大型型钢悬吊保护方案示意图

(3)军便梁悬吊保护方案

大型管线或重要管线采取大型军便梁悬吊保护管线，根据管线位置，可采用上承式或下承式进行。图4-3为大型军便梁管线保护方案示意图。

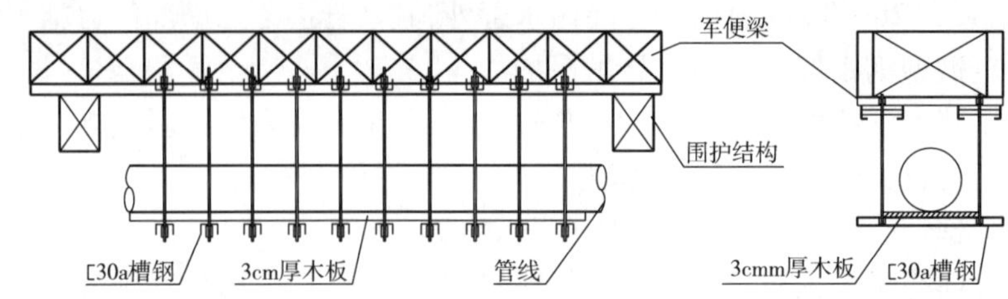

a)军便梁管线保护方案一

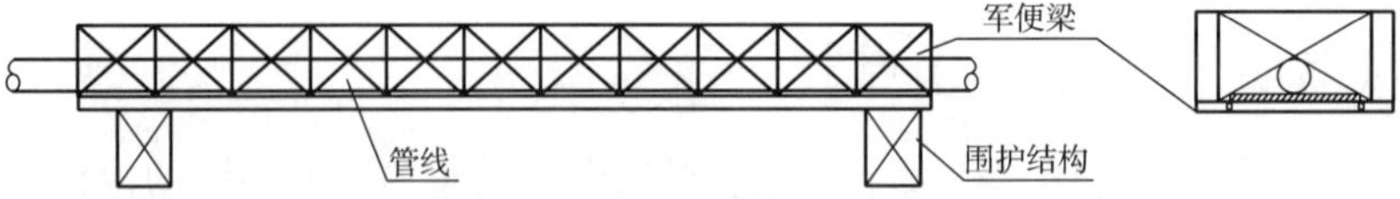

b)军便梁管线保护方案二

图4-3 大型军便梁管线保护方案示意图

五、管线悬吊技术要求

1. 一般要求

(1)受力槽钢用吊车安放在方木上放平、支牢。

(2)在横向槽钢上根据现状管线直径和吊丝型号打孔。

(3)按吊筋要求挖好吊筋槽,穿好吊筋,把管线吊实,特别是中水和雨水柔性接口管线,要使每根吊丝受力均匀,确保管线不活动。

(4)经检查牢固可靠之后,开挖管线下的沟槽土方。

(5)管线悬吊施工完后,按照监测方案要求对悬吊管线进行监测和日常巡查。

2. 受地层变形影响的管线保护

施工范围内的管线,在结构施工过程中不可避免地会受周围地层变形的影响。过量的地层沉降会导致管线断裂,影响正常使用,严重时将有可能造成灾难性事故的发生。针对上述情况,从控制施工引起的地层变形入手,将管线的被动变形控制在允许范围内。

由于管线对沉降影响的敏感性及耐受力因材料、连接方式、接口材料以及施工质量、使用年限的不同有较大差异,因此在施工中需对保护的管线,根据其不同的管线类型适应变形的特性,确定其在地层中的控制标准。

3. 受地层变形影响的管线适应变形的能力

对管线适应变形的能力重点分析长管(如采用焊接接头的煤气、上水管等)的适应性与接头管(即管线采用管节构造接头)的适应性,对管线适应变形能力的判断采用"允许曲率半径"来进行分析。两种管线的允许曲率半径可分别采用以下两式进行计算:

长管:
$$[R_p] = E_p \times d/2[G_p] \tag{4-1}$$

接头管:
$$[R_p] = L_p \times P_p/[\Delta] \tag{4-2}$$

式中:$[R_p]$——管道允许曲率半径;

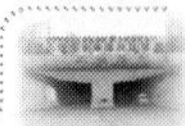

E_p——管道的弹性模量；

d——管道的直径；

$[G_p]$——管道的允许应力；

L_p——管道长度；

P_p——管道半径；

$[\Delta]$——管节接缝允许张开值。

4. 受地层变形影响的管线保护

对地层变形影响的管线保护关键在于控制好施工过程中地层产生的变形及不均匀变形，因此确保明挖段基坑稳定和防止暗挖段隧道坍塌是施工的重点，应采取以下措施：

(1)施工前应调查所有与施工有关联的管线，着重查明管线种类、规格、埋深、材质、接头形式、节长和管线基础等资料。

(2)加强施工管线监控，根据不同的管线建立各类管线的管理基准值，通过监控量测及时掌握管线变形状况，及时调整施工工艺，做好二次补压浆工作，确保管线保护管理在可控状态下有效进行。

(3)加强地面沉降监测，尤其对沉降敏感的管线要单独布点监测，并及时分析评估施工对管线的影响，根据施工和变位情况调节观测的频率，及时反馈信息指导施工。

(4)当施工前预测和施工中监测分析确认某些重要管线可能受到损害时，将根据地面条件、管线埋深条件等采用临时加固、支吊或管下地基注浆等保护方案，并经工程师批准后实施。

(5)加强与有关管线单位的协同合作，顺利完成对管线的调查与保护工作。

5. 管线迁移、保护施工安全、质量技术保证措施

(1)管线的迁移必须与有关部门联系，取得有关部门同意后并派专业人员到现场指挥操作。

(2)迁移以后，在施工过程中必须对所有管线进行监测，如发现问题必须及时报告及时处理。

(3)未迁移的管线在施工过程中必须进行保护，做到先保护再施工，施工时还要派专人对管线进行监测。

第二节　110kV 和 220kV 管沟专项保护方案

一、电力管沟概况

本隧道工程沿庆春东路以明挖暗埋形式下穿钱江路及钱江路口附近的 110kV 和 220kV 电力管线设施。该处隧道结构为双孔 + 管廊的框架结构形式，分节属于 JB08 节，主体结构宽 22.7m，高 7.25m，如图 4-4 所示。该处基坑标准围护设计采用 ϕ650SMW 工法桩围护，内插 H 型钢 500mm × 200mm × 10mm × 16mm，H 型钢隔一插一，采用两道 ϕ609 钢管支撑，基坑宽 22.7m，深 10.4m，如图 4-5 所示。

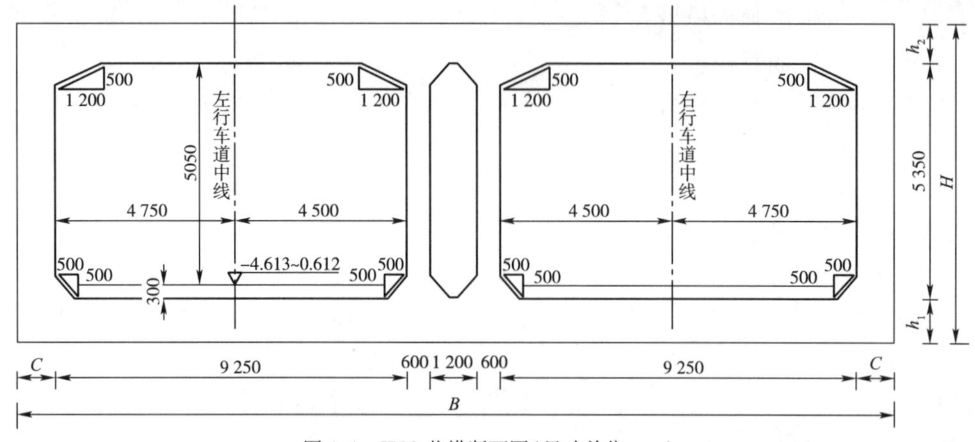

图 4-4 JB08 节横断面图（尺寸单位：mm）

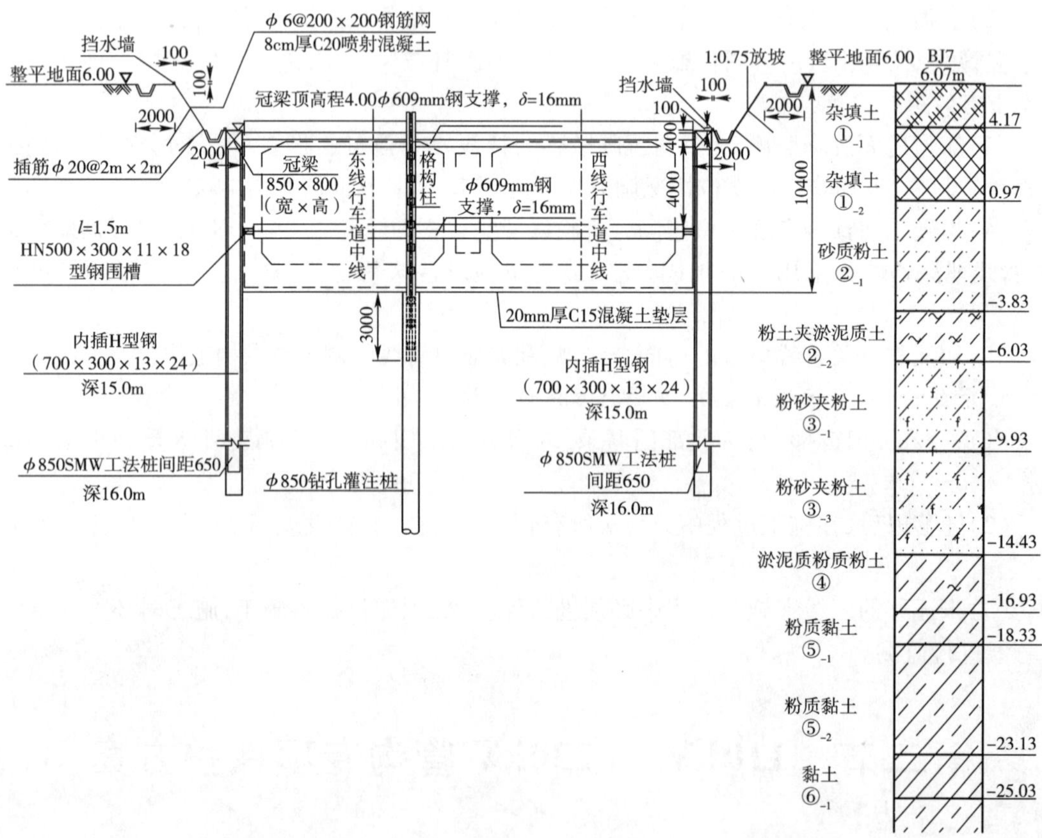

图 4-5 JB08 节 LK0 + 660 ~ + 670 处标准基坑支护图（尺寸单位：mm；高程单位：mm）

该处地质土上部为杂填土，其下依次为砂质粉土、粉土夹淤泥质土、粉砂夹粉土、粉质黏土，结构持力土层主要为粉土夹淤泥质土。

二、电力管线概况

根据调整核实，庆春路隧道在里程 K0 + 660 ~ K0 + 670 范围内，隧道明挖主体结构下穿钱江路南侧跨越庆春东路的 110kV 和 220kV 电力管线。

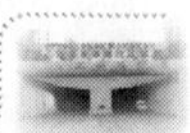

110kV 为并排两个电力管沟，埋深 2.0m，为 6ϕ150 复合玻璃钢管 + 2ϕ100PVC 波纹管两层叠铺（双排），有两回路电缆（上下各穿 3 根电缆线），其中南侧管沟为备用电缆沟。

220kV 电力管线为并排 3 个电力管沟，埋深 2.0m，有两回路电缆（每回路包括 3 根电缆线）布设于南侧两个管沟内，其中北侧为备用沟管。该电力管线维持整个钱江新城区的基本供电，作用尤为重要。

明挖隧道结构与电力管沟的平面关系如图 4-6 所示，其与隧道纵断面关系见图 4-7。

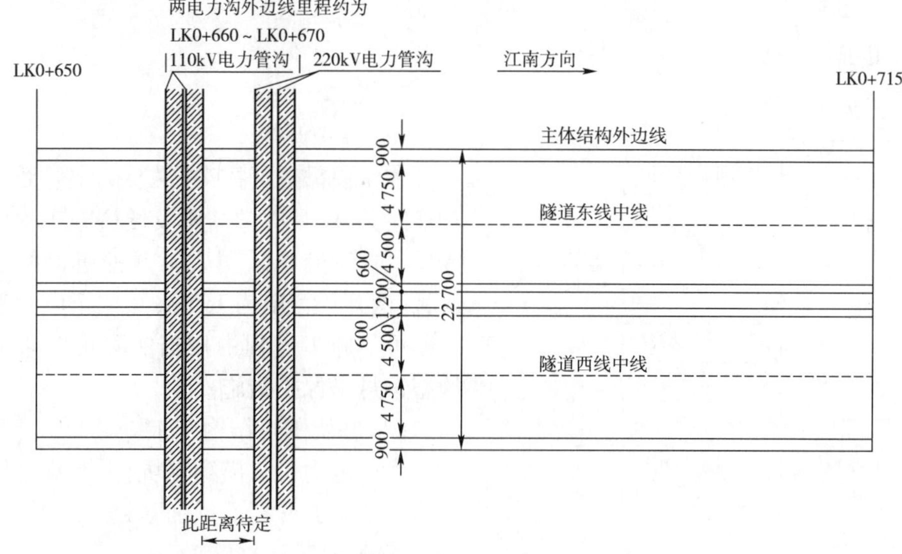

图 4-6　电力管沟与隧道平面关系图（尺寸单位：mm）

图 4-7　电力管沟与隧道纵断面关系图（尺寸单位：mm）

三、总体施工保护方案思路

为降低施工保护难度，先废除备用电缆管沟，采用定型贝雷架搭设钢便桥纵梁，设置工字钢横梁顶托混凝土电缆沟，工字钢横梁支撑在贝雷架纵梁上，对110kV、220kV既有电缆沟进行架设保护，然后在对电缆沟安全监测情况下，有序进行基坑土方开挖、支撑架设和钢筋混凝土结构浇筑。等隧道结构达到强度后，用素混凝土填实电缆沟与隧道结构顶板间的空隙，拆除贝雷架，恢复拆除的备用电缆沟，回填土方，恢复路面。

四、施工工艺及方法

1. 施工工艺

电力电缆沟处施工工艺如图4-8所示。

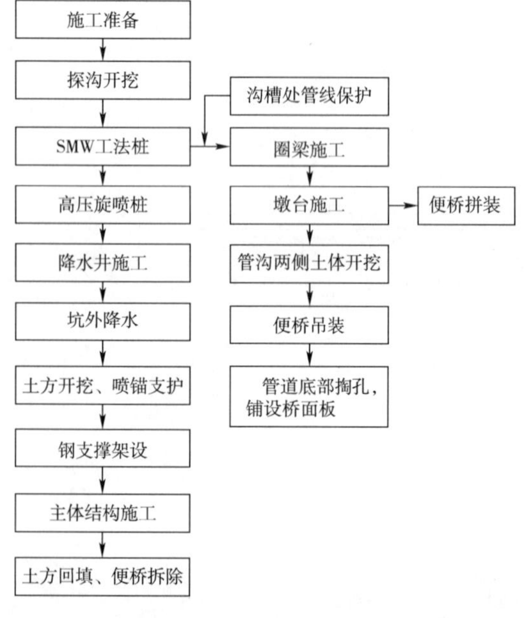

图4-8 施工工艺流程图

2. 施工方法

(1)探沟开挖

施工前需进行探沟开挖，确定管线具体相对空间关系，为围护结构及便桥施工提供相关数据。探沟开挖采用人工开挖机械配合的方式，探沟开挖宽度为1.5m，开挖至电力管沟底部即可。施工过程中根据实际情况采取相应的型钢悬吊保护措施。

(2)基坑围护结构施工

由于电力管线横穿基坑，因此该处围护结构施工及土方开挖需做加强处理。

①SMW工法桩施工

由于110kV、220kV管线横跨主线基坑，导致该处围护结构无法进行封闭，因此该处SMW工法桩沿主线施工至距电力管廊50cm处，沿主线垂直方向向基坑外侧延伸2m，桩径、桩长、型钢规格及插入形式同主线段。施作成阳角形式，并对阳角部位进行素桩加固。

②高压旋喷桩地基加固

由于在管线部位SMW围护结构未进行封闭，为保证在开挖过程中该处土体稳定，因此对该处基坑外土体进行高压旋喷加固。桩径为100cm，桩长为15m。

③降水

由于该段围护结构未进行封闭，考虑高压旋喷桩无法达到咬合止水的目的，结合目前第一、第二工作面放坡开挖较好的降水效果，因此拟定在该处基坑外围布设4口降水井(施工过程中可根据实际情况进行增加)。降水需在开挖前一个月进行，水位需降至底板以下2m方可进行施工。

④土体防护措施

土方开挖过程中，由于该处竖向土体稳定性较差，需分层进行开挖，开挖深度不大于2m，并及时架设型钢作为挡板。型钢挡板采用16号槽钢，竖向间距为1m，与围护结构H型钢进行可靠焊接，焊缝高度不小于10mm，同时在墙面施作5m长$\phi42$注浆导管，并挂网喷射10cm厚C20早强混凝土，网片为$\phi8@200\times200$。

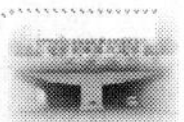

(3)贝雷架钢便桥施工

本工程钢便桥采用贝雷架拼装而成,在基坑两侧设墩台,整体吊装就位。单个贝雷片尺寸为3.0m×1.5m,便桥每侧为双排贝雷片下穿36a工字钢组合而成。根据基坑宽度及单个贝雷片尺寸,确定钢便桥长度为27m。

①贝雷架钢便桥墩台施工

钢便桥设计为两跨,每跨长度为13.5m。基坑两侧墩台与圈梁连成整体,墩台为分离式结构,结构尺寸为2.9m(长)×2.0m(宽)×1.5m(高),采用C35钢筋混凝土。跨中墩台采用立柱桩作为墩台,钻孔灌注桩桩径为850mm,格构柱采用140mm×140mm×10mm的角钢制作(与前期格构柱相同)。在钢便桥跨中位置两侧贝雷桁架下各布置一根,顶部焊接50cm×50cm×2cm厚钢板作为底托。墩台高程根据管道底实际高程及钢便桥尺寸确定,格构柱顶与便桥间采用高度可调支座,施工中可根据情况进行升降调整。

②贝雷架钢便桥安装

墩台施工完毕后,在电力管沟两侧适当位置(便桥实际位置)进行开槽施工,开挖边线距管沟不得小于1.5m,槽深为管沟底部以下30cm。采用50t履带吊将拼装好的贝雷架吊放于墩台位置,调整就位后采用高强螺栓连接。贝雷架安装完毕后在管沟下方进行掏孔,为防止掏孔过程中出现土体坍塌,沿管沟方向一次掏孔长度不大于1.5m每节段,掏孔完毕后需将管沟底部土体及混凝土残渣清理干净,处理平整,穿入36a及20a工字钢,间距为50cm,施工过程中一定确保管沟与工字钢接触紧密,将管沟重力传递于钢便桥。

3. 施工注意事项

(1)SMW工法桩施工停浆(粉)面必须高出桩顶设计高程0.5m,在开挖基坑时,将该高出部分先行挖除。

(2)桩与桩搭接时间不应大于24h,如间歇时间太长,搭接质量无保证时,应采取局部补桩或注浆措施。

(3)内插H型钢必须在成桩后2~4h内插毕。内插H型钢应拔除回收并预先对型钢采取减阻措施,型钢拔除前水泥土搅拌墙与地下主体结构之间必须回填密实;并应对型钢拔除后形成的空隙采用注浆填充等措施。

(4)支撑应随挖随撑,避免因支撑不及时造成围护结构过大的变形。基坑开挖至支撑设计顶高程时必须停止开挖,及时拉槽施作支撑。钢支撑需按规定施加一定的预加力,确保围护结构的变形在设计允许的范围内,待钢支撑架设完毕后应检查支撑的稳定性,确认安全后方可继续开挖施工。

(5)架设钢支撑时要小心谨慎,严格按设计要求加工制作和安装,支撑端头安装时必须确保承压板与支撑轴线垂直,使支撑轴向受力,避免支撑失稳。支撑系统作为基坑支护结构的重要组成部分,必须严格按设计要求施工。施工中应采取有效措施,确保在支撑轴力减少时可复加预加轴力。

(6)电缆沟下基坑应分层开挖,随挖随打设注浆锚杆及槽钢,并及时网喷C20混凝土支护,尽快封闭基坑侧壁暴露面。

(7)基坑开挖及回筑主体结构期间,严禁施工机具碰损支撑系统。支撑系统仅承担轴力,施工期间不得施加其他荷载,以免支撑系统因超载过大造成失稳。

(8)临时立柱施工完成后,立柱桩桩顶(基底)以上空钻部分应及时采用砂碎石填充密实。

(9)基坑主体结构施工前应做好围护结构堵漏工作,围护结构没有渗漏水时方可施工主体结构。

(10)施工期间,基坑周边的超载不得大于20kPa,并在基坑的四周设护栏,以确保人员的安全。

(11)在施工过程中应根据现场施工实际情况与地质勘察资料进行核对,若有变化应立即通知监理、设计单位现场调整处理,以满足设计要求。

(12)基坑开挖应严禁大锅底开挖,在开挖至基坑底面高程以上300mm处,应进行基坑验收,并改用人工开挖至基底,及时封底,以尽量减小对基底地基土的扰动。基底设盲沟加强施工期间地下水引排,防止地基土被地下水浸泡。

(13)每根立柱钻孔桩需埋设两根注浆管进行桩底压浆,要求立柱钻孔桩差异沉降不大于10mm。

(14)基坑按无水作业设计。基坑开挖前应观测地下水位是否满足要求,确保达到设计要求方可开挖基坑。如基坑开挖时出现渗漏水现象,应停止基坑开挖,并应立即通知监理、设计单位调整处理。

(15)基坑排水应做好如下工作:基坑顶部设置截水沟,护坡处地面应适当高于外地面;地表裂缝处应予封堵,注意排走地势低凹处的集水,防止地表水流入基坑内和冲刷边坡;坡脚设置排水沟,及时排除渗水;基坑内采取明沟排水疏干,坑内设置备用降水井。在基坑内设置排水沟及集水井,排除坑内积水及雨水,集水井的设置根据施工分段及水量大小妥善确定。如在雨季施工必须准备足够的抽水设备,做到雨水能及时排除。

(16)施工中应配备足够容量的自备发电机,一旦发生停电、降雨等,应首先确保降、排水系统的供电和场地不被淹没。

(17)围护结构、钻孔灌注桩施工及基坑开挖等应严格执行《建筑地基基础工程施工质量验收规范》(GB 50202—2002)。

(18)有关施工要求、质量验收标准等未详之处,按国家现行规范、规程的有关规定执行。

五、施工监测与信息化施工

1. 施工监测

(1)监测是围护结构动态设计、信息化施工得以实现的依托。在施工中将根据由施工现场和监测结果反馈的信息,对围护结构的设计作出调整,使最终的围护方案既安全又经济。

(2)在施工过程中应对邻近道路的沉陷进行监测,如发现有地面开裂、沉陷等情况,应立即通知有关单位人员进行研究、处理。

(3)在施工过程中应对围护结构进行水平位移、垂直沉降等测量,当其水平位移超过允许限值时,应加强支撑或采取其他的有效措施,确保安全后方可继续施工。

(4)在施工过程中应对支撑轴力与挠度进行监测,以免超载失稳。

(5)在施工过程中应对地表、附近建筑物的裂缝进行观测,确保基坑安全和稳定。应对便桥的沉降、支撑格构柱以及电缆沟的裂缝等进行观测,发现问题及时处理。

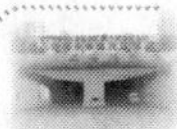

(6)在施工过程中应对立柱变形、基坑附近的管线进行监测。

(7)在施工过程中应对地下水位进行监测。

(8)监测报警指标由累计变化量和变化速率两个量控制。

(9)施工时应对以上监测数据及时汇总、整理并反馈相关单位。在施工过程中如发现有异常情况则应立即通知主管单位及时采取对策。

2. 信息化施工

(1)在施工监测成果的基础上,基坑工程、电缆沟保护工程、主体工程施工应做到信息化施工。

(2)加强施工电力管线监控,建立管线的管理基准值,通过监控量测及时掌握管线变形状况,及时调整施工工艺,及时采取施工措施,确保管线保护管理在可控状态有效进行。

(3)根据监测结果,发现异常情况及时处理,出现险情应及时启动应急预案,按应急程序进行处理。

六、施工风险分析及应急预案

1. 施工风险分析

本工程段属深基坑工程,主要风险在于基坑内土体稳定性破坏、支护结构破坏、便桥支撑结构破坏以及其他施工风险。

(1)基坑内土体稳定性破坏形式如图4-9所示。

(2)支护结构体系破坏形式如图4-10所示。

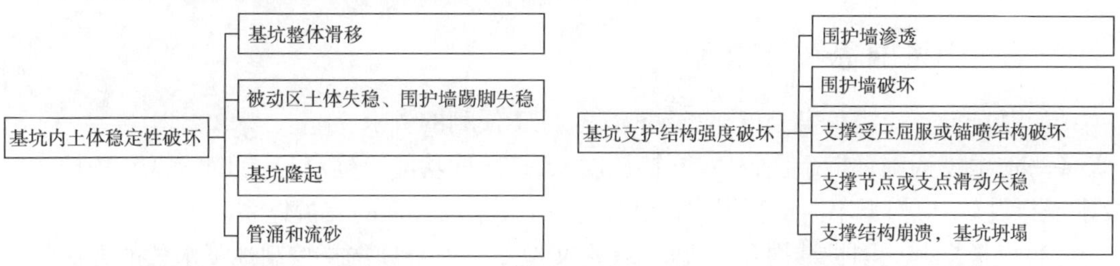

图4-9 围护体系破坏形式

图4-10 支护体系破坏形式

(3)便桥结构及电缆沟破坏

包括便桥结构连接不牢靠、支撑柱及基础破坏以及电力电缆沟断裂、电缆断裂等。该电力管线主要供应富春江路周围地段用电,若出现险情将严重影响周围群众的生活和生产。

(4)其他意外事故风险

深基坑工程施工中意外事故风险主要有以下表现形式:

①地质报告表示的地基土性质与实际情况有差异;

②基坑开挖过程中突遇暴雨,致使纵向边坡失稳滑坡;

③基坑施工中意外断电,致使降水泵停止抽水,造成管涌等事故;

④施工现场火灾、交通事故和高处意外坠物事故等。

2. 应急预案

(1)应急预案组织机构

应急领导小组:主要任务是施工风险的预防、控制、扑救、查处的管理指挥工作;负责调集人员、救援物资、车辆，抢救生命财产，事故现场的指挥工作。

(2)应急预案实施程序

为保证风险发生后的救援工作能够及时有效地开展，事故应急领导小组下设相应实施小组，如行动组、报警组、通讯联络组、疏散引导组和救护组。

3. 施工风险处置对策

加强施工管理，严格按设计图纸及审批后的施工方案施工；加强施工监测，切实做到信息化施工；储备一定量的应急物资及机械器具；加强安全生产教育；加强与电力部门的协调沟通，成立电力事故联合防控机制。

七、电力管沟保护方案实施情况

110kV、220kV 电力管沟保护方案通过了杭州市电力局组织的专家论证，进入实施阶段，在参建各方共同努力下，通过精心组织，严格信息化指导施工，经过近四个月主体结构全部完毕，基坑回填完成。电力管沟保护施工圆满完成。整个保护施工过程中，电力管沟最大沉降仅 4mm，远小于专家论证会设定的 20mm 警戒值。保护方案相对于迁改方案，节约了大量工程费用。

第三节 江北基坑支护设计[5]

一、基坑围护体系设计原则

(1)基坑设计应满足安全可靠、经济合理、施工便利的要求。

(2)应根据周围环境条件，基坑开挖深度、支护结构功能等确定基坑工程等级，并按相应要求进行设计；应根据不同工程段的设计要求，分段采用合理的支护体系。

(3)应根据基坑围护结构及工程地质、水文地质条件合理选择控制地下水位的方法。

(4)基坑工程设计安全系数由基本安全系数和附加安全系数的乘积组成。

(5)支护结构应进行强度、变形、坑内外土体稳定性、围护墙抗渗等验算。当兼作上部建筑的基础时，尚应进行垂直承载力、地基变形和稳定性计算。

(6)确定围护结构的入土深度时，必须进行墙体的抗滑、抗倾覆和整体稳定性以及墙前基底土体的抗隆起和抗管涌稳定性计算。

(7)对施工期和运营期结构抗浮稳定性分别验算。施工阶段抗浮安全系数在不考虑侧壁摩阻力时不得小于 1.05；当计及侧壁摩阻力时不得小于 1.1。运营阶段不考虑侧壁摩阻力时不得小于 1.1；当计及侧壁摩阻力时不得小于 1.15。

二、工程地质条件评价

江北暗埋段、引道段、敞开段(K0 +415 ~ K1 +319)，本路段浅部普遍分布有①层填土分布，K0 +900 以北填土层相对较薄，一般为 3m 左右，且厚度较稳定。从早期地形图分析，K0 +900 以南段早期主要为大面积鱼塘分布，但钻探揭露该段深度不均，如富春江路口处填土

层厚度达 9.2m。

本路段主要开挖层②、③层粉土、粉砂总体上空间分布较稳定，略呈舒缓波状起伏，②层呈北厚南渐薄趋势，而③层总体上呈渐厚趋势，其中性质相对较差的②－2 层和③－2 层厚度略有变化，稳定性相对略差。④层淤泥质土总体上厚度较薄，勘探揭露厚度一般为 0.5～2.5m，但局部空间分布上变化较大，且在 K1＋000 处、K1＋300～K1＋400 处有缺失，而在钱江路口东侧则厚度较大，BJZ6 孔处揭露厚度达 10.2m，西侧则较薄。

本路段⑤层仅在钱江路口东侧因上部软土较厚，从而⑤厚度相对略薄，沿线⑤层及以下地层空间分布较稳定。

三、基坑降水

1. 承压水

孔隙承压水主要赋存于下部⑦层砂土和⑧层圆砾、卵石层内，上覆④、⑤、⑥层黏性土，构成了含水层的承压顶板。江北明挖段含水层顶板高程为－32.13～－25.03m，厚度大于25m，透水性良好，沿线全场均有分布，为钱塘江古河道。根据勘察资料，实测承压稳定静止水位相对于高程约为－2.58m。

江北明挖段地面高程为 5.14～7.2m，承压水弱含水层$⑦_{-1}$含粉砂粉质黏土，其顶板高程为－32.13～－25.03m，埋深在地面下 31.0～39.4m；承压水位根据勘察报告及抽水试验报告，按绝对高程－2.58m 考虑，埋深约在地面下 8.00m，高出隔水底板 23.00m 左右（最薄弱处）。

依据规程规范要求，当开挖到底板底时，承压水头高程按－2.58m 考虑，根据相关公式进行抗承压水突涌稳定性验算：

$$\gamma_{ty} = \frac{D\gamma}{H_w \gamma_w} \tag{4-3}$$

式中：γ_{ty}——坑底突涌抗力分项系数，对于大面积普遍开挖应大于 1.2；

D——坑底至承压水层顶板的距离（分段进行考虑）（m）；

γ——D 范围内土的平均天然重度（取值 19kN/m³）；

H_w——承压水水头高度（m）；

γ_w——水的重度（取值 10kN/m³）。

根据以上计算公式，选取最不利处计算，开挖基坑底高程为－10m，则 $D=25.03-10=15.03$m，$H_w=25.03-2.58=22.5$m，计算得出：$\gamma_w=1.27$，满足要求。因此江北明挖段承压水对基坑无影响，基坑施工无需降低承压水水头。

2. 滞水、潜水

对于该基坑工程填土中赋存的上层滞水，上部砂性含水层中潜水由于其渗透性较弱、富水性不强，设计采用集水井集中抽排。

江北明挖段基坑开挖深度为 1.1～16.0m，宽度为 23～42m，基坑里程范围为 LK0＋415～LK1＋319，全长 904m。基坑潜水水头取至地面，降水深度降至底板下 1.5m。降水方案如下：本次降水采用自流深井，井径为 600mm，设计井深为开挖深度以下 6m。填料采用瓜子片，井管采用波纹管。根据场地情况，共布置 168 口深井；另外，对于放坡大开挖段，当开挖至 12m 深度时,采用水冲法成孔补充 15 口简易深井加强降水强度。基坑周边应设排水沟,并与市政管网连接。江北明挖段基坑降水计算结果如表 4-1 所示。

基坑降水井布置　　表 4-1

里程桩号	基坑长度(m)	基坑宽度(m)	基坑深度(m)	降水量(m)	布置集水井口	降水井口
LK0 +415 ~ +535	120	36	1.1 ~6.0	78	7	1
LK0 +535 ~ +655	120	37	6.0 ~10.5	104	8	1
LK0 +655 ~ +775	120	33	10.5 ~11.8	237	8	2
LK0 +775 ~ +900	125	35	11.8 ~13.0	335	10	2
LK0 +900 ~ LK1 +000	100	35 ~52	13.0 ~13.3	322	10	2
LK1 +000 ~ +180	180	52	13.3 ~14.9	440	15	2
LK1 +180 ~ +319	139	70 ~73	14.9 ~16.0	424	37	1

四、施工方法及主要施工步骤

基坑采用明挖顺作法施工。支护结构随着基坑开挖分段分层施工,施工方法及主要施工步骤如下:

1. 围护墙和临时立柱施工

平整场地:LK0 +415 ~ LK1 +200 段平整场地至 6.0m,LK1 +200 ~ LK1 +319 段平整场地至 5.5m。根据基坑周边情况在边坡顶部设置截水沟,防止地表水流入基坑内和冲刷边坡。

测量放线,施工围护墙、临时立柱等。

2. 基坑开挖

(1)基坑必须在围护墙、立柱桩及冠梁混凝土达到设计强度之后方可进行开挖。盾构施工阶段地下墙后超载 <30kPa,其他阶段地下墙后超载应 <20kPa。

(2)土方开挖的顺序、方法必须与设计工况相一致,并遵循“开槽支撑、先撑后挖、分层开挖、严禁超挖”的原则。基坑开挖时,必须分段、分区、分层、对称进行,不得超挖。每层厚度不大于 2m,离基坑顶边线 30m 以内严禁堆载。

(3)基坑开挖后,应及时设置坑内排水沟和集水井,防止坑底积水。

(4)依次开挖并及时施工围檩和支撑,直至开挖至基坑底。

(5)开挖至距坑底约 0.3m 时,必须采用人工挖土,防止超挖。向下开挖至基坑底并验底后,尽快浇筑混凝土垫层。

(6)每一工况挖土及钢支撑的安装时间不得超过 16h。

(7)顺作法浇筑主体结构混凝土,依次施工主体结构侧墙到各道围檩下,待混凝土强度达到 70% 设计强度后,依次拆除各道支撑和围檩。

3. 支撑系统

(1)基坑支撑系统各构件的设计及要求详见各支撑系统设计图。

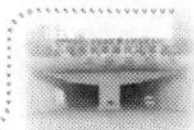

(2)钢支撑必须有复加预应力的装置,当昼夜温差过大导致支撑预应力损失只有20%时,立即在当天低温时复加预应力至初始值,或下道支撑设置后对其上所有支撑复加预应力。

五、施工监测

(1)监测是围护结构动态设计、信息化施工得以实现的依托。在施工中将根据由施工现场和监测结果反馈的信息,对围护结构的设计作出调整,使最终的围护方案既安全又经济。

(2)在施工过程中应对邻近道路的沉陷进行监测,如发现有地面开裂、沉陷等情况,应立即通知有关单位人员进行研究、处理。

(3)在施工过程中应对围护结构进行水平位移、垂直沉降等测量,当其水平位移超过允许限值时,应加强支撑或采取其他的有效措施,确保安全后方可继续施工。

(4)在施工过程中应对支撑轴力与挠度进行监测,以免超载失稳。

(5)在施工过程中应对地表、附近建筑物的裂缝进行观测,确保基坑安全和稳定。

(6)在施工过程中应对立柱变形、基坑附近的管线进行监测。

(7)在施工过程中应对地下水位进行监测。

(8)监测报警指标由累计变化量和变化速率两个量控制。

(9)施工监测的具体事项详见"施工监测图"。

(10)观测资料及分析成果要列入竣工资料,以供交验。

(11)施工时应对以上监测数据及时汇总、整理并反馈相关单位。在施工过程中如发现有异常情况,则应立即通知主管单位及时采取对策。

六、抗浮设计及深基坑围护结构分析计算

1. 抗浮设计

基坑开挖及回筑阶段,采取基坑内(或基坑外)降水解决抗浮、抗突涌问题。结构顶板回填完成后再拆除降水井。

使用阶段,地下水位高程按照设计地面高程考虑,取值6.0m。结合本工程的地质、水文等情况,经计算LK0+415~LK0+625、YK0+821.234~YK0+865.234、ZK0+869~ZK0+931.766段不满足抗浮要求,在结构底板下设置ϕ800钻孔桩抗浮。

2. 基坑安全等级

根据基坑周围环境条件及相关规范,江北(杭州侧)明挖段工程LK0+655~LK1+319段基坑侧壁安全等级为二级,重要性系数为0.95;LK0+415~LK0+655段基坑侧壁安全等级为三级,重要性系数为0.9。

3. 围护结构计算

明挖段结构采用明挖顺作法施工。围护结构的设计按地质情况、水文情况、周边环境以及基坑安全等级的不同,根据工程实践,结合结构计算分析确定。

围护墙结构仅在施工阶段使用。施工阶段按"先变形、后支撑"的原则,模拟施工开挖、支撑全过程不同工况进行结构计算。围护结构在施工阶段,按施工过程进行受力计算分析,

开挖期间围护结构作为支挡结构，承受全部的水土压力及地面超载引起的侧压力。

支护形式为多支点杆系结构，采用弹性支点杆系有限元法计算。基坑以下土的作用采用弹簧模拟，弹簧刚度按"K"法模式计算。被动土压力按弹性地基梁考虑，其水平抗力系数采用m法。

钢支撑、围檩体系结构采用平面应力问题有限元法进行计算，采用均质弹簧弹性支点杆系有限元法计算。根据围护墙计算分析获得的支撑荷载，作为围檩与围护墙之间相互作用的初始荷载进行输入，并采用水平均质弹簧模拟围檩与围护墙之间的变形协调作用来分析钢支撑、围檩体系结构的受力变形。

4. 基坑防水及基础处理

江北段JB06～JB23处于新建道路上，由于基坑两边均无建筑物，采用单纯降水就可以满足环境保护的要求。因此，本段基坑采用深井井点降水，降至基坑开挖线下1m。

其中绝大部分基础置于②$_{-2}$粉土夹淤泥质土上，②$_{-2}$为中等液化层，其下还有③$_{-2}$砂质粉土轻微液化层，因此基础底面采用ϕ600的碎石桩加固，间距1.5m×1.5m，加固深度为②$_{-2}$粉土夹淤泥质土中等液化层以下1m，以此消除液化。

5. 纵向不均匀沉降及基坑稳定性控制

由于地层的不均匀性和纵向长度较大，造成结构沿纵向产生不均匀沉降。不均匀沉降使结构内产生较大的内力，当内力很大时，结构将产生较大的裂缝，破坏了结构的自防水功能，并可能使防水层断裂。为减少不均匀沉降对结构造成的不利影响，沿纵向每隔60m左右设置一道变形缝。

6. 江北明挖敞开段基坑支护结构计算

根据本段工程所处的周围环境及开挖深度，基坑安全等级定为三级。

JB03～JB05节基坑开挖深度为3.2～7.7m，采用ϕ650mm水泥搅拌桩＋H型钢作为基坑围护结构。横支撑根据基坑开挖深度，设置1～2层，横撑采用ϕ609mm钢管，纵向间距为3～5m。在横支撑处设置56号双拼工字钢围图。JB01～JB02节基坑深度为2～4m，基坑采用1:2放坡开挖。

ϕ650mm水泥搅拌桩＋H型钢只作为围护结构，施工完成后拔除，故计算时只考虑其施工阶段的受力。下面选取JB05节进行围护结构计算，计算断面基坑深度为8.0m，围护墙入土深度为5m，地下水位为地面以下0.5m。

基坑抗隆起安全系数K为2.42＞1.7，抗倾覆稳定性安全系数为1.84＞1.05。

本基坑工程根据场地的地质、地形及工程特点，确定围护结构形式为：放坡、水泥土挡墙、水泥土搅拌桩＋H型钢。基坑支撑系统采用1～3道钢管支撑。围护结构为临时结构，只承担施工期荷载。

七、江北明挖段隧道基坑支护形式

1. 支护形式

江北段明挖段对于基坑深度小于4.0m的地段，设计采用1:1放坡开挖的形式（LK0＋415～＋505）；LK0＋505～LK1＋200段基坑顶先用1:0.75坡度放坡2m后再采用SMW围护的结构形式；LK1＋200～LK1＋319段为荒地，地质情况也较好，基坑采用放坡开挖。江北明

挖段隧道基坑支护形式如表4-2所示。

江北岸明挖隧道段及竖井基坑围护结构形式表　　表4-2

工程段	里　程	基坑深度(m)	基坑宽度(m)	支护类型
主体隧道段	LK0 +415 ~ K0 +505	2 ~ 8	22.1	1:2放坡
	K0 +505 ~ K0 +685	8 ~ 11	22.1	ϕ650mmSMW 间隔插
	K0 +685 ~ K1 +000	11 ~ 12.4	22.1	ϕ850mmSMW 间隔插
	K1 +000 ~ K1 +200	12 ~ 15	28 ~ 40.8	ϕ850mmSMW 插二跳一
	K1 +200 ~ K1 +319	15 ~ 17	28	1:2放坡
Z 匝道	ZK0 +850 ~ ZK0 +910	0.6 ~ 3	40.8	1:2放坡
	ZK0 +910 ~ ZK1 +000	3 ~ 10.5	40.8	ϕ650mmSMW
Y 匝道	YK0 +785 ~ YK0 +815	0 ~ 3	40.8	1:2放坡
	YK0 +815 ~ YK0 +906	3 ~ 6.5	40.8	水泥土挡墙
	YK0 +906 ~ YK0 +996	3 ~ 10.6	40.8	ϕ650mmSMW
竖井	LK1 +320 ~ LK1 +344.4	22.4	22	800mm 连续墙

2. 支撑体系

ϕ650、ϕ850SMW 围护体系设置三道 ϕ609 钢管支撑，立柱桩由工程桩内插格构柱组成。

3. 构件尺寸

顶圈梁1:800mm × 900mm；顶圈梁2:800mm × 1 100mm；钢支撑:ϕ609 钢管支撑；钢系杆:HN400mm × 200mm × 8mm × 13mm。

第四节　围护结构施工

一、施工方法及注意事项

1. 基坑采用明挖顺筑法施工

明挖顺筑法是一般基坑常用的施工方法，本文中不再赘述。

2. 管线迁改和保护

在围护结构施工前，必须先查明工程范围内的地下管线的位置、埋深、管线材质以及基础形式，如存在对工程有影响的管线，应会同业主、设计及有关管线部门共同协商、研究地下管线的迁改、加固、悬吊等施作方法和处理措施。组织专业队伍做好基坑附近地下管线的保护和监控工作。迁改、保护及监控方案必须报管线主管部门批准后方可实施。

3. SMW 工法桩施工

(1)ϕ850mm、ϕ650mm 水泥土搅拌桩垂直偏差小于1/100，桩位偏差值均不得大于50mm。本设计图中的控制点坐标未考虑施工误差及围护结构的变形等，施工时首先应定出各控制坐标点的准确位置，在此基础上考虑施工的水平误差和垂直误差，并结合围护结构的最大水平位移进行外放(外放值100~150mm),以保证围护墙内表面不侵入结构。

(2)施工停浆(粉)面必须高出桩顶设计高程0.5m,开挖基坑时则将该高出部分先行挖除。

(3)桩与桩搭接时间不应大于24h,如间歇时间太长,搭接质量无保证时,应采取局部补桩或注浆措施。

(4)内插H型钢必须在成桩后2~4h内插毕。内插H型钢应拔除回收并预先对型钢采取减阻措施,型钢拔除前水泥土搅拌墙与地下主体结构之间必须回填密实;并应对型钢拔除后形成的空隙采用注浆填充。

4. 支撑架设

(1)支撑应随挖随撑,避免因支撑不及时造成围护结构过大的变形。基坑开挖至支撑设计顶高程时必须停止开挖,及时拉槽施作支撑。钢支撑须按规定施加一定的预加力,确保围护结构的变形在设计允许的范围内,待钢支撑架设完毕后应检查支撑的稳定性,确认安全后方可继续开挖施工。

(2)架设钢支撑时要小心谨慎,严格按设计要求加工制作和安装,支撑端头安装时必须确保承压板与支撑轴线垂直,使支撑轴向受力,避免支撑失稳。

(3)支撑系统作为基坑支护结构的重要组成部分,必须严格按设计要求施工。施工中应采取有效措施,确保在支撑轴力减少时可复加预加轴力。

5. 注意事项

(1)基坑开挖及回筑主体结构期间,严禁施工机具碰损支撑系统。支撑系统仅承担轴力,施工期间不得施加其他荷载,以免支撑系统因超载过大造成失稳。

(2)临时立柱施工完成后,立柱桩桩顶(基底)以上空钻部分应及时采用砂碎石填充密实。

(3)基坑主体结构施工前应做好围护结构堵漏工作,围护结构没有渗漏水时方可施工主体结构。

(4)施工期间,基坑周边的超载不得大于20kPa,并在基坑的四周设护栏,以确保人员的安全。

(5)在施工过程中应根据现场施工实际情况与地质勘察资料进行核对,若有变化应立即通知监理、设计单位现场调整处理,以满足设计要求。

(6)基坑开挖应严禁大锅底开挖,在开挖至基坑底面高程以上300mm处应进行基坑验收,并改用人工开挖至基底,及时封底,以尽量减小对基底地基土的扰动。基底设盲沟加强施工期间地下水引排,防止地基土被地下水浸泡。

(7)每根立柱钻孔桩需埋设两根注浆管进行桩底压浆,要求立柱钻孔桩差异沉降不大于10mm。

(8)基坑按无水作业设计。基坑开挖前应观测地下水位是否满足要求,确保已达到设计要求,方可开挖基坑。如基坑开挖时出现渗漏水现象应停止基坑开挖,并应立即通知监理、设计单位调整处理。

(9)基坑排水应做好如下工作:基坑顶部设置截水沟,护坡处地面应适当高于外地面;地表裂缝处应予封堵,注意排走地势低凹处的集水,防止地表水流入基坑内和冲刷边坡;坡脚设置排水沟,及时排除渗水;基坑内采取明沟排水疏干,坑内设置备用降水井。在基坑内设置排水沟及集水井,排除坑内积水及雨水,集水井的设置根据施工分段及水量大小妥善确定。如在雨季施工必须准备足够的抽水设备,做到雨水能及时排除。

(10)江北工作井盾构始发段加固必须在靠工作井明挖段开挖前完成并达到设计强度,并在工作井内灌水至开洞高程处。

(11)施工中应配备足够容量的自备发电机,一旦发生停电、降雨等,应首先确保降、排水系统的供电和场地不被淹没。

二、基坑围护施工监测[8]、[9]

1. 监测点的布置

为了确保施工期间基坑开挖的稳定性以及临近道路、地面交通和地下管线的正常使用,在本工程中进行了现场施工同步监测工作。根据相关规范,重点监测以下项目:桩体水平位移、钢支撑轴力、地表沉降和地下水位。LK1 +000 ~ LK1 +030 节段监测点布置如图 4-11 所示。

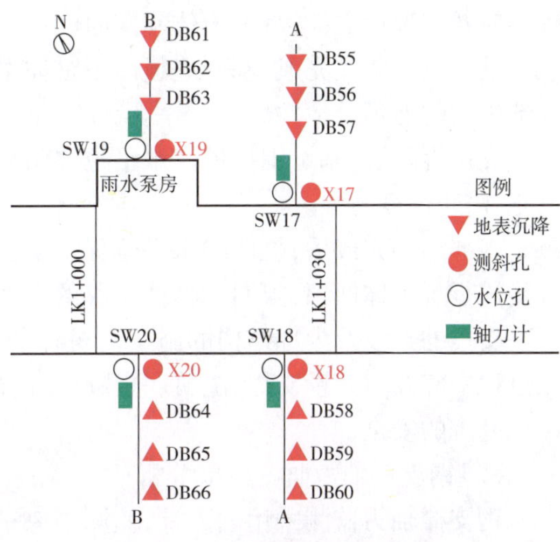

图 4-11　基坑监测点布置示意图

2. 监测结果及分析

(1)桩体水平位移监测结果分析

图 4-12 为典型测斜孔所测桩体水平位移随开挖深度的变化曲线,第二、三道支撑的位置分别为 6 m 与 10 m(负值为向基坑内位移,正值为向基坑外)。

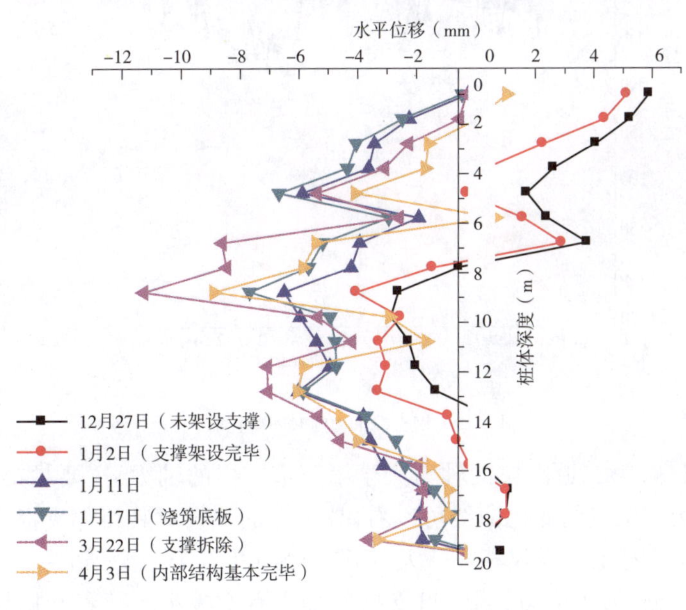

图 4-12　测斜孔位移 - 深度关系曲线

从图 4-12 中可以看出,基坑开挖过程中,围护桩的最大水平位移与开挖深度及时间密切相关。支撑架设前,最大水平位移均发生在桩顶;随着基坑开挖深度的增加,桩体水平位移逐渐增大,最大水平位移发生位置也逐渐下移,且总体表现为中间大、两端小的趋势,呈“抛物线”形或“弓”形。

支撑架设后,桩体水平位移明显减小,说明支撑的架设能很好的限制桩体变形。施工过程中应及时架设支撑,减少土体暴露时间。

基础底板浇注完成,基础底板以下桩体水平位移明显减小,基础底板的存在能很好限制底部桩体的变形。

支撑拆除后,基坑围护桩体水平位移明显增大。因此,在拆除支撑时应采取必要的保护措施,防止出现意外。

内部结构完成后,桩体的水平位移总量及增量均有显著减小,这是因为内部结构完成后逐步进行了土体回填,限制了桩体位移的发展。

支撑的架设及内部结构的施工对桩体的水平位移能起到很好的限制作用。所以,在施工过程中应及时架设支撑、浇筑底板、施工内部结构,以达到限制基坑过大变形的目的,从而保证基坑的安全。

(2)钢支撑轴力监测结果分析

钢支撑轴力监测采用轴力计,监测中忽略了弯曲造成的影响。

图 4-13 为支撑轴力随时间变化的曲线。由于监测设计中对第一道支撑的轴力不作要求,故图中只给出了第二、三道支撑的监测数据。

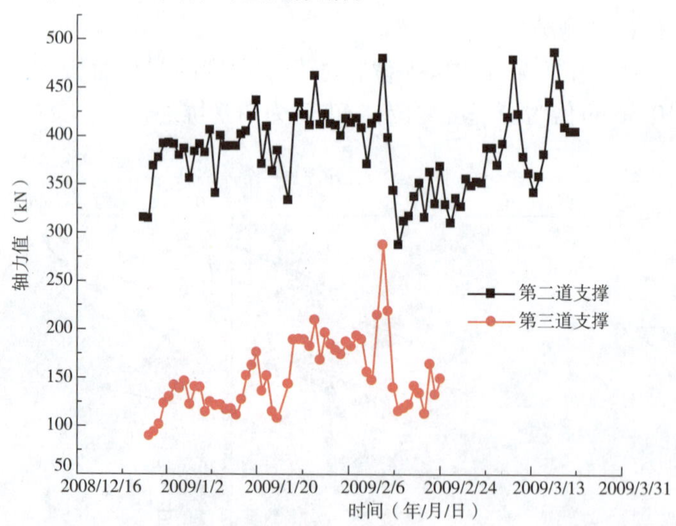

图 4-13 钢支撑轴力随时间变化曲线

由图 4-13 可知,第二道支撑的轴力大于第三道支撑的轴力,主要是第二道支撑受力。从第二道支撑轴力前两点的变化曲线可以看出,支撑的架设对其相邻支撑会产生明显的影响,虽然第二、三道支撑的架设仅相隔一天(第二道为 1 月 1 日,第三道为 1 月 2 日),第三道支撑架设后,由于其施加预应力,第二道支撑的轴力有所减小。随着开挖长度和深度的增加、施工及气温的影响,两道支撑的轴力逐渐增大,呈现波动变化。2 月 11 日前后,支撑轴力

变化明显，这是因为此时间段内一直持续下雨，导致水土压力增加；同时气温有所降低，最大温差达20℃，部分支撑因热胀冷缩而丧失部分轴力，支撑轴力出现了较大幅度的下降。因此，气温、降雨等外界条件变化对支撑轴力的影响较大，施工时应注意天气变化，做好防范准备。2月25日第三道支撑拆除后，第二道支撑的轴力明显增加；3月10日，第二道支撑的轴力又呈现波动变化，这主要是由于临近基坑支撑的拆除造成的。所以，在架设或拆除支撑过程中，应加强对支撑轴力变化的监测，防止由于支撑轴力的突然增大或减小而对基坑的稳定性产生重要影响。

(3)基坑周边地表沉降监测结果分析

图4-14为地表沉降随时间的变化曲线。

由图4-14可知，随基坑开挖深度的增加，地面沉降逐渐增大且地面沉降随着与基坑距离的增加而逐渐减小。

(4)地下水位监测结果分析

图4-15为地下水位随时间变化的曲线。

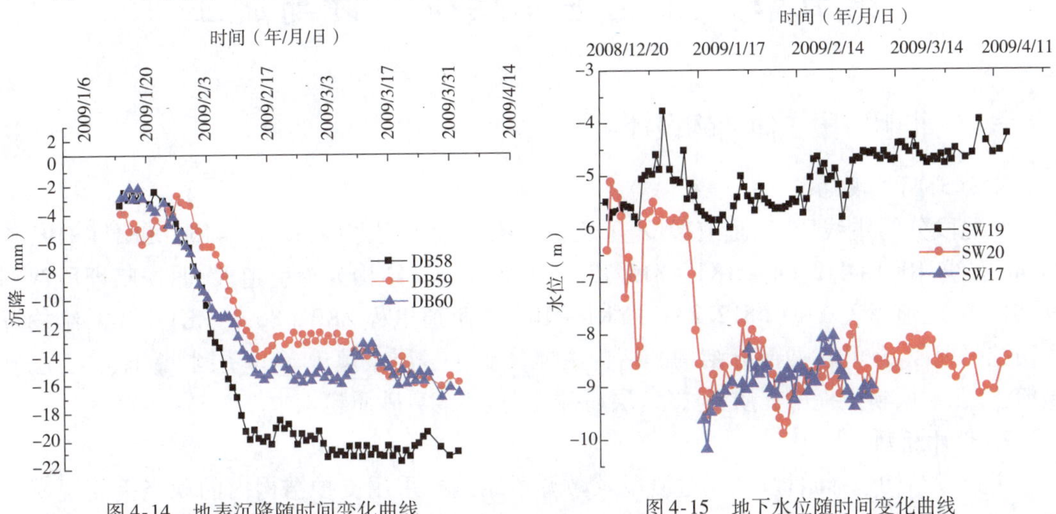

图4-14　地表沉降随时间变化曲线

图4-15　地下水位随时间变化曲线

该测点附近(基坑LK1+180节段)在施工过程中曾出现严重漏水现象，导致地下水位急剧下降，地表沉降急剧增加，达到167mm。因此，坑外水位测点的水位变化在一定程度上反映围护桩的止水效果，可以作为判断基坑是否出现漏水的指标之一，在施工过程中应密切关注监测坑外水位的变化。

3. 监测小结

通过对江北基坑进行了围护结构水平位移、钢支撑轴力、地表沉降、地下水位的监测分析，得到了一些有益的参量变化规律，可以为今后长大深基坑围护结构设计、施工提供参考。

(1)基坑开挖过程中，围护桩的最大水平位移与开挖深度及时间密切相关：随着基坑开挖深度的增加，桩体水平位移逐渐增大，最大水平位移发生位置随开挖深度的增加而逐渐下移，且总体表现为中间大、两端小的趋势，呈“抛物线”形或“弓”形。支撑的架设及内部结构能很好的限制基坑变形。

(2)第二道支撑的轴力大于第三道支撑的轴力，主要是第二道支撑受力。随着开挖长度和深度的增加、施工及气温的影响，支撑轴力呈现波动变化。气温、降雨等外界条件变化对支撑轴力的影响较大，同时，临近基坑支撑的拆除会对支撑轴力产生重大影响。钢支撑的轴力均未达到设计值，设计偏于保守，应对设计方案进行优化。

(3)基坑周边地表沉降与地下水有密切关系，基坑降水及由此引发的渗流使土中有效应力改变，是基坑周围地表发生沉降的主要原因，另外相邻基坑的施工也有一定影响。支撑、基坑内部结构能很好的限制桩体位移，从而抑制地面沉降的发展。

(4)水对粉性土基坑的安全有重要影响。在粉性土基坑开挖过程中，要有效控制基坑周围水的变化，认真做好防、排水工作，尤其在降雨过程中应增加监测密度，及时掌握基坑变形情况，并做好防范与应急措施。

(5)地下水位的变化能很好地反映围护桩的止水效果，可以作为判断基坑是否出现漏水的重要指标，在施工过程中应时刻注意监测坑外水位的变化。

第五节　江北主体结构设计与施工

一、江北明挖段主体结构设计[5]

1. 江北明挖段范围

江北段分为主线段、Y 匝道段、Z 匝道段。主线段里程左线：LK0 +415 ~ LK1 +319，长904m；右线：RK0 +412. 04 ~ RK1 +315. 13，长 903. 09m。结构分为引道段、明挖暗埋段两部分结构；Y 匝道里程 YK0 +812. 234 ~ YK1 +105，Z 匝道里程 ZK0 +869 ~ ZK1 +180，结构分为明挖暗埋段、敞开段两部分结构。结构主要位于①$_{-1}$层杂填土、①$_{-2}$层素填土、②$_{-1}$层砂质粉土、②$_{-2}$层粉土夹淤泥质土、③$_{-1}$层粉砂夹粉土、③$_{-2}$砂质粉土中。

2. 设计原则

岸边段结构包括暗埋段、光过渡段及敞开段结构。采用支护结构内的现浇钢筋混凝土结构。其设计原则如下：

(1)结构主要尺寸的拟定应根据承载能力极限状态及正常使用极限状态的要求，分别进行承载力的计算和稳定、变形及裂缝宽度验算。

(2)结构构件的设计按承载能力极限状态及正常使用极限状态分别进行荷载效应组合，并取各自最不利组合进行结构构件的设计。

(3)主体结构的安全等级为一级，构件的重要性系数取 1. 1。

(4)在结构计算中应考虑施工过程中形成的支护结构的作用。

(5)结构按 100 年基准期超越概率 10% 的场地地震烈度设防要求进行结构抗震承载能力、变形验算，按超越概率 2% 的烈度进行承载能力验算。

(6)结构沿纵向约 30m 间距及在结构、地基、基础或荷载发生变化的部分，应设置变形缝，变形缝宽度一般为 10mm，并应采取措施确保变形缝两边结构不产生影响行车安全的差异沉降。

(7)隧道运营期抗浮稳定安全系数 $Ks \geq 1.1$。

(8)考虑 6 级人防荷载。

3. 明挖段结构设计

江北主线明挖暗埋段与其两侧的 Y、Z 匝道并行，Y、Z 匝道明挖暗埋段结构与主线结构连同一起设置。

江北主线明挖暗埋段矩形隧道里程为 K0 +565 ~ K1 +319，全长 754m，分成 25 节，编号为 JB06 ~ JB31（其中包括 Y、Z 匝道的暗埋段）；江南主线明挖暗埋段矩形隧道里程为：东线 LK3 +133 ~ LK3 -440，长 307m，分为 9 节，编号为 JND01 ~ JND09；西线 RK3 +129.09 ~ +434.08，长 304.99m，分为 10 节，编号为 JNX01 ~ JNX10。节段长度约 30m 左右，施工期间通过预留后浇带，并采用补偿收缩混凝土浇筑，达到减少变形缝和结构开裂的目的。

结构混凝土强度等级采用 C35，抗渗等级为 S8（0.8MPa），当围护结构采用地下连续墙时，内衬采用叠合结构设计。当围护结构采用水泥搅拌桩时，内衬单独承担外力。

根据隧道通风要求，需要在明挖暗埋段安装射流风机。射流风机固定在隧道顶板下，结构需要在标准断面上加高 1.50m，纵向长度为 8m，并在前后各 8m 范围内与标准断面进行顺接。

江北段为主线与 Y、Z 匝道并行，Y、Z 匝道大部分段的结构与主线结构共同设置，Y 匝道有 44m（敞开段 YZ01 ~ YZ02），Z 匝道有 30m（敞开段的 ZZ01）为单独结构形式。

江北段主线结构采用两洞室加一管廊的结构形式，管廊里布置管线如图 4-16 和图 4-17 所示。

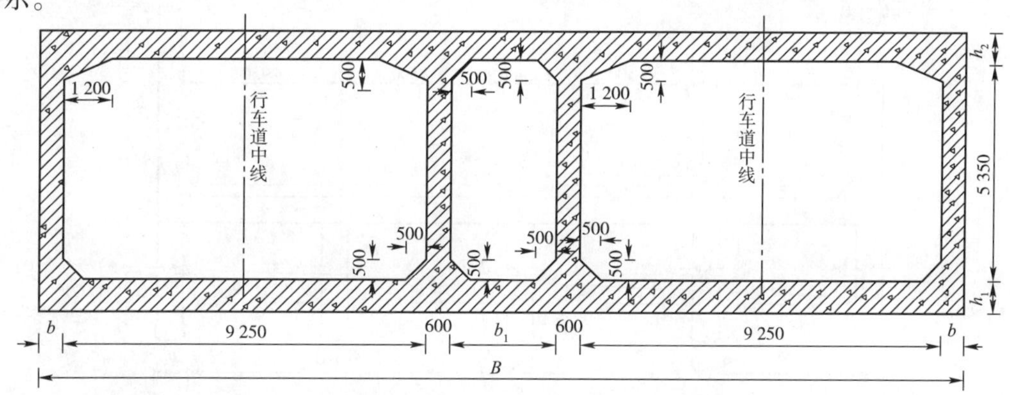

图 4-16　JB06 ~ JB14 结构图（尺寸单位：mm）

图 4-17　JB16 ~ JB17 结构图（尺寸单位：mm；高程单位：m，围护未示）

4. 抗浮设计

引道段：结构为敞口“U”形槽结构，由于引道段结构埋深深、宽度大且无覆土荷载，依靠增加底板、侧墙厚度的结构自重抗浮不能满足抗浮要求。抗浮桩采用直径0.8m的钻孔灌注桩。每道5根，较浅部分适当减少根数，每道纵向间距3m。桩长根据结构所受浮力的大小设置。

暗埋标准段：结构为矩形框架结构，取岸边段结构覆土最小断面验算，取覆土厚度4.0m计算，结构抗浮系数$n=1.22>1.05$，满足抗浮要求。

双层暗埋段：结构为矩形框架结构，取岸边段结构覆土最小断面验算，考虑地下连续墙（内衬及连续墙之间设置剪力筋）的作用以及摩擦力的影响，施工期结构抗浮系数$n=1.04<1.15$；运营期结构抗浮系数$n=1.21>1.15$，满足抗浮要求。因此，施工期设计采用倒滤层满足施工期结构抗浮要求。

5. 引道敞开段结构设计

江北主线敞开段里程为LK0+415～LK0+565，全长150m，分为5节，分节编号为JB01～JB05。敞开段结构见图4-18。

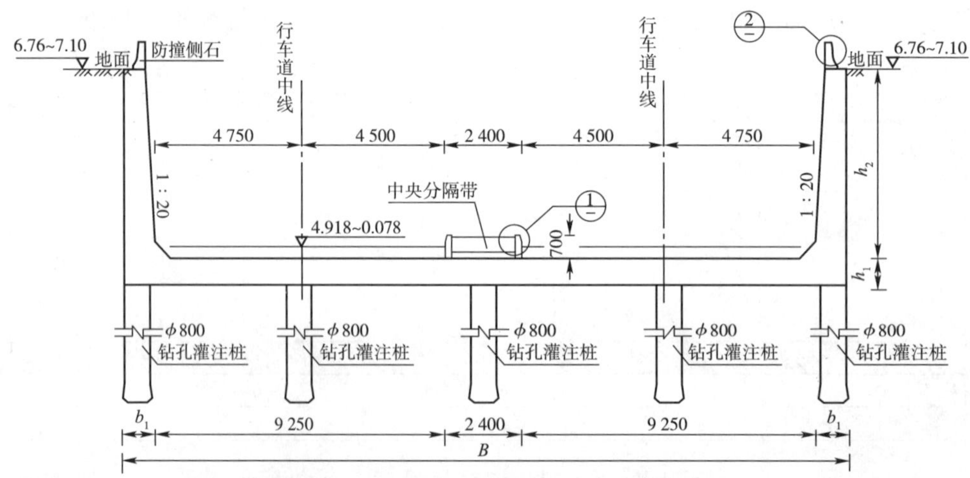

图4-18　江北敞开段结构（尺寸单位：mm；高程单位：m）

Y匝道敞开段隧道里程YK0+813.73～YK0+924.23，全长110.5m，分成3节，编号为YZ01～YZ03，其中编号YZ01为单独结构形式，YZ02～YZ03与江北主线结合设置，与主线共同编号为JB14～JB15节；Z匝道敞开段隧道里程ZK0+889～ZK1+000，全长111m，分成3节，其中编号从ZZ01为匝道单独结构形式，ZZ02～ZZ03与江北主线结合设置，与主线共同编号为JB16～JB17节。

二、光过渡段和引道敞开段结构设计

1. 光过渡段结构设计

为了减少抗拔桩的设置及节省工程投资，减少敞开段的长度，靠近暗埋段的30～40m敞开段上设置顶板，顶板上覆土0.5m，在顶板上开孔作为光过渡。

2. 引道段结构设计

江北主线敞开段里程为LK0+415～LK0+525，全长110m，分为4节，分节编号为JB01

~JB04。敞开段结构如图4-19所示。

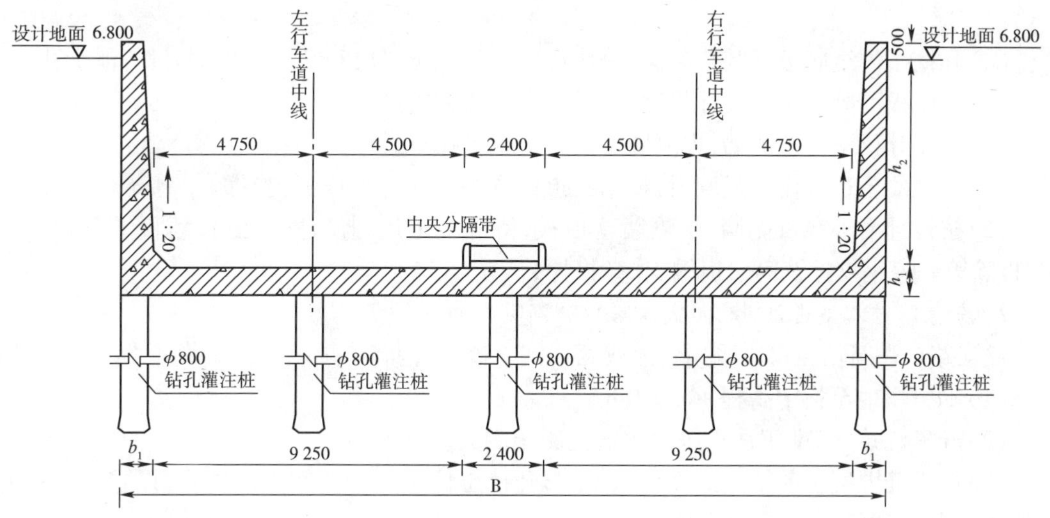

图4-19　江北敞开段结构(尺寸单位:mm)

地铁2号线钱江路站4号出入口在隧道江北段约LK0+490处下穿隧道,下穿隧道的地铁2号线出入口与隧道结构合建,两端临时封闭并预留接口,如图4-20所示。

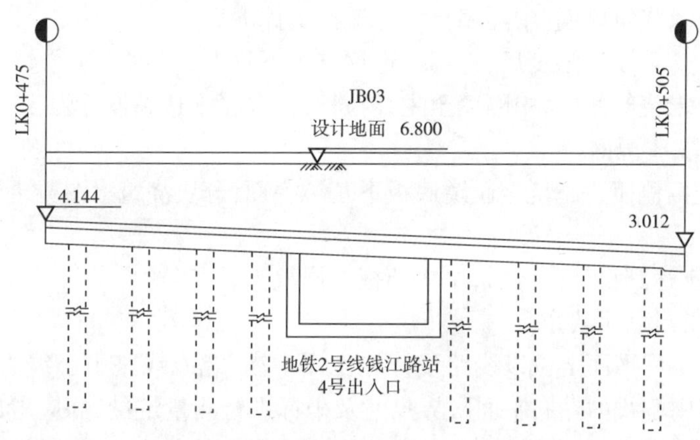

图4-20　地铁2号线4号出入口与隧道交叉关系(高程单位:m)

Y匝道敞开段隧道里程YK0+821.234~YK0+885.234,全长64m,分成3节,编号为YZ01~YZ03,其中编号YZ01、YZ02为单独结构形式,YZ03与江北主线结合设置;Z匝道敞开段隧道里程ZK0+869~ZK0+932,全长83m,分成3节,其中编号从ZZ01为匝道单独结构形式,ZZ02~ZZ03与江北主线结合设置。

三、施工工序及施工技术要求

1. 庆春路过江隧道江北段(富春路口—钱江路口段)

富春路口—钱江路口段采用两道钢支撑和三道钢支撑,结构施工顺序为:

(1)开挖土体至第一道钢支撑位置,开槽浇筑钻孔灌注桩顶钢筋混凝土圈梁及架设第一道钢支撑并施加预应力，开挖土体至第二道钢支撑位置设置钢支撑并施加预应力，依次至第三道钢支撑。

(2)开挖土体至底板下基坑底面，分块浇筑素混凝土垫层和结构底板，并设置泄水孔。

(3)待底板混凝土达到设计强度后，拆除第三道钢支撑。

(4)按设计要求浇筑侧墙、中隔墙至第二道钢支撑下。

(5)待混凝土达到设计强度后，将第二道钢支撑下移1.2m进行换撑。

(6)按设计要求浇筑侧墙、中隔墙至顶板，待混凝土达到设计强度后，顶板上回填土压实，拆除第一道钢支撑及第二道钢支撑(换撑)。

2. 庆春路过江隧道江北段(钱江路口—新塘路口)

钱江路口—新塘路口段采用一道或两道钢支撑，结构施工顺序为：

(1)平整场地至指定高程+6.000m。

(2)开槽浇筑SMW工法桩桩顶钢筋混凝土圈梁。

(3)待钢筋混凝土圈梁达到设计强度后，开挖土体至第一道钢支撑位置，设置钢支撑并施加预应力，依次至第二道钢支撑。

(4)开挖土体至主线底板下基坑底面，分块浇筑素混凝土垫层和结构底板，并设置泄水孔。

(5)待底板混凝土达到设计强度后，拆除第二道钢支撑。

(6)按设计要求浇筑侧墙、中隔墙至第一道钢支撑下。

(7)待混凝土达到设计强度后，将第一道钢支撑下移1.2m进行换撑。

(8)按设计要求浇筑侧墙、中隔墙至主线顶板，待混凝土达到设计强度后，拆除第一道钢支撑(换撑)并拔除H型钢。

(9)放坡开挖两侧匝道基坑至匝道底板下基坑底面，分块浇筑素混凝土垫层和匝道内部结构。

(10)待混凝土达到设计强度后，主线顶板上回填土，压实。

3. 基坑施工关键技术要求

放线定位：本工程平面定位以线路设计施工图中南、北线线路中心线为基准，施工放样时按南、北线线路中心线的左右平面限界尺寸及坐标进行测量定位，并应考虑围护结构施工综合偏差而引起的外放尺寸，确认无误后方可施工。施工时尚应根据现场实际情况，酌情增加围护结构的外放量，以保证建筑限界和结构构件尺寸。

土方开挖的顺序、方法必须与设计工况相一致，遵循“开槽支撑、先撑后挖、分层开挖、严禁超挖”的原则。

第六节　新塘河改道及围堰设计与施工

一、新塘河改道工程概况

新塘河改造工程位于明挖暗埋段富春江路旁。新塘河宽16m，平均深约2.5~

3.2m，河道常水位为3m左右，最高水位高程为7.0m。地面高程为6m左右，由C15毛石混凝土或钢筋混凝土砌成的U形结构，河道平均深度为2.5~3.0m，主要作用为汛期排涝。隧道明挖结构下穿河道，施工期间需临时改道。新河道的开挖底宽度为14m，河道两侧边坡为1:1。

江北段明挖段主体结构在LK1+178处下穿新塘河，河道宽度为16m，平均深约3.3~3.7m，最大流量为20m³/s，由C15毛石混凝土或钢筋混凝土砌成的U形结构，规划河底高程为2m，主要作用为汛期排涝。施工期间需临时改河，由于新塘河改移后方可进行相邻段结构施工，因此新塘河改移施工是总体施工计划中的一个重要节点；同时由于河道改移后距离围护结构较近，如何有效控制基坑围护结构施工质量，确保围护结构止水效果，保证基坑安全稳定也是本工程的一个重点。

二、改河导流设计

（1）河道断面设计：河底宽是14m，两侧边坡是1:1。详见图4-21。

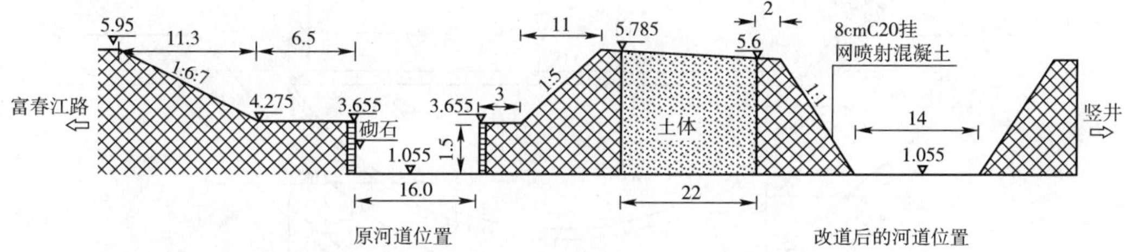

图4-21　河道断面设计图（尺寸单位：m，高程单位：m）

（2）河道破面防护参数：边坡挂$\phi6@200\text{mm}\times200\text{mm}$钢筋网片；插设$\phi16@2\text{m}\times2\text{m}$锚杆，梅花形布设；8cm厚C20喷射混凝土。

（3）围堰设计：宽度是4m，围堰中间回填物是黏土，两侧为建筑垃圾，如图4-22所示。

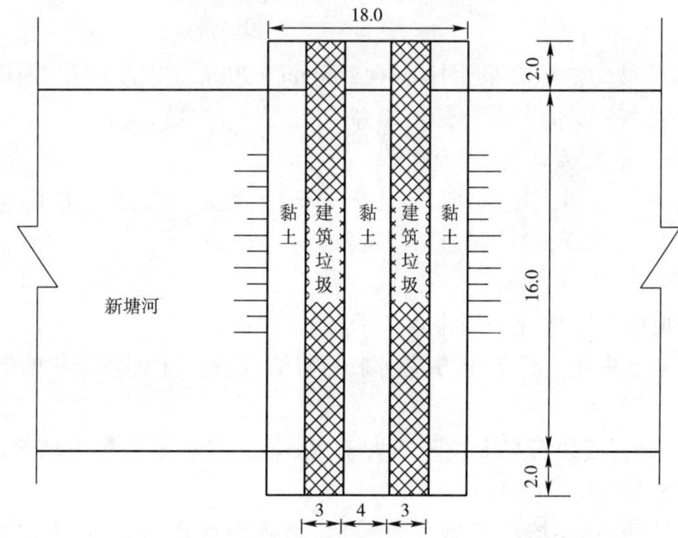

图4-22　围堰平面图（尺寸单位：m）

三、施工方法

1. 土方开挖

(1)开挖原则

若河道开挖深度超过5m,基坑降水采用井点降水和明排水结合两种方式。开挖方式为分层、分段、分步,分层厚度为3m,分段长度是5m,边开挖边支护。

(2)开挖方法

河道与周边建筑物平面关系见图4-23。

开挖施工中主要通过两台220挖掘机配合进行施工。施工中开挖采用分层、分段开挖,第一层开挖深度2m,及时喷射混凝土进行边坡加固。开挖至河底高程时,采用人工和挖机配合,进行一次性平整到位,与河床加固。

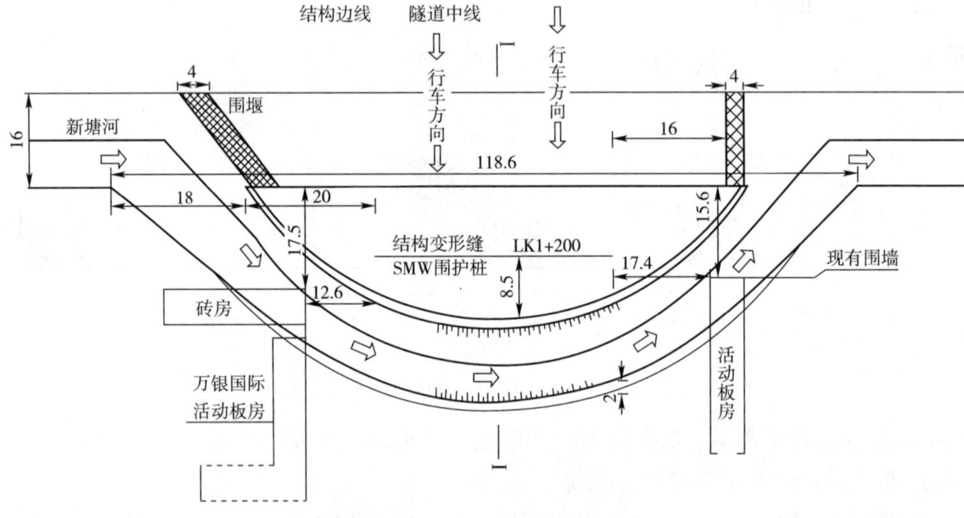

图4-23 新塘河改移平面图(尺寸单位:m)

2. 坡面防护

基坑开挖两侧的坡防护主要采用挂ϕ6@200mm×200mm钢筋网片,插设ϕ16@2m×2m锚杆,长度是1.5m;梅花形布设;8cm厚C20喷射混凝土。

3. 原河道与新河道交叉口处的处理措施

因开河前原河道与新河道接口处部分土方未开挖,坡面未实施。对其进行相应的处理,处理措施主要采用插设钢管,抛沙袋进行填充加固。

4. 质量控制

(1)回填土前根据实际情况采用排水疏干,清除淤泥。

(2)回填土原则上采用生化池土方挖出来的矿渣或黏性土回填,用蛙夯分层夯实,压实系数为0.9左右。

(3)最大粒径:碎石或块石最大粒径不大于20cm,大粒径不得集中填筑或填于分段接头处或填方接头处,塘渣含泥量应不小于50%。

(4)分层接缝处理:每层接缝处做成阶梯形,碾迹深达0.50m,上下层接缝应错开不小于1.0m。

(5)机械填方应保证边缘部位压实质量，宽填0.20m，边坡整平拍实，并用蛙式打夯机夯打密实。

(6)预留沉降量：不超过填方总高度的3%。

(7)围堰边坡要求：做成阶梯形，宽高比为1∶1.5，台阶高可取300mm，宽可取450mm。

(8)根据设计要求，本工程填料为素土，要求分层回填、碾压密实，且有机物含量不大于8%，不得回填掺有耕表土、淤泥、淤泥质土和建筑垃圾。

(9)压实填土质量检验，可根据需要分层进行抽样检验，每900m^2设一个检验点，检验其干密度和含水率。

(10)在夯实过程中，如有弹簧土现象应及时翻开晾干或挖除换土处理。

第五章　江南明挖段隧道工程

第一节　江南明挖段基坑支护设计

一、江南主线明挖暗埋段概况

1. 江南主线范围

江南明挖段左线主线设计里程为 LK3 + 109.918 ~ LK3 + 440，左线 A 匝道设计里程为 AK0 + 150.55 ~ AK0 + 550，右线主线设计里程为 RK3 + 107.454 ~ RK3 + 434.084，右线 B 匝道设计里程为 BK0 + 114.072 ~ BK0 + 518。其中 LK3 + 109.918 ~ LK3 + 132.723、RK3 + 107.454 ~ RK3 + 130.254 为江南工作井段。

隧道起点自江干区庆春东路与新塘路交叉口，向东略偏南直至江边，过江后继续沿线路方向（从规划休闲广场下穿过）接江南萧山侧市心路，主线于滨江一路交叉口北侧（K3 + 440）预留与钱江世纪城综合地下空间开发系统的接口。隧道在江北、江南各布置一对匝道，江北匝道与主线并行，接地点前方为庆春路与钱江路交叉口；江南东西线匝道接规划公园东路、公园西路，近期承担主线进出口功能。为保证本工程近期交通功能的合理性、完整性，江南匝道接线道路向南延伸至规划内环路为止，工程终点位于内环路市心路交叉口。南岸现多为鱼塘和苗木，有零星民居分布。江北、江南工作井已施工完成。

隧道江南段平面布置如图 5-1 所示。

2. 基坑支护主要设计原则

（1）基坑设计应满足安全可靠、经济合理、施工便利的要求。

（2）应根据周围环境条件、基坑开挖深度、支护结构功能等确定基坑工程等级，并按相应要求进行设计；应根据不同工程段的设计要求，分段采用合理的支护体系。

（3）应根据基坑围护结构及工程地质、水文地质条件合理选择控制地下水位的方法。

（4）基坑工程设计安全系数由基本安全系数和附加安全系数的乘积组成。

（5）支护结构应进行强度、变形、坑内外土体稳定性、围护墙抗渗等验算。当兼作上部建筑的基础时，尚应进行垂直承载力、地基变形和稳定性计算。

（6）确定围护结构的入土深度时，必须进行墙体的抗滑、抗倾覆和整体稳定性以及墙前基底土体的抗隆起和抗管涌稳定性计算。

（7）对施工期和运营期结构抗浮稳定性分别验算。施工阶段抗浮安全系数在不考虑侧壁摩阻力时不得小于 1.05；当计及侧壁摩阻力时不得小于 1.1；运营阶段不考虑侧壁摩阻力

时不得小于1.1；当计及侧壁摩阻力时不得小于1.15。

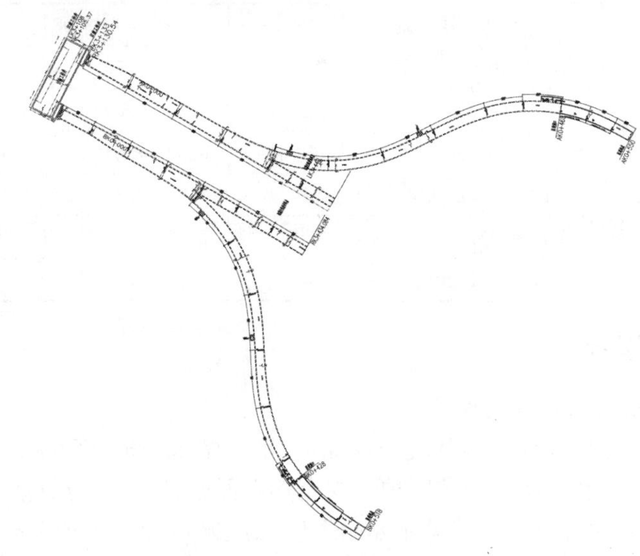

图5-1　隧道江南段平面布置图

3. 江南主线段工程地质条件

江南主线暗埋段为K3+132~K3+440.0，本路段表部主要为鱼塘和苗木地，鱼塘一般水深0.6~1.0m，个别达2.5m，底部淤积层一般为0.2~0.5m，苗木地表部0.5~1.0m左右为耕植土。本路段主要开挖层为③层及以上的粉砂、粉土，空间分布稳定，②$_{-1}$层顶部1~2m为氧化层，多呈灰黄色，下部为灰色，稍密状，层理不明显；本路段②$_{-2}$层粉土夹淤泥质土呈南北厚中间薄，层面可见淤泥质土微层理，性质较差。③$_{-1}$层本路段基本缺失，③$_{-2}$层、③$_{-3}$层较稳定，下部存在过渡性质的③$_{-4}$层砂质粉土性质差，但层位空间分布稳定。本路段④、⑤、⑥层起伏较大，但对本工程意义不大。各个地层的概况如表5-1所示。

各地层概况表

表5-1

层号	土层名称	土层概况	层厚(m)	平均层厚(m)	平均高程(m)
①$_{-1}$	杂填土	成分为建筑垃圾，以块石、碎石为主	0.50~7.80	2.93	6.93
①$_{-2}$	素填土	灰，湿，成分为稍密状砂质粉土	0.50~6.20	1.93	4.72
②$_{-1}$	砂质粉土	黄灰~灰，湿，稍密，薄层状，含Fe、Mn斑	0.70~9.30	5.18	3.36
②$_{-2}$	粉土夹淤泥质土	灰，很湿，稍密，薄层状，夹黏性土微层理	1.10~8.45	4.09	-1.05
③$_{-1}$	粉砂夹粉土	灰黄绿，湿~很湿，中密，薄层状	1.10~5.80	3.32	-4.83
③$_{-2}$	砂质粉土	灰色，很湿，稍密，薄层状，夹黏性土微层理	0.70~6.50	2.85	-6.35
③$_{-3}$	粉砂夹粉土	灰绿~灰，湿~很湿，稍密，薄层状	1.80~8.00	4.55	-8.30
③$_{-4}$	砂质粉土	灰色，很湿，稍密，薄层状，土质不均一	0.80~3.20	1.82	-11.67
④	淤泥质粉质黏土	灰色，流塑，饱和，薄层状	0.50~10.30	4.08	-13.01
⑤$_{-1}$	粉质黏土	浅灰~绿灰，可~硬塑，中厚层状	0.50~6.00	2.56	-17.61
⑤$_{-2}$	粉质黏土	黄灰，可~硬塑，厚层状，含Fe、Mn斑	0.50~12.40	6.28	-17.66
⑥$_{-1}$	黏土	灰色，软塑，厚层状，质均	0.90~5.90	2.61	-21.17
⑥$_{-2}$	粉质黏土	褐灰，软塑，厚层状，含腐植物碎屑	0.80~9.80	4.76	-23.80
⑦$_{-1}$	含粉砂粉质黏土	灰黄~灰白，可~硬塑，中厚层状	0.60~5.40	2.20	-28.53

续上表

层 号	土层名称	土 层 概 况	层厚(m)	平均层厚(m)	平均高程(m)
⑦$_{-2}$	粉细砂	灰黄,中密,中厚层状,低压缩性	0.80~7.70	3.08	-28.87
⑧$_{-1}$	圆砾	灰黄,中密~密实,厚层状,分选一般	1.20~8.60	3.55	-31.88
⑧$_{-2}$	卵石	灰黄~浅灰,密实,厚层状,低压缩性	10.80~18.0	15.47	-35.13
⑨$_{-1}$	全风化含砾砂岩	紫红色,厚层状构造,风化强烈	3.90~9.30	5.19	-50.73
⑨$_{-2}$	强风化含砾砂岩	紫红色,厚层状构造,中细粒结构	5.10~8.80	6.67	-55.83
⑨$_{-3}$	弱风化含砾砂岩	紫红色,厚层状构造,中细粒结构	>10.0		-62.06

二、围护结构设计[5]

1. 初步设计阶段的围护结构设计

基坑围护形式的选择必须根据基坑开挖深度、地质情况、场地条件、环境条件以及施工条件,通过多方案比选确定,所采用的围护结构应安全可靠、技术可行、施工方便、经济合理。基坑的安全等级为:基坑深度大于或等于8m时为一级;基坑深度小于8m且大于或等于5m时为二级;基坑深度小于5m时为三级。

江南明挖段工程基坑深度为0.5~25.4m,其中LK3+132.723~LK3+440段、RK3+130.254~RK3+434.084段、AK0+150.55~AK0+390段、BK0+114.072~BK0+354段基坑侧壁安全等级为一级,支护结构最大水平位移应不大于40mm,重要性系数为1.1;AK0+390~AK0+470段、BK0+354~BK0+433段基坑侧壁安全等级为二级,支护结构最大水平位移应不大于100mm,重要性系数为1.0;AK0+470~AK0+550段、BK0+433~BK0+518段基坑侧壁安全等级为三级,重要性系数为0.9。

我国常用的基坑围护结构形式有土钉墙、钻孔桩(或咬合桩)、地下连续墙、搅拌桩、SMW等。

在初步设计阶段,江南明挖段基坑围护结构设计隧道主线均采用地下连续墙围护结构形式,在A、B匝道基坑深度小于11m后采用SMW再过渡到放坡开挖等形式。具体如表5-2所示。

初步设计阶段江南明挖基坑围护结构形式表 表5-2

<table>
<tr><th>工 程 段</th><th colspan="2">里 程</th><th>基坑深度(m)</th><th>基坑宽度(m)</th><th>支 护 类 型</th></tr>
<tr><td rowspan="2">竖井</td><td colspan="2">东线:LK3+108~LK3+133</td><td>29.4</td><td>25</td><td>1 000mm 连续墙</td></tr>
<tr><td colspan="2">西线:RK3+104.09~RK3+129.09</td><td>29.4</td><td>25</td><td>1 000mm 连续墙</td></tr>
<tr><td rowspan="8">主体
隧道段</td><td rowspan="2">主线</td><td>东线:LK3+133~LK3+440</td><td>17.6~23.2</td><td>10.8~21</td><td rowspan="2">800mm 连续墙</td></tr>
<tr><td>西线:RK3+129.09~RK3+434.08</td><td>17.6~23.2</td><td>10.8~21</td></tr>
<tr><td rowspan="3">A 匝道</td><td>AK0+147.81~AK0+333.81</td><td>11~18</td><td rowspan="3">10.2</td><td>600mm 连续墙</td></tr>
<tr><td>AK0+333.81~AK0+478</td><td>5.0~11</td><td>ϕ850mmSMW</td></tr>
<tr><td>AK0+478~AK0+550</td><td>0~5.0</td><td>1:2放坡</td></tr>
<tr><td rowspan="3">B 匝道</td><td>BK0+103.25~BK0+283.25</td><td>11~18</td><td rowspan="3">10.2</td><td>600mm 连续墙</td></tr>
<tr><td>BK0+283.25~BK0+445</td><td>5.0~11</td><td>ϕ850mm SMW</td></tr>
<tr><td>BK0+445~BK0+518</td><td>0~5.0</td><td>1:2放坡</td></tr>
</table>

2. 江南明挖段基坑围护结构设计优化[10]

江南明挖段的深基坑范围均为荒地,基坑具备放坡开挖的条件,且在各种围护结构形式

中，SMW 工法和钢板桩具有经济、施工工序简单的特点，该工法在华东地区使用较为广泛，因此江南基坑的围护结构存在很大的优化空间。

(1)基坑围护技术优化的原则

①确保施工期间超深、长宽基坑的安全

本工程的江南明挖段基坑最深处深度分别为东线 25.4m，西线 24.8m；江北明挖段基坑最宽处达到 43m。对于如此超宽超深的基坑，在杭州市的工程建设史上是少有的，因此如何有效地保障基坑安全是非常必要的。同时施工环境中地下水位很高，而且江南明挖段还涉及到地下承压水的问题。如果围护方案选用不当导致承压水击穿基坑底，将酿成巨大的损失。因此降水的效果也就成了基坑围护成功与否的关键点。

②科学、合理地控制建设工期

采用不同的围护方案，对施工工期的影响是很大的；对于超深基坑，在杭州的地质条件下，大多数工程偏向于选择相对保守的地下连续墙围护结构。本工程初步设计中围护结构也主要采用地连墙的结构形式。但是地连墙的施工周期成为我们完成隧道目标建设工期的一大障碍。因此必须认真研究和论证施工周期更短的围护结构形式，在建设周期上能确保总工期目标的实现。

③客观、合理地控制工程造价

尽管本工程发包采用了设计施工总承包模式，以总价合同的形式控制了工程的投资风险，但是因建设期间原材料价格浮动大，对承建单位来说仍旧存在很大的施工成本的压力。地下连续墙围护结构形式不仅施工周期长，而且工程造价偏高，是对成本控制的一个瓶颈，如果能够寻找到更加实用、经济的围护结构形式，对整个工程建设都非常有利。不仅可以减轻承建单位的成本压力，更为探索新型围护结构形式并应用于今后工程的开发提供了理论和工程实践依据。

④绿色、环保的施工工艺

相对于 SMW 工法桩的施工工艺，地下连续墙的施工将产生大量的废弃泥浆，需要及时的外运处理，给环境保护带来的压力更大。因此选择一个更加绿色的施工工艺也是非常必要的。

(2)基坑围护技术优化后的方案

不拘泥与某一种围护结构形式，结合本工程不同施工段的具体情况采用复合式的基坑支护结构。因为本施工区域场地开阔，施工环境良好，所以分段设置了不同的围护结构体系。

①江南工作井南端头因挖深达到 25m，采用地下连续墙围护结构 + 地连墙基坑外侧土方卸载 15.5m + 三道 ϕ609 钢支撑 + 止水帷幕。

②盾构始发段开挖深度 17 ~ 21m，采用三级放坡大开挖 + 喷射混凝土/钢筋网片 + SMW 工法桩 H 型钢(插二跳一) + 两道 ϕ609 钢支撑。

③开挖深度在 12 ~ 17m 段，采用三级放坡大开挖 + 喷射混凝土/钢筋网片 + H 型钢($700 \times 300 \times 13 \times 24$)。

④后续段采用全面放坡打开挖的 + 喷射混凝土/钢筋网片。

⑤江南大开挖的同时设置可靠连续的基坑降水，包括承压水降水井和疏干降水井。

江南明挖段基坑围护结构形式设计优化如表5-3所示。

江南段基坑围护结构形式表 表5-3

里　　程	长度(m)	基坑深度(m)	基坑宽度(m)	支护类型
LK3 + 132.723 ~ LK3 + 145.426	12.703	24.3 ~ 25.4	10.9 ~ 11.7	放坡开挖 + 1 200mm 厚连续墙
RK3 + 130.254 ~ RK3 + 142.954	12.7			
LK3 + 145.426 ~ LK3 + 240	94.574	18.6 ~ 25	11.7 ~ 15	放坡开挖 + ϕ850 水泥搅拌桩 + H 型钢(插二跳一)
RK3 + 142.954 ~ RK3 + 220	77.046			
LK3 + 240 ~ LK3 + 363.923	123.923	17.3 ~ 18.7	15 ~ 24.6	放坡开挖 + H 型钢(700 × 300 × 13 × 24)
RK3 + 220 ~ RK3 + 316.897	96.897			
LK3 + 363.923 ~ LK3 + 440	76.077	16.8 ~ 17	24.6 ~ 10.5	全放坡开挖,坡面锚喷网防护
RK3 + 316.897 ~ RK3 + 434.084	117.187			
AK0 + 150.55 ~ AK0 + 550	399.45	1 ~ 17.0	16.5 ~ 10.2	全放坡开挖,坡面锚喷网防护
BK0 + 114.072 ~ BK0 + 518	403.928			

围护支撑采用1~3道ϕ609mm、δ = 16mm钢管支撑;立柱桩采用ϕ850mm的钻孔灌注桩,内插边距为470mm×470mm的格构型钢柱;联系梁采用HN400mm×200mm×8mm×13mm型钢;围檩采用HN500mm×300mm×11mm×18mm型钢[11]。

三、江南基坑降水设计方案

江南明挖段地面高程为5.5~5.8m,承压水弱含水层⑦$_{-1}$含粉砂粉质黏土顶板高程为-32.13~-25.03m,埋深在地面下31~39.4m,承压水位根据勘察报告及抽水试验为绝对高程-2.58m,埋深约在地面下9.00m。

按最不利处开挖基坑底高程为-10m进行抗承压水突涌稳定性计算,基坑施工需降低承压水水头。

对于该基坑工程土层中赋存的上层滞水,上部砂性含水层中的潜水由于其渗透性较弱,富水性不强,设计采用集水井集中抽排。对承压水进行深井抽排降低承压水头的方法进行。

疏干井采用自流深井,井径ϕ600mm,设计井深为22m。围护桩内基坑设计井深为25m,填料采用瓜子片,井管采用无砂管+钢管。根据场地情况,共布置322口深井;另外,对于放坡大开挖段,当开挖至12m深度时采用简易深井加强降水强度。基坑周边设排水沟,并与河道连接。

第二节　江南基坑降水

一、江南基坑范围及工程水文地质情况

1. 江南基坑范围

根据江南基坑围护结构设计方案,庆春路隧道南岸出口明挖段基坑主要采用放坡开挖,靠近工作井的地段局部采用地下连续墙(长度13m)和SMW工法围护(在放坡开挖

15m 后施工)。

该工程开挖面积约 62 000m^2,分三段开挖,分三个阶段施工。第一阶段为 RK3 +131.45 ~RK3 +240.53(LK3 +133.923 ~LK3 +240),长 109.631m(106.177m);第二阶段为 RK3 +240.53 ~RK3 +434.084(LK3 +240 ~LK3 +440),长 193.554m(220m);第三阶段为 A、B 匝道。降水施工时间为 2008 年 8 月 10 日 ~2009 年 5 月 15 日,明挖段主道开挖深度为 17.0 ~19.3m,长约 303m;匝道段开挖深度 0 ~17.0m, 两边长度分别为 310m 和 280m。整平后的地面高程为 +5.50m。

2. 工程水文地质条件

江南明挖段基坑范围,工程地质情况自地表向下 0 ~18m 基本为粉土,埋深 18 ~32m 为粉质黏土,埋深 32 ~36m 为粉细、粗砂,埋深 36 ~41m 为砾砂,埋深 41 ~55m 为粉质黏土,埋深 55m 以下是基岩。

根据地下水埋藏特征,场地地下水分为潜水和承压水两种类型。潜水位埋深 1m 左右,承压水位埋深约 8m。

(1)潜水

③层粉土为含水层,④层淤泥质粉质黏土为隔水底板。

野外勘探期间在钻孔中量测的稳定水位埋深接近地面,地下水的补给来源主要为大气降水、地表水与地表水存在着较为密切的水力关系——互补关系。

(2)承压水

主要赋存于下部⑦层砂性土和⑧层圆砾、卵石层内,上覆④层、⑤层、⑥层黏性土,是相对隔水层,构成了含水层的承压顶板。含水层顶板高程为 -32.67 ~ -24.10m,透水性良好,沿线全场均有分布,为钱塘江古河道。承压水受上游侧向径流补给,水量充沛,富水性好,具有明显的埋藏深、污染少、水量大的特点,一般单井开采量为 1 000 ~3 000m^3/d,勘察实测承压稳定静止水位相对高程为 -3.98 ~ -3.80m,单位涌水量为 17 976 ~23 262L/h · m。渗透系数为 1.16×10^{-1}cm/s。

二、降水的目的及基坑底板稳定性分析

1. 基坑降水的目的

在江南明挖段进行基坑降水的主要目的有三个:

(1)疏干开挖范围内土体的含水率,满足正常施工需要。

(2)防止流沙和管涌的发生,保持边坡的稳定。

(3)防止基坑底板的突涌。

2. 基坑底板稳定性分析

(1)基坑底板稳定性验算

基坑底板的稳定条件:基坑底板至承压含水层顶板间的土压力应大于承压水的顶托力。即:

$$H\gamma_s \geqslant F_s \gamma_w h \tag{5-1}$$

式中:H——基坑底至承压含水层顶板间的距离(m);

γ_s——基坑底至承压含水层顶板间土的平均重度(kN/m^3);

h——承压水头高度至承压含水层顶板的距离(m);

γ_w——水的重度(kN/m^3),取10kN/m^3;

F_s——安全系数,一般为1.0~1.2,取1.1。

(2)计算数据的选定

根据2008年8月份抽水试验资料,承压水水位高程为-4.30m;

以钻孔资料为计算依据,把⑦$_{-1}$以下地层理解为承压含水层。承压含水层顶板高程为-26.50m。

(3)计算情况:

计算承压含水层的顶托力$F_s\gamma_w h$:

$$F_s\gamma_w h=1.1\times10\times22.20=242.2(\text{kPa})$$

根据基坑开挖深度,计算基坑底至承压含水层顶板间的土压力$H\gamma_s$:

$$H=-19.66-(-26.50)=6.84(\text{m}),\gamma_s=17.70(\text{kN/m}^3)$$

则:

$$H\gamma_s=6.84\times17.70=121.07(\text{kPa})$$

$$F_s\gamma_w h-H\gamma_s=242.20-121.07=121.13(\text{kPa})$$

则承压水的顶托力大于上部土压力。

故本工程考虑需将承压水头降低的值如下:

$$h_{降}=121.13/\gamma_w=12.31(\text{m})。$$

计算结果分析得出:江南工作井附近要将承压含水层的水头降至高程-16.61m才能保证基坑底板的稳定。

三、疏干降水井

1. 疏干降水方式选择

疏干降水方式的选择需要综合考虑以下两方面的因素:地质条件和基坑开挖深度。本基坑主道的开挖深度为17.0~19.3m,上部潜水含水层底板埋深为17~18m,可供选择的降水方式为轻型井点降水和管井降水。

单级轻型井点的降水深度不超过6.0m,19.3m深度的基坑需要采用3级以上的轻型井点,降水系统布置复杂,对后续施工影响大;同时,上一级井点降水完成后进行土方开挖;土方开挖完成后,进行次一级轻型井点的施工。如此循环,占用工期长,整个工程的工期安排不允许。普通管井具有降水大,可以一次施工、占用工期短的优点。综合以上因素考虑,本次疏干降水采用管井降水较为适宜。

根据工程经验,对于水位需要降至含水层底板附近的工程,普通降水井对这种类型的工程降水效果不太理想,需采取真空井进行降水。

从地层资料显示,18m以上的潜水含水层,存在两层不透水或弱透水的淤泥质黏土夹层,该层顶板埋深分别为6.0~8.0m和10.0m。除此之外,还存在许多几厘米厚的黏土夹层,这些黏土夹层上的滞水,水位观测井观测不到其水位,但开挖形成临空面后,这些层间水将慢慢渗出并带走泥沙,掏空边坡,造成边坡失稳。

因此在开挖过程中及时采取降堵结合的措施,即及时施工小型轻型井点控制滞水。若层间水流量较大可暂停开挖。并回填土封堵临空面,待轻型井点排水后再开挖;等层间水流

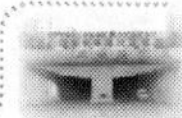

出量很小后可拆除小型轻型井点；在边坡护坡施工中，在层间水流出位置附近安装泄水孔；对于层间水流量很小的地段，也可采取水平真空管降水。

2. 疏干降水工作量

潜水涌水量计算侧向径流补给量和静储量。根据降水要求，把静储量按规定的时间要求分配到每天中，即得静储量的每天消耗量，侧向径流补给量 + 静储量的每天消耗量即为每天的涌水量。计算公式如下：

$$Q_{径流} = \frac{1.366K \times (2H - S)S}{\lg \frac{r + R}{r}} \tag{5-2}$$

式中：$Q_{径流}$——基坑侧向径流补给量（m^3/d）；

K——渗透系数（m/d）；

H——潜水含水层的水位深度（m）；

S——水位降深（m）；

R——影响半径（m）；

r——引用影响半径（m）。

静储量的计算公式：

$$Q_{静} = ABSa\% \tag{5-3}$$

式中：$Q_{静}$——静储量（m^3）；

A——基坑长度（m）；

B——基坑宽度（m）；

S——潜水水位降深（m）；

$a\%$——给水度，大约为15%。

基坑的引用影响半径计算公式：

$$r = \sqrt{\frac{AB}{\pi}} \tag{5-4}$$

式中：r——基坑引用影响半径（m）；

A、B——基坑的长和宽（m）。

各段基坑的涌水量计算见表5-4。

四、降压降水井

1. 基坑范围内承压水特点

(1) 承压水水位高

基坑开挖深度主道段为17.0～19.3m。可能造成基坑底板突涌的原因有：①工法桩H型钢插入深度达31.5～32.5m，已接近承压水含水层顶板，在H型钢拔出时，承压水将可能击破H型钢底部的薄弱层从而形成基地突涌；②抽水试验井坍塌形成的废井没有止水，这样下部承压水将通过没有止水的废井涌到上部，从而形成基地突涌；③早期的勘探孔封堵不密实或未封堵，也会造成基地突涌。解决办法就是把承压水降到基坑开挖底板下1m。

潜水基坑侧向涌水量及静储量计算表　　表 5-4

第一段 RK3 + 131. 454 ~ RK3 + 240. 53(LK3 + 133. 923 ~ LK3 + 240)												
基坑长度(m)	基坑宽度(m)	引用半径(m)	影响半径(m)	水位降深(m)	渗透系数(m/d)	含水层厚度(m)	基坑侧向涌水量(m^3/d)	基坑静储量(m^3/d)	水位降到位天数(d)	日涌水量(m^3/d)	井数(口)	单井涌水量(m^3/d)
109. 0	115. 3	63. 3	30. 0	15. 5	1. 5	18. 0	3 862. 6	29 219. 9	10. 0	6 784. 6	64	106. 0
第二段 RK3 + 240. 53 ~ RK3 + 434. 084(LK3 + 240 ~ LK3 + 440)												
基坑长度(m)	基坑宽度(m)	引用半径(m)	影响半径(m)	水位降深(m)	渗透系数(m/d)	含水层厚度(m)	基坑侧向涌水量(m^3/d)	基坑静储量(m^3/d)	水位降到位天数(d)	日涌水量(m^3/d)	井数(口)	单井涌水量(m^3/d)
196. 0	143. 5	94. 6	30. 0	16. 5	1. 5	18. 0	5 513. 2	69 611. 9	10. 0	12 474. 4	164	76. 1
第三段 A 匝道 AK0 + 240 ~ AK0 + 470												
基坑长度(m)	基坑宽度(m)	引用半径(m)	影响半径(m)	水位降深(m)	渗透系数(m/d)	含水层厚度(m)	基坑侧向涌水量(m^3/d)	基坑静储量(m^3/d)	水位降到位天数(d)	日涌水量(m^3/d)	井数(口)	单井涌水量(m^3/d)
230. 0	31. 4	48. 0	30. 0	11. 5	1. 5	18. 0	2 736. 1	12 458. 0	10. 0	3 981. 9	46	86. 6
第三段 B 匝道 BK0 + 234 ~ BK0 + 433												
基坑长度(m)	基坑宽度(m)	引用半径(m)	影响半径(m)	水位降深(m)	渗透系数(m/d)	含水层厚度(m)	基坑侧向涌水量(m^3/d)	基坑静储量(m^3/d)	水位降到位天数(d)	日涌水量(m^3/d)	井数(口)	单井涌水量(m^3/d)
199. 0	30. 7	44. 1	30. 0	11. 5	1. 5	18. 0	2 561. 9	10 538. 5	10. 0	3 615. 8	39	92. 7

(2)渗透性大,地下水回升速度快

承压水含水层为卵石,渗透性很大,抽水试验反映在 53 ~ 80m/d,承压水降水时若停电等将会造成地下水快速回升,从而造成基地突涌。需要配置网点和发电机的自动切换系统,要求在 3min 之内切换完成;水泵配置自动控制装置,要求在控制室内自动开启或关闭水泵,以保证承压水降水安全。

承压水井采用管井施工。普通管井具有降水大、可以一次施工、占用工期短的优点。因此承压井降水采用管井降水较为适宜。

2. 降压降水工作量计算

承压水的静储量相对于侧向涌水量来说微不足道,故承压水不计算静储量。根据抽水试验资料,承压水基坑涌水量为:

$$Q = \frac{2.73KMS}{\lg \frac{r + R}{r}} = 37\ 597.38(\mathrm{m^3/d}) \tag{5-5}$$

式中:Q——基坑侧向径流补给量(m^3/d);

K——渗透系数(m/d),取 75m/d;

M——含水层的厚度(m),此处为 16m;

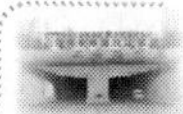

S——水位降深(m),此处为11m;

R——影响半径(m);

r——引用影响半径(m)。

根据抽水试验资料,降水井单井出水量大于4 000m^3/d,故干扰抽水量应大于2 100 m^3/d,因此降水井数量为$n = 1.2Q/2\ 100 = 21.48$口,即22口。

降水井布置在开挖深度较深的前100m段,即盾构始发段。

五、降水对周边环境的影响

降水将引起周边地面沉降和土体失水,因基坑周边没有建筑物,根据经验其沉降量应小于30cm,故降水引起的周边地面沉降可以不考虑。

降水引起的周边土体失水是不可避免的,必须充分考虑土体失水所产生的后果和解决方案。

(1)失水范围

潜水的失水范围是很小的,其水力坡度为1/10~1/30,按1/30计算,因井位布置在边坡的第一平台上,距离开挖面边缘5m,故降水的影响范围应在开挖面边缘线外25m内;承压水降水对作物和鱼塘没有关系,故不要考虑。

(2)对作物和鱼塘的影响

因潜水的失水范围小,鱼塘的失水可直接抽江水补充即可(地下水含铁量等高不宜直接补给鱼塘),因杭州地区降水丰沛,土壤可以经常性的获得补充,降水造成的土壤失水对作物的影响可以不予考虑。

六、布井方案及降水井结构

1. 疏干井布置

疏干井从开挖深度5.5m以下的平台上开始布井,在外围共布置了184口,内部布置了138口,共布置了313口。外围井的井距为12m,但内部的边坡井井距为15m;降水井平面布置如图5-2所示。

在邻近江南工作井的范围,基坑深度为24.3~25.4m,基坑宽度为10.9~11.7m,基坑围护结构形式为放坡开挖+1 200mm厚连续墙。该段东线里程LK3+133.923~LK3+145.426,西线里程RK3+130.254~+RK3+142.954段,在一级放坡的坡脚和基坑内分别设置降水井,降水井剖面布置如图5-3所示。

东线LK3+145.426~LK3+240段和西线RK3+142.954~RK3+220段基坑围护结构形式相同,该段基坑深度为18.6~25m,基坑宽度为11.7~15m,采用三级放坡开挖ϕ850水泥搅拌桩+H型钢(插二跳一)围护结构形式,局部采用双拼钢支撑。该范围基坑降水井布置在一级放坡的坡脚和基坑内,如图5-4所示。

东线LK3+240~LK3+365.423段和西线RK3+220~RK3+318.397段基坑深度为17.3~18.7m,基坑宽度为15~24.6m,采用放坡开挖+H型钢(700×300×13×24)的围护结构形式。该范围基坑在基坑内设置两排降水井,在一级放坡的坡脚各设置一排降水井,如图5-5所示。

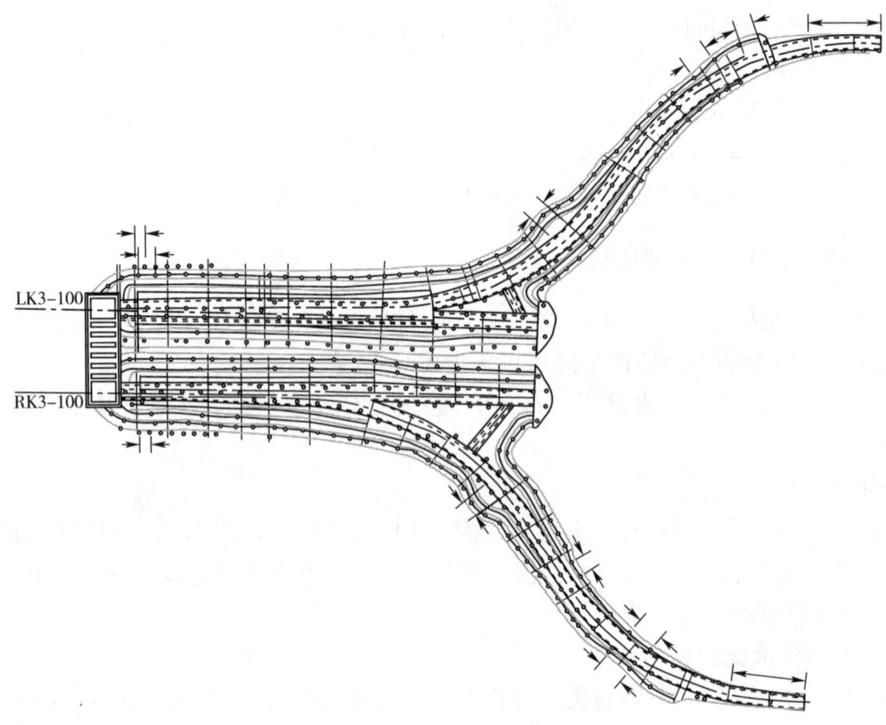

图 5-2　江南明挖段疏干降水井平面布置示意图

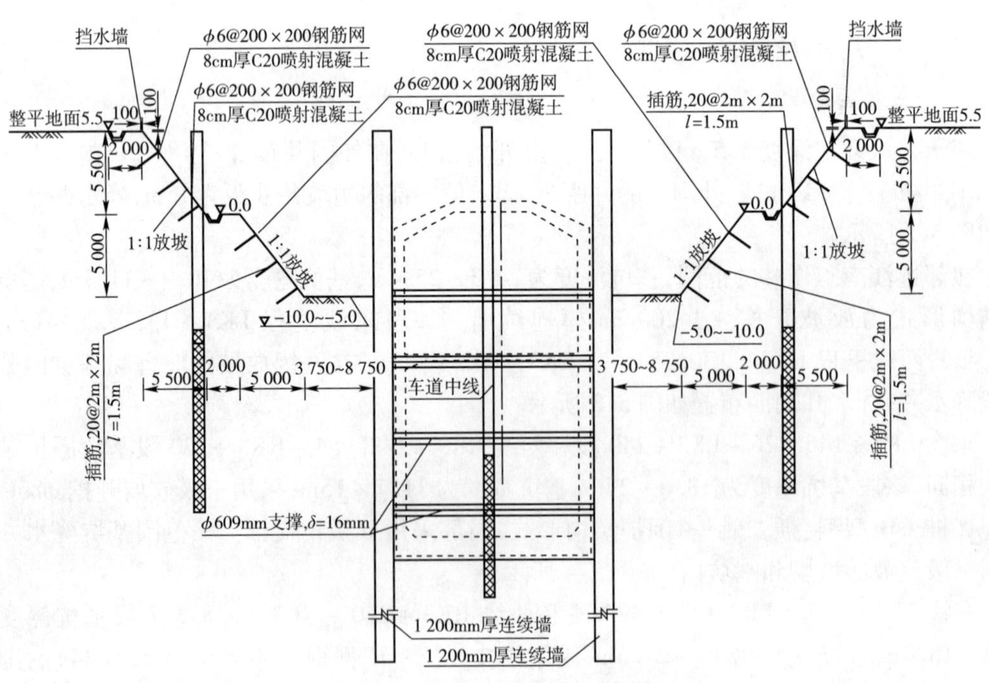

图 5-3　邻近工作井基坑降水井布置图(尺寸单位:mm,高程单位:m)

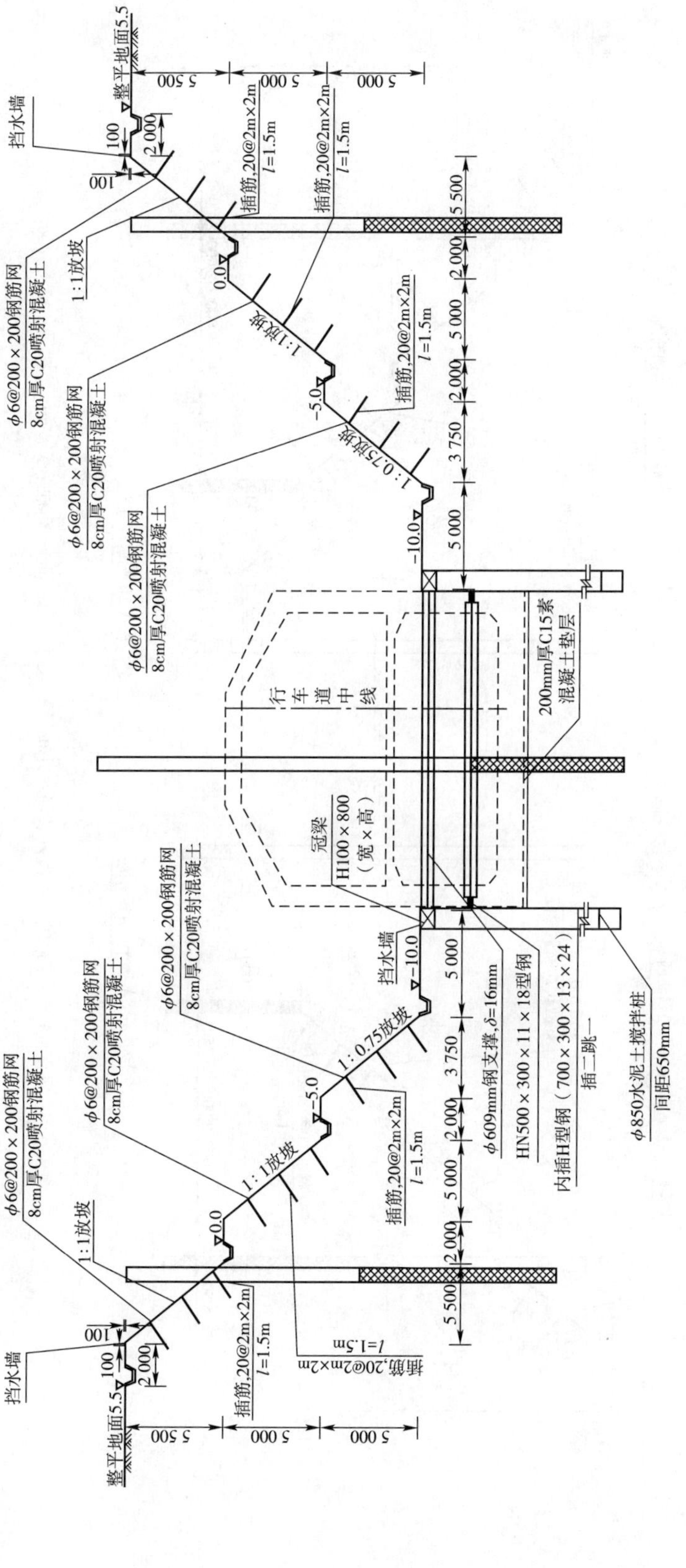

图5-4 盾构始发段基坑降水井布置图(尺寸单位：mm；高程单位：m)

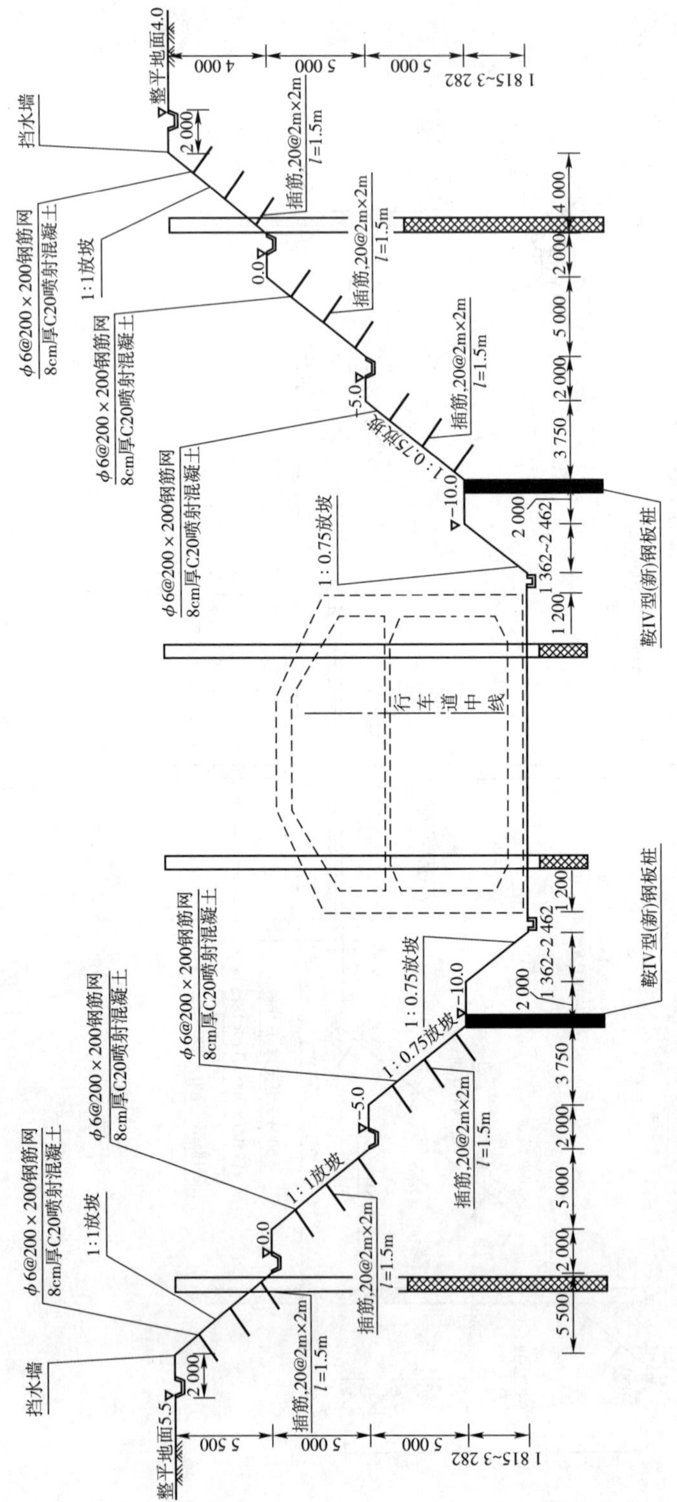

图5-5 三级放坡开挖段基坑降水井布置图(尺寸单位：mm；高程单位：m)

东线 LK3 + 365. 423 ~ LK3 + 440 段与 A 匝道 AK0 + 150. 55 ~ AK0 + 330 段并行,西线 RK3 + 318. 397 ~ RK3 + 434. 084 段和 B 匝道 BK0 + 114. 072 ~ BK0 + 294 段并行,基坑深度为 16. 8 ~ 17m,基坑宽度为 10. 5 ~ 24. 6m,场地条件具备,采用全放坡开挖 + 坡面锚喷网防护的基坑支护形式;匝道段深度逐渐变浅,全部采用放坡开挖 + 坡面锚喷网防护的基坑支护形式;降水井布置在坡面和基坑内,如图 5-6 所示。随着基坑的变浅,基坑可不再设置深井降水,如图 5-7 所示。

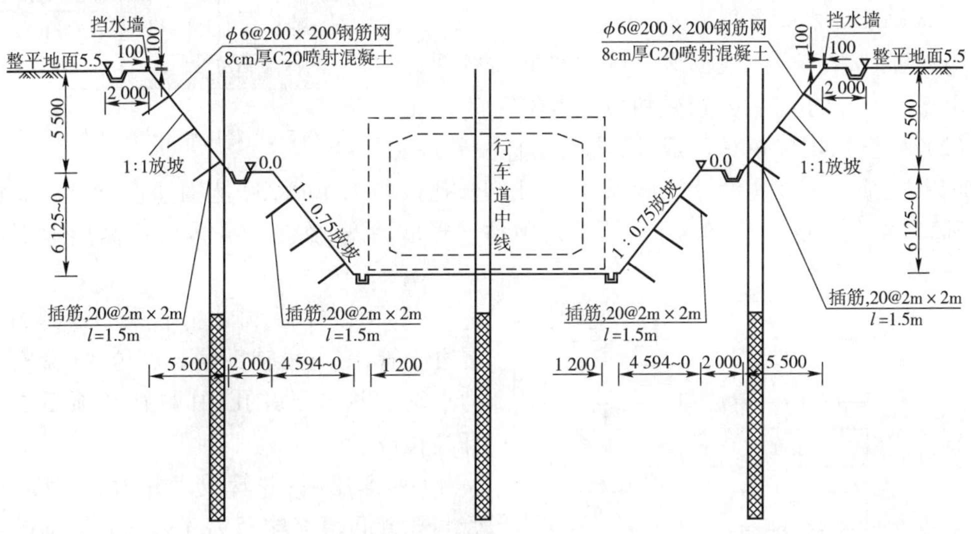

图 5-6　全放坡开挖段降水井布置图(尺寸单位:mm;高程单位:m)

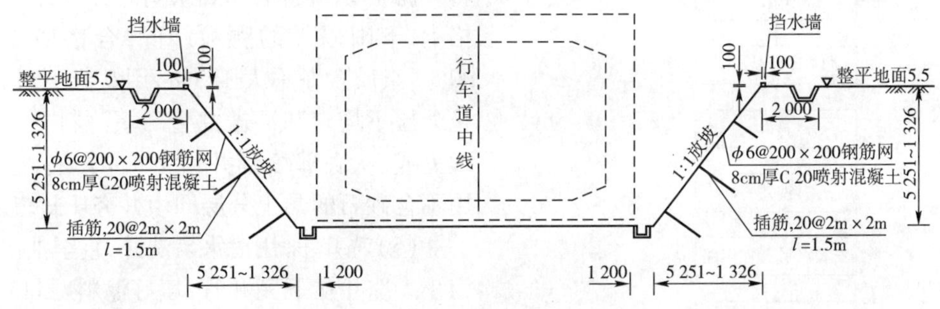

图 5-7　不设置降水井段基坑剖面示意图(尺寸单位:mm;高程单位:m)

2. 疏干降水井结构

疏干井结构:井深均为 22m,外围井上部 12m 以上为钢管,下部为无砂混凝土管;内部井和靠近围护桩附近的井 15m 以上为钢管,下部为无砂混凝土管。采用钢管可以在适当的时候采取真空抽水。泥孔径为 600mm,无砂管的内径为 300mm,外径为 360mm,外包两层 80 目的尼龙滤网,底部封死,钢管直径为 273mm;滤料从地面下 3. 00m 投放至井底,滤料直径为 0. 15 ~ 2. 5mm。

3. 承压水井布井方案及降水井结构

降压井结构:井深为 45 ~ 48m,泥孔径为 700mm,井管为外径 360mm、内径 300mm 的钢筋混凝土管,滤料为砾石。27 ~ 31m 为黏土球止水,其上为黏土止水,降压水井结构见图 5-8。

七、管井降水施工方法及工艺流程

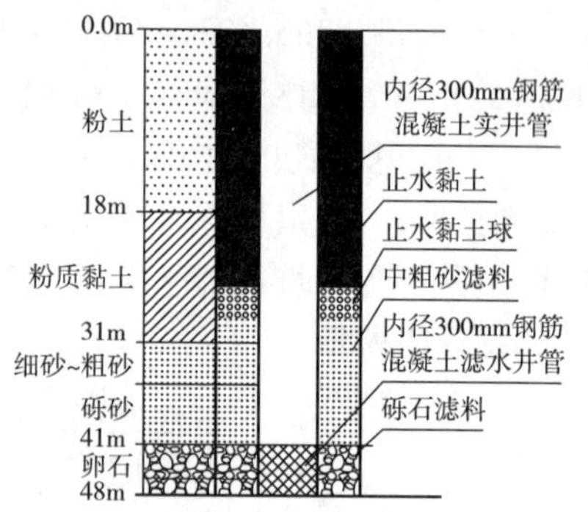

图 5-8 降压水井及观测井结构图

降水管井施工中，疏干井采用正循环水文钻机、承压井采用反循环钻机进行成孔，分节段吊下放井管，高扬程潜水泵抽水以达提前降低地下水位的目的。其施工工艺见图 5-9。

1. 降水管井及降水施工方法

（1）测量放线定位：根据设计降水平面布置图，测量定出每个管井的准确位置，钻机按井点位置就位。

（2）钻孔：采用旋挖钻机成孔，成孔垂直偏差控制在 1% 以内，成孔深度比设计深度深 0.5m 以上，孔口段 1.5m 深度范围埋设 ϕ900mm 钢护筒，护筒顶高出地面 0.3 ~ 0.4m。外围采用黏土封填堵塞，施工中孔内液面高出地下水位 0.5 ~ 1m。

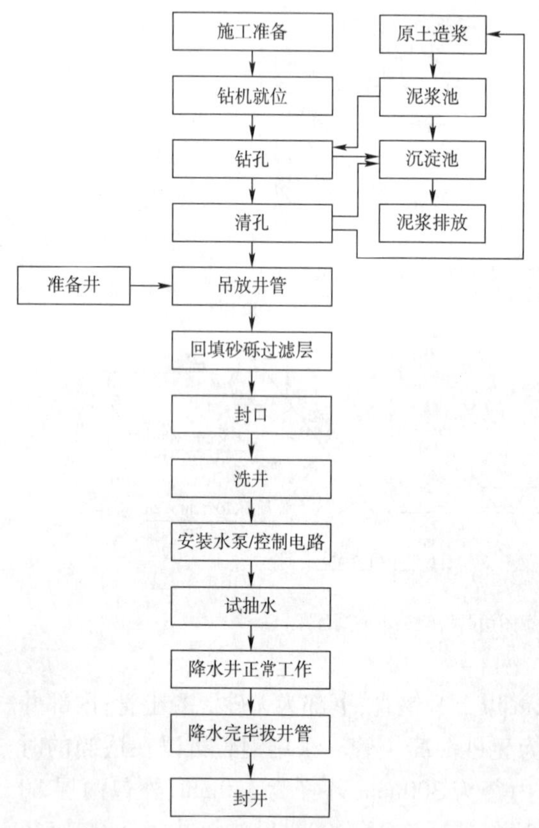

图 5-9 管井降水施工工艺流程图

（3）下设井管：降水井管采用预制的无砂混凝土管，汽车吊辅助吊装就位，井管安放应力求垂直并位于井孔中间，管井顶面位于设计高程位置。

（4）填滤料：井管放入井内后，及时在井管与孔壁间填充粒径为 3 ~ 8mm 的细砾石滤料。滤料必须符合级配要求，将设计砂砾规格上、下限以外的颗粒筛除，合格率要大于 90%，杂质含量不大于 3%，用铁锹下料，以防止分层不均匀和冲击井管。填滤料要一次连续完成，从底部填到井口下 1m 左右，上部采用不含砂石的黏土分层回填并夯压封口。

（5）洗井：采用潜水泵洗井，直至抽出清水为止。洗井在下完井管、填好滤料、封口后 8h 内进行，一气呵成从而避免时间过长导致的护壁泥皮逐渐老化难以破坏，影响渗水效果。

（6）下放水泵：在安装前对 QG4 – 90 型潜水泵和控制系统作一次全面细致的检查。检验电动机的旋转方向，各部位的螺栓是否拧紧，润滑油是否加足，电缆接头封口有无松动，电缆线有无破坏折断等情况，然后在地面上转动 3 ~ 5min。如无问题，则可放入井中使用，用缆索将潜水泵吊入滤水层部位，潜水泵电动机、电缆及接头应有可靠绝缘，每台潜水泵应配置一个控制开关，主电源线路沿深井排水管路设置，安装完毕应进行试抽水，满足要求后转入正常工作。

（7）井管使用完毕，井管拆除后所留孔洞用砾砂填充、捣实，并预留注浆管。在基坑封底

后,从注浆管内向孔洞压注水泥浆,确保降水管井不成为渗漏点。

2. 管井降水保证措施

(1)管井降水施工前,根据设计参数进行试验管井施工,并进一步验证渗水量和地质情况,以调整管井布置及施工参数。

(2)管井使用时,基坑内两侧管井应对称同时抽水,使水位差控制在要求限度内,并派专人值班,负责抽水,并作抽水记录。降水采用分级降水,一次降低水位控制在5m以内。稳定24h后再进行下次降水,直到水位降到设计水位高度。

(3)管井降水时要进行水位观测,当水位差超过警戒要求时,立即采取减少部分管井抽水或回灌水等补救措施。

(4)管井降水在基坑开挖20d以前进行,将水位降至基坑开挖面以下1.5~2.5m,确保基坑在无水环境下作业。

(5)在基坑分层开挖过程中,加强对降水管井的保护,以免填塞管井,影响降水效果,并将露出开挖面以上部分管井进行分节拆除。

(6)井点供电系统采用双线电路,防止中途停电或发生其他故障时影响降水。

(7)潜水泵在运行过程中应经常观测水位变化情况,检查电缆线是否和井壁相碰,以防磨损后水沿电缆芯渗入电动机内。同时还需定期检查密封的可靠性,以保证正常运转。

3. 疏干井抽水运行及停止

(1)潜水疏干降水运行及停止

潜水疏干降水在土方开挖至少10d前进行抽水运行,确保水位在开挖面1m以下,疏干井水抽水停止时间在回填完毕后分批、分段停止抽水,并根据对土体、结构的观测进行停止抽水调整。

(2)疏干井降水运行分三段,各段的设备及材料的配置如表5-5~表5-7所示。

第一段降水运行管理投入设备及材料表　　表5-5

序　号	名　称	规　格	数　量	功率或性能
1	井数	直径273mm钢管和300mm无砂管	64口	疏干抽水或辅助真空抽水
2	潜水泵	100QJ2	100台	1.5kW
3	真空泵	ZKB-2	15台	7.5kW

第二段降水运行管理投入设备及材料表　　表5-6

序　号	名　称	规　格	数　量	功率或性能
1	井数	直径273mm钢管和300mm无砂管	164口	疏干抽水或辅助真空抽水
2	潜水泵	100QJ2	250台	1.5kW
3	真空泵	ZKB-2	40台	7.5kW

第三段降水运行管理投入设备及材料表　　表5-7

序　号	名　称	规　格	数　量	功率或性能
1	井数	直径273mm钢管和300mm无砂管	46口	疏干抽水或辅助真空抽水
2	潜水泵	100QJ2	70台	1.5kW
3	真空泵	ZKB-2	18台	7.5kW

4. 承压水抽水运行

(1)供电量的保证。

(2)双电源的保证。

(3)供电线路的防护。

(4)降压降水井运行需要的设备和材料的保证。

八、降水井运行

1. 运行控制

对于疏干井,必须给予充分的预抽水时间(不少于10d),结合坑外水位监测情况,将水位控制在基坑开挖面以下1~2m;对于降压井,为减少降水对周围环境的影响,必须按需降水,水位控制严格按照稳定性分析中的基坑开挖深度和承压安全水位深度表进行。

(1)在基坑开挖至地面下15m后启动降压降水井,确保承压水位在开挖面以下1.0m。

(2)根据群孔抽水后的资料,以实际每口井的出水量为依据,计算各个工况下开启井的编号,确保在抽水量最小前提下的施工安全。

(3)根据开挖方式,及时调整开启井群的组合方式。

2. 降水运行监测

在坑外埋设孔隙水压力观测孔。利用孔隙水压力计量测基坑开挖过程中及降水过程中各土层的孔隙水压力。

对每个降水井都安装流量表,每天定时测定井的出水量,根据运转井的数量和时间确定每天抽去的地下水的总量。

降水运行期间,疏干观测井和减压观测井每天应至少监测一次,重要的管井进行视频实时监控。在水位异常情况下,水位观测频率按实际需要增加。水位监测报表每天上报。及时统计降水报表,形成水位曲线,分析降水疏干运行情况。

监测单位根据勘察报告、降水设计文件、降水方案和降水施工组织设计等有关监测要求,制订监测监护方案,提出各项报警值界限,并经委托方审核后实施。监测记录应当规范,监测数据应当准确并及时计算整理,提出合理意见,经审核后报设计、施工、监理等有关单位。

由于江南段基坑进行大放坡开挖,每天抽排水量很大,最大时每天可达到10万m^3,大量的水需通过场地内的排水系统进行排出。需要同时做好地表排水系统的建设。

第三节　江南基坑施工

一、基坑施工准备

1. 基坑总体施工顺序

将江南段施工划分为三段。第一段为RK3+131.454~RK3+240.53(LK3+133.923~LK3+240),长109.076m(106.077m),此段需及早提供给盾构段作为盾构施工场地,工期压力

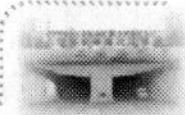

最大,首先进行施工;第二段为 RK3 + 240.53 ~ RK3 + 434.084(LK3 + 240 ~ LK3 + 440)段,长 193.554(220)m;第三段为 A、B 匝道;此部分根据需要及场地堆放土方情况择机施工。

2. 水平与垂直运输方案

根据基坑开挖施工方案运输量,选择水平与垂直运输方式及施工机械数量。施工中采用全机械化挖土施工技术,有效控制了软土地基中深基坑施工对周边的影响。水平机械与垂直运输机械见主要机械设备配置表。开挖具体如下:

(1)基坑开挖采用明挖顺作法施工,开挖方式采用多台挖掘机接力,进行基坑内渣土的水平外运。

(2)当挖机开挖取土时横向分段,长度不大于 6m;纵向分层厚度不大于 3.5m;挖除的土方由挖机驳运至取土平台,再由挖机翻至地面装车。

(3)在吊运过程中,司机对任何人发出的"紧急停止"信号都必须服从,在没有得到恢复运行的指令前,严禁运行作业。

(4)当开挖至坑底高程后,人工配合小挖机进行边挖边退,挖至垫层底,挖除的土方由小挖机驳运至平台,再由挖土机提至地面装车。此时,纵向挖土段取长 6m 左右,每一挖土段的土方完成后立即架设钢支撑。土方完成后按常规方法浇筑混凝土垫层,然后于垫层上铺模板、绑扎钢筋、浇捣。

(5)施工用材料采取 50t 履带吊和 25t 汽车吊来完成。

(6)混凝土施工用混凝土泵车(37m 或 42m),停靠在基坑边缘,能满足现场施工需要。

二、本基坑工程难点和重点

1. 本基坑工程重、难点及对策见表 5-8。

工程施工重、难点及对策一览表　　表 5-8

<table>
<tr><th>工作项目</th><th>重难点</th><th>对策</th></tr>
<tr><td>进度管理</td><td>确保工期目标</td><td>①贯彻执行标准化管理,使管理程序化,通过强有力的管理保持生产持续稳定,防止大起大落;
②成立专家顾问组,提供强有力的技术保障,使施工组织更为严密、科学、经济、实用;
③抓工程统筹、网络计划,对工程进度进行动态管理,保证关键线路可控;
④合理配置资源,多开工作面,全面组织,平行流水作业</td></tr>
<tr><td rowspan="2">基坑围护结构</td><td>围护结构质量</td><td>①桩位外移一定预留量,防止桩体侵入隧道结构混凝土净空而削弱结构;
②保证双轴搅拌机的机况,以保证成桩质量;
③搅拌桩采用"四搅两喷",水泥掺入量严格按照设计要求,作好注浆和 H 型插拔工作,并提高 SMW 墙的抗渗性能</td></tr>
<tr><td>基坑施工安全</td><td>①基坑土方开挖严格遵循"开槽支撑、先撑后挖、分层开挖、严禁超挖";
②对基坑变形进行监控量测,及时反馈变形信息,指导施工</td></tr>
<tr><td>基坑降水施工</td><td>基坑降水效果</td><td>①重视水文地质调查,针对本工程地质特点,降水方案采用深井,作好降水井的施工控制;
②加强地下水位的监测,由专人负责,做好降水管理</td></tr>
</table>

2. 确保基坑围护结构质量和基坑安全

本工程基坑围护除泵房处外均采用 SMW 工法的围护抗渗结构，SMW 施工控制的好坏直接关系到工程本身的成败，控制好围护结构质量，确保施工安全是本工程的重点。对此施工中拟采取以下措施加强控制：

（1）桩位外移一定预留量，防止桩体侵入隧道结构混凝土净空而削弱结构。

（2）保证三轴搅拌机的机况，加强深搅桩的施工管理，以保证成桩质量。

（3）搅拌桩采用“四搅两喷”，水泥掺入量不小于 20%，需保证注浆和插入 H 型钢顺利，并提高 SMW 墙的抗渗性能。

（4）基坑土方开挖严格遵循“开槽支撑、先撑后挖、分层开挖、严禁超挖”。

（5）严格按照业主及监理工程师同意的准监控量测方案进行基坑变形进行监控量测，及时反馈变形信息，指导施工。

3. 基坑降水施工

（1）现场进行地层抽水试验，确定降水参数，优化降水方案。

（2）严格按照涌水量、渗透系数、井点数量及井管间距来确定抽水设备。

（3）重视水文地质调查，针对本工程地质特点，降水方案避免深井，布设管井时注意管井不要进入$②_{-4}$地层。

（4）降水前做好准备工作，保证降水工作按计划顺利进行。

（5）安排专人管理基坑降水工作，做好降水管理。

（6）降水实施前准备好抽水设备，设备按照使用量的 10% 作为备用设备，确保基坑降水不受影响。

（7）降水设备的总抽水量有一定的富裕量，按总涌水量的 1.5 ~ 2.0 倍控制设备总抽水量。

（8）加强地下水位的监测，按照监测数据调节降水方案，争取降水效果达到最佳。

三、SMW 工法桩施工

SMW 工法施工工艺流程如图 5-10 和图 5-11 所示。

1. 场地回填平整

三轴搅拌机施工前，必须先进行场地平整，清除施工场地内地上及地下障碍物以及凿除搅拌区域内的路面层硬物，施工场地路基承重荷载以能行走 35t 大吊车为基础。

2. 测量放线

根据提供的坐标基准点，按照设计图进行放样定位及高程引测工作，并做好永久及临时标志。放样定位后做好测量技术复核单，提请监理方进行复核验收签证，确认无误后进行搅拌施工。

3. 开挖沟槽

根据基坑围护内边控制线，采用 0.4m^3 挖土机开挖沟槽，并清除地下障碍物，开挖沟槽的余土应及时处理，以保证 SMW 工法正常施工，并达到文明工地要求。

4. 定位型钢放置

在平行沟槽方向放置一根定位型钢，规格为 500mm × 300mm，长约 12m，定位型钢必

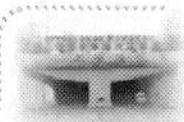

须放置固定好。转角处 H 型钢采取与围护中心线成 45°插入，H 型钢定位采用型钢定位卡。

5. 搅拌桩孔位定位

三轴桩机三轴中心距 ϕ850 为 1 200mm、ϕ650 为 900mm，根据这个尺寸在平行 H 型钢表面用红漆划线定位。

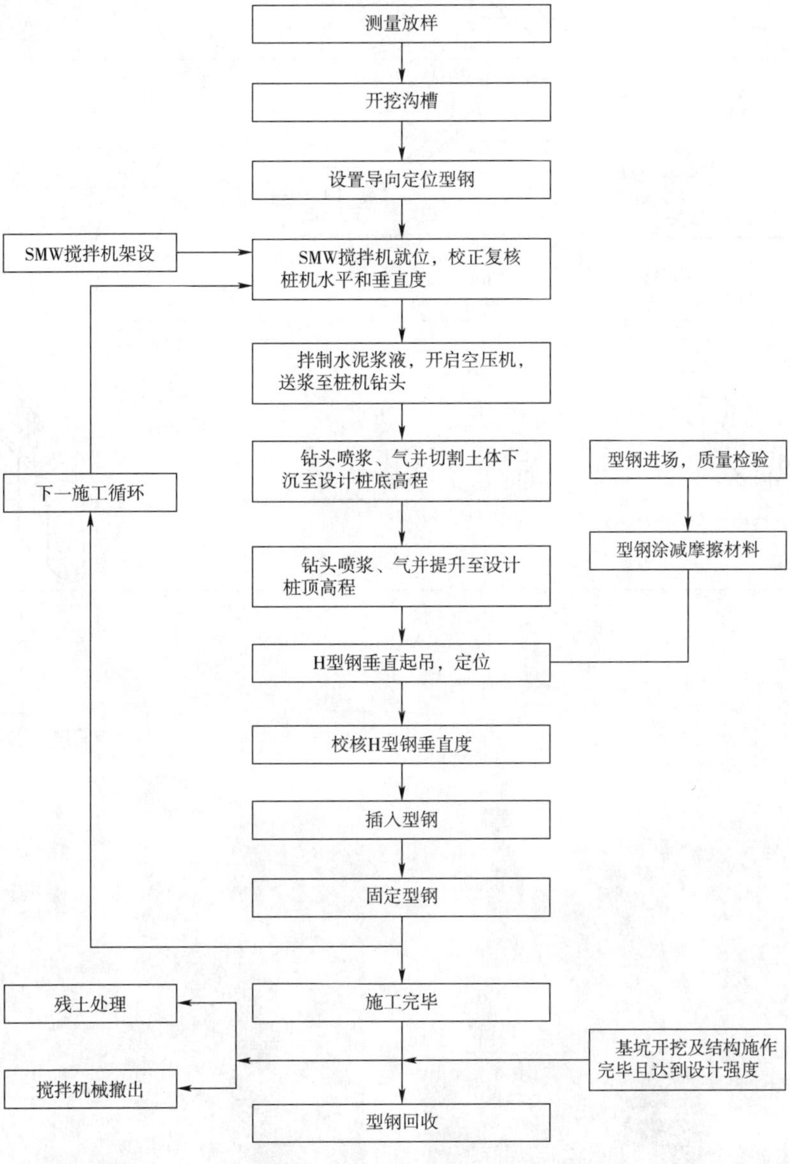

测量放样
开挖沟槽
设置导向定位型钢
SMW搅拌机架设
SMW搅拌机就位，校正复核桩机水平和垂直度
拌制水泥浆液，开启空压机，送浆至桩机钻头
钻头喷浆、气并切割土体下沉至设计桩底高程
下一施工循环
型钢进场，质量检验
型钢涂减摩擦材料
钻头喷浆、气并提升至设计桩顶高程
H型钢垂直起吊，定位
校核H型钢垂直度
插入型钢
固定型钢
施工完毕
残土处理
搅拌机械撤出
基坑开挖及结构施作完毕且达到设计强度
型钢回收

图 5-10　SMW 工法围护桩施工工艺流程图

6. 三轴水泥搅拌桩施工

(1)资源配置

根据施工工艺的要求、工程规模和工期的要求以及现场场地条件和临时用电等情况，采用两台三轴 SMW 工法深搅设备施工，如图 5-12 所示。

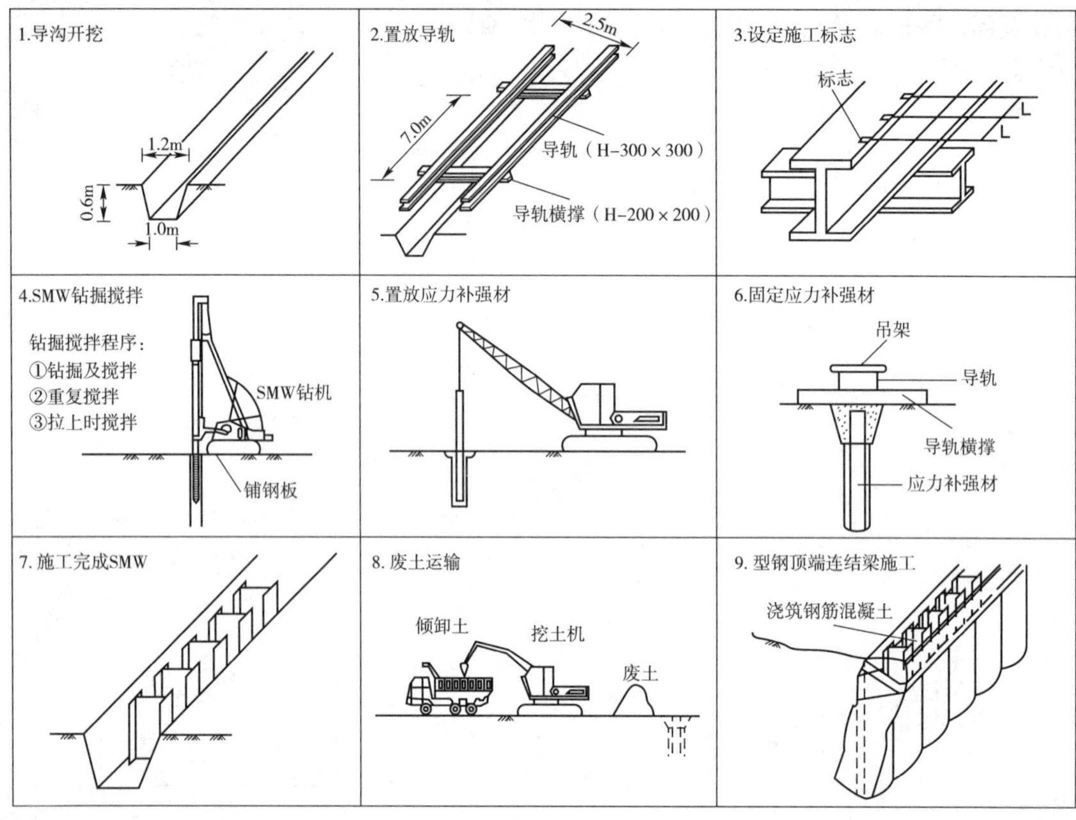

图 5-11　SMW 工法施工程序图

图 5-12　东线、西线 SMW 工法桩施工图

(2)施工顺序

SMW 工法施工按顺序进行(如图 5-13 所示),其中阴影部分为重复套钻,保证墙体的连续性和接头的施工质量。该施工顺序一般适用于 N 值小于 50 的地基土,水泥土搅拌桩的搭接以及施工设备的垂直度补正依靠重复套打来保证,以达到止水作用。

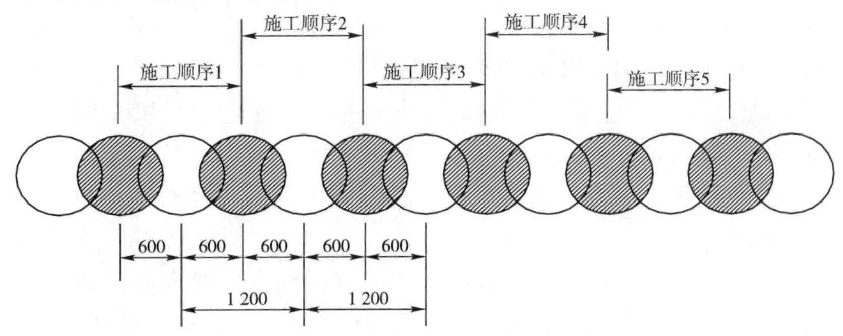

图 5-13　SMW 工法桩施工顺序图(尺寸单位:mm)

ϕ850(ϕ650):跳槽式双孔全套复搅式连接。

ϕ850(ϕ650):单侧挤压式连接方式:围墙转角处或施工间断情况下采用图 5-13 连接(以 ϕ850 搅拌桩为例)。

(3)桩机就位

(4)搅拌速度及注浆控制

①三轴水泥搅拌桩在下沉和提升过程中均应注入水泥浆液,同时严格控制下沉和提升速度。根据设计要求和有关技术资料规定,下沉速度不大于 1m/min,提升速度不大于 2m/min,在桩底部分适当持续搅拌注浆,做好每次成桩的原始记录。

②制备水泥浆液及浆液注入

采用两套自动拌浆设备,电脑控制配合比。

③在开机前应进行浆液的搅制,开钻前对拌浆工作人员做好交底工作。采用 P. OC32. 5 级普通硅酸盐水泥,水泥掺量为 20%,拌浆及注浆量以每钻的加固土体方量换算。注浆压力为 1. 5 ~ 2. 5MPa,以浆液输送能力控制。土体加固后,搅拌土体 28d 抗压强度≥1. 0MPa。

7. H 型钢施工

(1)H 型钢加工及下插 H 型钢质量保证措施

三轴水泥搅拌桩施工完毕后,吊机应立即就位,准备吊放 H 型钢。H 型钢插入如图 5-14 所示。

图 5-14　H 型钢插入图

①H 型钢使用前,在距型钢顶端处开一个中心圆孔,孔径约 8cm,并在此处型钢两面加焊厚≥12mm 的加强板,加强板尺寸 400mm × 300mm,中心开孔与型钢上孔对齐。若所需 H 型钢长度不够需进行拼焊,焊缝应均为破口满焊,

焊好后用砂轮打磨焊缝至与型钢面一样平。

②根据提供的高程控制点,用水准仪引放到定位型钢上,根据定位型钢与H型钢顶高程的高度差确定吊筋长度,在型钢两腹板外侧焊好吊筋($\geq \phi 12$ 线材),误差控制在+5cm以内。型钢插入水泥土部分均匀涂刷减摩剂。

③装好吊具和固定钩,然后吊起H型钢,用线锤校核垂直度,必须确保垂直。

④在沟槽定位型钢上设H型钢定位卡,型钢定位卡必须牢固、水平,必要时用点焊与定位型钢连接固定;型钢定位卡位置必须准确,要求H型钢平面度平行基坑方向L+4cm(L为型钢间距),垂直于基坑方向S+4cm(S为型钢朝基坑面保护层);将H型钢底部中心对正桩位中心并沿定位卡将型钢徐徐垂直插入水泥土搅拌桩内,垂直度用线锤控制。

(2)涂刷减摩剂

根据设计要求,本支护结构的H型钢在结构强度达到设计要求后必须全部拔出回收。H型钢在使用前必须涂刷减摩剂,以利拔出;要求型钢表面均匀涂刷减摩剂。

①清除H型钢表面的污垢及铁锈。

②减摩剂必须用电热棒加热至完全融化,用搅棒搅时感觉厚薄均匀才能涂敷于H型钢上,否则涂层不均匀,易剥落。

③如遇雨雪天,型钢表面潮湿,应先用抹布擦干表面才能涂刷减摩剂,不可以在潮湿表面上直接涂刷,否则将剥落。

④如H型钢在表面铁锈清除后未立即涂刷减摩剂,必须在以后涂刷施工前抹去表面灰尘。

⑤H型钢表面涂上涂层后,一旦发现涂层开裂、剥落,必须将其铲除,重新涂刷减摩剂。

⑥设计在压顶圈梁中的H型钢部分的保护隔离措施。

图5-15 冠梁施工图

筑压顶圈梁时,H型钢挖出并清理干净露出H型钢表面的水泥土后,在扎圈梁钢筋前,埋设在压顶梁中的H型钢部分必须先用油毛毡贴型钢包裹两层,用封箱胶带或铁丝绑扎固定好;油毛毡包裹高度高出圈梁顶15cm。压顶冠梁施工如图5-15所示。

(3)H型钢起拔方案

①施工安排

已完成地下部分工程或地下室顶板混凝土强度达到设计强度,回沙或填土,且让出拔除型钢的工作面后,即开始拔除H型钢。本工程起拔H型钢正常情况下拟采用一台25t汽车吊,配备一组千斤顶,每组两个千斤顶(型号为QD-200T)。

②H型钢拔除施工程序

H型钢拔除施工程序:平整场地→安装千斤顶→吊车就位→型钢拔除→孔隙填充。

③平整场地

拔H型钢前,必须先进行顶圈梁上的清土工作,以保证千斤顶垂直平稳放置。根据本工程的实际情况,请各部门积极配合,并留出足够的操作面和通道。

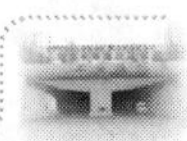

④安装千斤顶

将两个千斤顶(型号为 QD－200T)平稳地放在顶圈梁上,要拔出的 H 型钢的两边用吊车将 H 钢起拔架吊起,冲头部分“哈夫”圆孔对准插入 H 型钢上部的圆孔,并将销子插入,销子两边用开口销固定以防销子滑落,然后插入起拔架与 H 型钢翼之间的锤型钢板夹住 H 型钢。

⑤型钢拔除

开启高压油泵,两个千斤顶同时向上顶住起拔架的横梁部分进行起拔,待千斤顶行程到位时,敲松锤型钢板,起拔架随千斤顶缓慢放下置原位。待第二次起拔时,吊车需用钢丝绳穿入 H 型钢上部的圆孔吊住 H 型钢。重复以上工序将 H 型钢拔出。

⑥本场地拔除的型钢移至装车地待一定量时装运,应留出足够的通道和停车场地,10t 集卡。

⑦孔隙填充

为避免拔出 H 型钢后空隙对周围民宅等建筑物的影响,拔出 H 型钢后需采用黄砂冲水倒流进行填充。

四、土方开挖

1. 土方开挖准备

(1)基坑降水施工完毕,降水水位经基坑内水位观测井观测,需降至底板下 1m。

(2)根据现场实际情况进行车辆进入施工现场的调配。施工前要求施工人员人人做到了解周围环境,并由专人着手开展协调工作。

(3)根据基坑开挖及支撑施工方案,合理安排机械设备。

(4)各种支撑材料提前进场。

(5)切实备好出土、运输和弃土条件。

(6)健全预警机构,准备好预警材料、机械。

2. 土方开挖

(1)开挖原则

本段隧道采用明挖顺作法施工,即先开挖支撑至基坑底,然后依次施工垫层、底板、侧墙及顶板。开挖分两次开挖,第一次放坡开挖至施工围护结构面上,在施工完工法桩、钢板桩后再进行第二次开挖。基坑开挖严格按照“时空效应”理论,开挖遵循“开槽支撑,先撑后挖,分层开挖,严禁超挖”的原则,并按分区分段对称开挖。纵向按规定长度逐段开挖,并及时加设支撑轴力。基坑开挖时圈梁强度必须达到设计要求。

①根据“时空效应”的原理确定基坑开挖与支撑架设,采用分层、分步、对称、平衡、随挖随支的方法施工,尽可能减少开挖过程中土体扰动的范围以及围护墙体无支撑暴露的时间。

②基坑开挖施工必须掌握好“分层、分步、对称、平衡、限时”五个要点,遵循“竖向分层、纵向分区分块、随挖随支”的施工原则。

③基坑开挖从上到下分层、分段、分块进行。分层开挖厚度以各道支撑深度方向的间距和抽槽机械最小限高为依据,分块长度根据土方开挖能力、钢围檩长度及支撑安装速度确定。

基坑抽槽横向坡度为 1∶1,纵向坡度为 1∶1.5 。土方开挖在 8h 内完成,8h 内要安装好支撑,开挖分层厚度不大于 3m,分层长度为 6m。

(2)开挖方法及方式

第一次放坡开挖采用平行后退式开挖，第二次基坑开挖采用挖机接力分层开挖，15t 自卸汽车场内驳土外运至指定弃土场。施工中主要通过日立 60 挖掘机与日立 220 挖掘机配合进行施工，首先放坡开挖至第三层平台，在工法桩施工完毕后对基坑开挖采用开槽式开挖。即先采用日立 220 挖掘机纵向开槽，挖至第一道联系梁底部，然后再开挖两边。最下一层 30cm 土体采用人工开挖，小挖机倒运。纵向放坡边坡坡度不得大于 1∶1.5，坡顶设截水沟，坡底设集水井。开挖过程中严禁超挖，如发现超挖应采用有一定强度的材料回填至设计高程，严禁采用软土进行回填。江南段的土方开挖顺序如图 5-16 所示。

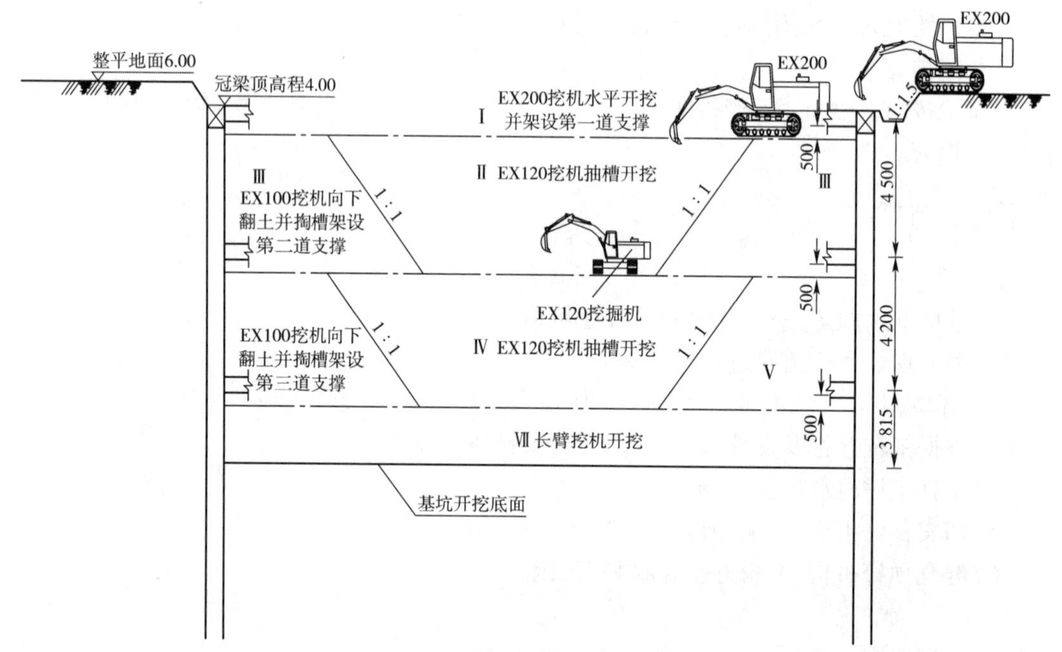

图 5-16 第二次土方开挖顺序图(尺寸单位:mm)

(3)坡面防护

开挖的坡面及时进行坡面防护，坡面防护采用 8cm 厚的喷射混凝土，20cm × 20cm 的 ϕ6.5 钢筋网片，长 1.5m 的 ϕ20 砂浆锚杆防护。坡面防护的坡脚处考虑进水后可能造边坡失稳，故只在坡顶及第三级坡脚处设置排水沟，第一、第二级台阶上不设排水沟。坡面喷射混凝土施工如图 5-17 所示。

(4)基坑降水和坑外抽排水

由于该地质地下水较丰富，采取集水井降水与地表水抽排相结合的方式，满足开挖时基坑无积水。

基坑开挖时做好周围排水，防止雨水进入开挖基坑。同时在基坑内布置集水井，用潜水泵抽入基坑外沉淀池。

五、围檩及支撑施工方案

1. 施工流程

具体见图 5-18。

图5-17　坡面喷射混凝土施工

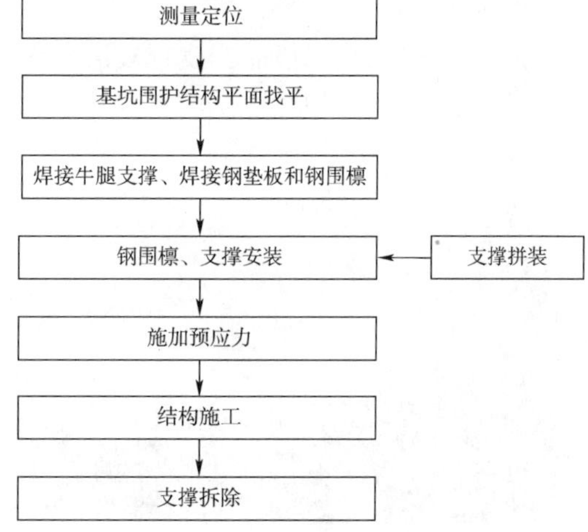

图5-18　钢管支撑安装工艺流程图

(1)钢围檩采用HN500×300×11×8型工字钢。

(2)钢围檩在基坑两侧施工便道中堆放拼装,安放钢围檩时,采用汽车吊停在基坑两侧施工便道上吊装就位。

(3)在SMW桩身相应位置打掉表面水泥土,用钢板焊接在H型钢,同时焊接牛腿,安放钢围檩。

(4)围檩之间采用16mm厚的钢板焊接,防止在安装支撑过程中出现变形。围檩安装完毕后,采用C20细石混凝土填塞围檩与型钢之间的空隙,待混凝土的强度达到70%后安装钢支撑。

2. 钢支撑与围檩的安装

(1)钢管横撑安装

(2)管斜撑安装

在LK1+200处斜撑与围护结构有一定的夹角,斜撑钢管安装在围檩的斜撑节点上,钢围檩、钢支撑吊装及支撑预应力施加作业同直撑施工。

3. 纵梁安装

纵梁采用HN400×200H型钢制作。首先在格构柱上焊接牛腿,将纵梁按照设计的高程进行安装,采用吊车吊装纵梁,然后将纵梁焊接在格构柱牛腿上。

在纵梁处用U形抱箍对钢支撑进行固定,每根钢支撑设置两道抱箍,纵梁上穿孔。

4. 钢管安装

钢管支撑采用ϕ609×12mm钢管。钢管分节制作,管节间采用法兰盘螺栓连接,钢管支撑端部分为活动端和固定端,活动端设预加轴力装置。泵房处十字交叉部分采用上下立体交叉方式进行安装。由于现场所用的钢支撑尺寸不一,在拼装过程中事先量出基坑实际尺寸再进行安装。钢支撑在两端必须设置挂钩,挂钩强度必须满足能承受钢支撑自重的要求。

支撑安装前先在地面进行预拼接以检查支撑的平直度,其两端中心连线的偏差度控制在20mm以内,经检查合格的支撑按部位进行编号以免错用,各部分的支撑采用两台吊机吊装对接。图5-19为现场支撑安装图。

5. 施加应力

钢管应力应分级施加，当支撑安装后先施加20%的应力，当安装下一根支撑后再复加到100%的轴力。盾构始发段基坑支撑体系如图5-20所示。

图5-19　支撑安装现场

图5-20　江南盾构始发段基坑支撑体系

6. 钢支撑施工注意事项

(1)钢支撑部分在现场进行加工，加工时应满足钢结构以及焊接施工工艺规范。

(2)每根钢支撑长度根据基坑宽度确定。

(3)钢支撑在拼装前及循环使用时，设专人检查钢支撑的质量。

(4)钢支撑堆放分类、分层，高度不超过4层，底部用方木支垫。

(5)根据开挖后基坑的实际宽度，将一根钢支撑分为两节，在施工便道上拼装，拼装的总长度比实际长度应短5cm左右，安装时分别吊入基坑，然后在基坑内将两根钢支撑拼装。

(6)不同管节之间及管节与端头之间用高强螺栓连接，高强螺栓使用前需打油，以利于钢支撑拆卸。拼装时每根高强螺栓必须拧紧，不得漏拧，保证支撑施工安全。

(7)拼装完毕的钢支撑必须检查其螺栓连接质量、支撑挠曲度(不大于1‰)和纵向轴线偏差(不大于2cm)等，符合要求后方可使用。

(8)支撑必须在安装前完成拼装检查，不得因拼装影响支撑架设时间。

(9)在支撑的端头设置厚度不小于10mm的钢板作封头端头，端板与支撑杆件满焊，焊缝高度及长度应能承受全部支撑力与支撑强度，必要时增设加劲肋板，肋板数量、尺寸应满足支撑端头局部稳定要求和传递支撑力的要求。

(10)水平纵向的钢支撑尽量设置在同一高程上，钢支撑施加预加压力时用千斤顶在活络头内部加压，在缝隙处塞进钢锲锚固，然后撤去千斤顶。千斤顶对钢支撑施加预压力时应符合下列要求：

①千斤顶必须有计量装置并经校验。

②支撑安装完毕后经确认符合要求后方可施加预压力，预压力施加在支撑的活动端。

③预压力应分级施加，重复进行，加至设计值。

(11)严格控制安装支撑所需的基坑开挖深度。

(12)所有支撑连接处垫紧贴密，防止偏心受压。支撑与围檩体系安装容许偏差为：

①同层支撑中心高程偏差不大于30mm。

②支撑构件两端的高程差不大于20mm。

③支撑水平轴线偏差不大于20mm。

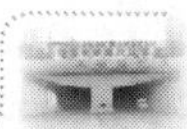

(13)在进行第二道支撑安装在坑中拼装时,严禁钢支撑碰撞格构柱,以确保施工安全。钢支撑的安装与土方开挖应同步进行。

(14)开挖后 8h 内必须安装钢支撑,同时施加完预应力。

7. 支撑体系拆除

(1)钢支撑拆除时间按设计要求进行。

(2)拆除时采用一个液压千斤顶加力,松开钢楔后用吊车吊出基坑后拆卸。

(3)拆除钢管支撑时应避免瞬间预加应力释放过大而导致结构局部变形、开裂。

(4)利用主体结构倒换钢管撑时,主体结构的混凝土强度应达到设计强度的 70%。

(5)围檩拆除时,必须对与型钢焊接的钢材及其他材料切割干净,同时用砂轮机打磨光滑,涂上减摩剂,保证型钢能够顺利拔出。

六、应急措施

1. 基底隆起的应急措施

深基坑开挖后地基卸载,土体中压力减少,土的弹性效应将使基坑底面产生一定的回弹变形(隆起)。回弹变形量的大小与土的种类、是否浸水、基坑深度、基坑面积、暴露时间及挖土顺序等因素有关。如基坑积水,黏性土因吸水使土的体积增加,不但抗剪强度降低,回弹变形亦增大,所以对于软土地基更应注意土体的回弹变形。回弹变形过大将加大建筑物的后期沉降。

由于影响回弹变形的因素比复杂,回弹变形计算尚难准确。如基坑不积水,暴露时间不太长,可认为土的体积在不变的条件下产生回弹变形,即相当于瞬时弹性变形,可把挖去的土作为负荷载按分层总和法计算回弹变形。

施工中减少基坑回弹变形的有效措施是设法减少土体中有效应力的变化,减少暴露时间,并防止地基浸水。因此,在基坑开挖过程中和开挖后,均应保证井点降水正常进行,并在挖至设计高程后尽快浇筑垫层和底板,必要时可对基础机构下部土层进行加固。

基坑采用机械挖土,坑底保留 200 ~ 300mm 厚基土,用人工清理整平,防止坑底土扰动。要严格按结构施工段分层施工,紧紧抓住“三快”,一鼓作气快速连续的挖和撑。30cm 厚的人工挖土和素混凝土垫层要在 24h 内完成,随即抓紧浇筑底板,底板混凝土在垫层浇筑完后的最短时间内完成。密切关注天气变化,尽量避开在雷雨天气下开挖基坑最下层土;若正在挖这 30cm 厚土时遇下雨更要抢,要挖一小段浇一小段垫层,不能停。如造成垫层高程不符合要求,则待雨停后再凿去重浇垫层,以保证坑底土不被软化,避免因此而引起基底隆起。

2. 围护结构侧向位移的应急措施

基坑开挖后,支护结构发生一定的位移是正常的,但如果位移过大或者位移发展速度过快,则往往会造成较严重的后果。如发生这种情况,应针对不同的支护结构采取相应的应急措施。

由于支撑的刚度一般较大,带有支撑的支护机构一般位移较小,其位移主要是插入坑底部分的 SMW 工法桩向内变形。为了满足基础底板施工需要,最下一道支撑离基坑底距离更大,SMW 工法桩下段的约束较小,因此在基坑开挖后,SMW 工法桩下段位移较大,往往由此造成 SMW 工法桩背后土体的沉陷。主要应设法控制周围桩嵌入部分的位移,着重加固坑底部位。具体措施有：

①增设坑内降水设备，降低地下水。

②进行坑底加固，如采用注浆、高压喷射注浆等提高被动区抗力。

③垫层随挖随浇，对基坑开挖土合理分段，每段土方开挖到底后及时浇筑垫层。

④加厚垫层、采用配筋垫层或设置坑底支撑。

对于周围环境保护是很重要的工程，如开挖后发生较大变形可在坑底加厚垫层，并采用配筋垫层，使坑底形成可靠的支撑，同时加厚配筋垫层对抑止坑内土体隆起也非常有利。减少了坑内土体隆起，也就控制了支护桩下段位移。必要时还可在坑底设置支撑，如采用型钢，或在坑底浇筑型钢混凝土暗支撑（其顶面与垫层面相同）以减少位移。此时，在支护桩根处应设置围檩，否则单根支撑对支护桩的作用不大。

如果是由于支护桩的刚度不够而产生较大侧向位移，则应加强支护桩体，如在其后加设树根桩或钢板桩，或对土体进行加固。

3. 渗水与漏水的应急措施

（1）桩缝渗水与漏水

①桩缝较大渗漏时将缝凿成深度各70mm的V形槽，先填塞开孔形ϕ30的PE泡沫条，用SH外渗剂水泥或超早强膨胀水泥封缝并每隔1.5m埋设1根注浆管后，灌注水溶性聚氨酯堵漏，再贴涂塑无纺布（涂塑面在内侧）用醁丁乳胶水泥抹面，并起出两边缝口各50mm。

②桩缝轻度渗水时不注浆只做嵌缝处理，即凿缝（深、宽度同上）后填塞膨润土（888或BW型），再用抗外渗剂水泥或超早强膨胀水泥抹填20mm，待干燥后涂刷1.5mm厚的防水涂料，再用醁丁乳胶水泥抹面，宽度为100mm。

（2）桩体渗水与漏水

土方开挖后支护桩出现渗水与漏水，为基坑施工带来不便。如渗漏严重时则往往造成土颗粒流失，引起支护桩背地面沉陷甚至支护结构坍塌。

在基坑开挖过程中，一旦出现渗水或漏水应及时处理，常用的方法有：

对渗水量较小，不影响施工也不影响周边环境的情况，可采用坑底设排水沟的方法；对渗水量较大，但没有泥沙带出，造成施工困难，而对周围影响不大的情况，可采用“引流～修补”方法。即在渗漏较严重的部位先在围护墙上水平打入一根钢管，内径20～30mm，使其穿透支护墙体进入土体内，由此将水从该管引出，而后将管边围护墙的薄弱处用防水混凝土或砂浆修补封堵，待修补封堵的混凝土或砂浆达到一定强度后，再将钢管出水口封住。如封住管口后出现第二处渗漏时，按上面的方法再进行“引流—修补”。如果引流出的水为清水，周边环境较简单或出水量不大，则不做修补也可，只需将引入基坑的水设法排出即可。

对渗、漏水量很大的情况，应查明原因，采取相应的措施。

如漏水位置离地面不深处，可将支护桩背开挖至漏水位置下500～1 000mm，在支护桩后用密实混凝土采用压密注浆的方法。采用压密注浆时应该注意其施工会对支护桩产生一定压力，有时会引起支护墙向坑内较大的侧向位移，这在重力式或悬臂支护中更应该注意，必要时应在坑内局部回填土后进行，待注浆达到止水效果后再重新开挖。

4. 雨季开挖的应急措施

（1）基坑开挖时，除原来必须硬化的路面外，通向基坑的运输路线必须做硬化处理。

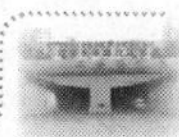

(2)基坑周边不准设排水沟,且坑边施工便道应筑成坑边高的单向坡道,使施工废水、雨水随坡流入远离坑边施工现场的排水系统。

(3)坑底不允许积水,为及时排除坑内雨水,随挖土在坡底层应设置约0.6m×0.6m×0.8m的集水井,各层平台修成1%~3%排水坡或挖树枝状水沟。坡顶和坑内禁设横截沟,沿地下墙边禁设纵向沟。坡顶处应设高50cm的挡水土堤。

(4)施工前准备好足够数量的彩条布,以防止在基坑开挖施工中突遇暴雨,随时对四周放坡土体进行遮盖。

(5)基坑开挖前,围护结构四周修筑一道50cm高的砖砌挡水墙防止雨水倒流入基坑内。

(6)基坑雨季开挖,施工现场周边的排水管沟必须畅通;水泵及防水材料进入现场。

(7)基坑开挖分层开挖,随时设钢支撑,减少基坑的暴露时间,减小"时空效应"。

(8)为应对突降暴雨,需备用扬程为100m的水泵若干台。

(9)当遇雨季或台风暴雨时,严防地面雨水倒流或回流坑内,坑内除进行积极抽排水外,还需使纵向土坡小于1∶3,并做好必要的坡面保护。

(10)要严格按结构施工段分层施工,紧紧地抓住"三快"(挖、浇、撑)。

5. 边坡失稳的应急措施

深基坑的土方开挖,根据地质条件、基础深度、基坑暴露时间挖土及运土机械、堆土等情况,拟定合理的开挖施工方案。

(1)边坡失稳的成因

①挖土速度快即卸载快,迅速改变了原来土体的平衡状态,降低了土体的抗剪强度,呈流塑状态的软土对水平位移极其敏感,易造成滑坡。

②边坡堆载(堆土、停机械等)给边坡增加附加荷载,则容易造成边坡失稳。

③坑内积水,坡顶、坡脚排水沟布置不当。

(2)边坡保护措施

①稳定性验算。

②基坑内降水。

③坑底排水,必要时坡底设置集水井,各层平台修成1%~3%排水坡或挖树枝状水沟。坡顶和坑内禁设横截沟,沿地下墙边禁设纵向沟。坡顶处应设高50cm的挡水土堤。

④边坡修坡,改变边坡外形,将边坡修缓或修成台阶形。

⑤设置边坡护面。

⑥边坡坡脚抗滑加固。

⑦坑顶不宜堆土或存在堆载。

第四节　盾构始发工作井洞门偏差处理

一、始发工作井洞门偏差

盾构始发井即江南工作井由上海一家施工单位负责建设,在建设过程中预埋了圆形钢质洞门圈。因某种原因，预埋的钢质洞门圈与设计值偏离较大。

圆形门洞东线钢圆环设计中心里程为 LK3 +109.918，设计中心坐标为 X =80 198.591 1/Y =86 932.259 2，实测中心坐标为 X = 80 199.000/Y = 86 932.469 3，实测孔位向东偏移 48cm。圆形洞门西线钢圆环设计中心坐标为 X =80 142.207 7/Y =86 903.291，实测中心坐标为X =80 142.207 7/Y =86 903.322 4，实测孔位向东偏移 7cm。圆形洞门如图 5-21 所示。

矩形门洞东线设计中心里程为 LK3 +132.723，设计中心坐标为 X =80 187.762 6/Y =86 952.329 2，实测中心坐标为 X =80 187.886/Y =86 952.392，实测孔位向东偏移 16cm。矩形洞门西线设计中心坐标为 X =80 131.735 3/Y =86 923.575，实测中心坐标为 X =80 131.853/Y =86 923.635 6，实测孔位向东偏移 13cm。矩形洞门如图 5-22 所示。

图 5-21　盾构始发井圆形洞门

图 5-22　矩形门洞

二、处理方案拟定

根据江南工作井联合复测的有关资料，结合盾构机始发技术参数要求，确定采用调整线形的方案消除洞门偏差造成的影响。平面位置如图 5-23 所示。

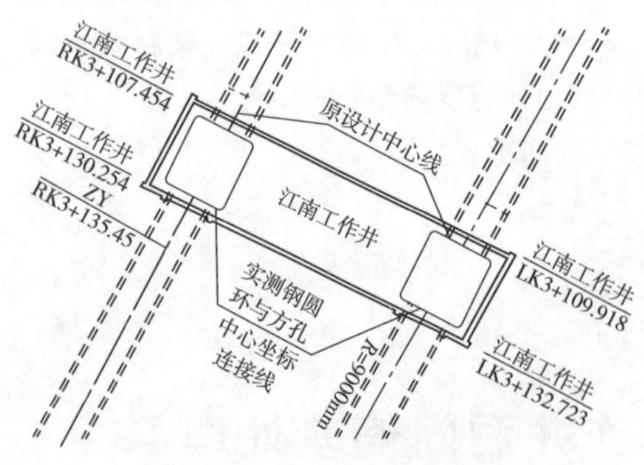

图 5-23　江南工作井平面位置图

1. 线路调整

(1)确保调整后的新线路通过现状盾构钢圆环中心(即保持现状盾构钢圆环位置不动)，或通过明挖暗埋段预留开孔方洞中心(即保持现状预留方孔位置不动)。

(2)调整后的新线路在各段线路的线形(圆弧/直线段等)应与原设计保持一致，各段线路的长度、圆弧的曲率半径、切点在线路上的位置等参数可以适当调整。

(3)新旧线路在平面上的相对位置应尽可能重合，以减少新线路调整的影响范围，线路纵向两条线路接入点(重合点)间距、横向两条线路之间的距离均越小越好。

(4)调整后的线路与原设计线路在总长度上应保持一致，差值越小越好。

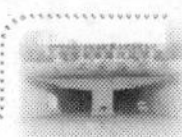

2. 线路调整方案

(1)原设计线路概述

江北工作井至江南东线:设置2个交点,交点坐标分别为(X=80 802.841,Y=85 780.452)(X=80 160.754,Y=80 160.754);半径分别为3 000m和6 000m;偏角分别为右偏3°53′28.4″和右偏2°44′42.5″;皆不设缓和曲线,设计终点为LK3+440。西线:设置2个交点,交点坐标分别为(X=80 745.895,Y=80 745.895)(X=80 070.465,Y=87 043.234);半径分别为3 000m和4 500m;偏角分别为左偏4°0′04.9″和右偏3°15′05.7″;皆不设缓和曲线,设计终点为RK3+434.084。

(2)调整后线路概述

调整线形考虑了三个方案,其中两个方案按照继续保持新线路通过存在偏差的圆形洞门中心,一个方案按照保持矩形洞门不变。

方案1:新线路通过现状盾构钢圆环中心

江北工作井至江南东线:设置2个交点,交点坐标分别为(X=80 803.056,Y=85 779.964)(X=80 183.2,Y=86 966.57);半径分别为3 000m和9 000m;偏角分别为右偏3°47′55.7″和右偏2°50′15.2″;皆不设缓和曲线,设计终点为LK3+440.02。西线:设置2个交点,交点坐标分别为(X=80 745.85,Y=85 727.228)(X=80 071.168,Y=87 042.038);半径分别为3 000m和4 500m;偏角分别为左偏4°0′16.7″和右偏3°15′17.5″;皆不设缓和曲线,设计终点为RK3+434.086。

A匝道设置2个交点,交点坐标分别为(X=80 047.368,Y=87 208.68)(X=80 163.098,Y=87 438.968);半径分别为180m和180m;偏角分别为左偏56°17′12.6″和右偏57°6′02.4″,线形指标与原设计保持一致,建设规模比原设计减少1m;B匝道变化较小,仅在分流处变化,线形指标与原设计保持一致。

方案2:新线路通过现状盾构钢圆环中心

江北工作井至江南东线:设置2个交点,交点坐标分别为(X=80 802.978,Y=85 780.14)(X=80 163.783,Y=86 999.64);半径分别为3 000m和4 500m;偏角分别为右偏3°52′42.0″和右偏2°50′15.2″;皆不设缓和曲线,设计终点为LK3+440.02。西线:与方案1相同。

方案3:新线路通过明挖暗埋段预留开孔方洞中心

江北工作井至江南东线:设置2个交点,交点坐标分别为(X=80 802.745,Y=85 780.67)(X=80 158.538,Y=87 008.575);半径分别为3 000m和4 500m;偏角分别为右偏3°54′02.0″和右偏2°44′08.9″;皆不设缓和曲线,设计终点为LK3+440.009。西线:与方案1相同。

三、处理方案比选

1. 方案1

调整后的线路通过现状盾构钢圆环中心,可保持现状盾构钢圆环位置不动。新线路在明挖暗埋段预留开孔方洞处向东偏离现状方洞中心,两者间距12.7cm。因此,开孔方洞东侧边线需凿除12.7cm。但由于明挖暗埋段地下连续墙有一定的外放量(实测地下连续墙内侧与开孔方洞东侧边线相对距离比原设计多 12.3cm)，所以调整后的线路不会对明挖暗埋段地下连续墙造成较大影响，仅由于盾构后配套车架加宽的影响，需部分凿除东线隧道西侧的地下连续墙。该段结构侧墙宽 700mm，连续墙自 LK3 + 136.169 处开始至连续墙末端，连续墙需凿除 0 ~ 250mm。

2. 方案 2

调整后的线路通过现状盾构钢圆环中心，同样保持状盾构钢圆环位置不动。由于采用半径比方案 1 较小，对明挖暗埋预留开孔影响较大，需要凿除更多。

3. 方案 3

调整后对现状盾构钢圆环影响较大，预留方孔尺寸可以结合实测数据予以调整(东西侧边线均可部分凿除，扩大开孔尺寸)。

综上分析最终确定采用影响较小的方案 1。方案调整范围在江中盾构段，不影响江北工作井和明挖结构，原设计此段线路总长 1 662.904m，调整后此段线路总长 1 662.924m，仅比原设计多 2cm。

调整后的线路可在规划限界范围内接入原设计线路，已经尽可能减少了对原设计方案的影响；且新线路总长度几乎与原设计一致(仅有 2cm 差值)；R = 6 000 的圆弧调整为 R = 9 000 的圆弧，增大了曲率半径。

第五节　江南 A、B 匝道设计施工及废弃处理

一、A、B 匝道的设计施工

1. 匝道的设计

A 匝道明挖暗埋段矩形隧道里程为 AK0 + 147.81 ~ AK0 + 425，全长 277.19m，分成 5 节，编号为 AZD01 ~ AZD05。结构形式为单跨矩形断面，内净宽 8 750 ~ 9 650mm。

B 匝道明挖暗埋段矩形隧道里程为 BK0 + 103.25 ~ BK0 + 440，全长 336.75m，分成 5 节，编号为 BZD01 ~ BZD05，内净宽 8 750 ~ 9 650mm。如图 5-24 所示，连接公园东路的为 A 匝道，连接公园西路的为 B 匝道。

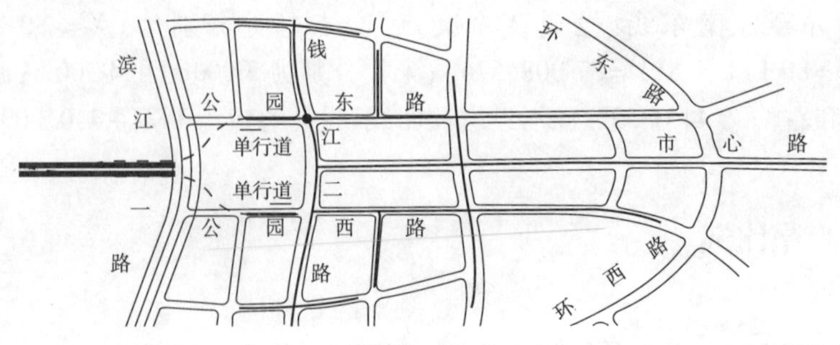

图 5-24　A、B 匝道位置图

以上结构混凝土强度等级采用 C35，抗渗等级为 S8(0.8MPa)。采用地下连续墙围护

时，内衬采用重合结构设计。当围护结构采用钻孔咬合桩、水泥搅拌桩时，内衬单独承担外力。

根据隧道通风要求，需要在明挖暗埋段安装射流风机。射流风机固定在隧道顶板下，结构需要在标准断面上加高1.50m，纵向长度为8m，并在前后各8m范围内与标准断面进行顺接。风机安装段净空的变化详见图5-25。

2. 基坑支护及断面

江南明挖段A匝道设计里程为AK0+152.108~AK0+550。根据工程地质和水质条件，采用放坡开挖，坡度为1:1，坡中设置2m平台，平台上设置排水沟，坡面插筋ϕ20@200×200，深度$L=1$m，挂设ϕ6@250×250钢筋网片喷射混凝土，混凝土强度为C20，厚度为8cm。主体结构在AK0+152.108~360段为双层结构，AK0+360~550段为单层结构，结构采用C35钢筋混凝土浇筑，防水等级为P8，外铺单面自黏防水层。

3. 匝道施工情况

2008年10月中旬，因萧山区规划调整，要求取消隧道江南的匝道，将隧道主线直接延伸出地接通市心北路。这一重大变化致使工程建设节奏受到了非常大的影响，A匝道已经完成了较大的实物工程量。图5-26为A匝道已完成的工程实况。

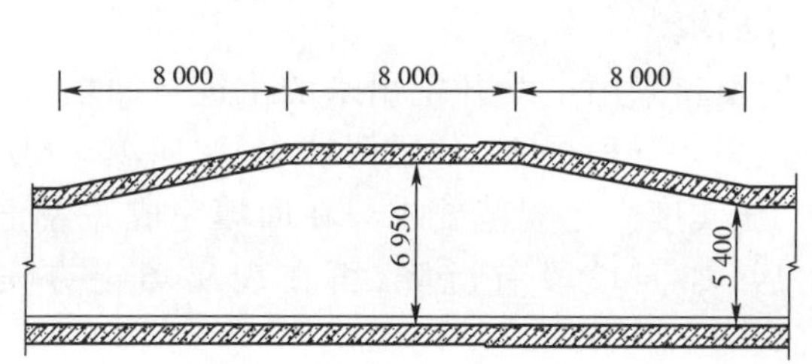

图5-25　明挖暗埋段风机安装段净空变化图(尺寸单位:mm)

图5-26　A匝道已完成工程

二、废弃工程的处理

因规划调整，拟建匝道的用地将重新整合后用于出让，未来将会有新的建筑实施。因此，必须将已完成的实物工程进行清除、处理并回填。

1. 处理计划

综合考虑施工工期和施工安全，先把已经搭设的脚手架拆除并及时运出基坑，再同时进行抗拔桩处理和边坡处理，然后进行结构混凝土和降水井处理，最后进行回填。采取分段施工，每段30m，回填前，由各个作业班组把基坑内的边坡防护混凝土、插设钢筋、抗拔桩混凝土、降水井、垫层混凝土、结构混凝土等处理完毕，经过验收合格后方可进行回填施工。

本段回填施工和主线土方开挖同时进行，即主线土方开挖后，用自卸车运输到回填区域。土方回填时，采用从小里程向大里程回填方案进行，自卸车把土方堆积到基坑边缘，然后用推土机均匀推到基坑内，用碾压机压实，分层回填分层压实，每层不得大于50cm，不得使用外运含有杂质土。

2. 处理顺序及工艺

(1)处理顺序

边坡防护、降水井、脚手架、结构混凝土处理→检验土质→分层铺土→分层压实→修整。

(2)处理工艺

①边坡处理

二级坡可以直接用挖机把喷射混凝土破除，一级坡上由于位置较高，采用风镐配合人工把喷射混凝土凿除，混凝土破除后，插入 ϕ20L = 1m，钢筋必须拔除，和混凝土杂质分类堆放，及时用吊机和吊斗把混凝土残渣和钢筋吊出基坑，不得直接埋入基坑。

②降水井处理

降水井施工时，井管上部为16m铁管，下部为无砂滤管(混凝土管)，外包纱布和竹条。处理时，首先用水泵把井内水抽到一定位置，然后及时用机械把上部铁管拔除，下部无砂管由于竹条联结，可以整体拔除，所以该降水井废除，以此类推直至处理完毕。

③结构混凝土处理

分段用镐土机破除，钢筋用氧气、乙炔切割后堆放一起，然后回填前用吊机吊出基坑，垫层处理同结构混凝土。破除后的混凝土采用挖机装、输运车辆运至已填好土的表层。

图5-27　待拆除的废弃工程

④回填

回填料采用主线开挖出来的土进行回填，回填方法采用分段处理、分段回填、分层回填、分层碾压，压实度满足规范要求。在回填完成并停止降水后，如回填段有沉降，再在表层填土夯实即可。

待拆除的废弃工程如图5-27所示。

第六节　隧道南延长段

一、南延长段的概况

隧道方案基本按照规划线路走向确定，隧道工程起点自江干区庆春东路与新塘路交叉口，向东略偏南直至江边，过江后继续沿线路方向(从规划休闲广场下穿过)接江南萧山侧市心路。原设计主线于滨江一路交叉口北侧(K3 +440)预留与钱江世纪城综合地下空间开发系统的接口，并在江南设东西线匝道，分别接规划公园东路、公园西路。现在江南侧规划方案发生变化，变更后取消江南匝道，主线向南延长至LK4 +180。南延长段总长740m。

变更后的隧道建设规模见表5-9。

调整后的隧道建设规模表 表5-9

名 称	里程范围	长 度(m)
江北明挖段	LK0 +415 ~ LK1 +320	905
江北工作井	LK1 +320.00 ~ LK1 +344.40	24.4
盾构隧道段	LK1 +344.40 ~ LK3 +109.918	1 765.518
江南工作井	LK3 +109.918 ~ LK3 +132.723	22.805
江南主线段	LK3 +132.723 ~ LK3 +440.00	307.277
江南主线南延段(本次设计范围)	LK3 +440.00 ~ LK4 +180.00	740
隧道全长	主线范围(LK0 +415 ~ LK4 +180)	3 765

南岸现多为鱼塘和苗木,解放河南侧为已经投入使用的市心北路(混凝土路面),有零星民居分布。南延长段设计完成时江北明挖结构以及江南 LK3 +440 北侧明挖隧道结构均已施工完成。

南延长段范围的典型地质断面如图5-28所示。

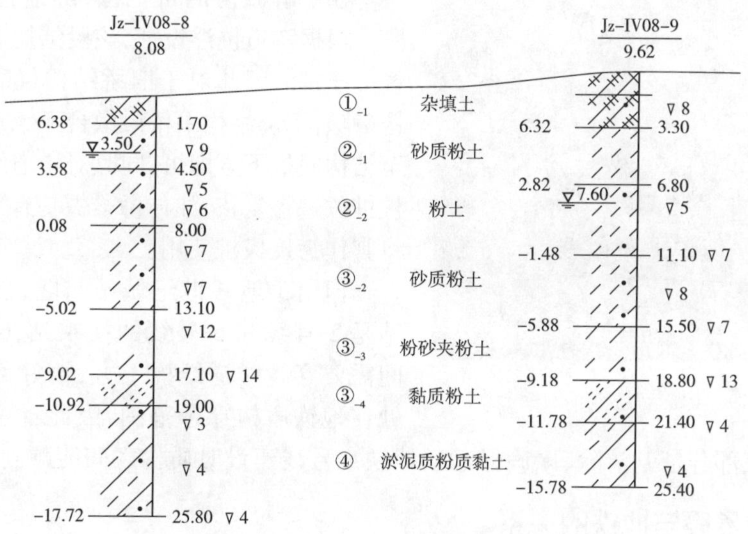

图5-28 LK3 +900 处地质横断面(高程单位:m)

江南南延长段主要开挖土层为②层、③层属粉土、粉砂类,其物理力学性质为一般~较好,厚度及分布相对较稳定,渗透性相对较好,一般处于 $10^{-4} \sim 10^{-3}$ cm/s 数量级左右,其中②$_{-2}$层、③$_{-2}$层内夹少量淤泥质土薄层、微层理,性质略差;浅部土层均能满足路基承载力要求,但应注意土层在空间分布上的差异。由于全线均处于饱和粉、砂性土层中,施工易引起流沙、管涌等现象。

二、南延长段围护结构

南延长段工程基坑深度为 0.89 ~ 14.47m,围护结构类型见表5-10。

江南南延段基坑围护结构形式表　　表 5-10

里　程	基坑深度(m)	基坑宽度(m)	支护类型
LK3 +440 ~ LK3 +627.15 RK3 +1434.086 ~ RK3 +619.2	11.71 ~ 14.47	14.55 ~ 14.95	三级放坡开挖
LK3 +627.5 ~ LK3 +910	9.16 ~ 11.71	27.2 ~ 46.54	二级放坡开挖
LK3 +910 ~ LK3 +990	6.15 ~ 8.2	24.8 ~ 27.2	ϕ850 水泥土搅拌桩 + H 型钢(间隔插)
LK3 +990 ~ LK3 +020	6.68 ~ 7.95	24.8	ϕ850 水泥土搅拌桩 + H 型钢(间隔插)
LK4 +020 ~ LK4 +090	3.51 ~ 6.68	24.6 ~ 24.8	ϕ850 水泥土搅拌桩 + H 型钢(间隔插)
LK4 +090 ~ LK4 +180	0.89 ~ 3.51	24.4 ~ 24.6	全放坡开挖

围护支撑采用 ϕ609mm、$\delta = 16$mm 钢管支撑,围檩采用 HN500 ×300 ×11 ×18 型钢。

三、后解放河旧桥的拆除

在南延长段范围需穿越后解放河。该河道按照规划将进行迁改,隧道南延长段实施期间尚未完成迁改,且跨河上有使用中的桥梁一座,为三跨简支梁结构,桥下无通航要求,如图 5-29所示。

图 5-29　上跨后解放河的旧桥

在后解放河旧桥范围,隧道仍是地下暗埋段。根据隧道抗浮设计,该段结构底板下方均设置抗拔桩。因此对于旧桥结构仅需要将上部结构凿除,下部结构中桥梁墩台下承重桩基础凿除至结构底板下方即可,同时对隧道结构下的抗拔桩桩位进行复核,如与桥梁桩基有冲突可以选择将其作为抗拔桩使用。

但由于地铁世纪城站与隧道结构毗邻,该站是 2 号线和 6 号线的换乘站,6 号线盾构区间需要穿越隧道结构下方,恰好部分旧桥桩基处在地铁盾构穿越范围,因此隧道底板结构施工前必须将该部分桩基清除,以确保远期地铁 6 号线建设时盾构区间能顺利实施。

四、南延长段与地铁的关系

1. 平面位置关系

地铁 2 号线钱江世纪城站位于过江隧道的西南侧,与隧道基本平行,结构最近距离过江隧道约 4.5m,其 2 号出入口于 LK3 +972.5 处下穿过江隧道敞开段。该站为 6 号线换乘站,6 号线盾构下穿过江隧道,如图 5-30 所示。

2. 断面位置关系

地铁车站与隧道结构最近距离约 4.5m,其基坑最深处(预留 6 号线工作井)比隧道基坑深约 14.8m,如图 5-31 所示。

地铁车站 2 号出入口结构宽 8.9m,结构高 5.8m,从隧道 L3 +972.5 敞开段处下穿,隧道结构底板底面高程约 -2.5m,如图 5-32 所示。

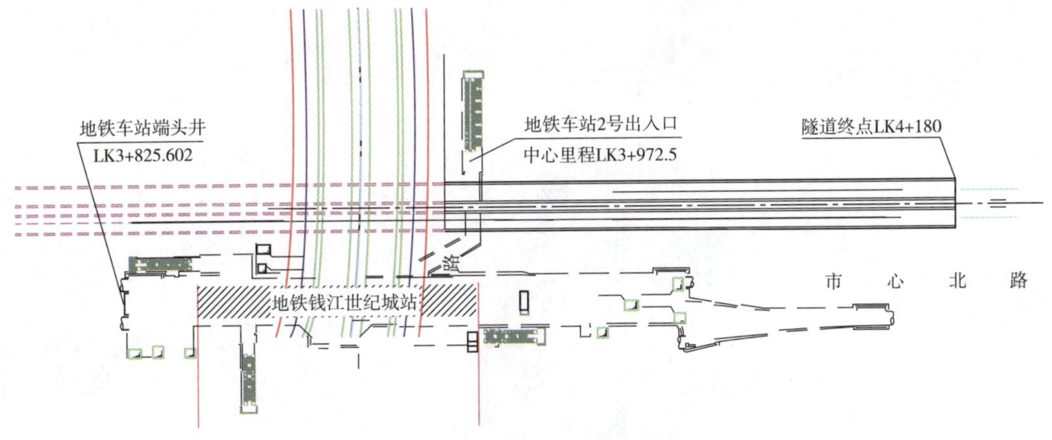

图 5-30　过江隧道与地铁钱江路站平面关系图

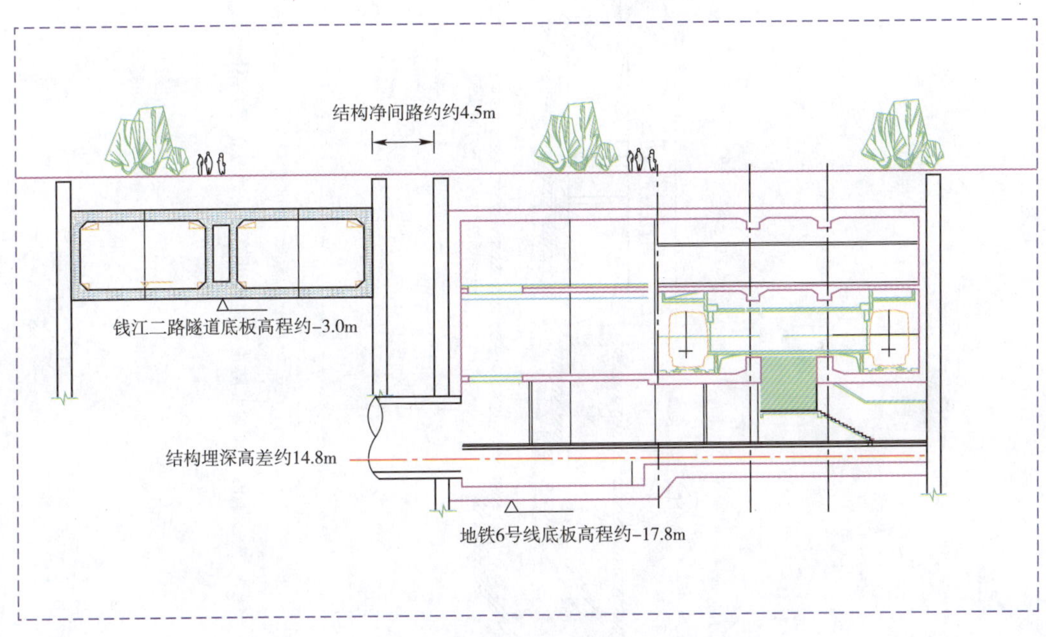

图 5-31　过江隧道与地铁世纪城站断面关系

3. 采取的措施

(1)地铁车站与隧道距离较近段,对隧道基础采用搅拌桩加固并设置桩基;地铁车站与隧道距离较远段(11m 左右),采用加深隧道围护桩(钻孔灌注桩)深度,以减少地铁车站对隧道结构的影响。

(2)充分考虑两者的相互影响,加强基坑围护结构,控制基坑变形,并加强基坑变形监测,信息化施工。

(3)地铁钱江世纪城车站出入口与隧道相交段与隧道设计为整体结构,并与隧道同步施工 。

(4)6 号线盾构穿越隧道围护结构处,隧道围护结采用 SMW 工法桩,预留穿越条件。

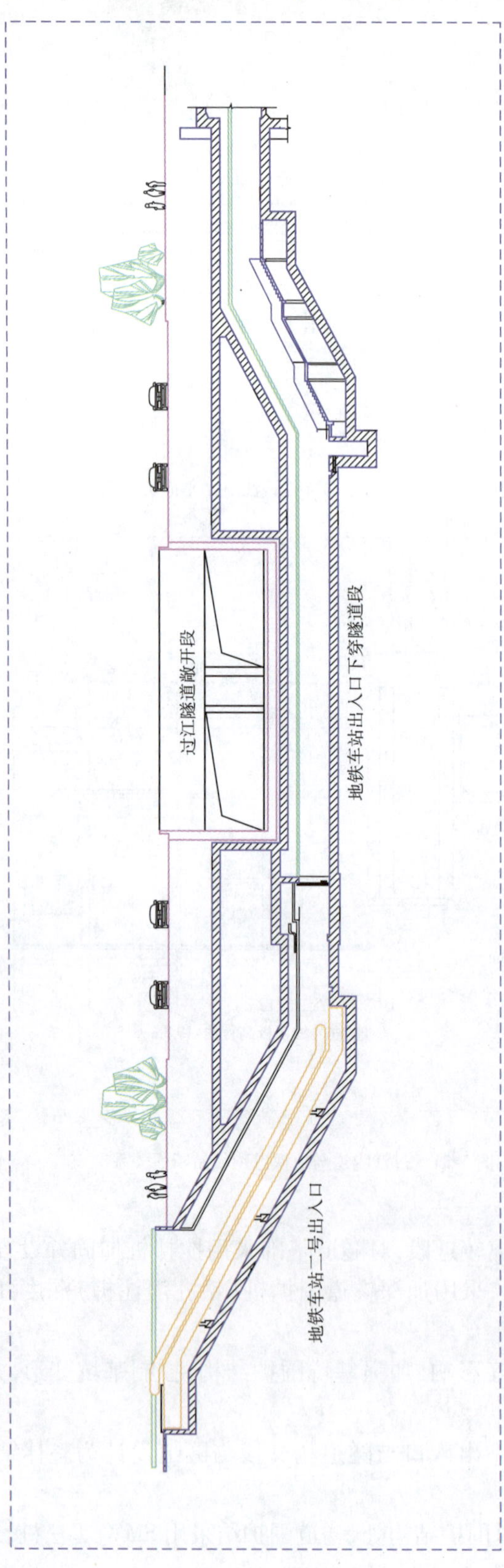

图5-32 过江隧道与地铁世纪城站通道立面关系图

第七节　江南基坑工程监测

一、施工监测

1. 施工监测的要求

施工阶段的监控量测是地下工程信息化施工的重要组成环节。地表沉降和隆起、支撑轴、现况道路沉降监测等都是施工阶段应当密切监测的主要内容。对量测数据的分析处理，有助于确定施工对周围环境的影响程度，判断施工的安全性，可以为正常施工管理及时提供重要的信息资料，指导施工。

2. 施工监测的目的

(1)通过监测，了解明挖施工过程中周围水、土压力的变化规律和土体的稳定性。

(2)通过监测，及时掌握支护结构的受力和变形状态，控制和调整支护方案。

(3)通过监测，判断施工对周围地下管线的影响程度。

(4)现场的监测数据既是检验预定施工工艺和施工参数是否合理的重要依据，也是确定和调整施工方案的基础；现场量测数据和分析结果的及时反馈是达到优化设计的必要手段。

二、施工监测内容

监测的项目主要根据工程的重要及难易程度、工程地质和水文地质、围护结构形式、基坑深度、施工方法、经济情况、工程周边环境等综合而定。根据设计要求和具体情况，本工程监测内容、频率及测点如表5-11所示。

监测内容表　　表5-11

序号	监测项目	仪器设备	测点布置	监测频率
1	开挖面及结构情况观察	目测	—	随时进行
2	墙顶沉降	水准仪	70	1次/2d
3	墙顶水平位移	全站仪	58	1次/3d
4	钢支撑轴力	频率接收仪	60	1次/2d
5	基坑周边地表沉降	水准仪	220	1次/1d
6	底部隆起	水准仪	55	1次/7d
7	土压力	频率接收仪	14	1次/3d
8	坑外地下水位	水位探测仪	66	1次/3d
9	孔隙水压力	孔隙水压计	14	1次/3d
10	立柱顶沉降	水准仪	37	1次/7d
11	土体水平位移	测斜仪	116	1次/3d
12	墙体水平位移	测斜仪	53	1次/3d

三、施工监测实施方法

1. 监测基准点布设

根据《建筑变形测量规范》(JGJ 8—2007)中基准点的布设要求,基准点的位置根据实地情况而定,标石可以选埋钻孔水准标石、混凝土普通水准标石或墙角、墙上水准标志,距离应大于基坑深度2倍以上。同时为了防止基准点受到冻胀的影响,埋设深度不小于1.5m,以保证基准点的稳定。考虑到本项目施工状况,基准点应以钻孔水准标石为主,适当选布墙上水准标志,以利于永久保护。本工程监测范围广,沉降观测共埋设3个水准基点。基准点埋设如图5-33和图5-34所示。

图5-33 地下标石制作效果图

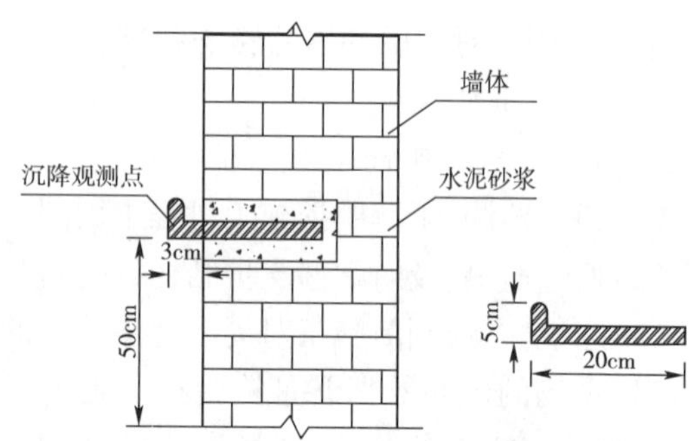

图5-34 建筑物上基点埋设示意图

基准点观测方法:待埋设的基准点稳定后(埋石后不少于15d),按二级沉降观测精度要求使用精密电子水准仪及配套铟瓦合金高精度水准标尺,首次观测采用往返测量,观测顺序按国家现行水准测量规范执行。水准路线闭合差$\leqslant \pm 0.1\sqrt{n}$mm,$n$为水准路线观测站数。在观测过程中保证前后视距差≤0.7m,前后视距累计差≤1.0m,视距长度≤30m,视线高度≥3cm。在实际测量时应采用固定仪器与测站点的方法,以保证每次观测高程之差(沉降量)的正确性。观测数据经内业检查合格后,平差求出各基准点的高程作为本沉降观测的起算数据,以后每月应进行连测以校核其稳定性。

2. 地表沉降、墙顶沉降、基底隆起监测

地表的沉降、墙顶沉降隆起直接影响着地面构筑物及地下管线的安全,是施工安全的重要控制环节。根据《建筑变形测量规范》(JGJ 8—2007)的要求,按照设计要求布设监测点。

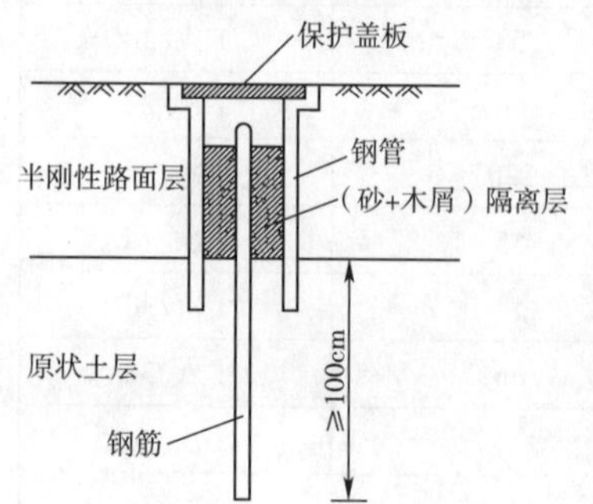

图5-35 监测点的埋设

(1)测点布设及监测方法

地面变形观测点埋设在原状土层中,必要时加设保护装置。变形观测点稳定后进行初始观测。监测点的埋设如图5-35所示。

地面监测点的观测采用精密水准测量的方法,按照Ⅲ等变形测量的精度要求进行。

地面变形监测时,基点和附近水准点联测取得初始高程。观测时对各项限差严格控制,每个测点读数高差不超过0.3mm,对不在水准路线上的观

测点,一个测站监测点不超过3个,超过时重读后视点读数,以作核对。首次观测时对测点进行连续两次观测,两次高程之差小于1.0mm时,取平均值作为初始值。

(2)沉降值计算

施工前,由基点通过水准测量测出沉降观测点的初始高程 H_0,在施工过程中测出的高程为 H_n,则高差 $\Delta H = H_n - H_0$ 即为沉降值。

(3)数据分析与处理

地表沉降量测随施工进度进行,根据开挖部位、步骤及时监测,并将各沉降测点沉降值绘制成沉降变化曲线图、沉降变化速度和加速度曲线图。

3. 地下水位观测

地下水位的变化是影响土体沉降的重要因素,特别是对位于地下水位以下的结构更加重要。根据地下水位的监测结果,可提出开挖面可能失稳的警报,还有益于改进挖土运土等施工方法;如采用降水施工可以检验降水效果。

4. 土体水平位移监测

土体水平位移监测使用测斜仪进行。采用在基坑周围土体及盾构法隧道沿线重要部位进行钻孔的方法埋设测斜管。为使测斜管顺利就位,可分段沉入孔中,但要做好接头工作。随后在测斜管与钻孔的空隙回填细砂或膨润土拌和的灰浆。管口高出地面20cm,注意保护。

5. 支护结构内力监测

支护结构内力采用钢支撑轴力计和配套的二次仪表进行。根据设计的轴力值以及预力施加情况,选择轴力计的量程。轴力计实景如图5-36所示。

图5-36　钢支撑轴力计安装图

6. 土压力和孔隙水压力监测

土压力和孔隙水压力分别采用土压力传感器(土压力盒)和孔隙水压力传感器及配套的二次仪表进行测试。

土压力计由膜盒、接管、传感器电缆和接收仪组成;接收仪采用常州金土木工程仪器有限公司生产的ZXY-2型振铉式频率读数仪。通过传感器标定曲线换算出相应的测试物理量,并绘制相应变化曲线。

采用在地面钻孔的方法进行孔隙水压力传感器的安装。孔隙水压力传感器的埋设在水中进行,滤水石不得与空气接触,一旦接触必须将空气排干净才可进行。

7. 墙体水平位移监测

墙体水平位移监测方法同土体水平位移监测。测斜管埋设时与钢筋安装同步,同时要加强测斜管的保护。

四、施工监测信息反馈

1. 信息反馈方法

在施工过程中及时进行数据分析,及时反馈施工与设计。在施工过程中进行监测数据的实时分析和阶段分析。实时分析:每天根据监测数据与影响周围地层的施工参数进行实时分析,发现安全隐患,及时采取措施;阶段分析:经过一段时间后,根据大量的监测数据进行综合分析,总结施工对周围地层影响的一般规律和围护结构的安全性,指导下一阶段施工。

回归分析是目前最常用的统计分析方法。经过多年实践积累了丰富的经验,如地下工程引起周围环境变形的一般规律、不同施工方法对地下工程结构稳定性影响、回归函数的选择等。

在取得监测数据后,要及时进行整理、总结和分析。

①数据整理

把原始数据通过一定的方法如大小顺序,用频率分布的形式把一组数据分布情况显示出来,进行数据的数字特征计算以及离群数据的取舍。

②数据分析和曲线拟合绘制量测数据的时态变化曲线图(即时态散点图)。

2. 信息反馈程序

施工过程中进行的监控量测是信息化施工的基础,具有重要作用,在地下工程施工过程中进行现场监控量测,及时获取围岩变动与地下工程结构的动态信息,并反馈于修正支护参数与施工措施,以期达到安全与经济合理的目的,这是关于信息化设计与施工的实质。经过多年实践总结,监测反馈程序不断发展与完善,施工监测信息反馈工作流程如图5-37所示。

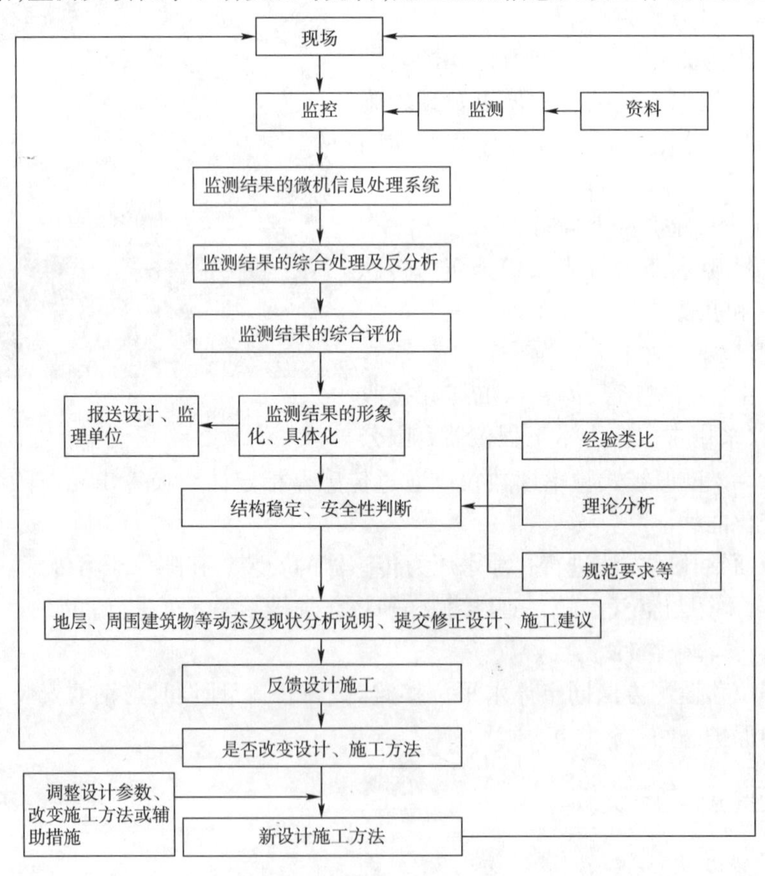

图5-37 监测反馈程序框图

五、江南基坑工程第三方监测

1. 江南基坑工程特点

根据对庆春路过江隧道江南段施工监测方案、地质资料以及周围环境情况综合了解，以及通过对江南段明挖基坑围护体系、周围环境变形体系进行分析和预测，庆春路过江隧道江南明挖段深基坑工程有以下特点：

(1)明挖段部分基坑开挖深度较深，坑底含承压含水层，存在承压水对基坑底部产生突涌的危险，在基坑施工中应密切注意。

(2)江南明挖段采用分级开挖，要注意各段监测数据的累积问题。

2. 第三方监测的目的

(1)建立起一套完整的独立于施工单位的第三方监测质量控制体系。

(2)采用有效监测手段和施工工况密切结合，确保监测数据真实性、准确性、有效性、及时性和全面性。

(3)在施工结束后，依然对施工影响区域内进行定期的跟踪监测。

(4)第三方监测对建设单位负责，建设单位能全面客观的掌握工程的进展和变形状况。

六、第三方监测测点布设

测点的准确布设是监测工作顺利进行的根本，对施工监测单位测点布设质量进行全面检查和确认，并进行书面文字记录。确保各监测点仪器设备的安装埋设满足本工程设计及有关规范的要求，并能全面反映工程施工过程中基坑围护体系、周围环境保护体系的变化情况。

(1)围护体水平位移(测斜)监测。

(2)围护体顶部沉降与水平位移监测。

(3)立柱垂直位移监测。

(4)坑外地下水位监测。

(5)地表沉降监测。

(6)土体水平位移(测斜)监测。

(7)基坑土体边坡监测。

(8)土压力和水压力监测。

七、第三方监测的初读数和数据采集

为保证施工监测数据采集的准确性，除进行现场旁站外，结合自身第三方监测工作进行抽测复核。

由于第三方监测数据自成一套系统，故通过第三方数据系统和施工方数据系统的对比、分析即可完成对所有项目施工监测数据的复核，从而保证施工监测数据的客观真实。

数据采集是监测工作中的主体部分，采集工作完成的好坏直接影响到整个监测工作完成的好坏。第三方监测单位需要从现场采集人员、仪器设备、采集方法等方面进行全局监控，对不同基坑及同一基坑不同工况所反映的难点进行重点监控。

第三方监测工作流程如图 5-38 所示。

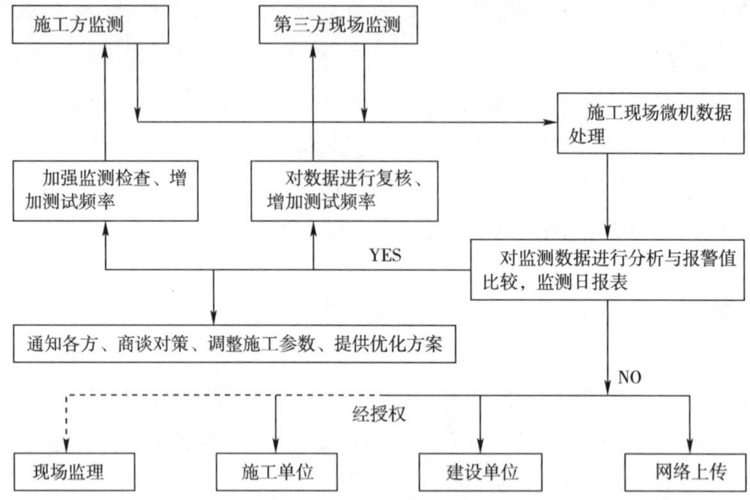

图 5-38 第三方监测工作流程图

第六章　江中盾构段隧道工程实施准备

第一节　盾构机及其配套设备

一、盾构穿越段地质概况

庆春路过江隧道东线隧道长 3 025m,西线隧道长 3 022m;盾构隧道总长 3 533 单线米,其中东线长为 1 766m,西线长为 1 767m,而钱塘江底段约为 1 241m。

盾构穿越江底段的上覆有②$_{-2}$粉土夹淤泥质土、③$_{-3}$粉砂夹粉土、④淤泥质粉质黏土、⑤$_{-1}$粉质黏土等地层,洞身穿越地层主要包括⑤$_{-2}$粉质黏土、⑥$_{-1}$黏土、⑥$_{-2}$粉质黏土、⑦$_{-2}$粉细砂、⑧$_{-1}$圆砾等,圆砾最大粒径不大于 400mm。盾构在穿越钱塘江时隧道最小覆土厚度为 14. 1m,覆土厚度大于 1D,最大覆土厚度 24m。根据盾构段隧道底板高程,东线隧道在 LK1 +850 ~ LK2 +925 段、西线隧道在 RK1 +875 ~ RK2 +925 段,洞身下部穿越⑦$_{-2}$粉细砂,粉细砂层最厚约 2. 5m;同时,在里程 L(R)K2 +025 ~ L(R)K2 +800 段,⑧$_{-1}$圆砾地层倾入东西线隧道底部,圆砾层侵入隧道最厚约 2. 5m。虽然隧道上部分布有淤泥质粉质黏土、粉质黏土、黏土等相对隔水层,但砂土层和圆砾层赋存有孔隙承压水。

二、本工程对盾构的要求

(1)泥水平衡盾构基本功能:泥水平衡盾构具有高效的开挖系统、泥水压力平衡功能、泥水输送及管路延伸功能、控制及故障显示功能、方向控制及导向系统、数据采集处理和分析功能、管片安装功能、同步注浆功能、泥水分离系统等基本功能。

(2)对地层的适应性要求的功能:在本工程中盾构主要穿越的地层为砂土地层,粉质黏土、粉土、粉细砂、卵石层、砂层,所以在盾构设计时对砂土及卵石地层的适应性是重点考虑的问题。盾构在砂土及卵石地段施工时应重点考虑以下功能:具备平衡掌子面水土压力的能力;足够的刀盘驱动转矩和盾构推力;合理的刀盘及刀具设计,恰当的刀盘开口率,合理的开口位置;盾构本体在压力状态下的防水密封性能;防止流沙流入盾体;人仓设计符合江底换刀要求;管片壁后同步注浆系统满足控制地表沉降要求;能够对较大的卵石进行破碎,有效防止堵管情况的发生;适应高水压的要求。

(3)具有硬岩开挖的能力功能:因为本工程部分地质中含有圆砾石,因此需要用于本工程的盾构机具有以下功能:刀盘具有硬岩开挖能力;上软下硬复合地层的适应性;在硬岩地段及砂性地层开挖时盾构刀盘、刀具、泥浆泵、排泥管道应耐磨;能够对较大的渣石进行破碎,有效防止堵管情况的发生;对切刀、刮刀的保护;能够在高水压的情况下更换刀具。

(4)地表沉降控制要求功能:由于庆春路过江隧道盾构穿越钱塘江防洪大堤及各种地下管线,严格控制地表沉降是保证建筑物、大堤及管线安全的关键。采用多种措施能控制盾构隧道的沉降量,降低由于隧道沉降造成地表的沉降。在正常推进条件下,沉降值控制范围在-30～+10mm,盾构推进引起的地面沉降应不影响周围建构筑物和地下管线安全和正常使用。

(5)隧道防水控制功能:本工程隧道洞身横穿钱塘江底部,穿越地层主要为富含地下水的砂土层。盾构施工时易引起突发性涌水和流沙,导致地面突然塌陷。对泥水盾构机的主轴承密封、盾尾密封、排泥泵以及隧道排水都有很高的要求。因此要求盾构机具有密封性能较高,具有在高水压下安全推进和有效止水的性能,防止发生高压涌水。

盾构穿越不同厚度的地层,在不同位置水压力也不同,盾构应有良好的泥水压力调整功能,在采取其他有效的辅助措施后保证能够顺利安全穿越钱塘江、各种建筑物及管线。

(6)精确方向控制要求功能:盾构法施工段要求盾构具有良好的方向控具有能力,其配置的导向系统具有很高的精度,以保证线路方向误差控制在规定的范围内。盾构方向的控制包括两个方面:一是盾构本身能够进行纠偏、转向,二是采用先进的激光导向技术保证盾构掘进方向的正确,同时需要满足以下条件:

①轴线允许偏差:高程偏差±100mm,水平偏差±100mm;

②管片错台<3mm,管片接缝开口<3mm,管片拼装无贯穿裂缝,不大于0.2mm宽的裂缝及剥落现象;

③水平直径和垂直直径允许偏差<50mm。

(7)安全及环境保护,盾构施工时应能保证人员及设备的安全。

盾构法施工的环境保护包括两个方面:首先是盾构施工时对周围自然环境的保护,盾构施工时使用的辅助材料如油脂、泥浆添加剂等不能造成环境污染;要求无大的噪声、震动等。

(8)设备可靠性、技术先进性与经济性的统一,盾构的可靠性是工程施工的重要保障,其可靠性表现在以下方面:

①对地质的适应性,整体设计的先进性和可靠性;

②设备本身性能、质量、使用寿命等的可靠性。但盾构机同时也应该考虑到对先进技术的应用及经济因素。

(9)对长距离掘进的适应性。

三、盾构类型选择

1. 盾构选型原则

盾构选型主要依据工程勘察报告、隧道设计、相关标准和规范,满足上述各项功能的要求。盾构选型及设计按照可靠性第一,技术先进性第二,经济性第三的原则,保证盾构施工的安全性、可靠性、适用性、先进性、经济性相统一。

2. 盾构机类型的确定

盾构的主要类型有敞开式盾构、泥水盾构、土压盾构等。根据杭州庆春路过江隧道工程

地质、水文情况及工程特点，可选择的盾构类型只有土压平衡和泥水平衡盾构。不同类型的盾构对地层有一定的适应范围，土压平衡盾构最适应于细颗粒地层，切削的渣土易获得塑性流动性和不透水性，土压力作用于工作面。而泥水平衡盾构盾构最适应于较粗颗粒地层，在砂土地层易形成泥膜，以防止地下水喷出，泥水压力作用于工作面。

土压平衡盾构在砂层中掘进时，不易形成土塞效应，掌子面不易稳定，施工过程连续性差，效率低，刀盘与工作面土体摩擦力大，刀具磨损量大，不利于长距离掘进，且对高水压适应性差，螺旋输送机无法保证正常的压力梯降，不能形成有效的土塞效应，易产生渣土喷涌现象。泥水盾构施工过程连续性好，效率高，且刀具在泥水环境中工作，由于泥水的冷却与润滑作用，刀具磨损小，有利于长距离掘进。泥水平衡盾构易于稳定开挖面，对高水压和软弱地层适应性好。

地层渗透系数对于盾构机的选型是一个很重要的因素。根据欧美和日本的施工经验，两种盾构能够适应的地层渗水系数范围如图 6-1 所示。当地层的透水系数小于 10^{-7}m/s 时，可以选用土压平衡盾构；当地层的透水系数为 10^{-7} ~ 10^{-4}m/s 时，既可以选用土压平衡盾构也可以选用泥水式盾构；当地层的透水系数大于 10^{-4}m/s 时，宜选用泥水盾构。本工程在隧道洞身上部及通过的地层中水平渗透系数在 1.28×10^{-9} ~ 1.20×10^{-3}m/s 范围变化，垂直渗透系数在 1.45×10^{-9} ~ 1.20×10^{-3}m/s 范围变化，地层的最大透水系数大于 10^{-4}m/s，在钱塘江江底下穿过且水压高，超过土压平衡盾构允许的最大范围。从图 6-1 中可以看出，应采用泥水平衡盾构。

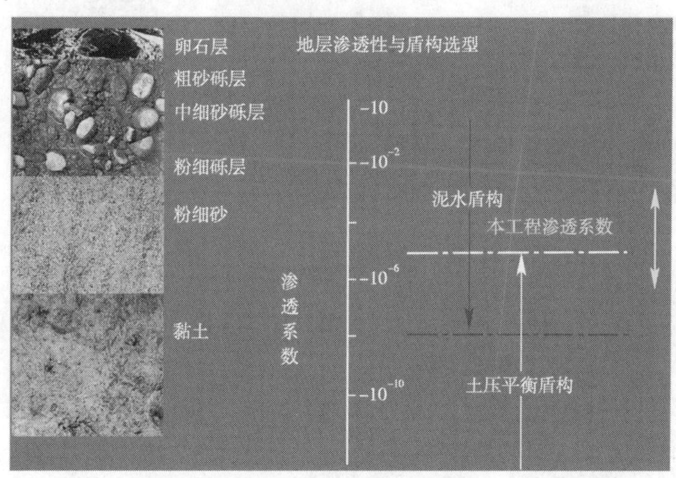

图 6-1　地层渗透系数与盾构选型关系示意图

四、盾构对本工程的适应性

1. 刀盘刀具布置对地质的适应性

刀盘结构特点：刀盘结构是根据本标段的地质要求专门设计的。刀盘为面板型钢结构，既可适应砂质土和黏土开挖，也适应硬岩切削。整个刀盘为焊接结构，在刀盘上安装了滚刀、切刀、刮刀、扩挖刀等各种不同的刀具。刀盘和主驱动通过一个 120mm 厚的法兰盘连接，刀盘背面和法兰盘通过 8 根钢柱焊接在一起，以传递转矩和推力，刀盘可以双向旋转。

刀盘的开口形式:刀盘开口形式为对称的多个长条孔,其中八条开口较大并贴近中心,以利于中心部位渣土的流动。

耐磨设计:刀盘的周边焊有耐磨条并安装周边保护刀,刀盘的面板焊接有格栅状的特殊耐磨材料,充分保证刀盘在硬岩掘进时的耐磨性能。

刀座设计:刀座设计满足所有的刀具,采用背装式,在刀盘内部可以进行更换。刀盘上周边部位的滚刀刀座和齿刀刀座相同,安装方式也相同。这样的设计可以满足滚刀和齿刀的互换性要求。

刀盘驱动及支撑形式:刀盘驱动采用变频驱动,由 8 个变频电机通过 8 个减速机来驱动刀盘。刀盘采用中间支撑方式。刀盘主轴承采用德国 Hosche 公司的产品,主轴承的内外采用四道密封,其中三道为注脂密封,主轴承的设计寿命为 10 000h。

刀具形式:盾构刀具是根据本标段硬岩、砂土及黏土等不同地质特点,根据刀具在软土、硬岩中不同的破岩机理进行设计和选择的。刀盘上可以安装不同类型的刀具,以适应不同地层的开挖,主要刀具类型为齿刀(可更换成双刃滚刀)、中心切刀、切刀、刮刀和仿行刀,其中齿刀和双刃滚刀的刀座形式相同,根据不同的地质类型两种刀具可以互换。在硬岩中掘进时刀盘需安装双刃滚刀。盾构刀具配置如图 6-2 所示。

图 6-2 盾构配置的刀具

2. 长距离掘进适应性

本工程采用经改造能适应本工程特点的 NFMϕ11. 38m 泥水盾构。盾构经改造后可满足杭州庆春路过江隧道掘进 1 766m 的要求。

为了保证盾构机一次过江,提高刀盘刀具耐磨性能以及减少对刀盘刀具不必要的磨损,投入本工程的盾构采用了特制的高耐磨性刀盘,对刀盘结构表面采用特殊材料的耐磨工艺进行处理,对切割刀具除采用特殊设计的耐磨刀头外,还依靠优化设计的导流式刀头布置,大大增强了刀盘的整体耐磨性能,并安装了刀具磨损的检测装置。为保证长距离掘进的顺利,同时采用了强度高、切削转矩大、使用寿命长的主轴承。除此之外,还宜增加刀头的排列行数、采用超硬重型刀头、采用双刀头和刀头背面防护。

3. 高水压的适应性

隧道洞身横穿钱塘江底部,盾构穿越地层主要为富含地下水的砂土层,其地下水特征在两岸表现为较高承压水头的特征,在钱塘江则表现为高水头压的潜水特性。由于其水头压力较高,盾构施工时易引起突发性涌水和流沙,而导致大范围的突然塌陷。隧道顶板最高水压力为 0. 5MPa,对泥水平衡盾构的主轴承密封、盾尾密封、排泥泵以及隧道排水都有很高的

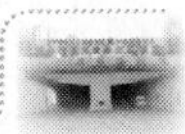

要求。武汉长江隧道施工的两台泥水盾构最大工作压力为7.5bar,改造后能保确保本项目施工安全可靠。

盾构机在盾构壳体和密封方面做了针对性设计。主轴承内外密封采用四道唇形密封设计,采用不同的润滑方式对密封润滑:最外侧采用专用HBW脂密封保护外侧唇形密封;第二道密封脂以润滑脂保护唇形密封;第三道密封采用润滑油保护密封;第四道密封为空腔设计,可以随时在盾构机壳体内侧检查主轴承密封状况。所有密封都可以在洞内更换。

盾尾密封刷由三道钢丝密封刷和一道钢板束构成,密封刷中间的空腔注入盾尾密封脂。前三道密封可以在洞内更换,管片安装机设计为可以拆卸最后一环管片,以便更换前三道盾尾密封。

4. 地表沉降控制适应性

盾构机采用同步注浆系统(本机备有双液注浆机构,既可选择注单液浆也可选择注双液浆),可以使管片后面的间隙及时得到充填,有效地保证隧道的施工质量及防止地表沉降。

盾构需要穿越不同厚度的地层,在不同位置水压力也不同。本工程拟投入的盾构具有良好的泥水压力调整功能,满足地表沉降控制在-30~+10mm范围内,并在采取其他有效措施后,保证能够顺利安全穿越钱塘江大堤、各种建构筑物及管线。

5. 精确方向控制要求

本工程投入的两台盾构具有良好的方向控制能力,导向系统具有很高的精度,以保证线路方向误差控制在设计的范围内。盾构推进油缸采用分组控制,可以实现盾构姿态的纠偏,同时配备了先进的激光导向系统,可实时的测量出盾构目前的姿态,并在主控室屏幕中显示。

6. 安全及环境保护

盾构通过泥水平衡模式可以有效的稳定开挖面地层,且通过泥浆形成的泥膜能有效的防止涌水,通过同步注浆可以控制地表下沉,且能避免发生管片渗漏。

盾构使用的主轴承密封油脂、盾尾密封油脂、泥水添加剂均具有生物可降解性和无毒性,属于绿色环保材料。其环保性能完全符合欧洲标准。

7. 设备可靠性、技术先进性与经济性的统一

盾构设计充分考虑了在隧道施工中可能发生的各种情况,具备了盾构施工中开挖、出渣、支护、注浆、导向、控制等过程所需的全部功能,包括开挖系统、主驱动系统、推进系统、管片安装系统、泥水系统、注浆系统、注脂系统、液压系统、电气控制系统、激光导向系统及通风、供水、供电系统等。

盾构的特点之一就是在施工过程中某些关键部件不易维修,所以对盾构关键部件如主轴承、刀盘及盾壳等的设计要求万无一失。由于盾构在施工时荷载变化范围大,并且往往难以得到准确的荷载值,所以盾构在结构设计时选取了较大的安全系数,各部件的强度、刚度均留有较大余量,以满足盾构施工特殊的工况要求。

盾构各部件及液压、电气元器件均采用国际上的知名品牌产品,充分保证盾构机的各部件质量可靠。其中主轴承采用世界最大的回转支承轴承制造公司产品,液压元器件主要采用德国力士乐公司、哈威公司的产品。电气元器件主要采用西门子公司的产品。

盾构上采用了变频、液压、控制、导向等领域的新技术。其控制系统的底端全部由PLC

可编程控制器直接控制，上端由上位机进行总体控制。盾构机还可以通过网络系统由洞外技术部门或盾构厂家进行远程监控、调试及控制。盾构机的数据采集系统可以记录盾构操作全过程的所有参数。

液压系统的推进系统、管片安装系统大量采用比例控制、恒压控制、功率限止等先进的液压控制技术。

盾构采用先进的PPS激光导向系统来控制隧道的掘进方向，这在隧道的方向控制上也是比较前沿的高端技术。

五、盾构机主要功能及技术特性

1. 综述

盾构是一个具备多种功能于一体的综合性设备，它集合了施工过程中开挖、出渣、支护、注浆、导向等全部功能。泥水平衡盾构在结构上包括刀盘、盾体、人仓、渣土破碎系统、泥水输送系统、管片安装机、管片输送机、和后配套拖车等；在功能上包括开挖系统、主驱动系统、推进系统、泥水系统、注浆系统、注脂系统、液压系统、电气控制系统、激光导向系统及通风、供水、供电系统等。下面根据这些部件或系统在盾构施工中的不同功能特点分别进行说明。

2. 盾构掘进系统

(1)刀盘和刀具

刀盘包括焊接结构件和刀架。刀盘表面焊接有耐磨层，圆周区域有周边保护刀，同时焊接有三道耐磨条。通过刀盘旋转，挖出的渣土从刀盘的8个开口导入土仓。刀盘的后部开口向内倾斜，有利于导入渣土。刀盘背面的支撑臂可以使注入的泥浆和挖出的渣土在刀盘后面得到充分的搅拌。盾构刀盘结构如图6-3所示。

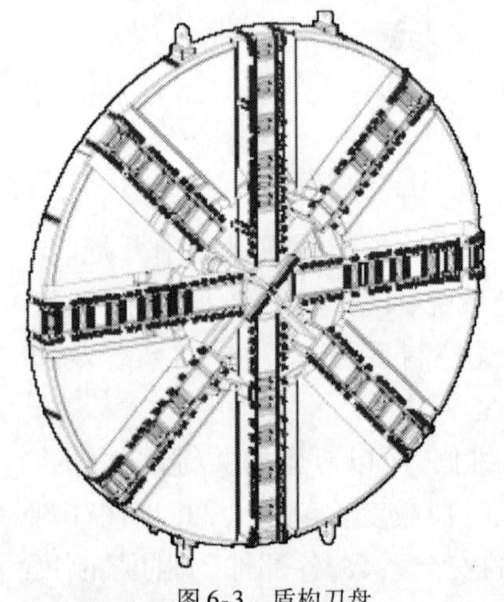

图6-3 盾构刀盘

刀盘安装在主轴承的内齿圈上，通过8个变频电机驱动。刀盘设计为双向旋转，转速调节采用无级变速方式。

为了适应不同地质的开挖要求，在刀盘上可安装齿刀(也可更换成滚刀)、切刀、刮刀。

为了安全和易于操作，除中心刀具外，其余刀具可在刀盘后面进行直接更换。

(2)盾壳

盾壳包括三个主要组件：前体(切口环)、中体(支撑环)和盾尾。

①前体

前体又称切口环，装有支撑主驱动和砾石破碎装置的钢结构。压力隔板将前体的土仓和主仓分离开来，形成气垫仓。自动调压系统通过调整前体气垫仓的压力，从而确保掌子面压力平衡和稳定。隔板上的门可让人进入土仓进行保养和检修。在前体的隔板上安装有压力传感器，用以监测土仓内的压力，以便在掘进过程中对其进行及时的反馈和调节。

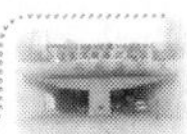

②中体和盾尾

中体又称支撑环,前体和中体是用螺栓上紧并焊接在一起的。

在中体内布置了推进缸支座和管片安装机架。管片安装机支架通过相应的法兰面和管片安装机梁连接起来。推进缸布置在中体。推进缸支撑形式:活塞端拴接在钢结构上;活塞杆端装有耐磨支撑。

盾尾密封刷由三道钢丝密封刷和一道钢板束及三个油脂注入腔构成,四道密封中间的空腔注入盾尾密封脂。同时为了确保过江段施工时候的安全,在第三道钢丝刷与钢板束之间增加了一道紧急密封,必要的时候启用。盾尾密封形式如图6-4所示。

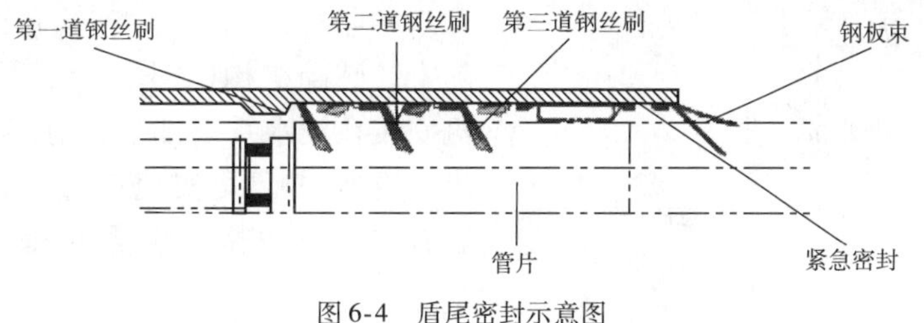

图6-4　盾尾密封示意图

(3)主驱动

主驱动机构包括主轴承、8个变频电机、8个减速器和安装在后配套拖车上的变频控制柜。刀盘通过螺栓和主轴承的齿圈连接在一起,主驱动系统通过液压马达驱动主轴承的齿圈来带动刀盘旋转。

主轴承有内外两套密封系统,结构类似。密封材料均由耐磨聚合物制成。密封系统是通过带有永久性润滑油脂润滑和渗漏控制四重唇形密封系统进行来实现的。

(4)推进系统

推进系统提供盾构向前推进的动力。推进系统包括推进油缸和相应的推进液压泵站。推进油缸在圆周上的区域分为四组。通过调整每组油缸的不同推进速度来对盾构进行纠偏和调向。油缸的后端顶在管片上以提供盾构前进的反力。

(5)人员仓

人员仓是在泥水仓保压期间,人员出入泥水仓进行维修和检查的转换通道,出入泥水仓的工具和材料也由此通过。其主要目的也是为了在人员和材料进入土仓时能够保持泥水仓中的泥水压力。人员仓的具体形式如图6-5所示。

图6-5　人员仓

人员仓包括主仓和准备仓,它们由压力门隔开。主仓和中间仓之间有法兰连接,而中间仓直接焊接在压力隔板上。通过隔板上的门就可以进入气垫仓,再通过气垫仓进入泥水仓。准备仓和主仓横向连接,这样从准备仓出来必须要经过主仓。准备仓的作用是在压缩空气工作时和出现紧急情况时出入。

人仓按 CEN 标准设计,压缩空气调节装置安装在中体上,两路供气。

(6)砾石处理装置

本隧道所处的地层有可能会存在较大的石渣和卵石,为了避免堵塞泥水系统的管路必须安装破碎机构(如图 6-6 所示)。颚式破碎机安装在泥水系统排浆口前部,破碎机的破碎齿可更换,并且可实现自动润滑。出料口前安装有 100mm 间隔的隔栅,以确保不会有大直径石块进入管道。

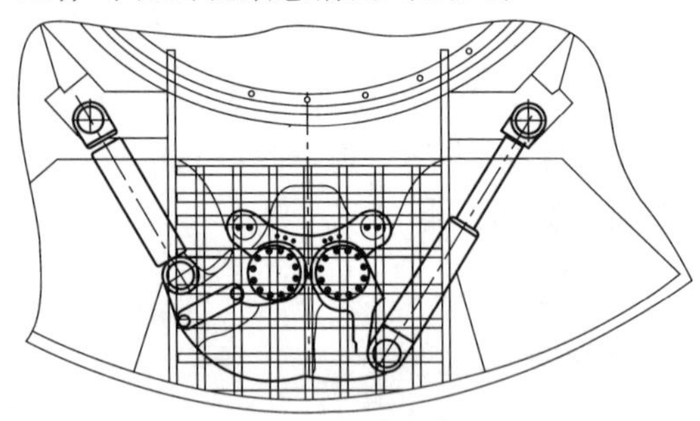

图 6-6　砾石处理机构示意图

(7)管片安装机构

管片安装机安装在盾尾,由一对举重油缸、大回转机构、抓取机构和平移机构等组成。管片安装机的控制方式有遥控和线控两种方式,均可对每个动作进行单独灵活的操作控制。在管片安装机上预留有超前钻机的安装位置,必要时候可用于超前地质加固。超前钻机具体形式如图 6-7 所示。

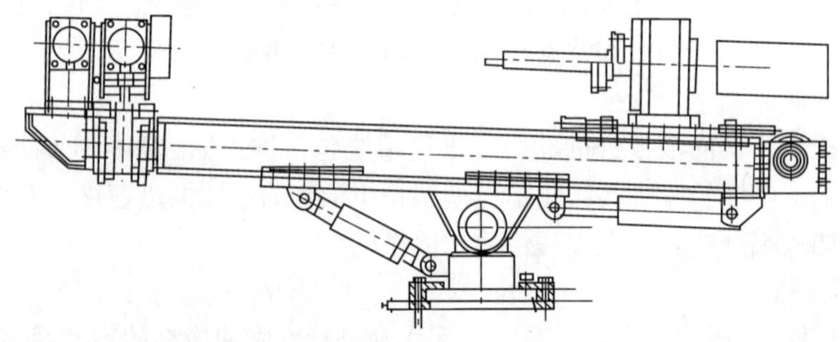

图 6-7　超前钻机示意图

(8)拖车

盾构的拖车总共有 3 节,用以安放液压泵站、注浆泵、砂浆罐及电气设备等。拖车行走在钢轨上,拖车之间用拉杆相连。泥水输送系统从拖车的上方通过。在拖车的两侧铺设有人员通过的通道。

(9)动力设备

盾构机的动力主要由液压系统提供,其组成包括主驱动系统、推进装置、注浆系统、管片安装机及辅助液压系统。

(10)注脂及润滑

注脂及润滑系统包括三大部分:主轴承密封系统,盾尾密封系统和主轴承润滑系统。主轴承密封系统和盾尾密封系统以压缩空气为动力源,靠油脂泵油缸的往复运动将油脂输送到各个部位。

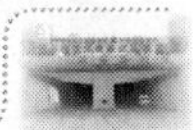

主轴承密封可以通过控制系统设定油脂的注入量,并可以从外面检查密封系统是否正常。盾尾密封可以通过PLC系统按照压力模式或行程模式进行自动控制和手动控制,对盾尾密封的注脂次数及注脂压力均可以在控制面板上进行监控。

油脂泵站由操作室控制。主轴承采用强制润滑,润滑油通过循环过滤后,对主轴承和齿轮进行强制润滑,PLC系统对润滑情况进行监控。

(11)注浆设备

盾构采用同步注浆系统(既可注单液浆也可注双液浆),这样可以使管片后面的间隙及时得到充填,有效的保证隧道的施工质量及防止地面下沉,注浆泵的具体形式见图6-8。

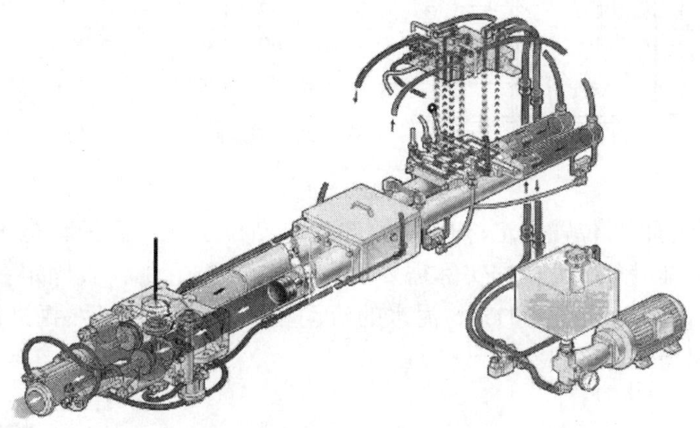

图6-8　双活塞注浆泵结构示意图

盾构配有液压驱动的注浆泵,它将砂浆从储浆罐中泵入相应的注浆点,通过盾尾的注浆管道将砂浆注入到开挖直径和管片外径之间的环形间隙。注浆压力可以通过调节注浆泵工作压力,并能在可调范围内实现连续调整,并通过注浆同步监测系统监测其压力变化。所有注浆点的注入量和注浆压力信息可在主控室显示。通过数据采集和显示程序,计算机随时储存和检索砂浆注入的操作数据。

在盾壳前部圆周上有8个DN100超前钻注浆孔,需要时可在管片安装机头部位安装超前钻机,对盾构前方进行钻孔和注浆作业。

(12)泥水系统

泥水系统是泥水平衡盾构的关键组成部分。由泥水处理、泥水循环及综合管理三个系统组成,是泥水加压盾构施工中确保工作面稳定及排渣的手段。泥水处理系统设于地面,主要由泥浆制造和泥水分离系统组成;泥水输送系统由送排泥泵、送排泥管等组成。泥水系统的功能是将符合要求的泥浆送往开挖面,通过对开挖面加压使其达到稳定,并用流体输送渣土。泥水系统示意图如图6-9所示。

(13)泥水循环系统

泥水循环系统由送排泥泵、送排泥管、延伸管线、辅助设备等组成。根据盾构的切削断面、送泥浓度、掘进速度、排泥浓度计算送泥流量和排泥流量,再根据流体能输送的砾石大小和排出土砂的沉降限界速度以上的流速来决定排泥管径。

在本系统中,推算输送量最大约为1 000m^3/h;在盾构拖车部分的泥水输送管选用14″规格的输送管，拖车以外隧道部分进浆管、出浆管均选用 ϕ350mm 规格的输送管。送排泥泵和送排泥管都具有较强的抗磨损能力。

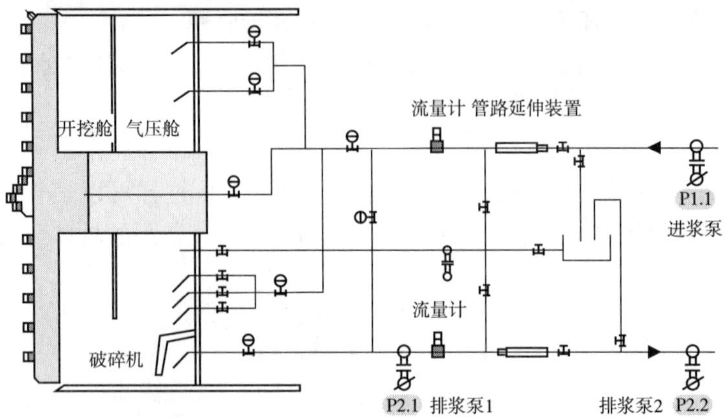

图 6-9 泥水系统示意图

送泥泵位于地面上，位置固定；初级泥浆排泄泵站位于盾构后配套拖车上，随盾构推进而前进；二级泥浆排泄泵站可根据实际需要选择安装位置，它的位置固定在隧道内部，一般与初级排泥泵的距离不得超过 1km。泥水的流动在掘进时、停止后、掘进前后都不一样。图 6-10 为送排泥基本程序图。

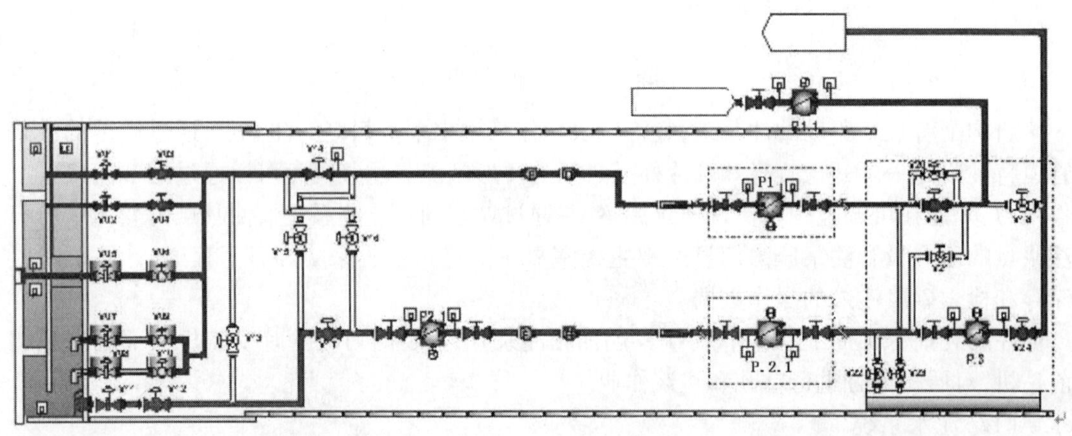

图 6-10 送排泥基本程序图

(14)综合管理系统

泥水加压式盾构法使用泥水加压密闭开挖面，不能直观目视开挖面状态及掘削状况。为此，采用综合管理送排泥状态、开挖面泥水室压力以及泥水处理设备等运转状况来进行工况推测，以便及时处理突如其来的异常情况。综合管理系统可侦测送排泥流量和压力以及分析掌子面的稳定状况，并与预先设定的标准量进行对比，以对比所取得的参数值为依据，再对送排泥泵的转速、泥水输送管闸门的开度、泥水处理设备工作状况进行自动调整，从而达到稳定掌子面、保证掘进工作顺利进行的目的。泥水加压式盾构的综合管理系统不是单纯的信息中心，而是整个泥水平衡盾构整体运转所不可缺少的一个重要环节。

综合管理系统安装在主控室内的计算机中，通过主控计算机分析由 PLC 采集来的各种掘进数据，再根据综合管理软件的原始设定自动调整盾构泥水系统的工作状态（在特定情况下也可改为手动控制）。

综合管理系统主要对以下几个部分进行控制和监控：

①加压和循环系统（送排泥输送设备）中央管理控制内容包括送排泥泵的启动、停止；送排泥泵的流量、流速；旁通管路运转时送泥管内的水压；盾构掘进时送泥压力的控制。

为了保持开挖面泥水压力的准确性，系统所控制的阀门全部采用自动控制，由转换程序装置控制进行自动管理。即使在停机状态也可根据开挖面泥水压力仪反馈的数据自动控制阀和泵的运转联合装置，以稳定掌子面的水土压力。

②泥水分离处理系统的管理

根据盾构掘进状态中所采集的数据自动地对泥水处理系统进行监视和调整。可根据处理设备的运转状况和能力，改变运转速度、稀释或浓缩泥浆，以适应开挖面的状态，并且在最适当的状况下进行掘进管理。

③切削排土量的检查

切削出来的土是通过管路排出的，由仪器测定送泥水和排泥水的密度差，由计算机自动求出实际排渣量。通过测量可了解到开挖面的稳定、塌方、超挖以及土质变化等情况。

④泥水性能管理

调整泥水中各成分的比例，使其具有如下特性：比重适当能平衡掌子面的压力，黏度适当、塑变值和凝胶强度低，能形成薄而牢固（或渗透壁）的泥膜，逸水量少，具有抑制土体塌方和泥水劣化的优越性能。

3. PPS 激光导向系统

盾构安装 PPS 导向系统。本系统能够对盾构在掘进中的各种姿态以及盾构的线路和位置关系进行精确的测量和显示。操作人员可以及时的根据导向系统提供的信息，快速、实时地对盾构的掘进方向及姿态进行调整，保证盾构掘进方向的正确。

PPS 导向系统和隧道掘进软件全天候提供盾构的三维坐标和定向连续的动态信息。隧道掘进软件是 PPS 导向系统的核心。通过其附带的通信装置接收数据，由隧道掘进软件计算盾构的方位和坐标，并可视化显示。PPS 激光导向系统如图 6-11 所示。

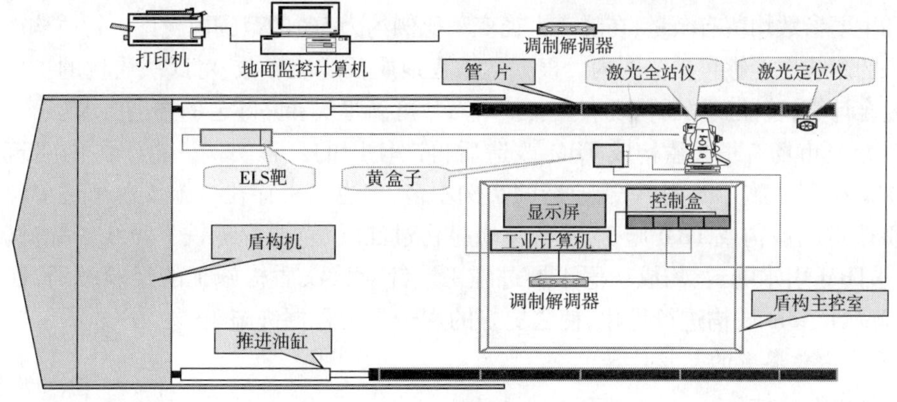

图 6-11 PPS 激光导向系统示意图

4. PDV 数据采集系统

PDV 数据采集系统可采集、处理、储存、显示、评估与盾构有关的数据。所有测量数据都通过被时钟脉冲控制的测量传感器连续采集和显示。所有必须记录的测量值都以图形的形式显示在 PDV 的监测器上。屏幕上的每个内容按功能分组如下:掘进;泥水管线;油脂/注浆;温度;其他;错误信息。

操作员可在这些屏幕页之间切换并从中获取需要的数据。

PDV 数据采集系统工作示意图见图 6-12。

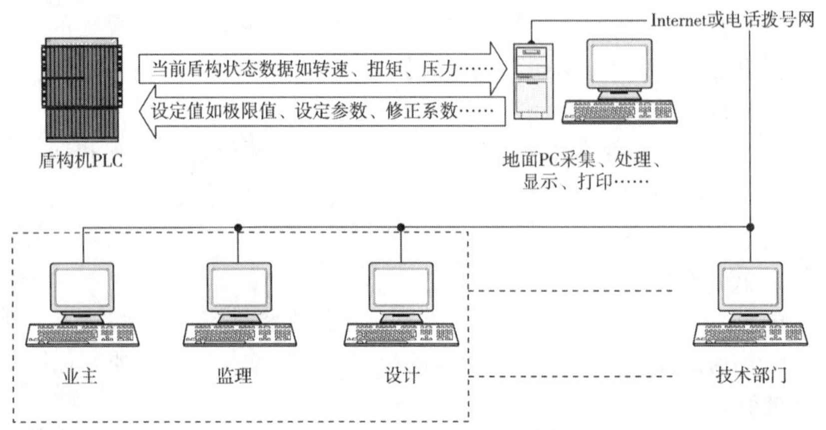

图 6-12 盾构数据采集系统及盾构状态信息化示意图

通过 PDV 数据采集系统收集到的信息,可以实现对盾构状态的实时信息化管理。通过互联网、电话拨号网以及 PDV 的计算机可以将当前的盾构掘进状态数据传送至业主、监理、设计及施工等相关部门,为整个工程的信息化管理提供重要信息来源。

六、盾构机改造

1. NFMϕ11. 38m 泥水盾构用于本工程的改造可行性

NFMϕ11. 38m 的管片外径为 11 000mm,盾构开挖直径为 11 380mm。杭州庆春路过江隧道的管片外径为 11 300mm,预计最大开挖直径为 11 680mm。直径增大 300mm,增大比例约为 2. 6% 。为了能够充分利用社会资源,按照习惯,国外厂商在设计时均考虑改造的可能,主机部件和主要参数均留有余量,在隧道直径变动比例约为 5% 的范围内允许进行盾构改造。对掘进带来的影响在能够接受范围内。根据本工程地质及隧道参数,对武汉盾构的主要技术参数进行复合计算,验证武汉盾构现有主要技术参数可满足庆春路隧道的掘进要求。

国外建筑市场有很多盾构或 TBM 改造后再次使用的工程实例。由于国内建筑市场大规模引进盾构工法施工时间不长,改造的实例不多,但也确实存在。施工总承包单位已经采用过 3 例改造的盾构或 TBM 施工:重庆主城排污过江隧道、成都地铁 1 号线 4 标试验段、辽宁大伙房 TBM 引水隧道,均成功用于掘进施工。针对武汉盾构施工的经验教训,在改造中将对 NFMϕ11. 38m 盾构进行优化,使之更好的用于本工程掘进施工。

2. 盾构主要参数的复核计算

(1)盾构外径计算

盾构外径取决于管片外径、保证管片安装的富裕量、盾构结构形式、盾尾壳体厚度及修

正蛇行时的最小余量等。

盾尾外径为：

$$D = \phi_g + 2(\delta + t) \tag{6-1}$$

式中：ϕ_g——管片外径，$\phi_g = 11\ 300\text{mm}$；

t——盾壳厚度，一般 $t = 60 \sim 80\text{mm}$，考虑到高水压，取 $t = 70 \sim 80\text{mm}$；

δ——盾尾间隙，一般 $\delta = 25 \sim 90\text{mm}$。

盾尾间隙 δ 主要考虑保证管片安装和修正蛇行时的最小富余量。盾尾间隙 δ 在施工时既可以满足管片安装，又可以满足修正蛇行的需要，同时应考虑盾构施工中一些不可预见的因素。取 $\delta = 90\text{mm}$。

将以上参数代入，则盾尾外径为：$D = 11\ 640\text{mm}$。

因此，盾尾直径：$D_{尾} = 11\ 640\text{mm}$。中盾直径 = 前盾直径：$D_{前} = 11\ 660\text{mm}$。

刀盘直径应考虑刀盘外圈防磨板磨损后仍能保证正确的开挖直径，在软土地层施工时，刀盘外径一般比前盾外径大20mm。因此刀盘开挖直径：$D_{刀} = 11\ 680\text{mm}$。

(2)推力复核计算

①盾构外荷载的确定

本盾构工程沿线隧道穿过的地层多变但埋深差别不大，隧道覆土厚度约31m。盾构从洞中通过的时间相对较短，根据常用算法，盾构的外部荷载将按照最大埋深处的松动土压和两倍盾构直径全土柱高产生的土压计算，并取两者中的最大值作为盾构计算的外部荷载。

盾构隧道最大埋深约31m，所以对盾构计算取此断面埋深为最大埋深值。

地基极限荷载计算充分考虑到受土压、水压的影响。拱形宽度 B_1 及高度 H_0 见图6-13。

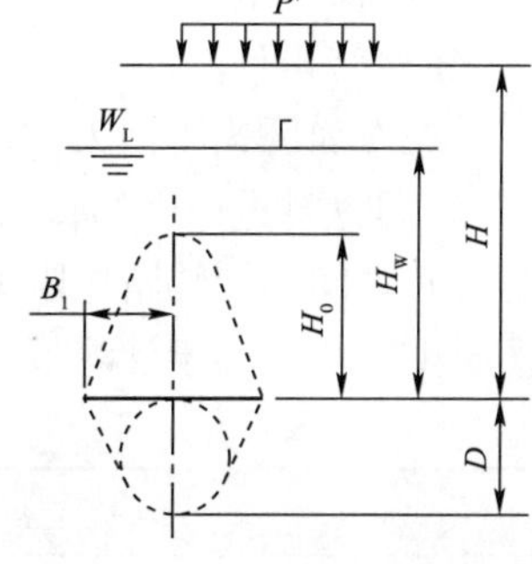

图6-13　水土压力影响示意图

其中：盾构直径 $D = 11.68\text{m}$；盾体长度 $L = 10\text{m}$；盾体总质量 $W = 950\text{t}$。

$$B_1 = \frac{D}{2}\cot\frac{45° + \frac{\varphi}{2}}{2} = 11.44(\text{m})$$

$$H_0 = \frac{B_1}{\tan\varphi}(1 - e^{-\frac{H}{B_1}\tan\varphi}) + \frac{P'}{\gamma g}e^{-\frac{H}{B_1}\tan\varphi} = 20.73(\text{m}) < 2D = 23.12(\text{m})$$

计算两倍掘进机直径的全土柱土压，如图6-14所示。

$P_0 = 446.35\text{kN/m}^2$；$P_2 = 229.87\text{kN/m}^2$；$P_3 = 346\text{kN/m}^2$；$P_{0'} = 526.05\text{kN/m}^2$

作用于盾构机前面的主动土压(静止土压)应充分考虑压力拱的高度，如图6-15所示。

$B = 8.45\text{m}$；$\sigma_v = 350.64$；$P_d = 238.64\text{kN/m}^2$。

②盾壳和土层的摩擦力 $F_1 = 14\ 202.98\text{kN}$。

③土压形成的全面阻力 $F_2 = 25\ 569.30\text{kN}$。

④盾构机前体与水压引起的阻力 $F_3 = 32\ 143.77\text{kN}$。

⑤盾尾密封的摩擦力(4道密封)$F_{sN} = 1\ 420\text{kN}$(管片外径11.3m)。

⑥拖拉后配套的力 F_{NL}(经验值)$F_{NL}=750$(kN)。

⑦总推力计算 $F=F_1+F_2+F_3+F_S+F_{NL}=14\ 202.98+25\ 569.30+32\ 143.77+1\ 420+750=74\ 086.05$(kN)。

考虑盾构机掘进时的推力安全系数为150%,则:

$$F=1.5\times 74\ 086.05=111\ 129.075(\text{kN})$$

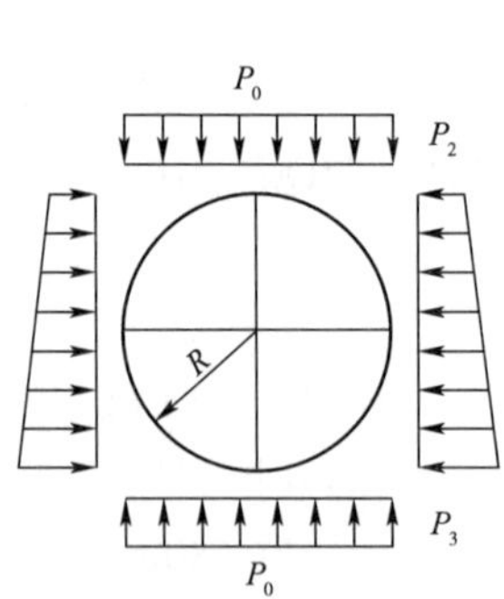

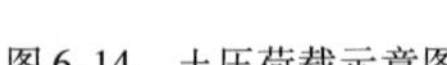
图6-14 土压荷载示意图

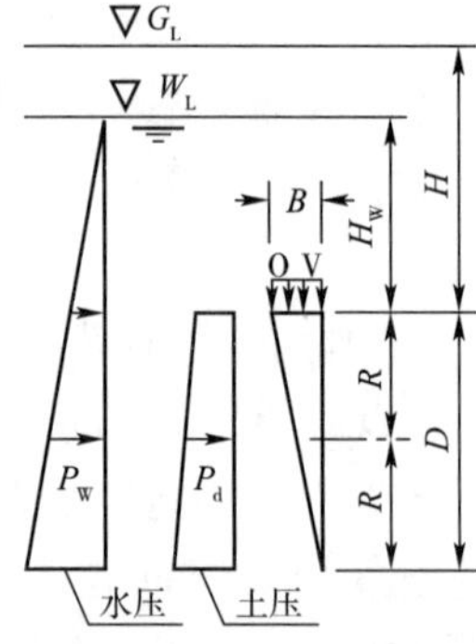

图6-15 前面土压示意图

盾构机实际配备最大推力为121 220kN,能够满足盾构的实际需要。

(3)转矩计算

泥水加压式盾构刀盘转矩比土压平衡式盾构小,只需克服刀具切削土体的抵抗转矩(T_1)、刀盘自重产生的转矩(T_2)、刀盘正面推力所产生的抵抗旋转转矩(T_3)、刀盘密封装置与衬砌之间的旋转摩擦阻力转矩(T_4)以及刀盘旋转时所产生的摩擦阻力转矩(T_5、T_6),实际情况下一般要小于计算值。土的强度及水土压详见表6-1。

土的强度及水土压表 表6-1

土的强度及水压力	
土的抗压强度	$P=220.0$Pa
刀盘的中心土压	$P_d=238.64$kPa
切削面水压(中心部)	$P_w=300$kPa
盾构机外面垂直上部土压	$P_0=446.35$kPa
盾构机外面水平上部土压	$P_2=229.87$kPa
盾构机外面水平垂直下部土压	$P_3=346$kPa
盾构机外面垂直下部土压	$P_0'=526.05$kPa
摩擦因数	
刀盘圆周面与土之间的摩擦因数	$\mu=0.1$
刀盘正面与土之间的摩擦因数	$\mu_1=0.1$
刀盘滚动摩擦因数	$\mu_2=0.004$
密封件与钢结构之间的摩擦因数	$\mu_3=0.2$

刀盘参数详见表6-2。

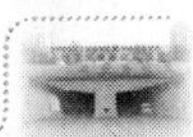

刀 盘 参 数 表　　表6-2

名　　称	数　　值		
滚动轴承摩擦系数	$\mu_g = 0.001$		
最大切削速度	$V = 4.0$cm/min		
刀盘旋转速度	$N_c = 1.50$r/min		
刀盘外半径	$R_c = 5.84$m		
刀盘厚度	$k = 0.45$m		
刀盘质量	$G = 200$t		
刀盘密封率	$\xi = 75\%$		
刀盘轴承的径向半径	$R_1 = 2.0$m		
刀盘轴承的轴向半径	$R_2 = 2.0$m		
主轴承密封			
密封件的挤压力 F_s	1.5kN/m		
密封件的安装编号	No	1	2
密封件的个数	n_s	4	4
密封件的安装半径(m)	R_s	1.5	2

刀盘转矩计算过程如下：

①刀盘参数。

②刀盘切削转矩 $T_1 = 1\,000.4$kN·m。

③刀盘自重产生的转矩 $T_2 = 4$kN·m。

④刀盘轴向荷载形成的轴承阻力转矩 $T_3 = 357.97$kN·m。

⑤密封装置摩擦力矩 $T_4 = 32$kN·m。

⑥刀盘前表面摩擦转矩 $T_5 = 7\,466.24$kN·m。

⑦刀盘圆周面的摩擦反力矩 $T_6 = 700$kN·m。

⑧刀盘转矩的计算：

$$\begin{aligned} T &= T_1 + T_2 + T_3 + T_4 + T_5 + T_6 \\ &= 1\,000.4 + 4 + 357.97 + 32 + 7\,466.24 + 700 \\ &= 9\,560.61(\text{kN}\cdot\text{m}) \end{aligned}$$

该盾构机刀盘转矩最高为9 560.61kN·m(最大转矩是13 650kN·m)

安全系数：$T_{max}/T = 1.428$。

由此可见刀盘转矩设计是安全可靠的。

(4)盾构机功率计算

①主驱动功率计算

根据实际工况，取刀盘的驱动转矩为13 650kN·m，刀盘最大转矩时的刀盘转速取0.85rpm，计算刀盘驱动的实际需要功率为：

$$W_0 = T \times \omega = 13\,650 \times 0.85 \times 2\pi/60 = 1\,214(\text{kW})$$

主驱动系统的总效率为：

$$\eta_d = \eta_{mc}\eta_{mm}\eta_{mr} = 0.95 \times 0.95 \times 0.98 = 0.88 \tag{6-2}$$

式中：η_{mc}——联轴器机械效率；

η_{mm}——电机的机械效率；

η_{mr}——减速器的机械效率。

所以盾构的实际主驱动功率应为：$W = W_0\eta d = 1\ 379\text{kW}$。

盾构机的实际配备功率为1 600kW，远大于计算功率，能满足需要。

②推进系统功率

由前面计算知，盾构推进时的最大推力取74 086.05kN，推进速度取40mm/min，计算推进功率为：

$$W_0 = FV = 74\ 086.05 \times 0.04/60 = 49.39(\text{kW})$$

推进系统应配备的功率应为：

$$\begin{aligned} W &= W_0/\eta_d = W_0/(\eta_{pm} \times \eta_{pv} \times \eta_c) \\ &= 49.39/(0.95 \times 0.90 \times 0.95) = 60.8(\text{kW}) \end{aligned} \tag{6-3}$$

式中：η_{pm}——泵的机械效率；

η_{pv}——泵的容积效率；

η_c——联轴器的效率。

推进系统实际配备功率为90kW + 18kW = 108kW（其中18kW为过滤泵），远大于计算功率，能满足需要。

3. 改造方案

根据对泥水盾构机主要参数的复核计算，两台泥水盾构机主要功能和配置、主要技术参数能够满足杭州庆春路过江隧道掘进的要求，故改造方案委托NFM—沈重负责实施改造，包括提供符合杭州地质条件的改造图纸和电液系统回路、结构改造工艺和新的电控程序；提供改造所需更换的零配件；负责工厂组装调试；对改造后的整机技术性能及工程水文地质的适应性负责等。由于沈重拥有该机的原图和技术资料，改造的工期和技术条件易于保证。改造周期为9个月。改造后的混合型盾构机如图6-16所示。

图6-16 混合型泥水盾构机效果图

4. 改造技术方案

(1)可利用的总成和部件

主驱动总成，包括：主轴承、大小齿轮副、主电机、减速器及马达、润滑系统等。

前盾：根据杭州庆春路过江隧道的尺寸，采用加大前盾直径的方式满足施工需要。

中盾：根据杭州庆春路过江隧道的尺寸，采用加大中盾直径的方式满足施工需要。经NFM公司的初步设计，推进油缸可沿直径方向外移动，满足庆春露隧道管片直径增大300mm的需要。

管片安装机总成，但提升装置和抓取装置可能略有改动，以满足杭州庆春路过江隧道管片结构和隧道直径加大的要求。

气闸总成、破碎机总成、推进油缸及靴板。

后配套结构及所有的系统或总成，包括：泥水系统、供电、电控系统、液压系统、空气系统、注浆系统、导向系统、注脂润滑系统、供水系统、通风系统、管片吊装装置、管片输送装置

等。后配套结构的连接桥需要局部改动，拖车可能需要抬高。

所有的后部设备包括：泥水分离设备、调浆制浆设备、施工运输设备、门吊、轨道及其他材料。其中，泥水设备可能需要局部作适应杭州庆春路过江隧道地质条件的改造，门吊需要作适应盾构安装井的改造。

上述部件与总成约占盾构机及后部设备总价值的70%～80%。

(2)需要重新采购、配置、设计制造的总成和部件

刀盘：根据杭州地质和杭州庆春路过江隧道尺寸重新设计制造，包括刀具。

尾盾：根据杭州庆春路过江隧道的尺寸重新设计制造。

电控系统局部程序可能要重写，液压系统局部的回路可能要改动。

更换所有的密封件和尾刷。

其他可能磨损超标的零配件。

改造后盾构参数详见表6-3。

改造后盾构参数表 表6-3

名 称	参 数	名 称	参 数
盾构基本结构	直筒式	最大转矩	13 650kN·m @ 0.85r/min
盾构总质量	>1 100t	额定转矩(最大转速)	5 050kN·m @ 2.3r/min
盾构主机长度	11.4m	脱困转矩	17 750kN·m
管片宽度	2 000mm	驱动功率	8×200kW＝1 600kW
掘进速度	40mm/min	主轴承型号	3排滚子轴承(2排轴向—1排径向)
刀盘		主轴承寿命	剩余8 000h(额定载荷下)
开挖直径	11 680mm	主轴承外径	4 800mm
形式	8个辐条和面板	主轴承驱动形式	内齿圈驱动
开口率	30%	内齿圈齿数	174
滚刀	23把	内齿模数	22
齿刀布置范围	从R＝2m处至外圈	主轴承密封	内外密封均为5道唇形密封
切刀	320把	泥水仓最大工作压力	600kPa
切刀特点	双层刀刃，可避免中途换刀	盾壳	
边刮刀	16把	形式	非铰接式
周边保护刀	24分度(共32把)	盾体直径	前11 660mm 中11 660mm 尾11 640mm
中心刮刀	8把	盾体长度	前2 405mm 中3 900mm 尾4 475mm
超挖刀数量	1把且有仿形功能	盾壳厚度	前60mm 中60mm 尾前段60mm，尾刷段80mm
超挖量	75mm	盾尾密封	4排钢丝刷(应急密封备选)，前3排钢丝刷，后1排钢板束
刀具磨损测量	液压式(4把不同位置切刀)	盾尾密封注脂点数	3×8个
刀盘驱动		压力控制方式	3×8个传感器
形式	变频电机驱动、双向	推进系统	
转速	0～2.3r/min(连续可调)	比推力	1 002kN/m^2

续上表

名　称	参　数	名　称	参　数
总推力	121 220kN	注浆方式	内置式、同步注浆
油缸数量	36	盾尾的注浆	12 点(其中 6 点备用)
每根油缸推力	3 366kN	注浆能力	$3\times12m^3/h$
分组数	4	搅拌罐容积	$15m^3$
油缸行程	2 600mm	压力传感器数量	6
最大工作压力	33 000kPa	碎石机	
最大推进速度	40mm/min	形式	内置颚式破碎机
管片安装模式伸出速度	1 500mm/min(4 根油缸一起)	每分钟循环数	0～4
管片安装模式回收速度	3 000mm/min(4 根油缸一起)	格网通过最大粒径	230mm 条形，开口 90mm
行程的传感器数量	4 个	破碎飘石的最大粒径	400mm
人员仓		碎石机装机功率	55kW
数量	1 个双室	破碎力	最大工作压力:32 000kPa
人员数	4+2 人	送泥泵	P1.2
人员仓工作压力	600kPa(测试压力 750kPa)	数量	1 套(在地面)
管片拼装机		管道直径	14″
管片抓取形式	真空式	允许最大粒径	90mm 球形
抓取能力	100kN(安全系数 1.5)	送泥能力	掘进时 $900m^3/h$，旁通时 $1\,144m^3/h$
挤压力	30kN/m	泵送密度	$1.08t/m^3$
装机功率	160kW	扬程	120m
回转速度	0～1.5r/min	泥浆泵功率	315kW
动转矩	500kN·m	中心冲洗泵功率	
静转矩	815kN·m	排泥泵	P2.1、P2.2
移动行程	3 000mm	数量	2 套
回转角度	±220°	管道直径	14″
自由度	6	允许最大粒径	190mm 球形
控制方式	无线及有线控制	排泥泵能力	额定流量 $1\,250m^3/h$
管片安装便利条件	有平台	最大泵送密度	$1.30t/m^3$
其他	安装有用来测量盾尾间隙装置，可以在拼装机上安装超前钻机	装机功率	500kW
管片传送		最大扬程	76m
管片输送装机功率	45kW(>30t 管片吊机)	泥水循环	
管片输送器	带真空的电动单轨吊机(10t)	管路延伸装置能力	6 000mm
传送能力	4 块管片	设备配泥浆管规格	14″
管片输送及吊机控制方式	无线控制	掘进模式流速	送泥管:2.81m/s，排泥管:3.58m/s
管片回填注浆		旁通模式流速	送泥管:2.58m/s，排泥管:3.58m/s

续上表

名　　称	参　　数	名　　称	参　　数
气垫控制		冷却水泵	30kW
气垫控制回路	双回路	排泥泵	500kW
后配套		碎石机	55kW
门架平台车数目	2 节 + 连接桥	铺管吊机	45kW
门架平台车行走方式	轨行	二次通风	45kW
液压系统		其他	100kW
液压油箱容量	$12m^3$	控制系统	
油品及等级	VG46 or HFDU　class 7（NAS 1638）	操纵室	操纵室带空调
供电系统		控制系统	PLC
变压器输入电压	10kV（+10%/-15%）、50Hz、3 相	数据采集处理系统	PC 带 CD 记录器(40 条参数记录)
变压器输出电压	710V/410V/230V	盾尾间隙自动测量系统	已含在主机内
变压器总容量	刀盘驱动变压器容量：2 000kVA；辅助设备变压器容量：1 000kVA；每台泥浆泵变压器容量：630kVA	导向系统	PPS
功率因数	$\cos\phi = 0.9$	全站仪型号	TCA1 800-Leica 精度：1 秒有效距离：500m
中性点型号	IT	压缩空气（工业空气）	1 台空压机
电气保护等级	IP55（主驱动电机为 IP67）	能力	$430m^3/h$ @ 800kPa
高压电缆	240m	储气罐容量	$1m^3$
总装机功率	2 927.8kW	装机功率	45kW
主驱动	200×8 = 1 600kW	高压风管卷筒	40m
超挖刀	11kW	二次通风	
推进系统	160kW	风量	45kW($25m^3/s$)
管片安装机	160kW	消音器数量	2
辅助液压系统		二次通风管直径	1 000mm
刀盘中心喷水系统		一次通风管直径	1 800mm
脂润滑	0.37×3 = 1.1kW	风管存储箱存储能力	100m
管片背部注浆	110kW	工业水系统	
液压油过滤系统	7.5kW	进水流量/温度	$40m^3/h$ @ 30℃
主轴承（齿轮油）润滑	2.2kW	水箱容量	$12m^3$
管片吊机	45kW	水管卷筒长度	40m
空压机（工业空气）	45kW	盾壳内污水泵能力	1×$40m^3/h$ @ 300kPa
排水泵	11kW		

七、盾构施工配套设备

1. 轨道运输设备和电瓶牵引机车

(1)列车编组及电瓶牵引机车的选择

盾构推进时的运输主要是管片和砂浆料及其他辅助材料向盾构作业面的运输。每循环掘进材料运输由2列车完成,每条隧道由两列车负责施工,列车由1节交流变频机车、2节砂浆车和2节管片车组成。

每掘进循环所需砂浆量:$Q=21\text{m}^3$;

每节砂浆车容量:$V_{砂浆}=Q/4=5.2\text{m}^3$;

管片运输车最大能力:3块/车;

列车在向洞内运输管片和材料时,最大运输质量 $W=W_{管片车}+W_{砂浆车}=$(4块×9.5t/块+2管片车×6t/管片车)+(2×7m^3×2t/m^3+2砂浆车×4t/砂浆车)=86(t);

列车在隧道内最大坡度为42.5‰,最大阻力为42.5‰。上坡时列车总阻力:$F_{阻力}=86\text{t}\times 0.428\text{kN/t}=36.808\text{kN}$。

机车最大黏着系数为0.22,采用1台变频机车牵引,则需要机车黏着质量:$G=36.808/(9.8\times0.22-0.428)=21.36\text{t}$。

机车实际质量应大于黏着质量,根据现有设备情况及安全要求,机车黏着质量取为45t。列车制动距离考虑机车和渣车都有制动机构,可以保证制动性能的可靠性。

(2)充电机

充电机的选择应根据机车电瓶容量确定,每台机车有3箱电瓶及3箱备用电瓶,4台机车共有24箱电瓶,电瓶充电时间为8h,充电电流最大150A。因此需要充电机的数量为6台,充电机规格为KCA150A-380V。

图6-17 成型隧道内轨线布置

(3)运输轨道设备的适应性

列车循环工作时间:按平均1 766m计算,重载列车进洞约13min,轻载列车出洞约7min,装卸材料时间约为60min(含井内装管片和下砂浆),合计列车循环工作时间约为80min(隧道内每隔一定距离设置一个岔道)。成型隧道内轨线布置如图6-17所示。

2. 垂直运输(提升)设备

(1)垂直运输设备的选择

隧道盾构掘进过程中,管片及材料供应需要通过提升设备进行垂直运输及装卸。材料提升运输时最大提升质量为三个管片,总质量约为28.5t,考虑需要采用门吊进行盾构及后配套拖车的安装,最大质量为30t,同时考虑应具有小型材料起吊功能,所以门吊主钩的最大提升能力选择为32t,副钩提升能力为5t。

(2)垂直运输设备与施工的适应性

盾构循环掘进工作时间为200min,每循环掘进需要使用两趟列车。门吊每循环掘进200min内需要提升次数:管片4次,小型材料起吊1次,共5次。垂直提升高度26m(江南工

作井）。现场门式吊车如图6-18所示。

门吊每小时内提升能力为7.6次，盾构每循环200min内需要提升的次数为5次，能够满足盾构正常掘进循环对提升设备的要求，门吊采用MD32/5型。

门式吊车起吊管片如图6-19所示。

图6-18　门式吊车

图6-19　起吊管片

3. 砂浆搅拌设备

砂浆搅拌设备采用散装水泥JW1000双卧轴搅拌机及PLD1600配料机组成的搅拌站。

4. 通风设备

(1)通风量的计算

通风量采用最小断面风速法进行计算。

工作面需要的风量：

$$Q_{需} \geq V_{min} \times S = 0.25 \times 83.3 \times 60 = 1\,247.5(m^3/min) \tag{6-4}$$

式中：V_{min}——最小断面风速，取0.25m/s，

S——隧道断面面积，约$83.3m^2$。

通风机风量考虑通风管的漏风，风机风量为：

$$Q_{机} = (Q_{需} + Q_{漏}) \times \eta = 2\,697(m^3/min) \tag{6-5}$$

式中：η——风量储备系数，$\eta = 1.5$。

(2)通风设备和通风方式的选择

采用机械压入式通风方式，选用SDF(C)-N012.5轴流式多极调速通风机。

长距离掘进中，隧道内双通风袋如图6-20所示。

5. 土外置运输设备

渣土外置运输采用挖掘机、侧卸式装载机及自卸汽车。

6. 泥水处理设备

根据本工程的实际需要，要求泥水处理设备的最大泥浆处理量为1 500m^3/h。渣料筛分能力为1 260t/h（可根据进尺的不同而调整）。筛分出的渣料含水率小于30%，达到分离指标时各次处理污浆的密度小于1.3g/cm^3，黏度为40s以下（马氏漏斗）、30s以下（苏氏漏斗），含砂量小于20%。最终工程中选用了德国沙堡生产的M750型泥水处理设备，其泥水处理量和筛分能力等各方面指标均符合工程需要。

泥水处理设备分离作业如图6-21所示。

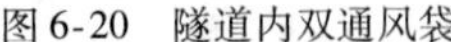
图 6-20 隧道内双通风袋

图 6-21 M750 德国沙堡泥水处理设备泥水分离作业

第二节 盾构隧道段衬砌设计

一、盾构段结构设计[5]

1. 断面内径拟定

隧道内径首先应满足规划交通功能、运营管理设施、安全设施所需要的空间要求，同时在此基础上，考虑隧道施工误差、结构变形、设计管片拟合误差及隧道后期不均匀沉降等因素所需的富余空间。本工程设计时在隧道限界要求的基础上在半径方向考虑100mm的富裕尺寸量，隧道内径确定为10.3m。

2. 衬砌形式

从国外盾构隧道二次衬砌的作用来看，主要是对一次衬砌的管片起到加固效果并用来进行防震、修正蛇行、防水及防蚀。结合国内外在各种水文地质条件下江(海)底盾构隧道的实践经验，采用单层衬砌完全可以满足圆形衬砌环变形、接缝张开量及混凝土裂缝等的设计要求。采用单层衬砌方案工艺简单、工期短、投资节省。经综合分析比较，本工程盾构隧道段采用单层衬砌。

3. 衬砌环类型

(1)衬砌环类型选择

本工程设计采用通用楔形环，其优点表现在：

①通过管片环旋转，满足全线直线段、平曲线段、竖曲线及施工纠偏要求，特别是避免了其他类型管片在高水压条件下通过设置垫片拟合竖曲线施工的缺点，从而减少了施工风险，加强了防水性能。

②本工程两线隧道全长约3.5km，不再需要直线环或专用的转弯环，减少了钢模数量。

③通过管片不同的旋转角度实现曲线的拟合，可最大限度地减小曲线拟合误差的积累，隧道轴线偏差可控制在5mm以内，满足隧道轴线拟合误差的要求。

④通过管片的精确定位，提高了管片的拼装质量。

通用楔形环的缺点在于管片需根据拟合需要旋转不同角度，拼装方式不固定。但通过

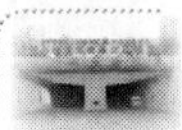

盾构机采用计算机软件辅助管片的拼装，可以实现线路拟合自动化。同时通过优化结构设计，使管片环纵向螺栓及榫槽具备精确定位的效果，提高管片拼装质量。

本隧道盾构段两线之间未设横通道，江中泵房也在体内，故衬砌管片全部采用钢筋混凝土管片。

(2)衬砌环楔形量拟定

从通用楔形环的理论上看，衬砌环楔形量只要比本工程圆形隧道段最小曲线半径对应的楔形量大就可以拟合成所需的线路，而最合适的楔形量应使线路拟合的误差最小，并满足线路纠偏等实际施工需要。本工程盾构隧道段线路最小曲线半径为 1 500m，经拟合计算，管片楔形量设计为 40mm，采用双面楔可以精确地完成线路拟合，并满足盾构施工纠偏的要求。

4. 管片结构主要设计参数

管片设计参数包括环宽、衬砌环分块、管片厚度、封顶块的接头角度和插入角度等，为了合理确定本隧道的最佳管片设计参数，设计过程中进行了相关的研究。

(1)管片厚度

管片厚度设计的过小，则导致盾构隧道的变形量很大，对施工中的拼装和竣工后的使用都有影响，同时对结构的防水也不利。如果管片的厚度过大，则会增加工程造价。根据工程类比以及对不同管片厚度条件下结构受力、变形的对比分析，设计管片厚度取值 0. 50m。

(2)环宽与分块方式

采用较大的环宽可以有效地减少环缝数量，降低工程造价，同时提高施工速度和防水质量。但是环宽太大，又会使单块管片的重量增大，造成生产、运输吊装的困难，所以国内外超大直径盾构隧道多采用 1. 5 ~2. 0m 的环宽。根据盾构机械的配置能力，本次设计采用 2. 0m 环宽、9 等分的分块方式。

(3)封顶块拼装方式

对于本隧道的高水压条件，封顶块(F)应采用半纵向插入方式以提高管片接头抗剪能力，同时在 2 000mm 环宽的条件下，考虑施工机械的实际条件，封顶块拼装采用先径向搭接 3/4，然后再纵向插入的方式。

管片布置如图 6-22 所示。

5. 管片环、纵缝构造及连接

管片接缝应满足防水构造设计要求、结构强度要求及盾构施工要求，并根据通用楔形环的特点为管片拼装提供一定的定位功能。除了防水材料沟槽外，为了便于管片拼装定位，在管片纵缝上设置凹凸榫槽；管片环面在迎千斤顶侧设置 4mm 的凸起面，并在凸面中央设置剪力销。

管片环、纵向连接均采用斜螺栓连接，环向块与块间通过 2 条 M36 螺栓连接，纵向通过均布的 36 条 M30 螺栓连接，螺栓机械等级均为 6. 8 级。

每块管片环缝迎千斤顶面设置 2 个 3mm 的凸起接触面，每个接触面大小约 0. 38m^2 (0. 316m × 1. 21m)；接触面距管片内侧 40mm。纵缝接触面高度 0. 326m，接触面距管片内侧 30mm；纵缝设置定位榫。环缝、纵缝构造如图 6-23 所示。

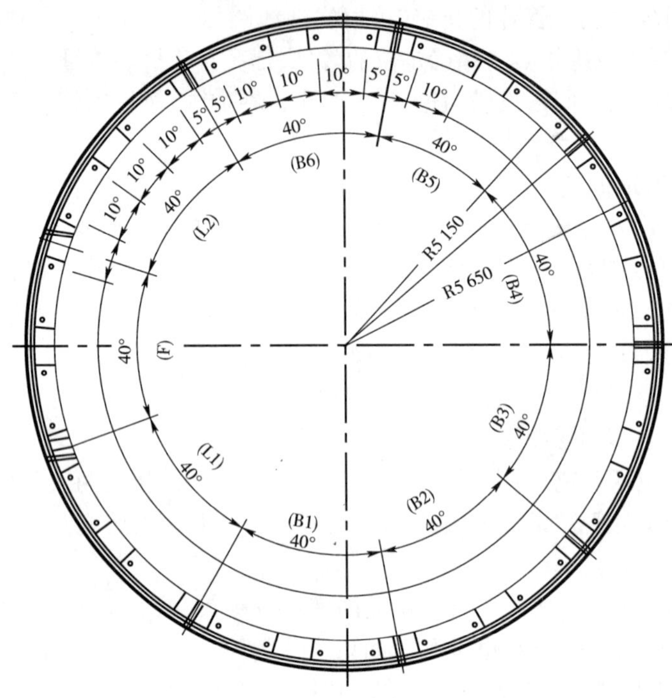

图 6-22 衬砌环布置图

二、工程材料与构件精度要求

1. 工程材料

(1)普通衬砌环由钢筋混凝土管片构成，混凝土强度等级为 C50，抗渗等级为 S12；

(2)钢筋采用 HPB235(Q235)、HRB335(20MnSi)钢；

(3)管片连接螺栓的材料为 6.8 级的钢材；

(4)螺栓预埋螺帽采用聚酰胺材料。

2. 构件精度要求

为保证盾构装配式衬砌良好的受力性能，达到结构的设计意图，提供符合结构计算假定的工作条件，管片的制作和组装必须达到以下精度：

(1)单块管片制作的允许误差：宽度 ±0.4mm；弧、弦长 ±1.0mm；外半径 ±2.0mm；内半径 ±1.0mm；环向螺栓孔孔径及孔位 ±1.0mm。

(2)整环拼装的允许误差：相邻环的环面间隙≤1.0mm；纵缝相邻块块间间隙为 +1mm；对应的环向螺栓孔不同轴度小于 1mm。

(3)推进时轴线误差≤100mm(包括施工误差、测量误差、不均匀沉降、结构变形及线路轴线拟合误差等)。

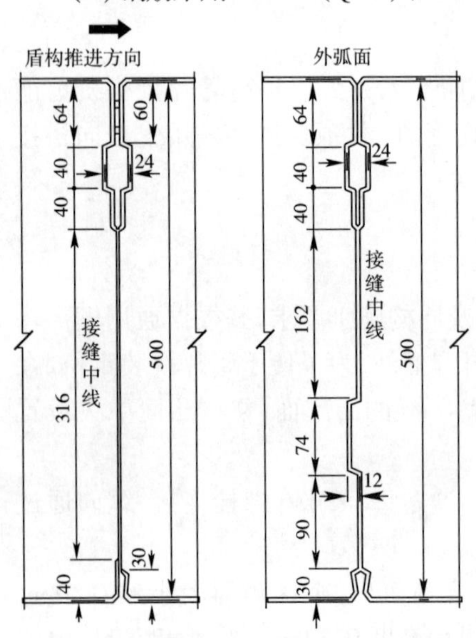

图 6-23 环缝、纵缝构造图(尺寸单位：mm)

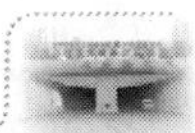

单块管片尺寸允许偏差见表6-4。

单块管片的尺寸允许偏差表　　表6-4

项　目	允许偏差	检查数量
宽度	±0.4mm	每块测3点
弧、弦长	内侧±1.0mm;外侧±1.0mm	每块测3点
厚度	+3/-1mm	每块测3点
内弧面半径	+1/-1mm	每块测3点
外弧面半径	+3/-1mm	每块测3点
螺栓孔位及半径	±1.0mm	每个

三、盾构隧道衬砌结构计算

1. 设计条件

(1)计算断面的选取

由于盾构穿越地层变化较大,在大部分地段为软弱地层或富含地下水的砂性土层,但是在江中局部地段盾构底部位于密实圆砾层中。故在结构计算时,根据隧道所处地层特征的不同选取RK1+500、RK1+670、RK1+830等共计五个断面作为典型控制断面进行分析计算。各个计算断面的分布见表6-5。

计算断面分布表　　表6-5

截面编号	里　程	覆土厚度(m)	隧道所在地层(主要)	侧压力系数λ	地层抗力系数K(MN/m)
1	RK1+500	9.8	③$_{-2}$、③$_{-3}$、④	0.38	18
2	RK1+670	20.3	④、⑤$_{-2}$、⑥$_{-1}$	0.5	13
3	RK1+830	16.0	⑤$_{-1}$、⑤$_{-2}$、⑥$_{-2}$	0.48	19
4	RK2+610	23.8	⑤$_{-2}$、⑦$_{-2}$、⑧$_{-1}$	0.40	30
5	RK2+920	26.1	④、⑤$_{-1}$、⑤$_{-2}$	0.49	16

(2)计算荷载及工况

计算中主要考虑的荷载有:

结构自重:混凝土管片按26kN/m^{3}考虑;垂直荷载:用太沙基(松散介质平衡)理论计算覆土垂直荷载;水平荷载(对于黏性土地层,按水土合算计算;对于砂性土地层,按水土分算考虑,并考虑水位变化的影响);地层抗力(用地层弹簧模拟);施工荷载(千斤顶推力、不均匀注浆压力等);结构内部荷载(汽车荷载等);地震荷载;其他偶然荷载,如人防荷载、爆炸荷载、沉船荷载,抛锚荷载等。

结构设计时分别按施工阶段、正常运营阶段可能出现的最不利荷载进行组合,分别进行强度、刚度和裂缝宽度验算。特殊荷载阶段每次仅对一种特殊荷载进行组合,同时考虑材料强度综合调整系数,不进行裂缝宽度验算。

2. 衬砌计算结构模型

由于本次设计采用通用楔形环错缝拼装,为能较为准确的反映错缝拼装时环间相互咬合作用效应,故采用梁-弹簧模型进行管片内力及变形分析计算,并用匀质圆环法进行校核。

(1)梁—弹簧模型

为了考虑环向和纵向接头的位置和刚度,以及错缝时的环间相互咬合效应对结构内力的影响,采用梁-弹簧进行了计算,计算模型如图6-24所示。

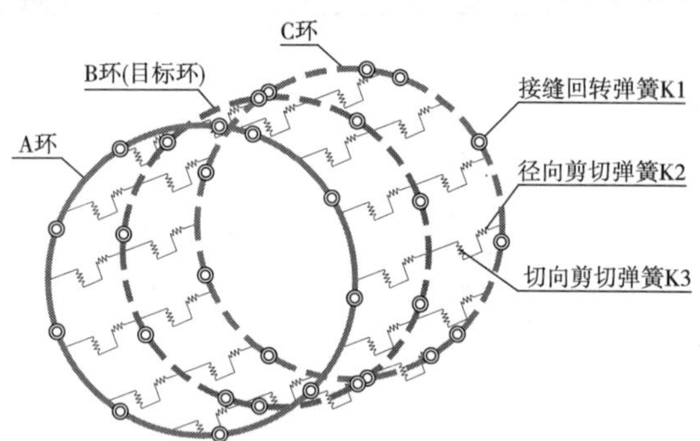

图6-24 梁-弹簧模型

(2)匀质圆环模型

采用匀质圆环模型计算时考虑环向接头引起的整体弯曲刚度降低,取圆环抗弯刚度为ηEI(η为<1的弯曲刚性有效率),然后考虑错缝拼装后整体补强效果,进行弯矩的重分配。

3. 管片内力计算结果

计算得到各控制断面梁—弹簧模型的计算结果如表6-6所示。

管片内力(每环)和变形计算结果 表6-6

截面编号	里程	最大正弯矩(kN·m)	最大正弯矩对应轴力(kN)	最大负弯矩(kN·m)	最大负弯矩对应轴力(kN)	最大直径变形(mm)
1	1+500	724.2	1 945.9	427.6	2 710	14.02
2	1+640	619.2	2 570.3	363.2	3 225.6	13.51
3	2+000	1 009.6	3 626.1	794.9	4 676.6	25.28
4	2+650	975.6	3 839.5	556.1	4 811.4	22.85
5	2+910	1 035.5	3 547.1	682.8	4 613	22.38
6	3+050	877.3	2 069.7	593.6	2 912	17.19

4. 管片配筋

根据控制断面内力计算结果,结合地质及埋深变化情况,管片配筋分为A型、B型、C型三种类型。不同类型配筋适用的里程如表6-7所示。

管片分段配筋表 表6-7

起点	终点	长度(m)	配筋类型	内侧配筋	外侧配筋
LK1+344	LK1+580	236	A型	6ϕ25+8ϕ20	6ϕ25+9ϕ16
RK1+340	RK1+580	240			
LK1+580	LK2+880	1 300	B型	6ϕ28+8ϕ25	6ϕ28+9ϕ20
RK1+580	RK2+880	1 300			
LK2+880	LK3+110	230	C型	14ϕ28	6ϕ28+9ϕ20
RK2+880	RK3+108	228			

四、近距离隧道施工影响及盾构掘进对堤防工程的影响分析

1. 近距离隧道施工影响分析

在已建隧道一侧平行施工新建隧道时,后施工隧道对土体的扰动以及对先行隧道的变

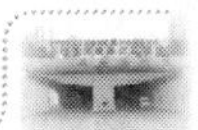

形及内力均将产生影响。根据既有盾构隧道施工经验，一般当两条隧道的净距≥1D（D为隧道外径）时，其影响已很小。本工程在工作井附近，隧道间的净距为5.32m<1D(11.3m)，设计时已充分考虑近距离施工时两条隧道的相互影响。

(1)后施工隧道与先行隧道间的相互影响主要考虑以下几点：施工隧道盾构的推进对先行隧道的挤压和松动；施工隧道盾构的盾尾通过时对先行隧道的松动；后施工隧道的壁后注浆对先行隧道的挤压；先行隧道引起周围土体的松弛对后施工隧道盾构的偏移等。

伴随这些现象会发生管片变形、接头螺栓变形、渗水、地表面下沉量增大等。

选取接近江北工作井近距离段，采用有限元法进行隧道影响分析。该段隧道覆土约7.5m，隧道线间距17.62m，隧道净距5.32m。盾构段先施工东线隧道，西线隧道在东线隧道贯通后再掘进通过该段。图6-25为该段近距离隧道影响分析模型。后继隧道推进时对先行隧道产生的影响主要表现在先施工的隧道会产生附加位移，图6-26显示出了这种影响。两隧道净距较小，使得沉降槽重合部分较大。图6-27示出了该位置先后隧道施工对地表位移的影响。由图中可以看出，地表最大沉降可达10cm。

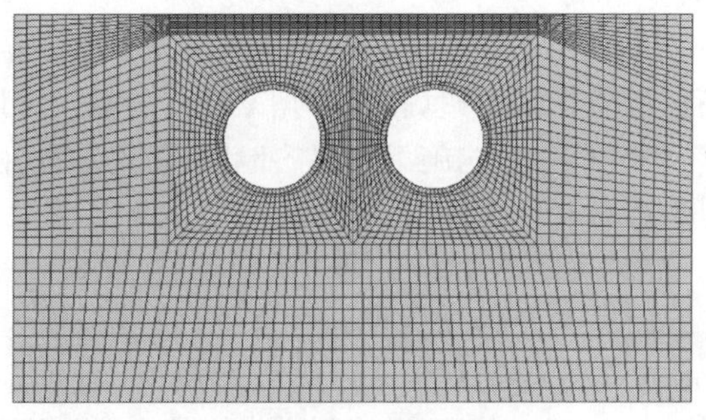

图6-25　近接施工影响分析单元图

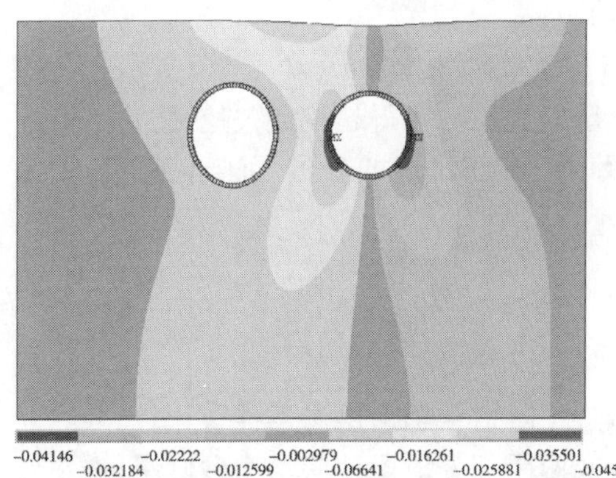

图6-26　后施工隧道对先行工隧道的影响（水平位移）

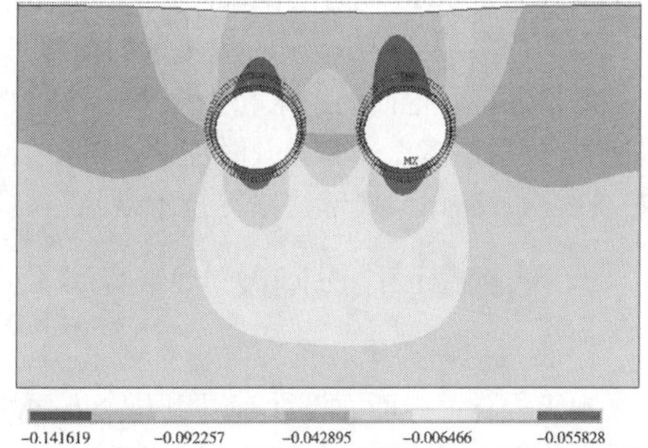

图6-27　近接施工对地表的影响（竖向位移）

(2)为进一步减少施工中两条隧道的相互影响，施工中采取如下技术措施，为先行隧道及时作好纵、环向螺栓的连接工作：加强先行隧道衬砌管片的应力和收敛量测；根据监测情况及时调整盾构推进速度、同步注浆量及注浆压力；稳定隧道间的侧向压力，尽量减少隧道产生的偏压。

2. 盾构掘进对江堤的影响分析

(1)钱塘江堤防工程概况

庆春路过江隧道穿越北岸临江城市防洪堤为杭州市市区防洪确保线。杭州市城市防洪堤工程建成于1998年,堤顶高程为11m(含挡浪墙顶),按500年一遇设计,堤角按100年一遇标准设计,堤塘结构是在原围堤基础上改建为重力式混凝土挡墙。隧道南岸防洪堤为钱江确保线海塘,是杭州市滨江区及萧绍平原的防洪屏障,按50年一遇标准设计,但目前堤顶高程已超过设计标准。标准堤塘于2002年竣工,堤塘结构为带有平台的复合式斜坡,堤顶铺有沥青路面,宽7m,外侧设有挡浪墙,挡浪墙顶高程为6.17m,外坡侧改建为带有2m宽平台的复合式混凝土灌砌块石护坡,堤脚设有钢筋混凝土护坦及小沉井防冲刷保护。

(2)堤塘沉降监控指标

《钱塘江杭州市庆春路过江隧道工程防洪评价报告》提出的堤塘监控指标为:北岸不均匀沉降斜率控制值为0.1%,最大沉降量控制值为2cm;南岸不均匀沉降斜率控制值为0.2%,最大沉降量控制值为3cm。

(3)盾构隧道施工对堤防工程的影响分析

在盾构掘进施工过程中,盾构从岸边堤防结构下穿越,必定会因地层移动而导致堤防工程结构产生不同程度的沉降变形。盾构施工引起的地层损失和盾构隧道周围受扰动或受剪切破坏土层的再固结,是地面沉降产生的根本原因。

为预测盾构隧道施工穿越堤防时引起的堤防沉降量,本此设计采用有限元法进行了分析计算。根据地质和施工条件,假定地层为弹塑性介质,将沉降视为力学过程,防汛墙结构和土体采用平面应变单元来模拟,隧道衬砌采用梁单元模拟。根据东、西线隧道先后施工顺序,考虑两种工况进行计算。计算结果为:东线隧道先穿越堤防隧道结构顶产生的最大沉降为1.9cm,堤顶防汛墙产生的最大沉降为1.1cm;东、西线隧道均穿越堤防隧道结构顶产生的最大沉降为2.0cm,堤防防汛墙产生的最大沉降为1.3cm。

(4)盾构穿越堤防施工时应采取的措施

严格保持开挖面的泥水和土压平衡,减少对土层的扰动。不得超挖或欠挖,防止过大的纠偏;加强盾尾多点、均匀、及时注浆;加强检测,及时反馈防汛墙的变形、沉降信息,以便采取二次注浆、防汛墙底部注浆等技术措施。

五、盾构隧道段纵向设计

1. 隧道纵断面概况

本工程隧道纵断面设计有以下几个方面的特点:①隧道穿越地层渗透性变化较大,纵向上两端为黏土层、粉质黏土层,渗透性差,而江中段及两岸部分地段地层均为砂砾层,透水性好。在结构受力上部分地段表现为水土分算,而大部分地段为水土合算;②地面地形在两岸边段变化较大,隧道覆土厚度最小为7.5m,江南大堤处达到26m,纵向荷载不均匀变化大;③隧道在纵断面布置上还表现为两岸段为软弱砂层、黏土层,江中段局部位于圆砾层之上,地层基床系数差异大;④钱塘江河床断面冲淤变化幅度较大。

2. 隧道纵向设计

隧道纵向荷载差异大及地基软硬不均是盾构隧道段的主要特征之一。此外,在盾构段

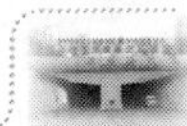

与工作井相连接处，为了满足防水需要采取局部刚性连接，这就造成纵向刚度差异较大。以上因素都会使得沿隧道纵向产生不均匀沉降，并在地层、地形突变处和隧道刚度突变处产生很大的变形或应力，尤其在地震条件下，这种影响更为明显。针对这种情况，设计中在地层、地形突变处和刚度突变处的纵向螺栓连接上均采用弹性垫圈，以达到吸收变形减小应力的目的，并对此进行隧道纵向受力分析。

3. 隧道纵向计算

纵向计算主要研究在静力作用下盾构隧道纵向的变形、不均匀沉降以及结构内力变化。本次初步设计采用有限元软件对盾构隧道进行整体纵向分析，把盾构隧道简化成刚度沿纵向不变的连续梁单元，对于环间接头影响根据在拉压、剪切或弯矩作用下变位相等的原则，换算得到盾构隧道在拉压、剪切或弯矩作用下的刚度折减系数。盾构隧道所受水土压力根据前述原则分别予以考虑，隧道下侧的弹性抗力采用地基弹簧模拟。通过计算可知，隧道的变形和内力均在承受能力范围之内。

六、施工及运营阶段隧道抗浮计算

1. 施工阶段抗浮计算

在施工阶段，以历年实测最低冲刷线作为控制高程，对江中段隧道最小覆土截面进行抗浮计算。该处最低冲刷高程为 -14.8m，路面设计高程为 -30.076m，覆土厚度为 8.04m。只考虑管片重力和覆土浮容重，计算得施工阶段抗浮安全系数 $K=1.36$，满足抗浮要求。

2. 运营阶段抗浮计算

运营阶段以300年一遇预测最低冲刷线作为控制高程，对江中段隧道最小覆土截面进行抗浮计算。该处最低冲刷高程为 -17.7m，路面设计高程为 -28.587m，覆土厚度为 3.516m，计算得运营阶段在最大冲刷条件下（不计摩阻力），结构抗浮安全系数 $K=1.16$，满足抗浮要求。

七、盾构段内部结构设计

1. 盾构段路面板结构设计

（1）路面板结构布置

根据本隧道总体设计，在圆形隧道内按一定间距布置逃生滑梯，并在江中最低点一定范围内设置江中泵房。故对于路面板结构而言，有一般段、江中泵房段以及逃生滑梯开口段，其具体分布情况见隧道纵断面布置图。

（2）路面板结构设计

本工程隧道内路面板结构设计时，车道板结构形式较简单，计算荷载为城 A 级。根据结构受力分析情况，路面板厚 350mm，中部支撑墙厚 300mm，均满足要求。

2. 江中泵房结构设计

东西线分别在 RK2 +610、LK2 +610 处设置江中泵房。江中泵房设置在道路路面板下，宽 2.0m，深 2.4m，江中泵房段长 15.0m。在圆形隧道断面布置上，江中泵房设置在路面板下，其余两侧分别为紧急疏散通道和电力电缆通道，具体布置如图 6-28 所示。

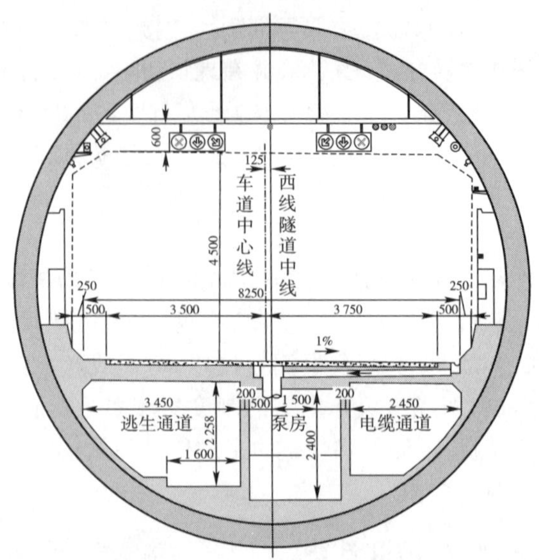

图 6-28　江中泵房段断面结构图(尺寸单位:mm)

东西线分别在 LK2 +610 及 RK2 +610 路面下设置排水沟,将路面侧沟的集水引入江中泵房。同时在江中泵房两端设置集水沟,将线路两端排水沟汇集,并用潜泵排入泵房内。

根据排水需要,在路面板设置 4 个 800mm ×1 400mm 的设备吊装孔兼进人孔,在路面截水沟与隧道中线处设置 ϕ400mm 的下水管,路面结构预留相关设备孔。根据结构计算结果,路面板开孔后,路面结构能满足使用要求。

第三节　管片钢模与管片生产

一、管片制作方式

本工程使用的管片每环均为标准件,管片内径 10 300mm,外径 11 300mm,衬砌圆环分为 9 块,管片厚度为 500mm,环宽度为 2 000mm,为“大楔形块封顶”的双面楔形通用管片,管片楔形量 40mm,管片采用 C50,S12 的高强度防渗钢筋混凝土。管片钢筋笼在钢筋车间由人工使用钢筋加工机械制作,轨行平板车运输到混凝土车间后,20t 桥吊将钢筋笼吊装入模,混凝土采用现场自拌混凝土,成品混凝土装入混凝土料斗,由轨行平板车运入混凝土车间,20t 桥吊吊送混凝土入模,模具自带的气动附着式振捣器捣固,混凝土初凝抹面后蒸汽养护,然后脱模放入水池养生,喷淋养护相结合的养护方法等工序生产管片。混凝土由混凝土搅拌站生产,生产能力为 100m^3/h。

二、管片模具

管片由高精度模具制作而成,共 2 套模具。每套管片模具共由 9 块模具组成,管片在纵

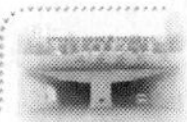

缝上设凹凸榫槽。

管片模具的验收包括环宽精度、弧弦长精度、模腔精度等几个部分,允许偏差值如表6-8所示。

管片模具允许偏差表　　表6-8

项　目	宽　度	弧　长	弦　长	管片厚度	螺孔直径	螺孔间距
单位(mm)	±0.25	±0.35	±0.35	0～+2	±0.1	±0.3

三、管片生产工艺流程及技术要点

1. 管片生产制作流程

管片生产制作工艺流程如图6-29所示。

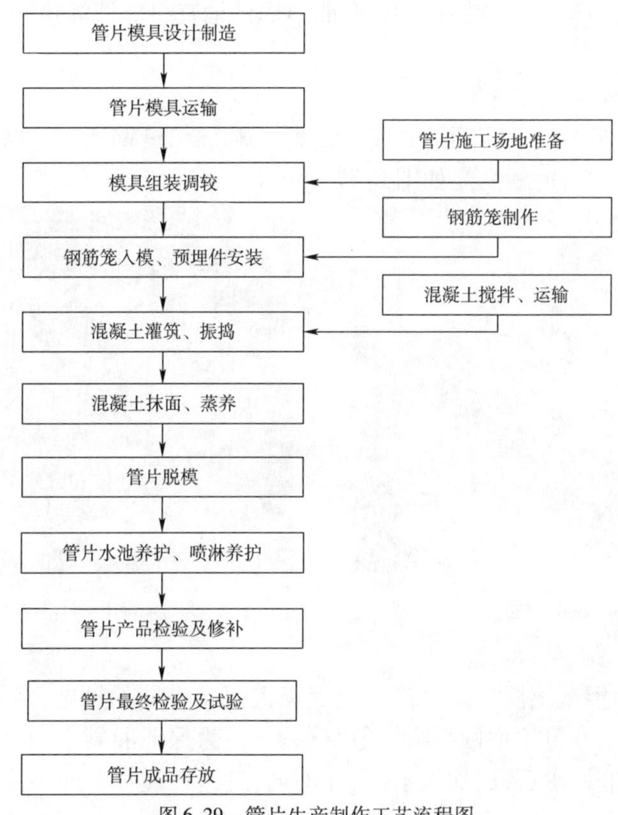

图6-29　管片生产制作工艺流程图

2. 管片生产工艺及技术措施

在管片结构施工图设计完成后,及时进行管片模具的设计与制造。设计时充分考虑模具有足够的刚度和耐久性。模具制造时应加强监造,保证模具的刚度。模具检验合格后,由运输汽车运到管片厂。管片生产场地主要包括:施作水养池、改造混凝土搅拌站、硬化部分管片存放场地等。

(1)模具组装与调较

模具涂抹时使用干净抹布均匀涂抹,不得出现流淌现象。如出现,则采用棉纱清理干净。

将端模板向内轻轻推进就位,用手旋紧定位螺栓,使用端模的推上螺栓将端模推至吻合标志,把端模板与侧模板联结螺栓装上,用手初步拧紧后用专用工具均衡用力拧至牢固,特别注意严格使吻合标志完全对正位,并拧紧螺栓,不得用力过猛。

把侧模板与底模板的固定螺栓装上,用手拧紧后再用专用工具从中间位置向两端顺序拧紧,严禁反顺序操作,以免导致模具变形。

模具组装后需进行模具调校,由专职模具检测人员对其宽度、弧长、手孔位进行测量,不合格者进行及时调校,必须达到模具限定公差范围,以保证成品精度。检测时采用全站仪三维测量系统检测管模精度和进行调较。然后用 0 ~ 2 300mm 量程的内径千分尺复核检测钢模的宽度,误差为 +0.2/ -0.4mm,利用 0 ~ 5m 量程的钢卷尺复核检测钢模底板的弧长,误差为 ±1mm。模具精度复核如图 6-30 所示。

(2)钢筋笼的制作、运输

钢筋原材料检验→调直、断料→弯弧、弯曲→部件检查→部件焊接→钢筋骨架成型焊接→钢筋笼检验。

(3)钢筋骨架入模及预埋件安装

由专人按模具的型号规格将钢筋骨架、预埋件、螺旋构造钢筋、预埋螺栓分别摆放在模具附近指定位置。入模后的钢筋笼如图 6-31 所示。

图 6-30 模具检测

图 6-31 入模后的钢筋笼

(4)混凝土搅拌、运输

混凝土现场采用混凝土搅拌站生产。为保证混凝土性能的稳定,定期检验混凝土搅拌站上料系统、搅拌系统和电子称量系统。冬季施工时,为保证混凝土的性能,采用 45℃ 的温水搅拌。搅拌时先加砂、碎石,后加入水泥、外加剂,且保证搅拌时间不少于 2min,混凝土拌制后及时运入混凝土车间灌筑混凝土。混凝土应随拌随用。

(5)混凝土灌注、振捣、抹面

混凝土灌注前需严格检查预埋件。预埋件需在钢筋笼之前预先放置固定于钢模上,依浇筑前自检表检查,预埋件与固定座需完全紧密锁紧,合格后可灌筑混凝土。混凝土浇捣后 30 ~ 50min 拆除压板,作管片外弧面的收水工序。在混凝土浇筑完 1h 左右拔出螺杆并及时清洗干净,涂抹黄油后放在模具的指定位置备下一循环使用。

(6)蒸汽养护

采用蒸汽养护提高混凝土脱模强度、缩短养护时间,为加快模具周转创造条件。混凝土初凝后合上顶板(不用拧紧螺栓),在模具外围罩上一个紧密不透气的帆布罩进行蒸汽养护。

管片在帆布罩内进行蒸汽养护如图6-32所示。

图6-32　管片在帆布罩内进行蒸汽养护

(7)脱模

混凝土降温后将混凝土试块送试验室进行试压。强度达到18MPa以上时，接试验室通知后开始脱模。将管片吊至翻片机上进行90°翻转，再换专用吊具将侧立的管片吊至平板车上送入水养池。

(8)管片水池养护和喷淋养护

管片在水池中养护时应经常检查水温，防止水温过高和过低影响管片的强度增长。在水池中养护7d后，用门吊起吊管片，放置在翻转架翻转后，用叉车转运到临时堆放厂的喷淋养护区。

(9)管片堆放与运输

管片在内弧面醒目处注明管片型号、生产日期和钢模编号。管片在堆场拟呈元宝形整齐堆放，堆放高度为3～5块；侧向堆放高度以3块为宜。管片内弧面向上呈元宝形平稳地放于装有专用支架的运输车辆外运。

(10)成品检验及修补

用0～2 300mm和0～500mm量程的游标卡尺分别测量管片的宽度和厚度；用5m规格的钢卷尺测量管片弧长；用直径为1mm，长度为7m的尼龙线对扭曲变形情况进行检验；每块管片都进行外观质量检验，管片表面应光洁平整，无蜂窝、露筋、裂纹、缺角。轻微缺陷进行修饰，止水带附近不允许有缺陷，灌浆孔应完整，无水泥浆等杂物。单块管片成品质量标准如表6-9所示。

单块管片成品质量标准　　表6-9

序　号	内　容		检测要求	允许误差(mm)
1	外形尺寸	宽度	测三点	±0.4
		弦长、弧长	测三点	±1
		厚度	测三点	+3　-1
2	混凝土强度			≥设计强度等级
3	混凝土抗渗			≥设计强度等级

深度大于2mm，直径大于3mm的气泡、水泡孔和宽度不大于0.2mm的表面干缩裂缝用胶黏液与水按1∶1～1∶4的比例稀释，再掺进适量的水泥和细砂填补，研磨表面，达到光洁平整；破损深度不大于20mm，宽度不大于10mm，先用环氧树脂砂浆修补，再用强力胶水泥砂

浆表面填补研磨处理。不合格的产品应及时标识和隔离,合格产品储存、出厂。

(11)最终检验和试验

每班生产至少作两次坍落度试验,强度试验需分三次投料,每次投料需捣实25次;样品应与制品条件完全相同情况下进行养护;施工时每天应制作四组(12块),分别为6h试验一组,14d试验一组,标养、同条件养护56d各试验一组;强度试验样品尺寸为100mm×100mm×100mm,正式生产前至少提供2组测试资料。管片生产前期每50环做抗渗试块一组,生产正常后每100环做一组。

环片出厂前应对其如下项目按如下频率抽检:环片块单体弯曲试验:每1 500块一次,使用标准片;环片块接合破坏试验:每500环一次,使用标准片或邻接片接合;环片块单体推力试验:每500环一次,使用封顶片。

图6-33 管片检漏试验

螺栓、螺母等组件,每500个或一批进货者抽样取2个做外观、形状、尺寸及螺栓精度检查。

环片生产正常后应对每日生产的不同类型环片分别抽检2块检漏,检查其抗渗性能。检漏标准为:按设计抗渗压力恒压2h,渗流线不得超过环片厚度的1/3,如图6-33所示。

环片水平拼装检验应符合下列规定:由三环环片进行水平组合拼装,并经检验合格方可投入正式生产;环片投入正式生产后,对每套钢模生产的环片按如下规定作水平拼装检验:环片开始生产50环后进行水平拼装一次;开始生产100环后,再经一次水平拼装检验合格后,可定为每生产100环作一次水平拼装检验;水平拼装的检验标准应符合表6-10要求,三环试拼装如图6-34所示。

管片水平拼装检验允许误差 表6-10

项　目	检测要求	检测方法	允许误差(mm)
环向缝间隙	每环测3点	插片	≤2
纵向缝间隙	每条缝测3点	插片	≤2
成环后内径	测4条(不放衬垫)	用钢卷尺	±2
成环后外径	测4条(不放衬垫)	用钢卷尺	-2,+6

图6-34 建工建材公司管片三环试拼装

第四节　盾构始发前准备

一、盾构始发段设计概况

本工程盾构隧道总长 3 532.442 单线米，其中东线长为 1 765.478m，西线长 1 766.924m。管片外径 11.3m，管片内径 10.3m，管片厚度 50cm，环宽 2m。通用楔型环，分块采用“6 +2 +1”形式，错缝拼装，纵环向采用高强螺栓连接。隧道纵坡最大 4.25%。盾构隧道采用两台 ϕ11.68m 的泥水平衡盾构机掘进，两台盾构机均从江南（萧山侧）盾构工作井始发，盾构始发段纵向坡度为 -4%（-4.25%）。江南盾构工作井深 27.8m，平面尺寸 86.8m ×25.2m，围护结构采用 1.2m 的连续墙结构，内衬结构为 1.2m 的钢筋混凝土。明挖段与工作井衔接处台阶高差达到 6.3m，与始发平台的高差达到 4.2m，为盾构整体始发增加了难度。后期为满足工作井施工降水的要求，在施工围护外围施作 94.7m ×43.1m 的防渗帷幕墙深入基岩，墙厚 0.8m，墙身为 C20 素混凝土，靠明挖段侧距离 13m，其他三边距离为 3m。

二、盾构始发段工程地质情况

盾构始发段的上覆有②$_{-1}$砂质粉土、②$_{-2}$粉土夹淤泥质土、③$_{-1}$粉砂夹粉土、③$_{-2}$砂质粉土，穿越地层主要包括③$_{-3}$粉砂夹粉土、④淤泥质粉质黏土、⑤$_{-1}$粉质黏土；下伏⑤$_{-2}$粉质黏土、⑦砂土、⑧圆砾层。“粉土”类主要为①、②、③层，“粉土”类组合均属饱和粉土、粉砂，渗透性较好，属弱透水层，为主要的潜水含水层，其力学性质具有明显的触变性和流动性，在水动力条件作用下易产生管涌、流沙及砂土液化现象。“黏性土”类为④、⑤、⑥层，“黏性土”类组合层埋藏深度为 20m 以下，为上部潜水含水层和下部承压含水层之间的相对隔水层。由于本组合层均属黏性土，力学性质大多较差，受下部承压含水层水压力的影响，引起基坑基底的隆起趋于明显。“砂土”类为⑦层，“碎石土”类为上部⑧$_{-1}$层圆砾与下部⑧$_{-2}$层卵石，“砂土”、“碎石土”类组合层属承压水含水层，水量充沛，水头高程为 -3.98 ~ -3.80m，单位涌水量为 17 976 ~23 262L/h · m，本层钻探过程中有明显漏浆及坍孔现象，盾构开挖时易引起涌水、突水、坍塌等问题。

孔隙潜水赋存于场区浅部人工填土及其下部粉、砂性土层内，水位高，渗透性好，其透水性均为 10^{-4}cm/s 数量级。⑦层砂土、⑧层圆砾层为承压水层，承压水位高，透水性强，承压水水头高达 -3.8m（根据江南工作井施工监测达 -2.5m），单位涌水量达 1.8×10^3 ~ 2.3×10^3L/h · m。盾构始发时，盾构距承压水层⑦$_{-2}$粉细砂、⑧$_{-1}$圆砾层只有约 7m，对盾构始发有较大影响。

三、工作井衔接段的处理

将向明挖段延伸的连续墙用钻孔灌注桩与止水帷幕墙相连接，待相邻明挖段施工完成后施工段结构。充分利用江南工作外部止水帷幕，明挖衔接段（止水帷幕 13m 范围内）在原设计的基础上再下降 4m，作为车架转换段；内部结构完成后预留 8m ×5m 的吊装口，满足盾构始发。盾构掘进完成后按原设计高程进行行车道板施工。结构形式如图6-35所示。

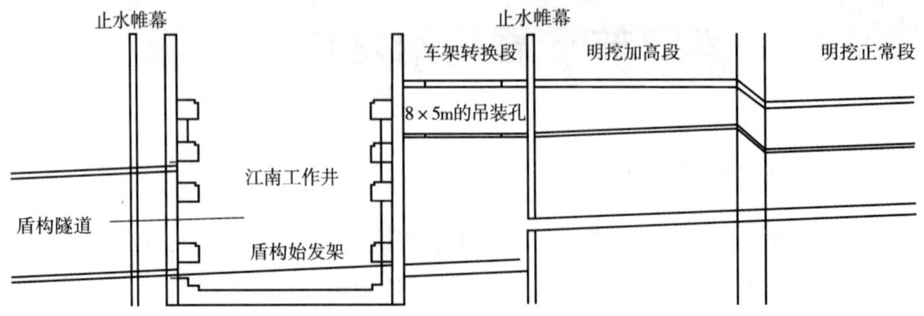

图6-35 盾构始发段结构剖面图

四、盾构始发总体方案

第一步，在明挖结构开挖前必须对工作井端头进行加固处理，并在盾构机组装前凿除洞门范围内的圈梁及部分连续墙；第二步，完成始发条形基础施工，完成始发架的调整及加固工作；第三步，架设军便梁，依次组装盾构后配套拖车，并将其拖入明挖暗埋段（2号在明挖段，1号在车架转换段），并拆除军便梁；第四步，依次组装盾构机主机（前体、中体、刀盘），并将主机前移到洞门内2m（完成洞门凿除和洞门密封安装后），并组装焊接盾尾、安装管片安装机及轨道梁；第五步，后配套拖车依次连接（0号，1号，2号），并完成盾构机整机调试；第六步，完成反力支架系统的定位及固定，拼装负环管片；第七步，在泥水处理系统、垂直运输系统和水平运输系统、制浆系统等准备完毕后开始盾构始发试掘进；最后，局部延长2号拖车连接管线约20m，待1号拖车完全离开车架转换段后，对2号车架架进行转换。（车架转换段铺设行车钢架，2号拖车进入，起吊，拆钢架，将2号拖车放到拖车轨道，前移连接，正常掘进）盾构始发流程如图6-36所示。

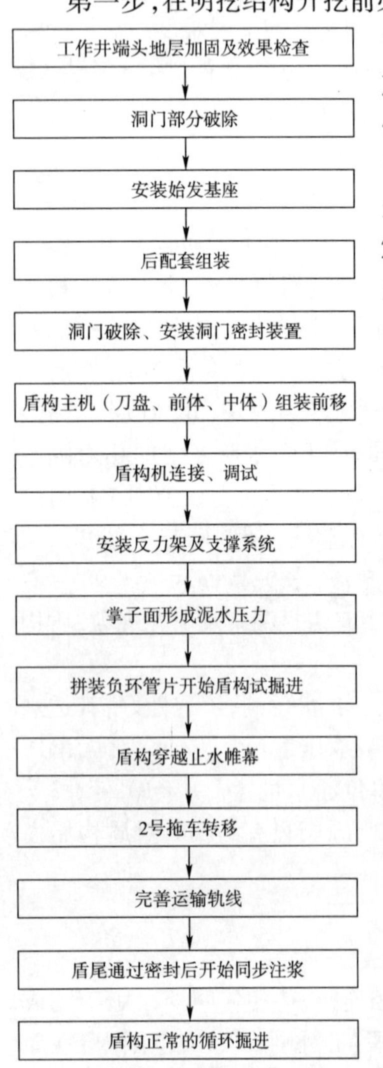

图6-36 盾构始发流程图

五、洞门端头土体加固

1. 洞门土体加固

始发段掘进层依次为③$_{-3}$粉砂夹粉土（上部少量）、④淤泥质粉质黏土、⑤$_{-1}$粉质黏土层。黏性土为主，透水性较小，且有止水帷幕墙，但加固深度达30.4m。

在盾构始发时，辅助几口降水井（各有疏干井2口、承压井2口），降低承压水风险。在较承压水时，同时启动临近明挖段的承压水降水泵。

先将需加固范围土体开挖3～5m；土体加固采用三轴搅拌桩（止水帷幕外范围）和高压旋喷（连续墙和止水帷幕间）

相结合的方式。

工作井连续墙与止水帷幕墙间为 3m 范围，采用满堂高压旋喷桩进行加固。

止水帷幕墙后 10m 范围采用深搅桩进行加固。由于端头井加固深度达 30m，考虑到深搅桩设备的有效加固深度，在搅拌桩施工前揭土 3～5m。

在止水帷幕和深搅加固区间存在加固盲区，采用一排 ϕ800 的高压旋喷桩进行加固，如图 6-37 所示。

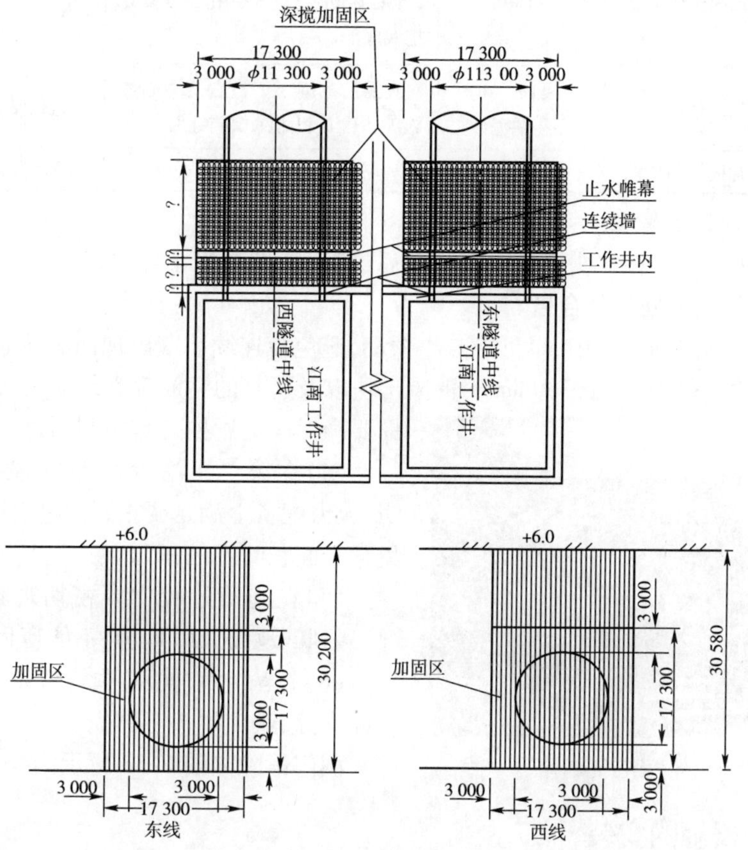

图 6-37　土体加固区（尺寸单位：mm）

2. 洞门土体加固效果检查方案

土体加固后对土体的加固效果进行检查，检查内容包括加固土体强度、洞门处渗透性以及土体的匀质性。各指标的检查方法和要求如表 6-11 所示。

洞门土体加固效果不理想时必须采取补救措施，当加固土体达不到设计要求，采用压密注浆的方式进行补充加固，可以从地面钻孔和洞门垂直钻孔进行注浆加固。

六、洞门凿除

1. 洞门凿除方案

由于隧道洞门地下连续墙采用 2 排 ϕ32 钢筋，盾构始发前要将盾构切割范围内的钢筋全部取出，确定隧道洞门凿除方案如下：

首先，在检查端头土体加固满足要求后，在盾构组装前利用风镐对洞门进行破除，凿除的地下连续墙厚度为1 100mm（保留50mm厚），暴露并保留第二层钢筋。

其次，在盾构刀盘进入洞门密封前，利用已搭设的脚手架割除第二层钢筋并全部取出。

端头土体加固检查方法和标准　　表6-11

编号＼内容	检查项目	标　准	检查方法	备　注
1	加固土体强度	≥1MPa	在每条隧道开挖线外侧2m施工2个钻孔取芯检查（钻孔深度至开挖线底部）	取岩土芯进行抗压强度试验
2	加固体渗透性	≤1m^3/d 不得漏泥沙	在洞门范围上下左右及中心各施工钻孔1个，检查其渗水量	钻孔要打穿地下连续墙
3	加固体匀质性	加固体均匀	利用钻孔岩土芯进行检查	现场判定

2. 洞门凿除注意事项

（1）洞门凿除必须在端头土体检查合格后进行，特别是当土体渗透性达不到要求时，需要利用洞门进行注浆处理至合格。

（2）在凿除洞门的过程中，尽可能减小振动，避免沿连续墙壁出现涌泥沙通道。

（3）在凿除过程中，大于300mm的混凝土块以及所有的钢筋都必须取出，钢筋割除的范围要确保满足盾构刀盘顺利通过。

图6-38　洞门凿除

（4）在第二次凿除过程中，必须在通风、照明、人力配备上满足要求，尽快完成洞门凿除，避免掌子面长时间的暴露。

（5）在施工过程中要密切观察掌子面的情况，遇到问题要及时处理，不能盲目施工。

（6）在凿除完毕后，盾构机要及时贯入将掌子面支撑，避免端头土体失稳。

洞门凿除如图6-38所示。

七、始发设施的安装

1. 始发基础

盾构始发基础为长15m的C30混凝土条形基础，并于距洞门0.5m处开始浇筑。由于盾构主机在组装过程中盾壳间还需要进行焊接作业，始发基础在距洞门7.830m处断开800mm，为盾构中体和盾尾焊接提供必要的焊接作业空间。

2. 始发架

本工程始发基座采用钢结构形式。若始发基座采用钢结构形式，主要承受盾构机的重力和推进时的摩擦力，当盾构在组装时需要对主机进行前后移动，结构设计还需考虑盾构前后移动施工的便捷和结构受力。由于盾构机重达1 200多吨，所以始发基座必须具有足够的刚度、强度和稳定性。始发基座的结构如图6-39和图6-40所示。

根据西线盾构始发取得的参数，在隧道东线对盾构始发台架进行了改造，采用了混凝土始发台架，如图6-41所示。

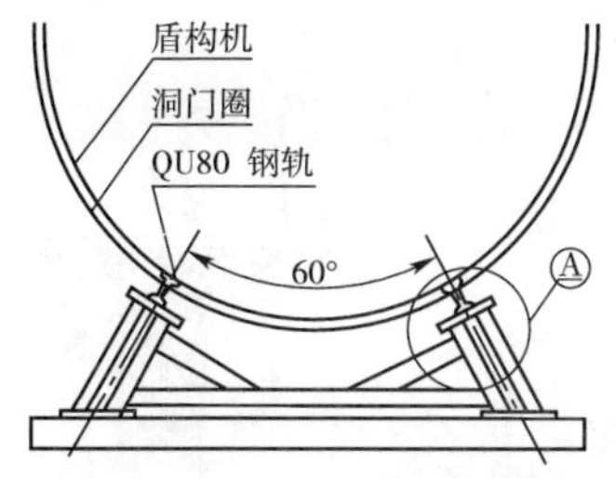

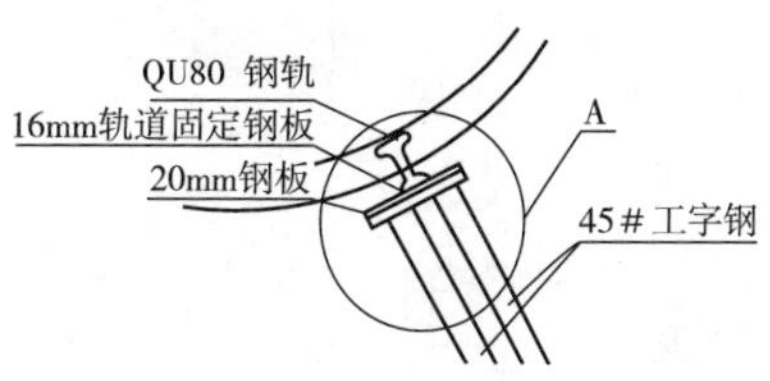

图 6-39　盾构始发基座示意图

图 6-40　西线钢结构盾构始发架

图 6-41　东线钢筋混凝土盾构始发架

3. 盾构机防扭装置

盾构机刀盘进洞切削掌子面时会产生巨大的转矩，为了防止此时盾构机壳体在始发导轨上发生偏转，可以在始发导轨两侧的盾构机壳体上焊接防扭装置(采用 I18 工字钢加工而成)，防扭装置每隔 2.0m 在盾构机两侧各焊接一个。随着盾构机的前行，当防扭装置靠近洞门密封时将之割除。防扭装置如图 6-42 所示。

4. 负环管片支撑

待盾构机组装完成后，用脚手架搭建半环管片支撑体系，并完善反力体系(反力支架体系、φ609 钢支撑，半环八字撑等)。由于负环采用半环拼装方式，负环管片推出盾尾后稳定性差，管片支撑系统必须具有足够的强度和刚度。半环拼装的负环管片支撑系统由脚手架及管片拉杆构成。负环支撑形式如图 6-43 所示。

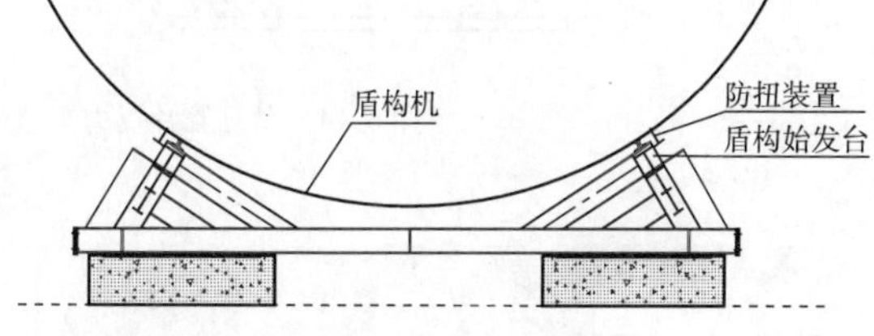

图 6-42　盾构机始发防扭装置

5. 洞口始发导轨的安装

盾构机进入洞门时，由于前方还有将近 1.5m 的空隙，可以在洞门密封内侧架设长约 1.5m 的两根导轨，以防止盾构机进洞后刀盘下沉。导轨高度略低于始发支座导轨。

八、反力架及支撑系统安装

根据结构设计图纸，在反力支撑安装前要进行如下准备工作：

(1)在竖井底板施工时预埋钢板，预埋钢板与底板连接牢固，且略大于反力架底座。

(2)在施工靠近防淹门侧墙时，根据反力支撑位置预埋钢板，便于反力支撑架设。

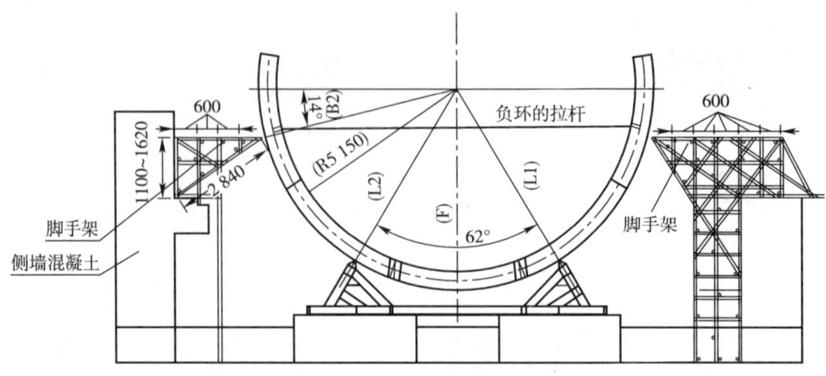

图 6-43 设计负环管片支撑体系图(尺寸单位:mm)

反力架及支撑系统设计:反力架采用组合钢结构件,便于组装和拆卸;反力架结构根据土建结构进行设计;反力架提供盾构机推进时所需的反力,因此反力架需具有足够的刚度和强度;反力架支撑系统将盾构推力作用到土建结构上,支撑提供的反力满足要求,且支撑有足够的稳定性。盾构始发时反力支撑需提供 3 500t 的反力,反力架支撑考虑底部、中间、上部水平支撑。如图 6-44 ~ 图 6-46 所示。

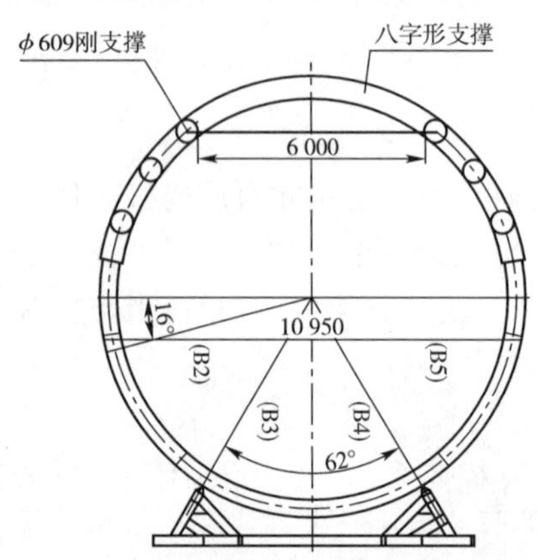

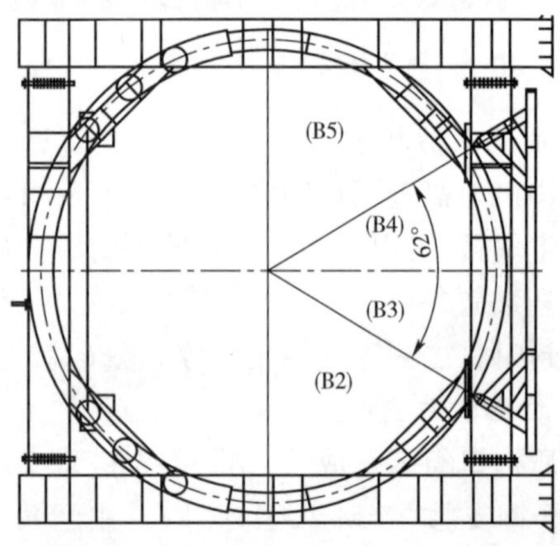

图 6-44 负环管片反力支撑体系示意图(尺寸单位:mm)

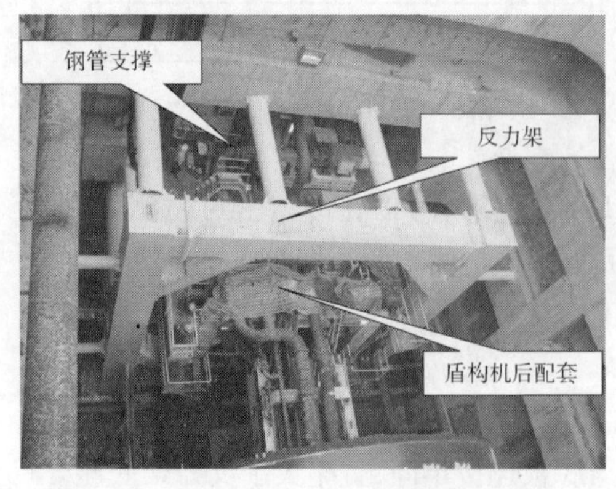

图 6-45 反力架支撑体系

图 6-46 盾构始发阶段反力架支撑体系

反力架位置的确定：根据盾构主机长度、负环管片宽度以及洞门结构宽度等综合确定。经计算，负环共计8环，负8环距离明挖端衬砌为5.377m（反力架距离内衬墙4.277m），负1环深入盾构隧道端衬砌（连续墙）1.0m。

反力架及支撑系统的安装：由于盾构始发姿态是空间结构，反力架靠近盾尾侧平面要基本与盾尾平面平行，即使反力架形成的平面与盾构机的推进轴线垂直。反力架的横向和竖向位置保证负环管片传递的盾构机推力准确作用在反力架上。安装反力架时，首先用经纬仪测定水平偏角和位置，然后将反力架整体组装，并由组装门吊配合校正其水平偏角和倾角，在定位过程中利用导链和型钢等工具配合。最后经测量无误后将其焊接固定。在安装反力架时，反力架左右偏差控制在±10mm之内，高程偏差控制在±5mm之内，上下偏差控制在±10mm之内。始发台水平轴线的垂直方向与反力架的夹角<±2‰，盾构姿态与设计轴线竖直趋势偏差<2‰（且盾尾只能向上偏），水平趋势偏差<±2‰。为了保证盾构推进时反力架横向稳定，用型钢对反力架进行横向的固定。

反力支撑要及时安装，利用预埋在中板上的吊钩和导链将反力支撑起吊，并与反力架和预埋钢板连接牢固。反力支撑尺寸要提前设计加工好，以加快支撑安装速度。

九、洞门密封

为了防止盾构始发掘进时泥土、地下水及循环泥浆从盾壳和洞门的间隙处流失，以及盾尾通过洞门后背衬注浆浆液的流失，在盾构始发时需安装洞门临时密封装置。临时密封装置由两道钢丝刷和一道橡胶板密封组成，其中橡胶板密封由帘布橡胶、扇形压板、折叶板、垫片和螺栓等组成。洞门临时密封装置如图6-47所示。

为了保证在盾构机始发时快速、牢固地安装密封装置，在竖井内衬墙结构预留洞门处预埋环状钢板。洞门预埋环的内径为12.0m，与内衬墙结构一同施工。盾尾密封装置如图6-48所示。

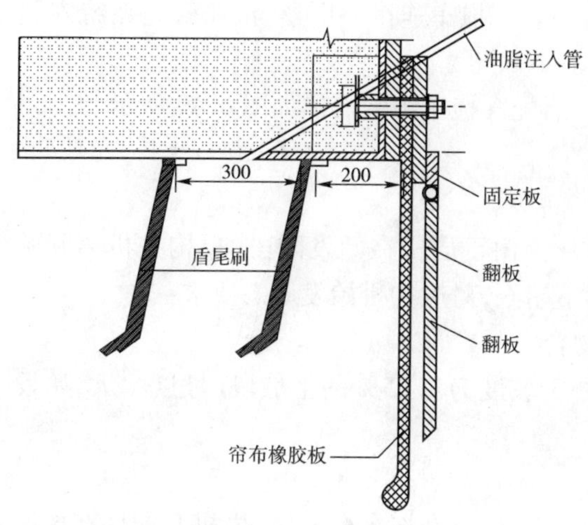

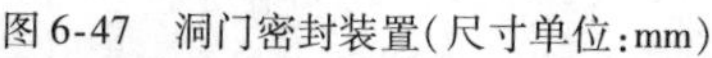

图6-47　洞门密封装置（尺寸单位：mm）

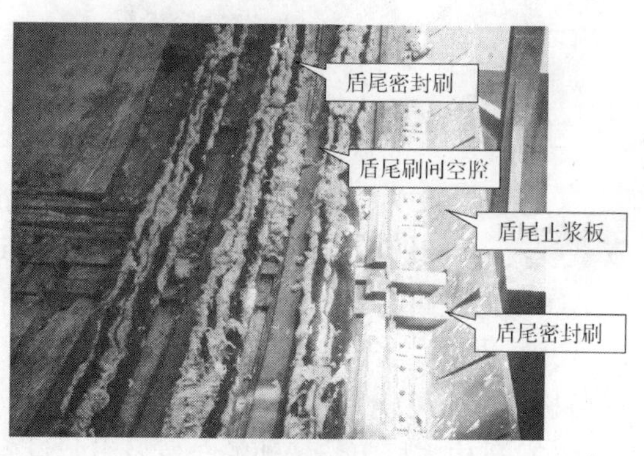

图6-48　盾尾密封装置

盾构机进入预留洞门前，在外围刀盘和帘布橡胶板外侧涂润滑油，以免盾构机刀盘挂破帘布橡胶板影响密封效果。

洞门密封的完善：当盾构刀盘全部通过第二道钢板钢丝刷密封后，开始向泥水仓内加压，压力仅满足泥浆充满泥水仓，然后在帘布橡胶密封间及两道钢板钢丝刷之间利用预留注脂孔向内注油脂，使油脂充满帘布橡胶密封间和两道钢板钢丝刷间的空隙，使油脂压力始终低于泥水压力0.01MPa左右。当盾尾通过第二道钢板钢丝刷后，进一步加注油脂，使洞门临时密封起到很好的防水效果，从而使盾构顺利始发并减少始发时的地层水土流失。

东线盾构在总结西线盾构的经验后，对洞门密封装置进行了改进，采用延长洞门的方案。为了保证东线盾构始发时洞门密封装置的安全可靠，对于延长洞门底部无法进行肋板加固的部位采用H175斜支撑进行加固。同时为保证延长洞门与密封钢板的配合使用，需在延长洞门位置焊接密封钢板。清理延长洞门底部与底板间存留的渣土，清理渣土前应将积水抽排干净，将加工好的H175斜支撑一端顶撑在洞门钢环内侧环板上。另一端顶撑在底板混凝土上，在H175斜支撑顶撑位置的底板上打孔插入$\phi20$的锚固钢筋，打孔深度不低于150mm，将H175斜支撑与锚固钢筋焊接牢固，密封钢板采用厚6mm的薄钢板，钢板宽度50mm，钢板沿延长洞门外侧钢环外缘进行焊接。

十、盾构和后配套拖车组装

盾构和后配套拖车组装流程为：始发架定位→贝雷架组装1→G2拖车组装下井→G1拖车组装下井→贝雷架组装2→G0拖车组装下井→前体下部→中体下部→主驱动→前体上部→米字梁→盾构内管线、走台、驱动变速箱和电机、辅助油箱、人员仓等部件→中体上部→刀盘→主机前移（进入洞内）→盾尾下部、安装机V形架→管片安装机轨道梁及管片安装机→盾尾→0号拖车与主机对接→主机整体前移→吊装井铺轨排架→1号拖车前移起吊、放入吊装井→1号与0号拖车连接→电器、液压管路系统安装→调试。

后配套拖车组装具体如图6-49所示。

图6-49 后配套车架组装中

十一、盾构主机组装并整机调试

（1）根据始发竖井结构以及盾构隧道线路设计，由于盾构在始发阶段（盾构主机离开始发基座前）不能够进行调向，为了保证盾构隧道不超限，对盾构机始发姿态要求：

①平面线路为直线，盾构始发中线与线路吻合。

②盾构始发竖向位置设计：线路在始发段处于坡度为4.25%的下坡段（坡度太大，始发后盾构机机头易磕，姿态难控制）。

（2）盾构主机组装场地的布置及组装设备

①盾构机的组装场地按提供的场地分成三个区：后配套拖车存放区、主机及配件存放区和吊机存放区；

②吊装设备为：180t门吊、200t汽车吊1台及相应的吊具。

（3）盾构主机组装步骤

①用180t门吊拆开后配套2号拖车的包装，清理检查部件完整性。

②用180t门吊将2号拖车一侧框架吊起与另一侧框架进行对接，穿上螺栓并拧紧。

③在地面上摆放三层枕木，其高度比盾构机后配套拖车轮辕的高度稍微高出一定的距离，用180t门吊将2号拖车框架吊起放在枕木上，安装拖车的四对轮子，吊装入井并拉入明挖段。

④1号的组装顺序与2号完全相同。

⑤用180t门吊将设备桥与0号拖车进行对接，设备桥前端采用支架进行支撑，和200t汽车吊配合将支承环翻身后放置在始发台上。

⑥180t门吊和200t汽车吊配合将切口环翻身后，放置在组装井始发台上，清洗切口环、支承环结合面的油漆和毛刺，用180t门吊将切口环与始发架上的支承环对接并紧固螺栓。

⑦用180t门吊和200t汽车吊配合将刀盘翻身后与切口环对接用专用工具紧固螺栓。

⑧安装盾壳内平台及辅件。

⑨起吊管片安装机与支承环进行对接并紧固螺栓。

⑩用180t门吊与汽车吊配合将盾尾翻身并与支承环对接。

⑪用180t门吊将设备桥与0号拖车进行对接，设备桥前端采用支架进行支撑。

⑫安装泥浆泵。

⑬组装盾构主机的液压系统、电气系统。

⑭完善后配套系统的液压部件、电气部件及其相应管线连接。

⑮完善所有组装工作，进行设备单机调试、总体调试工作，开始盾构机试掘进。

(4)盾构组装安全保护措施

①盾构机的运输委托给专业的大件运输公司运输进场。

②盾构机吊装由具有资历的专业队伍负责起吊。

③组建组装作业班组，由生产副经理负责组织、协调盾构机的组装工作。

④每班作业前按起重作业安全操作规程及盾构机制造商的组装技术要求进行技术交底，严格按有关规定执行。

盾构机主体下井如图6-50所示，盾构机组装作业如图6-51所示。

图6-50　盾构机中体下井

图6-51　盾构机组装中

十二、运输轨线完善

垂直运输系统：在盾构组装阶段，采用1台180t门吊和1台200t汽车吊完成盾构的组装；正常掘进阶段垂直运输，每台盾构机配置1台32t门吊。

(1)盾构始发时，水平运输系统根据实际情况分别从盾构工作井（部分负环采用半环拼装）、车架转换段的吊装孔或明挖段60m处的预留下料口（需要再次在装换段通过转驳到盾构工作面）进行管片等材料的运输。

(2)盾构正常掘进后，水平运输系统在工作井用32t行走门吊进行材料的装卸运输，隧道内轨线布置如图6-52所示。

十三、同步注浆系统形成

(1)当盾尾通过两道洞门密封后开始实施同步注浆。注浆浆液选择水泥砂浆，水泥砂浆的凝结时间在6h左右，浆液的强度不小于5MPa。

(2)砂浆拌和楼建在两盾构工作井间的机电结构二层，在始发阶段通过泵直接泵进注浆罐车；待砂浆罐车进入负环段后，直接以管引入砂浆罐车。

(3)同步注浆施工注意事项：

①同步注浆系统在调试结束后应将注浆孔（包括备用孔）用油脂充填密实。

②同步注浆一定要在通过两道密封后再实施，避免同步注浆污染破坏两道密封间的油脂，从而降低洞门密封的效果。

③始发阶段由于盾构掘进速度相对较慢，且浆液凝结时间相对较快，要隔一定的时间对注浆管路进行清洗疏通，避免浆液凝结堵塞注浆孔。

④同步注浆量和注浆压力应满足要求，同步注浆量比理论注浆量要适当加大。

十四、泥水处理系统及泥水循环

泥水分离站位于北岸竖井平台西北侧，泥水处理系统场地布置主要由沉淀池、废浆池、调浆池、储浆池、化学浆池、制浆车间、分离设备基础、渣土存放及晾晒场地等组成，各组成部分之间相互联系，共同作用完成盾构施工阶段的泥浆制备、输送等工作。

本工程盾构施工泥水处理采用2套MBA－750泥浆处理系统，如图6-53所示。

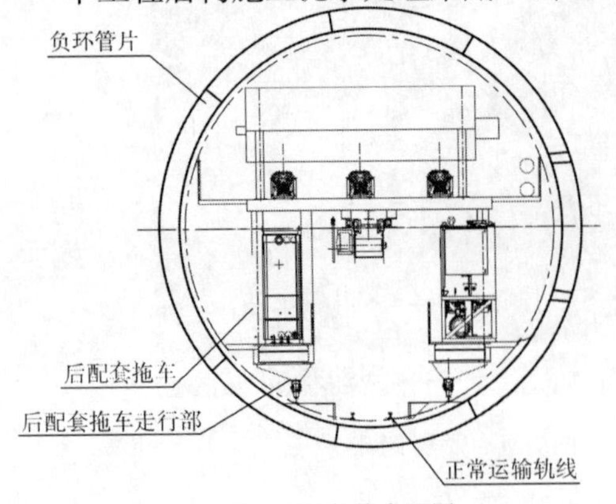

图6-52 行走轨线布置图

图6-53 MBA－750泥浆处理系统

系统工作原理:盾构机排出的污浆由排泥泵经分配器送入2套泥浆处理系统,经过预筛分器的两层粗筛振动筛选后,将粒径在3mm以上的渣料分离出来;筛余的泥浆同时进入2台MBA-750泥浆净化装置的储浆槽,由MBA-750泥浆净化装置的渣浆泵从储浆槽内抽吸泥浆;在泵的出口具有一定储能的泥浆沿输浆软管从旋流除砂器进浆口切向射入,经过旋流除砂器分选,粒径微细的泥沙由下端的沉砂嘴排除落入细筛;细筛脱水筛选后,干燥的细渣料分离出来;经过第二道筛选的泥浆循环返回储浆槽内,经2台MBA-750处理后的干净泥浆从旋流器溢流管进入中储箱,然后沿出浆管自流入沉淀池或调浆池或二次除泥系统。浆液沿出浆管流入沉淀池,经泥浆调整后循环使用。

在泥水加压式盾构工法中,泥水压力 P 的设定如下:

$$\text{设定泥水压}\ P = \text{土压(含水压)}\ P_0 + \text{加压}$$

设定泥水压 P 在地层掘进过程中,根据地质和埋深情况以及地表沉降监测信息进行反馈和调整优化。

在多个地点进行土质和地下水调查,预先决定每一个地点的设定压力。除了对每一调查点的设定压力进行修正以外,对设定的压力值还需周密考虑对开挖面状态的适应情况,进行推测并跟踪修正。

掘进中实际泥水压力值的管理见图6-54。

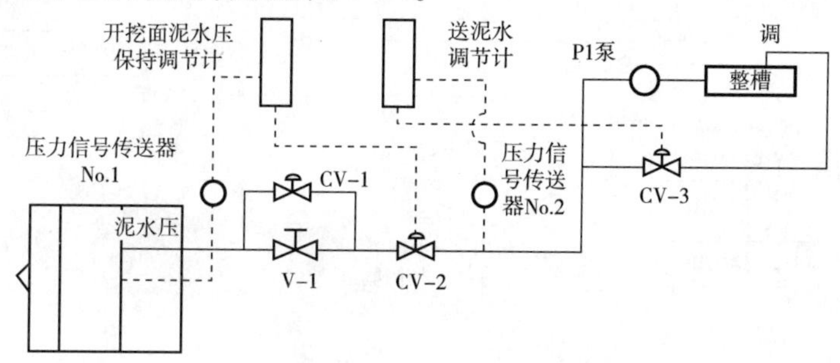

图6-54 泥水压力管理流程图

即用No.2接受P1泵送出的送泥压力,送往送泥压力调节器,由自动调节来控制阀CV-3,通过调节阀的开闭进行压力调整。用No.1接受开挖面的泥水压力,送往开挖面泥水保持调节器,该调节器将它和设定压力差作为信号送给控制阀CV-2进行压力调整。

泥水就是将分散在水中的、具有吸水后明显呈膨润性质的黏土矿物质的悬浮液作为主要成分,并添加分散胶溶剂、有机母水胶剂、加重剂及其他调泥剂,根据需要调节比重、黏度、塑变值、胶凝强度、泥壁形成性和润滑性,使其成为一种可塑流体。

泥水的作用有:将掘削下来的土砂输送到地面(需要适当的流速、比重、黏度、塑变值);能抑制地下水渗出(需要适当的泥水比重);形成泥壁或渗透壁,防止开挖面塌方(泥壁形成性好);对刀盘、刀头等掘削设备有冷却和润滑作用(泥水特性良好);在泥水输送中使泥水循环暂时掘削土砂仍能保持在泥水中而不致沉淀(需要有良好的黏度和触变性);在泥水分离处理阶段,渣土能按规定要求分离(需要略低的黏度和胶凝强度)。

优质泥水应具有以下特性:比重适当,能平衡开挖面压力;黏度适当,塑变值和凝胶强度低;能形成薄而牢固(或渗透壁)的泥水膜;具有抑制土体塌方和泥水劣化的优越机能;不易造成黏附;润滑性能良好;不易受盐分和水泥等电解质影响;对于温度和压力的稳定性高;对细菌和有机物具有免疫、不变化等性质;泥水的制泥费、调泥费和处理费等价格较廉。

泥水组成材料主要包括水、膨润土、黏性土、高分子聚合物等。

在泥水的循环利用过程中,泥水性能管理主要就是对泥浆质量的控制。泥浆调整见图6-55。泥浆管理流程如图6-56所示。

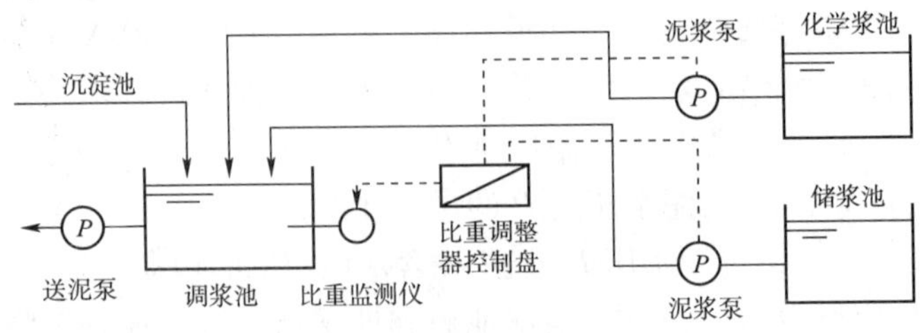

图6-55 泥浆调整示意图

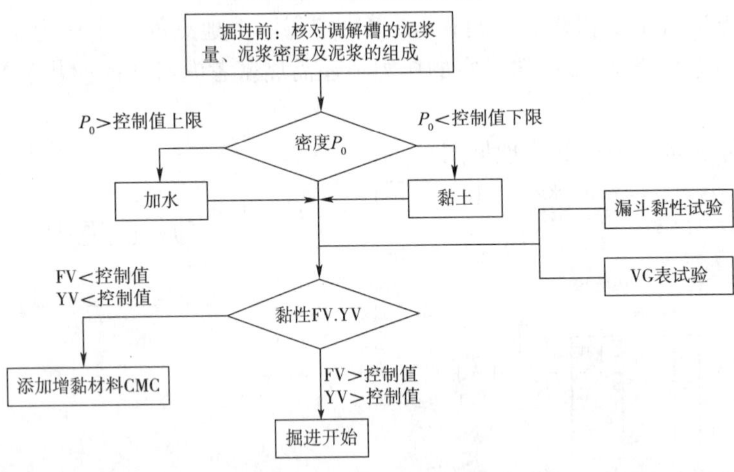

图6-56 综合管理流程图

泥水性能检测内容有:泥浆密度:通过设置在送排泥管处的差压式密度计和γ射线密度计自动测量循环泥浆密度,但泥浆试验中是用泥浆天平测量;黏性:泥浆的黏性可以用黏性自动连续测量装置测定;含砂率:透水系数大的岩土体,泥浆中的砂粒对岩土体孔隙有堵塞作用,故泥膜形成与泥浆中砂的粒径及含量有很大关系。含砂量可用筛分装置测定,也可用砂量仪代测。

十五、供电系统及配置

施工临时用电主要集中在隧道口、明挖区间、附近两个暗挖段,约计最大负荷1 600kW,用电设备主要以焊接、排水、土层加固和混凝土结构施工为主,单机容量最大不超过90kW。用电周期从2008年5月开始,预计2009年7月结束,总计14个月。由于该段施工临时用电容量较小,10kV电源可从临近10kV地方电网"T"接,不需采用提早建成永久性供电系统转供方案。

庆春路过江隧道江南段是盾构机的始发井口,预计施工高峰时最大用电负荷约14 000kW。为了确保该工程不间断的可靠供电,工地现场变电所有两路35kV的高压接入

35kV 的高压柜，35kV 主柜间用主母分离开关断开或连接。35kV 主柜分别送入两台 8 000kVA和 6 300kVA 的主变后，10kV 电源采用 YJV223 × 300mm^2 高压电缆，沿电缆沟敷设至变电所 10kV 配电室，配电室在两条母线间设有联络开关，以实现双电源供电。

十六、盾构试掘进

1. 盾构试掘进各项参数的确定

为安全掘进，根据地层和地面建筑物的情况，确定始发试掘进的参数如表 6-12 所示。

试掘进阶段盾构掘进参数和指标　　表 6-12

掘进参数	设定值	备注
泥水仓中心压力	1.2bar ~ 1.5bar	考虑地层土体侧压系数 0.4，地面荷载 20kN/m^2，系数取 1.1 ~ 1.3
进浆比重	1.05	始发端处于黏性土层
进浆黏度	20s	始发端处于黏性土层
掘进速度	0 ~ 2cm/min	最快掘进速度为 4cm；避免泥饼产生
进排泥浆流量差	与掘进速度相匹配	避免大的超挖

2. 掘进姿态的控制

由于地层软硬不均和坡度变化以及操作等因素的影响，盾构推进不可能完全按照设计的隧洞轴线前进，而会产生一定的偏差。当这种偏差超过一定限界时就会使隧洞衬砌侵限、盾尾间隙变小，使管片局部受力恶化，并造成地层损失增大而使地表沉降加大。因此盾构施工中必须采取有效技术措施控制掘进方向，及时有效纠正掘进偏差。

(1)盾构掘进方向控制

根据本工程的具体情况，采取以下方法控制盾构掘进方向：

①采用 SLS-T 全自动导向系统和人工测量辅助进行盾构姿态监测，如图 6-57 所示。

该系统配置了导向、自动定位、掘进程序软件和显示器等，能够全天候在盾构机主控室动态显示盾构机当前位置与隧道设计轴线的偏差以及趋势。据此调整控制盾构机掘进方向，使其始终保持在允许的偏差范围内。

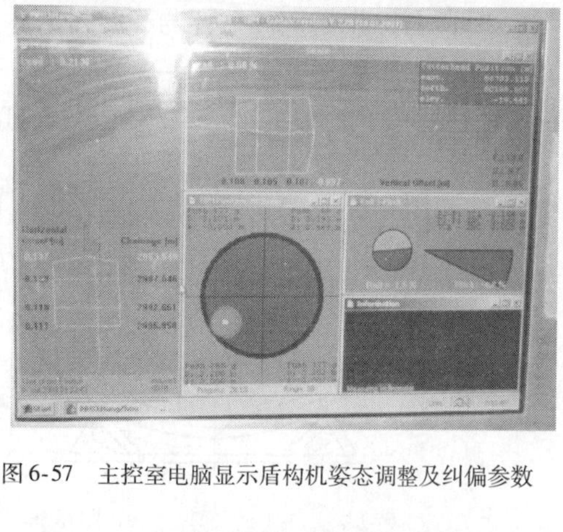

图 6-57　主控室电脑显示盾构机姿态调整及纠偏参数

随着盾构推进导向系统后视基准点需要前移，必须通过人工测量来进行精确定位。为保证推进方向的准确可靠，拟每天进行人工测量，以校核自动导向系统的测量数据并复核盾构机的位置、姿态，确保盾构掘进方向的正确。

②采用分区操作盾构机推进油缸控制盾构掘进方向

根据线路条件所做的分段轴线拟合控制计划、导向系统反映的盾构姿态信息，结合隧道地层情况，通过分区操作盾构机的推进油缸来控制掘进方向。在上坡段掘进时，适当加大盾构机下部油缸的推力。

(2)盾构掘进姿态调整与纠偏

在实际施工中,由于地质突变等原因盾构机推进方向可能会偏离设计轴线并超过管理警戒值;在稳定地层中掘进,因地层提供的滚动阻力小,可能会产生盾体滚动偏差;在线路变坡段或急弯段掘进,有可能产生较大的偏差,因此需要及时调整盾构机姿态、纠正偏差。参照上述方法分区操作推进油缸来调整盾构机姿态,纠正偏差,将盾构机的方向控制调整到符合要求的范围内。当滚动超限时,盾构机会自动报警,此时采用盾构刀盘反转的纠正滚动偏差。

3. 管片拼装

(1)负环管片结构及拼装

盾构始发时负环管片采用半环拼装,负环拼装总共为 8 环,其中 -8、-7、-6、-5、-4、-3 环,共计 6 环为半环拼装环, -2、-1 环共计 2 环为全环拼装环。在拼装第 1 环负环管片(-8 环)前,在盾尾管片拼装区均匀安设 10 根长 1 500mm、厚 40mm 的槽钢(盾尾内侧与管片外弧面的间隙为 40mm)。在盾构机内拼装好后,利用盾构机推进千斤顶将管片缓慢推出,当管片推出 1 800mm 后开始拼装第 2 环管片(-7 环,切不可将第 1 环负环管片全部推出槽钢段再拼装第 2 负环,避免管片下沉)。将负环管片与始发基座导轨间的空隙用纵向型钢垫实,然后继续将管片推出直至负环管片与反力支撑靠紧,然后用薄钢板将负环钢管片与反力架之间的缝隙填实并将垫块焊接牢固。负环管片在拖出的过程中要及时进行支撑,避免负环管片失圆过大引起下一环管片拼装困难。随着负环管片的进一步拼装,盾构机刀盘快速地通过洞门进行下一步施工。待盾构机完全进入洞内,洞口开始进行同步注浆时,将槽钢拆除。

半环始发要求每两半环组合拼装后,抵消楔形量,保证端面整齐。具体组合为: -1 环与 -2 环用整环管片, -3 环与 -4 环用一环管片, -5 环与 -6 环用一环管片, -7 环与 -8 环用一环管片。其中 -3 环、-5 环与 -7 环管片用 B6、L1、F、L2 与 B1 块, -4 环、-6 环与 -8 环管片用 B2、B3、B4 与 B5 块。具体组合如图 6-58 所示。

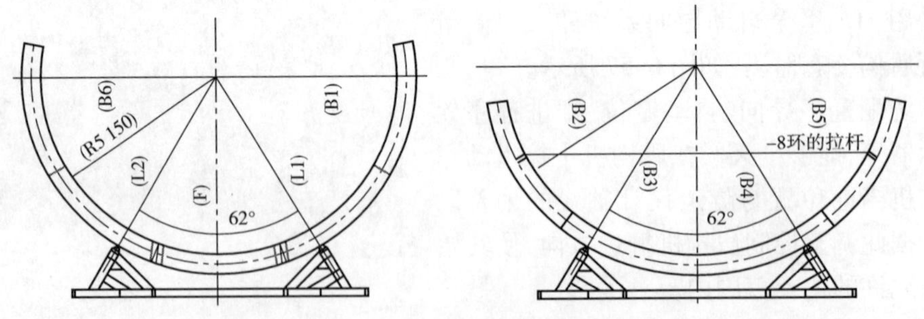

图 6-58 半环管片拼装组合图

(2)普通管片拼装管片拼装程序(图 6-59)

管片选型以满足隧洞线形为前提,重点考虑管片安装后盾尾间隙要满足下一掘进循环限值,确保有足够的盾尾间隙,以防盾尾直接接触管片。

管片安装尽量从隧洞底部开始,然后依次安装相邻块,最后安装封顶块。

封顶块安装前,对止水条进行润滑处理,安装时先径向插入 50cm,调整位置后缓慢纵向

顶推。

管片块安装到位后,及时伸出相应位置的推进油缸顶紧管片,其顶推力大于稳定管片所需力,然后方可移开管片安装机。

在管片环脱离盾尾后要对管片连接螺栓进行二次紧固。

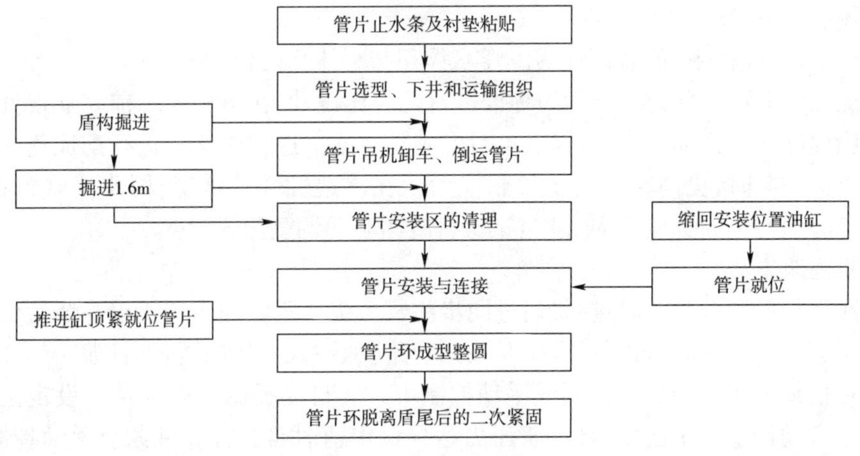

图6-59 管片安装程序图

4. *管片壁后注浆*

盾构施工引起的地层损失和盾构隧洞周围受扰动或受剪切破坏的重塑土的再固结以及地下水的渗透,是导致地表沉降的重要原因。为了减少和防止沉降,在盾构掘进过程中,要尽快在脱出盾尾的衬砌管片背后同步注入足量的浆液材料充填盾尾环形建筑空隙。

(1)注浆方式

在盾构掘进过程中,通过盾尾注浆管在掘进的同时进行同步注浆。必要时,在管片脱出盾尾后,通过管片上预留的注浆孔进行补强的二次注浆。

(2)同步注浆

能够及时填充管片与地层间环形空隙、控制地层变形、稳定管片结构、控制盾构掘进方向,加强隧道结构自防水能力,对建筑空隙采用盾尾内置的注浆管进行同步注浆。

①同步注浆材料

采用水泥、粉煤灰、砂子按设计比例配成的浆液作为同步注浆材料。

②同步注浆浆液配比及主要物理力学指标

本工程同步注浆拟采用表6-13所示的初步配合比。在施工中,根据地层条件、地下水情况及周边条件等,通过现场试验优化确定。

同步注浆材料初步配合比表 表6-13

水泥(kg)	粉煤灰(kg)	膨润土(kg)	砂(kg)	水(kg)	外加剂
80~260	241~381	50~60	779	460~470	按需要根据试验加入

同步注浆浆液的主要物理力学性能满足下列指标:

胶凝时间:一般为3~10h,根据地层条件和掘进速度,通过现场试验加入促凝剂及变更配比来调整胶凝时间。对于强透水地层和需要注浆提供较高早期强度的地段,可通过现场试验进一步调整配合比和加入早强剂,进一步缩短胶凝时间,获得早期强度,保证良好的注浆效果。

固结体强度：一天不小于0.2MPa（相当于软质岩层无侧限抗压强度），28d不小于2.5MPa（略大于强风化岩天然抗压强度）。

浆液结石率：>95%，即固结收缩率<5%。

浆液稠度：8～12cm。

浆液稳定性：倾析率（静置沉淀后上浮水体积与总体积之比）小于5%。

注浆配比以上述物理力学指标为标准进行配合比设计，在盾构施工前完成设计和检验，并按照报检程序向监理部上报，获得认可后实施。在施工过程中逐步进行配比优化，在保证物理力学指标的同时，提高浆液的抗稀释能力。在渗透性强的地层，同步注浆料在注入前（拖车搅拌罐内投料）加入速凝剂，通过试验将凝固时间调整为3～5h。

③同步注浆方法与工艺

同步注浆与盾构掘进同时进行，通过同步注浆系统及盾尾的内置4根注浆管，在盾构向前推进盾尾空隙形成的同时进行，采用两泵四管路（四注入点）对称同时注浆。

注浆可根据需要采用自动控制或手动控制方式。自动控制方式即预先设定注浆压力，由控制程序自动调整注浆速度，当注浆压力达到设定值时自行停止注浆。手动控制方式则由人工根据掘进情况随时调整注浆流量，以防注浆速度过快而影响注浆效果。

④设备配置

搅拌站：自行设计建造的砂浆搅拌站一座，采用HZS50搅拌站。

同步注浆系统：2套KSP12双活塞泵，注浆能力20m³/h，4个盾尾注入管口及其配套管路。

运输系统：中铁隧道股份有限公司生产的砂浆罐车（7m³），带有自搅拌功能和砂浆输送泵。

(3)二次补强注浆

二次补强注浆一般在管片与围岩间的空隙充填密实性差，致使隧洞变形得不到有效控制或管片衬砌出现渗漏的情况下才实施。施工时采用隧洞监测信息反馈，结合洞内测管片衬砌背后有无空洞的方法，综合判断是否需要进行二次注浆。

①注浆材料、浆液配比及性能指数

二次注浆材料要可注性强，对同步注浆起充填和补充作用。

当地下水特别丰富时，需要对地下水封堵。同时为了及早建立起浆液的高黏度，以便在浆液向空隙中充填的同时将地下水疏干（将地下水压入地层深处），获得最佳充填效果，这时需要将浆液的凝胶时间调整至1～4min，必要时二次注浆可采用水泥－水玻璃双液浆。双液浆的初步配合比如表6-14所示。

双液浆浆液配合比表 表6-14

浆液名称	水玻璃	水灰比	稳定剂	减水剂	A、B液混合体积比
双液浆	35Be'	0.8～1.0	2%～6%	0～1.5%	1:1～1:0.3

②注浆设备

补强注浆采用自备的KBY－50/70双液注浆泵。

(4)注浆主要参数

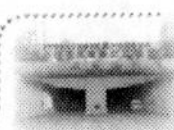

①注浆压力

同步注浆要求地层中的浆液压力大于该点的静止水压及土压力之和,做到尽量填补同时又不产生劈裂。注浆压力过大,管片周围土层将会被浆液扰动而造成后期地层沉降及隧道本身的沉降,并易造成跑浆;而注浆压力过小,浆液填充速度过慢,填充不充足,会使地表变形增大,通常同步注浆压力为1.1~1.2倍的静止土压力,二次注浆压力为0.3~0.6MPa。

注浆压力设定为3~5kg/cm^2,管片注浆口的实测注浆压力为2~4kg/cm^2。

②注浆量

同步注浆量理论上是充填盾尾建筑空隙,但同时要考虑盾构推进过程中的纠偏、浆液渗透(与地质情况有关)及注浆材料固结收缩等因素。根据本工程的地质及线路情况,注浆量一般为理论注浆量的1.5~2.5倍,并通过监测情况来调节。注浆量用下式进行计算:

理论注浆量:

$$V = \pi/4 \times (11.68 \times 11.68 - 11.30 \times 11.30) \times 2 = 13.72(\mathrm{m}^3)$$

实际的注浆量为理论建筑空隙的150%~250%,即为20.6~34.3m^3。

二次补强注浆量根据地质情况及注浆记录情况,分析注浆效果,结合监测情况,由注浆压力控制。

③注浆速度及时间

同步注浆根据盾构机推进速度,以每循环达到总注浆量而均匀注入,盾构机推进开始注浆开始,推进完毕注浆结束。

④注浆顺序

同步注浆通过盾尾注浆孔在盾构推进的同时压注,在每个注浆孔出口设置压力传感器,以便对各注浆孔的注浆压力和注浆量进行检测与控制,从而实现对管片背后的对称均匀压注。为防止注浆使管片受力不均产生偏压,导致管片错位造成错台及破损,同步注浆时对称均匀地注入十分重要。补强注浆先压注可能存在较大空隙的一侧。

⑤注浆结束标准

同步注浆采用注浆压力和注浆量双指标控制标准。即当注浆压力达到设定值时,注浆量达到设计值的85%以上时,即可认为达到了质量要求。

补强注浆一般情况下以压力控制,达到设计注浆压力则结束注浆,视注浆效果可再次进行注浆。

(5)注浆效果检查

注浆效果检查主要采用分析法,即根据P-Q-t曲线,结合掘进速度及衬砌、地表变形量测结果进行综合分析判断。

(6)同步注浆质量保证措施

①在开工前制定详细的注浆作业指导书,做到操作性、规范性和实用性。并进行详细的浆材配比试验,选定合适的注浆材料及浆液配比。

②制订详细的注浆施工设计和工艺流程及注浆质量控制程序,严格按要求实施注浆、检查、记录、分析,及时做出P(注浆压力)-Q(注浆量)-t(时间)曲线,分析注浆速度与掘进速度的关系,评价注浆效果,反馈指导下次注浆。

③成立专业注浆组,由富有经验的注浆工程师负责现场注浆技术和管理工作。

④根据洞内管片衬砌变形监测结果，及时进行信息反馈，修正注浆参数和施工工艺，发现情况及时解决。

⑤做好注浆设备的维修保养和注浆材料供应，定时对注浆管路及设备进行清洗，保证注浆作业顺利连续不间断进行。

5. 管线布置

(1)材料运输

始发阶段北岸竖井作为管片、材料上下的通道，垂直运输采用32t门吊进行；水平运输拟采用电瓶车牵引两节多功能轨道平板车的方式进行，平板车上可以放管片或其他材料，根据施工安排来实现材料从北岸竖井的水平转运。掘进160m后拆除负环管片，进入正常的运输方式。

(2)施工通风及管线

在施工中采用压入式通风来解决防尘、降温及人员、设备所需要的新鲜空气。

布置1台110×2kW轴流风机压入式通风，最大的通风距离为3 450m，采用直径1 500mm拉链式软风管，风机设在竖井井口位置。

根据盾构施工的特点，在隧洞布置两根ϕ150的冷却循环（洞内用水）水管、一根ϕ125的排污管、一根ϕ1 400的通风管、一根进泥管（DN300）、一根排泥管（DN300）、10kV高压电缆、380/220V照明线和38kg的运输轨线。其布置形式如图6-60所示。

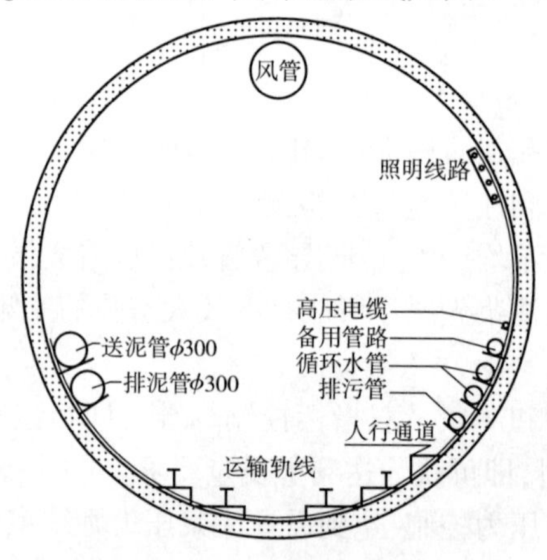

图6-60 洞内管线布置图

第七章　江中盾构段隧道工程实施

第一节　盾构机穿越止水帷幕方案

一、始发井止水帷幕概况

盾构隧道采用两台 ϕ11.68m 的泥水平衡盾构机掘进，两台盾构机均从江南（萧山侧）盾构工作井始发，盾构始发段纵向坡度为 -4%。江南盾构工作井深 27.8m，平面尺寸 86.8m ×25.2m，围护结构采用 1.2m 的连续墙结构，内衬结构为 1.2m 的钢筋混凝土。明挖段与工作井衔接处台阶高差达到 6.3m，与始发平台的高差达到 4.2m，为盾构整体始发增加了难度。后期为满足工作井施工降水的要求，在施工围护外围施作 94.7m × 43.1m 的防渗帷幕墙深入基岩，墙厚 0.8m，墙身为 C20 素混凝土，靠明挖段侧距离 13m，其他三边距离为 3m。盾构穿越止水帷幕位置见图 7-1。

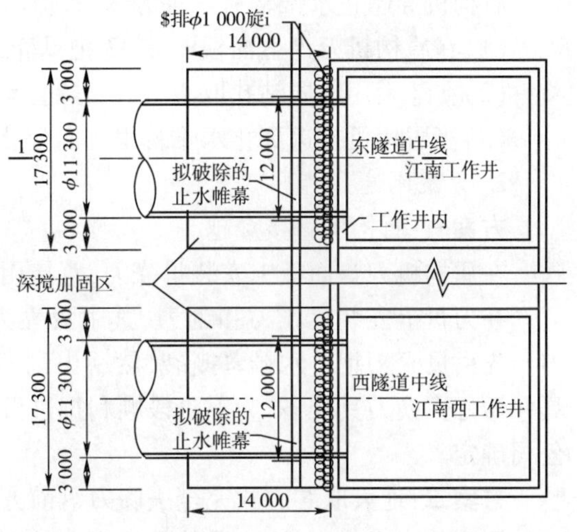

图 7-1　止水帷幕平面位置图（尺寸单位：mm）

二、止水帷幕及其内外侧土体状况

2009 年 2 月 3 日至 2009 年 2 月 6 日分别在不同深度对止水帷幕进行了四组水平取芯试验。试件直径为 87mm，抗压强度为 17.6 ~28.5MPa。

始发段掘进层依次为③$_{-3}$粉砂夹粉土（上部少量）、④淤泥质粉质黏土、⑤$_{-1}$粉质黏土层，黏性土为主，透水性较小，加固深度达 30.4m。

止水帷幕外范围土体加固采用的是三轴搅拌桩，连续墙和止水帷幕间采用了高压旋喷。其中工作井连续墙与止水帷幕墙间的 3m 范围，采用满堂高压旋喷桩进行加固。止水帷幕墙后 10m 范围采用了深搅桩加固。由于端头井加固深度达 30m。同时在止水帷幕和深搅加固区间存在加固盲区，采用一排 ϕ800 的高压旋喷桩进行加固。为降低承压水风险盾构始发时，增设 4 口承压井。端头土体加固区域如图 7-2 所示。

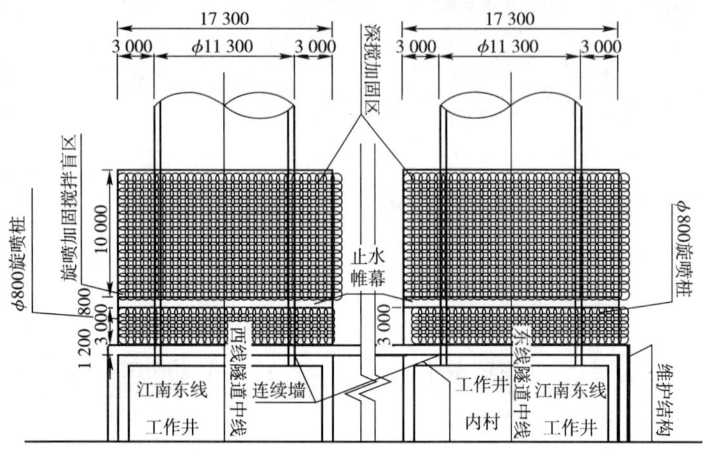

图 7-2 端头土体加固区域图(尺寸单位:mm)

三、盾构机穿越止水帷幕方案

1. 可选择的方案

盾构机穿越止水帷幕有三种方案可选择:

(1)在盾构机刀盘上面板安装 32 把贝壳刀,直接用盾构机推进破除止水帷幕。

(2)在地表用地质钻孔取心方式破除止水帷幕。

(3)当盾构机推进到止水帷幕里程时停止掘进,人工进仓采用风镐破除。

2. 方案比选

方案一:盾构机直接穿越

在盾构机刀盘面板上安装贝壳刀,直接用盾构机破除止水帷幕。

在刀盘上安装贝壳刀和刮刀,其中贝壳刀比其他刀具高出 3cm,以便于保护切刀和刮刀。先由贝壳刀把止水帷幕撕裂,然后由刮刀把混凝土破碎。通过止水帷幕后及时检查道具并做好更换刀具准备,为下阶段顺利掘进做准备,贝壳刀安装位置和具体参数由盾构制造公司确定。

方案二:地表取芯方式完全去除刀盘前方的止水帷幕

用直径为 800mm 的地质钻孔取芯机在地表通过钻孔取芯方式把止水帷幕依次破除。破除桩位布置和桩数如图 7-3 所示。

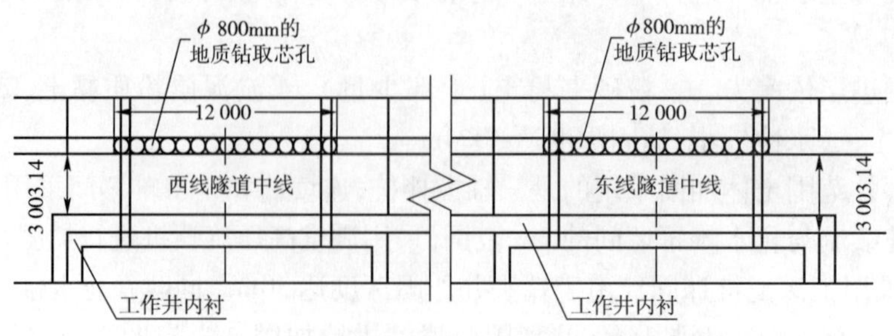

图 7-3 钻孔取芯破除桩位布置图(尺寸单位:mm)

其破除流程如下：

测量放线→钻机就位→开始钻孔→提钻取芯→钻机移位开始下次钻孔。

采用地质钻孔取心应注意事项：

(1)根据设计平面图,测量定出每个钻孔的准确位置,钻机按孔点位置就位。

(2)钻孔垂直偏差控制在1%以内。

(3)止水帷幕破除后空孔应立即用沙子密实回填,空孔靠地面2m用混凝土封堵,以防止盾构机刀盘前泥浆涌出和壁后注浆时浆液流失。

方案三:采用人工进仓用风镐破除刀盘前方的止水帷幕

在进仓前先用地质取芯方式探明端头土加固效果,并探明地下水渗漏情况。若加固效果达到要求则采用人工方进仓,在刀盘开口处把开口区域内的混凝土破除,把大于50mm粒径的混凝土块取出。然后转动刀盘,用刀盘面板顶住第一次破除区域,人工进仓进行下一个刀盘开口区域混凝土的破除,重复以上操作依次破除止水帷幕混凝土。破除时应随时检查破除的净空尺寸,确保没有混凝土侵入盾构开挖轮廓线和大块混凝土留在掌子面内。

破除的时候要加强过程监控,特别是要严格关注一些基本监测参数,密切监测掌子面土体位移和渗水情况。及时做出判断,确保人员安全。

人工进仓破除时,应全程监控地面沉降情况和掌子面内土体和水文变化情况,并准备好注浆设备和双液浆材料,及时准备封堵漏水和涌沙情况。若加固区域止水效果和加固没有达到预期要求,增设6口真空疏干井,疏干井布置如图7-4所示。人工进仓前必须将全部降水井开启,进行降水能力评估,能够满足设计人工进仓破除,并从源头上控制出现“管涌”“漏水”的可能性。

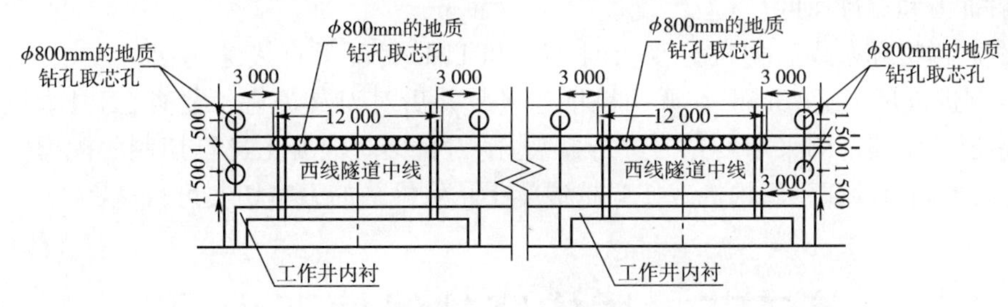

图7-4　真空疏干井位置图(尺寸单位:mm)

破除过程中由专业的监测小组作好掌子面变形、土体位移和降水井水位观测,并将信息及时处理反馈,为施工提供指导。

(1)当土体出现坍塌时,立即停止破除作业,采用木板和圆木将刀盘开口封堵,人员全部撤出,防止掌子面土体整体滑移。

(2)当掌子面土体出现涌水情况,如果是清水采用导流方式,继续加快洞门破除;如果出现涌水并带有泥土且流量逐渐增大,首先用棉纱、木楔和堵漏剂进行封堵;同时根据涌水情况从地面钻孔穿透加固体,进行水泥水玻璃双液注浆封堵。

(3)当涌水无法控制时,及时将泥浆送入掌子面内维持掌子面土体稳定。

3. 方案确定

三个方案优劣对比如表7-1所示。

方案优劣对比表　　表7-1

	名　称	主要优势	主要劣势
方案一	盾构机直接穿越	1. 施工人员安全风险相对较小； 2. 对掌子面稳定性可以控制； 3. 施工周期短	1. 对盾构刀盘刀具要求高； 2. 盾构机始发如刀具磨损严重不利后续掘进； 3. 盾构始发姿态不易控制
方案二	地表取芯方式完全去除刀盘前方的止水帷幕	施工人员安全风险较小	1. 施工周期长； 2. 取芯深度达到地表下25m，作业困难； 3. 不能保证止水帷幕混凝土取干净，会导致刀盘接触后旋转中打伤刀具，不利于后续掘进
方案三	采用人工进仓，用风镐破除刀盘前方的止水帷幕	1. 可以确保刀盘前止水帷幕去除干净，有利于后续掘进； 2. 可以确保盾构刀盘刀具不受损伤； 3. 有利于盾构姿态控制	1. 施工人员安全风险很大； 2. 刀盘前空间狭窄，人工进仓作业难度大； 3. 凿除的混凝土废料运出困难； 4. 施工周期长

通过对比可知，方案三中施工人员安全风险和作业难度均较大，不宜选择；方案二存在无法彻底去除刀盘前方的混凝土的可能，极可能造成对刀盘刀具的损伤，而刀具的损伤将非常不利于盾构的掘进，也不是一个合适的方案。因此最终选择了施工风险相对较小且施工周期比较短的方案一。因为选择盾构机直接穿越800mm厚的素混凝土墙体，且通过取芯检测，该混凝土强度已经超过C20，必须对刀盘刀具进行必要的加强，同时掘进中必须严格控制盾构机推力和掘进速度。

西线盾构机和东线盾构机分别历时12d和11d，实现了直接穿越混凝土止水帷幕，每24h盾构掘进进尺不足70mm，在盾构机抵达接收井后对刀具进行了复查，刀具磨损程度符合预估情况。实践证明采用贝壳刀进行撕裂、刮刀直接对混凝土进行切割的配刀方案是科学合理的，也同时验证了盾构机直接穿越混凝土止水帷幕的方案切实可行。

第二节　盾构穿越钱塘江大堤

一、钱塘江大堤概况

根据总体规划，盾构隧道在里程K4+200处两次穿越江南钱塘江防洪堤，里程K2+150处两次穿越江北钱塘江防洪堤。盾构隧道与防洪堤平面关系基本呈90°正交。江南段盾构隧道顶部距钱塘江防洪堤基底15.2m，江北段盾构隧道顶部距钱塘江防洪堤基底15.3m。

1. 盾构穿越位置的工程地质概况

盾构在穿越钱江南、北防洪堤范围主要为④淤泥质黏土层、⑤$_{-1}$粉质黏土层、⑤$_{-2}$粉质黏土层、⑥黏土层。④、⑤层空间分布较稳定，其中④层厚度一般为3~5m，呈自北向南渐厚

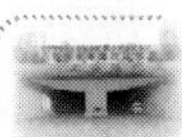

趋势；⑤$_{-1}$粉质黏土层浅灰绿色粉质黏土层在 K1 +950 以北段缺失，而以南段⑤$_{-1}$层普遍出现，且厚度一般为 2m，局部达 6m（DZ24 揭露）；⑤$_{-2}$粉质黏土层本路段全线均有出露，且性状、厚度相对较稳定，在 K1 +475.0 ~ KK1 +650.0 段、K1 +900 ~ K2 +100 段⑤$_{-2}$粉细砂层底板高程略有起伏。本路段⑥层在 K1 +475.0 ~ KK1 +650.0 段、K1 +900 ~ K2 +100 段区间下部有沉积，厚度自北向南趋薄，且在 K2 +200 以南段基本缺失。

2. 钱塘江防洪堤结构概况

庆春路过江隧道穿越北岸临江城市防洪堤，为杭州市的市区防洪确保线。杭州市城市防洪堤工程建成于 1998 年，堤顶高程为 11m（含挡浪墙顶），按 500 年一遇设计，堤角按 100 年一遇标准设计。堤塘结构在原围堤基础上改建为重力式混凝土挡墙，如图 7-5 所示。

隧道南岸防洪堤为钱江确保线海塘，是杭州市滨江区及萧绍平原的防洪屏障，按 50 年一遇标准设计，但目前堤顶高程已超过设计标准。标准堤塘于 2002 年竣工，堤塘结构为带有平台的复合式斜坡，堤顶铺有沥青路面，宽 7m，外侧设有挡浪墙，挡浪墙顶高程为 11.17m。外坡侧改建为带有 2m 宽平台的复合式混凝土灌砌块石护坡，堤脚设有钢筋混凝土护坦及小沉井防冲刷保护，如图 7-6 所示。

二、盾构施工对钱塘江防洪堤的影响

1. 水平影响范围

采用经验公式对盾构隧道施工影响范围及地表沉降分布规律进行预测，进而确定对钱塘江防洪堤的影响范围。

目前，工程实践中实用的经验公式是 Peck 公式（Peck，1969）和一系列修正的 Peck 公式。Peck 假定施工引起的地面沉降是在不排水的情况下发生的，所以沉降槽体积等于地层损失的体积。地层损失在隧道长度上是均匀分布的。地面沉降的横向分布类似正态分布曲线，如图 7-7 所示。[13]

Peck 公式为：

$$S(x) = S_{max}\exp\left(-\frac{x^2}{2i^2}\right) \tag{7-1}$$

式中：$S(x)$——距离隧道中线 x 处的地面沉陷量；

x——距离隧道中线的距离；

S_{max}——隧道中线的最大地面沉降量；

i——沉陷槽的宽度系数。

最大沉降量采用下式估算：

$$S_{max} = \frac{V_s}{\sqrt{2\pi}i} \approx \frac{V_s}{2.5i} \tag{7-2}$$

V_s——沉陷槽容积（等于盾构施工引起的地层损失）；

i——沉陷槽的宽度系数，即沉陷曲线反弯点的横坐标，i 可由公式或查 peck 图表得到。

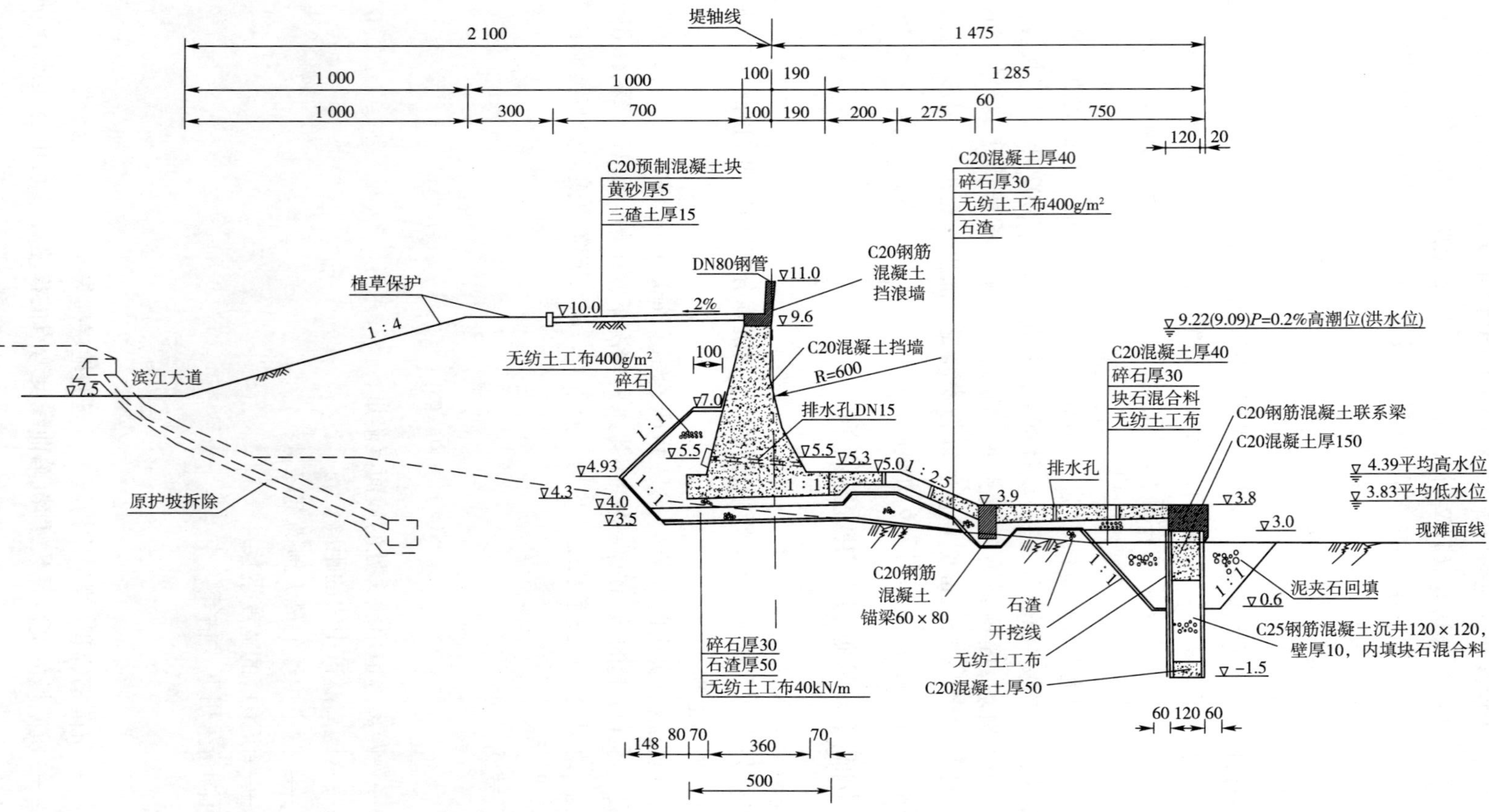

图7-5 庆春路越江隧道附近钱塘江北岸海塘断面结构图（尺寸单位：cm；高程单位：m）

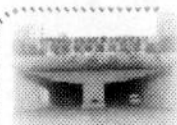

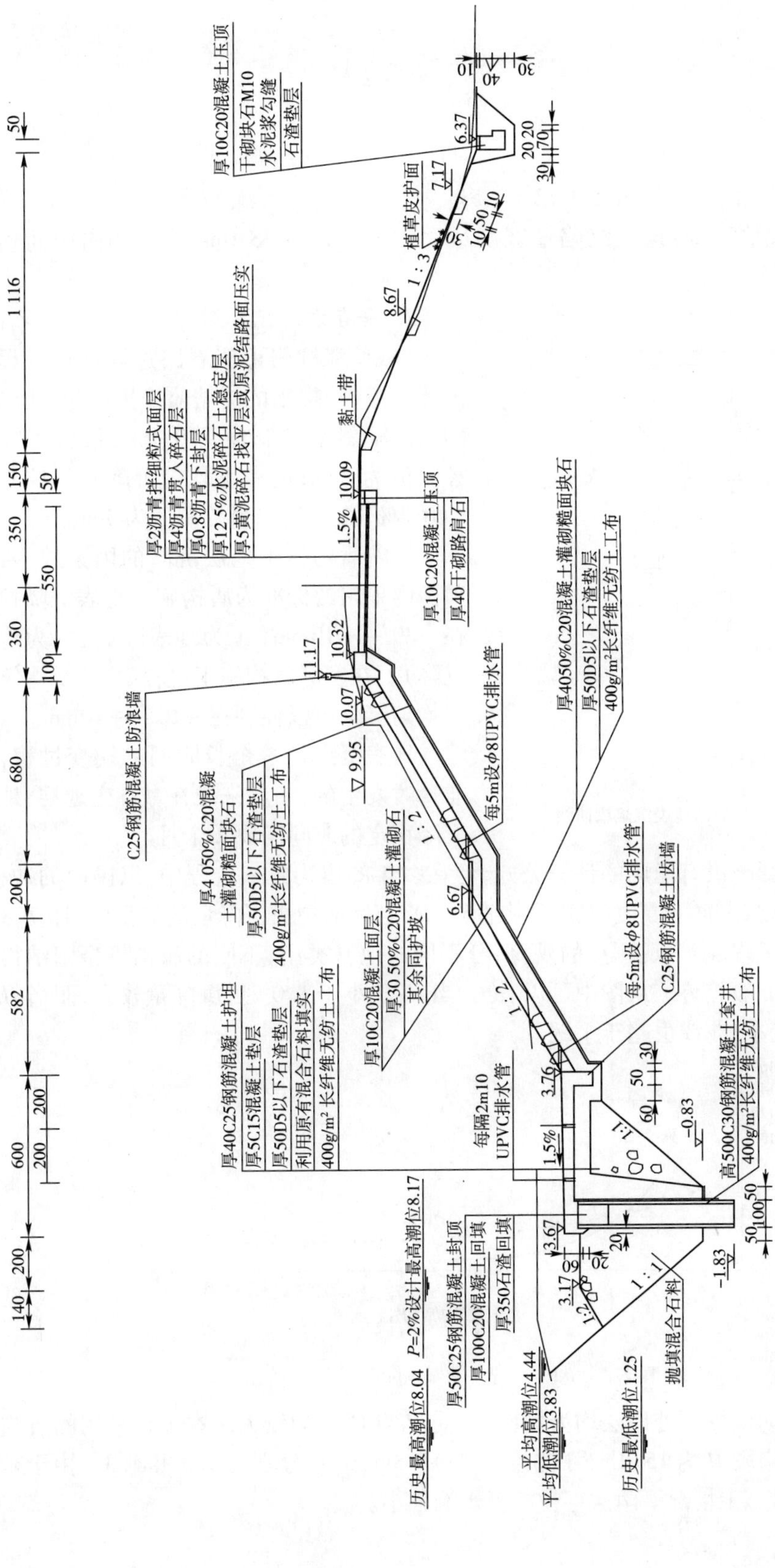

图7-6　庆春路越江隧道附近钱塘江南岸海塘断面结构图（尺寸单位：cm；高程单位：m）

$$i = \frac{Z}{\sqrt{2\pi} \cdot \tan\left(45 - \frac{\phi}{2}\right)} \tag{7-3}$$

式中：Z——隧道埋深；

ϕ——隧道覆土有效内摩擦角。

根据经验，地面横向沉陷槽宽度 $W/2 \approx 2.5i$。

根据 Peck 公式估算得：地表沉陷槽宽度最大约为 25.0 ~ 38.0m，从两侧向中间均匀沉降。

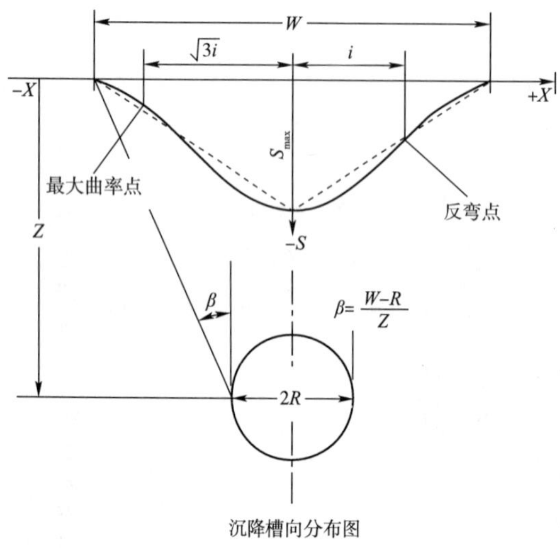

图 7-7 隧道施工引起的地表沉陷槽曲线

2. 垂直方向沉降影响

《钱塘江杭州市庆春路过江隧道工程防洪评价报告》提出的堤塘监控指标为：北岸不均匀沉降斜率控制值为 0.1%，最大沉降量控制值为 2cm；南岸不均匀沉降斜率控制值为 0.2%，最大沉降量控制值为 3cm。

影响盾构施工地层沉降的因素较多，目前国内采用的标准为盾构施工地表沉降控制在 -30 ~ +10mm（+为地表隆起，-为地表沉降）。在实际盾构施工过程中，重要建筑物不均匀沉降可以控制在 -10 ~ +10mm。

地表沉降是一个长时间的蠕变过程，而非瞬时发生的，一般来说在黏性土地层，地表沉降稳定的时间需要 2 个月。

盾构对地层的影响没有通用的计算公式，但在多年的盾构施工过程中，以国内的冲积、洪积地基为对象，总结出覆土厚度（H）/盾构直径（D）与地面中央沉降量的关系（见图 7-8）。通过多个盾构施工工程、多个观测点的观测，分不同的地基类型，不同的盾构机型归纳得出黏性土和砂性土的一般趋势。从图中可以看出，当 H/D 小于 1.0 时，沉降量较大，而当 H/D 变大时，地表沉降变小，曲线也趋于平缓。

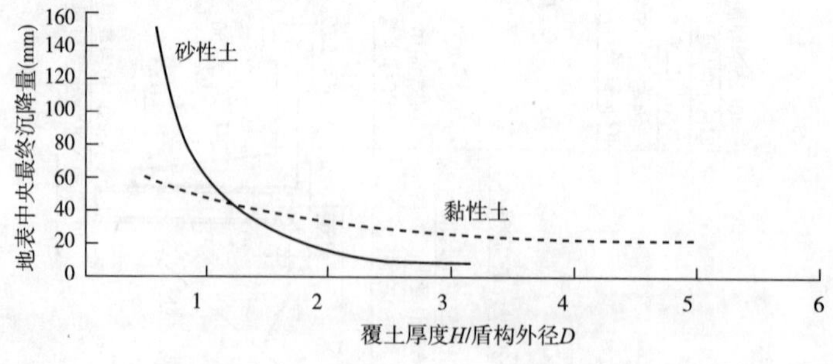

图 7-8 H/D 与地表中央最终沉降关系图

盾构下穿两岸防洪堤所处地层均为黏性土，受 H/D 值影响较大。本工程采用的盾构机直径为 11.68m，江南段 H 为 15.2m，江北段 H 为 15.3m，H/D 分别为 1.3 和 1.3。由于东西线相距 60m，在正常施工情况下两次穿越相互影响较小。

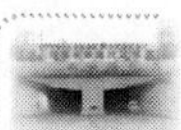

三、盾构下穿钱塘江防洪堤防护措施

盾构工法投入运用已经有160年历史，且在国内各大城市有很多近距离成功下穿防洪堤、大型桥墩、高层建筑物的实例。在正常施工的情况下，本工程下穿钱塘江防洪堤的安全系数很高。但考虑到钱塘江防洪堤直接关系到杭州人民的生命财产安全，故施工中必须严格对大堤进行监测，选择合理的盾构掘进参数，确保大堤万无一失。施工中主要采取以下措施：

1. 参数采集及沉降监测

(1)在施工前对防洪堤情况进行详细调查，确定其施工影响范围内的结构沉降、开裂情况，并与下穿过程中的沉降量进行比较，指导施工。

(2)试推进段

在下穿防洪堤前50m设立试验推进区，设置相应深度的土体垂直及水平位移监测点，地下水位及水压监测点，自始至终监测深层监测点的变化状况，主要摸索施工工艺中不同施工参数对盾构顶端上部深度范围内地层的扰动影响，摸索不同盾构推进速度和泥水压力及盾构注浆工艺(同步注浆、二次注浆)对地层的影响。精确测定地层的变形与盾构机泥水压力设定值、盾构掘进速度的实际值，并采用数理统计的原理，找出上述参数之间的关联。通过模拟推进，测得采集盾构下穿防洪堤前的最优施工参数，指导施工。

(3)加强监控量测

监测范围为隧道中心线两侧各50m范围，沉降监测点沿堤线方向设5排(5m 1监测点)，在防浪墙顶设1排水平位移监测点，组成监测网。在下穿防洪堤过程中连续监测并及时优化调整各类施工参数。

监测频率：第一个月，2次/d；以后逐步减少到1～7d检测1次；出现异常情况加密监测频率。监测时间为3个月。

(4)沉降控制

地面沉降控制主要包括盾构前方沉降、盾构通过时沉降和固结沉降控制。盾构切口前方的沉降主要由切口泥水压力和推进速度控制，为使切口泥水能更好地支护正面土体，必须同时严格控制泥水指标等施工参数；盾构通过时的沉降主要由同步注浆控制，固结沉降主要由同步注浆和壁后二次注浆控制。

在盾构实际推进过程中，根据地面沉降情况，由当班技术人员分析判断后对压浆量、压浆部位和注浆压力进行调整。

在施工中，必要时进行补注浆，有效控制后期沉降，进行信息化动态施工管理。

盾构下穿防洪堤推进时，利用试推进积累的参数推进，同时要有专职人员昼夜对防洪堤进行沉降监测，及时观察结构的变形情况，将监测数据及时、准确地反馈给盾构施工工作面，使得中央控制室能够根据地面所反映的情况，进行正确判断，指导盾构掘进参数及时优化调整。

同时可根据地面荷载的情况，及时重新计算泥水平衡设定值，并根据地面隆陷值加以调整，使盾构快速均匀推进，尽量缩短穿越时间，防止超挖和欠挖，以减少对土体的扰动，最大程度减少地层损失，将沉降控制在最小范围内，满足沉降要求。

2. 保障措施

在下穿施工前,设物部组织技术人员对盾构机进行全面的检查,确保在穿越过程中不出现机械故障。

(1)具体施工保障措施如下:

①平稳快速推进,匀速通过钱塘江防洪大提段。

②控制好泥水仓压力、调整泥浆黏度和比重,避免掌子面失稳,加强泥水循环系统控制和泥浆管理,适当减少出渣量。

③保证同步注浆系统工作正常,适当加大注浆量。

④做好地表注浆准备工作,当大堤沉降超过其允许值时,立即进行地表注浆。

⑤盾构机通过后根据地面沉降情况,选择是否进行管片壁后二次注浆,确保防洪大堤不会发生二次沉降。

⑥第一次穿越完成后,收集原始施工数据,项目部组织专项讨论会议,总结施工经验,优化施工参数,为后三次下穿施工总结经验。

(2)穿越钱塘江大堤时间应选择在非汛期,避免汛期穿越可能造成的堤防局部破坏,从而导致不利影响。

实际盾构掘进过程中,西线盾构和东线盾构分别在 2009 年 7 月和 8 月分别穿越了钱塘江南岸大堤,并于 2010 年 1 月和 2 月分别穿越了钱塘江北岸大堤,盾构机四次穿越大堤均在非汛期执行。

(3)其他措施

盾构穿越大堤的过程中,在地面做好地基加固注浆的准备工作,根据沉降情况适时施作地面动态跟踪注浆,直至稳定状态,注浆量视实际情况而定,以确保沉降量控制在规定范围之内。

在盾构施工中如果出现沉降较大而引起防洪大堤出现裂纹,第一时间通知防洪大堤管理部门,启动应急预案。预案措施包括:在裂纹处堤身灌注水泥浆;对破损的混凝土结构进行修复;对堤塘外坡抛填钢筋笼抛石。

四、盾构穿越大堤的实测

西线盾构从 7 月 24 日刀盘进入钱塘江南岸大堤内坡脚下方,至 8 月 3 日西线盾构隧道掘进完成 115 环,西线盾构机较为顺利的通过了钱塘江南岸防洪大堤。东线盾构从 8 月 30 日开始掘进进入南岸防护大堤范围,截止到 9 月 4 日东线盾构隧道掘进完成 112 环,东线盾构机成功通过了钱塘江南岸防洪大堤。

1. 平纵断面及地表情况

西线:RK2 + 950 ~ RK2 + 870(75 环 ~ 115 环)在线路在平面上为直线段,在纵断面为 42.5‰下坡,其中钱塘江南岸防洪大堤里程为 RK2 + 932.951 ~ RK2 + 898.751(84 环 ~ 101 环)。

东线:LK2 + 950 ~ LK2 + 870(75 环 ~ 115 环)在线路在平面上为直线段,在纵断面为 42.5‰下坡,其中钱塘江南岸防洪大堤里程为 LK2 + 939.304 ~ LK2 + 902.994(85 环 ~ 103 环)。

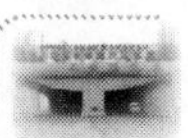

西线：区段 RK2 + 932.951 ~ RK2 + 898.75（第 84 环 ~ 101 环）地表为钱塘江南岸防洪大堤。

东线：区段 LK2 + 939.304 ~ LK2 + 902.994（85 环 ~ 103 环）（85 环 ~ 103 环）地表为钱塘江南岸防洪大堤。

2. 技术措施

（1）掘进时施工参数推力：5 500 ~ 7 000t；刀盘转速：1.2 ~ 1.5r/min；掘进速度：12mm/min 左右。

（2）盾构穿越大堤时控制措施

①气压仓和泥水仓压力控制

在盾构掘进的过程中控制好泥水仓压力，避免掌子面失稳是盾构机安全顺利通过防洪大堤的关键。因此，在泥水仓的压力控制上除了考虑地层土压力、地下水压力（孔隙水压力）之外，并且考虑了 0.3bar 预备压力，以保证泥水仓的压力可以维持刀盘前方的围岩稳定，不至于因土压偏低造成土体坍塌、地下水流失。

盾构穿越钱江大堤时隧道覆土厚度从 22.2 ~26.5m 不等。计算泥水仓压力时取最大埋深值。计算中地质参数均按照《杭州庆春路过江隧道工程岩土工程勘察报告》选取，参数如表 7-2 所示。

计算参数取值表　　表 7-2

序　号	名　称	参　数
1	岩土重度	$\gamma = 19.5\text{kN/m}^3$
2	水的密度	$\gamma_w = 1.0\text{t/m}^3$
3	内摩擦角	$\varphi = 40°$
4	土压力系数	$K_a = 0.515$
5	南岸大堤覆盖层深度	$H = 22.2 \sim 26.5\text{m}$
6	地下水位深度	$H_{ww} = 16.5\text{m}$
7	地面荷载	$P' = 10\text{kN/m}^2$
8	切削面水压（盾构机中心）	$P_w = 446.0\text{kN/m}^2$
9	土与钢板的摩擦因数	$\mu = 0.10$

土压力按水土合算为：

$$\begin{aligned} P_a &= \gamma_{土} H_{土} K_a \\ &= 19.5 \times 26.5 \times 0.515 \\ &= 266.13(\text{kN/m}^2) \\ &= 266.13(\text{kPa}) \end{aligned}$$

则在泥水仓压力为：$0.3 + 2.661\,3 = 2.961\,3 \times 10^5\text{Pa} = 296.13(\text{kPa})$

气压仓设定压力为：$2.961\,3 + 0.6 = 3.561\,3 \times 10^5\text{Pa} = 356.13(\text{kPa})$

②泥浆性能的控制

泥浆漏斗黏度一般控制在 20 ~25s，泥浆密度一般控制在 1.15 ~1.25g/cm³。

③同步注浆

注浆压力：注浆压力设定为 $4.5 \times 10^5 \sim 5.5 \times 10^5\text{Pa}$。

注浆量：在盾构机通过钱塘江南岸防洪大堤阶段，适当的加大了同步注浆量，按照盾尾与管片之间理论空隙的 150% ~200%（18.9 ~25.2m^3/环）进行注浆，并根据地表监测沉降结果，调整注浆量。

注浆浆液采用水泥砂浆，砂浆施工配合比为（kg/m^3）：

水泥: 粉煤灰: 膨润土: 砂: 水 =126: 180: 72: 720: 480

（3）监测控制

①地面监测采用每天早、晚 2 次，对沉降进行监测，过建筑物时加强监测次数，确保盾构顺利通过。

②测量的沉降结果及时反映到主机室值班工程师，做好信息沟通，以便调整掘进参数。

③掘进时派专人对地表进行巡查，发现异常情况及时与值班工程师联系，采取相应的措施。

④在掘进施工中，为了保证导向系统的准确性、确保盾构机沿着正确的方向掘进，需周期性的对 PPS 导向系统的数据进行人工测量校核，用人工测量的办法测量出盾构机当前的姿态，与 PPS 导向系统显示的盾构机姿态进行比较，来复核导向系统的测量成果。盾构机始发定位便是根据人工测量的盾构机姿态来进行的，盾构机始发定位时还需精确测定激光标靶相对于盾构机主机的相对位置关系。

3. 地表沉降监测[14]、[15]

监测断面的布设：17、18 断面位于大堤内坡脚，13 断面位于大堤内坡面，14、15、16 断面位于堤顶。大堤上监测断面平面布置如图 7-9 和图 7-10 所示。

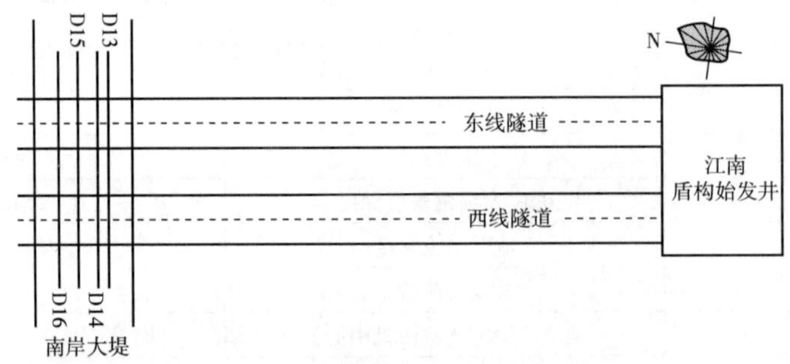

图 7-9 大堤上监测断面平面布置示意图

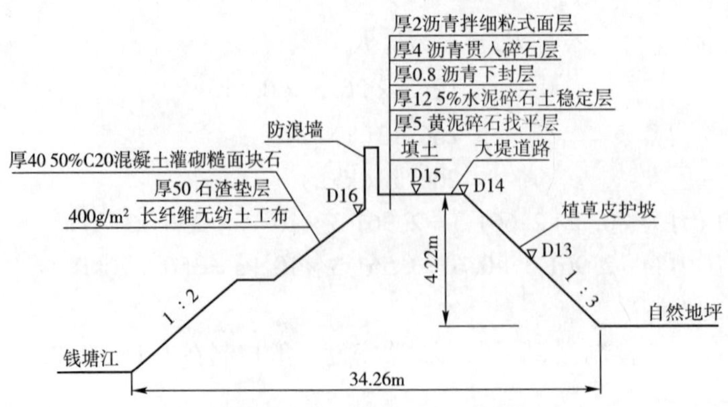

图 7-10 钱塘江大堤及堤上监测断面示意图

西线盾构穿越南岸大堤期间的沉降结果如表 7-3 所示，东线盾构穿越南岸大堤期间的沉降结果如表 7-4 所示。

西线盾构穿越南岸大堤期间监测数据　　表 7-3

断面编号	监测断面里程	监测断面中线范围累计沉降最大值(mm)							
		7.27	7.28	7.29	7.30	7.31	8.1	8.2	8.3
DB17	RK2 +933.78	-18.62	-19.50	-19.68	-21.28	-22.79	-24.06	-24.33	-25.75
DB18	RK2 +928.56	-13.08	-15.06	-17.32	-20.25	-22.32	-23.93	-25.09	-26.43
DB13	RK2 +923.82	-13.28	-19.16	-20.45	-24.55	-26.95	-33.22	-34.41	-37.05
DB14	RK2 +918.99	-13.40	-20.11	-20.21	-23.04	-28.27	-35.38	-37.77	-41.46
DB15	RK2 +916.42	-11.06	-15.68	-16.36	-18.74	-24.18	-31.86	-34.32	-37.88
DB16	RK2 +914.05	-8.32	-12.10	-12.78	-16.93	-22.06	-28.72	-29.68	-33.59

东线盾构穿越南岸大堤期间监测数据　　表 7-4

断面编号	监测断面里程	监测断面中线范围累计沉降最大值(mm)							
		8.28	8.29	8.30	8.31	9.1	9.2	9.3	9.4
LB17	LK2 +938.78	-0.32	-1.53	-0.90	-2.07	-4.04	-5.25	-5.75	-5.43
LB18	LK2 +933.56	0.47	-0.49	-1.88	-3.28	-7.70	-9.11	-10.19	-9.73
LB13	LK2 +928.32	—	—	-0.15	-0.18	-4.62	-5.87	-7.43	-6.94
LB14	LK2 +920.42	—	—	-0.89	-2.74	-10.05	-11.48	-13.24	-12.74
LB15	LK2 +918.78	—	—	-0.80	-1.98	-8.42	-9.84	-11.62	-11.01
LB16	LK2 +916.42	—	—	-1.11	-3.20	-9.42	-10.48	-12.81	-12.56

4. 地表沉降的原因分析及措施[16]

从监测地面沉降情况来看：盾构掘进时，刀盘通过和盾尾通过的时候沉降较大。西线 7 月 31 日 ~8 月 1 日，东线 8 月 31 日 ~9 月 1 日，在刀盘通过堤顶正下方过程中，最大日沉降量都达到 7mm 左右。

原因分析：

(1)盾构机穿越的地层主要为⑤$_{-1}$粉质黏土层、⑤$_{-2}$粉质黏土层，由于⑤$_{-1}$粉质黏土层、⑤$_{-2}$粉质黏土层具有较强的黏性和塑形，盾构机刀盘切削后往往抱团形成大的泥土块；因此在该地层中掘进，容易造成泥水仓及泥浆泵堵塞，从而导致泥水仓压力波动剧烈，造成掌子面出现一定程度的超挖。泥水分离设备上分离出的黏土如图 7-11 所示。

图 7-11　分离出的大块黏土

采取的措施：

①优化泥水循环控制，加大进出浆流量，尽量避免出现泥水仓及泥浆泵堵塞，减少压力波动，维持掌子面稳定。

②及时调整泥浆的黏度、比重等参数，提高泥浆携带泥土块的能力。

③适当加大同步注浆量，保证每环注浆量不小于 20m^3，同时保证原始数据的真实性，为以后的施工提供经验。

④严格控制同步注浆的质量：浆液稠度：8～12cm；搅拌时间控制在2min左右；胶凝时间：一般为3～8h，在胶凝时间前使用。

(2)西线盾构机在掘进通过钱塘江南岸防洪大堤(RK2+932.951～RK2+898.75,84～101环)期间，地表降水较为频繁，由于盾构隧道覆土层主要为$②_{-1}$砂质粉土、$②_{-2}$粉土夹淤泥质土、$③_{-2}$砂质粉土、$③_{-3}$粉砂夹粉土、④层淤泥质粉质黏土；其中$②_{-1}$砂质粉土、$②_{-2}$粉土夹淤泥质土、$③_{-2}$砂质粉土、$③_{-3}$粉砂夹粉土透水性好，主要为潜水含水层，在水动力条件下有明显的触变性和流动性层，④层淤泥质粉质黏土为软性黏土，具有高压缩性、低承载力、高灵敏性、高触变性特点，工程性质较差。在盾构机掘进通过大堤期间，由于盾构掘进已经对地层土体造成扰动，同时再加上大量的地表降水加大了盾构隧道覆土地层的触变性，导致扰动土体的后期沉降提前发生，加大了地表沉降量。

采取的措施：

①优化掘进参数，在减少泥水仓压力波动，维持掌子面稳定的前提下加大盾构机推力，提高掘进速度，尽可能快速平稳地通过大堤，减少对地层的扰动。

②在降雨来临阶段，适当提高泥水仓压力10～20kPa，以便更好的维持掌子面稳定，减少地层扰动。

③在大量降雨过后，适当加大同步注浆量，保证每环注浆量不小于$20m^3$，在地表沉降较大部位将同步注浆量控制在不小于$24m^3$/环，最大限度的控制盾构机通过后的后期沉降。

④严格控制同步注浆的质量，保证盾构机与管片间隙直接填充的饱满度。

(3)西线盾构机在掘进101环，由于出渣不畅造成泥浆出浆管的严重堵塞，泥浆管内壁压力急剧增大，最终导致泥浆软管发生爆裂。为了保证地面稳定，盾构机被迫停机保压1天，更换破损的泥浆软管。由于泥浆软管处于盾构机2号拖车夹层中，工作空间狭小，更换麻烦，耗时较多。因此当盾构机再次恢复掘进时，不可避免的对地层形成二次扰动，从而导致了地表沉降量的加大。

处理措施：

①优化泥水仓压力和泥浆性能控制，维持掌子面稳定。

②使掘进速度和出渣相匹配，使出渣顺畅，减少泥水仓压力波动，保护掌子面稳定。

③加大泥水循环系统的检修力度，避免出现类似情况。

④适当提高刀盘转速，加大刀盘单位时间内切削土体的速度，尽量减小黏土块抱团成块的尺寸，减少发生堵管的可能性。

五、工程实践结果

通过工程实践，根据盾构穿越钱塘江大堤实测的监测成果分析，在粉土、淤泥质黏土、粉质黏土地层中，泥水盾构施工虽然地表和建筑物沉降能够得到有效控制，但盾构推进对土体扰动相对较大，变形量主要产生在盾尾脱出时段。钱塘江南岸防洪大堤产生轻微沉降，但都在安全可控范围内。从本区段来看，地表及建筑物沉降主要集中在盾构到达前5m至盾构通过后20m左右。

因充分总结了西线盾构穿越大堤期间的经验，东线盾构穿越非常顺利，累计沉降最大值仅为13.24mm。

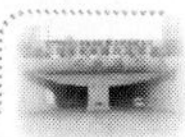

盾构穿越期间第三方监测与施工监测同步平行进行，西线盾构 8 月 3 日测得的最大累计沉降值发生在 DB14 断面，达到 -39.10mm（该点位施工监测数据为 -41.46mm）；东线盾构 9 月 3 日测得的最大累计沉降值发生在 LB14 断面，达到 -13.12mm（该点位施工监测数据为 -13.24mm）。两套监测系统所测得的堤顶沉降数据基本一致，能够客观反映盾构穿越对钱江南岸大堤所产生的影响。盾构通过后的钱塘江南岸大堤如图 7-12 所示。

图 7-12　盾构通过后的钱塘江南岸防洪大堤

泥水盾构穿越粉土、淤泥质黏土和粉质黏土，只要掌握好泥水压力和掘进参数，保证刀盘前方土体的稳定；配置好泥浆和调整好循环参数，避免出现泥浆循环管路堵塞，保证快速均匀的掘进，减少盾构对土体扰动，沉降量完全能控制在控制值内，对相邻建筑物不会产生较大影响，建筑物不会有较大沉降。

结合盾构穿越南岸大堤的技术参数，两台盾构穿越北岸大堤过程非常顺利，北岸大堤顶 V 形槽最大沉降量小于 15mm。

第三节　盾构施工

一、盾构施工主要参数

1. 盾构江中段施工主要参数控制

（1）切口泥水压

由于盾构始发端头进行了加固，切口水压设定不宜过高。初步设定值为 1.0kg/cm^2，实际施工时作适当调整。

（2）推进速度

为确保盾构能正常切削土体加固区，防止排泥管路吸口堵塞、控制推进轴线、保护刀盘，始发时实际推进速度不宜过快，使盾构缓慢稳步前进。主机全部进入加固区前掘进速度控制在 3 ~ 5mm/min，盾构机脱离加固区后可逐步提高到 20mm/min。始发掘进时，要随时观察刀盘扭力变化情况，及时调整推进速度。

（3）轴线控制

始发施工中，由于同步注浆不能及时开通，盾构正面泥水极易后窜，引起盾构“上浮”。为此，盾构始发后应及时采取同步注浆，以防止隧道“上浮”。为了达到有效防止隧道“上浮”的要求，在始发段第一次进行同步注浆后，为确保洞门处的注浆效果，同步注浆浆液凝固后及时进行洞门补压浆，补压浆的部位布置在盾构隧道上半部。同时，推进轴线应略低于设计轴线，推进轴线垂直方向确定为 -20mm。

（4）泥水平衡建立

泥水盾构施工前，配制一定比重、黏度、足够量的泥水供盾构循环使用，在盾构始发前，在泥浆槽里要制备施工所需的浆液，第一次造浆量为900m^3。

盾构在始发洞口时建立泥水平衡，要求洞门有较好止水条件，即防止建立泥水平衡时大量泥水涌入工作井内，保证泥水仓的水压平衡与稳定，要求洞门临时密封装置的密封效果。洞门临时密封装置由于受到不均等的洞口建筑空隙的影响，能承受的泥水压力较低，在不影响泥水系统正常输送平衡条件下，将泥水仓压力控制在不超过盾构机中部高度的水压。随着推进距离增长，洞门段进行同步注浆和补充注浆后，逐步增加泥水压力，达到正常的泥水平衡控制。

2. 盾构100环试掘进

东线和西线隧道各采用一台泥水平衡盾构掘进。泥水压力的设定是泥水平衡盾构施工的关键，维持和调整压力值又是盾构推进操作中的重要环节，其中包括推力、推进速度和出土量三者的相互关系，以及对盾构施工轴线和地层变形量的控制。因此，盾构试掘进过程中，要根据不同地质条件、覆土厚度、地面情况设定泥水压力，选定泥水性能指标，并根据地表隆陷监测结果及时调整泥水压力和性能。

试掘进段的掘进速度要保持相对平稳，并逐步增加到最大速度30mm/min，按操作规程控制好掘进纠偏量，减少对土体的扰动。在空旷地带选择多组不同的泥水压力和泥水性能指标试掘进，并加强地表隆陷观测，得出泥水压力设定与地表隆陷的关系。同步注浆量和注浆压力要根据推进速度、出渣量适当调整，并通过加强盾构通过后地表隆陷监测，确定同步注浆和盾构通过后地表隆陷的关系。试掘进段加强盾构隧道的轴线控制，掌握盾构机纠偏的主要施工参数。

(1)盾构试掘进段的目的

①用最短的时间对盾构机的操作方法、机械性能进行熟悉，较好的控制隧道轴线及地面沉降。

②加强地面沉降的监测，及时获取监测结果，调整施工参数和泥水参数。

③熟悉掌握盾构掘进、管片拼装的操作工序，提高管片拼装质量，加快施工进度。

④加强对盾构施工参数的采集，取得各种数据，并结合监测资料进行综合分析研究，掌握盾构在控制地面沉降、纠正轴线偏差等方面的特性，为此后江底施工参数设定积累经验。

(2)地面沉降控制

①每环推进过程中，严格控制切口泥水压，波动范围控制在±2kPa以内，使切口正面土体保持稳定状态，以减少对土体扰动程度。

②采取信息反馈的施工方法沿隧道纵向轴线位置布设沉降观测点(在建筑物、地下管线等控制沉降要求较严的影响区域内布设横断面)。在盾构推进过程中进行跟踪沉降观测，将所测沉降数据进行分析并及时反馈，为调整下阶段的施工参数提供依据。

③及时充填盾尾建筑空隙，一般可采用同步注浆及二次补强注浆工艺，对沉降量控制较小的范围可根据监控量测结果作跟踪注浆，补强注浆材料可采用水硬性浆液。

④当盾构穿越建筑物时，通过监控量测，必要时可结合地面注浆加固措施来保护构筑物的稳定。

⑤通过对实测数据与施工参数的收集和整理，形成一套较为完善的泥水平衡盾构施工智能数据库。

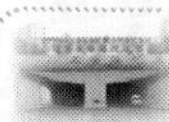

二、盾构正常掘进

盾构掘进作业流程见图7-13，掘进操作控制流程见图7-14。

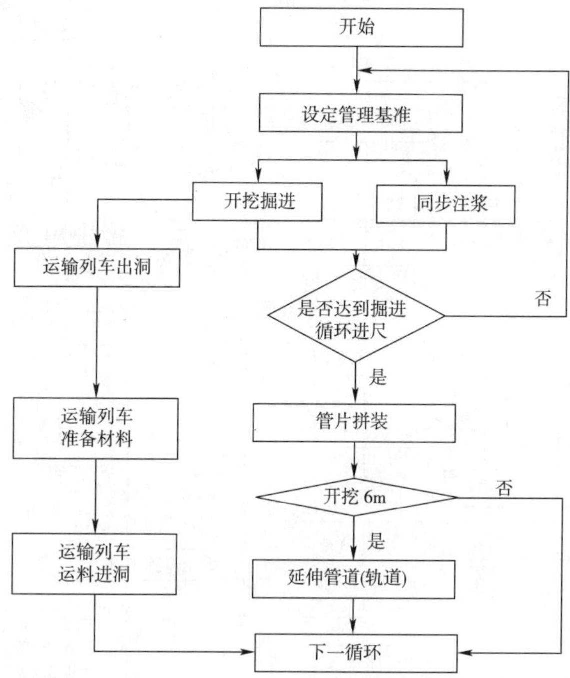

图7-13　掘进作业工序流程图

1. 盾构正常掘进控制标准

(1)隧道防水控制标准

中铁隧道集团有限公司将借鉴国外同类施工案例及城市地铁、市政、水利等盾构工程施工的经验，按有关规范的要求，严格控制防水材料选用及施工工艺，满足设计与运营的要求。

钱塘江隧道防水等级为二级标准，隧道内表面潮湿面积 <6/1 000 总面积，任一湿面积 $<0.2m^3$，任意100m防水面积的湿迹不超过4处，隧道渗漏量 $\leqslant 0.08L/m^2d$，任意10延米内隧道的渗漏量 $\leqslant 0.16L/m^2d$。

(2)隧道沉降控制标准

由于杭州庆春路过江隧道盾构穿越钱塘江防洪大堤、之江路及各种地下管线等，因此，严格控制地表沉降是保证大堤及管线安全的关键。同时，控制隧道沉降，减小其造成地表沉降，盾构隧道严格按照盾构隧道的有关规范，采取多种措施控制其沉降量。在正常推进条件下，沉降值控制范围在 -30 ~ +10mm，盾构推进引起的地面沉降不能影响周围建筑物和地下管线的安全。

(3)管片拼装控制标准

①轴线允许偏差：高程偏差 ±50mm，平面偏差 ±50mm；

②管片错台 <3mm，管片接缝开口 <3mm，管片拼装无贯穿裂缝，无大于0.2mm宽的裂缝及剥落现象；

③水平直径和垂直直径允许偏差 <50mm。

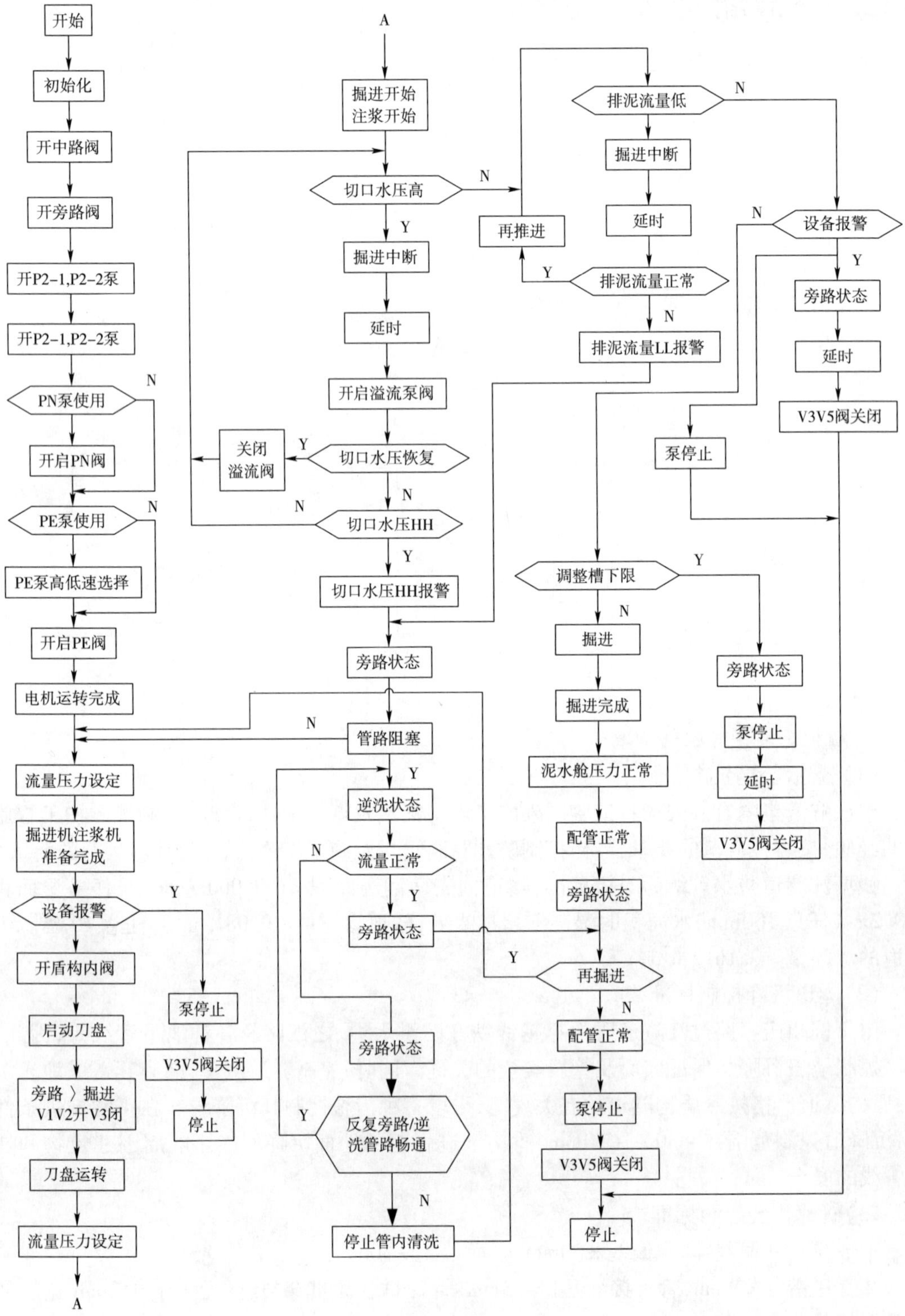

开始
初始化
开中路阀
开旁路阀
开P2-1,P2-2泵
开P2-1,P2-2泵
PN泵使用
N
开启PN阀
PE泵使用
N
PE泵高低速选择
开启PE阀
电机运转完成
流量压力设定
掘进机注浆机
准备完成
设备报警
Y
开盾构内阀
启动刀盘
旁路 〉掘进
V1V2开V3闭
刀盘运转
流量压力设定
A
泵停止
V3V5阀关闭
停止

A
掘进开始
注浆开始
切口水压高
N
Y
掘进中断
延时
开启溢流泵阀
切口水压恢复
Y
关闭
溢流阀
N
切口水压HH
N
Y
切口水压HH报警
旁路状态
管路阻塞
N
Y
逆洗状态
流量正常
N
Y
旁路状态
旁路状态
反复旁路/逆
洗管路畅通
Y
N
停止管内清洗

排泥流量低
N
掘进中断
延时
再推进
排泥流量正常
Y
N
排泥流量LL报警
设备报警
N
Y
旁路状态
延时
V3V5阀关闭
泵停止
调整槽下限
Y
N
掘进
掘进完成
泥水舱压力正常
配管正常
旁路状态
再掘进
Y
N
配管正常
泵停止
V3V5阀关闭
停止
旁路状态
泵停止
延时
V3V5阀关闭

图 7-14　掘进控制流程图

2. 盾构正常掘进的管理

(1)试掘进总结

盾构机在完成前100环的试掘进后,根据始掘进段施工参数的分析总结,确定正常掘进施工参数的选取。为保证工程施工的顺利进行,加强盾构在正常段的掘进管理,主要内容包括:

①根据地质条件、覆土厚度和试掘进过程中的经验结果进一步优化掘进参数。

②推进过程中,严格控制好推进方向,将施工测量结果不断地与计算的三维坐标相校核,及时调整。

③盾构操作人员应根据当班工程师指令设定的参数推进,推进与管片背后注浆同步进行。不断完善施工工艺,控制施工后地表最大变形量在 -30 ~ -10mm。

④盾构掘进过程中,坡度不能突变,隧道轴线和折角变化不能超过0.4%。

⑤盾构掘进施工全过程需严格受控,工程技术人员根据地质变化、隧道埋深、地面荷载、地表沉降、盾构机姿态、刀盘转矩、千斤顶推力等各种勘察、测量数据信息,正确下达每班掘进指令,并即时跟踪调整。盾构机操作人员需严格执行指令,谨慎操作,对初始出现的小偏差应及时纠正,应尽量避免盾构机走“蛇”形,盾构机一次纠偏量不超过4mm/环,以减少对地层的扰动。

⑥做好施工记录:盾构推进压力、盾构掘进速度、盾构刀盘压力、刀盘转速、泥水仓压力、泥浆流量、注脂压力、注浆压力、盾构竖直及水平偏差及盾构机各设备运行状态等。

(2)开挖管理

盾构开挖管理程序如图7-15所示。

(3)掘进参数管理

盾构掘进主要控制如下参数:

切口水压设定:

切口水压上限值:

$$\begin{aligned}P_{上} &= P_1 + P_2 + P_3 \\ &= \gamma_w \cdot h + K_0 \cdot [(\gamma - \gamma_w) \cdot h + \gamma \cdot (H - h)] + 20\end{aligned}$$

切口水压下限值:

$$\begin{aligned}P_{下} &= P_1 + P'_2 + P_3 \\ &= \gamma_w \cdot h + K_a \cdot [(\gamma - \gamma_w) \cdot h + \gamma \cdot (H - h)] - 2 \cdot C_u \cdot \mathrm{sqr}(K_a) + 20\end{aligned}$$

盾构机掘进时的切口泥水压力应介于理论计算值上下限之间,并根据地表建构筑物的情况和地质条件适当调整。在逆洗过程中,由于泥水仓或盾构机内的排泥管处于堵塞状态,因此逆洗时应提高排泥流量,但不能降低切口水压。盾构机推进、逆洗和旁路三状态切换时的切口水压偏差值均控制在 -20 ~ +20kPa。

正常掘进条件下,掘进速度应设定为15 ~ 30mm/min;在盾构机通过软硬不均地层时,掘进速度应控制在10 ~ 15mm/min。

盾构掘进速度设定时,注意以下几点:

①盾构启动时,盾构司机需检查千斤顶是否顶实,开始推进和结束推进之前速度不宜过快。每环掘进开始时,应逐步提高掘进速度,防止启动速度过大冲击扰动地层。

②每环正常掘进过程中，掘进速度值应尽量保持恒定，减少波动，以保证切口水压稳定和送、排泥管的畅通。在调整掘进速度时，应逐步调整，避免速度突变对地层造成冲击扰动和切口水压摆动过大。

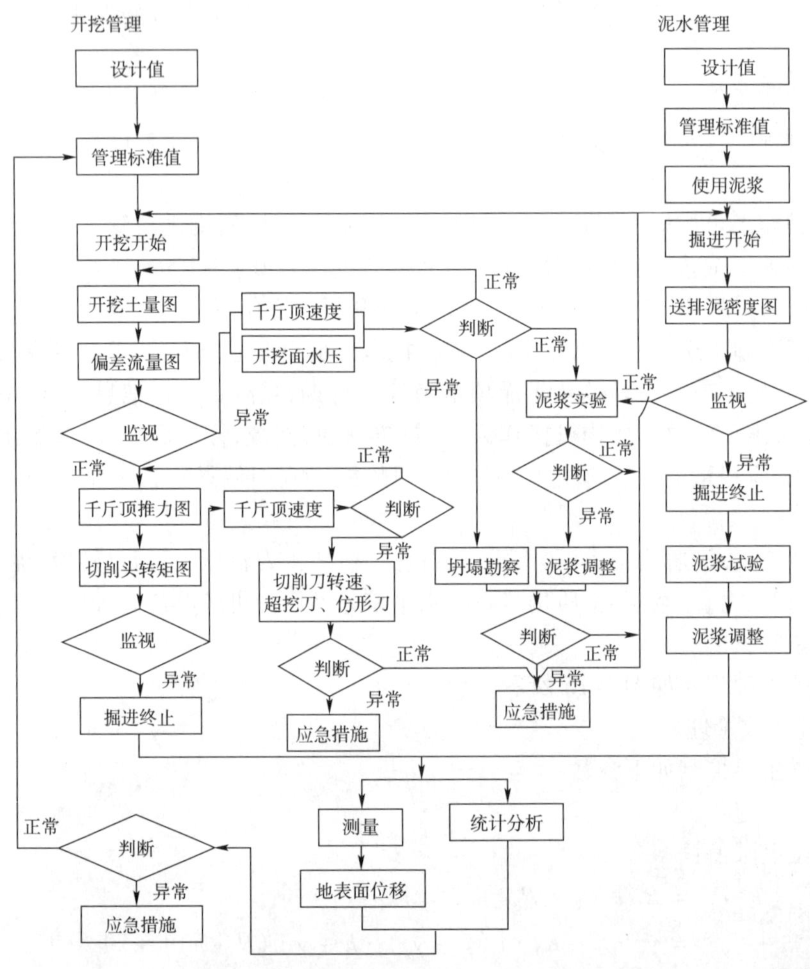

图 7-15　开挖管理程序图

③推进速度的快慢必须满足每环掘进注浆量的要求，保证同步注浆系统始终处于良好工作状态。

④掘进速度选取时，必须注意与地质条件和地表建筑物条件匹配，避免速度选择不合适对盾构机刀盘、刀具造成非正常损坏和隧道周边土体扰动过大。

当发现掘削量过大时，应立即检查泥水密度、黏度和切口水压。此外，也可以利用探查装置调查土体坍塌情况，在查明原因后应及时调整有关参数，确保开挖面稳定。

泥水指标控制：密度 $\rho = 1.1 \sim 1.30\text{g/cm}^3$；漏斗黏度 $\nu = 25 \sim 35\text{s}$；析水率 XS < 5%；pH 值：8 ~ 9；API 失水量 <30CC/30min。

同步注浆：注浆压力；注浆压力设定为 $3 \sim 5\text{kg/cm}^2$，管片注浆口的实测注浆压力为 $2 \sim 4\text{kg/cm}^2$；注浆量控制。

理论注浆量：

$$V = \pi/4 \times (11.68 \times 11.68 - 11.30 \times 11.30) \times 2 = 13.72(m^3)$$

实际的注浆量为理论建筑空隙的150%～250%，即为20.6～34.3m^3。

3. 同步注浆

盾构施工引起的地层损失，盾构隧道周围受扰动或受剪切破坏的重塑土的再固结以及地下水的渗透，是导致地表、建筑物以及管线沉降的重要原因。为了减少和防止沉降，在盾构掘进过程中，要尽快在脱出盾尾的衬砌管片背后同步注入足量浆液充填盾尾环形建筑空隙。

管片衬砌背后注浆的目的主要有以下三个方面：及时填充盾尾建筑空隙，支撑管片周围岩体，有效地控制地表沉降；凝结的浆液将作为盾构施工隧道的第一道防水屏障，增强隧道的防水能力；为管片提供早期的稳定并使管片与周围岩体一体化，有利于掘进方向的控制。注浆工艺流程如图7-6所示，在盾构掘进过程中采取以下两种注浆方式。

(1)通过盾尾注浆管在掘进的同时进行同步注浆。

(2)管片脱出盾尾后，通过管片上预留的注浆孔进行补强的二次注浆。

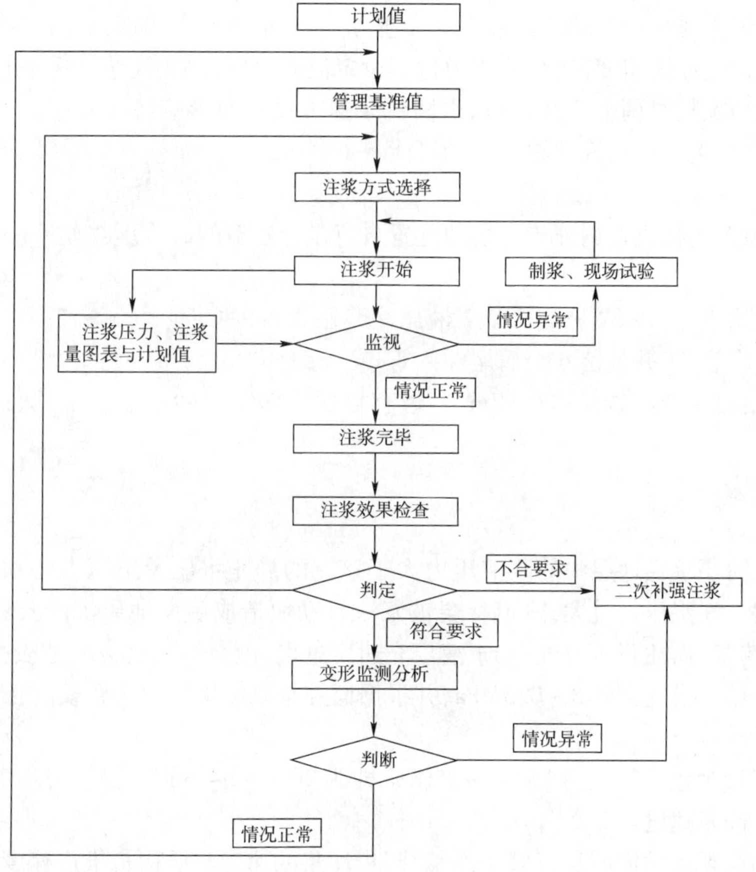

图7-16　注浆工艺流程图

①注浆配合比

由于盾构隧道大部分穿越粉细砂层，且过江段隧道通过砂层和江水直接连通。结合国内大断面泥水盾构施工实例，同步注浆采用水泥砂浆，浆液的配合比如表7-5所示。

同步注浆材料初步配合比表 表7-5

水泥(kg)	粉煤灰(kg)	膨润土(kg)	砂(kg)	水(kg)	外加剂
120~260	241~381	50~60	779	460~470	按需要根据试验加入

②浆液主要性能指标

胶凝时间:一般为3~10h,根据地层条件和掘进速度,通过现场试验加入促凝剂及变更配比来调整胶凝时间。对于强透水地层和需要注浆提供较高早期强度的地段,可通过现场试验进一步调整配比和加入早强剂,进一步缩短胶凝时间,获得早期强度,保证良好的注浆效果。

固结体强度:1h不小于0.1MPa,28d不小于3MPa。

浆液结石率:>95%,即固结收缩率<5%。

浆液稠度:8~12cm。

浆液稳定性:倾析率(静置沉淀后上浮水体积与总体积之比)小于5%。

③注浆模式

注浆可根据需要采用自动控制或手动控制方式,自动控制方式即预先设定注浆压力,由控制程序自动调整注浆速度,当注浆压力达到设定值时,自行停止注浆。手动控制方式则由人工根据掘进情况随时调整注浆流量,以防注浆速度过快而影响注浆效果。一般不从预留注浆孔注浆,以大大降低从管片渗漏水的可能。

④注浆设备配制

搅拌站:每台盾构机在洞外施工场地配置自行设计建造的砂浆搅拌站一座,搅拌能力为$30m^3/h$。

同步注浆系统:配备SWING KSP12液压注浆泵3台,注浆能力$3\times12m^3/h$,6个盾尾注入管口及其配套管路,并预留6个盾尾注入管。

运输系统:自生产的砂浆罐车($7m^3$),带有自搅拌功能和砂浆输送泵,随管片运输车一起运输。

主要参数为:

①注浆压力

同步注浆时要求在地层中的浆液压力大于该点的静止水压及土压力之和,做到尽量填补而不宜劈裂。注浆压力过大,隧道将会被浆液扰动而造成后期地层沉降及隧道本身的沉降,并易造成跑浆;而注浆压力过小,浆液填充速度过慢,填充不充足会使地表变形增大。本工程同步注浆压力设定为0.3~0.5MPa,并根据监控量测结果作适当调整。

②注浆量

同步注浆量为建筑间隙的150%~250%,即为20.6~34.3m^3环。

③注浆时间及速度

盾构机向前掘进的同时进行同步注浆,同步注浆的速度与盾构机推进速度相匹配。

④注浆顺序

采用6个注浆孔同时压注,在每个注浆孔出口设置压力检测器,以便对各注浆孔的注浆压力和注浆量进行检测与控制,从而实现对管片背后的对称均匀压注。

采用双指标标准,即注浆压力达到设计压力或注浆压力未达到设计压力,但注浆量达到

设计注浆量,即可停止注入。

注浆效果检查主要采用分析法,即根据 P-Q-t 曲线,结合掘进速度及衬砌、地表与周围建筑物变形量测结果进行综合分析判断。必要时采用无损探测法进行效果检查。

由于盾构隧道洞身地层主要为粉细砂层和土层,粉细砂层渗透系数大,透水性强。为适应盾构通过该段地层时的需要,盾构机同步注浆系统需具备注双液浆的功能。

4. 二次补强注浆

同步注浆后使管片背后环形空隙得到填充,多数地段的地层变形沉降得到控制。在局部地段,同步浆液凝固过程中,可能存在局部不均匀、浆液的凝固收缩和浆液的稀释流失,为提高背衬注浆层的防水性及密实度,并有效填充管片后的环形间隙,根据检测结果,必要时进行二次补强注浆。施工时采用地表沉降监测信息反馈,结合洞内超声波探测背衬后有无空洞的方法,综合判断是否需要进行二次补强注浆。

二次补强注浆材料以水泥、粉煤灰和膨润土等材料为主,其配合比(质量比)如表 7-6 所示。

二次注浆配合比($1m^3$) 表 7-6

水泥	粉煤灰	膨润土	细砂	水
450kg	400kg	25kg	300kg	400kg

二次补强注浆采用 KBY-50/70 注浆泵。二次补强注浆的注浆管路自制,能够实现快速接卸以及密封不漏浆的功能,并配有止浆阀。二次补强注浆的注浆压力选定为 0.5 ~ 0.6MPa。注浆量根据监测到的空隙和监控量测的结果确定。注浆时主要以注浆压力控制。

三、盾构掘进方向的控制与调整

由于盾构表面与地层间的摩擦阻力不均匀,地层软硬不均、隧道曲线和坡度变化以及操作等因素的影响,盾构推进不可能完全按照设计的隧道轴线前进,而会产生一定的偏差。开挖面上的泥水压力以及刀盘切削地层所引起的阻力不均匀,也会引起一定的偏差。在盾构推进过程中,不同部位推进千斤顶参数设定的偏差易引起推进方向的偏差。当这种偏差超过一定限界时就会使隧道衬砌侵限、盾尾间隙变小使管片局部受力恶化,并造成地层损失增大而使地表沉降加大。因此,盾构施工中必须采取有效技术措施控制掘进方向,及时有效纠正掘进偏差。

1. 盾构掘进方向控制

根据本工程线路及地质的具体情况,采取以下方法控制盾构掘进方向:

(1)采用 PPS 隧道自动导向系统和人工测量辅助进行盾构姿态监测,如图 7-17 所示。

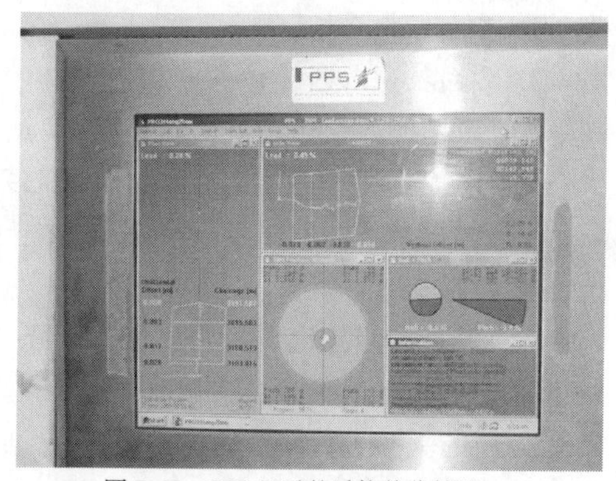

图 7-17 PPS 显示的盾构偏位情况

该系统配置了导向、自动定位、掘进程序软件和显示器等,能够全天候在盾构机主控室动态显示盾构机当前位置与隧道设计轴线的偏差以及趋势。据此调整控制盾构机掘进方向,使其始终保持在允许的偏差范围内。

随着盾构推进,导向系统后视基准点需要前移,必须通过人工测量来进行精确定位。为保证推进方向的准确可靠性,每周进行两次人工测量,以校核自动导向系统的测量数据并复核盾构机的位置、姿态,确保盾构掘进方向的正确。

(2)采用分区操作盾构机推进油缸控制盾构掘进方向。

根据线路条件所做的分段轴线拟合控制计划、导向系统反映的盾构姿态信息,结合隧道地层情况,通过分区操作盾构机的推进油缸来控制掘进方向。

在上坡段掘进时,适当加大盾构机下部油缸的推力;在下坡段掘进时,则适当加大上部油缸的推力;在左转弯曲线段掘进时,适当加大右侧油缸推力;在右转弯曲线掘进时,则适当加大左侧油缸的推力;在直线平坡段掘进时,应尽量使所有油缸的推力保持一致。

在均匀的地质条件时,保持所有油缸推力一致;在软硬不均的地层中掘进时,则应根据不同地层在断面的具体分布情况,遵循硬地层一侧推进油缸的推力适当加大,软地层一侧油缸的推力适当减小的原则来操作。

2. 盾构掘进姿态调整与纠偏

在实际施工中,由于地质突变等原因,盾构机推进方向可能会偏离设计轴线并达到管理警戒值;在稳定地层中掘进,因地层提供的滚动阻力小,可能会产生盾体滚动偏差;在线路变坡段或急弯段掘进,有可能产生较大的偏差。因此应及时调整盾构机姿态、纠正偏差。

(1)姿态调整

参照上述方法分区操作推进油缸来调整盾构机姿态,纠正偏差,将盾构机的方向控制调整到符合要求的范围内。

(2)滚动纠偏

当滚动超限时,盾构机会自动报警,此时应采用盾构刀盘反转的方法纠正滚动偏差。

允许滚动偏差≤1.5°,当超过1.5°时盾构机报警,提示操纵者必须切换刀盘旋转方向,进行反转纠偏。

(3)竖直方向纠偏

控制盾构机方向的主要因素是千斤顶的单侧推力,当盾构机出现下俯时,可加大下侧千斤顶的推力;当盾构机出现上仰时,可加大上侧千斤顶的推力来进行纠偏。

(4)水平方向纠偏

与竖直方向纠偏的原理一样,左偏时应加大左侧千斤顶的推进压力,右偏时则应加大右侧千斤顶的推进压力。

3. 方向控制及纠偏注意事项

(1)在切换刀盘转动方向时,应保留适当的时间间隔,推进油缸油压的调整不宜过快、过大,切换速度过快可能造成管片受力状态突变,而使管片损坏。

(2)根据掌子面地层情况应及时调整掘进参数,调整掘进方向时应设置警戒值与限制值。达到警戒值时就应该实行纠偏程序。

(3)蛇行的修正应以长距离慢慢修正为原则,如修正得过急,蛇行反而更加明显。在直线推进的情况下,应选取盾构当前所在位置点与设计线上远方的一点作一直线,然后再以这条线为新的基准进行线形管理。在曲线推进的情况下,应使用使盾构当前所在位置点与远方点的连线同设计曲线相切。

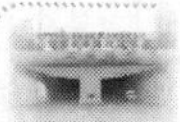

（4）正确进行管片选型，确保拼装质量与精度，以使管片端面尽可能与计划的掘进方向垂直。

（5）严格控制纠偏力度，防止盾构机发生卡壳现象。

（6）盾构始发到达时方向控制极其重要，应按照始发、到达掘进的有关技术要求，做好测量定位工作。

四、管片堆放及防水材料粘贴

1. 管片运输及场内堆放

根据盾构隧道的施工进度计算管片日需求量，管片进入施工现场时严格进行检查管片，应按生产日期和进场日期在管片堆放区排列堆放。

2. 管片防水材料粘贴

（1）选购国外专业厂商生产的性能优良的三元乙丙橡胶和复合遇水膨胀橡胶防水密封条、黏结剂粘贴于管片。

（2）管片防水密封条粘贴：在干净、干燥的管片防水槽内均匀涂刷氯丁黏结剂一遍到两遍，同时在防水橡胶密封垫内面也均匀涂刷氯丁黏结剂一遍，涂刷必须均匀，无遗漏。待黏结剂已初干（用手接触不黏手、不拉丝），制作人员将防水密封条翻入槽内进行粘贴。其程序为先两断面后环面中间逐渐向两端延伸，粘贴必须四角平整服帖，不可突起塌下。然后用木锤轻击使密封条与管片粘贴充分，防止浮贴，以防止管片在下井吊运和拼装时密封条错位失落，造成拼装困难和防水失效。

（3）管片传力软木衬垫粘贴：在管片的纵向端面和缓冲薄片上均匀涂刷三九氯丁黏结剂，等初干后将软木衬垫准确的粘贴上，用木锤击之使其粘贴平整牢靠。

（4）每环管片防水密封条的粘贴应在安装前 12～24h 内完成。在粘贴防水密封条的同时进行管片衬垫的粘贴。待粘防水密封条与补垫基面无尘、无油、无污、干燥，以保证粘贴质量。

（5）对防水密封条表面需涂刷缓膨胀剂，尤其拱底块密封垫表面必须涂刷两道缓膨胀剂。雨天必须做好粘贴好管片的遮盖工作，防止防水密封条遇水膨胀失效。

（6）管片角部为防水的薄弱环节，角部密封垫应铺设到位，并在管片角部设自黏性加强密封薄片，以加强防水密封效果。

（7）冬季橡胶防水密封条在施工前必须放入烘房备用。

（8）对粘贴好防水密封条的管片，在运输和装拼中应避免擦碰、剥离、脱落或损伤。

管片角部防水材料加强如图 7-18 所示。

图 7-18 管片角部防水加强图

五、管片拼装

管片拼装是盾构法隧道施工的一个重要工序，是由环、纵向螺栓逐块将高精度预制钢筋混凝土管片组装而成，整个工序由盾构操作员、举重臂操作工和拼装工等三种特殊工种配合完成。

1. 管片安装程序

管片安装程序如图 7-19 所示。

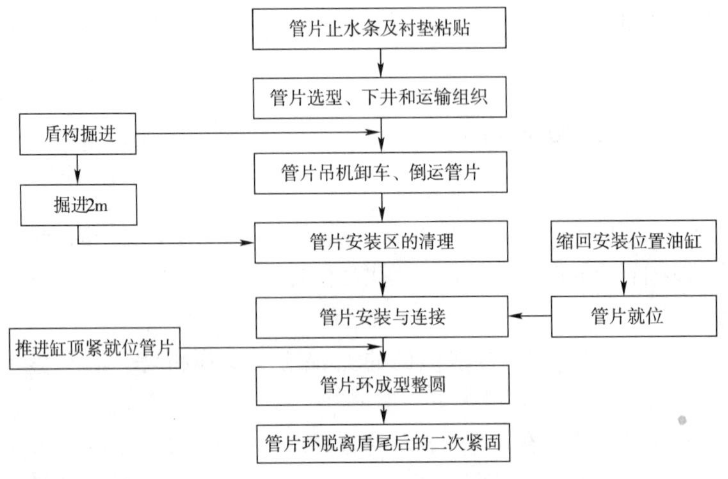

图 7-19 管片安装程序图

2. 拼装前的准备

拼装前作管片清理；防水密封条、传力衬垫检查；将检查合格后已粘贴防水材料的管片及管片接缝的连接件和配件、防水垫圈等，运送至工作面；操作人员应全面检查管片拼装机的动力及液压设备处于正常状态。

3. 管片安装方法

(1)管片采用通用楔形环管片，安装点位以满足隧道线形为前提，重点考虑管片安装后盾尾间隙要满足下一掘进循环限值，确保有足够的盾尾间隙，以防盾尾直接接触管片。管片安装前根据盾尾间隙、推进油缸行程选择好拟安装管片的点位。

(2)盾构掘进到预定长度，且拟安装封顶块位置的推进油缸行程大于 2.4m 时，盾构机停止掘进，进行管片安装。

(3)为保证管片安装精度，管片安装前需对安装区进行清理。

(4)管片安装时必须从隧道底部开始，然后依次安装相邻块，最后安装封顶块。每安装一块管片，立即将管片纵环向连接螺栓插入连接，并用电动扳手紧固。

(5)在安装最后一片管片前，应对防水密封条涂肥皂水作润滑处理，安装时先径向插入 3/4，调整位置后缓慢纵向顶推，防止封顶块顶入时搓坏防水密封条。

(6)管片块安装到位后，应及时伸出相应位置的推进油缸顶紧管片，其顶推力应大于稳定管片所需力，然后方可移开管片安装机。

(7)管片安装完后及时使用整圆器整圆，并在管片环脱离盾尾后对管片连接螺栓进行二次紧固。

(8)安装管片时采取有效措施避免损坏防水密封条，并应保证管片拼装质量，减少错台，保证其密封止水效果。安装管片后顶出推进油缸，扭紧连接螺栓，保证防水密封条接缝紧密，防止由于相邻两片管片在盾构推进过程中发生错动，防水密封条接缝增大和错动，影响止水效果。

4. 管片安装质量保证措施

(1)由经验丰富的专业管片安装人员进行管片拼装,拼装过程由工程技术人员根据验收标准进行过程验收,保证拼装质量。

(2)严格进场管片的检查,有破损、裂缝的管片不能采用。下井吊装管片和运送管片时应注意保护管片和防水密封条,以免损坏。

(3)防水密封条及软木衬垫粘贴前,将管片进行彻底清洁,确保其粘贴稳定牢固。

(4)管片安装前应对盾构机管片安装区进行清理,清除污泥、污水,保证安装区及管片相接面的清洁。

(5)严禁非管片安装位置的推进油缸与管片安装位置的推进油缸同时收缩。

(6)管片安装时必须运用管片安装的微调装置将待装的管片与已安装管片块的内弧面纵面调整到平顺相接以减小错台。调整时动作要平稳,避免管片碰撞破损。

(7)同步注浆压力必须得到有效控制,注浆压力不得超过限值。

(8)管片安装质量应以满足设计要求的隧道轴线偏差和有关规范要求的椭圆度及环、纵缝错台标准进行控制。

(9)泥水盾构管片拼装作业环境不同于其他类型盾构,泥水系统在施工时易造成工作区域积水现象,及时采用污水泵排除积水,处理好水力机械管路渗漏点,为管片拼装创造良好的工作环境。防止因未将拼装作业区内积水排出而影响对管片的准确定位,影响管片成环质量。

六、盾构油脂压注

盾构机尾部与已拼装的管片外部的空隙靠盾尾密封刷和密封刷之间充填的盾尾油脂分隔。在盾尾的钢板中预埋了 18 根盾尾密封油脂注入管。盾尾油脂的注入可使盾尾密封刷和密封刷间的油脂与管片外弧面紧密结合,阻止地下水及同步注浆浆液进入盾构机内部,防止地下水和同步注浆浆液的损失。盾尾油脂采用自动、半自动或手动控制系统操作。盾尾油脂注入示意如图 7-20 所示。

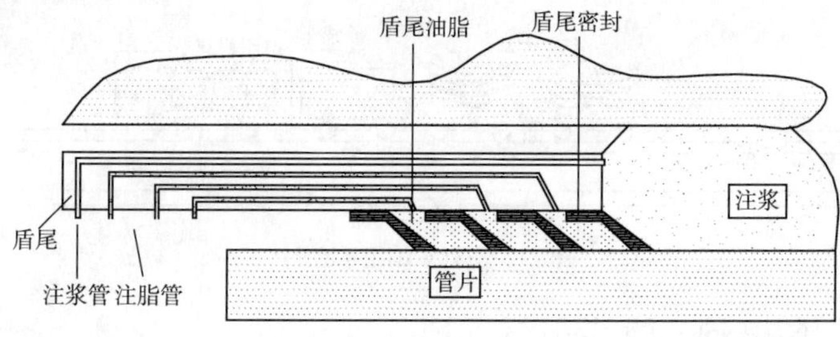

图 7-20 盾尾油脂注入示意图

七、盾构正常掘进的运输系统

1. 洞内运输线路

根据隧道断面和洞内运输要求,洞内运输采用双轨单线有轨运输,在盾构工作井口段设置四轨双线,便于编组列车错车和材料及机械设备的吊放。在洞口设置岔道,轨距为 900mm,采用 43kg/m 的钢轨,钢枕间距 0.9m。采用专用钢板加工制成的圆弧轨枕,在轨枕上设置螺栓孔用压板螺栓固定钢轨，钢枕间采用纵向拉杆连接固定，钢轨间用鱼尾板和螺栓连接延伸。

2. 渣土运输

渣土经泥水运送系统的排泥管道泵出地面，处理后用自卸汽车运往弃渣场。

3. 管片及材料运输

(1)管片运输：采用重载汽车从管片厂运往施工现场。

(2)施工垂直运输：在盾构始发井布设两台32t门吊进行垂直运输，满足零星渣土起吊、管片、施工管材及变频交直流机车等小型设备的吊运等，浆液通过明挖段预留口下放。管片及轨线材料及其他施工用料从井上存放场地下吊放在井下编组列车上。另外设置人梯用于小型辅助材料、机具的临时运送。垂直运输示意如图7-21所示。

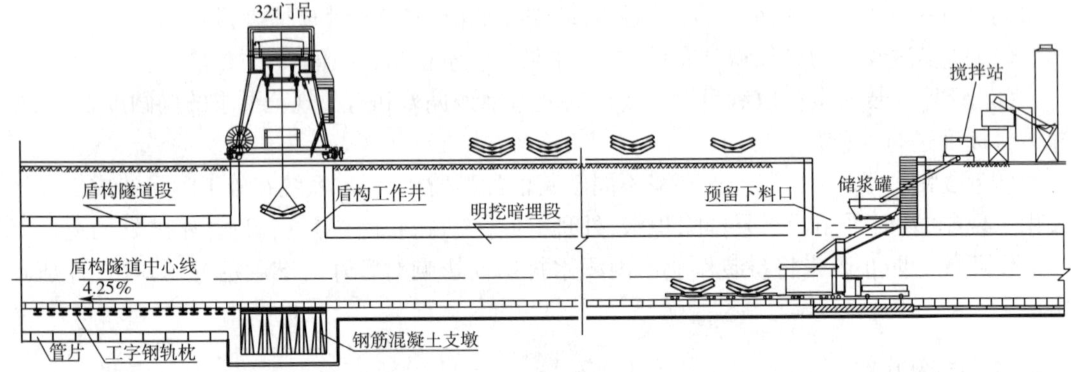

图7-21 垂直运输示意图

(3)洞内水平运输：洞内水平运输采用编组列车进行，列车编组由1辆45t变频交直流机车、1节$7m^3$砂浆车、2节管片车组成，负责洞内管片、砂浆、管道、轨道及其他材料的运输。两台盾构机各配备两列车，同时考虑到进度要求高，备用机车、管片车、砂浆车各1台，以备在发生故障时保证掘进的连续性。列车编组示意图见图7-22。

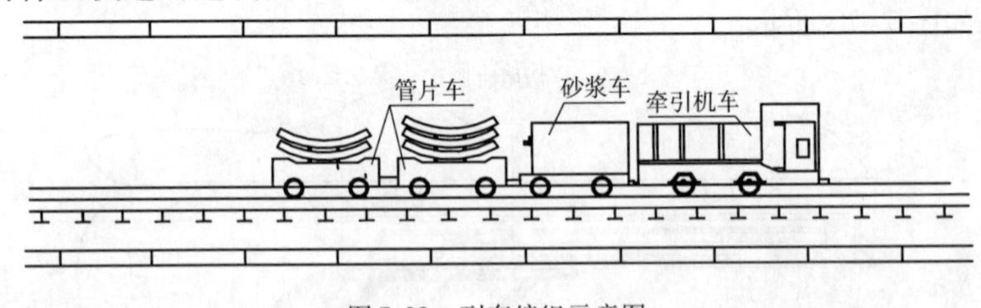

图7-22 列车编组示意图

八、盾构正常掘进洞内管线布置

1. 管线布置断面

根据隧道内空间，合理布置各种管线，同时保证施工安全。断面布置如图7-23所示。

(1)隧道照明、通信线路：在隧道左上方布置一个灯架，照明电缆、电话线路和照明灯具固定在上面，动力电缆布置在灯架下方。通信线路为2×1.5一对的电话线路。

(2)管路：隧道右方布置进排泥水管路、排污管路、循环水管、通风管等，其中进排泥水管采用ϕ350mm的耐磨钢管，循环冷却水管采用2×ϕ150mm的钢管，排污水管采用ϕ150mm

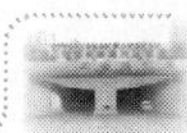

的钢管，每隔4m用吊架固定。ϕ1 500mm的拉链式帆布通风管，每隔4m用吊架固定。

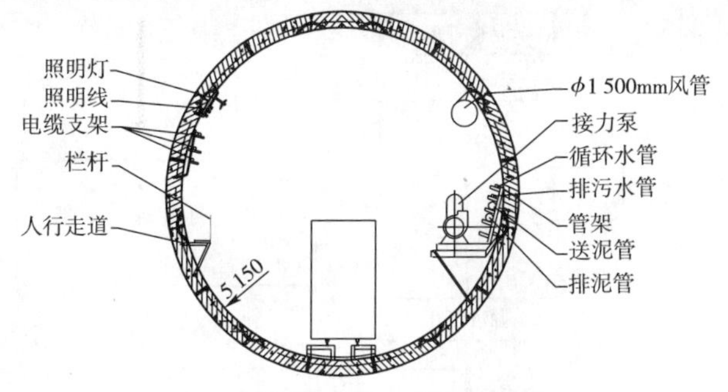

图7-23　施工管线布置断面图

2. 隧道内通风

根据本工程特点，结合杭州市气候条件，在施工中，每条盾构隧道采用一台SDF－N012.5功率2×110kW多级变速轴流风机压入式通风来除尘、降温和提供作业人员、设备所需要的新鲜空气。通风管采用ϕ1 500mm拉链式帆布通风软管。

3. 隧道内通信

在中央控制室设一部电话总机，在井口、测量转换平台、盾构机工作面、中央控制室处各设一台电话进行通信联系。洞内编组列车通过对讲机和中央控制室联系。

在中央控制室的中央控制盘中有自动控制通信传送装置中心台；中央台与运算台车上的传送装置分台，各送、排泥泵控制面板内的传送装置分台用通信线连接，中央控制盘能实时控制线路上各泵、阀的工作，实现泥水系统自动平衡运转，通信线沿泥水管络安设。

在盾构施工中将安装工业电视系统，工业电视系统由视频线、控制线、摄像头和显示屏组成。通过控制线传送代码来控制摄像头的运转，各工作面情况在中央控制室显示屏上显示。

九、泥水处理

盾构穿越江底段的覆土有⑦$_{-1}$粉质黏土夹粉砂，⑤$_{-2}$粉质黏土，⑦$_{-2}$粉细砂，⑧$_{-1}$层圆砾，为钱塘江古河道沉积形成具有上细下粗结构、均匀性差，其黏粒含量为6.7%、粉粒含量为24.8%，土的不均匀系数为16.6，可能产生流沙现象；⑧$_{-1}$层圆砾层的不均匀系数为155，易产生管涌现象。该地层含有高压承压水。东线隧道在LK1＋850～LK2＋925、西线隧道在RK1＋875～RK2＋925段，洞身下部穿越⑦$_{-2}$粉细砂，粉细砂层最厚约2.4m；同时，在里程L（R）K2＋025～L（R）K2＋800段，⑧$_{-1}$圆砾地层倾入东西线隧道底部，圆砾层侵入隧道最厚约2.5m，圆砾最大粒径不大于350mm，空间上具上细下粗的“二元结构”，空间均一性较差，局部存有夹层。

1. 泥水管理

泥水管理流程见图7-24。

2. 泥水指标控制

根据不同的土体，泥水管理的要求和方法也不同。根据需要调节密度、黏度等参数，使其成为一种可塑流体。泥水平衡盾构使用泥水的目的是用泥水来谋求开挖面稳定，在防止塌方的同时,将切削下来的泥膜形成泥水并被输送到地面。

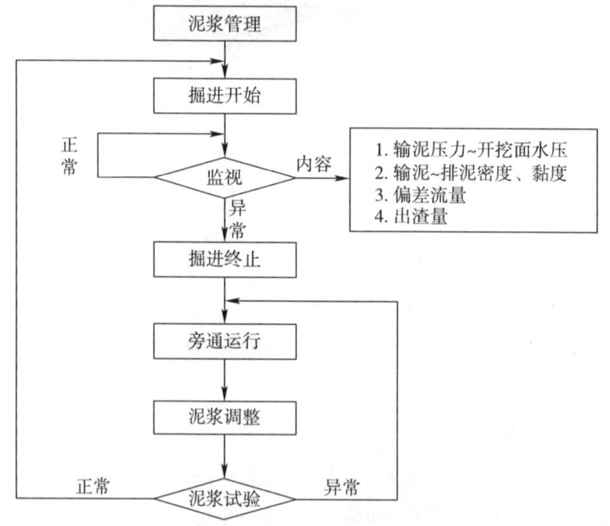

图 7-24 泥水管理流程图

(1)密度

泥水的密度是一个主要控制指标。掘进中进泥密度不宜过高或过低,过高将影响泥水的输送能力,降低掘进速度;过低则不利于开挖面的稳定。泥水密度的范围应在 1.10 ~ 1.30g/cm^3。下限为 1.10g/cm^3,上限根据施工的特殊要求而定,在砂性土中施工、保护地面建筑物、盾构穿越浅覆层等,必要时选取 1.30g/cm^3。局部时段根据监测结果甚至可选取 1.35g/cm^3。通过设置在送排泥管处的 γ 射线密度计自动测量循环泥浆密度,泥浆试验中用密度计测量。

(2)黏度

泥水的黏度是另一个主要控制指标。从土颗粒的悬浮性要求及泥水处理系统的配套来讲,要求泥水的胶凝强度(静切力)适中;从流动性考虑,运动黏度不宜过高。考虑到泥水处理系统的自造浆能力,随着在黏土层中推进环数的增加,泥浆越来越浓,密度也呈直线上升,其相应的漏斗黏度也会表现上升,但并非说明泥浆的质量越来越高。若在砂性土中施工,黏度甚至会下降。因此,泥水黏度的范围应保持在 20 ~ 35s。此外,考虑到开挖面的泥膜形成特性,要有适当的宾汉姆屈服值。

黏度的调整有一个过程,故在泥浆黏度为 22s 时(调整槽黏度),即可逐渐增加 CMC,添加量的多少视黏度下降的趋势而定。泥浆的黏度可用黏度计自动连续测量。

(3)屈服值(YV)

YV 是流体处于流动状态对保持流动所必需的剪切力的测定值,流动阻抗是由泥水中所含土粒间的牵引力产生的,是维持泥水良好状态的一项重要指标。用与 YV 有一定相关性的漏斗黏性测定代替。

(4)含砂率

透水系数大的岩土体,泥浆中的颗粒对岩土体孔隙有堵塞作用,故泥膜形成与泥浆中砂的粒径及含量有很大关系。含砂量可用筛分装置测定,也可用砂量仪代测。

泥水处理的目的是保留有用的黏土颗粒，去除 20μm 以上的颗粒。这样可形成适当的固相颗粒级配，有利于开挖面形成泥膜。因此，工作泥浆中的含砂量控制在泥水处理中，同样是一个重要指标，必须控制在合理范围内。

(5)析水量和 pH 值

析水量和 pH 值是泥水管理中的一项综合指标，它们在更大程度上与泥水的黏度有关，悬浮性好的泥浆就意味着析水量小，反之就大。

泥水的析水量需小于 5%，pH 值需呈碱性，降低含砂量、提高泥浆的黏度、在析浆槽中添加纯碱，是保证析水量合格的主要手段。

在砂性、粉砂性土中掘进时，由于工作泥浆不断地被劣化，就需要不断地调整泥水的各项参数，添加黏土、膨润土、CMC；在黏土、淤泥质黏土中掘进时，由于黏性颗粒不断增加，使排放的泥浆浓度越来越高，采用高速离心机分离细颗粒与添加清水稀释则成为主要手段。

(6)API 失水量

该指标是衡量泥浆性能的主要指标，应低于 30CC/30min，如不够则添加降失水剂。

3. 泥水配合比(质量比)

泥水配合比如表 7-7 和表 7-8 所示。

天然土泥浆($1m^3$)　　表 7-7

天然黏土	CMC	纯　碱	水
100kg	2.2kg	11kg	700kg

膨润土泥浆($1m^3$)　　表 7-8

膨　润　土	CMC	纯　碱	水
60kg	2.2kg	11kg	870kg

上述配比为指导性配比。在施工过程中，现场需配备泥水土工试验室，每一环推进前要测试调整槽内工作泥浆的指标，及时调整(小调整)至满足施工要求为止，并做好记录。持续 5 环后，就可得出泥水指标的变化趋势，在指导配比的基础上再作大的调整(大调整)。因此，泥水监控是一个动态变化过程。检验配比是否合理的标准是开挖面稳定情况、流体输送状态及地面沉降量，这些得到控制后就要注意泥水指标的变化趋势，使之稳定在某一区域内。

4. 泥水指标选取原则

泥水各项指标取决于土体的透水系数。泥水指标的具体选择见表 7-9。

泥水的各项指标选取与土体透水系数关系表　　表 7-9

土　质	透水系数(cm/s)	含砂量(%)	密度(g/cm^3)	黏度系数(s)	
				地下水影响小	地下水影响大
淤泥质黏土、黏土	107 ~ 109	5 ~ 15	1.05 ~ 1.06		
黏土、粉砂	105 ~ 107	15 ~ 25	1.07 ~ 1.08	23 ~ 27	28 ~ 35
粉砂、砂	103 ~ 105	25 ~ 35	1.08 ~ 1.1	28 ~ 35	33 ~ 40
砂、砾石	101 ~ 103	35 ~ 45	1.1 ~ 1.15	30 ~ 40	50 ~ 60

5. 泥水输送

(1)泥水管路

盾构进排泥浆都通过管道输送，进排泥浆管选用14″的钢管。

(2)泥浆循环模式

①开挖模式：掘进开挖时使用。如图7-25所示。

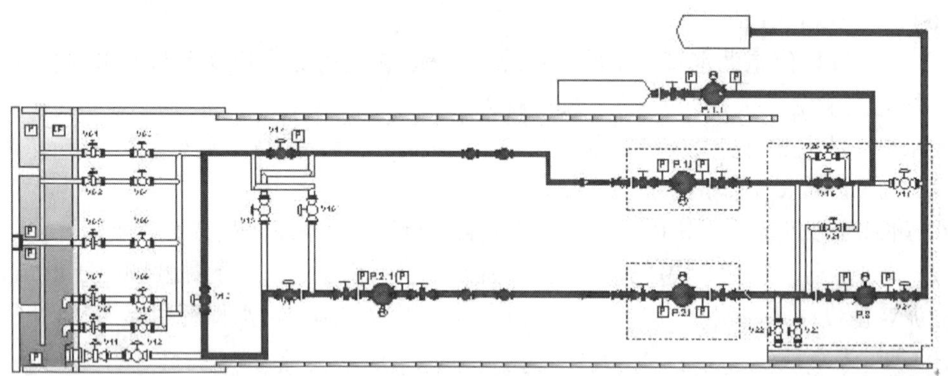

图7-25　开挖模式示意图

②旁通模式：掘进准备、管片拼装等待机时使用。如图7-26所示。

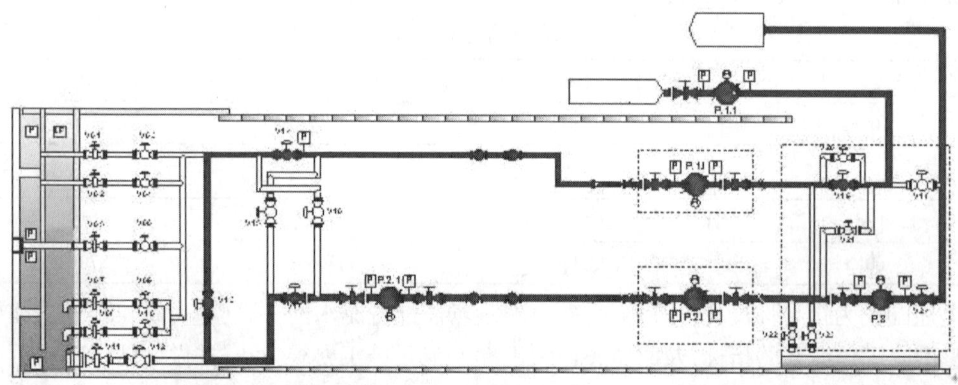

图7-26　旁通模式示意图

③隔离模式：管路延伸时使用。如图7-27所示。

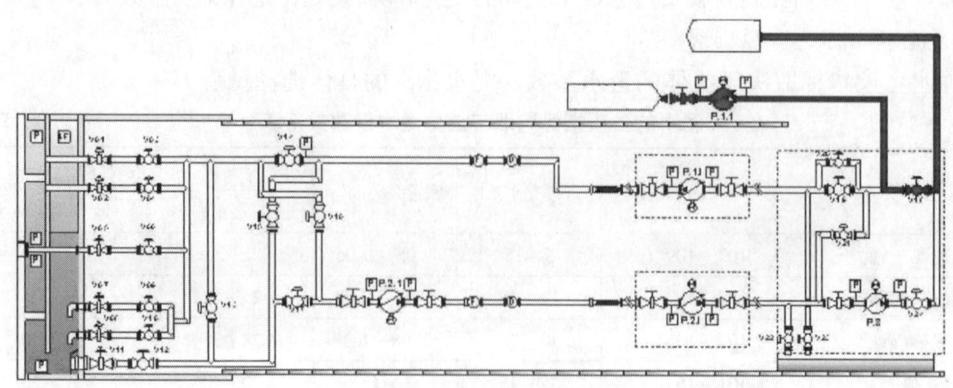

图7-27　隔离模式示意图

④长时间停机模式：周末等长时间停机时使用。如图7-28所示。

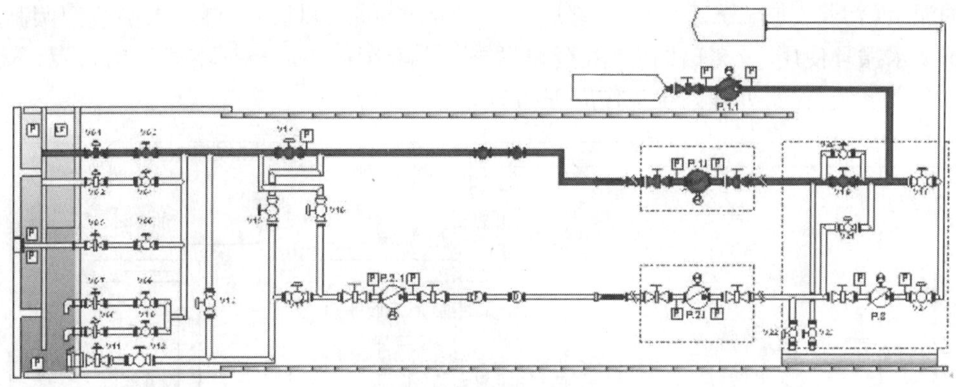

图 7-28　长时间停机模式示意图

⑤反循环模式:清理管路时使用。如图 7-29 所示。

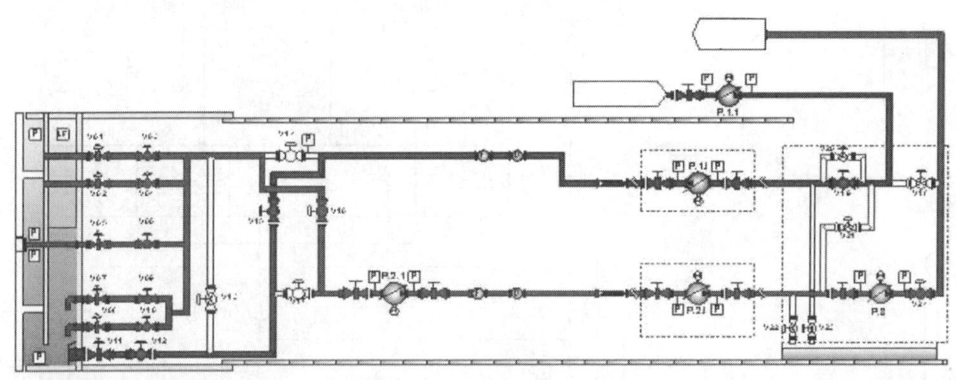

图 7-29　反循环模式示意图

泥浆循环管路如图 7-30 所示。

(3)接力泵设置

当盾构掘进到一定距离时,泵的输送能力便会达不到正常施工要求。为此必须增设接力泵,以维持正常的泥水输送,如图 7-31 所示。

图 7-30　泥浆运输管图

图 7-31　隧道内泥浆接力泵

6. 泥水分离系统

随着盾构的掘进,切削土砂随着泥浆被运送,在隧道外的施工场地内用泥水处理设备将排出的泥浆(污浆)进行分离处理,处理后的泥水经过沉淀、调整后,再送入调节槽调制后作为新鲜泥水循环使用,分离出的砂、渣石和泥块装入渣车运出。根据本工程的特点,采用三级泥水分离系统,泥水处理系统工作原理如图 7-32 所示。

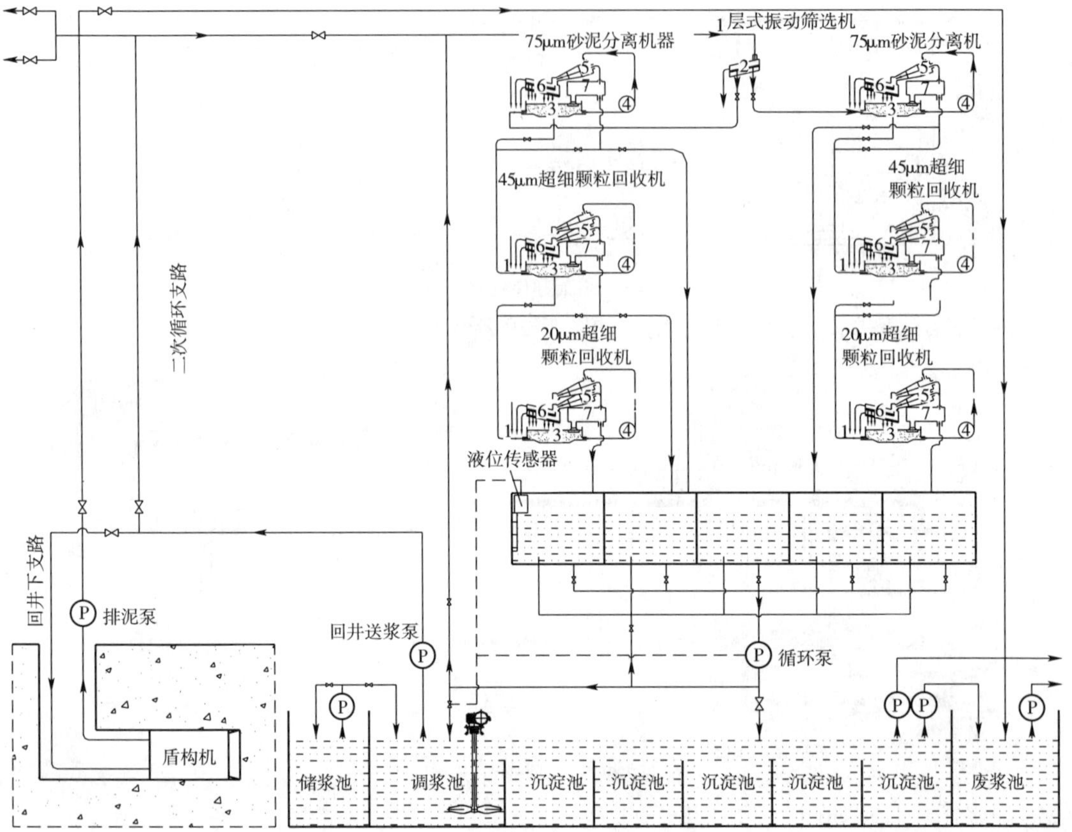

图 7-32　泥水处理系统工作原理图

由排泥管排出的泥浆经过脱水筛过滤后被送到泥浆沉淀槽内,将泥块、碎石进行首次分离,分离出来的泥块、碎石进入振动筛,再次分离后到输送带并运到集料槽排出。而由沉淀槽与振动筛分离出来的泥浆,进入泥水分离漩流器内进行循环分离,分离出来的砂土再进入脱水筛,脱水后进入输送带运至集料箱排出。分离器分离出来的泥浆进入调整槽重新使用,在调整槽内按比例加入一定量的黏土、CMC 清水进行混合,制成适合地层特征的新泥浆,由送泥泵泵入盾构泥水室内,调整槽内的多余泥浆送到剩余泥浆槽内。

7. 泥水制造系统

泥水制造系统将水、膨润土、黏性土等材料以一定比例混合,并添加分散胶溶剂、有机母水胶剂、加重剂及其他调泥剂。根据需要调节比例、黏度、塑变值、胶凝强度、泥壁形成性、润滑性,使其成为一种可塑流体,即完成泥水的制造过程。

泥水制造系统在盾构初期始发时需要制造大量的泥水,在盾构掘进过程中只起到补充缺失成分和调节成分比例的作用。

8. 泥水分离设备

(1)系统主要参数:最大泥浆处理量 1 500m^3/h。一次除砂分离 $d_m = 75\mu m$, $d_{50} = 50\mu m$;

二次除泥分离 $d_m = 45\mu m$，$d_{50} = 25\mu m$；三次除泥分离 $d_m = 20\mu m$，$d_{50} = 12\mu m$。

渣料筛分能力为 1 260t/h（可根据进尺的不同而调整）。

筛分出的渣料含水率小于 30%，达到分离指标时各次处理污浆的密度小于 1.3g/cm^3，黏度 40s 以下为马氏漏斗，30s 以下为苏氏漏斗，含砂量小于 20%。泥水分离处理如图 7-33 所示。

（2）泥浆处理系统工艺流程的特点

①固相分离精度高，处理后的干净泥浆比重、含砂率低，有效地保证了盾构掘进时的泥浆指标。

②能够根据不同地层的掘进需要决定开启几次处理系统，各次处理后的泥浆均可通过管路切换直接进入调浆池，具有较强的地层适应性。

③对泥浆进行选择性固相分离，对于造浆膨润土则可选择性地予以保留，减少了新制泥浆的频率，降低了造浆成本。

④由于可根据具体情况选择性地开启设备，有利于节约用电成本，减少设备损耗。

⑤系统分离出的渣料含水率低（砂性土可低至 26%，接近开挖的原状地基土），渣土可直接外运，避免了对环境的污染。

⑥具有二次循环净化回路，泥浆可以反复循环，净化质量高。

⑦系统处理后的泥浆能够参与泥浆循环，重新进入盾构机，循环利用。

⑧系统的泥浆处理量、渣土分离能力能够满足盾构掘进速度的要求。

⑨设备配置性能与工程的不同地质及颗粒分布相适应。

⑩系统由 2 套 MB－750 泥浆处理系统组合而成，一字形布置，出渣集中、方便。若配套采用皮带输送机和土砂料斗，可实现渣料连续输送和储运；渣浆泵的主要过流零件采用高铬合金铸造，耐磨性高，输送高浓度渣浆的寿命长。

泥水分离设备如图 7-34 所示。

图 7-33　泥水分离处理图

图 7-34　泥水分离设备

十、泥浆制造系统

泥浆制造设备是进行膨润土浆液配置的设备，可将膨润土等粉料与水混合并快速制成浆液连续输出，及时为盾构的泥水循环补充新鲜浆液，满足盾构掘进要求。系统在物料上料、配料、制浆、输浆、清洗、故障监测、故障报警方面全采用自动控制，运行过程中系统能对数据进行自动处理,形成统计功能。

1. 系统主要技术参数

设备主要技术参数见表7-10。

制浆系统参数表 表7-10

系统内容	参数
制膨润土浆密度	1.05×103kg/m^3
系统额定制浆能力	40m^3/h
最大功率	360kW
外形尺寸	根据场地规划
电控系统方式	上位机(电脑系统)和下位机(PLC和受控的阀门组件)

2. 工作流程

(1)制浆控制工艺流程

①上清水称重控制:开清水泵、开制浆机电动进水阀、检测制浆机回料阀开,出料阀关,废浆阀关,安装在制浆机底部质量传感器模块1开始检测制浆机进水质量,判断制浆机质量是否达到设定值G1,没有达到则继续加水,当制浆机质量达到设定值时关制浆机进水阀。

②清水同时,称干物料质量。40t料仓阀门选为手动碟阀,平时处于常开状态,需要改变状态时人工操作完成。PLC控制螺旋输送机电机和缓冲罐内电动平板闸门推杆状态。上物料时,螺旋输送机电机运转,缓冲罐平板闸门关闭,安装在缓冲罐底部质量传感器模块2检测干物料是否达到系统设定值G3,到达设定值时螺旋输送机电机停止。

③当水、灰缓质量传感器模块均检测质量达到预设值时,泵启动后缓冲罐平板闸门打开,物料投入制浆机桶内。一直到缓冲罐的质量称重值为"0"时,平板闸门关,下一次干物料称重循环开始,只有在本次制浆机输出,制浆机底部质量传感器模块1值再次为G1时,缓冲罐平板闸门才会再次打开,同时螺旋输送机电机停。

④只有当质量传感器模块1达到设定值G1,同时质量传感器模块2由G3变为"0"时,制浆过程才正式开始。此时制浆机回料阀不变(开),出料阀不变(关),废浆阀不变(关),干物料缓冲罐平板闸门不变(关)。PLC打开制浆机泵电机,持续制浆1min。

⑤制浆机回料阀关,废浆阀不变(关),出料阀开,浆液输出。制浆机底部质量传感器模块1当检测制浆机桶内质量"0"时,制浆机泵电机关,出料阀关,废浆阀不变(关),回料阀开。

⑥判断有无正常停止信号,有则停止,无停止信号则从加水开始进行下一轮制浆流程。

(2)自动清洗控制:开清水泵,开制浆机电动进水阀、检测螺旋输送机电机关,缓冲罐平板闸门关,制浆机回料阀开,出料阀关,废浆阀关。制浆机底部质量传感器模块1开始检测制浆机质量是否达到设定值G2;没有达到则继续加水,达到则关制浆机电动进水阀。

制浆机质量达到设定值,开制浆机泵电机,延时设定的清洗时间t2后,关制浆机回料阀、关制浆机出料阀、开废浆阀,清洗输送过程中质量传感器模块1检测制浆机质量,当检测质量为"0"时,废浆阀关,制浆机出料阀不变(关)、制浆机回料阀不变(开),关制浆机泵电机,清洗结束。

(3)自动排空控制:执行此命令,强行把制浆桶内浆液排出,此时电动进水阀关,螺旋输送机电机关,缓冲罐平板闸门关,制浆机电机开,回料阀关,出料阀关,废浆阀开。

(4)手动控制,可以脱离 PLC 控制,进行各单台设备的独立操作。供设备检修或现场应急操作。

(5)配三种运行停止处理按钮:“立刻停止”、“暂时停止”、“完全停止”。

立刻停止:本次制浆出料结束时,系统停止运行,关闭所有阀、泵(制浆机回料阀开)。

暂时停止:此命令所有元件相当于断电时状态。当再次启动时,从停止点开始运行。

完全停止:排空制浆机中物料,自动清洗,然后元件断电。

3. 化学浆制浆

ZJ-400 高速制浆机是由 CMC 搅拌泵、CMC 搅拌机以及 CMC 泵和化学泵组成的化学浆液配制设备。清水通过电动阀 DN40 来控制 ZJ-400 制浆机加水量、PHP 和 CMC,按一定重量抽入桶内。制备好的 CMC 和 PHP 浆液手动操作分别注入两个化学药池中。

当调浆池需要补充化学液时,通过化学泵 4/3D-AH 输送到调浆池或者储浆池。用一台 ZJ-400 制浆机,一台 4/3D-AH 化学泵制备和输送不同化学液时,开机前一定要根据需要制备和输送的浆液手动切换阀门,保证输送管线正确。上述两种设备使用后应立即清洗,以保证管路畅通、设备清洁。

化学液输送可定量控制,在 4/3D-AH 化学泵的进口前设置 LDG-20S 流量计,流量信号通过 LDZ-4 电磁流量转换器送到中控室 PLC 和上位机进行显示、统计。

化学制浆设备组中设立机旁电控柜,用于手动控制 ZJ-400 加清水电动阀、ZJ-400 制浆机电动机启停、4/3D-AH 化学泵电机启停、LDZ-4 电磁流量转换器供电输入、远控端口接口。

4. 调浆补水

调浆池内需要清水参与调浆时,清水泵出口设置了两路补水管路,通过电动球阀 DN100 控制。两个电动球阀配置机旁柜用于操作者就地控制阀的启闭。同时在机旁柜内设置远控端口,用于中控室对这两路阀门远程控制。

5. 制浆设备配置

制浆液设备具体配置见表 7-11。

泥水循环处理池如图 7-35 所示。

图 7-35　泥浆循环处理池

十一、废浆处理

1. 废浆量估算

(1)计算条件

每环理论出渣量:$V_1 = \pi R_2 L/4 = 3.14 \times 5.842 \times 2 = 214.2(m^3)$。

平均每环掘进时间:$t = L/S = 2\ 000/25 = 80(min)$。

泥浆分离前密度 ρ_1:平均 1.3g/cm^3,最大 1.4g/cm^3,取 1.35g/cm^3。

泥浆分离后密度 ρ_2:平均 1.1g/cm^3,最大 1.2g/cm^3,取 1.15g/cm^3。

制浆设备配置表 表7-11

序　号	名　称	代　码	设备功率(kW)	数　量
1	调整泵(6/4D-AH)	P1	30	1
2	密度泵(75C-L)	P2a-b	5.5	2
3	送浆泵(6/4D-AH)	P3	15	1
4	化学泵(4/3D-AH)	P4	5.5	1
5	清水泵(IS150-121-5-250)	P5a-b	18.5	2
6	CMC搅拌泵(4/3C-AH)	P6	5.5	1
7	新浆泵(6/4D-AH)	P7a-b	15	2
8	CMC泵(4/3C-AH)	P8	5.5	1
9	应急泵(10/8E-M)	P9	55	1
10	水封泵(P1-1)ISG61-5-200(I)	P10	7.5	1
11	水封泵(系统)ISG100-250	P11	37	1
12	空压机		7.5	2
13	CMC搅拌机(MBL71-5-Y7.1-5-C2)		7.5	1
14	堵漏剂槽搅拌机		7.5	3
15	新浆槽搅拌机		11	6
16	调整、剩余、膨化槽用搅拌机			
17	皮带机		5.5	1
18	备用		55	
	合计		约360	

进浆密度ρ_3:1.1g/cm^3。

渣土平均密度ρ_4:2.0g/cm^3。

每环掘进浆液循环量:$V_2=\rho_4 V_1/(\rho_1-\rho_3)t=2.0\times214.2/0.25=1\,713.6$(m^3)。

(2)废浆量估算

每环废浆量:$V=\rho_2\times V_2/\rho_3-V_2=1.15\times1\,713.6/1.1-1\,713.6=77.9$(m^3)。

按照进度要求平均每天每台盾构机掘进4环计算,则每天的废浆量为:$77.9\times8=632.2$(m^3)。

2. 废浆处理

(1)在现场设置一个1 000m^{3}辅助沉淀池,浆液经过24h沉淀后,表面污水经检测合格后就近排入市政污水管网。

(2)沉淀池底部较稠部分浆液由罐车拉至弃渣场丢弃。

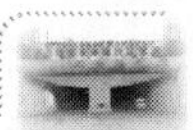

第四节 盾构施工监测

一、盾构隧道穿越的地层

盾构隧道穿越地层统计如表 7-12 所示。

盾构隧道穿越地层统计 表 7-12

地层编号	东线长度(km)	西线长度(km)	东线比例(%)	西线比例(%)	各地层隧道长度(m)	所占线路比例(%)
②$_{-2}$粉土夹淤泥质土	10.1	10.4	0.5	0.5	20.5	0.5
③$_{-1}$粉砂夹粉土	21.2	21.6	0.9	1	42.8	1
③$_{-2}$砂质粉土	36.5	39.2	1.6	1.7	75.7	1.7
③$_{-3}$粉砂夹粉土	45	47.4	1.9	2.1	92.4	2.0
③$_{-4}$砂质粉土	0	0	0	0	0	0
④淤泥质粉质黏土	66.4	55.7	2.9	2.5	122.1	2.7
⑤$_{-1}$粉质黏土	54.5	60.5	2.4	2.7	115	2.5
⑤$_{-2}$粉质黏土	1 745	1 736	75.1	77.4	3 481	76.2
⑥$_{-1}$黏土	27.6	14.5	1.1	0.6	42.1	0.9
⑥$_{-2}$黏质粉土	62.5	51.7	2.7	2.3	114.2	2.5
⑦$_{-1}$粉质黏土夹粉砂	107.2	52.3	4.6	2.3	159.5	3.4
⑦$_{-2}$粉细砂	75.2	75.7	3.2	3.4	150.9	3.3
⑧$_{-1}$圆砾	72.7	77.3	3.1	3.5	150	3.3

二、监测目的

隧道施工采用先进的泥水平衡式盾构,并辅以盾尾注浆技术,但也难以完全防止其对地表土体的影响。另外由于隧道穿越的地质条件往往比较复杂,而工程地质勘察总是局部和有限的,盾构经过有可能引起地表路面、建筑物和管线等变形或沉陷,危及其安全,必须了解和掌握盾构施工过程中地表隆陷情况及其规律性,了解盾构掘进过程中因地表隆陷而引起的地表路面、房屋及其他构筑物下沉及倾斜情况,了解施工过程中地层不同深度的垂直变位与水平变位情况,了解施工过程中水位变化情况,了解围岩与结构物的相互作用力以及管片衬砌的变形情况等。因此,在施工过程中,首先必须制订细的监测方案,并根据监测成果及时反馈信息,指导施工,以确保建(构)筑物及作业人员的安全。其次必须加强盾构掘进施工过程的监测工作,如果施工监测工作没有受到足够的重视,就会使设计与施工出现偏差,一旦出现问题不能及时预警,就会酿成事故。因此在施工过程中,及时准确地监测地面和建(构)筑物的变形情况是非常重要和有必要的。

三、监控量测原则

施工监测是一项系统工程,监测工作的成败与监测方法的选取及测点的布置直接相关。根据监测工作的经验,有以下5个原则。

1. 可靠性原则

可靠性原则是监测系统设计中所考虑的最重要的原则。为了确保其可靠性,必须做到:经国家专业机构鉴定的仪器,应在监测期间保护好测点。

2. 多层次监测原则

多层次监测原则的具体含义有4点:

(1)在监测对象上以位移为主,兼顾其他监测项目。

(2)在监测方法上以仪器监测为主,并辅以巡检方法。

(3)在监测仪器选择上以机测仪器为主,辅以电测仪器。

(4)分别在地表及临近建筑物布点以形成具有一定测点覆盖率的监测网。

3. 关键区重点监测原则

监测测点布置应合理,控制关键部位。在具有不同地质条件和水文地质条件下,周围地段稳定的标准是不同的。稳定性差的地段应重点进行监测,以保证建筑物的安全。

4. 方便实用原则

为减少监测与施工之间的干扰,监测系统的安装和测量应尽量做到方便实用。

5. 经济合理原则

系统设计时考虑实用的仪器,不必过分追求仪器的先进性,以降低监测费用。

四、监测内容

监测内容如表7-13所示。

盾构施工监测内容 表7-13

测量项目	测量仪器	测点布置
地表隆陷	精密水准仪	每30m设一断面,过两岸大堤时加密为10m一个断面
隧道垂直、水平位移	水准仪、可伸缩量尺	每10m设一断面
衬砌环变形(净空收敛)	全站仪或收敛仪	每50m设一断面
建筑物沉降及裂缝观察	经纬仪、水准仪	钱塘江大堤
土体内部位移(垂直和水平)	水准仪、磁环分层沉降仪、倾斜仪	K3+000、K1+500两个断面
衬砌环内力	应力计和传感器	K3+000、K2+600、K1+900、K1+500四个断面
土层压力	压力计和传感器	K3+000、K2+600、K1+900、K1+500四个断面
施工期间隧址处钱塘江水位及河床变化	水深仪、标尺	掘进面前15d预计掘进长度

五、盾构施工监测[15]

1. 地面沉降监测

了解盾构掘进过程中隧道顶部地表的最大沉降,为调整盾构掘进速度和盾尾注浆参数

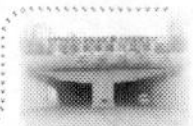

提供依据,以确保隧道施工安全和周边环境的安全。使用 DiNi12 精密电子水准仪及其配套铟钢尺进行监测。DiNi12 精密电子水准仪的精度为 ±0.7mm/km,铟钢尺为 0.3mm。采用 DiNi12 精密电子水准仪以精密水准测量的精度来施测,组成变形监测的高程监测控制网。仪器在开始使用前均需检定,作业过程中严格遵守规范。每次观测都采用相同的观测仪器,相同的观测人员按相同的观测线路进行。

沉降监测需先设置基准点,基准点的形式和埋设可参考三等水准点的要求进行。埋设基准点应考虑如下因素:基准点应布设在监测对象的沉降影响范围以外,保证其坚固稳定;尽量远离道路和空压机房等,以防受到碾压和振动的影响;力求通视良好,与观测点接近,其距离不宜超过 100m,以保证监测的精度;避免将基准点埋设在低洼容易积水处。

地面沉降监测点应根据隧道通过的围岩条件和周围建(构)筑物情况来布置。一般来说,沿隧道中线方向每隔 30m 距离布设一个监测横断面,地表测点顶突出地面 5mm 以内。具体测点分布如图 7-36 所示。

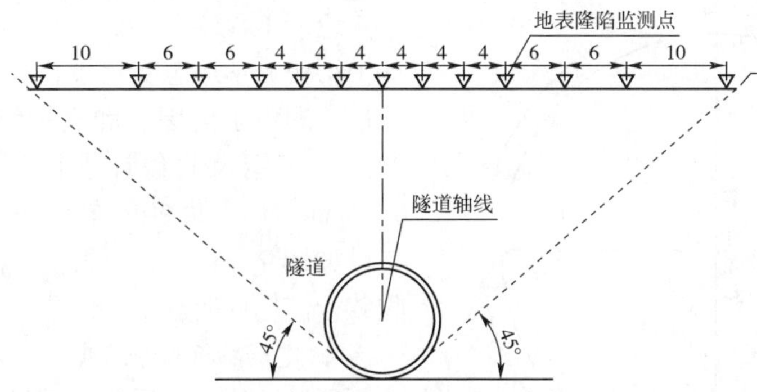

图 7-36　隧道地表沉降测点布置图(尺寸单位:m)

江南地表监测断面布置如图 7-37 所示。

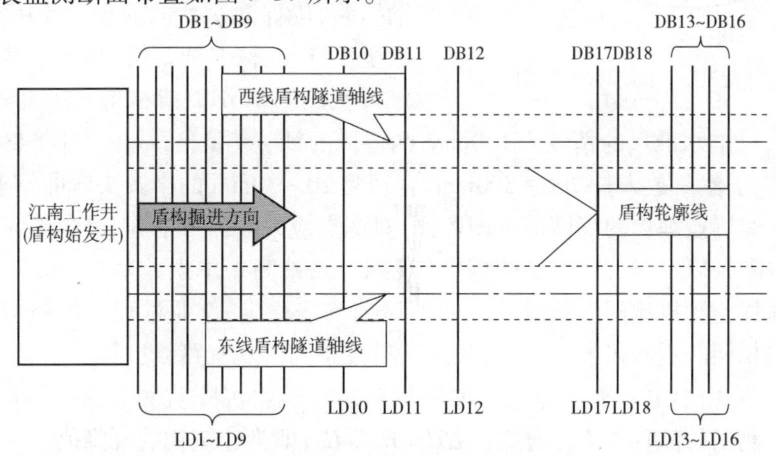

图 7-37　江南地表监测断面平面布置示意图

2. 隧道垂直、水平位移

(1)监测目的

了解断面变化情况,判断拱顶的稳定性,验证地表变化情况。

(2)监测仪器及精度

使 DiNi12 精密电子水准仪、徕卡全站仪、标准水准尺和铟钢尺进行监测。DiNi12 精密电子水准仪的精度为 ±0.7mm/km；标准水准尺的精度为 1.0mm；铟钢尺为 0.3mm。

(3)测点布设原则

每 10m 布设一个断面。

(4)测量方法

在拱顶或底拱固定一带倒三角环的测桩，测试时将水准仪安放在标准高程点和拱顶或底拱测点之间，铟钢尺底端抵在标准高程点上，并将铟钢尺调整到水平位置，然后通过水准仪后视铟钢尺记下读数 H_1，再前视普通钢卷尺（注意钢卷尺在每次测试时均要保持相同的张紧力）记下读数位 H_2。若标准高程点的高程为 H_0，则本次测试拱顶或底拱测点的高程为 $H_1 + H_2 + H_0$，两次不同测试的拱顶或底拱高程差即为两次间隔时间内的拱顶下沉或上浮。水平位移测量在拱顶测桩上粘贴反光片，使用全站仪测得测桩坐标两次坐标差为位移值。

3. 隧道净空收敛

地下工程施工后，净空收敛是反映围岩与支护结构力学形态变化最直接、最明显的参数，通过监测可了解围岩和支护结构的稳定状态。使用数字钢尺收敛计进行监测，仪器精度为 0.01mm。测点每 50m 布设一个断面，测点具体布设如图 7-38 所示。测量方法详见数字钢尺收敛计使用说明。

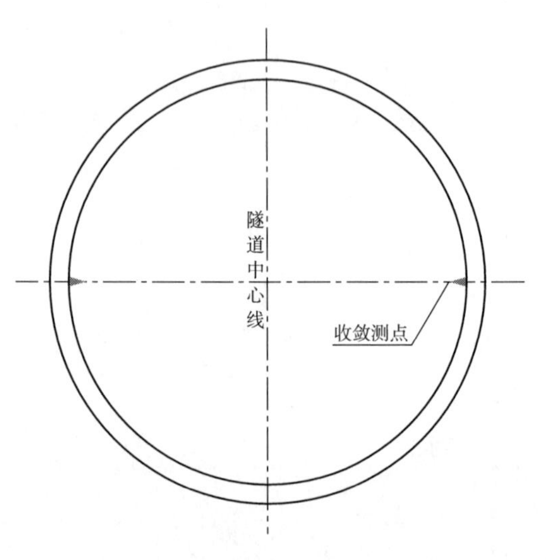

图 7-38 隧道净空收敛测点布置图

4. 建筑物沉降（钱塘江大堤）

通过监测了解盾构掘进过程中周边建筑物的沉降情况，及时反馈设计，并决定是否采取辅助措施，确保建筑物的安全。使用 DiNi12 精密电子水准仪、徕卡全站仪、标准水准尺和铟钢尺进行监测。DiNi12 精密电子水准仪的精度为 ±0.7mm/km，标准水准尺的精度为 1.0mm，铟钢尺的精度为 0.3mm。用冲击钻在建筑物的基础或墙上钻孔，然后放入长 200～300mm，直径为 20～30mm 的半圆头弯曲钢筋，四周用水泥砂浆填实。监测点埋设的高度应方便监测，对测点应采取保护措施，避免受到破坏。

用精密水准仪以二级沉降监测的精度（观测点测站高差中误差 ≤0.5mm）来施测，组成变形监测的高程监测控制网。仪器在开始使用前均需检定，作业过程中严格遵守规范。每次观测都使用相同的观测仪器，相同的观测人员按相同的观测路线进行。

隧道施工前，由监测基准点通过水准测量测出建筑物沉降监测点的初始高程 H_0，在隧道施工过程中测出的高程为 H_n，则高差 $\Delta H = H_n - H_0$，即为建筑物的沉降值。

5. 土体内部位移（垂直位移、水平位移）

(1)土体的垂直位移

掌握盾构掘进过程中，隧道周边土体的垂直位移变化，判断盾构掘进中隧道的稳定状态。采用分层沉降标、磁环分层沉降仪、水准仪和钢尺，精度为 1.0mm。依据设计图纸要求在 K3 +000、K1 +500 补设两个断面，根据测量数据进行动态调整。每个断面根据土层的形

状对应布置沉降磁环。

在测量位置成孔安装沉降管,同时根据土体的性状分层安装沉降磁环;测量时首先把磁环分层沉降仪沿沉降管放下,分别读出每个磁环的高程;然后在盾构掘进过程中,对沉降磁环的高程进行监测,并计算初次(基准点)测量高程与分层高程之间的高差,计算出深层土体的位移值。

(2)土体的水平位移

监测深层土体水平位移运动规律并预测对隧道施工的影响,以确保隧道施工以及地表建筑物、道路和地下管线的安全。使用钻孔测斜仪,测斜管进行监测。依据设计图纸要求在K3 +000、K1 +500 补设两个断面,根据测量数据进行动态调整。

监测开始前,测斜仪应按规定进行严格标定,以后根据使用情况,每隔 3 ~6 个月标定一次。测斜管应在隧道开挖前 15 ~30d 埋设完毕,在开挖前 3 ~5d 内重复监测 2 ~3 次,待判明测斜管已处于稳定状态后,将其作为初始值,开始正式测试工作。每次监测时,将探头导槽对准与所测位移方向一致的槽口,缓缓放至管底,待探头与管内温度基本一致、显示仪读数稳定后开始监测。按探头电缆上的刻度分划,均速提升,每隔 1m 读一次数据,记录测点深度和读数。测读完毕后,将探头旋转 180°插入同一对导槽内,以上述方法再测一次,测点深度与第一次相同。测读完毕后,将测头旋转 90°,按相同程序测量另一对导槽两个方向的读数。每一深度的正反两读数的绝对值宜相同,当读数有异常时应及时补测。

6. 地层压力

地层土压力是直接作用在支护体系上的荷载,是支护结构的设计依据。目前,计算地层土压力的方法很多,但各种方法都有其特定的条件,加上施工情况的多变性,因此要精确地计算作用在支护结构上的土压力是十分困难的。所以,对重要的隧道工程,在较完善的理论计算基础上,加强对地层土压力的监测,对确保隧道工程的施工安全是十分重要的。土压力监测目的主要包含以下两点:

(1)监测挡土支护结构在各种施工工况下的受力状况,以便及时采取相应的措施,确保施工安全。

(2)找出隧道工程施工引起的不同距离和深度上地层土压力的变化规律,为验证理论计算、提高理论分析水平积累资料。

使用钢弦式压力盒和数字频率接收仪进行监测。依据设计要求在 K3 +000、K2 +600、K1 +900、K1 +500 补设四个断面。根据每次所测得的各测点的频率,依据压力盒的频率 - 压力标定曲线直接换算出相应的压力值。

7. 衬砌环内力

监测盾构施工时管片的内力及变形情况,以确保施工安全。应力计和传感器监测衬砌环内力。依据设计要求在 K3 +000、K2 +600、K1 +900、K1 +500 补设四个断面。根据每次所测得的各测点的频率,依据压力盒的频率 - 压力标定曲线直接换算出相应的压力值。

8. 钱塘江水位及河床变化

了解盾构掘进过程中隧道施工对钱塘江水位及河床的影响,为调整盾构掘进和盾尾注浆参数提供依据,以确保隧道施工安全。

用 DiNi12 精密电子水准仪以精密水准测量的精度来施测,在江岸的大堤上做出基准点,施工前测出钱塘江水面与基准点的高差。施工过程中测得钱塘江水面与基准点的高差,两次测得高差的比值即为钱塘江水位的变化。

六、监测频率及控制标准

盾构施工监测的频率及控制标准如表 7-14 和表 7-15 所示。

监 测 频 率　　表 7-14

测量项目	测量仪器	测点布置	
地表隆陷	DiNi12 精密电子水准仪	每 30m 设一个断面,过两岸大堤时加密为 10m 一个断面	掘进面前后 <20m 时测 1 ~ 2 次/d 掘进面前后 <50m 时测 1 次/2d 掘进面前后 >50m 时测 1 次/周
隧道垂直、水平位移	水准仪、可伸缩量尺	每 10m 设一个断面	掘进面前后 <20m 时测 1 ~ 2 次/d 掘进面前后 <50m 时测 1 次/2d 掘进面前后 >50m 时测 1 次/周
衬砌环变形(净空收敛)	全站仪或收敛仪	每 50m 设一个断面	掘进面前后 <20m 时测 1 ~ 2 次/d 掘进面前后 <50m 时测 1 次/2d 掘进面前后 >50m 时测 1 次/周
建筑物沉降及裂缝观察	经纬仪、水准仪	钱塘江大堤	掘进面前后 <20m 时测 1 ~ 2 次/d 掘进面前后 <50m 时测 1 次/2d 掘进面前后 >50m 时测 1 次/周
土体内部位移(垂直和水平)	水准仪、磁环分层沉降仪、倾斜仪	K3 + 000、K1 + 500 两个断面	掘进面前后 <20m 时测 1 ~ 2 次/d 掘进面前后 <50m 时测 1 次/2d 掘进面前后 >50m 时测 1 次/周
衬砌环内力	应力计和传感器	K3 + 000、K2 + 600、K1 + 900、K1 + 500 四个断面	掘进面前后 <20m 时测 1 ~ 2 次/d 掘进面前后 <50m 时测 1 次/2d 掘进面前后 >50m 时测 1 次/周
土层压应力	压力计和传感器	K3 + 000、K2 + 600、K1 + 900、K1 + 500 四个断面	掘进面前后 <20m 时测 1 ~ 2 次/d 掘进面前后 <50m 时测 1 次/2d 掘进面前后 >50m 时测 1 次/周
施工期间隧址处钱塘江水位及河床变化	水深仪、标尺	掘进面前 15d 预计掘进长度	每 7d 一次

监 测 控 制 标 准　　表 7-15

序号	监测项目	控制值(mm)	位移平均速率控制值(mm/d)	位移最大速率控制值(mm/d)
1	洞周收敛	20	1	3
2	拱顶下沉	30	2	5
3	地表下沉	30	2	5
4	建(构)筑物下沉	30	2	2

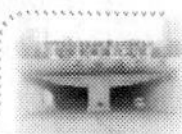

七、监测组织管理

1. 监测管理基准

施工监测控制以变形累积值和变形速率双控为标准。

当监测数据累积值达到管理控制值的80%或速率连续3d达到速率控制最大值时，及时报警并增加监测频率，同时与有关各方分析原因，采取施工补救措施，修正支护参数，待监测数据稳定后进行下道工序的施工。

在信息化施工中，监测后应及时对各种监测数据进行整理分析，判断监测对象的稳定性，并及时反馈到施工中去指导施工。施工监测实行两级管理，一级为报警，一级为警戒。

位移管理基准值在地下工程安全监控中有广泛应用，但需要补充说明的是对地下工程而言，位移指标本身的物理意义不够明确，主要是位移指标与基坑开挖宽度、基坑开挖深度、支护形式、施工方法步骤等影响因素关系未能很好解决，这方面的研究成果也不多见，因而位移控制指标的制定和应用必须同时考虑以上各种因素，并尽可能同时配合使用位移速率控制指标。

与位移相比，位移速率控制指标有明确的物理意义，它反映了地层随时间变化的变形效应。在位移 $V=0$ 的条件下，基坑支护趋于稳定，反之 $V=C$(常数)或不断增大，则说明地层处于等速或加速流变状态，基坑支护是不稳定的，因此位移速率控制指标是基坑支护失稳的充分条件。在安全预报中，较位移指标有更直观和明确的控制意义。

2. 监测数据处理

隧道盾构区间进行监测的测点布设多，监测任务重，要由监测工作的人员成立监测小组，配备计算机进行数据处理。监测数据基本处理程序为：测点布设、初始值的测定→施工时数据采集→数据处理、分析→预测发展趋势、提出处理措施。

3. 建立监测信息管理体系

(1)建立完善的监测组织措施

针对本工程监测的特点，拟建立专业监测小组，由具有丰富施工、监测经验及有结构受力计算、分析能力的工程技术人员组成，由项目测量负责工程师担任监测组组长，负责工程监测计划、组织及监测的质量审核。组织结构如图7-39所示。

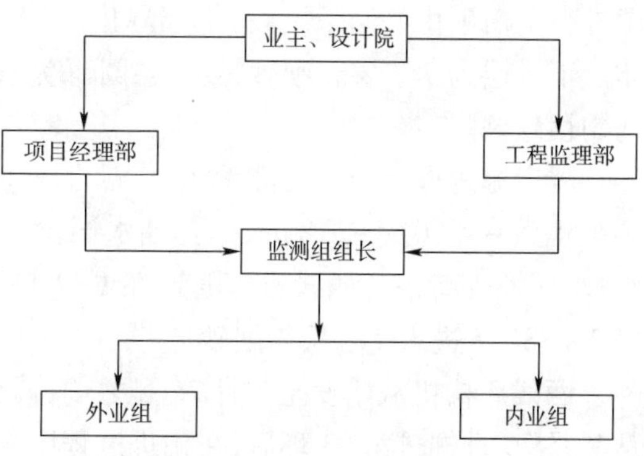

图7-39 工程监测组织结构图

(2)建立良性的信息反馈机制和信息化施工程序

监测小组与驻地监理、设计、甲方及相关各方建立良性的互动关系，积极进行资料的交流和信息的反馈，优化设计，调整方案，保证工程顺利进行。

信息化施工监测流程如图7-40所示。

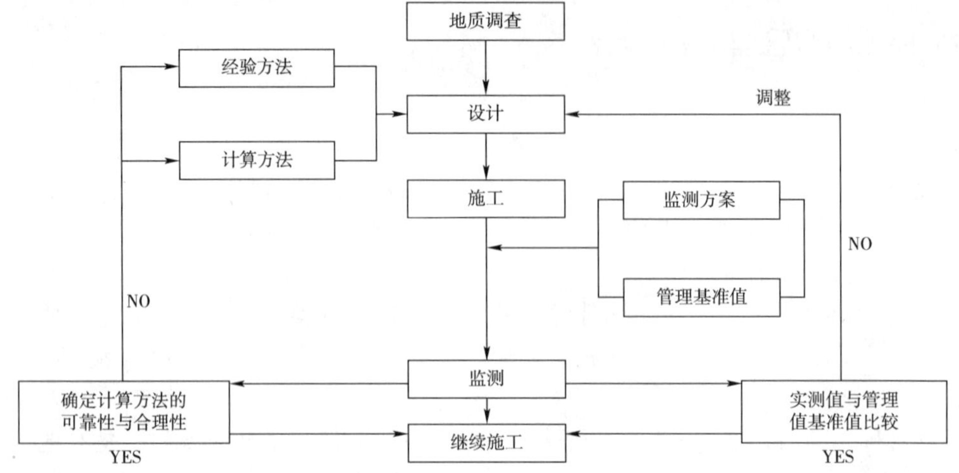

图 7-40 信息化施工监测流程

第五节 江底盾尾刷原位冷冻修复[18-26]

一、盾尾刷修复起因

西线盾构隧道于 2009 年 5 月 3 日开始正式推进，历经通过素混凝土地下连续墙、2 号拖车下井、负环拆除（管片安装机故障排除）等施工环节，截至 2009 年 8 月 8 日停机前，累计掘进 123 环，对应的刀盘里程为 LK2 +851.94。

盾构隧道沿线上覆层深度 15.8m 左右主要为粉、砂性土层，受钱塘江冲刷作用，呈现中间薄南北两侧略厚。盾构主要挖深段为⑤$_{-1}$层粉质黏土、⑤$_{-2}$层粉质黏土、⑦$_{-1}$层粉质黏土夹粉砂、⑦$_{-2}$层粉细砂，⑤$_{-1}$层粉质黏土、⑤$_{-2}$层粉质黏土多呈灰绿、灰黄色，力学性质和黏塑性自上而下由好渐呈一般；⑦层厚度一般较薄，为下部河床相与上部陆相沉积的过渡性质。下卧层为⑦$_{-2}$层粉细砂、⑧$_{-1}$层圆砾为钱塘江古河道沉积形成，具有上细下粗的结构，均匀性略差。

隧道掘进段主要为孔隙承压水，赋存于下部⑦层、⑧层砂及圆砾、卵石层内，实测承压水位高程为 -4.00 ~ -3.80m，钻孔抽水试验单位涌水量为 23 263L/h · m，具有水量大、强透水、承压性等特点。西线盾构隧道在 LK2 +916.4 进入承压水层⑦$_{-1}$层粉质黏土夹粉砂，在 LK2 +887.7 进入⑦$_{-2}$层粉细砂。

西线盾构机从始发至 7 月 26 日之前，盾尾密封状态基本良好，基本未出现过漏浆现象。从 7 月 26 日掘进第 93 环后，在掘进过程中开始出现不同程度的漏浆涌水现象，特别是 8 月 4 日 15 时掘进 120 环，1 号油缸处盾尾漏浆涌水严重，先浆后水被迫停机，添注油脂止水，对盾尾密封系统补充油脂 10 桶。8 月 8 日 4 时恢复掘进，8 月 8 日 16:30 在第 124 环掘进 130cm 时，在 18 号、1 号、2 号油缸处盾尾开始大量漏浆涌水，油脂、同步注浆浆液的填注根本起不到作用，现场隔膜泵已经无法满足排水要求，现场紧急调配抢险人员和物资，直至 21

时，采用同步注浆浆液中掺加油田堵漏剂方才完全堵住，如图 7-41 所示。在此情况下继续推进，工程风险存在重大隐患，不宜继续推进。

根据以上情况，组织国内盾构方面的专家从盾构施工的各个方面进行分析，最终一致认为：根据现场设备状况，初步判断盾尾密封存在失效的可能，为了确保工程安全，在采取地层固结措施的前提下，对现有盾尾密封系统进行必要的检查，根据检查结果采用更换或更换 + 增加盾尾刷的措施，保证后续盾构施工安全掘进。

二、实施方案

在检查盾尾密封体系前，确保盾尾处不再漏水漏浆进入盾构是关键所在，也是最大的一个风险点，必须进行盾构周围及盾尾管片处密封；主要采用超前预注浆 + 同步注浆的方式对盾构机外侧周围土体进行注浆封堵加固，防止盾构周围水土在压力作用下渗漏至盾构机内，影响盾构尾刷检查安全。将盾尾管片处凿孔注聚氨酯封堵或盾尾处采用冷冻法固结周围水土体作为备用方案。

操作流程：停机检查封闭情况→封闭满足要求后拆除已安装的管片→检查尾刷→根据检查情况采用更换尾刷或更换 + 增加尾刷→恢复正常掘进。

1. 检查尾刷时盾构位置的确定

盾构机停机位置的地质主要以⑤$_{-1}$、⑤$_{-2}$粉质黏土地层为主。岩土工程勘察报告表明，⑤$_{-1}$、⑤$_{-2}$粉质黏土地层的自稳性较好，但是由于盾构底部已经进入⑦$_{-1}$、⑦$_{-2}$地层，⑦$_{-1}$、⑦$_{-2}$地层地下水丰富，且为承压水，地层渗透系数大，对盾构机检查盾尾密封具有非常不利的影响，是盾构检查尾刷的重大风险源之一。盾构机停机位置的地质剖面如图 7-42 所示。

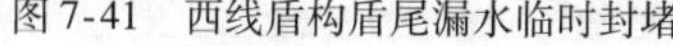

图 7-41　西线盾构盾尾漏水临时封堵

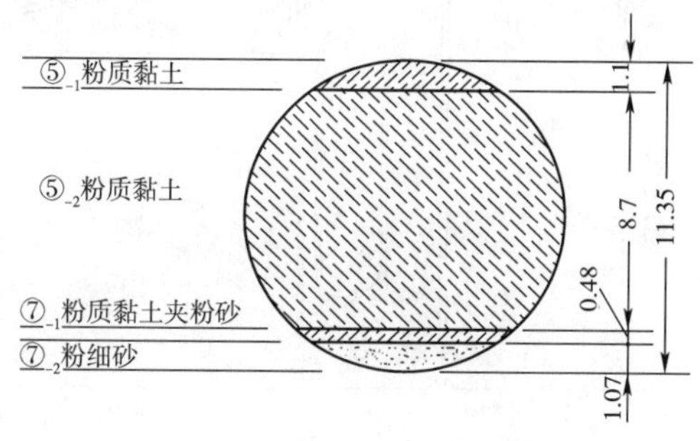

图 7-42　盾构机停机位置地质横断面图（尺寸单位：m）

盾尾密封检查应尽量避免在软土地层更换，因为在软土地层中盾构机在自重的作用下容易发生低头，一旦发生盾构机低头就较难处理。但盾构机盾尾漏水情况比较严重，如要到达底部较硬地质段，需继续推进较长距离，风险较大。经过综合考虑后，结合西线盾构机停机位置地质情况，在停机位置再推进 5 环，并在推进的 5 环过程中采取超前注浆的方法进行地层加固。即检查更换盾尾刷位置确定在第 129 环。

2. 检查及更换尾刷时停机油缸行程确定

当掘进到 129 环且油缸行程为 1 225mm 时，停止掘进。这时倒数第一环的管片已通过第一道密封刷,达到检查及处理第一道尾刷需要的位置,如图 7-43 所示。

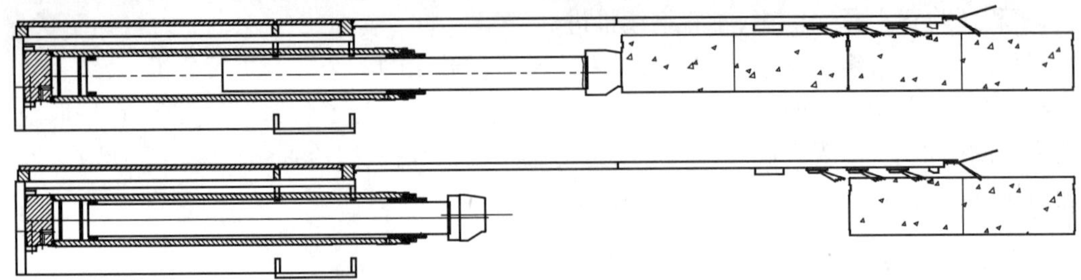

图 7-43　掘进到检查及更换尾刷的状态

3. 超前注浆及同步注浆并逐步推进

在确定停机位置及停机时油缸行程后,采用超前注浆 + 同步注浆并逐步推进到停机位置。具体的施工流程如表 7-16 所示。

西线盾构检查盾构尾刷前的准备及封堵工作(尺寸单位:mm)　　表 7-16

步序	施　工　图　示
第一步	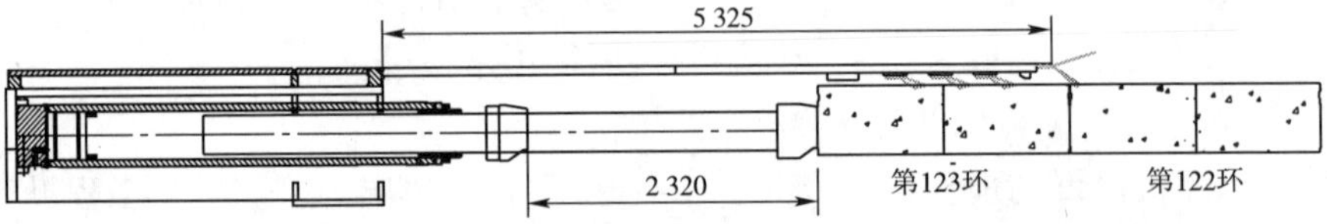 5 325 2 320 第123环 第122环
	目前停机位置
第二步	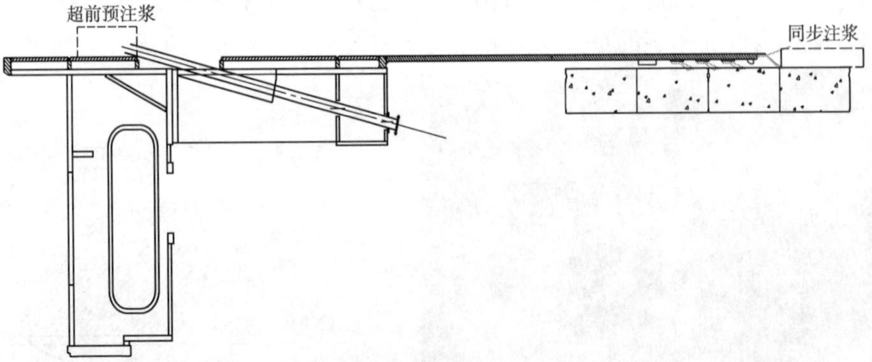 超前预注浆 同步注浆
	进行超前注浆及同步注浆并逐步推进
第三步	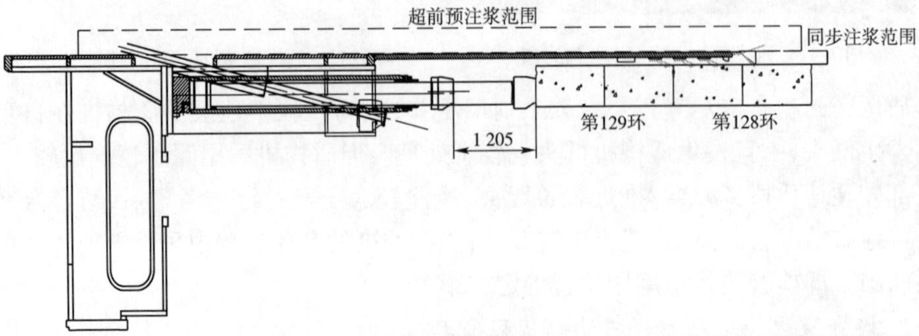 超前预注浆范围 同步注浆范围 1 205 第129环 第128环
	推进至第 129 环停机位置

续上表

步序	施　工　图　示
第四步	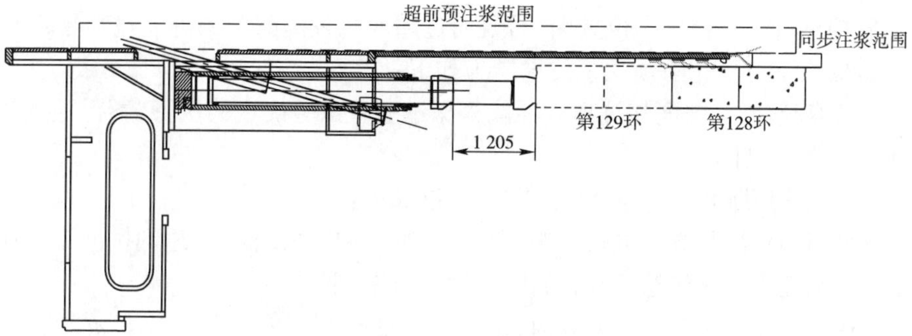 超前预注浆范围 同步注浆范围 第129环 第128环 1 205
	打开第 128 环管片二次注浆孔，检查密封情况
第五步	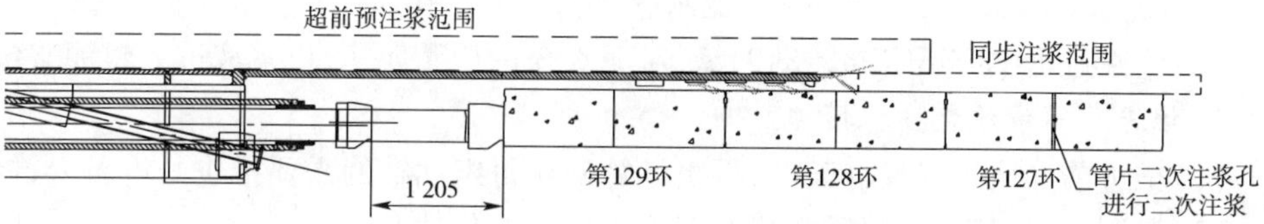 超前预注浆范围 同步注浆范围 第129环 第128环 第127环 管片二次注浆孔进行二次注浆 1 205
	如发现仍有渗漏水，对第 124、125、126、127 环管片进行二次注浆
第六步	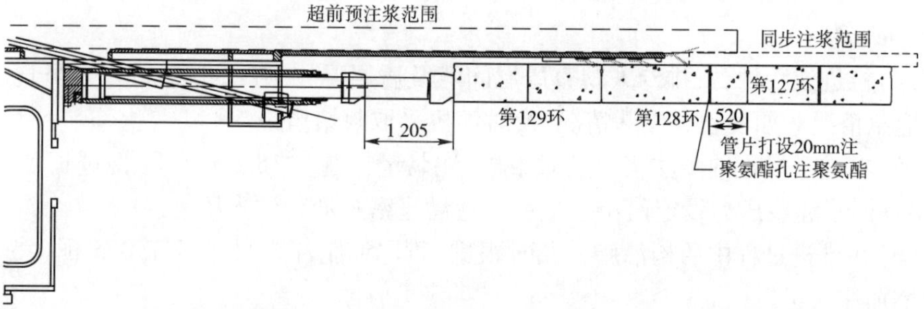 超前预注浆范围 同步注浆范围 第127环 第129环 第128环 520 1 205 管片打设20mm注聚氨酯孔注聚氨酯
	如二次注浆仍有渗漏水，进行第 128 环管片打孔注聚氨酯，孔位间距为 50～70cm
第七步	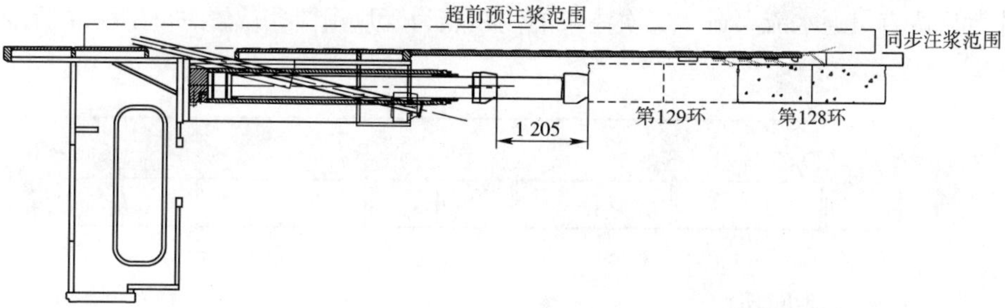 超前预注浆范围 同步注浆范围 第129环 第128环 1 205
	重新进行拆块检查盾尾刷

三、盾尾地层固结技术措施

1. 超前预注浆技术措施

在盾构推进到更换尾刷位置前，需要通过超前注浆提前对掘进通过地层进行预加固，避免盾构机低头下沉。超前预注浆技术措施如下：

(1)浆液配合比、强度和抗离散性能根据试验室试验确定的执行，不得随意变更，如需变更必须经试验人员同意后进行。

(2)注浆采用跳孔注浆方式，不得顺序注浆，防止浆液串孔。

(3)采用间歇注浆方式进行注浆，严格控制注浆压力及流量，达到扩散渗透注浆目的。

(4)注浆完毕后应注意清孔，防止浆液堵塞注浆管。

(5)在打通原有堵塞的注浆孔时，必须确保球阀阀门能够关闭并有效，钻孔过程中防止涌水突泥，做好抢险准备，确保施工安全。

(6)超前预注浆主要采用注浆量和压力控制的方法，单孔注浆量上限不超过 $2m^3$，注浆压力不超过 1.0MPa，在发现有串孔、泥水仓压力上升很快时停止注浆。

(7)注浆过程中应不定期转动刀盘，对泥水仓进行循环，防止浆液进入将泥浆门堵塞。

2. 推进及同步注浆技术措施

(1)推进前确认每组油缸长度，再次计算确认每组油缸的需要推进长度及允许误差。

(2)量测盾尾间隙，预测盾尾间隙可能出现的变化情况。

(3)推进时根据超前注浆情况，采用间歇式推进的方法，超前注浆完成一环后，盾构推进约 1m，过程中要保持推进平稳，速度均匀，避免出现大的速度波动，掘进速度宜控制在 15mm/min 左右。

(4)推进过程中，安排专人观察盾尾间隙及盾尾漏浆情况，应急堵漏人员现场待命准备突发应急情况。如发现有渗漏情况，及时停机采取封堵措施。

(5)在推进过程同步注浆要及时跟进，注浆量控制在 $18.9m^3$/环(掘进长度/1 000 ×6.3 ×1.8)，同步注浆压力设定值小于最后一道盾尾密封油脂注入压力。

(6)在推进过程中盾构油脂要及时跟进，盾尾油脂注入量不低于 0.5 桶(150kg)/环，必要时增加注入量。

3. 二次注浆技术措施

二次注浆是利用管片上预留的二次注浆孔进行的堵漏注浆，主要是为了避免同步注浆凝固体背后留有贯通水流渠道。二次注浆的注浆点为管片预留孔位置，如图 7-44 所示。

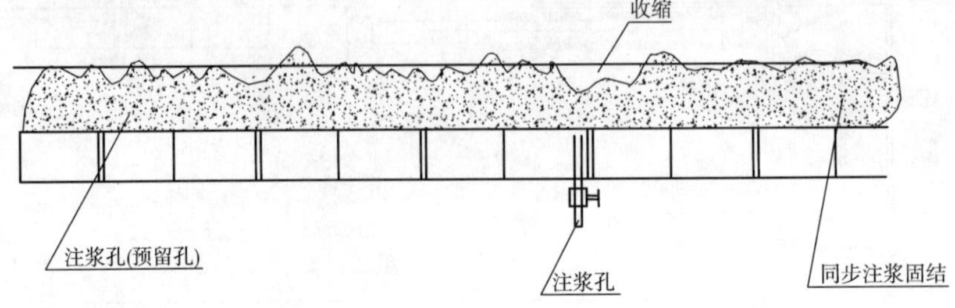

图 7-44　二次注浆原理示意图

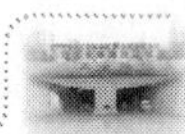

具体措施如下：

(1)注浆孔口管安装

根据管片预留孔孔径、螺纹加工注浆孔口管，外露端设球阀。

将孔口管插入管片预留注浆孔，拧紧。

对已经安装就位的孔口管进行耐水试验，合格后方能开孔。

(2)开孔

打开球阀阀门，用冲击钻插入孔口管内部打穿管片。

(3)注浆参数确认

根据隧道埋深计算注浆处静止水压及土压力之和，一般情况下二次注浆压力比此数值大0.1～0.3MPa。若注浆后止水效果不佳，可适当增加注浆压力。

根据地质情况及注浆记录情况，分析注浆效果。结合堵漏情况，由注浆压力控制二次注浆量。

(4)注浆操作

注浆前，检查设备、仪表是否正常，连接管路；实施注浆；完成注浆，待浆液终凝后，打开阀门确认无渗漏水现象，方可拆下管片压浆口出的球阀，并将压浆孔用闷盖封住。

4. *盾尾地层固结效果检查*

(1)当盾构推进到可以检查盾尾密封刷位置时，盾构机停机保压，再次确认同步注浆量及超前注浆注入量。

(2)观察管片背后盾尾情况，检查盾尾是否有漏浆现象。

(3)打开第128环管片的二次注浆孔(128环管片的二次注浆孔在第二道油脂腔内)，探明盾尾渗漏水情况。

(4)如盾尾未发现盾尾漏浆情况，向同步注浆管内注入膨润土惰性浆液，防止注浆管发生堵塞。

5. *盾尾地层固结的备用技术措施*

根据探明的密封固结情况，如仍然渗漏水，必要时采取填注聚氨酯封堵、冷冻法封堵等备用施工措施。

1)注聚氨酯封堵法

(1)孔位布置及钻孔

①根据检查渗漏情况，计算需在管片上钻孔点位及位置，可采用局部打孔注脂封堵或全环打孔注脂封堵的方法。在128环管片上钻取注脂孔，注脂孔间距环向可取50～70cm，第一断面注脂孔为盾构检查尾刷提供注脂准备，第二断面注脂孔为盾构更换尾刷提供注脂准备，具体布置如图7-45和图7-46所示。

②测量放点，将钻孔误差范围控制在10mm之内。

③在测放好的点位上，钻取孔径40mm、深度200mm孔洞。

④钻孔完成后利用电吹风等工具，将钻孔杂物清理干净，孔洞内不得存在积水杂物。

⑤利用优质植筋胶将加工好的带有球阀的注脂钢管预埋在已钻取好的孔洞内，植筋胶在使用前必须进行同条件抗拔试验检验。

⑥在植筋胶达到强度后，将注浆泵连接到注浆管上，打开球阀，注入清水，对预埋注脂管

进行耐压测试,测试压力为6.0bar,如果注脂管在6.0bar压力下保持30min且不发生泄漏脱落即认为该注浆管预埋合格。

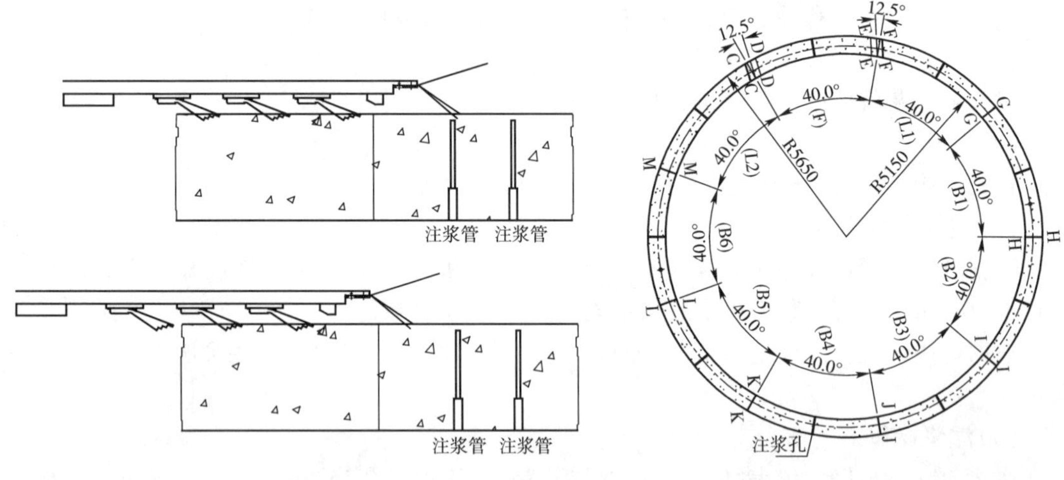

图7-45 注浆孔纵向布置图

图7-46 注浆孔环向布置图

⑦打开预埋注脂管球阀,利用钻孔设备继续向管片背部方向钻取20mm孔径的注脂孔,当注脂孔总计深度达到470mm时(误差范围控制在10mm内)停止钻孔,取出钻头,清洗注脂孔,清洗干净后关闭注脂管球阀待用。

⑧依次按照上述要求,钻取剩余注脂孔。在底部砂层范围,钻取的注脂孔进入砂层50cm,以加强对底部砂层的固结效果。

⑨在钻取注脂孔时要定位准确,保证钻孔的垂直度,最终成孔误差范围不得超过20mm,钻孔期间现场值班工程师随时检查纠正,防止发生误钻超限现象,同时钻孔过程中应做好记录。

(2)注脂方法及措施

①在注脂前先对注脂环的相邻环用快干水泥进行手孔封堵和纵环缝嵌缝处理,嵌缝和封堵手孔时应做到嵌填密实、防止注脂时浆液渗出,从而降低注脂压力导致止水层不密实,影响止水效果。

②在嵌缝、手孔封堵的水泥浆达到设计强度的70%时,采用电锤钻穿管片,使用高压大流量注脂机进行注脂封闭,注脂时沿埋设的注脂管间隔交叉注脂,注脂压力控制在1.0MPa左右。开始注脂前首先注一些进口丙烯酸盐材料,然后再注聚氨酯。注脂量根据压力及现场实际情况确定。

③注脂完毕后及时清除管片表面余脂,48h后逐一打开注脂孔阀检查注脂是否密实,若仍有水或泥沙渗漏,及时进行补注,直至无渗漏为止。

④在对各孔检查完毕后,打开第128环的二次注浆孔,检查第二道盾尾油脂腔是否渗漏水。

⑤如发现无渗漏水或者长时间渗漏水很小,可进行检查盾尾刷及更换、增加尾刷等作业。

2)冷冻封闭法

考虑工程实际情况和施工周期要求,拟采用液氮冻结方案,共计35个冻结孔,分5组;

孔深至盾构机外壳处。冻结孔开孔间距为 1 000mm，冻结管选用 $\phi 76\times 5$ 的不锈钢管，供液管选用 $\phi 25\times 3$ 的不锈钢管。进气管为内径 $\phi 40$ 的低温不锈钢软管，长 290m；排气管为内径 108×5 的 R304 不锈钢管，长 290m。

冻结孔严禁碰到盾尾刷，不能打到盾尾外壳。冻结孔如图 7-47 所示。

(1)液氮冻结制冷设计

考虑液氮扩散及加固体范围，冻土体积计算如下：

$$\pi(6.45^2-5.15^2)\times 2\approx 95(m^3)。$$

积极冻结期间按照 7d 计算，液氮需要量计算如下：

$$1\ 500kg/m^3\times 95m^3\approx 143t。$$

液氮管路输送路程较远，维护冻结期间暂按照 20d 计算(换盾尾刷至施工结束需 20d)，每天液氮用量不少于 15t。

初步估计液氮总消耗量计算如下：

$$143+15\times 20=433(t)。$$

(2)冻结系统监测

①测温孔：设置 5 个测温孔测量冻结系统效果，具体孔位如图 7-48 所示，测温孔严禁碰到盾尾刷，不能打到盾尾外壳。

②探测孔：布设两个探测孔，具体位置如图 7-48 所示。

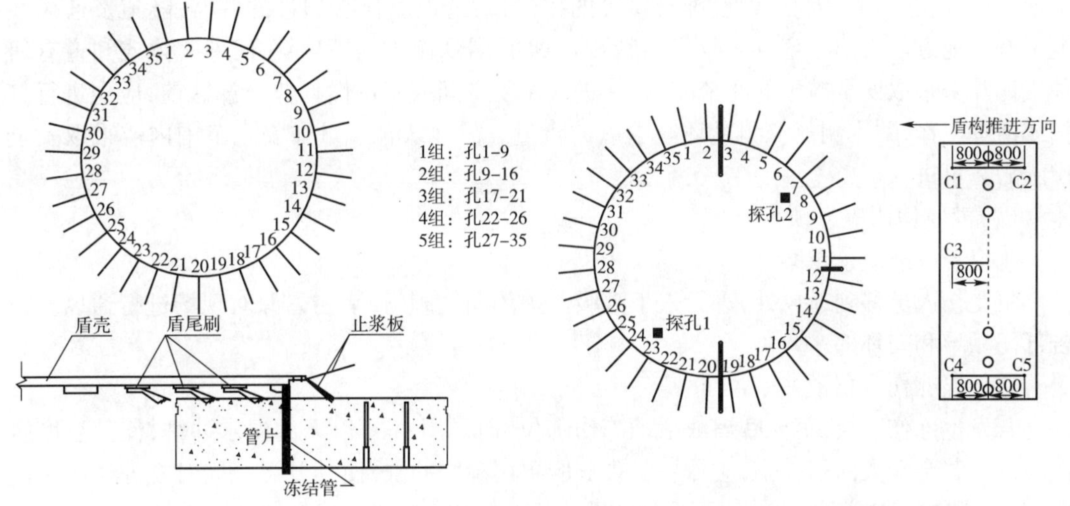

图 7-47　冻结孔示意图

图 7-48　测温孔及探孔示意图(尺寸单位：mm)

(3)冻结封水具备的条件

液氮冻结时间达到或超过 7d，液氮冻结效果达到设计要求。液氮冻结土有效厚度达到设计要求，冻结壁有效冻土平均温度要达到 -10℃及以下，测温孔温度达到零度以下。施工应急预案完善，并具有可操作性。盾尾刷更换之前，在设计位置开两个探测观察口，无水流出。

(4)冻结工期安排

总工期初步安排为 31d，具体如下：打钻安装 4d，积极冻结 7d，维护冻结(开挖)20d。

(5)施工安全措施

场地应保持通风，液氮冻结孔组共分五组，将每组出气管连接至排气合流器上，将氮气全部排放到空气中；由于液氮排放量较大、供氮管路较长，为防止个别部位氮气泄漏，造成施工人员由于氧气不足窒息发生安全事故，采用轴流风机在隧道内通风加大风流速度，增加隧道中新鲜空气含量，并派专人24h利用测氧仪对隧道内进行测氧，一旦发现氧气含量低于报警临界值（含氧量18%），立即通知液氮车值班人员调节供氮主阀门压力，确保隧道内氧气含量正常。

进点前对全体施工人员进行安全施工交底，提高遵章守纪、安全生产、文明施工、安全用电、用火、防液氮的安全意识。

（6）液氮操作注意事项

液氮挥发后为窒息性气体，不可燃，化学性质不活泼且操作本产品时要戴防护用具，以防冷灼伤。操作人员开关阀门时必须戴好防冻用具；液氮出气管尽量向上靠近地面2m以上；对于设备、管道、阀门的解冻，只能用水冲，严禁敲打、火烤和电加热。

液氮储槽严禁油类、酸、碱等物质接触。非工作人员一律不准进入液氮区域，不得随意拨弄阀门、减压装置，发现问题及时通知供应商。

蒸发器结霜严重时，及时做好除霜工作。密切注意槽车的储液量，若达到规定下限应及时联系供应商送气。

液氮泄漏应立即关闭供液阀门，人员当心窒息（放空时尽可能远离）。在以下情况易发生窒息事故：在储槽、容器、管道排气口等的排出口；进入氮气吹扫过的容器；隧道及通风性能不好的地方。为防止窒息事故发生特规定如下：未知密闭空间存在何种气体或知道有何种气体却未采取安全措施的严禁入内；在进入密闭空间或窒息性气体泄漏区前，应先进行打扫或清理工作，并用测氧仪测量环境中氧的含量。需确认含氧量在安全范围内或采取安全措施后方可进入。

（7）液氮使用应急预案

①窒息事故应急预案

将受伤人员移到通风处，进行人工呼吸。关闭漏气阀门，堵住漏源对现场进行通风。报告部门领导和安环部。

②低温冻伤应急预案

若发生冻伤事故，不要摩擦或活动冻伤部位，而是用40℃以下的温水冲洗，使其温度缓慢回升。若全身大面积冻伤，应尽快脱去衣服再用温水冲洗，使其升温。同时立即送医院治疗，若由于物料泄漏而造成，还要断开漏源。

四、管片拼装技术措施

由于需要在安装5环管片之后，继续推进才能进行第一道尾刷的检查，安装管片成为必要的工序。对于管片的拼装要求如下：

（1）管片安装前应对123环管片的前端止水条进行检查，损坏或已发生预膨胀的必须更换修复。

（2）封顶块位置必须严格按管片指令上的规定进行安装，同时必须选用带有预埋注浆孔的管片。

(3)管片安装必须先从底部开始,左右对称安装。

(4)管片安装到位后,应及时推出相应区域的油缸。

(5)管片安装过程中注意对管片及管片防水材料的保护,尽量避免造成损坏,一旦发生损坏必须及时进行更换或修复。

(6)管片安装前应对管片安装区进行清理,清除如污泥、污水,保证安装区及管片相接面的清洁。

(7)严禁非管片安装位置的推进油缸与管片安装位置的推进油缸同时收回。

(8)管片安装时,必须运用管片安装的微调装置将待装的管片与已安装管片块的内弧面纵面调整到平顺相接以减小错台。调整时动作要平稳,避免管片碰撞破损。

五、盾尾油脂的补充压注技术措施

在管片上钻取注浆孔时,为了保证下一步盾构推进的安全可靠,减少盾尾漏浆的可能性,更好的保护盾尾密封,需要进一步对盾尾密封系统填充油脂。

盾尾油脂补充压力的控制:$P_{第一道油脂腔压力} > P_{第二道油脂腔压力} > P_{第三道油脂腔压力} > P_{同步注浆设定压力} > P_{1.2倍地层水土压力和}$,以保证盾构油脂填充饱满。

在盾尾油脂补充压注以控制注入量为主,控制注入压力为辅。

当油脂注入达到每区段理论空隙量的200%,可认为盾尾油脂注入达到饱满。注入油脂过程中操作人员应做好相应记录。

六、盾尾刷检查、更换期间技术保障措施

1. 检查盾尾刷期间技术保障措施

(1)拆除管片前,必须再次确认盾尾后部密封情况、同步注浆量和盾尾油脂注入量。

(2)观察管片背后盾尾情况,检查盾尾是否有漏浆现象。

(3)确认密封加固效果良好后,由现场总指挥下达拆除管片指令。

(4)解除顶住F块管片的17号、18号千斤顶,并将其部分退回,这样即可以通过拉动倒链将124环F块管片退回盾尾。

(5)先将一块管片(首先进行F块,129环管片安装时将F块装至顶部)退回约10mm,利用手电等照明工具观察盾尾情况,确认是否有渗漏存在,管片退回期间管片拼装机处于抓举状态,拼装司机及油缸操作司机应随时待命,保证F块管片可以在第一时间重新插入。

(6)确认无渗漏情况后将F块管片全部退出。

(7)将盾尾淤积物清理干净,检查盾尾密封刷情况。

(8)确认检查情况后,进行下一步处理。

已经失效的盾尾密封系统如图7-49所示。

2. 更换尾刷期间技术保障措施

在确认盾尾后部密封完成的情况下,经过检查确认需进行更换尾刷时,进行尾刷更换作业。在此只更换第一道盾尾刷,如第二道盾尾刷损坏情况严重,采用更换第一道尾刷,增加一道尾刷的措施,不对第二道尾刷进行处理。盾尾重新加设两道尾刷见图7-50。

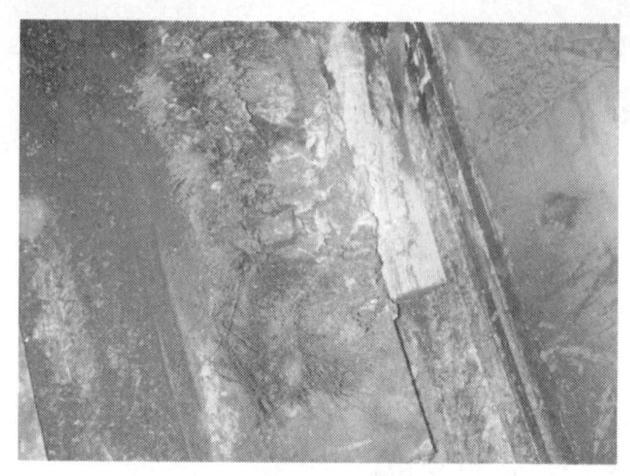

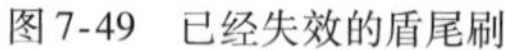

图7-49　已经失效的盾尾刷

图7-50　盾尾重新加设两道尾刷

（1）实施效果检查

经过尾刷更换后，升高盾尾油脂注入压力到0.8MPa。升高盾尾注浆压力到0.5MPa而无漏浆现象，则认为尾刷更换成功。

（2）密封刷更换后的保护措施

保护密封刷的工作应该与更换密封刷同步进行。即为防止密封刷的再次损坏，应采取以下防范措施：填充油脂；密封刷抹油；密封槽填充油脂；及时清理盾壳底部；加强后续掘进中的控制。

七、江底盾尾刷原位冷冻修复小结

1. 西线盾构盾尾刷修复情况

西线盾构自2009年4月8日举行始发仪式，负环开始拼装。5月14日盾构机完成穿越800mm厚素混凝土止水帷幕，进入试验段掘进施工；6月18日完成50环正环拼装，试验段掘进完成，进入正常掘进施工；7月24日盾构刀盘切口进入钱江南岸大堤下方，8月3日完成穿越南岸大堤；8月8日下午4时盾构掘进第124环时盾尾发生涌水漏浆现象，现场立即组织人员按照预案进行封堵，至晚上9时完成封堵。于8月12日组织专家进行分析研究，制订可靠的解决方案，8月21日再次组织国内盾构隧道专家对施工单位的方案进行论证。经过分析论证认为盾构姿态较差、注脂注浆管理问题、盾构进入高承压水以及切口地质复杂等原因导致盾尾漏浆现象的出现，施工单位提出的盾尾密封系统修复方案可行，采用冻结法固结盾尾进行检修较为可靠。9月19日再次组织国内盾构隧道专家对施工单位的冷冻固结方案进行了评审，补充了方案执行的细节；西线盾构盾尾修复工作顺利完成，并于2009年10月12日恢复掘进。

2. 东线盾构盾尾刷修复情况

东线盾构自2009年6月30日始发，负环开始拼装。7月12日盾构机完成穿越800mm厚素混凝土止水帷幕，进入试验段掘进施工；8月17日完成50环正环拼装，试验段掘进完成，进入正常掘进施工；8月29日盾构刀盘切口进入钱江南岸大堤下方，9月3日完成穿越南岸大堤；9月20日下午6时盾构掘进第178环时盾尾发生局部漏浆现象，及时进行了封堵，因西线盾构已经发生过类似现象，尽管本次漏浆范围很小且未造成任何影响，本着“安全第一、预防为主”的原则，9月23日随即组织专家进行分析，通过充分讨论认为可以进行局

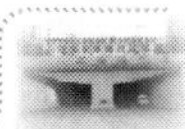

部修复，但考虑到盾构掘进量仅完成20%，为确保后续掘进的顺利进行，决定参照西线盾构的修复方案进行盾尾全面检修。经分析东线盾构出现此种情况除了盾构姿态、注浆注脂管理、进入高承压水等因素外，工作井洞门偏差较大致使始发姿态差也是一个主要因素。至9月25日开始进行技术、资料、人员、材料以及相应的应急物资准备，10月8日在准备工作完备后开始冷冻固结施工，至2009年11月15日东线盾构恢复掘进。

3. *盾尾密封系统失效的原因剖析*

盾构作业属于高难度、高风险作业，安全平稳有序地推进盾构掘进施工是隧道建设重中之重的工作，在始发前、穿越素混凝土止水帷幕、试验段掘进、过堤等关键环节多次邀请国内盾构隧道方面的专家对施工作业进行指导。经综合分析认为两台盾构都出现盾尾密封问题，并造成盾构掘进困难，其主要原因有：

(1)盾构掘进姿态控制不理想

因盾构始发后刀盘即切入素混凝土止水帷幕，厚度800mm，取芯检测其抗压强度在C20以上，盾构始发姿态西线是-4.25%(东线-4%)下坡掘进，刀盘斜向穿越该止水帷幕后在盾构处于加固土体范围内时无法调整盾构机的掘进姿态，给后续掘进的盾构姿态调整造成了一定的困难。随后掘进中刀盘主要切削⑤$_{-1}$层粉质黏土、⑤$_{-2}$层粉质黏土，该土层黏度高、透水性差、排渣困难，曾多次造成排浆管、排浆泵堵塞；继续掘进刀盘下部进入⑦$_{-1}$层粉质黏土夹粉砂、⑦$_{-2}$层粉细砂和⑧$_{-1}$层圆砾，切口范围的土体性状差异大，给盾构掘进姿态控制也造成了一定的困难。

(2)盾构机注脂注浆管理存在问题

本工程中选用的日本松村油脂是性能比较可靠、代价较高的产品，虽然前期掘进中在注脂管理上达到了压力控制指标，但注入量略低于理论计算量。初步判断为消耗较小，没能引起对油脂腔可能充盈不足的重视。同步注浆材料采用的是水泥砂浆，其流动性较好，注入量也达到理论计算量以上，但是一旦油脂腔没能完全被油脂充满就可能被砂浆替代，砂浆形成强度后将无法再次被排出油脂腔。

(3)盾构始发姿态不理想

因东线隧道工作井盾构洞门的水平偏差很大，经过研究设计单位采用半径为9 000m的曲线进行拟合，致使东线盾构始发姿态在平曲线段下坡始发，始发姿态非常不利。盾构机外壳与洞门钢圈形成夹角，对盾尾密封系统的密封效果也造成了影响。

(4)高承压水的地质水文条件

孔隙承压水赋存于盾构切口下部⑦层、⑧层砂及圆砾、卵石层内，实测承压水位高程为-4.00～-3.80m，钻孔抽水试验的单位涌水量为23 263L/h·m，具有水量大、强透水、承压性等特点。盾构切口下部水头差可达25～31m左右，对盾构机盾尾密封性能要求很高。在如此高压力的承压水中进行掘进施工是极为少见的，上海已经贯通的同类大型盾构隧道均未遇到此种水文地质，因此并无实践经验可供参考。

(5)盾构机改造存在一定瑕疵

盾构机制造商法国法玛通公司为适应本工程需要在进场前对盾构机进行了改造，虽然已经考虑了本工程的特殊性，但是对于钱塘江下的复杂地质条件和高承压水仍旧暴露了一些改造缺陷，这也是造成盾尾注脂注浆管理问题的原因之一。

两台盾构机在完成江底盾尾刷原位修复后，顺利完成掘进任务，后续掘进中未再发生盾尾渗漏现象。工程实践表明，在江底的盾尾刷原位冷冻修复方案是成功的，该项技术是科学可行的。在此基础上施工总承包单位中铁隧道集团已经就此成功取得了省级工法。

第六节　盾构机到达

盾构到达施工是指从盾构机掘进到达接收井之前50环，到盾构机掘进贯通区间隧道进入接收井被推上盾构接收基座（一般即为盾构始发基座）的整个施工过程。因此，盾构的到达相对于区间隧道的施工有其特殊性与重要性。其工作内容包括：盾构机定位及接收洞门位置复核测量、地层加固、洞门处理和安装洞门圈临时密封装置、安装接收基座等，到达施工流程如图7-51所示。

在盾构机掘进进入到达段之前需完成到达端头地层加固，其加固方法与盾构始发井盾构进出洞端头土体加固方案与工艺相同。

1. *盾构机定位及到达端洞口位置复核测量*

在盾构推进至盾构到达施工范围时，应对盾构机的位置和盾构隧道的测量控制点进行准确的测量，明确实际隧道中心轴线与隧道设计中心轴线的关系，同时应对盾构接收井的洞门进行复核测量，确定盾构机的贯通姿态及掘进纠偏计划。在考虑盾构机的贯通姿态时需注意两点：一是盾构机贯通时的中心轴线与隧道设计轴线的偏差；二是接收洞门位置的偏差。综合这些因素在隧道设计中心轴线的基础上进行适当调整，纠偏要逐步完成。

2. *洞口处理*

为了避免洞门凿除对始发井产生扰动，围护结构钢筋混凝土的凿除分两步进行。

第一步：以手持风镐方式从上至下分五个层次凿除洞门范围内连续墙外部的混凝土和钢筋，保留最内层钢筋，以做到在始发或到达之前对端头地层的保护，如图7-52所示。

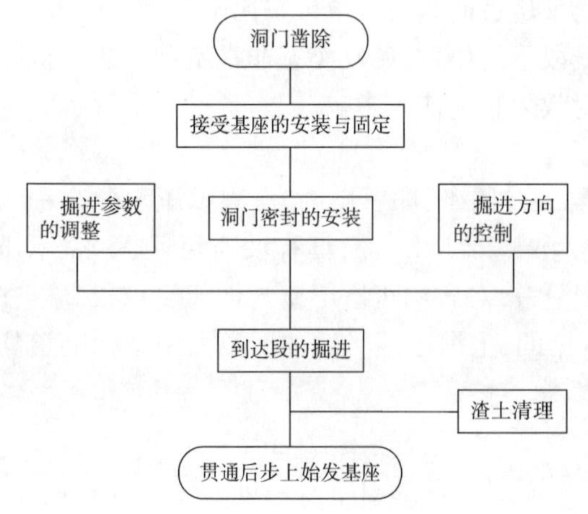

图7-51　盾构到达施工流程图

图7-52　盾构机到达洞门凿除

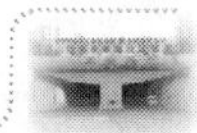

第二步：待盾构始发时抵拢掌子面和到达时盾构抵拢围护结构时，割除围护结构内层钢筋，再开始掘进。

3. 盾构到达段掘进

盾构到达段的掘进除应按掘进纠偏方案实施达到纠偏的目的外，还尤其应注意最后10m段的掘进控制。在盾构到达前首先作好到达准备工作，如地层加固等工作，进入加固体掘进后要加强进洞口的观察与沉降监测。及时与盾构操作主驾驶员沟通以便掘进控制。

因此应根据进洞段的地质情况确定合理的掘进参数并作出书面交底，总的要求是：低速度、小推力、合理的泥水压力和及时饱满的回填注浆。在最后20环管片拼装中要及时用纵向拉杆将管片连接成整体，以免在推力很小或者没有推力时管片之间松动。

由于盾构井围护结构在盾构洞门处，盾构机在最后一环掘进时要低速度、小推力、小转矩、合理的泥水压力掘进，并在上一环注入的同步注浆凝结后掘进贯通区间隧道。

4. 渣土清理及洞门临时密封装置安装

在盾构掘进贯通后，人工及时使用小型机具清理贯通时产生的泥渣，然后可进行安装洞门临时密封装置。到达端洞门临时密封装置与始发时类似，但翻板改为弹性钢板。

5. 接收基座安装及盾构机步上接收基座

接收基座的构造同始发基座，接收基座在准确测量定位后安装。其中心轴线应与盾构机进接收井的轴线一致，同时还要兼顾隧道设计轴线。接收基座的轨面高程应适应盾构机姿态，为保证盾构刀盘贯通后拼装管片有足够的反力，可考虑将接收基座的轨面坡度适当加大。接收基座定位放置后，采用Ⅰ25的工字钢对接收基座前方和两侧进行加固，防止盾构机推上接收基座的过程中，接收基座移位造成盾构接收失败。

在接收基座安装固定后，盾构机可慢速推上接收基座。在推进通过洞门临时密封装置时，为防止盾构机刀盘和刀具损坏帘布橡胶板，在刀盘外圈和刀具上涂抹黄油。

盾构机在接收基座上推进时，每向前推进2环拉紧一次洞门临时密封装置，通过同步注浆系统注入速凝浆液填充管片外的环形间隙，保证管片姿态正确。

6. 洞门圈封堵

在最后一环管片拼装完成后，拉紧洞门临时密封装置，使帘布橡胶板与管片外弧面密贴，通过管片注浆孔对洞门圈进行注浆填充。注浆的过程中要密切关注洞门的情况，一旦发现有漏浆现象应立即停止注浆并进行封堵处理。确保洞口注浆密实，洞门圈封堵严密。接收井洞门密封圈如图7-53所示。

图7-53　接收井洞门密封圈

7. 盾构到达施工注意事项

(1)盾构机进入到达段施工时，工作人员应明确盾构机实时里程及刀盘距洞门掌子面的距离，并按确定的施工技术方案进行施工。

(2)盾构到达前应检查确认端头地层情况是否达到加固要求。

(3)增加地表沉降监测的频次，并及时反馈监测结果指导施工。

(4)为防止因刀盘反力不足引起管片环缝接触松弛、张开并造成漏水，盾构到达段最后10环管片用[14b槽钢将管片沿隧道纵向拉紧，如图7-54所示。

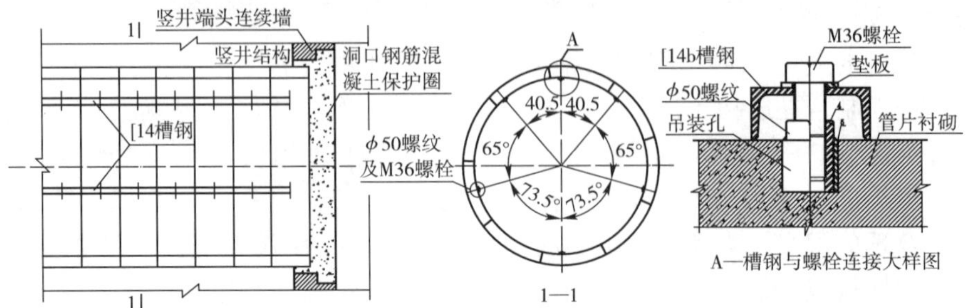

图7-54 盾构到达段管片拉紧图

(5)在盾构贯通后安装的几环管片，一定要保证注浆饱满密实，防止引起管片下沉与错台。

(6)在盾构到达段施工时，要保证泥水系统正常运行和切削干砂量、土砂量数据的正常，切口水压降为最低限度。

(7)密切观察洞门变形和刀盘力矩等参数的变化情况，一旦发现有异常情况应立即停止推进，采取相应对策。

(8)当盾构切口靠近盾构工作井围护壁约2~3m时，在确定洞口土体稳定条件下，可逐渐降低泥水黏度及密度指标，直至用清水替代。

(9)当刀盘掘穿盾构工作井围护壁后，应立即停止推进，并用清水置换切口泥仓内的泥浆，同时清洗泥水管路。

8. 主要技术要点与措施

(1)到达前200m，每50m要进行导线和高程复测，同时应对贯通点的净空进行测量，以精确确定其位置。

(2)在盾构到达段内，结合贯通位置，参照设计线路，每一环都必须严格地按制定的掘进计划进行。

(3)到达前6环的注浆材料配合比要进行调整，必要时可通过在盾构尾部壳体上钻孔向盾壳外注入特殊的止水材料，以防涌水、涌泥而引起地层坍塌。

盾构机到达接收台架如图7-55所示。

图7-55 盾构机到达接收台架

第八章　附属工程与健康监测

第一节　风塔与管理中心

根据隧道环评要求，庆春路国过江隧道在江北、江南工作井上方均需设置风塔一座，隧道内的废气通过风道从风塔中排出，风塔排风口高度不得低于25m。为了与周边现状景观和未来环境相融合，需要在结合风塔功能的基础上对风塔的造型进行专项设计。

一、江北风塔的外形设计

江北工作井东西线合并设置一处，中心位于 LK1 +332.2 处，且位于规划庆春东路南端（富春江路与之江路之间）的道路底下，埋深约1m。工作井外包尺寸为37.75m×24.4m（长×宽），基坑最大挖深22.5m，施工时作为盾构接收井。

1. 江北风塔位置

原设计中江北工作井上方风塔在工作井的东侧，后因规划调整风塔从东方润园住宅区一侧移至道路西侧邻近写字楼一侧。风塔与周边环境平面关系如图8-1所示。

江北风塔的北侧为新建高层住宅楼东方润园，南侧为正在建的办公楼，西南为已建成的玻璃幕墙写字楼。该地块为新建区域，因此风塔的定位为现代主义风格。江北风塔位于江北工作井的西侧。江北排风塔设置在庆春路西侧富春江路南侧的规划绿地中。东侧距离庆春东路道路红线9m，西侧距蓝鲸国际50m，相对关系如图8-2所示。

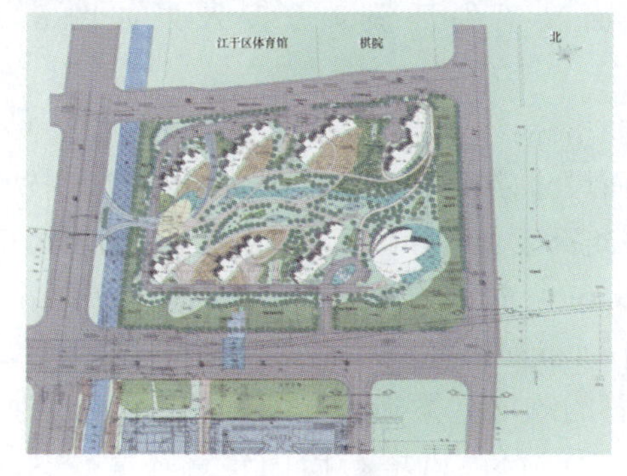

图8-1　风塔与周边环境平面关系图

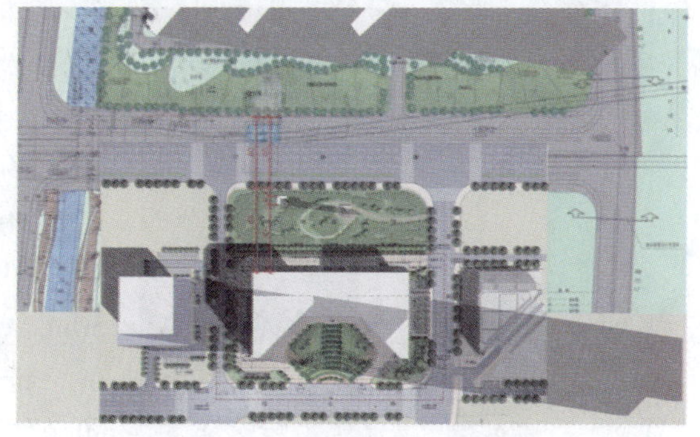

图8-2　江北风塔与西侧写字楼关系图

2. 江北风塔建筑设计思路

风塔作为隧道景观轴线上的点，与规划的绿化广场等景观带串接，其造型在满足功能要求的同时，与周边环境融合协调，同时要具有时代感及区域的标志性。本方案设计在庆春路隧道江北设风塔，对隧道内废气作高空排放，使其对周边地块的空气质量影响满足环保要求。根据环境评估的要求，出风口高度不小于28m。风塔造型的设计原则是在满足废气排放的前提下，满足地区形态及一定的美观要求，即与环境协调。考虑到隧道风塔位于钱江北侧的新区，建筑设计考虑了地区形态的发展，对整体造型进行了艺术处理，与工作井地面疏散口组合成一体，风塔主体为现代风格建筑。

3. 江北风塔建筑设计技术要求

根据暖通专业的排风要求，排风口面积不小于30m²；根据环评专业要求，排风口底的高程不低于28m；作为隧道的一处景观，必须与周围环境协调。

风塔功能：平时用来排风，风速最大不超过10m/s；紧急情况下用来排烟，风速稍小些。杭州夏季主导风为东风，冬季主导风为北风。

江北风塔建筑设计方案经过专家评审后主要意见有：应结合原来前期专业资料的控制，总图增加周边规划资料；造型方面主要是与周边协调，不一定强调标志性；楼梯间尽量弱化，颜色不要太浅，应该与绿化的颜色相融。体量不能与后面的高层相比；材料、质感、色彩与东方润园协调，体量应按比例放入环境中推敲；绿化带的树木高度在15m以下，下面的部分被树遮挡，上面露出的部分还是要有细部，但是要低调处理；立面材料建议以石材为主，颜色不宜引人注目。

4. 设计方案

在充分分析周边建筑和景观现状的基础上，结合评审专家的意见，同济大学建筑规划学院设计了四个推荐方案，最终选用方案一。

图8-3 江北风塔效果图

风塔与南面的商务楼在造型上相呼应，以三角形为基本设计元素；同时也与商务楼的玻璃幕墙形成虚实对比。建筑选材方面，风塔主体结构为钢筋混凝土，表面采用干挂石材；附属用房则采用斜坡种植屋面，与周边绿地融为一体；顶部采用百叶与玻璃，使得风塔形态简洁大方而又不失活泼。方案效果如图8-3所示。

主要指标：

平面尺寸，风塔筒体轴线尺寸：6m×7m；技术指数，建筑高度：39.5m；出风口高度：28m；出风口面积：49.6m²；过风面积：30m²；距商务楼距离：50m。平面布置如图8-4所示。

推荐的风塔方案造型相对简洁，施工迅速，可节约工程造价；风塔与周围建筑环境较为统一；风塔底部与地下部分送风通道直接相连，过渡自然，对气流的阻力最小，有利于隧道内部空气流通。顶部更利于排风。实施效果如图8-5所示。

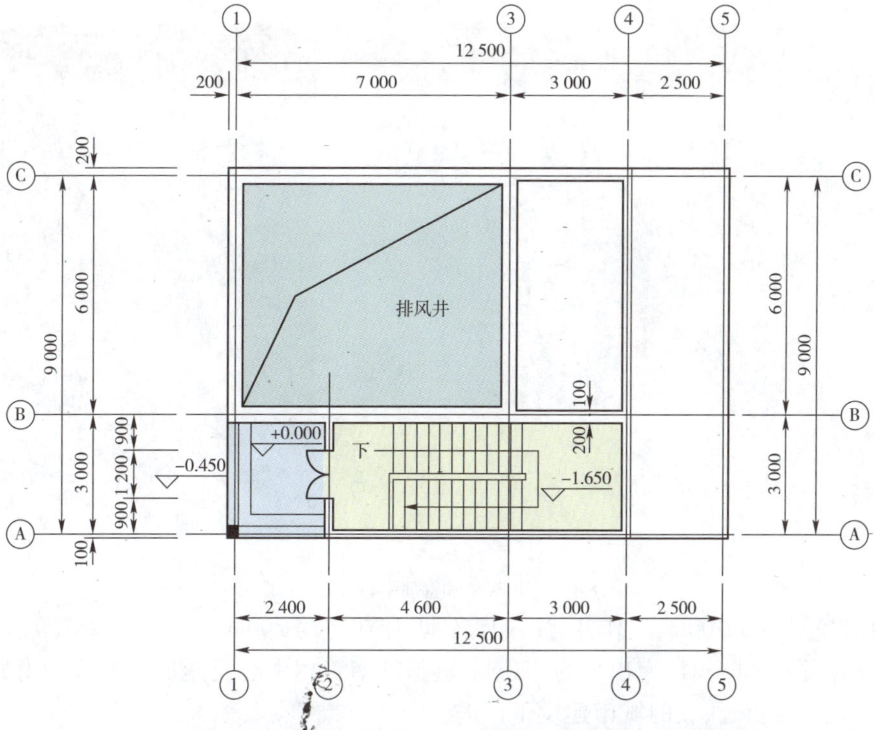

图 8-4　风塔平面布置图(尺寸单位:cm,高程单位:m)

图 8-5　江北风塔实景图

二、江南风塔外形设计

1. 江南风塔位置

隧道江南风塔位置地处规划中的沿江景观带和市心路景观轴线附近,根据规划用地红线和隧道工程功能技术要求,管理中心技术用房位于江南盾构工作井正上方,风塔位于工作井西侧,基地面积约为 6 000m^2。风塔高度约 40m,管理中心技术用房为一层楼建筑;总建筑面积约 1 000m^2,其中管理中心中央监控室不小于 300m^2,其余为设备及办公用房。江南风塔和管理中心位置平面布置如图 8-6 所示。

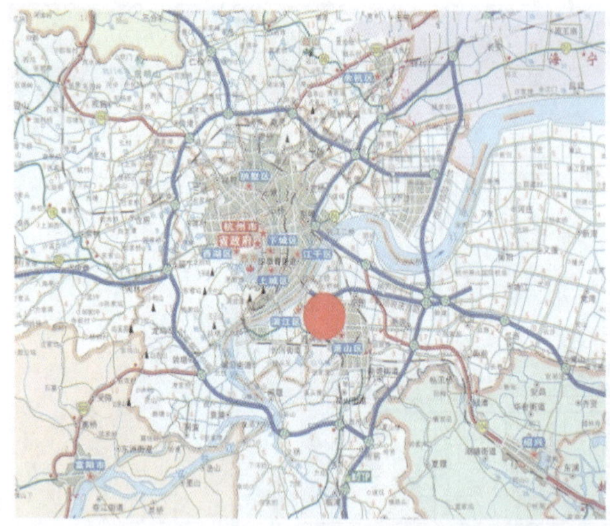

图 8-6 江南风塔和管理中心平面位置图

钱塘江宽度约 1 200m，工作井北端距离钱塘江江堤约 200m，工作井南端距离滨江大道约 60m，工作井距离隧道江南出口约 820m。隧道江南管理中心及隧道出口范围尚处于规划阶段，民房逐步在拆迁，新的城市建设正在进行中。

管理中心正处在江南市心路的文化景观轴线上，其位置极为特殊，按照规划江南风塔及管理中心所在位置周边为滨江景观带，建筑正处在大片景观绿地中。江南风塔及管理中心的建筑设计一共出具了 4 个方案，其技术要求与江北风塔相同。

2. 最终选定方案

江南风塔及管理中心实施效果图见图 8-7。

图 8-7 江南风塔及管理中心实施效果图

第二节　隧道洞口及内装修

一、隧道洞口设计

1. 设计宗旨

通过设计全面提高隧道出入口视觉环境的舒适性，为交通安全提供重要保障；全面提升隧道内外景观环境的艺术性与文化品位。

2. 设计指导思想

(1)本公路隧道作为钱江新城标志性出入口，造型设计要新颖独特，体现“现代、大气、精致、生态”的设计风格，在装饰装修风格上应力求简洁明快、线条流畅、现代气息与地域特征相结合。

(2)隧道洞口的设计在满足结构和功能要求的同时，采用人工绿化造景、自然景观和人工造景相结合的方法，使隧道洞口的近景、中景和远景形成一体，构成一幅优美的山水图画。

(3)本工程采用的装饰材料与装修施工工艺应综合考虑耐火、耐潮湿、耐污染、耐候性、耐腐蚀、易于维护保养、消防安全等因素。

3. 隧道出入口设计原则

(1)与周边建筑和环境相结合

隧道洞口设计要与周边建筑、自然景观相结合，此外还要仿效大自然进行人工造景，做到以绿为主，绿中求美，形式多样。结合沿线的建筑与自然环境，突出当地特色与气息，做到自然美和人工美、粗糙美和精致美的和谐统一，远观全景要美，近观近景要美。

(2)与人文环境协调

充分体现乡土人情和历史典故，使生硬的构造物具有历史文化的气息。因此，隧道洞口的景观设计旨在打破其生硬的质感与纯理性的概念，赋予其人文气息。

(3)以整体为主，局部为辅

道路隧道洞口的景观首先要适应欣赏者瞬间观景的视觉要求，因此要注意整体效果的鲜明、开阔、简洁，这样才能衬托出隧道的宏伟气势。

(4)美观大方和经济实用原则

隧道洞门结构的施工体积较大，要尽量利用当地既有的原材料以降低洞门造价。洞口绿化要尽量采用当地物种，既美观实用又方便管理。要注意植物的合理配置，使绿化具有整体性和节奏感。

4. 出入口设计方案

同济大学地下空间研究中心为本工程主出入口光过渡段提供了五个方案，分别为波浪水纹、钱江时代、一帆风顺、船和振翅高飞。在上述方案的对比研讨中，结合周边城市景观进一步优化，隧道作为交通功能为主的构筑物，从建筑造型上很难成为地标性建筑，隧道出入口周边已建成、在建中或规划的建筑类型都是现代风格的高层建筑，而且隧道江北出口地处钱江新城城市核心区，城市景观绿化非常厚重，隧道江南出口位于规划中的城市景观带和中轴线上。因此隧道洞口的建筑方案最终选用了不突出地面道路路面的"隐形"方案,但在端部采用了弧形上翻的造型,也取了"跨江发展、锐意进取"之意。选定的出入口方案如图8-8所示。

二、隧道内侧壁装饰

1. 隧道内侧壁装饰设计原则

(1)隧道作为地下交通性建筑,在装修风格上应力求简洁明快,线条流畅的特色,并体现现代感。

(2)鉴于隧道内特定的环境条件,装饰材料应综合考虑耐火性能、耐潮湿性能、耐污染性能、室内外耐候性能、易于维护保养等因素。

图8-8 选定方案俯视效果图

(3)在满足隧道使用功能的前提下力求美观,并遵循以人为本的设计思路,体现人性化设计,提高隧道行车舒适度。

(4)在侧墙板材排版和色彩运用上采用大色块加变化,打破隧道行车的沉闷气氛,体现现代风格。

(5)总体装修风格及其变化、尺度应从行车角度出发。在保证行车舒适度和安全度的前提下,采用点缀性的变化以达到点睛之笔的效果。

隧道内侧墙装饰板材技术比较如表8-1所示。

隧道侧墙装饰板材技术经济比较 表8-1

材料种类 / 比较项目	墙面砖	干挂大理石(或石片)	高密度纤维无机板	彩钢板	搪瓷钢板
结构体系	混凝土墙(或砖墙+墙面瓷砖)	热镀锌龙骨+大理石(或石片)面层	热镀锌(或阳极氧化铝合金)龙骨+高密度纤维无机板+聚酯涂料(或防火板)面层	热镀锌龙骨+折边钢板+聚酯涂层+无机衬板	热镀锌龙骨+折边钢板+搪瓷面层+无机衬板
装饰面层厚度(mm)	6~8(不含混凝土或砖墙厚度)	10~20	6~12	1~2(钢板厚)	0.5~1.5(钢板厚)
结构体系总厚度(mm)	>240	80~120	75~100	100~120	100~120
外观	块面小(<600×600)接缝多,装饰面不大气	块面较小(<1 000×800)接缝较多,装饰面不大气,有色差	块面大(2 400×1 200),外观大气,可隐框安装、美观、易清洗	块面大(2 400×1 200),外观大气,但折角处端面开口,易生锈	块面大(2 400×1 200),外观大气,薄形钢板搪瓷烘烤时,表面易变形
防眩光性	哑光面不产生眩光	抛光面易产生眩光	哑光面不产生眩光	哑光面不产生眩光	光泽度较高易产生眩光

续上表

比较项目＼材料种类	墙面砖	干挂大理石（或石片）	高密度纤维无机板	彩钢板	搪瓷钢板
防火性	A 级	A 级	A 级	A 级	A 级
耐火性（失火时）	不燃 不产生有害气体	不燃 不产生有害气体	不燃 不产生有害气体	不燃 不产生有害气体	不燃 不产生有害气体
防潮性	背面受潮后，正面接缝易泛碱	防潮好	防潮好	防潮好	防潮好
抗冲击性强	$>10kJ/m^2$	—	$>2.2kJ/m^2$	牢固	撞击后，搪瓷钢板易爆裂、破损
主要材质及耐久性	无机材料 耐酸、耐碱、耐老化	面板为无机材料耐酸、不耐碱、耐老化，龙骨联结系统有较长的耐用性	面板为无机材料 耐酸、耐碱、耐老化 龙骨联结系统有较长的耐用性	面板为金属材料 若局部未做好防锈措施，易生锈。 龙骨联结系统有较长的耐用性	面板为金属材料 若局部未做好防锈措施，易生锈。 龙骨联结系统有较长的耐用性
加工性	按要求加工容易不可弯曲	按要求加工容易不可弯曲	按要求加工容易可弯曲	按要求加工容易不可弯曲	按要求加工容易不可弯曲
保洁与维护	表面易沾污，清洗较困难；调换面砖较复杂，工期长，维修人工多	缝隙较多，易积污，调换的面板，色差、色样难协调，维修成本较高	清洗容易，调换面板方便，色差易控制维修成本低	清洗容易，钢板较薄受力后易变形。维修成本高	清洗容易。撞击后表面搪瓷易爆裂，无法修补。需要调换面板，另外加工时比较麻烦，成本高
市场应用情况	过去用于隧道侧墙装饰。 目前用于过街通道隧道敞开段	过街通道，隧道敞开段	大量用于隧道暗埋段侧墙装饰	可用于隧道侧墙装饰，但国内尚无实例工程	多数用于地铁车站内装饰，板面明亮、光泽度高，有宽广视觉，少量用于隧道侧墙装饰
造价（元/m^2）	50～100（不含混凝土或砖墙造价）	300～500	350～450	600～800	900～1 200
使用年限	>10 年表面局部会风化、剥落、陈旧	>20 年（龙骨系统寿命）	>20 年（龙骨系统寿命）	>20 年（龙骨系统寿命）	>20 年（龙骨系统寿命）
综合性价比	中	良	优	良	中

通过上表得出以下基本结论：

①彩钢板：容易生锈、维修成本高，不可弯曲，价格较高，目前市场应用较少。

②搪瓷钢板：容易生锈、维修成本高、不可弯曲，价格高，容易产生眩光是其致命缺点。

③无机板：维修成本低，可弯曲，价格适中，综合性价比最优。

2. 隧道内侧壁装饰板技术要求

本项目隧道装饰板采用无机板，要求具有不燃烧性，耐清洗、耐腐蚀（含配件）、半亚光或亚光性能，有效吸音降噪功能，物理及力学性能稳定等。具体描述如下：

（1）防火功能

隧道装饰板必须100%不含石棉，达到国家A2级不燃材料标准，并且在火灾情况下无有毒气体产生。

（2）安全性能

板材具有优良机械性能、高强抗冲击的材料，密度$D \geqslant 1.6\text{kg/m}^3$，抗弯强度横、纵向不低于16MPa，所能承受的破坏荷载$\geqslant 2.2\text{J/m}^2$。龙骨系统应保证整个隧道板系统耐久、可靠、牢固，满足相应的国标要求。

（3）耐腐蚀、耐清洗

隧道装饰板材料表面涂层铅笔硬度不宜低于3H，具有优异的耐腐蚀性和耐候性。

（4）防潮耐污染

隧道装饰板应具有良好的透气性，吸水率≤20%，湿涨率不高于0.2%。耐污染等级宜提供相应的检验报告。

（5）易安装、易维护

隧道板系统应该安装简单、拆卸方便，墙面装饰材料应便于拆卸，对内部设备进行维修。有不同规格尺寸的配件，满足隧道内墙设施预留的装配需要。

（6）光学性能

根据规范要求，隧道板反射率为0.7～0.8，具有半亚光的表面涂层，光线反射方式为漫反射。

图8-9 通车后隧道实景图

3. 装饰板板块安装方式

装饰板的安装必须满足设计和运营期安全要求，考虑到隧道装饰板面积体量大，在运营期将采用机械清洗为主进行养护，因此对装饰板安装龙骨的强度和刚度要求较高。盾构段和明挖段的装饰板均安装在弧形防撞墙上方。图8-9为隧道内装饰实景。

第三节 隧道健康监测

一、隧道健康监测宗旨

庆春路隧道健康监测也称全寿命监测，共开展4个监测项目，包括：隧道与围岩（土层）间界面压力、盾构隧道管片钢筋应力、隧道直径变化、隧道纵断面沉降。

其中前三项监测内容均设置在隧道盾构段，三项监测内容都布设在同一横断面中，以便将该三个项目所测结果按“受力—变形”的关系进行推算或反演，以掌握该横断面中隧道结

构的力学状况，为科学的维护提供第一手资料。根据隧道所处地点（陆上或江底）、埋深及土层分布的变化、江底河床冲刷情况的不同等不同条件，选择隧道中若干处的断面进行此三项组合项目的监测。

隧道纵断面沉降监测是贯穿于整条盾构隧道的监测项目，以固定间距安排全程上的沉降测点；为便于整理和使用监测数据，在前三项组合监测项目的断面设置相应的沉降监测点。

二、隧道与围岩（土层）间界面压力监测

1. 界面压力监测的意义

隧道与围岩（土层）间界面压力监测的实际意义在于了解围岩（土层）对隧道结构的作用力（即恒载，但随着江面水位的变化，江底的冲刷、土层内孔隙水压力的变化等，这个恒载并不“永恒”，而是会按时间、季节等因素呈现一种周期加收敛的复杂函数变化）。该作用力和车辆行驶作用于隧道的动荷载，是隧道在运营期所受的两大主要荷载。

2. 监测方法

在隧道结构体外表面（即盾构管片外表面）安设压力传感器（又称“压力盒”），该压力传感器感受隧道结构外土层对隧道外表面的压力，并将压力转变为电量信号的变化。通过对该电量的测量，再通过“电量/压力”转换系数的计算就可得到（界面）压力的数值。

3. 安装位置（监测位置）

从理论上讲，隧道外侧各处的界面压力按位置的不同而变化，监测点越多（间距越密），监测的结果似乎越完满。但综合考虑监测的成本和安装手续的简繁，再注意到界面压力主要是受土层和水压的影响为主，设立典型（A 组）和紧密型（B 组）两种界面压力监测位置。

（1）典型（A 组）

在隧道结构外周上、中、下三个高度安排四个测点（上、中、下三个高度各相差 5.65m），即上、下、左、右各按圆心角 90°的间隔布置四个监测点（图 8-10A 组），这样安排可以充分测得土压和水压的变化，也就测得典型位置的界面压力。

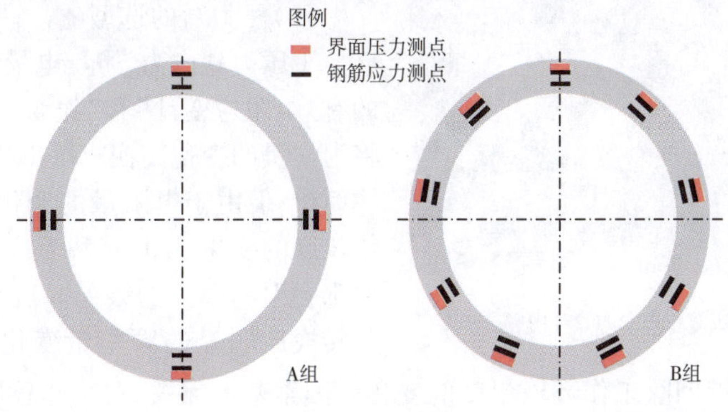

图 8-10　横断面内“界面压力”和“钢筋应力”测点位置图

（2）紧密型（B 组）

由于本盾构隧道每环管片由 9 片组成，而且每片管片所含的圆心角均为 40°左右。所以

紧密型的安排是在(同一环的)每片管片中都布置一个监测点,即一环内有九个测点均匀分布在圆周上(图 8-10B 组),便于和 A 组的数据对比分析。

4. 技术关键

(1)压力盒的安装

①按照盾构管片的"预制—拼装"工艺,采用在指定安装位置处管片上预埋压力盒的安装方法。

②在管片制作时预留一个与压力盒直径、厚度相匹配的凹形槽和一个穿电缆的孔(电缆孔)。

③管片制成后,将压力盒安装到预留的凹槽中,压力盒背后和周边用密封填充材料(水泥环氧砂浆)填充,起到黏结和第一道密封防水的作用。再在电缆的引出路径上,专门设置一段 80mm 长的遇水膨胀橡胶密封段,起第二道密封防水的作用。图 8-11 是一块安装好压力盒的管片(外侧)。

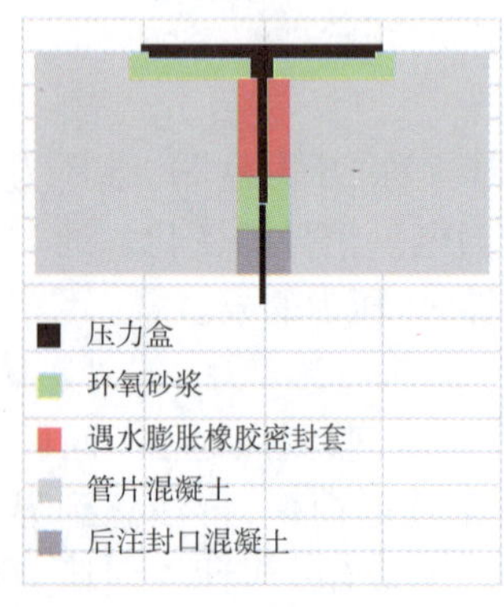

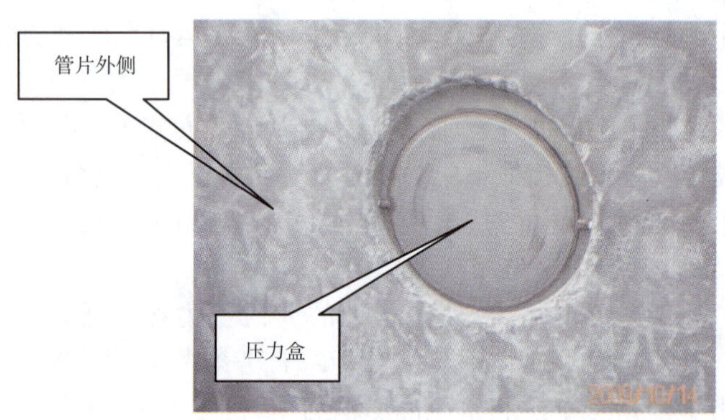

图 8-11 安装好压力盒的管片外侧面(未密封)

④压力盒的电缆从预留的电缆孔中穿出,引至管片内侧,电缆孔中的其余空间用水泥环氧砂浆充分填充。图 8-12 为管片的内侧,可见通过电缆孔引出的电缆。

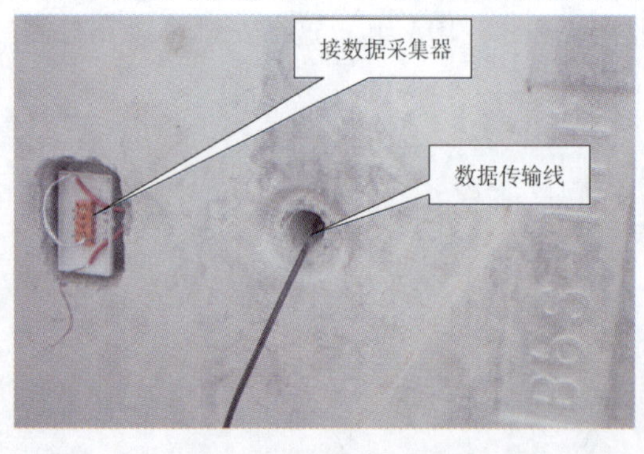

图 8-12 安装好压力盒的管片内侧

⑤压力盒随该管片安装到隧道的指定位置处。

(2)压力盒的选型

①压力盒内力学量/电量的转换方式常用的有"电阻应变计"和"振弦式"两种。前者是将力学量的变化转换成微小的电阻量变化,结构简单;但由于电阻量的变化很微小,以至电缆长度的变化、工作环境湿度温度的变化等因素都会引起很大的误差。后者是将力学量变化转换成明显的频率量变化,结构虽然复杂些,但与电缆长度的变化、工作环境湿度的变化等因素基本无关,对工作环境温度变化亦不敏感,再加上制造技术的成熟,此类传感器在岩土工程中的应用很广泛。所以本方案选用以振弦结构方式进行工作的传感器。

②由于盾构管片拼装时有一道盾尾注浆的工序,压力盒的测量面会被硬结的注浆液覆

盖,不会直接和土层接触。为保证压力盒的测量能可靠有效的地感受界面上土层和水层的压力,一定要选用带有液体囊的压力盒。这种压力盒上带有一个扁平形、与被测目标接触面积较大的密封腔室,密封腔室的敏感面用薄而软的金属片构成,腔室内充满较浓稠的液体(一般是柴油和沥青的混合物),所以该腔室又称“沥青囊”。这样,界面的压力能有效地通过注浆液的硬结层作用在沥青囊表面,囊内液体将此压力作用于压力盒内的振弦组件,变成以频率变化为特征的电信号输出。图 8-13 所示为选用的美国 Slope Indicator 公司出品的产带沥青囊的压力盒,其沥青囊是扁圆的,直径为 230mm。根据公司的使用经验,该产品质量可靠,性能全面优于国内产品。根据计算和经验,压力盒的量程选用 1MPa 就可以满足需要,但厂方只有 0.7MPa 和 1.7MPa 的产品,故选用量程 1.7MPa 的产品。

5. 测量(读数)方法

为适应“健康监测”所要求的长期监测的要求,压力盒的读数采用“数据自动采集器”自动定时测量记录的方法。具体做法是:

(1)每监测断面的四个压力盒的信号电缆用妥当的办法固定在隧道内表面上,并汇集到某一适当位置的测量箱内(约 40cm×60cm×20cm,即一般配电箱大小)。

(2)测量箱内设有各电缆的接线端子、数据自动采集器和供电单元。数据自动采集器可以按预先设置的程序,以一定的时间间隔(如 1h)自动对各压力盒进行一次读数,并将读到的数据和读数时间记录在采集器内。

(3)定期由监测技术人员携带手提电脑到监测地点,从测量箱内数据采集器的输出端口将存储在采集器内的数据下载到电脑中,再带回室内处理。

(4)供电单元负责供给数据采集器和压力盒工作的直流电源,它由蓄电池和稳压整流器组成,需对其供给 220V1、00W 的电源。其中内置的蓄电池可供给交流电临时断电时采集器的短期(1~2d)正常工作和数据的保留。

(5)由于测量箱是一个永久性的部件,要在隧道内结构混凝土浇筑后才能安装。所以隧道成形但测量箱尚未安装,即不能自动读数的阶段,可由监测技术人员用便携式的读数仪,定时到每个监测点用人工测量、记录的方法读数。图 8-14 所示是使用的澳大利亚出品的 DT80G 型数据采集仪,该 DT 系列产品性能稳定,压力盒监测的总精度为 2% 左右。

图 8-13　带扁圆型沥青囊的压力盒

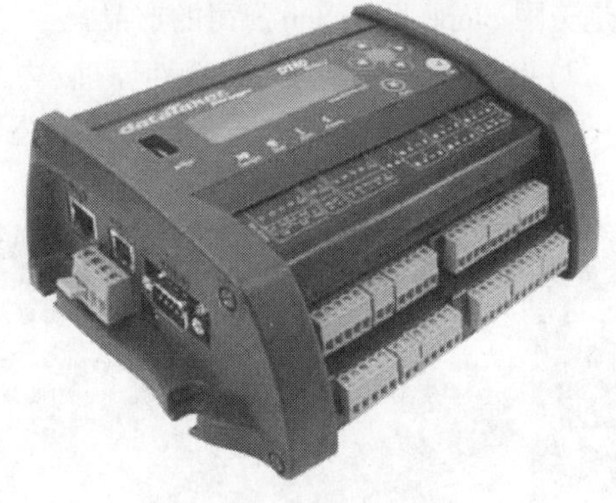

图 8-14　DT80G 型数据采集仪(澳大利亚产)

6. 监测频率

(1)(隧道施工,自动监测尚未实现时)人工读数阶段,每月一次。

(2)自动监测实现后,每月一次(人工下载一个月的逐日数据)。

三、盾构隧道管片的钢筋应力监测

1. 监测意义

本项监测的实际意义在于了解隧道构件在外力激励下的响应,即内部应力的变化,对验证设计和指导隧道的使用、维护方面有重大意义。

2. 监测方法

选择在结构构件中受力计算明确,受力后反应比较明确的钢筋混凝土中的钢筋上直接进行观测。观测采用电测传感器进行,该传感器直接安装在钢筋上。

3. 安装位置(监测位置)

由于本项监测对象是外力作用下的响应,为求取外力激励和结构响应之间的对应关系,测点应与外力监测,即上文所述的界面压力监测的测点一一对应。

(1)在监测断面的管片的上、中、下三个高度安排四组测点,即上、下、左、右各按圆心角90°的间隔布置四组测点;在监测断面的九片管片内均安排一组测点(共九组测点)。

(2)测点分别在各位置管片中的(主)钢筋上,每组测点由两个构成,分别处于最外侧和最里侧的主钢筋上。

(3)同一监测断面的界面压力监测和钢筋应力监测的测点布置在同一位置的管片内。

4. 技术关键

(1)监测传感器的选型

①为便于使用相同的读数装置,选用振弦式的监测传感器。

②适合于安装在钢筋混凝土构件中测量钢筋应力的传感器有两种,第一种是常用的钢筋应力计,第二种是钢筋应变计。

钢筋应力计的特点是可以预先按"应力—电量读数(频率)"的关系进行标定,缺点是体积较大,而且需要将被测处的钢筋切断,将其作为替代的钢筋焊接在切断处。

钢筋应变计推荐的产品全称应为"点焊式钢筋应变计"。首先,它同样是振弦式的传感器,而且具有体积小、安装简便、测点直接的优点;该产品经我公司近10年大量使用,性能好,是美国Slope Indicator公司的产品。

(2)点焊式钢筋应变计的特性原理、构造特点和安装

①传感器特性:美国Slope Indicator公司点焊式应变计(图8-15和图8-16);量程为±1 250με;精度为2%。

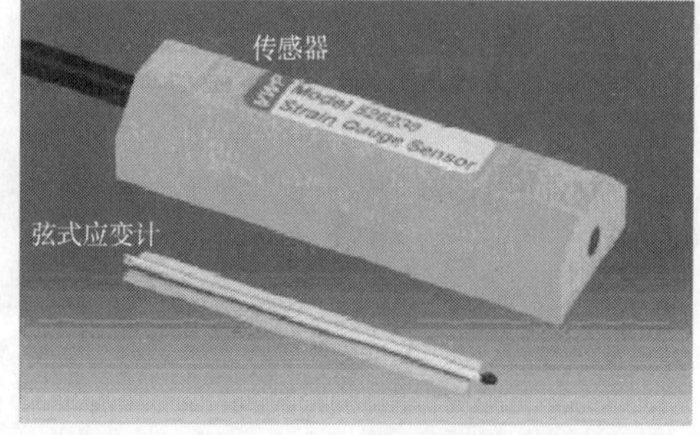

图8-15 点焊式(振)弦应变片的两个组成部分

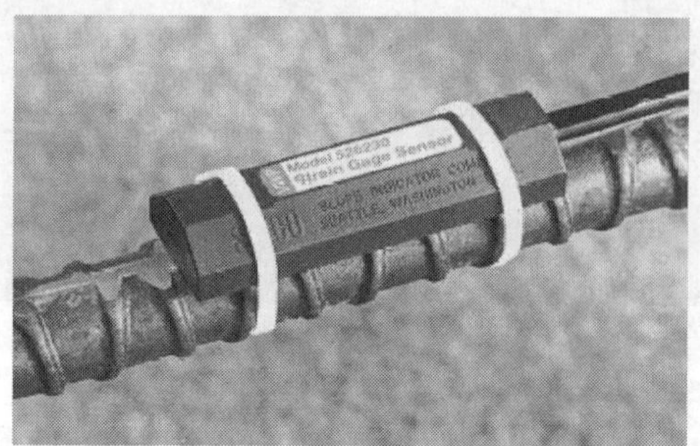

图8-16 已安装的点焊式(振)弦应变片

②工作原理和构造特点

这是一种用振弦式原理工作的应变计，它通过附着在被测对象表面的振弦组件随着被测对象受力变形而自身（弦）松紧发生变化导致自振频率的变化而工作，频率值反映了被测对象受力状况（数值）的变化。

它由两部分组成：第一部分是弦式应变计（即振弦组件），由振弦管和焊接钢片构成。振弦密封在一根直径为 0.8mm 的细钢管中，长度仅为 62mm，振弦两端铆固在细管的两头构成振弦管，再将振弦管焊在一块 66.7mm × 7.6mm 的薄钢片上。第二部分是传感器（即激发/接收组件），它被密封在 ABS 塑料的模块中，使用时与应变计扣合安装。

该两部分中的金属件为不锈钢材料，所有部分有良好的防水功能（耐水压为 10MPa）和耐温度性能（最高 105℃）。

③安装方法

先用手提砂轮机在待焊接面上打磨出一个约 11cm × 2cm 的平整区域，然后按生产厂指定的方法，用小型电容储能点焊机将该应变计用点焊的方式固定在钢筋的指定处（图 8-17）。

然后再用绑扎带将传感器（线圈组件）固定扣合到焊好的应变计上（图 8-18）。此时若接通读数仪器，应有正常读数。测点处外包两层绝缘胶布。

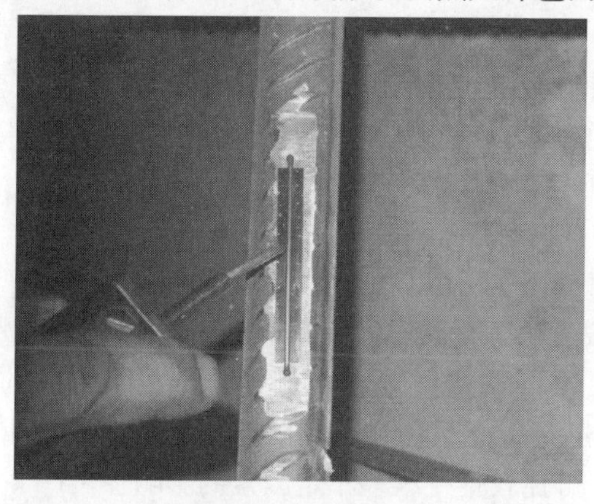

图 8-17　点焊应变计

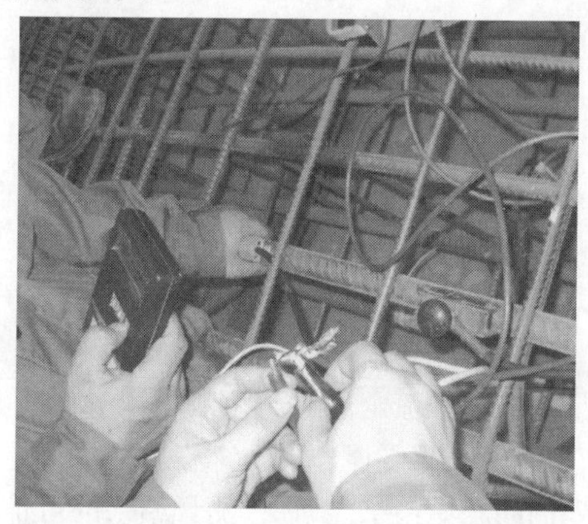

图 8-18　传感器安装后测读

传感器电缆沿钢筋固定，向管片内弧侧引出到预定的位置。安装好应变计的钢筋笼将埋入混凝土中，随混凝土管片一起进行混凝土构件生产的养护。

（3）选用点焊式钢筋应变计的理由

①该应变计使用可靠，近十年来在各项地下工程对钢筋混凝土构件中钢筋应力的监测中广泛大量使用。安装的成功率可达 95% 左右，大大高于其他传感器。

②由于安装在管片钢筋笼上的应变计在管片制作阶段要经受浇筑混凝土时水浸和养护时的高湿环境，本应变计在设计时充分考虑到这一点，它有 1MPa 的防水能力，足以在浇筑和养护阶段无恙。

③应变计是按"电子读数（频率）—应变"的关系进行出厂标定的。由于钢筋的弹性模量是恒定的，在进行读数整理时，只需将应变值乘以钢筋的弹性模量（E）值（2.08×10^5MPa），就可得到应力值。

（4）点焊式钢筋应变计的量程为 ±1 250$\mu\varepsilon$（约相当钢材内 ±260MPa 的应力范围），精度为2%，可以满足对数据分析使用的要求。

5. 测量（读数）方法

由于本应变计是与压力盒同类的振弦式传感器，同一监测断面的点焊式应变计可以和压力盒一起接入同一个数据自动采集器。也先后经历“人工读数”和“自动读数”两个阶段。

6. 监测频率

（1）（隧道施工，自动监测尚未实现时）人工读数阶段，每月一次。

（2）自动监测实现后，每月一次（人工下载一个月的逐日数据）。

四、隧道直径变化监测

1. 监测目的

通过对圆形隧道典型位置处直径变化的测量，了解和掌握隧道在使用阶段受外力（恒载和动载）影响下变形的规律。

2. 监测位置的选择

（1）监测按断面进行，在界面压力和钢筋内力监测断面内设本项监测。

（2）对圆形隧道直径变化观测的典型位置是垂径和水平径，其次是与水平径以±45°相邻的斜径。

（3）由于隧道内道面板、道面下逃生通道和管道/电缆廊道等永久结构的分割，形成“障碍”，只有水平径的测量成为可能。

因此建议在监测断面进行对变形最敏感的，也最有代表意义的水平径的监测。

3. 监测方法

对隧道直径的测量有接触式和非接触式两种。

接触式测量使用一种叫“尺式收敛计”的仪器。它的测量方法直观，但要求每次测量给钢尺加上一个恒定的张力。为解决这个问题，30年来中外工程师们设计了很多不同的产品，但测量结果受操作者熟练程度的人为影响还是很大，且不能彻底排除，由此造成的重复性差的问题始终未能解决，测量结果的可信度、可比较性受很多不定因素的影响。

非接触式测量指用光学仪器进行的三角测量。随着带微机处理的“机器人”型光学仪器的出现，使用光学仪器（全站仪）进行三角测量的方法日趋简捷和可靠。本工程使用带电脑的高精度全站仪进行三角测量的方法进行隧道水平直径的测量。

4. 测点的布置、测量的仪器方法

（1）测点的布置

由隧道的断面图（图8-19）可知，在隧道道面板上方约1.6m处为隧道水平直径的位置，此高度也是架设全站仪进行监测的高度，这就形成了一个测量的最佳位置。

（2）测量仪器

使用徕卡（Leica）TCA1800型全站仪，该仪器角精度为1s，测距精度为（1mm+2ppm$D$）。

（3）测量方法

①目标棱镜

目标棱镜是TCA1800工作时的探测目标，棱镜的光学中心就是测点位置。布置测点时，在测点处的管片内壁上钻孔（直径12mm，深80mm），用膨胀螺栓安装L形的（不锈钢制）

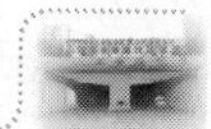

安装架,安装架的端部是垂直的“棱镜安装柱”,该安装柱上有一条精密的弧形定位槽,可以保证每次安装棱镜时定位的重复精度满足测量要求。该“安装架”平时只突出管片内壁80mm左右,测量时安上棱镜后突出管片内壁不超过140mm(测量后棱镜要取下)。在隧道对侧相应点上同样安装一个安装架。

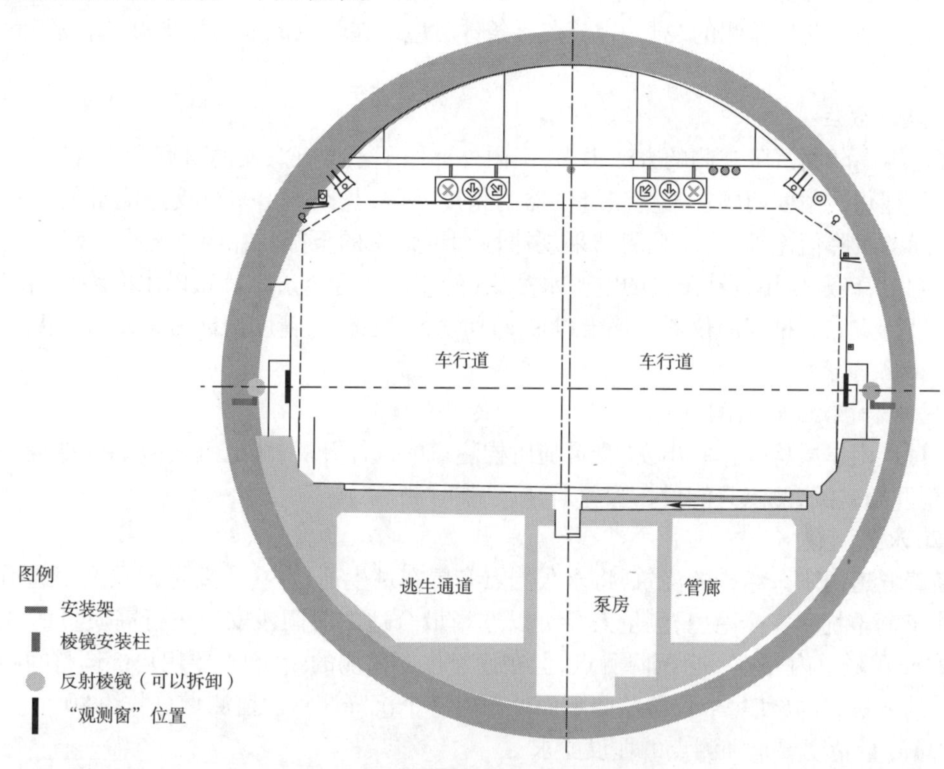

图8-19 监测断面收敛测量示意图

由于隧道两侧有装饰作用的边墙,仪器不能直视安装在盾构管片内表面上的棱镜。根据经验,在两侧装饰边墙的相应处各布置一个“开口”(约250mm×250mm),可以称为“观测窗”。该“观测窗”构造上可以做成“窗户”状,平时关上,测量时打开。通过两侧的观测窗使测量仪器和左右两个测点上的目标棱镜形成通视条件,进行测量。

②测量的基本步骤

打开两侧边墙上的“观测窗”。

分别在两侧安装柱上安装目标棱镜。

在隧道道面板纵向中心线上架设全站仪,并使全站仪尽量架设在离两棱镜连线的位置上。全站仪通过角度和距离的测量和内部计算后,在显示屏上用数字自动显示两棱镜间的水平距离,精确到1.0mm。

测量结束后可取下目标棱镜,关闭“观测窗”,进入下一监测断面进行测量。

在日常营运和维护隧道时,要特别小心保护各测点的“安装架”,保证其不变形。

5. 监测频率

隧道内混凝土结构完成,可以安装测点后开始;第1~3个月内每半个月一次,第4~6个月内每个月一次,第7~18个月内每2个月一次,以后每3个月一次。特殊情况下应加测。

五、隧道纵断面沉降监测

1. 监测目的

通过隧道全长上纵断面的沉降观测，可以了解隧道位置状况的变化，为受力分析和维修养护提供保证。此项监测的观测工作，在有条件时应该在隧道成型后立即开始，以了解初期的沉降。

2. 监测方法

隧道纵向断面沉降观测的方法很多，国内外都作了不少有意义的研究和实践工作，但结果都不甚理想。主要问题在于受测量仪器的精度所限，长距离上多分支点测量的累积误差会将实际的沉降值淹没，造成观测结果规律性和可信度的下降。在经过充分比对和实践总结的基础上，确定使用自动测量的电子水准仪（配用因瓦合金条码尺），以水准路线高程测量的方法进行观测。推荐的仪器是徕卡（Leica）DNA03 型，仪器精度指标为 ±0.3mm/km。

3. 测点布设

（1）工程测点（临时测点）

测量从南岸盾构工作井出发，测量随盾构隧道的延伸开展，隧道每成型 24m 就设一个测点，立刻开始观测，测点只能设在管片上，属于临时测点。

（2）永久测点

随着隧道内永久结构的浇筑，将永久测点布置在逃生通道内（主要考虑在逃生通道内没有来往车辆干扰和安全隐患，测量人员可以选择最合适的时间段安心进行高质量的观测）。每隔 24m 在隧道内安排一个沉降测点，但在途经仪器监测的断面时，要用局部调整间距或增设测点的方法，务必使每个仪器监测断面处都有一个沉降测点。监测点总数约 80 个。

（3）测量精度要求和测点的埋设要求

所有测量均按国家标准二等水准测量的精度进行观测。在盾构工作井或引出段稳定处，建立可以与工程水准基点进行联测的沉降监测工作基点。测点用在指定处将不锈钢制圆头测点牢固地固定在结构上的方法生成。

（4）测量方法

鉴于水下隧道的特殊性，测量除执行国家水准测量规范的基本要求外，还要满足针对本工程特点的相关要求。

①隧道的特殊情况

根据经验，影响本隧道高程测量的一个重要因素是隧道所跨越的钱塘江水位是周期性的变化。高低不同的潮位，给隧道施加不同的外荷载，隧道的位置（沉降）甚至几何尺寸（直径）都会产生明显的或可以观察得到的变化。如在观测时间上不加区别和选择，所测得的数值将不能呈现有价值的规律，严重者甚至无法解释和使用。

所以要强调考虑潮位的状况和发生时间，避开其对测量的干扰影响，在适当的时间段进行有效的水准高程测量作业。

使用电子水准仪，也因为其具有自动读数、自动记录、快速测量的优点，可降低人为误差，缩短观测时间，提高现场的工效，并使得测量发挥最好的仪器精度，以适应“赶潮位”的测量要求。

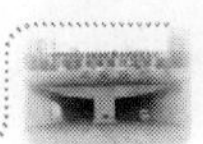

②观测频率

在隧道施工期间，随着进度安装临时测点，对已安装的测点每周进行一次测量。

在隧道结构完成后，在逃生通道内布设永久测点；第 1 ~ 6 个月内每个月一次，第 7 ~ 18 个月内每 2 个月一次，以后每 3 个月一次。

在特殊日期或条件下加测（如年度最高潮位等），按业主需要进行，估计每年 4 次。

六、监测断面

监测在左（东）线隧道内实施。共设四个监测断面，每个监测断面内均包括“隧道与围岩（土层）间界面压力”、“盾构隧道管片钢筋应力”、“隧道直径变化”三项监测内容。四个断面的里程如表 8-2 所示。

盾构隧道长期监测断面表 表 8-2

断面编号	断面里程	管片类型	测点在管片上的分布类型	断面位置描述
1	LK1 +704	[R]1	A	钱塘江北岸大堤下方
2	LK2 +000	[R]1	A	北岸大堤与江中心之间
3	LK2 +288	[R]1	A	钱塘江中心
4	LK2 +700	[R]2	B	南岸大堤与江中心间，历年实测最低冲刷最低点

根据安装传感器时施工配合的方便和时机，实际安装传感器的断面位置里程可以选在上述各计划里程前后 20m（20 环范围）内。

“隧道纵断面沉降”监测项目的测点除按以计划的 24m 间距连续安排外，在途经上述四个实际监测断面时，可用局部调整间距或增设测点的方法，务必使每个监测断面处都有一个沉降测点。

各个测点及设备情况如表 8-3 所示。

七、运营期监测实施

隧道与围岩（土层）间界面压力和盾构隧道管片钢筋应力两项监测内容是设备自动记录，只需要人工定期进行现场数据采集后分析处理即可。隧道直径变化和隧道纵断面沉降则需要人工现场测量。

由于庆春路隧道从世界著名的钱江潮水下通过，每天潮涨潮落水位变化很大。为了克服水位高低对观测的影响，要求确保每次观测均能基本在同一水位条件下进行。另外也需要了解不同水位对隧道直径和纵断面沉降的影响。为达到这一要求，需要随时了解潮位变化情况，观测时需进行潮位同步观测，最终使每次观测数据有可比性。

1. 隧道直径变化监测

隧道直径变化监测与界面压力和钢筋内力监测断面为同一断面，观测点为水平径对应的观测点，每个断面布设两点。

隧道运营期每次观测尽量选在大潮高水位时进行。第 1 ~ 3 个月内每个月两次，第 4 ~ 6 个月内每个月一次，第 7 ~ 24 个月内每 2 个月一次。特殊日期或条件下加测（如年度最高潮位等），每年 4 次。

测点及设备一览表 表 8-3

使用项目	设备名称(厂牌、型号)	单位	数量	备　注
界面压力	界面压力盒(美国) Slope Indicator(52618240)	个	21	
钢筋应力	点焊式应变计(美国) Slope Indicator (52602100)	个	42	No. 2 和 No. 3 一一对应组合使用
钢筋应力	传感器(美国) Slope Indicator (52623001)	个	42	No. 2 和 No. 3 一一对应组合使用
界面压力和钢筋应力共用	数据自动采集器(澳大利亚) DT80G	套	4	每个监测断面一套,供界面压力和钢筋应力两项传感器共用
	手提计算机主流配置,USB 接口	台	1	供携带到隧道内,在数据自动采集器中下载数据用
隧道直径变化	全站仪 徕卡 TCA1800 (附棱镜两个)	套	1	
隧道直径变化	测点(安装棱镜用)	个	8	(1)四个断面,每个断面两个;(2)含测点处在内装饰墙上的"窗口"8 个
纵断面沉降	电子水准仪,徕卡 DNA03 (附 2m 条码因瓦合金水准标尺两支)	套	1	
纵断面沉降	沉降测点	个	80	
纵断面沉降	沉降测量工作点基准	个	2	南北各一个
管理软件	管理软件	套	1	数据管理用
管理软件	台式计算机 (管理软件的载体,保存数据用)	套	1	硬件常规配置 WIN XP 平台

2. 隧道纵断面沉降监测

将永久测点布置在逃生通道内(主要考虑在逃生通道内没有来往车辆干扰和安全隐患,测量人员可以选择最合适的时间段安心进行高质量的观测)。每隔 24m 在隧道内安排一个沉降测点,但在途经进行界面压力等仪器监测的断面时,局部调整间距或增设测点的方法,务必使每个仪器监测断面处都有一个沉降测点。监测点总数约 80 个。

所有测量均按国家标准二等水准测量的精度进行。在盾构工作井或引出段稳定处,建立可以与工程水准基点进行联测的沉降监测工作基点。

影响本隧道高程测量的一个重要因素是隧道跨越的钱塘江水位是周期性的变化。高低不同的潮位,给隧道所施加不同的外荷载,隧道的位置(沉降)甚至几何尺寸(直径)都会产生明显的或可以观察得到的变化。如在观测时间上不加区别和选择,所测得的数值将不能呈现有价值的规律,严重者甚至无法解释和使用。

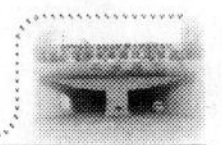

所以要强调考虑潮位的状况和发生时间，避开其对测量的干扰影响，在适当的时间段进行有效的水准高程测量作业。为达到这一目的，监测时需进行潮位观测，以便随时了解潮位变化情况，指导监测工作。

每次观测尽量选在大潮高水位时进行。第1～3个月内每个月两次，第4～6个月内每个月一次，第7～24个月内每2个月一次。特殊日期或条件下加测（如年度最高潮位等），每年4次。

第四节 盾构段车道结构同步施工方案研究

一、盾构段结构概况

庆春路隧道盾构段长度约为1 766m，隧道内径为10.3m，外径为11.3m；横断面上用车道板将内部空间分为上下两部分，上部为双车道的车道层，下部空间布置疏散通道、电缆廊道、废水泵房、配电房等，断面形式如图8-20所示。因隧道主体结构是在2008年5月才开始正式施工，江南盾构始发段的结构至2008年9月才具备施工条件，但原定隧道通车时间为2010年12月底，实际建设周期仅有两年半。为了实现既定的建成通车目标，对隧道盾构段车道板结构采用同步施工的可行性及必要性进行了相关的研究工作。

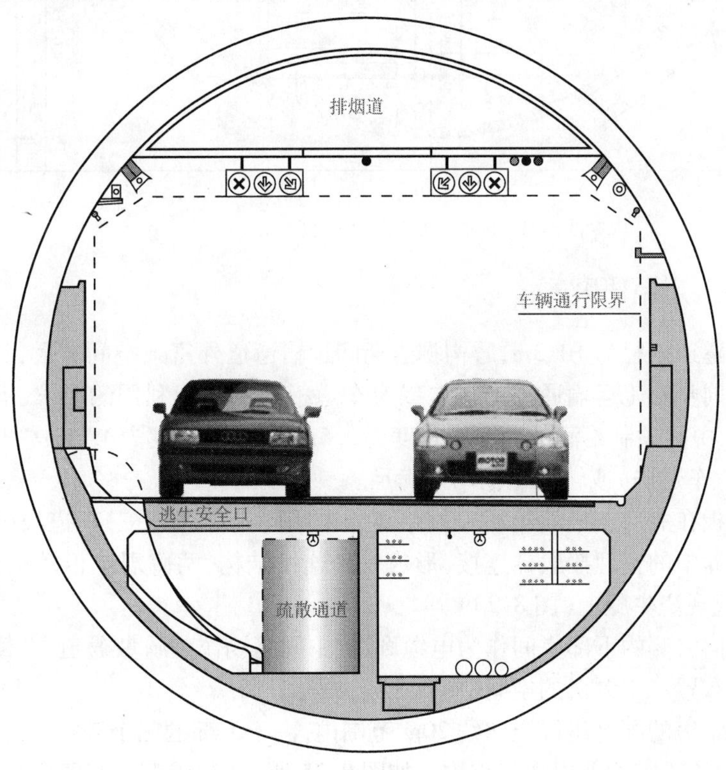

图8-20 盾构段断面图

在本工程初步设计中对车道板采用在盾构掘进施工完成后，现浇内部车道结构的方案，如图8-21所示。该方案隧道衬砌结构施工与内部结构施工在时间上先后分开，施工工艺简单，施工时两道工序间无相互干扰；江中泵房、配电房以及预留孔洞等结构不规则地段施工较为灵活。当工期能够满足要求时，该方案优势较为明显，故初步设计均按照该方案设计。

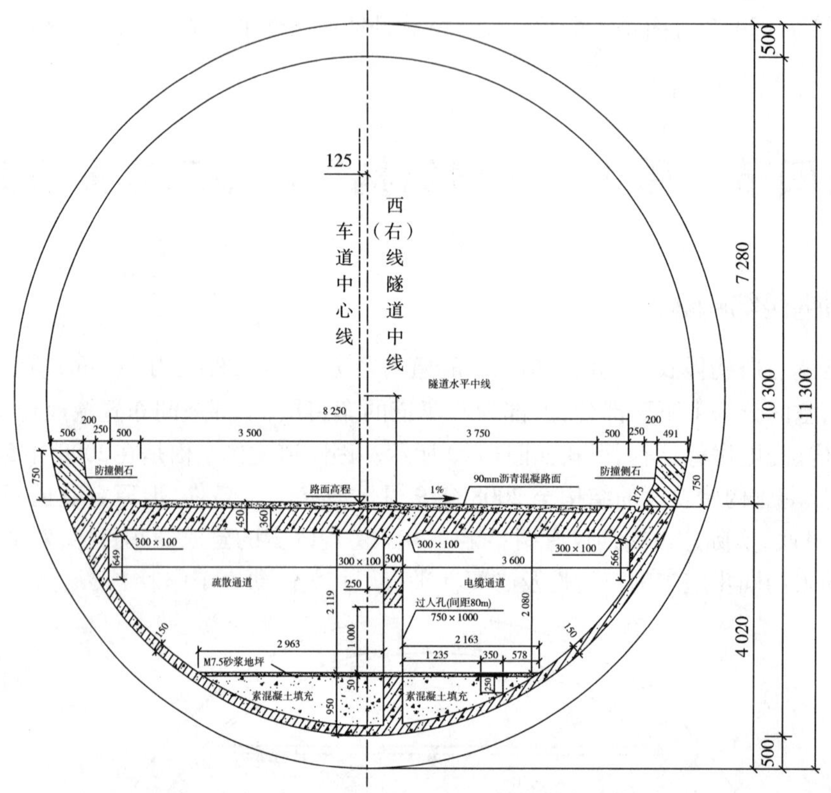

图8-21 内部全部现浇方案(尺寸单位:mm)

二、同步施工方案研究

由于本工程隧道内径为10.3m，盾构掘进期间运输通道外富余空间较大，具有同步施工的条件。考虑到同步施工运输通道的需要以及车道板下部空间利用的要求，下部结构形式如图8-22所示。中间预制箱涵的内净空宽度为2.5m，行车面宽度为4.0m，管片运输采用无轨运输（用双头汽车运输）或轨道运输均可满足。

两侧的车道板在滞后于中间箱涵一段距离处采用同步现浇施工，车道板中的横向主筋通过中间预制箱涵中的预埋接驳器连接，形成三跨连续结构，两侧现浇板搭接在竖墙（与现浇弧形板连接）或现浇牛腿上（图8-23）。

行车前进方向右侧的下部空间作为电缆廊道，中间箱涵作为疏散通道，左侧腔室作为安装疏散滑梯以及布置江中泵房的空间（图8-24）。

但是在江中泵房的配电房段纵向约20m范围内，由于下部的三个腔室空间均较小，无法布置配电设备，故该段需要采用现浇结构。如图8-25所示，车道下方布置两个腔室，配电设备和疏散通道间不设隔墙。

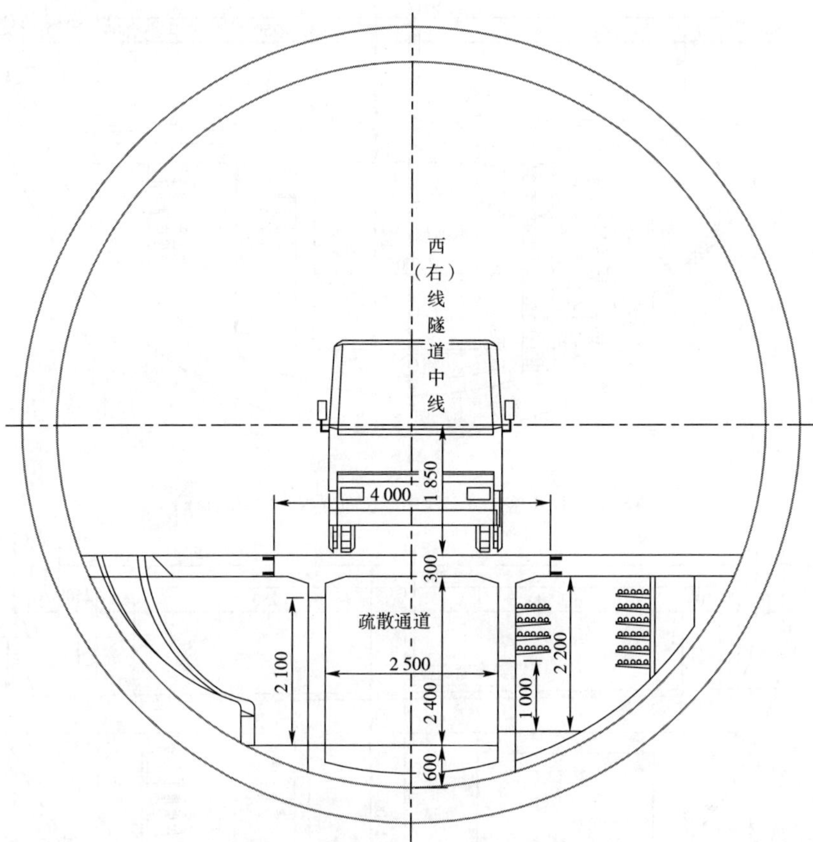

图 8-22 同步施工方案一(尺寸单位:mm)

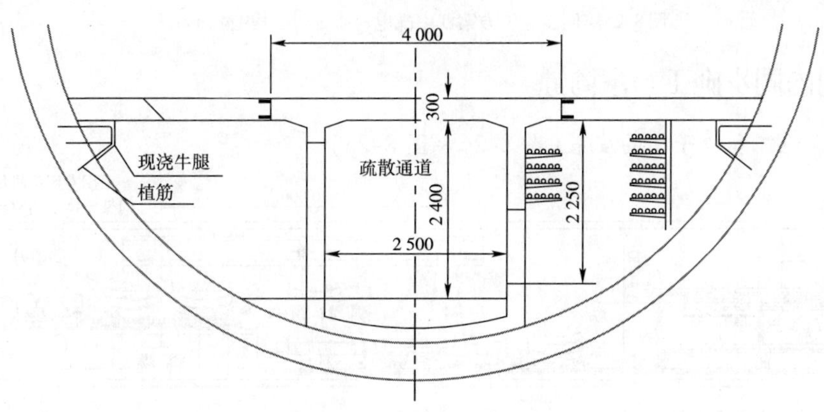

图 8-23 植筋现浇牛腿方案(尺寸单位:mm)

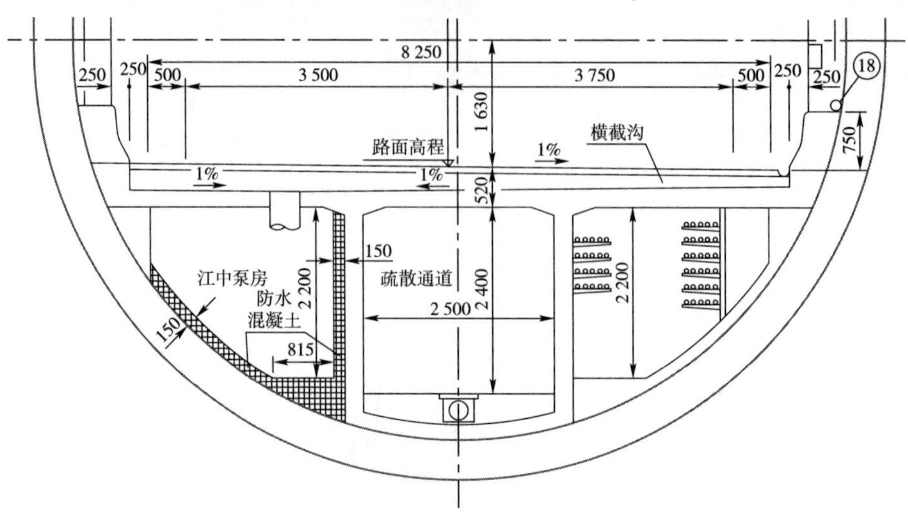

图 8-24 同步施工方案江中泵房布置(尺寸单位:mm)

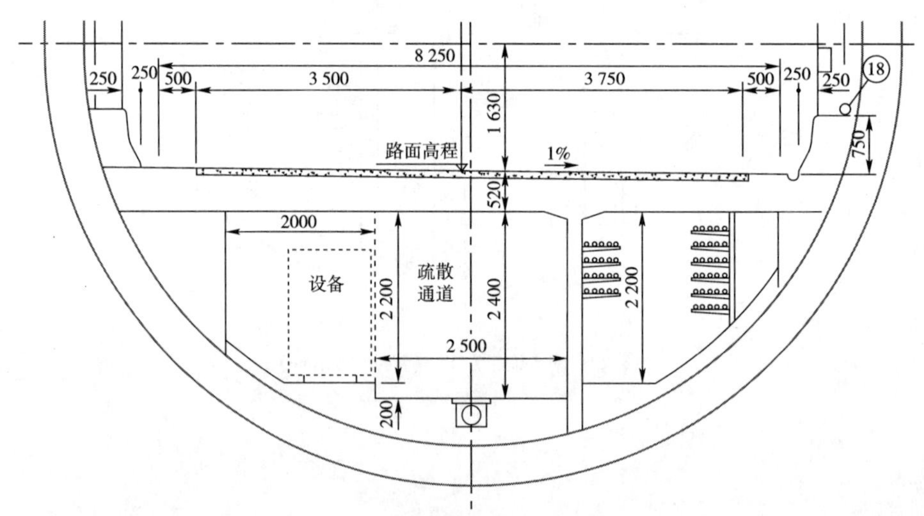

图 8-25 同步施工方案江中配电房布置(尺寸单位:mm)

三、洞内同步施工方案简述

1. 盾构施工和口子架的安装(图 8-26 ~ 图 8-28)

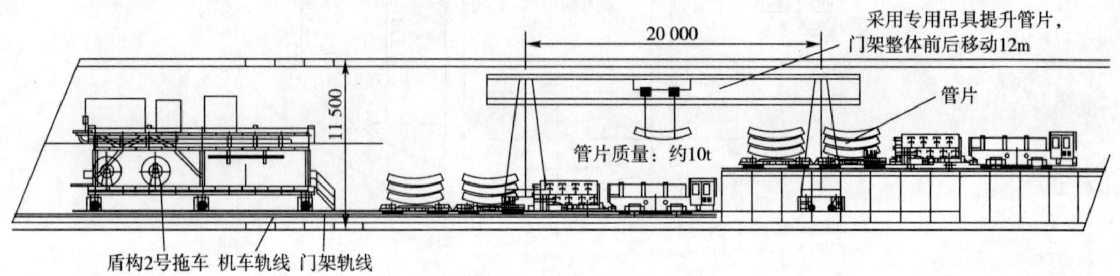

图 8-26 管片二次转运示意图(尺寸单位:mm)

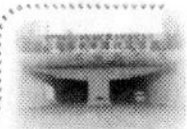

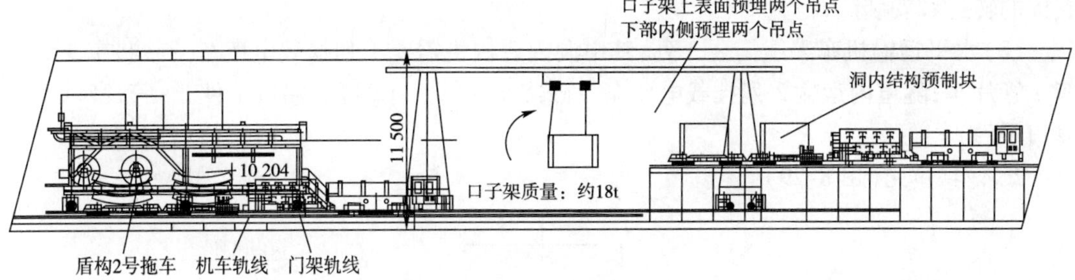

图 8-27　口子架的运输及安装示意图

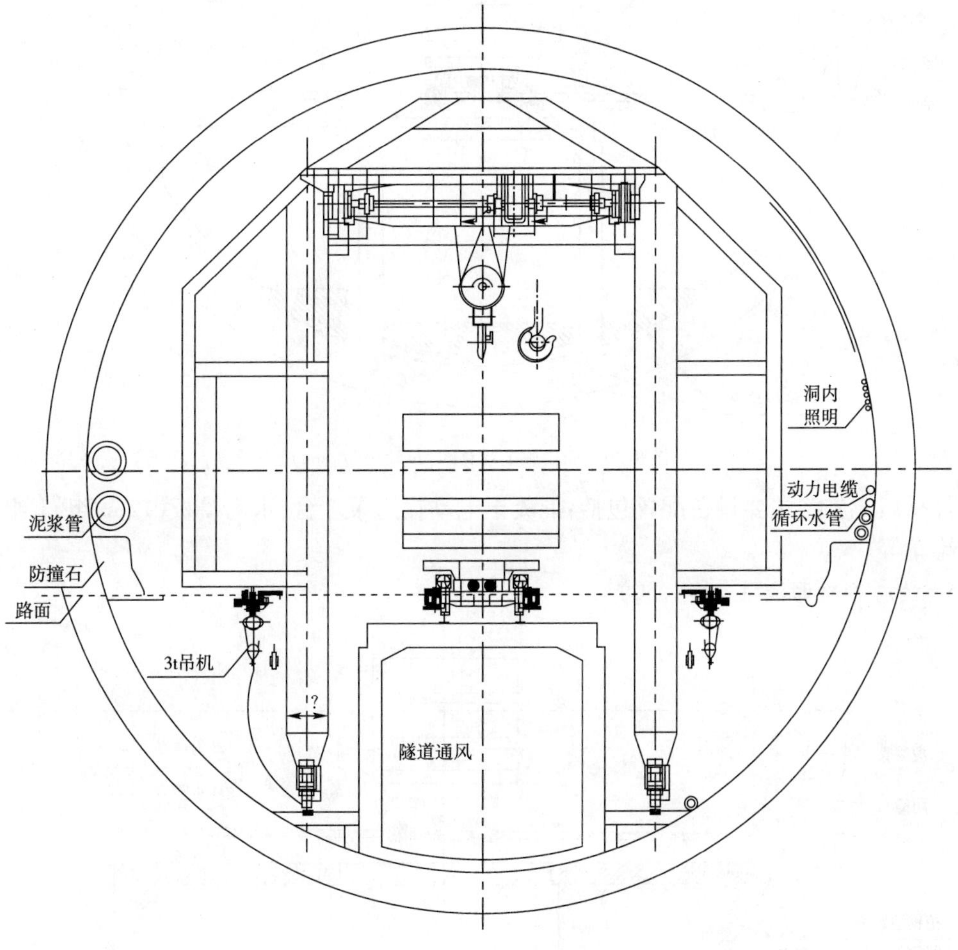

图 8-28　门架吊机断面示意图

设备配置：

(1)口子架，预制钢筋混凝土构件。

(2)门架台车 1 台，主要功能及参数要求：主体框架长度为 20m，净空间距为 3. 95m，大车轨距为 4. 5m，行走速度为 10m/min，起重机轮跨距为 3. 5m，提升机为 10 ~ 20t，速度为 10m/min；台车可以采用专用吊具进行口子件的起吊、翻身（口子架质量 18t 内）、安装，可以采用专用吊具管片的二次转运（管片质量 10t）；下部两侧 3t 吊机进行门架前后行走轨线和支撑的转运和安装。

(3)水平运输机车编组需要3列,其中洞内盾构机需要1列挂载电瓶车+砂浆车+管片车+管片车;隧道内运输2列挂载电瓶车+砂浆车+管片车(可运输口子件)+管片车(可运输口子件)。

2. 仰拱填充(图8-29)

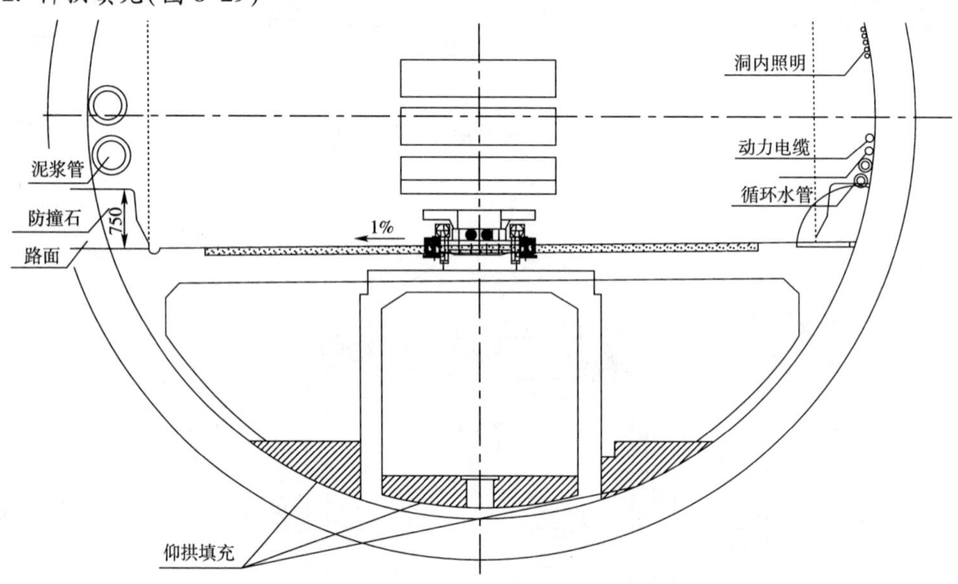

图8-29 仰拱施工示意图(尺寸单位:mm)

仰拱填充施工主要设备配置包括:混凝土电动输送泵1台,水沟模板(12m/组)1组,$7m^3$运输罐车等。

3. 植筋和路面浇注(图8-30)

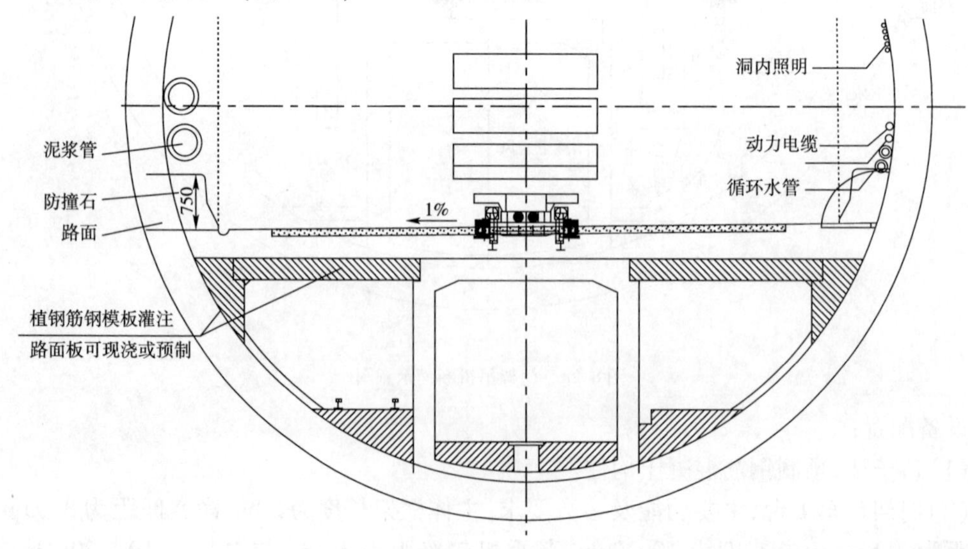

图8-30 路面施工示意图(尺寸单位:mm)

仰拱填充和路面施工间距在50m内,尽可能减少工作面的交叉,同时也更有利于发挥设

备优势,提高工作效率。路面施工需要增加路面板模板2组和洞门现浇台车。

4. 防撞石施工(图8-31)

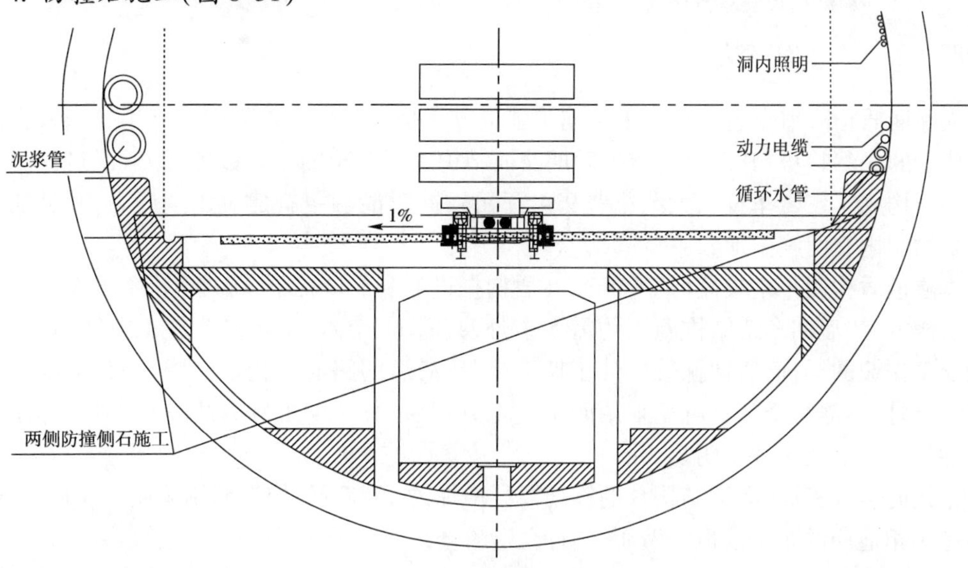

图8-31 防撞石施工示意图(尺寸单位:mm)

为了将各个工序工作面展开,仰拱填充和路面、防撞石施工间距在100m内,以便于充分发挥几个工序设备同步作业的工作效率。该工序需要增加防撞侧石组合钢模板2组。

5. 侧墙施工(图8-32)

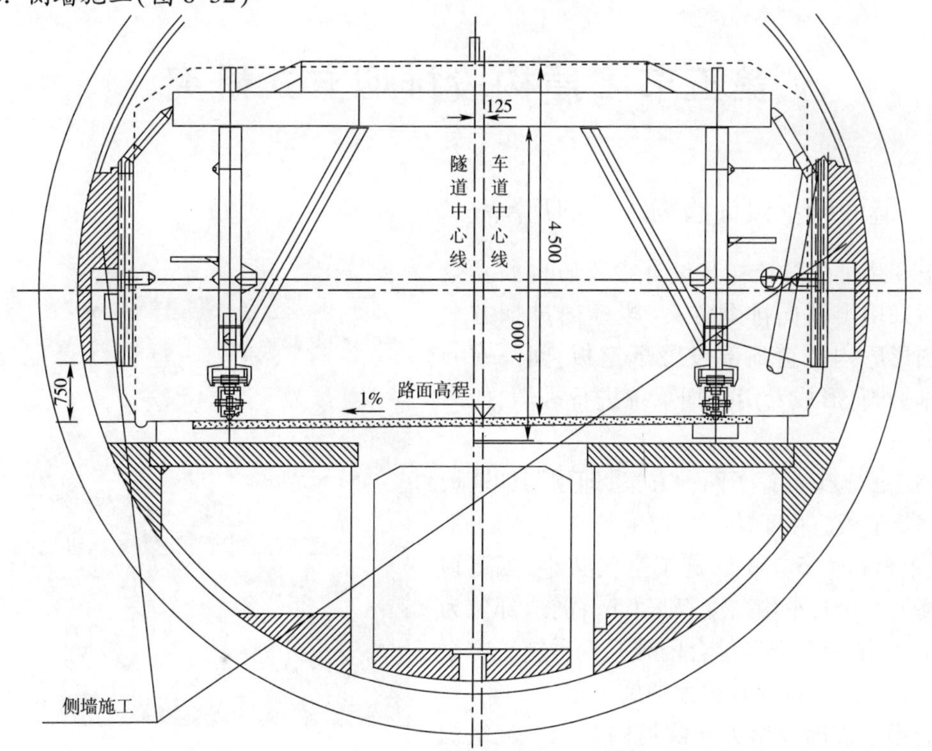

图8-32 侧墙台车施工示意图(尺寸单位:mm)

在隧道盾构施工、路面施工完成后可以开展隧道盾构段侧墙施工，每条隧道均配置侧墙台车2部，从隧道中间向两端同时施工。

四、同步施工研究结论

大断面盾构隧道车道板结构采用同步施工方案是合理的。首先同步施工是未来大断面盾构施工的必然趋势，其次可以减少后期路面结构施工台车的投入数量（如武汉过江隧道后期路面结构施工仅台车投入大约花费924万元），同时能够缓解建设工期压力，并且能够保持较好的洞内文明施工形象。

本隧道盾构段长度较短（1 766m），在盾构掘进顺利的情况下，掘进时间约6个月。如果采用现浇方案，后期车道结构施工约需5个月，共需11个月；采用同步施工方案后，由于施工期交叉作业的干扰，盾构掘进预计工期7个月，滞后的路面结构及江中泵房、配电房的施工需2个月，共需9个月。可见采用同步施工方案后，总工期虽然有所缩短，但对控制整个工程建设工期的效果并不明显。

采用同步施工后，车道结构总的钢筋混凝增加约2 000m^3；加上预制箱涵的模板投入、与同步施工相适应的车架改造等费用，估计总造价增加300万~500万元。

通过研究认为本隧道工程盾构段采用同步施工的方案是可行的，但同时也必须兼顾采用同步施工方案的经济性和对建设工期的实际影响。通过上述的分析，最终本工程的盾构段车道板结构施工方案仍旧沿用了初步设计中提出的现浇方案，在施工中加大了周转材料的投入，车道板结构现浇实际使用的时间不到4个月，以较少的投入增加确保了建设工期。

第五节　盾构段排烟方式研究

一、隧道初步设计盾构段排烟方案

庆春路过江隧道初步设计阶段盾构段发生火灾时采用半横向排烟方案，半横向排烟方案需在圆形盾构隧道顶部设置烟道板，间隔60m设一排烟阀，形成专用排烟系统进行排烟，如图8-33所示。

图8-33　隧道横断面效果图

烟道板施工推荐了两种方案，即预制烟道板或现浇烟道板。由于施工部位的特殊性（施工部位高，距离路面5.141m；施工空间狭小，烟道顶部最高处1.5m，平均高度仅1.05m；隧道部位为圆弧型，烟道板与隧道结合困难），两种施工方案在本工程施工中都存在很大的施工难度。

选用半横向排烟方案隧道内的烟气流组织如图8-34所示。

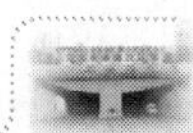

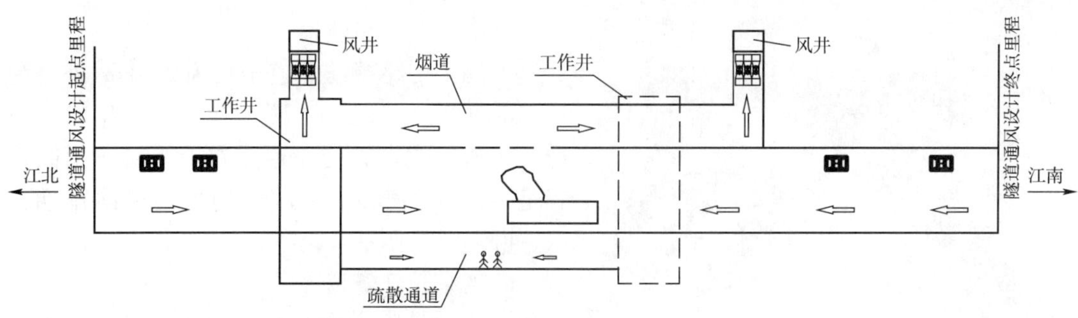

图 8-34　盾构段半横向排烟气流组织图

二、国内外同类隧道排烟方式概况

目前，隧道普遍采用的排烟模式有纵向排烟模式和集中排烟模式，其烟气控制原理与适用范围各不相同。国内外公路隧道火灾排烟设计理念差距较大，国内（除香港外）公路山岭隧道普遍采用纵向排烟模式，而欧美发达国家则更趋向于采用集中排烟模式。[27]

1. 国际隧协对排烟道设置的建议

国际隧道协会（ITA）建议，在下列两种情况下建议设置排烟道：一是双向交通的隧道，二是经常容易发生交通堵塞的隧道。庆春路过江隧道工程两端接线道路宽阔，疏解条件好，不属于上述建议范围。

2. 国内外隧道排烟道设置概况

（1）国外及香港地区隧道排烟道设置概况如表 8-4 所示。

国外及香港地区隧道排烟道设置概况表　　表 8-4

隧 道 名 称	长度(m)	设 置 情 况
勃朗峰	11 600	法国和意大利之间的双向行车两车道公路隧道，1999 年发生火灾后顶部增设排烟道
BIG DIG	5 400	美国波士顿双向六车道公路隧道，顶部设置专用排烟道排烟
Burnley	3 400	为澳大利亚双向六车道公路隧道，顶部设置专用排烟道排烟
香港东区沉管隧道	沉管段长 1 859m	公铁合建沉管隧道，1997 年建成，于两公路之间设置了排风道，正常交通下排风型半横向通风，火灾下用于排烟
香港西区沉管隧道	沉管段长 1 363m	双向六车道沉管隧道，1997 年建成，每孔隧道外侧各设一排风道，正常交通下排风型半横向通风，火灾下用于排烟

（2）国内隧道排烟道设置概况

①上海长江隧道[28]

上海长江桥隧工程盾构隧道段为单管三车道，隧道外径为 15m，管片厚为 0. 65m，盾构段长约 7. 5km。为解决隧道长度较大导致的隧道空气温度过高的问题，隧道在盾构段顶部设置有风道板形成风道，正常运营时采用由风道顶部补充新鲜空气降温，火灾时由风道抽排隧道内的烟气，即半横向排烟方案，如图 8-35 所示。

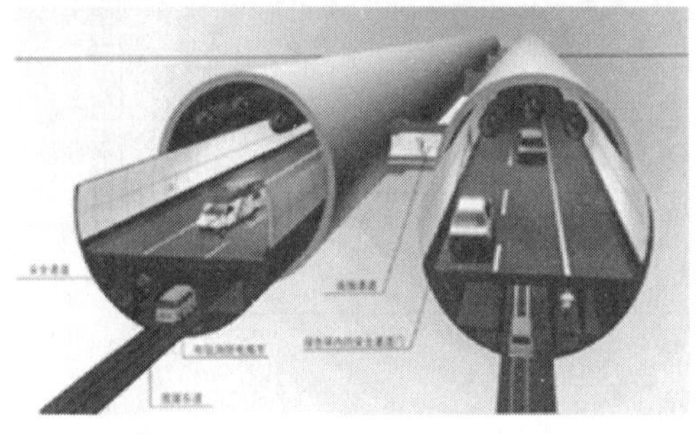
图 8-35　上海长江隧道断面示意图

②上海上中路隧道

上海上中路越江隧道全长为 2. 8km,外径为 14. 5m,内径为 13. 3m。隧道横断面采用双管双层 8 车道形式。盾构段通过在上下层车道间设置逃生楼梯疏散,上下两层均采用纵向排烟方式,如图 8-36 所示。

③南京长江隧道[29]

南京长江隧道全长约 3 930m,其中盾构段长度 3 022m。盾构结构外径为 14. 5m,内径为 13. 3m,管片厚度为 0. 6m,双向 6 车道,设计车速为 80km/h。采用滑梯及专用逃生通道的纵向疏散救援方式。隧道设计采用纵向排烟方案,盾构段顶部设置射流风机,如图 8-37 所示。

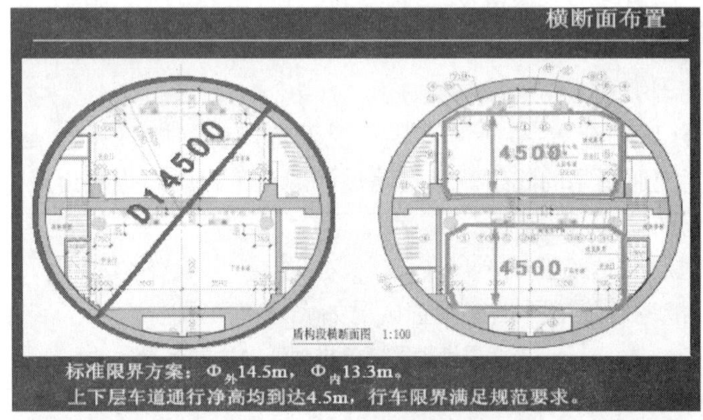

图 8-36　上海上中路隧道横断面图

图 8-37　南京长江隧道断面效果图

④武汉长江隧道[30]

武汉长江隧道工程隧道长 3 600m,盾构段长度为 2 550m。隧道内径为 10m,外径为 11m,双向四车道,设计行车速度为 50km/h。隧道防灾救援采用滑梯加底部专用逃生通道方式,隧道顶部设置专用排烟道排烟,如图 8-38 所示。

⑤上海大连路隧道[31]

上海大连路隧道线路总长 2 528m,其中东线为 1 275m,西线为 1 253m。隧道外径为 11m,内径为 10. 04m,双向四车道。隧道采用纵向排烟方式,如图 8-39 和图 8-40 所示。

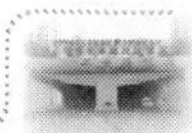

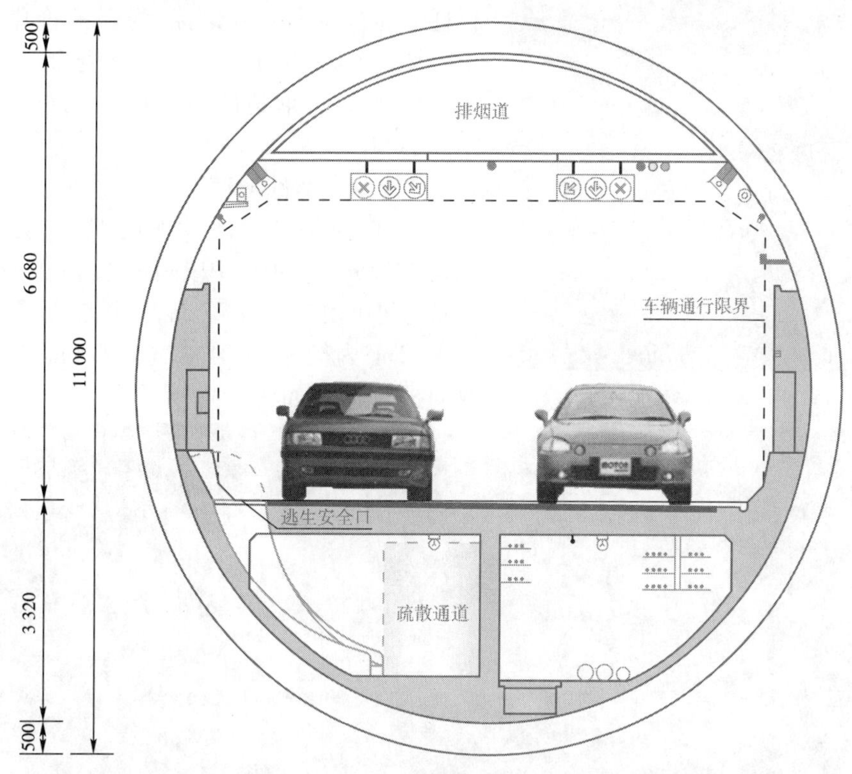

图 8-38　武汉长江隧道横断面效果图(尺寸单位:mm)

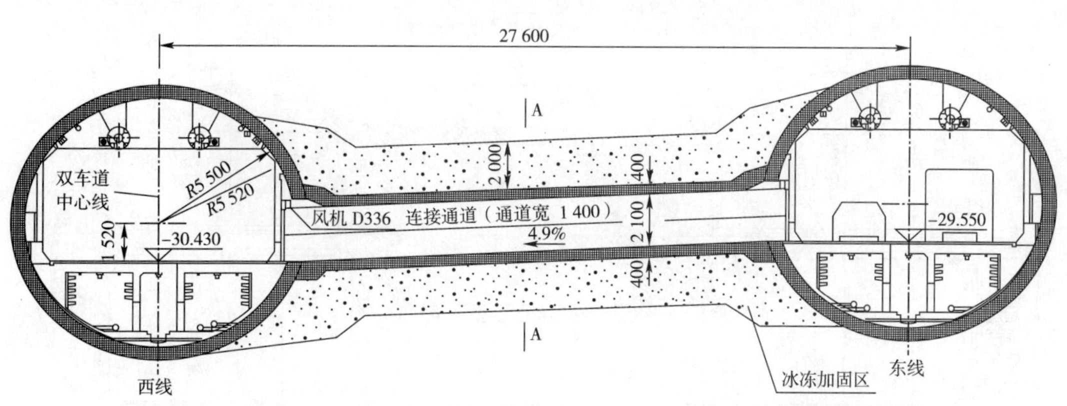

图 8-39　上海大连路隧道横断面图(尺寸单位:mm;高程单位:m)

⑥上海翔殷路隧道

上海翔殷路隧道盾构推进段南线为 1 242. 09m,北线为 1 231m,盾构直径为 11. 9m,隧道外径为 11. 56m,内径为 10. 6m,双向 4 车道。防灾救援及疏散采用了逃生滑道纵向和联络横通道横向逃生相结合的方式。施工图设计采用顶部设专用排烟道排烟,实际实施过程中按照设计要求在施工现场模拟各类施工工况进行一系列植筋试验,并进行极限破坏试验,以检

图 8-40　上海大连路隧道实景图

验在管片拱顶弧面上大面积密集植筋工艺的可行性。通过技术充分论证，为保护管片结构免于破坏，确保隧道 100 年的设计寿命，最终否决管片植筋方案，取消排烟风道，改为纵向排烟方案，如图 8-41 所示。

⑦上海复兴路隧道

上海复兴东路越江隧道为双管双层 6 车道，总长 2 780m。其中江中段圆隧道段长约 1 215m，圆隧道衬砌由钢筋混凝土管片拼装而成，管片外径为 11m，内径为 10.04m，宽为 1.5m。隧道采用纵向排烟方式，如图 8-42 所示。

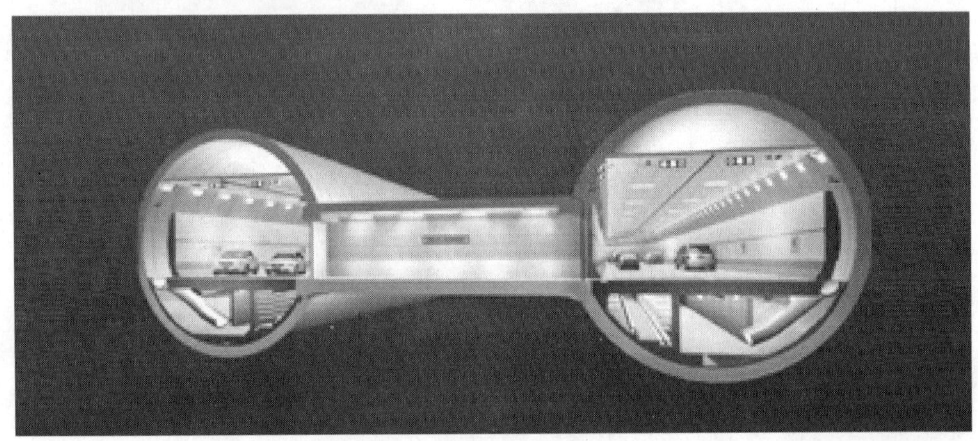
图 8-41　上海翔殷路隧道横断面效果图

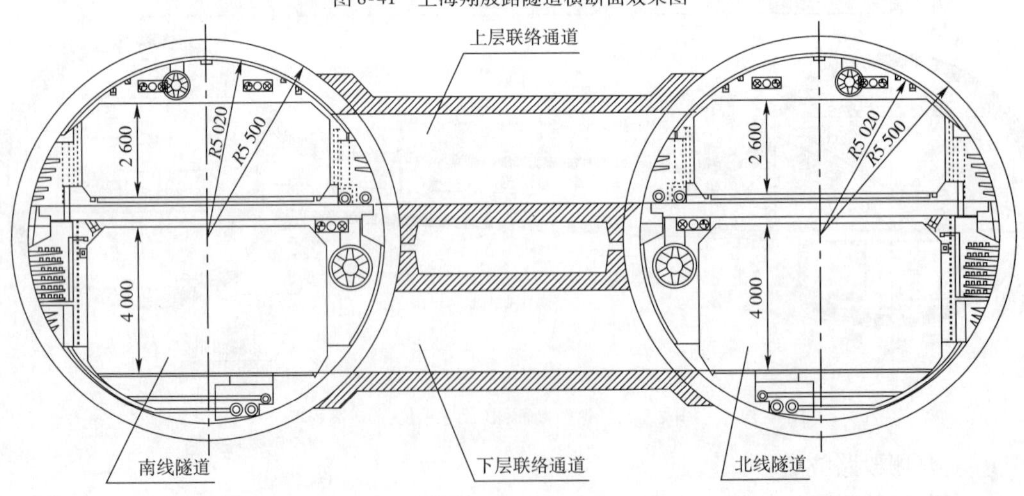

图 8-42　上海复兴东路越江隧道横断面图（尺寸单位：mm）

三、就近考察上海同类隧道的通风方式概况

为了更加客观地了解国内（上海）越江大直径盾构过江隧道的通风方式，调研了国内大

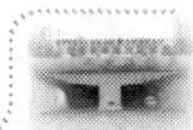

直径盾构过江隧道的火灾排烟方式情况，特别是了解盾构隧道在火灾工况下的排烟方式，以便供庆春路过江隧道盾构隧道火灾排烟选取方案参考。

(1)上海已建成通车运营的越江大直径水底盾构隧道均采用纵向排烟方式。

①打浦路隧道

上海在20世纪70年代建成的盾构隧道，由于当时技术水平及车辆行驶条件(单管双向通行)的限制，隧道采用横向通风侧下部供给新风，没有充分利用车辆行驶活塞风，是不节能的。建成初期没设置排烟通道，由于建设时期技术水平有限没设置逃生通道等设施，在近期大修中提出设置排烟通道半横向排烟，以满足消防和通风要求。

②延安路南线隧道

该隧道与庆春路过江隧道盾构隧道规模类似，采用纵向通风，火灾工况下为纵向排烟。隧道根据上海的地质条件及施工技术水平，在上、下行隧道间设置有旁通道，但没有设置车道板下的疏散救援口及逃生通道[32]。

③复兴路隧道

该隧道为双层通车隧道，上、下行隧道间设置有旁通道，上下层之间设置有疏散爬梯，该隧道直径大于庆春路过江隧道，采用运营纵向通风及火灾工况下纵向排烟方式，没有设置烟道板。

④翔殷路隧道

该隧道为上海首条设置有疏散救援口及车道板下逃生通道的盾构过江隧道，与庆春路过江隧道工程规模类似，在初步设计中首次提出在盾构隧道顶部设置排烟道，火灾工况下半横向排烟。但在施工时鉴于实际烟道板施工难度极大，且隧道设置有完善的监控、消防及救援系统，在专家对盾构隧道纵、横向排烟方式重新论证比选后，认为纵向排烟方式也是能满足消防、疏散及排烟要求的，故最终采用纵向排烟方式，取消了烟道板。

(2)上海在建的越江大直径盾构过江隧道，根据隧道的规模、功能及通风等具体条件及要求不同，合理选择了排烟方式。

①军工路隧道

盾构隧道采用纵向排烟方式，没有设置烟道板，下部设置有逃生滑梯及疏散通道。

②西藏南路隧道

为解决通风及废气排放问题，在隧道顶部设置了废气排放管道口，吸气抽走隧道内的废气，火灾工况下可吸抽隧道顶部的烟气，经隧道环向布置的烟气管道送到车道板下方，再经管道送至排风塔排走。该隧道具有设置环向排烟管的条件，顶部没有设置混凝土烟道板。

③上海崇明越江工程南港隧道

该隧道原设计采用纵向排烟方式，并在隧道中段设置一个中间风井(位于江中主航道)。后因中间风井设置在主航道上，严重影响航运安全，专家建议取消。隧道总长8.9km，其中盾构隧道长约7.5km，通风能力不能满足通风降温、废气排放的要求，因此在盾构隧道顶部设置横隔板形成补风道，正常运营时由顶部风道提供新风，火灾工况下风机反转，风道由送风改为排风，从而吸收烟气为半横向排烟。该隧道为高速公路隧道而非城市道路隧道，通行货车，火灾规模设计为50MW，盾构隧道直径为15m，远大于庆春路隧道的火灾规模20MW及直径11.3m。

(3)隧道调研体会

①上海已建成运营通车的几座水底盾构隧道,均采用纵向排烟方案,没有在盾构隧道顶部设置烟道板,且与杭州庆春路过江隧道规模类似,对杭州庆春路过江隧道的排烟方式选用具有重要参考价值。

②南港隧道盾构段顶部设置混凝土风道板,施工难度较大,庆春路隧道直径比南港隧道小,施工空间更小,施工难度更大,严重影响施工工期。

③目前国内还没有水下大直径盾构过江隧道火灾工况下排烟要求相关标准、规范可依,因此盾构隧道排烟方式的选取依据隧道的断面大小、隧道长度、逃生通道的设置、人员逃生疏散救援方式、隧道的功能、车流组成及火灾规模等综合比选确定。烟道板不是唯一措施,可以加强其他措施来强化隧道的逃生疏散系统。

④烟道板是一把双刃剑,一方面在一定程度上提高了消防能力;另一方面减少了隧道净空,活塞效应减弱,且给运营的长期维护保养带来了困难,并存在很大的安全隐患。

⑤盾构隧道无论采用何种排烟方式,均需要根据隧道的具体情况综合比选,经专家论证后确定,且必须得到消防部门的同意。

四、盾构段取消顶部排烟道的论证[33]

目前国内针对过江盾构隧道火灾发生在盾构段时,为排除火灾产生的烟雾,常用有两种排烟方案:半横向排烟方案和纵向排烟方案。半横向排烟方案需在圆形盾构隧道顶部设置烟道板,形成专用排烟道进行排烟,如图 8-43 所示。纵向排烟方案则利用车道板上部行车空间排烟,无需设置烟道板,如图 8-44 所示。两种方案都可以满足隧道防灾排烟的设计要求。

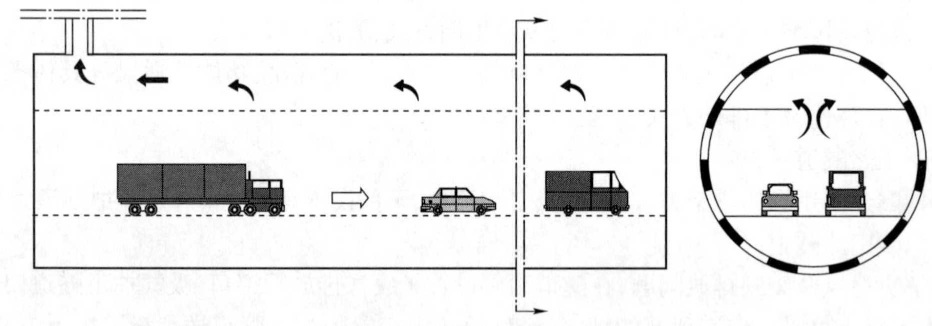

图 8-43 盾构段半横向排烟方案示意图

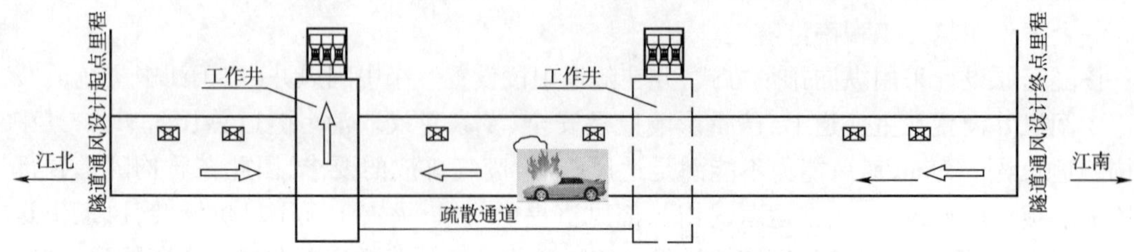

图 8-44 盾构段纵向排烟方案示意图

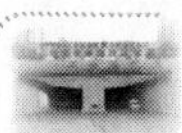

1. 隧道内火灾次数预测

项目委托中国科学技术大学进行的《庆春路过江隧道盾构段排烟方案分析报告》中对庆春路隧道交通量预测结果如表8-5所示。

庆春路隧道交通量预测结果　　表8-5

预测年份(年)	日交通量(pcu/d)	高峰小时交通量(pcu/d)
2 010	46 871	4 307
2 020	71 654	5 459
2 030	89 881	5 970

大小车比例为1:6,则2 030年换算成实际辆为78 646辆,其中大车11 235辆,小车67 411辆。高峰小时实际辆为5 224辆,其中大车746辆,小车4 478辆。

根据国内外有关研究成果,取汽车事故率为30次/亿车公里,火灾事故率为0.2次/亿车公里,则庆春路隧道发生在盾构段(1 766m)交通事故及火灾的次数如下:2030年,庆春路过江隧道每孔盾构隧道内交通事故次数约为7.6次/年,每孔盾构隧道内火灾次数约为0.05次/年。假设所有交通事故均造成隧道内的堵塞,则火灾与火灾点前方交通堵塞同时发生的概率为1次/4 380年,即在火灾情况下,火灾点前方发生交通堵塞的可能性仅为0.46%。在整个隧道运营100年的期限内,每孔隧道盾构段可能发生火灾次数约为5次,在这5次中仅有约0.02次前方可能发生交通堵塞。

2. 火灾情况下隧道通风、消防救援及逃生分析

(1)盾构段顶部无专用排烟道,火灾点前方无交通堵塞

当火灾点前方无交通堵塞时,烟气从前方隧道洞口或竖井排出,火灾点后方车辆和人员均处于无烟环境下,有利于逃生与救援。该情况的概率为99.54%。消防人员进入和驾乘人员逃生路径如下。

①当火灾点发生在刚过第一个工作井时,消防人员从第一个工作井附近进入车道层,再步行至火灾点;驾乘人员进入下层逃生道,再从工作井内出隧道,如图8-45所示。

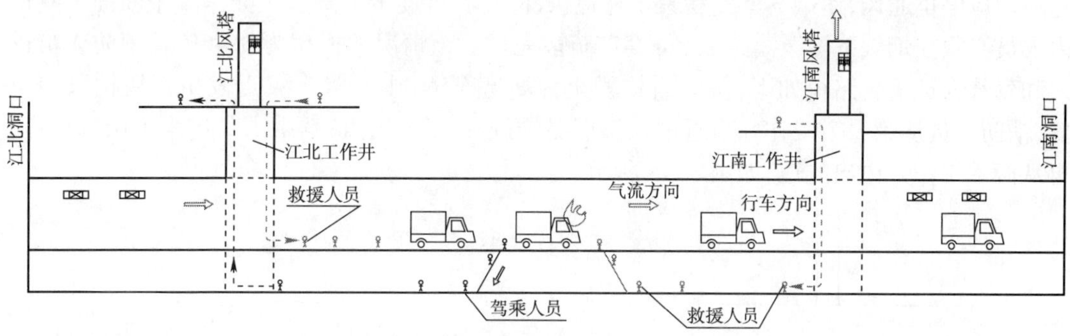

图8-45　火灾工况1逃生救援示意图

②当火灾点发生在盾构段中部时,消防人员进入方式按照火灾点至工作井的位置确定。方式一:消防人员从后方工作井附近进入车道层,再步行至火灾点;驾乘人员进入下层逃生道,再从后方工作井内出隧道。方式二:消防人员可从前方工作井进入车道下逃生救援通道,再沿爬梯进入车道层;司乘人员进入下层逃生道,再从后方工作井内出隧道,如图8-46所示。

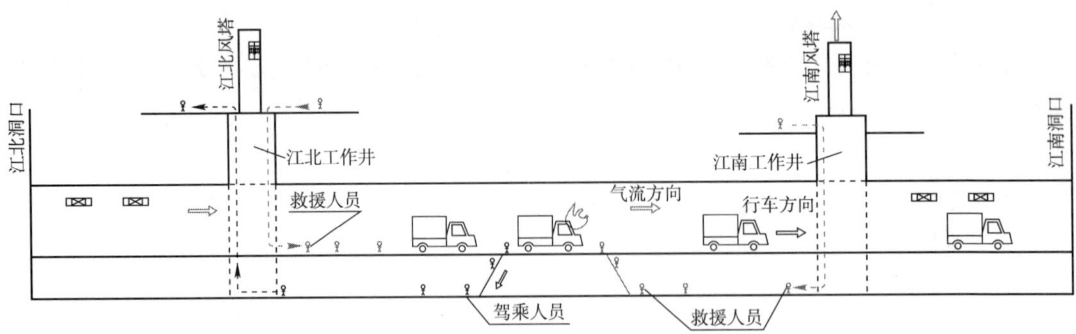

图 8-46 火灾工况 2 逃生救援示意图

③当火灾点发生在靠近第二个工作井时，消防人员从第二个工作井进入车道下救援通道，再沿爬梯进入车道层；驾乘人员进入下层逃生道，再从两端工作井内出隧道，如图 8-47 所示。

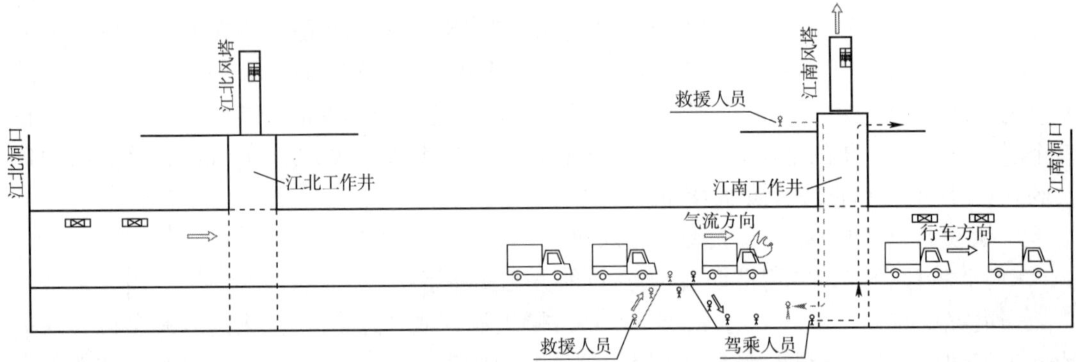

图 8-47 火灾工况 3 逃生救援示意图

(2)盾构段顶部无专用排烟道，火灾点前方交通堵塞

当火灾发生的同时，火灾点前方出现交通堵塞，为确保火灾点前、后方人员的逃生安全，隧道内应停止通风，使烟气首先积聚于隧道拱部空间，再逐步下降直至充满整个断面。隧道内人员必须在烟气下降至离路面 2m 高前疏散完毕。该情况的概率为 0.46%。消防人员进入和驾乘人员逃生路径如下：假设盾构段全为堵塞车辆，则不管火灾点发生在盾构段何位置，消防人员从第一个工作井附近进入车道层，再步行至火灾点；驾乘人员进入下层逃生道，再从两端工作井内出隧道，如图 8-48 所示。

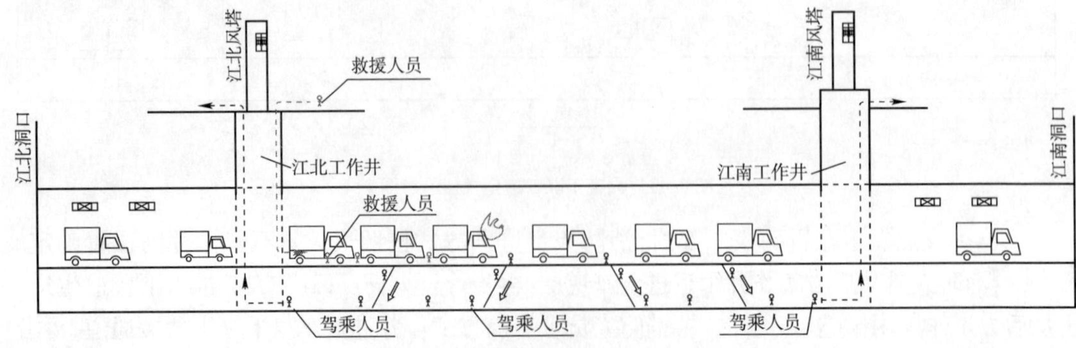

图 8-48 火灾工况 4 逃生救援示意图

(3)盾构段顶部有专用排烟道,火灾点前方无交通堵塞

当火灾点前方无交通堵塞时,由于排烟道难以做到完全密封,致使其排烟效果不如纵向式通风,因此该种情况下仍采用纵向通风的排烟方式。也就是说,在火灾点前方无交通堵塞情况下,隧道通风方式与无排烟道时相同,消防人员进入和驾乘人员逃生路径也相同。

(4)盾构段顶部有专用排烟道,火灾点前方交通堵塞

当火灾与前方交通堵塞同时发生时,需启动排烟道排烟,消防人员从第一个或第二个工作井附近进入车道层,再步行至火灾点;驾乘人员进入下层逃生道,再从两端工作井内出隧道。即使盾构段顶部设置排烟道,在火灾情况下,其使用概率仅为0.46%,如图8-49所示。

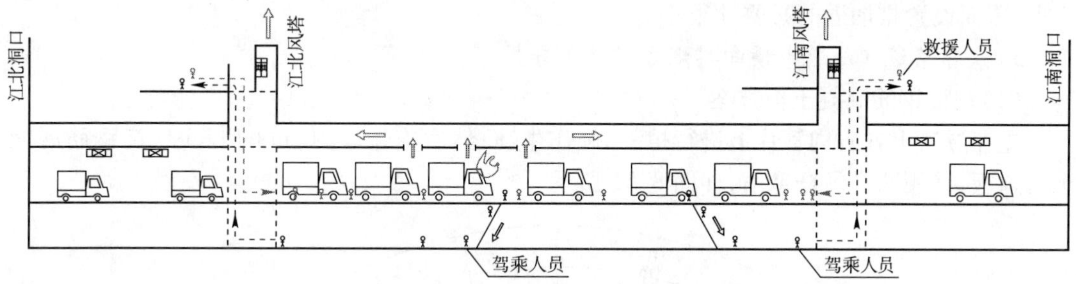

图8-49　火灾工况5逃生救援示意图

3. 不同排烟方式下的逃生必需时间和可用时间分析

(1)火灾逃生的安全准则

ASET(X) > RSET(X),即隧道内任一位置处的可用安全疏散时间需大于必需安全疏散时间,如图8-50所示。

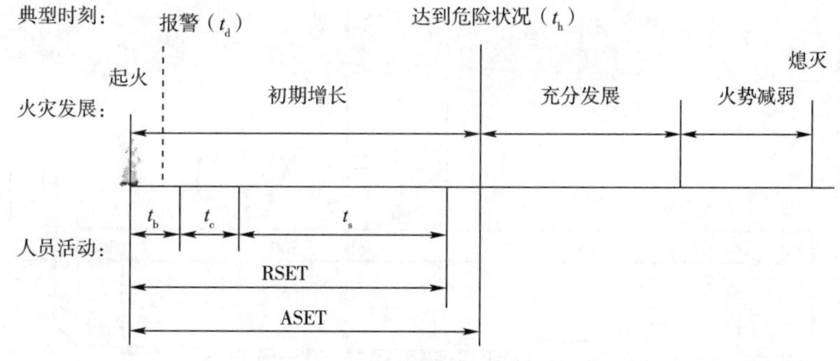

图8-50　火灾工况安全疏散时间分析图

(2)采用排烟道进行半横向排烟模式下逃生时间分析

铁四院与中南大学联合完成的《杭州市庆春路过江隧道疏散救援通道方案》专题研究结论为:火灾下游汽车最大疏散行程时间,正常行驶下为93s,全程堵塞下为277s。火灾上游人员疏散时间,正常行驶下为385s,全程堵塞下为425s。而火灾发生在中部时,人员可用疏散时间大于780s,可见火灾情况下人员可用疏散时间大于人员所需要的疏散时间,人员是可以安全疏散的。

(3)无排烟道采用纵向排烟模式下逃生时间分析

根据中国科学技术大学完成的《庆春路过江隧道盾构段排烟方案分析报告》中的分析,盾构段采用纵向排烟方案时,火灾情况下人员可用疏散时间大于600s,正常行车状态下,火

灾情况下人员疏散时间为300s，堵塞工况下人员疏散时间为504s。可见火灾情况下人员可用疏散时间大于人员所需要的疏散时间，人员是可以安全疏散的。

4. 有无排烟道对逃生救援的影响对比分析

不管盾构段顶部是否设置排烟道，只要火灾点前方无交通堵塞，均采用纵向通风排烟方式；只有当火灾与前方交通堵塞同时发生时，两者排烟方式才不同，但两种排烟方式均能满足人员逃生安全要求。当然，火灾与前方交通堵塞同时发生时，有排烟道情况下，人员可用逃生时间（780s）与无排烟道（600s）相比有所延长，人员逃生安全系数得以提高。但由于火灾与前方交通堵塞同时发生的概率很小，仅为0.46%，且纵向式通风排烟也能满足逃生安全要求，因而设置排烟道的必要性很小。

5. 庆春路过江隧道半横向排烟方案施工分析

（1）现浇钢筋混凝土板方案

先在隧道上方盾构管片上进行植筋，施作牛腿；然后施作厚10cm的C35现浇钢筋混凝土烟道板，并用两排吊杆悬吊，如图8-51所示。

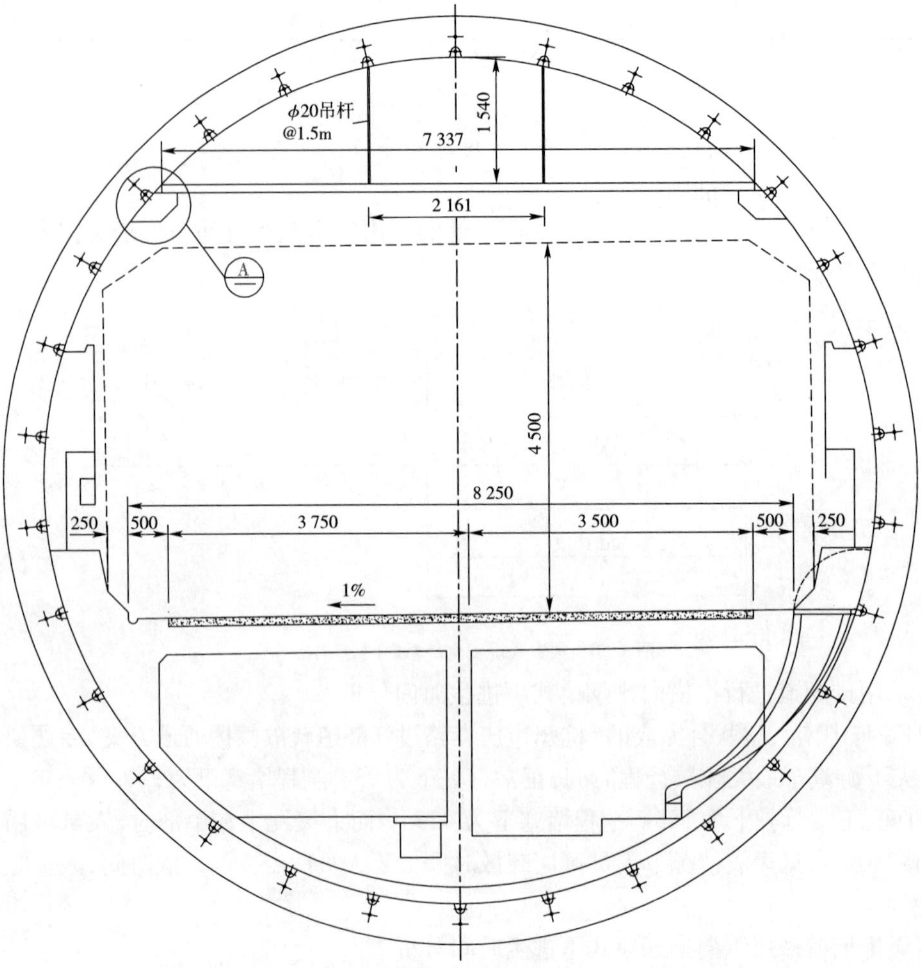

图8-51 烟道板现浇方案示意图（尺寸单位：mm）

主要施工难点：工作量大、工序复杂、植筋难度大；施工周期长，工期难以保证；施工空间狭小，施工难以进行，质量无法保证。该方案对本隧道基本不可行。

(2)预制钢筋混凝土板方案

采用C30钢筋混凝土预制板通过钢筋悬吊于混凝土管片上，烟道板长7.1m，宽2.0m，厚100mm。混凝土板中对称预埋四个吊环，连接吊筋为$\phi25$。需建立烟道板预制厂，批量生产烟道板。待盾构隧道施工完成后，进行烟道板的悬吊安装。该方案主要优点是结构承载力强，耐久性好，造价较低，如图8-52所示。

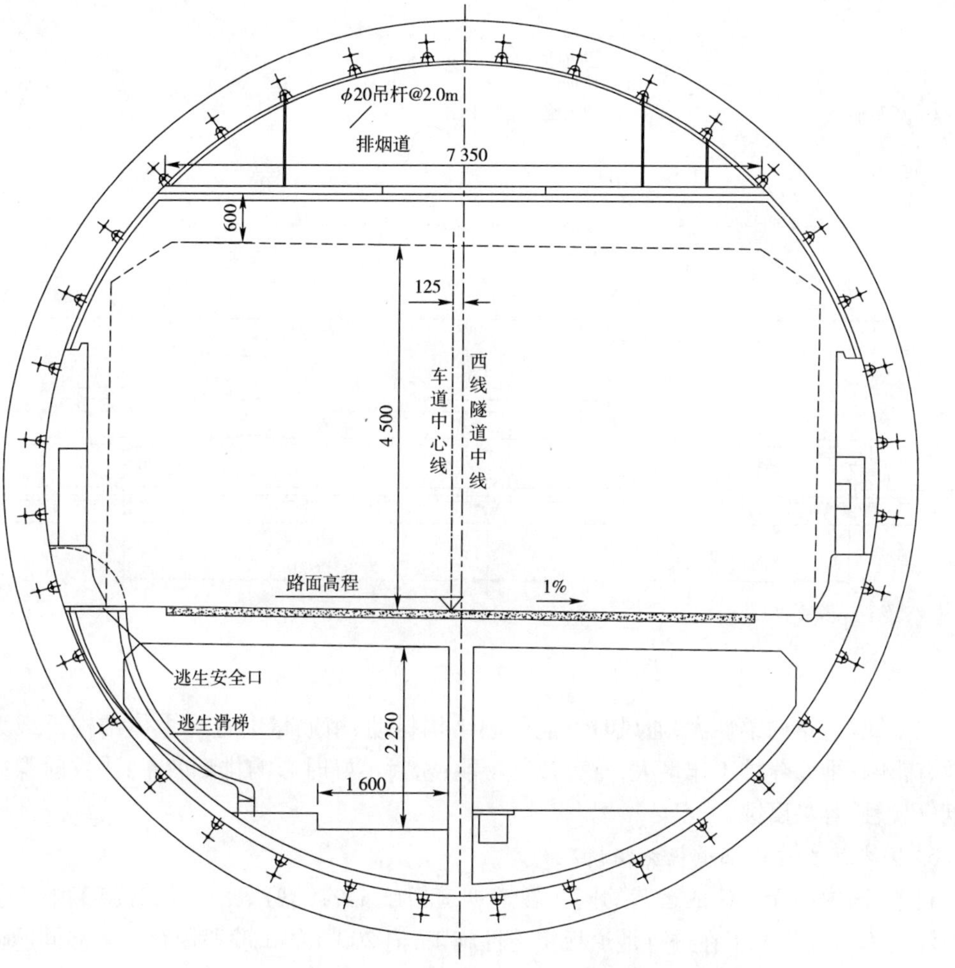

图8-52　预制烟道板方案示意图

主要施工难点：薄板结构，预制困难，质量不易控制；重量大，隧道内安装困难；植物对管片结构有不利影响，施工空间狭小，施工难度大；养护量大且困难，密封质量难保证。

(3)纵梁吊装烟道板(防火板)方案

直接采用防火板作为烟道板，在烟道板三分点位置设置两道T形钢纵梁，梁间距约2.4m，纵梁通过与上部竖向吊筋焊接固定。吊筋采用直径28mm的钢筋植入钢筋混凝土管片280mm，吊筋之间采用直径12mm的钢筋斜向焊结钢骨架设，铺设防火板。防火板通过自攻螺丝和螺栓锚入钢梁或管片中。该方案主要优点是烟道板(防火板)厚度薄，结构较轻，安装难度相对较小,如图 8-53 所示。

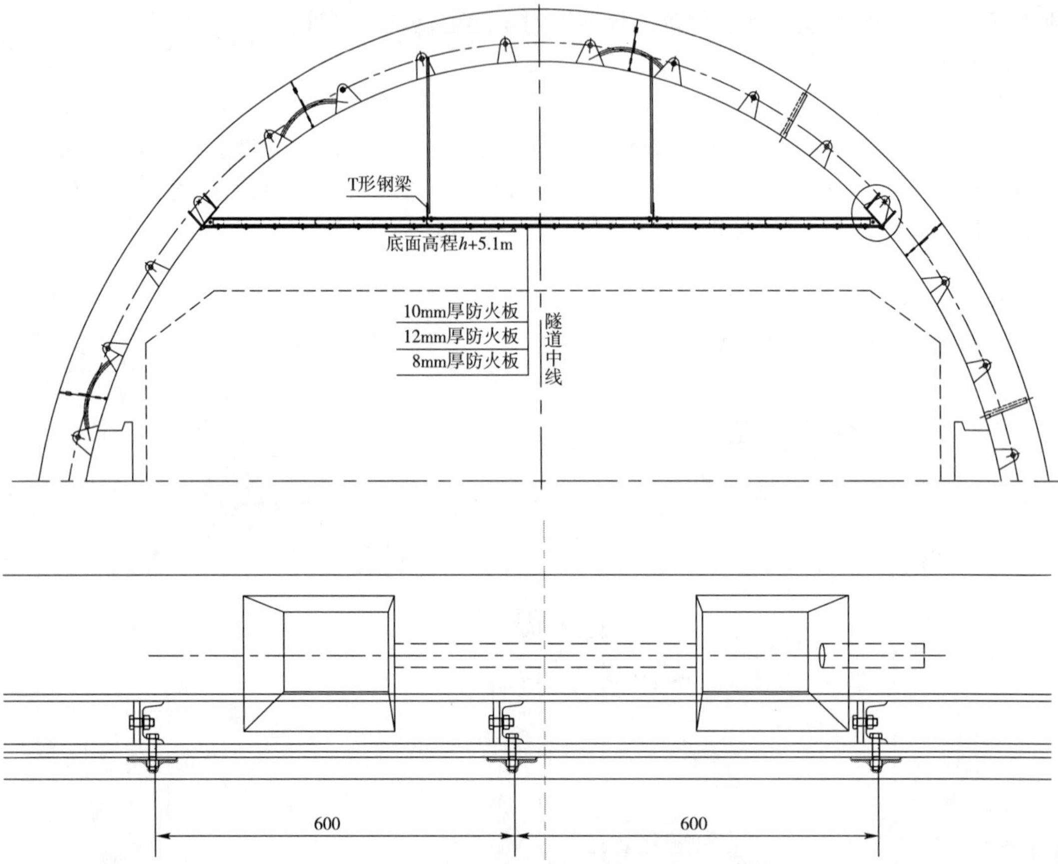

图 8-53　纵梁吊装烟道板方案示意图(尺寸单位:mm)

主要缺点:结构柔性大,通风时可能引起结构抖动;植筋量大且对主体结构承载力及耐久性有影响;维修养护工作量大,且有掉落可能;密封不好时影响排烟效果;火灾时裸露钢筋与烟气接触,容易腐蚀。

6. 国内同类隧道烟道板施工情况

目前,国内尚无已建成运营的同类隧道烟道板施工的成功案例。仅有施工中的上海崇明越江工程南港隧道正在进行烟道板实验性施工,但 200m 的试验段因存在较多问题而停止施工。

存在的主要问题有:

(1)牛腿植筋的水平度难以满足设计要求。

(2)吊杆植筋施工困难,垂直度难以保证。

(3)烟道口附近烟道板采用现浇施工,空间狭小,施工困难。

(4)预制板跨度太大,板厚 15cm 时未安装前已经开裂。

上海长江隧道盾构段直径为 15.0m,烟道板施工空间只有 2m,而庆春路烟道板最大空间仅 1.5m,平均高度仅 1.05m,因此庆春路隧道烟道板施工更困难。

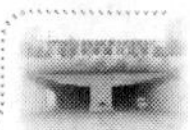

7. 对烟道板设置方案评价

由上述烟道板设置方案可见，不管采用何种方案，均存在施工难度大、对主体结构安全和耐久性影响大、养护维修困难、密封效果差等缺点。

烟道板的设置可以适当提高火灾与前方交通堵塞同时发生时人员逃生安全系数，但同时也留下了更大的运营安全隐患，国外曾发生烟道板掉落引起交通事故的案例，如图 8-54 所示。美国波士顿 I－90 BIG DIG 公路隧道顶面的吊顶板摔落造成过路小车驾驶人员死亡，调查表明环氧树脂锚固的螺栓失效（这些螺栓夹持能够支撑悬吊顶板上预制面板的拉杆和法兰），导致 4 块 4m（宽）×2m（长）×150mm（厚）的顶板坠落，一共 3t 钢筋混凝土面板掉落。随后检查表明隧道更多螺栓有问题或者接近失效。事故调查表明混凝土吊顶板（烟道板）和损坏的环氧树脂锚固的螺栓是致人死亡的主要原因。

图 8-54　烟道板掉落引起交通事故现场示意图

五、与武汉长江隧道设置排烟道的对比分析

1. 两岸接线条件差异

武汉长江隧道江北接线道路位于老城区，地理位置如图 8-55 所示，道路狭窄，路网容易堵车，因此属于“经常容易发生交通堵塞的隧道”，有必要设置排烟专用风道。庆春路隧道南北接线道路通畅，地理位置如图 8-56 所示，路网不易交通堵塞。

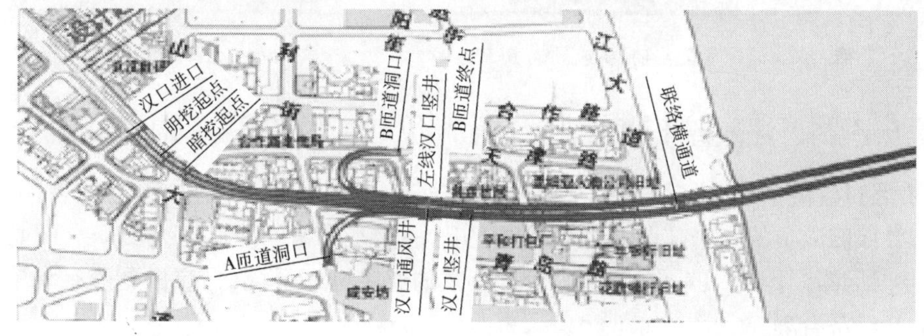

图 8-55　武汉长江隧道地理位置示意图

2. 隧道平、纵断面差异

受地形和周边建筑物制约，武汉长江隧道最小平曲线半径为 250m，最大坡度为 4.5%。

匝道平面半径最小仅为40m。而庆春路隧道最小平曲线半径为694m,最大坡度为4.2%。庆春路隧道平、纵断面条件明显优于武汉长江隧道,良好的平、纵断面为隧道内的行车安全创造了有利条件。

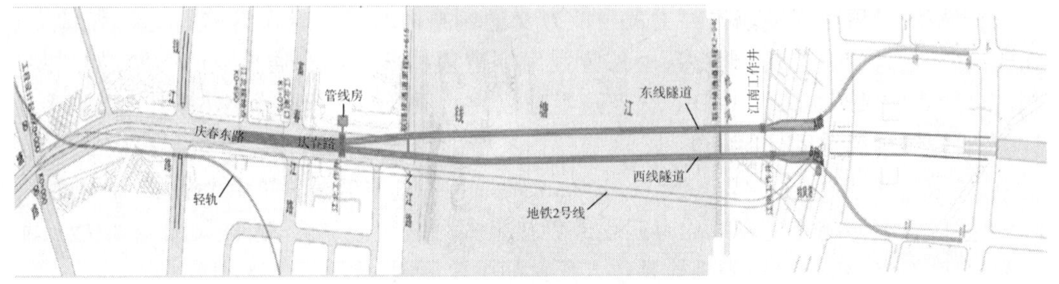

图8-56 杭州庆春路过江隧道地理位置示意图

3. 车道宽度差异

武汉长江隧道车道宽度为3.5m+3.5m,设计行车速度为50km/h。庆春路隧道车道宽度为3.75m+3.5m,设计行车速度为60km/h。庆春路隧道车道宽度的增加有利于人员逃生与消防救援。

4. 管片结构差异

武汉长江隧道管片纵向连接采用直螺栓,手孔尺寸较大,烟道板安装所采用的吊筋直接埋置于手孔内,无需重新钻孔植筋,因而烟道安装对主体结构无损伤,如图8-57所示。

庆春路隧道管片采用斜螺栓连接,如果安装烟道板必须在管片结构上钻孔植筋,对主体结构造成损伤,对工程耐久性产生不利影响,如图8-58所示。

图8-57 管片直螺栓连接实景图

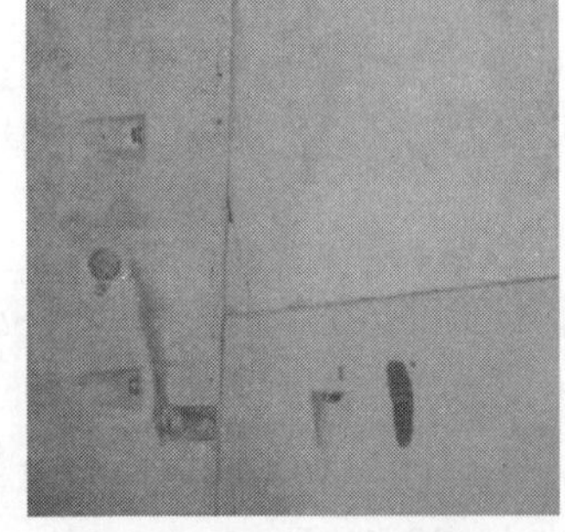

图8-58 管片斜螺栓连接实景图

六、庆春路过江隧道半横向排烟方案和纵向排烟方案综合比较

庆春路过江隧道作为杭州市内交通的重要通道,车流量较大,通行人员较多,一旦发生火灾,有效保障人员的安全疏散是非常重要的问题。火灾烟气是危害人员安全和妨碍灭火救援的主要因素。因此,必须在隧道内设计有效的通风排烟系统,且应做到既有利于隧道防烟排烟,又经济合理。

庆春路过江隧道项目在工可阶段进行了“杭州市庆春路过江隧道疏散救援通道方案”专题研究,该报告详细分析了盾构段疏散救援通道的设置、盾构段设置烟道板时隧道内火灾蔓延、烟气扩散规律、人员疏散救援对策等方面的内容;研究结论认为隧道在盾构段不设联络

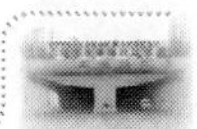

横通道,车道板下设置纵向疏散通道,车道板右侧间距 80m 设人员逃生滑梯,可以满足火灾时人员的疏散救援要求。

在项目建设期初,项目委托中国科学技术大学进行了《庆春路过江隧道盾构段排烟方案分析报告》,该报告对采用纵向排烟方案(不设烟道板)时隧道内火灾蔓延、烟气扩散规律、人员疏散救援对策等方面内容进行了分析,分析结论认为在车道板下设置纵向疏散通道,车道板右侧间距 80m 设计人员逃生滑梯时,火灾情况下可以满足人员逃生要求。

本次庆春路过江隧道施工设计,对两种排烟方式进行了多方面综合比较,如表 8-6 所示。

隧道盾构段排烟方案综合比较　　表 8-6

比较项目 \ 方案类别	半横向排烟方案	纵向排烟方案
防灾排烟的可行性	能满足防灾要求,能有效的阻止烟气蔓延与回流,满足人员安全疏散的要求	能满足防灾要求,能有效的阻止烟气蔓延与回流,满足人员安全疏散的要求
火灾烟气控制的有效性	理论上能够有效的将大部分烟气控制在热源与排烟口之间,即使在隧道发生阻滞时,仍然可以有效排出隧道内烟气,对隧道内烟气控制效果较明显,烟气控制效果略优	隧道火灾时通风速度不应低于临界风速,可以有效阻止烟气回流,火灾前方车辆行驶速度大于风速,可以安全驶出隧道,后方车辆人员进入盾构段底部逃生通道疏散,烟气控制效果满足要求
安全疏散时间	在排烟道与射流风机的共同作用下,当火灾点下游发生交通阻塞时,隧道疏散的可用安全疏散时间比不采用排烟道时增加了一倍左右;在火灾点下游交通顺畅的情况下,两种排烟方式的可用疏散时间相同	当火灾点下游发生交通阻塞时,隧道疏散的可用安全疏散时间约采用排烟道时的一半;在火灾点下游交通顺畅的情况下,两种排烟方式的可用疏散时间相同,因此需加强火灾时火灾下游的交通疏解
工程投资	排烟道结构造价约 300 万元	盾构段增加 12 台射流风机,造价约 120 万元
施工难度	烟道顶部最高处 1.5m,平均高度仅 1.05m,施工空间狭小,安装难度很大	盾构管片内预埋钢板,施工空间大,安装方便
运营养护维修	烟道空间狭小,运营期养护维修困难,养护维修时间长,养护维修工作量大	行车空间大,运营期养护维修方便,养护维修工作量小
对运营的影响	养护维修时间长,对运营行车的干扰大	养护方便,对运营行车的干扰小
排烟效果的可靠性	每管隧道盾构段共需设置 32 个排烟口,火灾时排烟口漏风量较大,当在盾构中部发生火灾时,漏风现象尤为严重,会降低排烟效果;同时由于火灾位置的不确定性,也增加了火灾控制的复杂性	设备简单,排烟效果较可靠,火灾控制相对简单
运营安全隐患	随着隧道运行时间的增加,由于检修困难,顶部排烟道及排烟口失效掉落的安全隐患相对较大	由于检修方便,顶部射流风机掉落的安全隐患较小
行车净空面积	行车净空面积满足规范及行车安全要求,专用排烟道设置后,车道板上的行车空间高度相对较低	车道板上的行车净空高度更高,正常行车时使用空间高度更大

综上所述,理论上半横向排烟方式能够更好的控制烟气流动,将烟气迅速排出隧道;当火灾点下游发生交通阻塞时,半横向排烟方式隧道疏散的可用安全疏散时间比纵向排烟方式要长;在火灾点下游交通顺畅的情况下,两种排烟方式的可用疏散时间相同。本隧道江北侧设置有左、右两条匝道,每条匝道均为双车道;江南设置有 A、B 匝道,也均为双车道,由于江中盾构段东、西线隧道各为两条车道,故从远期来看无论在盾构段哪一位置发生火灾,在火灾点下游均有四条车道可供疏散,且可以对隧道内外的道路交通疏解进行联控,因此在火灾点下游发生交通阻塞的可能性很小。近期虽然江南主线未开通,西线隧道仅通过匝道疏散,但由于近期交通量较小,在火灾点下游发生交通阻塞的可能性也比较小,因此纵向排烟方式也能满足隧道安全疏散时间要求。半横向排烟方式存在系统控制复杂、烟道板施工及后期运营维护难度大、投资高等缺点。

到目前为止,鉴于国内水底盾构隧道尚无采用半横向排烟方式的成功实例,而纵向排烟方案技术相对成熟,且纵向排烟方案节省了烟道板投资,避免了烟道板的施工难度,降低了火灾控制复杂性,对隧道日常安全运营较为有利。与本隧道类似的武汉长江隧道的排烟方案至今没有确定,上海翔殷路过江隧道设计时也采用了顶部设专用排烟道的方案,后因上述原因而不得不取消。因此,本隧道盾构段防灾排烟采用纵向排烟的方式是比较经济、合理的。

七、研究结论[33]

(1)火灾是极小概率事件,庆春路过江隧道由于交通条件好,根据预测,按 2030 年的交通量,在火灾情况下火灾点前方发生交通堵塞的可能性仅为 0.46%,即火灾与火灾点前方交通堵塞同时发生的概率为 1 次/4 380 年。

(2)由于排烟道的密封效果差,排烟效果大打折扣,庆春路隧道即使设置排烟道,也仅在火灾与火灾点前方交通堵塞同时发生的情况下才启用。因此,即使在火灾情况下排烟道使用的概率也很小。

(3)通过对有、无排烟道情况下人员的逃生时间计算分析,当火灾与前方交通堵塞同时发生时,有排烟道情况下人员可用逃生时间(>780s)与无排烟道(>600s)相比有所延长,但两种排烟方式均能满足逃生安全要求。

(4)通过对国内外工程实例的调查表明,只有双向交通和经常容易发生交通堵塞的隧道才设置排烟道,且盾构法隧道设置排烟道的实例只有武汉长江隧道和上海长江隧道,而这两个隧道与本工程在交通条件、结构条件等方面的差异较大。

(5)不管采用何种烟道板设置方案,均存在施工难度大、对主体结构安全和耐久性影响大、养护维修困难、密封效果差等缺点。烟道板的设置可以适当提高火灾与前方交通堵塞同时发生时人员逃生安全系数,但同时也留下了更大的运营安全隐患,国外曾发生烟道板掉落引起交通事故的案例。

因此通过对杭州庆春路过江隧道通风排烟方式的研究、分析和论证,最终取消了原方案中设置的烟道板,采用纵向排烟方式:在东(西)线盾构段发生火灾时,开启盾构段 6 台射流风机,江北(南)工作井 2 台排烟风机同时运行,出口段 2 台射流风机逆转运行,在着火点形成大于 2.4m/s 的风速,将烟气从江北(南)工作井排出。东线隧道防灾通风气流组织如图

8-59 所示。西线隧道排烟与此相同。这大大减小了对盾构隧道管片结构的影响，为顺利按期完成隧道建设创造了良好条件。

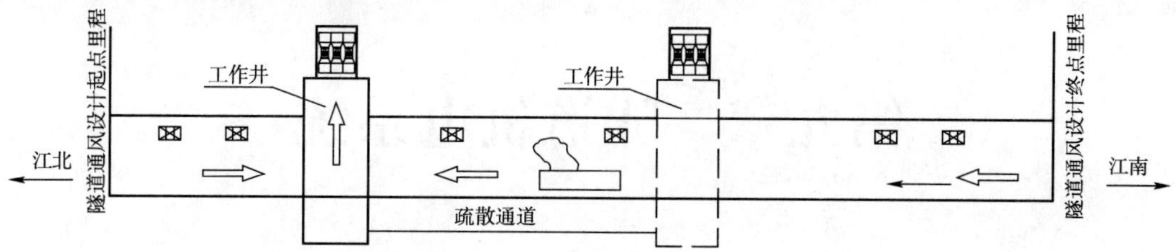

图 8-59 盾构段纵向排烟气流组织图

第九章　隧道机电系统

第一节　供变电与电力监控系统

一、施工图设计

1. 概述

（1）本工程为重要的市政交通工程，用电负荷量大，重要的一级负荷较多。为保证工程供电要求，两个竖井所需的10kV高压电源由电力系统接引两路专线电源供电。每路10kV供电电源必须引自不同的上级变电站。

根据主体工程及电源情况，在隧道南北两侧各设一座10/0.4kV变电所，各所由电力系统接引两路10kV独立电源供电。两侧10/0.4kV变电所供电范围以隧道中心里程为界，南北分别供电，江南由萧山电力局供电，设计负荷为4 460kVA；江北由杭州电力局供电，设计负荷为4 500kVA。

（2）江南10/0.4kV配电所设于江南竖井内，设有10kV高压室、0.4kV低压室及UPS室，在10kV高压室内设有18面高压柜，馈出8路10kV电源，分别为竖井内变电所、江南东线A匝道雨水泵站变电所、江南西线B匝道雨水泵站变电所提供10kV高压电源；在竖井变电所内设有10/0.4kV、2×1 600kVA变压器及配套低压柜，在UPS室内设有8面UPS相应配套柜体，分别为2路电源交叉供电。在江南东线A匝道雨水泵站变电所、江南西线B匝道雨水泵站变电所内分别设有10/0.4kV、630kVA变压器及相应配套柜体，为各处用电点提供0.4kV电源。

（3）江北10/0.4kV配电所设于江北竖井内，设有10kV高压室、0.4kV低压室及UPS室，在10kV高压室内设有22面高压柜，馈出12路10kV电源，分别为竖井内变电所、东线江心废水泵站变电所、西线江心废水泵站变电所、江北入口东西线雨水泵站变电所提供10kV高压电源；在竖井变电所内设有10/0.4kV、2×1 600kVA变压器及配套低压柜，、在东线江心废水泵站变电所、西线江心废水泵站变电所内分别设有2台10/0.4kV、125kVA变压器及相应配套柜体，江北入口雨东西线水泵站变电所内分别设有2台10/0.4kV、400kVA变压器及配套的低压柜体，为各处用电点提供0.4kV电源。在UPS室内设有5面UPS相应配套柜体，分别为2路电源交叉供电。

2. 负荷等级分类及供电原则

（1）负荷

一级负荷:消火栓组、泡沫泵组、水喷雾泵组、消防稳压设备、雨水泵、废水泵、隧道基本照明、射流风机、排烟风机等属一级负荷。应急照明、隧道内疏散指示和逃生口的光电标志、交通监控设施、通风及照明控制设施、紧急呼叫设施、火灾报警系统中央控制设施等属于特别重要的一级负荷。

二级负荷:除一级负荷外的其他风机、雨水泵及其他较重要的负荷等。

其余隧道电力负荷为三级负荷。

(2)供电原则

一级负荷采用两路独立的380/220V电源至用电点附近切换箱切换后供电。照明一级负荷采用两路电源交错的供电方式。其中,一级负荷中的特别重要负荷,除两路电源供电外,另设不间断电源装置(EPS或UPS)作为应急电源。

二级负荷采用一路低压电源供电。

三级负荷采用一路低压电源供电,当一台主变故障或检修时,自动切除三级负荷供电(采用分离脱扣)。

3. 10kV供电系统

(1)江北、江南工作井内各设一座10kV配电所,江北、江南工作井内10kV配电所均由当地电力系统接引两路相对独立的10kV专线电源供电。

(2)江北、江南工作井内各设一座10kV配电所,主接线均为单母线母联分段的接线方式,正常运行时两路电源同时供电,母联断路器分断。当一路电源失电时,母联断路器自动合闸(同时保留手动合闸功能),由另一路电源带全部一、二级负荷。江南、江北工作井10kV配电所馈出线供电范围原则上以隧道中心里程为界,南北分别供电,两座10kV配电所之间不设10kV联络线。10kV配电所主接线运行方式和继电保护方式等需经当地相关电力主管部门审查通过后方可实施。

(3)按中性点不接地系统设计,待外部电源情况确定后再根据外部电源情况相应调整。

(4)电力电缆选型及敷设方式

①隧道内采用DWZR-YJY22-8.7/10kV交联聚乙烯绝缘的低烟无卤阻燃电力电缆,10kV电力电缆金属屏蔽层不小于25mm^2。

②隧道内电力电缆主要采用支架方式敷设,工作井内采用电缆沟和桥架方式敷设。

4. 电力监控系统

(1)电力监控系统利用现代电子技术、通讯技术、计算机及网络技术,将杭州庆春路过江隧道工程配电网在线数据、离线数据、用户数据等进行集成,实现配电网正常运行及事故情况下的检测、保护、控制、配电用户管理的现代化功能。

①实时监控各变、配电所及供电线路的工作状况以及调整电力系统运行情况。

②配电设备实施运行数据采集对变、配电设备的主要运行参数(电压、电流、功率因数、无功功率、有功功率、电度量、变压器温度等)进行监测、储存和远传,以及运行参数越线报警等。

(2)电力监控系统在管理中心综合监控室内设电力监控工作站,分别在江北、江南工作井10kV配电所内设电力监控工作子站。

(3)10kV配电所和10/0.4kV室内变电所均纳入电力监控系统内。

(4)10kV 配电所监控

①江南、江北工作井 10kV 配电所电力监控主网采用以太网,网络层支持 TCP/IP 协议和 UDP 协议,利用通信专业设置的光纤以太网进行数据传输,直接接入系统,通过总控单元与电力监控主站进行通信,电力监控主站利用综合监控系统设置的服务器,实现电力监控的四遥功能。

②低压电力监控系统的监控装置可通过总控单元接入 10kV 配电所电力监控系统。EPS、UPS 等其他智能装置也可通过总控单元接入 10kV 配电所监控系统。

③10kV 配电所采用单元式微机保护装置、微机综合自动系统,实现全所电气设备的测量、控制、保护等功能,并提供电力远动(SCADA)接口,控制保护装置均安装在高压开关柜二次小室内。

(5)工作井 10/0.4kV 变电所监控

10/0.4kV 变电所监控电力监控采用现场总线式方式,采用低压电力监控仪表,实现对变电所 0.4kV 进线开关母联、分段开关、变压器、电容器及馈出开关的控制和监测,并监测 0.4kV 母线电压、电流、电能、有功、无功和功率因数等参数,还监视 0.4kV 母线上所有馈出开关的运行状态,即开关的开/断位置信号、事故信号和预告信号。

二、安装施工

1. 施工工艺流程

电气装置安装工程施工工艺流程如图 9-1 所示。

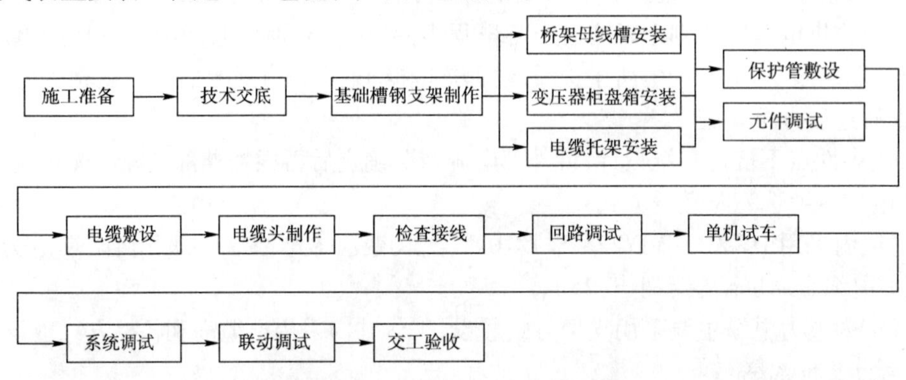

图 9-1 电气装置安装工程施工工艺流程

2. 低压配电柜的安装

(1)盘面器件标注颜色应正确、清晰,内部设备元件齐全完整,每个元件必须有铭牌和产品合格证。一次结线应标注回路名称。

(2)基础型钢应可靠接地,盘柜的接地应该牢固良好。装有电器的可开启的盘、柜门,应该以软导线与接地的金属构架可靠地连接。

(3)配电屏、柜体的基础型钢应平直,符合要求。

(4)基础型钢安装后,其顶部宜高出抹平面 10mm;手车式成套柜按产品技术要求执行。基础型钢应明显的可靠接地。

(5)配电屏的上方不应敷设管道,屏底座周围应采取封闭措施,并能防止鼠、蛇等小动物

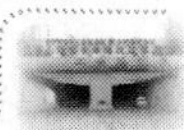

进入箱内。

(6)1 000V 及以下的交、直流母线及分支线,其不同相或极的裸露载流部分之间及裸露载流部分与未经绝缘的金属之间的电气间隙不应小于 12mm,漏电距离不应小于 20mm。400V 及以下的二次回路的带电体之间或带电体与接地间的电气间隙不应小于 4mm,漏电距离不应小于 6mm。

(7)二次回路接线必须按设计图施工,按总体要求的控制电缆编号,接线正确,连接可靠,电缆芯线和所配导线的端部均应标明其回路编号,导线绝缘良好,不应有接头,盘内配线截面应符合设计要求,敷设时应有合适的富裕量。

(8)引进柜内的控制电缆应排列整齐,避免交叉,电缆型号、规格应符合设计要求。电缆固定牢靠,不得使所接的端子排受到机械应力。电缆头一般宜固定于最低端子排 150 ~ 200mm 处。电缆应按设计编号要求挂牌。

(9)所有二次回路应经通断检查、耐压试验及模拟试验合格后,方可正式投入使用;

(10)盘、柜安装在振动场所时,应按设计要求采取防振措施,盘、柜及盘、柜内设备与各构件间连接应牢固。主控制盘、继电保护盘和自动装置盘等不宜与基础型钢焊死。

(11)盘、柜单独或成列安装时,其垂直度、水平偏差及盘、柜面偏差和盘、柜间接缝的允许偏差范围见表 9-1。

低压配电柜安装允许偏差　　表 9-1

项　目		允许偏差(mm)
垂直度		<1.5
水平偏差	相邻两盘顶部	<2
	成列盘顶部	<5
盘面偏差	相邻两盘边	<1
	盘面	<5
盘间接缝		<2

(12)端子箱安装应牢固,封闭良好,并应能防潮、防尘。安装的位置应便于检查,成列安装时应排列整齐。

(13)盘、柜、台、箱的接地应牢固良好。装有电器的可开启的门,应以裸铜软线与接地的金属构架可靠地连接,成套柜应装有供检修用的接地装置。

(14)盘、柜的漆层应完整,无损伤,固定电器的支架等应刷漆。安装于同一室内且经常监视的盘、柜,其盘面颜色宜和谐一致。

3. 配电箱的安装

(1)配电箱的安装应执行《电气装置安装工程电气照明装置施工及验收规范》(GB 50259—96)等标准。

(2)配电箱安装应符合以下规定:动力配电箱除落地式外,在设备房内采用明装,安装高度为配电箱底边距地 1.4m。要求安装位置正确,定位牢靠部件齐全,箱体尺寸符合要求、箱体开孔合适,切口整齐。暗式配电箱箱盖紧贴墙面,零线经汇流排连接,无绞接现象,油漆完整,箱内外清洁,箱面标牌正确,箱盖开关灵活,器件、回路编号齐全,端子排接线整齐,PE 线安装明显牢固。

(3)配电箱全部电器及其相关回路安装完毕后,先用万用表检测线路通断,再用500V兆欧表对线路进行绝缘测量。项目包括相线与相线之间,相线与零线之间,相线与地线之间,零线与地线之间,绝缘电阻应大于0.5MΩ,并做好记录。

(4)通风空调电控室0.4kV柜安装与基础槽钢的连接用螺栓固定,废水泵、消防泵动力箱安装高于200mm的基础槽钢上。

江南工作井内低压配电室如图9-2所示。

4. 电缆线路敷设

(1)电缆线路敷设执行《电气装置安装工程电缆线路施工及验收规范》(GB 50168－2006),电缆的规格型号、电缆支架的安装和电缆敷设应符合设计文件的规定。

(2)电缆在电缆沟内敷设

①电缆在电缆沟内及沿墙敷设时的水平距离,同级电压电缆为35mm,控制电缆间应不小于电缆外径。lkV以下电缆与照明导线间为150mm。

②电缆支架安装应牢固、横平竖直,防腐层完好。支架层间的垂直净距、支架至沟顶、楼板或沟底的距离应符合设计要求。设计无规定时,电缆支架层间的最小允许垂直净距为:l0kV及以下为150mm,控制电缆为100mm;电缆支架至沟顶、楼板或沟底的距离为:最上层横挡至沟顶或楼板为150mm,最下层横挡至沟底或地面为50mm。

③当电缆沟内两侧有支架时,低压电缆及控制电缆应与高压电缆分别敷设在不同的支架上。

④电缆各支持点间的距离应符合规范要求。盾构段车行道下方管廊中的电缆支架如图9-3所示。

图9-2 江南工作井低压配电室

图9-3 盾构段管廊内电缆支架

(3)电缆在桥架上敷设

①桥架上电缆的敷设:桥架产品应经国家桥架专业质量检测机构的检测与认证。其结构应满足强度、刚度及稳定性要求,符合生产厂给出的允许荷载要求。

②立柱和托臂所用材料应平直,无显著扭曲,全部配件应进行防腐处理。桥架安装应牢固,保证横平竖直。在有坡度的建筑物上安装时,应与建筑物有相同坡度。电缆桥架水平敷设时,负荷曲线宜选取最佳跨距进行支撑,跨距一般为1.5～3m。垂直敷设时,其固定点间距不宜大于2m。

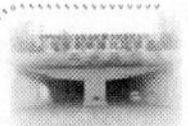

③金属制桥架系统应有可靠的电气连接并接地。梯架、托盘应至少有一点与接地干线可靠连接，梯架、托盘的直线段超过30m（钢制）、15m（铝合金或玻璃钢制）时，应留20mm的伸缩缝。

④电缆桥架内每根电缆每隔50m，电缆的首端、尾端及转弯处应设标记，注明电缆编号、型号、规格、起点和终点。

⑤强电与弱电线路在同一竖井内敷设时，应分别在竖井的两侧敷设或采取隔离措施。

⑥桥架距离地面的高度，不宜低于2.5m（在专用电缆道内除外）。

图9-4　工作井内电缆桥架

⑦电缆桥架遇伸缩缝时应配置伸缩板进行补偿处理。

⑧电缆桥架安装应与通风、环控专业密切配合，电缆桥架与风管走向途径发生矛盾时应及时进行调整。

⑨电缆桥架采用40×4镀锌扁钢作地干线，并沿桥架敷设，桥架与桥架间采用TZX-2-4铜编织线连接，桥架每隔10m采用TZX-2-16铜编织线层间相连后与接地干线连接。

工作井内电缆桥架如图9-4所示。

(4)电缆在管道内敷设

①从桥架、支架引至设备、墙外表面或屋内行人容易接近处和其他可能受到机械损伤的地方，电缆应有一定机械强度的保护管保护，水泵房出线及部分风机电缆采用穿镀锌钢管敷设方式。

②管道要求：管口光滑，内部应无积水且无杂物堵塞。穿电缆时，不得损伤保护层，可采用无腐蚀性的润滑剂（粉），管道表面的防腐层应完好。

③电缆管长度在30m以下时，管内径不应小于电缆外径的1.5倍。

(5)电缆头与电缆连接的要求（图9-5）

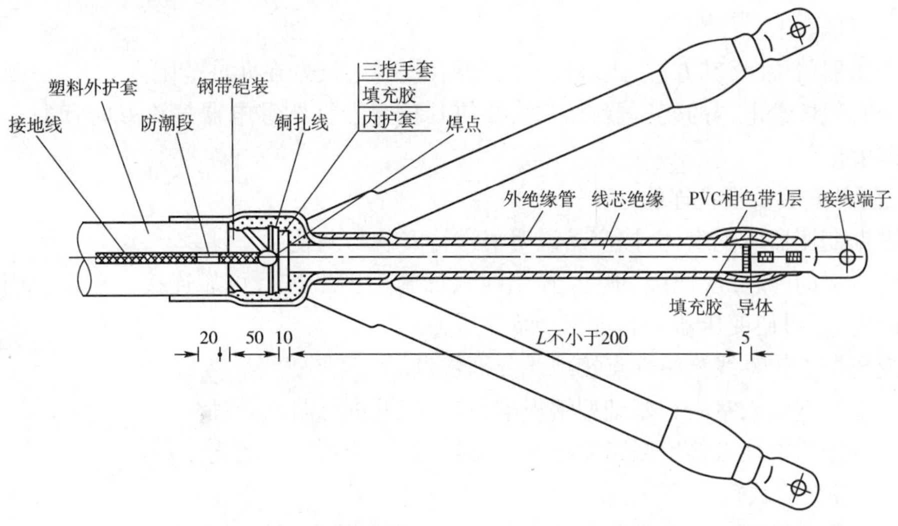

图9-5　电缆终端头制安图　（尺寸单位：mm）

①电缆终端头与电缆接头的制作:应严格遵守制作工艺规程,电缆终端头应按设计安装在指定位置,带电部分对地净距离应满足室内配电装置最小安全净距的要求,并牢固地固定在支架或框架上。

②电力电缆终端头、接头的外壳与该处的电缆金属护套应良好接地。接地线采用铜绞线,截面不小于 $10mm^2$($10mm^2$ 以下低压电缆的接地线截面可适当减小,但不宜小于 $4mm^2$)。

③电缆芯线连接时,其连接管和线鼻子的规格应与线芯规格相符。控制电缆终端头可采用塑料电缆端头套管方式,电缆接头应有防潮措施。

④电缆的试验与检查:电缆敷设前必须进行绝缘电阻试验,1kV 以下的电缆使用 lkV 兆欧表测量绝缘电阻值。

⑤电缆线路的相位相序应与电网相符。用三节一号干电池以及一块零值在中央的 ±5V 直流电压表组成核相器校核电缆相位,或用相位表测量。

5. 变压器安装

(1)安装准备

①安装机具需要吊车、汽车、卷扬机、吊链、道轨、滚杠、钢丝绳、扳手、鎯头、电锤、电焊机、摇表、万用表、卷尺和试验仪器。

②安装前对变压器进行详细检查,确保变压器完好,清理安装路线,安装临时道轨。

(2)二次搬运

①变压器二次搬运采用吊车或吊链吊装,变压器吊装时,索具使用前进行仔细检查,合格品方可使用;钢丝绳挂在变压器的起吊吊钩上,不得挂在上盘的吊环上。

②变压器搬运时,注意保护瓷瓶,用木箱或纸箱将高低压瓷瓶罩住。

③搬运过程中保持行车平稳,减少冲击与震动。用机械牵引时,牵引点保持在变压器重心以下,防止倾斜,运输倾斜角小于15°,防止内部变形。

④搬运与装卸前,核对高低压侧方向,避免安装时调换方向。

(3)变压器安装

①变压器就位用道轨搭设的临时轨道,用吊车将变压器吊到临时轨道上,然后用吊链拉入室内变压器台上。

②变压器就位时,其方位、距墙尺寸应与图纸相符,误差在允许范围内。

③带有气体继电器的变压器安装时,要使其顶盖沿缸体继电器气流方向有 1% ~1.5% 的升高坡度。

(4)附件安装及设备连线

①根据变压器所配附件,按产品说明书进行安装与调整。

②变压器的一、二次连线、地线、控制线根据施工图纸进行可靠连接,一、二次引线施工后进行固定,不得使变压器的套管直接承受应力。

③变压器工作零线与中性点接地线分别敷设。

④接地扁钢引入室内与基础型钢焊牢,在焊接处进行防腐处理。

⑤在变压器中性点接地回路靠近变压器处,做一个可拆卸的连接点。

(5)设备交接试验

①变压器交接试验由建设单位、监理单位、施工单位及当地供电部门共同进行。

②变压器送电前先进行全面的检查,确认符合试运行条件:

变压器清理干净,顶盖无杂物,本体及附件无缺损;一、二次引线相位正确,绝缘良好;接地线良好;保护装置符合规定要求,操作及联动试验正常;变压器护栏安装完毕,各种标示牌挂好。

③变压器第一次投入时,进行全压冲击试验,持续时间大于10min;试运行期检测空载电流、一、二次电压、温度,并做好详细记录。

④变压器开始带电起正常工作24h后无异常情况,办理验收手续。

工作井内的高压配电室如图9-6所示。

6. 不间断电源(UPS)安装

(1)基础检查

①UPS基础由槽钢或角钢制成,型钢顶部高出抹平地面10mm。

②型钢表面是否进行了防锈处理,是否符合图纸设计要求。

③基础型钢底部与预埋底板、钢筋焊接牢固。

④安装的基础型钢要用水平尺找正、找平。

⑤基础型钢应可靠接地,接地线在基础型钢的两端分别与接地网焊接牢固,焊接处有无防腐处理。

图9-6　工作井内高压配电室

(2)开箱检查UPS包装、密封是否良好;UPS及其配件是否齐全,UPS有无机械损伤、变形、脱漆等缺陷;UPS符合国家行业标准规定,内部器件必须符合设计图纸要求;UPS要有铭牌、产品合格证书和产品出厂日期。

(3)不间断电源UPS安装

①人工将UPS搬运到安装位置的型钢基础上,并进行初步定位。

②将UPS调整就位后再用水平尺等工具对UPS进行调平。

③在UPS与型钢之间加0.5mm厚垫铁,但每处垫铁最多不能超过3片。

④UPS和基础型钢之间采用镀锌螺栓固定。

⑤按设计要求采取相应的防震措施。

⑥按图纸的规定进行选线与接线。

7. 室内管线

(1)配电线路的一般要求

①配线规格、型号及敷设方式应符合设计要求,配线起点、终端按设计回路编号挂牌。

②配线与通风、上下水管等之间的最小距离:穿管配线平行为100mm,交叉为50mm,绝缘导线明配平行为200mm,交叉为100mm。

③配线工程的支持件固定牢靠,线路在经过建筑物的伸缩缝及沉降缝处应有补偿装置,在跨越处的两侧应将导线固定,并留有适当富余量。

(2)室内配管

①敷设于多尘和潮湿场所的电线管路、管口、管子连接处均应作密封处理。埋入墙或混凝土内的管子,离表面的净距不应小于15mm。

②进入落地式配电箱的电线管路,应排列整齐,管口应高出基础面不小于50mm。

③电线管路弯曲半径:明暗配时均不应小于管外径的6倍;当埋设于地下或混凝土楼板内时,不应小于管外径10倍。

④电线管路中间加装接线盒,在TN－S系统中,金属电线管和金属盒(箱)必须与保护地线(PE线)有可靠的电气连接。

⑤配于潮湿场所和埋入地下的钢管均应使用镀锌厚壁钢管。

⑥明配钢管应排列整齐,固定点的距离应均匀,间距符合规定要求。

⑦钢管进入灯头盒、开关盒、拉线盒、接线盒及配电箱时,管口露出盒、箱应小于5mm。明配管应用锁螺母或护圈帽固定,露出锁紧螺母的丝口为2～4扣。

⑧钢管与设备连接时,应将钢管敷设至设备内,当不能直接进入时,应在钢管出口处加保护软管引入设备,金属软管长度不宜大于2m,管口包扎严密。

⑨在建物的顶棚内,必须采用金属管、金属线槽布线,吊顶内金属软管长度不应大于0.8m。

(3)阻燃硬塑料管敷设

①硬塑料管沿建筑物表面敷设时,在直线段上每隔30m应装设补偿装置。

②明配的硬塑料管在穿过楼板而受机械损伤的地方应有钢管保护,其保护高度距楼板面不应小于500mm。明配塑料管应排列整齐,固定点的距离应均匀且符合规定要求。

(4)管内穿线

①穿在管内绝缘导线的额定电压不应低于500V。导线应按设计技术标准采用铜芯阻燃(或阻燃耐火)电线。

②不同回路的导线,不应穿于同一根管子内。但对同类照明的几回路,在满足管内足够空间的前提下,导线总数不多于8根时,允许穿于同一根管内。

③导线在管内不得有接头和扭结,其接头应在接线盒内连接。

④导线穿入钢管后,在导线出口处应有护线套保护导线。

三、保证质量的技术措施

1. 配管配线施工质量通病防治

(1)钢管煨弯时,应使用定型煨弯器。操作时,先将管子需要弯曲部位的前段放在弯管器内,管子的焊缝放在弯曲方向的旁边,弯曲时逐渐向后方移动弯管器、电动弯管机;PVC采用管内空弯曲弹簧煨制;使表层光洁美观。

(2)穿入箱盒时,必须在箱内外加锁母。吊顶棚,木结构内配管时,必须在箱、盒内外用锁母锁住。配电箱内引入管较多时,可在箱内设置一块平挡板,深入箱内管口在板上,将管路用锁母固定后拆去挡板,以保持入箱管口高度一致、管间距均匀。

(3)穿插线前应严格戴好护口,防止导线拉伤。

(4)放线时应用放线架,自然转动轴放出导线,以免出现螺圈,防止背扣和导线拖地弄脏。

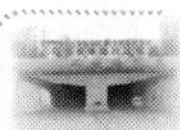

(5)为了保证相线、零线、地线不混淆，采用不同颜色的导线。A相黄色，B相绿色，C相红色，零线统一用蓝色的导线，PE用黄绿双色线以保证相线、零线、地线严格区分。

2. 电缆桥架及电缆敷设质量通病防治

(1)电缆敷设前应根据设计图纸绘制电缆敷设图。图中应包括电缆的根数、各类电缆的排列、放置顺序，以及各种管道交叉位置，同时应对运到场的电缆进行核算，弄清每盘电缆的长度，按线路的具体情况，合理配置电缆长度，避免造成浪费和增加不必要的中间接头。

(2)敷设电缆时，先敷设长的、截面大的电缆干线，再敷设截面小的且较短的电缆；每施放完一根电缆，随即把电缆的标志牌挂好，避免混乱现象。

(3)电缆接线采用套管扳手，严禁用钳子固定。

(4)进入箱、柜等的电缆头要固定牢固，接地、接零线接到相应母排上，且每点不超过两个接头。

(5)电缆桥架及其支托架均为成品，安装前应先依据图纸设计确定好走向及与管道交叉位置、测量、放线、打眼要准确，保持安装牢固、平直。

(6)现场加工弯头、三通时，转弯处不允许出现直角，转角最小不小于45°，且应将接口处打光、喷漆，桥架应补漆。

3. 接地装置安装的质量通病防治

(1)金属线管连接、管子及管子、管子与配电箱及接线盒等连接处均应做系统接地，接地跨接线的长度要达到接地线直径的6倍以上。

(2)电缆桥架除与接地扁钢连接外，每节之间用$10mm^2$导线跨接。

(3)箱、盘、柜的门均应用多股软铜与接地干线连接，并留有足够长度。

(4)接地铜芯线端头要搪锡后，再与用电器具和设备连接。

四、安全措施

(1)送电前发出安全通令，通知站内各安全负责人，共同做好安全教育工作，组织机电试机人员，包括运管人员学习电业安全工作规程，作为试机人员运行值班人员上岗前培训。

(2)做好保证安全组织措施：试机送电过程，严格履行工作票制度，工作许可制度、工作监护制度及工作间断、转移和终结制度；供电干线停送电，由电气项目工程师与变电所、环控电控室值班长进行面对面联系，并填写工作票签名后进行，恢复送电必须接到原申请人通知后进行。

(3)在带电线路检查测试工作，设专人监护；为保证调试人员在工作地点，防止突然来电，对有可能送电到停电设备的各回路及有可能产生感应电压的回路均进行接地，并三相短路。

(4)做好保证安全技术措施：在全部停电部分停电的电气设备上工作，完成下列措施：停电、验电、装设接地线，悬挂标示牌和装设遮拦，在带电低压盘上工作，将调试设备与运行设备以明显的标志隔开，做好防止产生高电压，工作时不得断开永久接地点。

(5)在带电的电流互感器二次回路测试工作，采取防止二次侧开路措施。断开电流互感器的二次回路前在专用短路端子上，用短路片或短路线短接防止产生高电压，工作时不得断开永久接地点。

(6)对于装饰工程的尚未完成部位,在配电箱挂上"禁止合闸"标示牌,并把开关下端引出线解除,灯具分支干线,在有可能来电的线头用绝缘胶布包扎完好。

(7)在隧道轨行区进行调试工作,应上报轨行区施工计划,经审批后进行,调试期间所有与调试无关的人员均需撤离调试区域并且安排警戒人员,做好防止外人误操作措施。

(8)各配电室及各配电间已挂上标志牌,门加锁。配备有一定数量的干粉灭火器。受电前及受电期间,严禁非值班人员进入(环控控制室内采用双回路电源做临时照明)。

(9)已配备好符合本项目电压等级的安全用电具、机具、测试仪表、记录表格等。

(10)调试、检查维护蓄电池时,要防止触电,清扫电气设备时要使用绝缘工具,防止电池短路、断路及两点接地。

(11)送电完毕供电正常后,必须撤除外电源,禁止乱拉乱接电线,防止外电源反馈进入变电所造成事故。

(12)配合送电试机人员,必须服从指挥,听从命令,不得擅离岗位,各负其责,送电试机过程发现异常情况马上报告并作迅速处理。

(13)做好机械设备试机、运行的巡查,检查机组运转中有无异常振动阻滞等不正常现象,齿轮箱转动不得有不正常的噪音和磨损,风机叶轮有无与壳体碰擦。

(14)运行过程如遇特殊情况,如电源中断、停水、压力、温度超过允许的范围,发生不正常的异常敲击声,应作紧急停车处理。

五、系统调试与试运转

(1)检查调试所用的仪器、仪表、工具、材料必须经过年检合格和具有产品合格证,记录表格应齐全,并指定专人填写。

(2)与调试安装有关的工作均已完毕,并经检验合格达到调试要求。

(3)所调设备的设计图纸、合格证、产品说明书、安装记录等资料齐全。

(4)与调试有关的机械、管道、通风、仪表、自控等设备和联锁装置等均已安装调整完毕,并符合使用条件。

(5)现场照明设施完善、灯光明亮、大型设备要重点检查,清理干净,检查中要注意有无遗漏工具,有无金属接地等。

(6)参加调试人员分工完毕,责任明确,岗位清楚。

(7)校对干、支线电缆是否与系统相符,并检查所有电气设备和线路的绝缘情况,应符合规范要求。

(8)送电工作应按先后顺序分步进行,有条不紊;发现异常情况必须处理完毕,找出故障原因,方可进行下一步工作。

(9)各级保护装置应符合设计要求和产品厂家技术要求,专业项目应由厂家进行调试,积极协助厂家技术人员的调试工作。

(10)对控制、保护和信号系统进行空操作,检查所有设备如开关的动触头、继电器可动部分动作是否灵活可靠;位置开关、限位开关接触是否良好,热继电整定值是否符合规定

要求。

(11)电动机在空载运行前应手动盘车,检查转动是否灵活、有无异常声响。

(12)送电前应先制定操作程序,送电时应由专业人员监护,无论送电或停电均严格执行操作规程。

(13)对已送电的盘、箱、柜应挂"有电"的指示牌。

(14)设备启动后,试运人员要坚守岗位,密切注意仪表指示,电动机的转速、声音、温升及继电保护开关、接触器等器件是否正常,随时准备出现意外情况而紧急停车。

(15)电动机应在空载下进行试运转,空载运行良好后再带负荷。

(16)对带有限位保护的设备应用点动方式进行初试,在接近限位前停车改用手动,手动调好后再用电动方式检查。

(17)调试中如果继电保护装置动作,应尽快查明原因,不得随意增大整定值,不准强行送电。

(18)运行正常后,应加强对电缆、配电箱等各种设备的运行情况的检查,发现异常及时断电。

(19)所有调试记录、报告均应经过有关负责人审校同意并签字。

(20)对所送电设备按照规范要求运行,合格后交甲方使用。

(21)各分项及特殊工程的调试工作应在各专业工程师的统一指挥下分别进行。

第二节　隧道通风系统

一、通风系统设计

1. 通风系统概述

正常交通情况下,通风系统应能稀释隧道内汽车行驶时排出的废气(废气以 CO 和烟雾为代表),为乘用人员、维修人员提供标准的通风卫生条件,为安全行车提供良好的空气和清晰的能见度。

火灾事故情况下,通风系统应具有排烟功能,并能控制烟雾和热量的扩散,而且为逗留在隧道内的乘用人员、消防人员提供一定的新风量,以利于安全疏散和灭火扑救。

根据本工程特点,采用分段纵向通风方式,其中东线隧道利用江北通风井排风,西线隧道利用江南通风井排风。

在初步设计阶段火灾情况下,设计中考虑在盾构段隧道顶部设置专门的火灾排烟风道,当火灾发生时采用半横向排烟通风方式。后经组织论证采用了纵向排烟通风方式。

设计中考虑了盾构段纵向逃生下部空间所需的增压系统设计,安全通道内已增设可逆诱导风机,火灾时通过两端工作井内轴流风机与可逆诱导风机的联合作用保证逃生口的正压与通风风速。

2. 隧道通风设计标准

(1)隧道内通风卫生标准如表 9-2 所示。

隧道内通风尾声标准　　表 9-2

交 通 工 况	车速(km/h)	CO 浓度(ppm)	烟雾浓度(m^{-1})
正常	60	100	0.007 5
全程阻塞	20	150	0.009
局部阻塞(长度 1km)	10	150(15min)	0.009

隧道内风速应满足稀释空气中异味的需风量要求风速，每小时换气次数不少于 4 次。

(2)尾气排放标准应符合欧 II 标准。

(3)隧道防排烟通风按同时仅一处火灾进行设计，火灾发热量按 20MW 计算。

(4)交通阻滞标准按 10km/h 车速，局部阻塞阻滞段长度取 1 000m 进行计算，阻滞段位置分别取隧道进、出口进行计算。

(5)风速标准，隧道内换气风速不应低于 2.5m/s，正常交通设计风速不宜大于 10m/s，火灾情况下纵向风速不低于 2.5m/s。

(6)噪声标准，隧道内噪声标准≤90dB(A)；隧道外噪声标准昼间≤70dB(A)，夜间≤55dB(A)。

(7)环境空气质量标准，执行《环境空气质量标准》(GB 3095—2012)中二级标准：

CO：小时平均：10mg/m

日平均：4mg/m

NO_2：小时平均：0.24mg/m

日平均：0.12mg/m

(8)电缆廊道、安全通道通风设计标准，电缆廊道按排除电缆发热计算通风量，安全通道通风量应保证火灾情况下疏散通道内余压值为 30～50Pa。

(9)空调设计标准：

办公用房：夏季室内温度 26℃，相对湿度 55%，冬季室内温度 18℃；

设备用房：夏季室内温度 28℃，相对湿度 40%～70%，冬季室内温度 18℃；

新风量：办公室、值班室 30m /(h·人)。

(10)通风防排烟设计标准：

泵房按 4 次/h 换气次数进行排风，电力用房按排除余热计算通风量，其他房间按 6 次/h 换气次数；每个防烟分区的消防排烟标准按 60m /(m·h)，火灾时补风量不小于排烟量的 50%；楼梯间设置加压送风系统，楼梯间加压风量为 25 000m /h，余压值为 40Pa。

3. 通风空调系统设计

(1)隧道车辆主要以小型客车为主，根据《杭州市庆春路过江通道流量预测报告》，大型客车与小型车比例为 1:6。设计交通量如表 9-3 所示。

隧道设计交通量表　　表 9-3

年　份	高峰小时交通量(pcu/h)(小客车)	年　份	高峰小时交通量(pcu/h)(小客车)
2010	4 307	2030	5 970
2020	5 459		

(2)隧道左/右两条线路近期、远期需风量如表 9-4 所示。

隧道近期、远期需风量表　　表 9-4

车速 km/h	2010 年		2020 年		2030 年		备　注
	稀释 CO (m^3/s)	稀释烟雾 (m^3/s)	稀释 CO (m^3/s)	稀释烟雾 (m^3/s)	稀释 CO (m^3/s)	稀释烟雾 (m^3/s)	
60	85.2/85.6	154.0/142.9	108.2/108.5	195.2/182.2	118.1/118.7	213.5/198.1	
40	125.8/125.8	137.9/131.0	159.5/159.5	174.8/166.0	174.3/174.3	191.1/181.6	
20	147.2/145.0	163.4/159.3	186.5/183.7	207.1/201.9	204.0/200.9	226.5/220.8	
10	139.1/139.5	188.0/178.2	176.3/176.8	238.3/225.9	192.8/193.3	260.5/247.0	
10	138.2/138.5	187.3/175.4	175.2/175.5	237.4/222.3	191.5/191.9	259.6/243.1	
稀释空气中异味需风量			209.3				4 次/h
换气风速需风量			137.5				2.5m/s
火灾工况下实物需风量			165				

根据以上计算，需风量取 260.5/247.0m /s。

(3)通风方式

在正常及阻塞工况时，采用分段纵向通风方式，排风分别通过设在江南、江北工作井内的 3 台轴流排风机由排风塔高空排放。在江北江南洞口段以及中部盾构段隧道车行道顶部悬挂 ϕ1 000 射流风机，构成串、并联运行，满足正常、阻塞及火灾时的诱导通风。火灾时通风方式如下：以右线为例，当火灾发生在入口段时，开启江北工作井内 2 台轴流风机与相应风阀将烟气通过风塔排出隧道；当火灾发生在盾构段时，开启江南工作井内 2 台轴流风机与相应风阀将烟气通过风塔排出隧道；当火灾发生在出口段时，开启射流风机，直接将烟气吹出洞外。

(4)系统控制

通风系统的控制由中央控制和就地控制两级组成，就地控制具有优先权；射流风机与隧道轴流排风排烟机预留与 FAS/BAS 的接口，并能够在中控室内显示其运行状态。

4. 电缆廊道、安全通道通风设计

盾构段电缆廊道和安全通道共用一套通风系统，通过风口设置的风阀控制气流。换气通风采取江北送风、江南排风的通风方式，通风量应满足电缆廊道排出余热与火灾时保证疏散通道内余压要求，安全通道与内每隔 160m 设置 1 组(2 台)可逆诱导风机，隧道发生火灾时通过送风机与诱导风机的联合作用保证疏散通道内余压值为 30 ~ 50Pa。江北与明挖暗埋段设置有电缆廊道与安全通道，在安全通道靠洞口处设置温控轴流风机，以排出电缆廊道散热，火灾时关闭江北工作井侧电动风口，对安全通道进行正压送风，保证火灾情况下疏散通道内余压值为 30 ~ 50Pa。安全通道内安装的诱导风机如图 9-7 所示。

图 9-7　安全通道内诱导风机

5. 江南、江北工作井通风空调、防排烟设计

(1)江南、江北工作井内的控制室、高压室、

低压室、弱电设备室、EPS 室、风机配电室、民用通信机房与值班室设变频多联空调或分体空调器。

江南、江北工作井通风排烟系统如表 9-5 所示。

工作井通风排烟系统表 表 9-5

系统编号	风量(m^3/h)	余压(Pa)	服务对象
SF-B-1-1	10 900	420	江北工作井地下一层过渡季节与火灾时送风
SF-B-1-2	200	150	江北工作井地下一层值班室空调季节送风
SF-B-1-3	15 600	450	江北工作井地下二层过渡季节与火灾时送风
SF-B-1-4	25 000	480	江北工作井 A 轴楼梯间正压送风
SF-B-3-1	25 000	480	江北工作井 C 轴楼梯间正压送风
SF-B-4-1	10 900	420	江北工作井地下四层平时送风
SF-B-4-2	25 000	480	江北工作井地下四层火灾时送风
PFY-B-1-1	15 300/10 130	680/300	江北工作井地下一层排风排烟
PFY-B-2-1	15 600	450	江北工作井地下二层排风排烟
PF-B-3-1. 2. 3	1 000	100	江北工作井地下三层备用排风
PF-B-4-1	10 900	420	江北工作井地下四层排风
PY-B-4-1	35 000	500	江北工作井地下四层排烟
SF-N-1-1	25 000	480	江南工作井地下一层送风
PFY-N-1-1	25 000	480	江南工作井地下一层排风排烟
SF-N-2-1	23 000	520	江南工作井地下二层送风
PF-N-2-1	23 000	520	江南工作井地下二层排风
PY-N-2-1	34 000	700	江南工作井地下二层排烟
SF-N-3-1. 2. 3	25 000	480	江南工作井楼梯间正压送风
SF-N-3-4	7 300	340	江南工作井地下五层左侧送风
PFY-N-3-1	11 000/7 300	460/270	江南工作井地下五层右侧排风排烟
PF-N-4-1. 2. 3. 4	3 000	65	江南工作井地下四层备用排风
SF-N-5-1	7 300	340	江南工作井地下五层右侧送风
PFY-N-5-1	11 000/7 300	460/270	江南工作井地下五层左侧排风排烟

(2)江北工作井地下一层值班室与江南工作井地下二层休息室单设风机，满足空调季节人员对新风的要求。其余各房间设置机械通风系统，非空调季节(室外温度小于 15°C)通风降温，过渡季节通风量按排出室内余热确定，通风系统兼作火灾时排烟与补风的功能。

(3)控制室、高压室、低压室、弱电设备室、EPS 室、风机配电室与风机房设有气体灭火系统，火灾时关闭房间送排风管上的电动风阀，对火灾房间进行气体灭火，待灭火完成后手动或电动打开火灾房间的电动风阀，开启相应的送排风机进行排风。工作井内设备管理用房设排烟系统，排烟量根据建筑面积按 1m /(h · min)计算 ，补风不少于排烟量的 50% 。

(4)江北、江南工作井内分别有 2 个和 3 个防烟楼梯间，每个楼梯间设一台正压送风机，

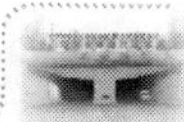

火灾时开启，正压送风量为25 000m /h，余压值为40Pa。

二、通风系统安装要点

（1）射流风机施工期间安装、调试要求如下：

①明挖段射流风机均在隧道顶部预埋钢板，其结构强度应不小于静荷载的15倍，风机安装前应做支撑结构荷载试验。

②射流风机安装时需使用安全吊链，以保证安全。

③每台风机的功能试验应验证风机的各种运转方式。安装好的风机电机应进行试验，验证无不合格的振动水平，不产生风机运转预料不到的任何噪声，拖动功率不超过规定值。

④应当验证沿隧道纵向至少4个位置的充满烟雾试验，验证隧道通风系统的实际排烟换气能力是否达到设计要求。

⑤应当试验电机的启动电流、运行电流和功率。

（2）通风机底座采用减振装置时，其基础顶面宜附设底座水平方向的限位装置，但不得妨碍底座垂直方向的运动。

（3）吊装的风机及消声器宜在预埋钢板上焊接吊杠，预埋钢板则应与土建专业密切配合。如无设备预留，可采用化学锚栓固定，不得采用膨胀螺栓。

（4）风管安装要求如下：

①钢板材料厚度按选用原则，风管钢板材料厚度及选用标准如表9-6所示。

风管钢板材料厚度选用标准表　　表9-6

矩形风管大边长（mm）	≤200	201~500	501~1120	1 121~1 400	1 401~2 000
通风系统钢板厚度（mm）	0.5	0.75	1.0	1.2	1.5
排烟系统钢板厚度（mm）	1.0	1.0	1.5	2.0	2.0

②所有风管及配件均按《通风管道技术规程》（JGJ 141—2004）制作，设计图中未标出测量孔的具体位置，安装单位应根据系统运行调试要求在适当的部位配置测量孔，测量孔参见《风管测量孔和检查门》（06K131）。

③风管支吊架间距按不同的边长规格选用2 000~3 000mm，但不得超过3 000mm，防火排烟风管支吊架最大允许间距不得超过1 500mm，风管吊架构造形式由施工单位在确保安全可靠的原则下，根据现场情况选定。

④送风管法兰垫片采用橡胶片，烟管法兰垫片采用耐热橡胶片。

⑤风管与风机采用软接头连接。软接头应有良好的阻燃性能，不变形，不老化，在地下潮湿环境应能使用20年以上，工作压力范围为-25~25kPa；排（烟）风机软接头应在300℃条件下连续稳定工作1h，送风机软接头耐温要求为0~70℃。

⑥安装排烟防火阀时，应严格按有关防火规程及厂家的产品安装指南进行，其气流方向必须与阀体的标志箭头方向一致，严禁反向。

⑦安装电动风阀、调节阀时，其执行机构应设在便于操作的位置。

⑧镀锌钢板送风管在切口处涂三遍防锈漆，支吊架底涂两遍防锈漆。

（5）工作井土建风道内壁应光滑，严密不漏风，在穿越楼板、顶棚和墙壁处，风道应连续，砖砌风道内壁应抹不小于10mm厚的水泥砂浆，风管构件与土建风道的连接方法见《建筑设备施工安装通用图集》(91SB－6)。

(6)风管穿越机房、楼板、防火墙处，除设有防火阀外，还应将其连接的风管用2mm厚普通钢板制作，在风管穿越部位用非燃烧材料密实堵严，防火阀的安装应便于检修和检查，并应在其调节把手处设一个吊顶检查孔(350mm×350mm)，防火阀应设独立的吊支架。排烟风机与风管连接处的软接头采用硅钼合成高温耐火软接。

(7)分体空调与多联空调安装未详之处应在设备招标后按照生产厂家安装使用说明书执行。

(8)江南、江北工作井凝结水管采用内涂塑钢管。

三、通风系统安装施工

通风系统主要是隧道射流、轴流风机、管理房空调、阀门、风管及消音器等的安装，包括基础检查、修复、焊接、防腐，风机吊装，设备接线，设备调试等工作。

1. 施工工艺流程(图9-8)

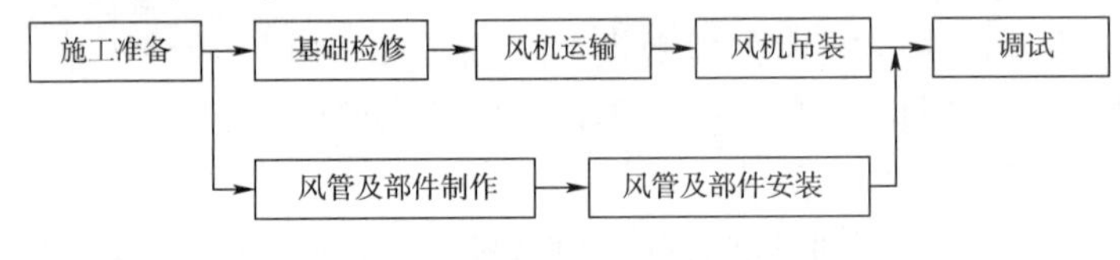

图9-8 通风系统施工工艺流程图

(1)射流风机的安装

①主要施工机具准备：升降台车、吊链、电焊机、活动作业架、扳手、钢丝绳、接线工具、绝缘电阻表、接地摇表、钢卷尺等。

②成立设备材料检查小组，对风机进行到货检查，检查风机技术文件是否齐全，检查外包装是否完好，开箱检查风机外观是否完好。

③风机运输：运输前对风机进行保护处理，防止运输中发生碰撞导致风机损伤，将钢丝绳穿在风机吊装孔内绑扎牢固，用吊车或自制脚手架将风机吊装到运输车上，并设防滚装置，不得将风机相互叠压，每辆车每次最多只允许运输两台风机。

④风机吊装：检查风机预埋基础，因预埋时有检查，但在安装前必须做拉拔试验抽查，保证设备的运营安全，将风机联杆、吊环安装到不锈钢螺栓上，并加装耐火橡胶垫，用扭力扳手将连接紧螺栓固定。吊装前应检查射流风机的方向是否正确，检查完毕后用起重机或吊链将风机吊装到安装支架上，缓慢升起台车至风机与风机联杆相距30cm处暂停，调整风机联杆，摆正安装方向继续上升，直至风机安装孔与风机联杆上吊环安装孔对正，插入连接螺栓，用扭力扳手对称紧固定螺栓，将消音器吊挂条固定。所有连接螺栓必须加装弹簧垫或采用双螺栓，防止螺栓松动，对安装过程中损伤处进行必要的防腐和喷漆处理，保证风机使用寿命。

(2)轴流、混流风机安装

①检查预埋基础是否符合设计要求，如有部分偏差应进行调整，保证安装质量。

②在减振器组装过程中，如发现弹簧中心线与水平面不垂直、不同心，一般采用在弹簧

盒内的底部加斜垫铁来消除。如偏差过大,不易调整,应更换合格产品。

③减振器应按设计或标准图的要求布置,做到各减振器受力均匀;为避免引起耦合振动,减振器的布置尽量对称于设备的主惯性轴,或布置在设备重心的平面内,以使各减振器受力均匀,变形量相等;如果安装在设备下各减振器的变形量不相等时,稍微移动减振器,以使其变形量相等,使减振器上的设备重心与减振器垂直方向的刚度中心重合。

④为防止风管振动,风机与风管连接处采用软连接,与通风机的连接用帆布制作,与火灾排烟用风机的连接用耐高温防火材料制作,软接的长度为150~200mm;为保证软管在系统运转过程中不扭曲,安装应松紧适度。对于装在风机吸入端的软管,可安装稍紧些,防止风机运转时被吸入,减少软管的截面尺寸。

⑤轴流风机叶轮与主体风筒的间隙应均匀分布,并应符合表9-7规定。

叶轮与主体风筒对应两侧间隙的允许偏差(mm)　　表9-7

叶轮直径(mm)	≤600	601~1 200	1 201~2 000	2 001~3 000	3 001~5 000	5 001~8 000	>8 000
对应两侧半径间隙之差不应大于	0.5	1	1.5	2	3.5	5	6.5

⑥轴、混流风机的吊装运输

轴流、混流风机体积大,质量重,且布置在地下一层至四层,空间狭小,吊装机械一次无法将设备运至安装现场,必须二次吊运。为了保证设备及人员的安全,运输前必须编制可行的吊装方案,待方案批准后方可进行吊装。

(3)风管及部件制作

①风管采用镀锌薄钢板制作安装,风管的大小根据设计图纸制作。

②各类风管采用镀锌薄钢板的厚度需满足设计及规范要求,矩形风管的咬口形式除板材拼接采用单平咬口外,其他各板边咬口应根据所使用的不同系统风管,采用按扣式咬口、联合角咬口及转角咬口,使咬口缝设在四角部位,以增加风管的刚度。

咬口处理:手工咬口合缝时,两板折边相互钩挂(或插入)后,用木槌先将咬口两端和中心部位打紧,再沿全长均匀地打实、打平。

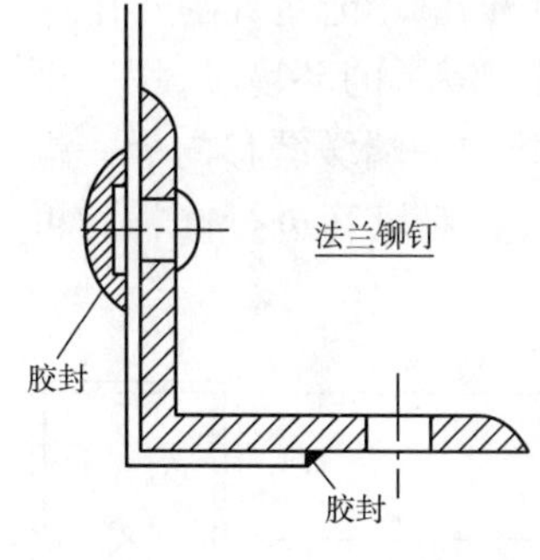

图9-9　风管与法兰连接示意图

③风管法兰采用角钢法兰,法兰大小及规格根据设计图纸制作,同一规格的法兰应有互换性,法兰的防腐应符合设计要求;风管与法兰连接时,采用翻边铆接(图9-9),用角尺靠在风管的纵向折角边上,使风管中心线与法兰平面保持垂直。用翻边量对法兰与风管找正时,翻边的尺寸应为6~9 mm,法兰用料规格较小的可取上限值,规格较大的取下限值,防止翻边遮住螺孔,影响组装。风管翻边四角开裂处应涂以密封胶。咬口重叠处翻边后应将突出部分铲平,四角不应出现豁口,以免漏风。

④所有风阀、风口及消音器按设计要求采购成品,成品的各个参数必须满足设计要求。

⑤天圆地方根据图纸要求采用厚钢板和镀锌钢板制作,大型风机采用厚钢板制作以保证强度,方变圆处按计算角度用折弯机折弯,所有拼接必须合理,连接处采用焊接,焊缝必须饱满,在焊接成品时必须在安装地点完成。小型风机用镀锌角钢制作,采用咬口连接。

⑥风管吊架按设计图纸制作,防腐处理应符合设计及招标文件要求,吊架上的螺孔应采用机械加工,不得用气割开孔,吊架的吊杆应平直,螺纹应完整、光洁。

(4)风管及部件安装

①首先安装风管支架,风管支架按照规范要求施工,支架的长度及安装距离不同,严格按照设计图纸将吊架安装在不同的位置,在防火阀处、消音器处单独设吊架,水平、垂直距离较长时,加装防晃支架。支吊架不得设置于风口、阀门、检查门及自控机构处,吊杆不宜直接固定在法兰上。

②为了快速安装,水平距离较长时风管在地面组装4～5节后再吊装,保证风管的严密性,在正常通风的风管法兰连接处采用橡胶垫,在火灾情况下仍通风的风管采用耐高温石棉垫。吊装前应按规范要求检查漏光,避免风管安装后增加漏光检查的难度。

③小消音器、风阀及消音器根据设计图纸安装在相应位置,确保安装位置正确,尤其是安装防火阀时,熔丝的方向应与气流方向一致。

④安装片式消音器时,应先制作基础。基础用混凝土制作,基础应高于水平地面10cm,外边柜大于消音器10cm,保证消音器防水、防潮,组装消音器完毕后,与天圆地方及组合式风阀连接。

⑤安装组合钢制风阀,组合钢制风阀质量重,部分风阀为立式安装,墙体需承重,所以这部分墙体施工时及时跟进,进行预埋件预埋,安装时将风阀外框焊接在预埋件上。

⑥天圆地方的安装,天圆地方体积大,质量重,一般在安装位置处开始焊接成成品,天圆地方的安装位置应准确,天圆地方的两边应与消音器及风机在同一轴线上,应单独设支吊架,必要时在天圆地方上设检修口,检修风机叶片用。

⑦风口安装:风口安装要注意美观、牢固、位置正确、转动灵活,在同一风管上安装成排同类型风口,必须拉线找直找平。送风口高程必须一致,横平竖直,表面平整,间距相等或均匀。位置对称,多风口成型成一直线。注意风口外型的完整性,不得碰撞损坏。风口必须固定,连接严密牢固可靠。边框与建筑装饰面贴实,外表面应平整不变形,调节应灵活。风口水平安装,水平度的偏差不应大于3/1 000;风口垂直安装,垂直度的偏差不应大于2/1 000。风管上开风口时,一定要用风口作样板,在风管上划线,再用直通机开孔,不能用气割开孔。

⑧风管吊装完毕后应进行漏光检测,对一定长度的风管,在周围漆黑的环境下,用一个电压不高于36V、功率100W以上带保护罩的灯泡,在风管内从风管的一端缓缓移向另一端(图9-10),若在风管外能观察到光线射出,说明有较严重的漏风,应对风管进行修补后再查。漏光试验必须经驻地监理确认,并做好记录。

2. 安装技术措施

(1)整体安装的通风机,搬运和吊装的绳索不得捆绑在转子和机壳回轴承盖的吊环上;现场组装的风机,绳索的捆绑不得损伤机件的表面,转子、轴颈和轴封等处均不应作为捆绑部位。安装风机时,输出管道的质量不应加在机壳上,应按图纸要求校正进风口与叶轮之间的间隙尺寸,并保持轴的水平位置。风机进气口不接进气管时,需加添防护网或其他安全装置。

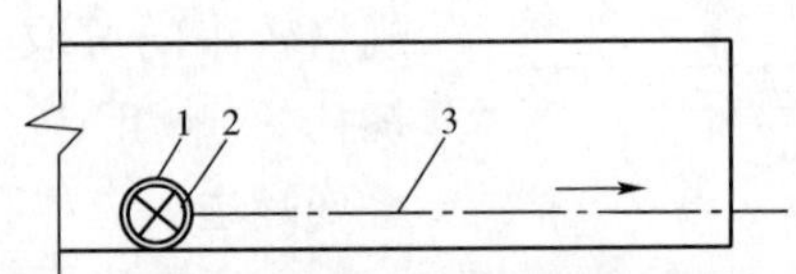

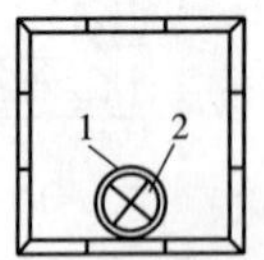

图9-10 风管漏光监测示意图

1-保护罩;2-灯泡;3-电线

(2)轴流式风机可以安装时,应注意使叶轮和进气外壳的间隙均匀。连接风机出口的管道质量不应由风机筒接受,安装时应加支撑。在通风机进风口处应安装进风口装置,并装好防护铁丝网。轴流风机在接风管时,风管中心应与风机中心对正。

(3)安装在混凝土基础上的风机,风机隔振器必须安装在平整的基础面上,各组隔振器承受荷载的压缩量必须均匀,不得偏心。隔振器安装完毕后,在其使用前采取防止位移及过载等保护措施。风机悬挂安装时,使用的隔振支吊架必须安装牢固。隔振支吊架的结构形式和外形尺寸应符合设计要求或设备技术文件的规定。隔振支吊架的焊接必须按国家现行标准《钢结构工程施工质量验收规范》(GB 50205—2001)中的有关规定进行,焊接后必须矫正。

3. 安装安全措施

(1)安装、试运转及调试的人员要妥善安排,并做到思想重视,分工明确,组织严密,指挥统一,行动一致。

(2)制订通风与空调单项工程试运转方案,报批后严格按方案要求进行工作。

(3)按照设计和施工规范的质量评定标准的要求,全面检查已安装完工的系统。参加调试人员要认真熟悉运转有关资料和生产工艺。

(4)准备好试转过程中各种仪器、仪表以及核检各种项目的记录。

(5)通风与空调系统中的各种送、回风口位置正确,内部风阀和叶片已达到要求的开度和角度。空调水管系统已进行了水压验收和水冲洗合格。

(6)配电箱及电动机等设备接线正确并试验完毕,性能符合规定的要求。电控防火,防排火回风阀(口)的手动、电动操作应灵活、可靠,信号输出正确。

4. 系统调试与试运转

(1)轴流通风机试运转前要求

①电动机转向正确;叶片数量、叶片安装角、叶顶间隙、叶片调节装置功能、调节范围均应符合设备技术文件的规定;风机管道内不得留有任何污杂物。

②盘车应无卡阻现象,并关闭所有人孔门。

(2)轴流通风机试运转要求

①启动时,各部位应无异常现象,当有异常现象时应立即停机检查,查明原因并应消除。

②启动后,其电流不得大于电动机的额定电流值。

③运行时,风机严禁停留于喘振工况内。

④滚动轴承正常工作温度及瞬时最高温度均不应大于设计值,滑动轴承的正常工作温度也不应大于设计值。

⑤风机轴承的振动速度有效值不应大于6.3mm/s,轴承箱安装在机壳内的风机,其振动值可在机壳上测量。

⑥主轴承温升稳定后,连续试运转时间不应少于2h,停机后应检查管道的密封性和叶顶间隙。

(3)风机的启动与运转

①风机点动一次立即停止运转,检查叶轮与机壳有无摩擦和不正常的声响。

②风机的旋转方向应与机壳上箭头所示方向一致。

③风机启动时,应观察与之相关连接的风阀是否打开,如没有打开,应检查风阀,如没打开,应先打开风阀,再启动风机。

④风机启动后,如发现机内有异物应立即停机,设法取出异物。

⑤风机启动时,应用钳型电流表测量电动机的启动电流,待风机正常运转后再测量电动机的运转电流是否满足设计要求。

⑥在风机运转过程中,仔细监听轴承内有无噪声,判定轴承是否有损坏或润滑油中是否混入杂物。

(4)性能测试及风口风量调整

①对所有风机风量、风压、电流进行测试,检查是否满足设计要求,并作记录。

②用表面温度计测量轴承温度,所测量温度值不应超过设备说明书中的规定,并作记录。

③按设计要求,通过调节阀及风口对所有风口风量进行调整,使其达到设计要求,进行风口风量测试,并作记录。

(5)说明

①风机经试转检查一切正常,再进行连续运转,连续运转时间为2h。

②风机试运转时,兼做风管风道吹扫,为防止设备房被灰尘污染,应将该房间的送风阀关闭。

第三节　给排水与消防系统

一、给排水与消防系统设计

1. 系统设计概况

隧道内消防给水水源分别由江南、江北城市给水管网各自引入两根DN250进水管,接至隧道两端的消防泵房,不设消防水池,消防时直接从城市给水管网抽水。隧道内设有消火栓、水成膜、开式水喷雾等水消防系统,并设置灭火器,以迅速可靠地扑灭各类初期火灾。隧道内各类废水及敞开部分的雨水分段集中,通过泵房提升后纳入市政雨、污水系统。

本工程消防给水管管径范围为100≤管径≤DN200时,采用热镀锌钢管,卡箍连接;管径<100时采用热镀锌钢,丝扣连接。热镀锌管采用一次镀锌二次安装,生产、生活给水管均采用PP-R给水管。

压力雨、废水管管材管径>DN250时,采用球墨铸铁管;管径≤DN250时,采用钢管。排水重力管管径≤400时,采用UPVC加筋管;管径>400时,采用混凝土排水管。

隧道给排水系统包括:给水系统、废水排水系统、敞开段雨水排水系统。

2. 隧道给水系统

隧道给水水源采用城市自来水,隧道两端工作井用水由城市自来水网直接供给。

3. 隧道内废水排水系统

(1)在东、西线隧道的最低点各设江中废水泵房一座,收集隧道冲洗水。隧道渗透水和

隧道火灾时的消防水，抽升至江南工作井废水泵房。每座江中废水泵房内各设三台搅均潜水泵，轮换使用。水泵性能：$Q=91\sim156\text{m}^3/\text{h}$，$H=24\sim35\text{m}$，$P=22\text{kW}$。在江中泵房旁的集水坑内设四台微型潜水泵，将车道下集水沟内废水提升至江中废水泵房集水池中。水泵性能：$Q=10\text{m}^3/\text{h}$，$H=4.5\text{m}$，$P=1\text{kW}$。

(2)在江南工作井的底部设废水泵房，排除井内结构渗入水，车行道车辆带入的雨水及各类废水，转输至江中废水泵房水。废水泵房内设三台搅均潜水泵。水泵性能为：$Q=70\sim120\text{m}^3/\text{h}$，$H=36\sim44\text{m}$，$P=30\text{kW}$。泵房出水管由工作井管井接出，经隔油池后排入城市污水系统。

(3)在江北工作井的底部设废水泵房，排除井内结构渗入水、车行道车辆带入的雨水及各类废水。废水泵房内设三台潜水泵，水泵性能为：$Q=91\sim156\text{m}^3/\text{h}$，$H=24\sim35\text{m}$，$P=22\text{kW}$。泵房出水管由工作井管井接出，经隔油池后排入城市污水系统。

4. 隧道敞开段雨水排水系统

在江北主线隧道洞口、Y匝道洞口、Z匝道洞口、江南主线隧道洞口各设雨水泵房一座，用以排除隧道入口敞开段的雨水。在洞口设置横截沟拦截雨水进入泵房集水池，泵房内设雨水泵，将雨水提升至地面，经压力排水井泄压后排入市政雨水系统。

(1)江北主线隧道洞口雨水泵房内设三台搅均潜水泵，两用一备；水泵性能：$Q=280\sim480\text{m}^3/\text{h}$，$H=11\sim16\text{m}$，$P=30\text{kW}$。

(2)江北Y匝道洞口雨水泵房内设三台搅均潜水泵，两用一备；水泵性能：$Q=150\sim350\text{m}^3/\text{h}$，$H=12\sim19\text{m}$，$P=18.5\text{kW}$。

(3)江北Z匝道洞口雨水泵房内设三台搅均潜水泵，两用一备；水泵性能：$Q=150\sim350\text{m}^3/\text{h}$，$H=12\sim19\text{m}$，$P=18.5\text{kW}$。

(4)江南主线隧道洞口雨水泵房内设三台搅均潜水泵，两用一备；水泵性能：$Q=420\sim720\text{m}^3/\text{h}$，$H=12\sim17\text{m}$，$P=45\text{kW}$。

5. 给排水系统技术要求

(1)管材

①隧道外给水管采用PE管，黏接。

②隧道内给水管采用塑钢复合管，丝扣连接。

③压力排水管采用球墨铸铁管，承插式连接。

④隧道外重力式排水管采用HDPE管，承插式连接。

⑤隧道内重力式排水管采用UPVC管，黏接。

(2)水泵控制方式

①水泵的控制方式为：集水池内水位启动，泵房内手动启动，控制室远程启动。

②江中泵房废水泵及工作井内废水泵的控制方式为：集水池水位启动，泵房内手动启动，控制室远程启动。

③所有泵的启闭状态均在控制室内显示。

(3)管道试压

①给水管试验压力为0.8MPa，压力球墨铸铁排水管试验压力为0.9MPa。

②排水管道均需作灌水试验。

③管道水压试验按《建筑给水排水及采暖工程施工质量验收规范》(GB 50242—2002)执行。

(4)水泵基础需核实,待所定设备基础尺寸无误后再行施工。

6. 隧道消防系统

隧道消火栓系统,泡沫/水喷雾联用消防系统,灭火器配置。

(1)消防水源

隧道消防水源采用城市自来水,隧道江南工作井附近设两座400m^3 的消防水池,储存一次消防用水量。发生火灾时隧道消防用水从消防水池吸水加压供给。隧道江北端不设消防水池,由富春江路给水管网上引入两根 DN300 给水管至工作井消防泵房,消防时直接从城市给水管网抽取消防用水。

(2)消防泵房

隧道内消火栓系统、泡沫/水喷雾联用消防系统用水和泡沫由隧道两端工作井内的消防泵房供给。江南工作井消防泵房设消火栓泵两台,互为备用,水泵性能为:$Q=20\text{L/s}$,$H=50\text{m}$,$P=18.5\text{kW}$。水喷雾泵两台,一主一备,水泵性能为:$Q=46\text{L/s}$,$H=90\text{m}$,$P=75\text{kW}$。泡沫泵两台,一主一备,水泵性能为:$Q=1.4\text{L/s}$,$H=100\text{m}$,$P=5.5\text{kW}$。江北工作井消防泵房设消火栓泵两台,互为备用,水泵性能为:$Q=20\text{L/s}$,$H=50\text{m}$,$P=18.5\text{kW}$。水喷雾泵三台,两主一备,水泵性能为:$Q=46\text{L/s}$,$H=80\text{m}$,$P=55\text{kW}$。泡沫泵三台,两主一备,水泵性能为:$Q=1.4\text{L/s}$,$H=90\text{m}$,$P=5\text{kW}$。

(3)消火栓系统

在每线隧道的一侧,隔 50m 设置一只消火栓箱,每只箱内设 DN65 单头单阀消火栓两个,25m 水龙带两盘,DN19 水枪两把,软管卷盘和启泵按钮一个等配套设施。东、西线隧道各设 77 只消火栓箱。消火栓栓口出水压力大于 0.5MPa 时,采用稳压消火栓。在消火栓总管的最高点处设排气阀,最低点处设 DN50 放空阀。

(4)泡沫/水喷雾联用系统

在隧道明挖暗埋段及圆形隧道段内设置泡沫/水喷雾联用灭火系统。每 25m 为一个保护区段,每个区段设置独立的雨淋阀组控制箱。暗埋段匝道与主线交汇处隧道上部两侧各设 5 个组合泡沫/水雾喷头,其余地段隧道单侧上部设 5 个远近射程组合泡沫/水雾喷头,消防时相邻两组 50m 范围内组合喷头同时用作灭火。东、西线隧道各设有 139 组,每组泡沫/水喷雾联用系统与响应的消防探测报警系统的分区相对应,火灾发生后在中控室能直接反映着火点位置。

隧道两端消防泵房内的水喷雾泵出水管上各引出两根 DN200 的消防总管,经信号蝶阀、水流指示器后敷设在每条隧道车道管廊内全线贯通,供给每条隧道的泡沫/水喷雾灭火系统用水。在隧道的最低点处设 DN50 放空阀。

隧道两端消防泵房内的泡沫液泵出液管上各引出两根 DN65 的泡沫液总管,经信号蝶阀、水流指示器后敷设在每条隧道车道管廊内,全线贯通,供给每条隧道的泡沫/水喷雾联用灭火系统。泡沫液储罐的有限容量约为 3.2m,可供系统喷射大于等于 20min。整个系统平时在比例混合器前泡沫管道内充满泡沫原液。

(5)灭火器配置

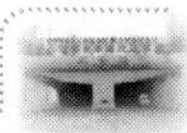

在每线隧道的两侧每隔50m设一只灭火器箱，交错布置。每只箱内放置4具5kg装的磷酸铵盐灭火器，东、西线隧道内各设155只灭火器箱。

江北工作井地下一层设置2具20kg装推车式磷酸铵盐灭火器和5个内装2个4kg的灭火器箱。地下三层设置4具20kg装推车式磷酸铵盐灭火器和3个内装2个4kg的灭火器箱。地下四层设置6个内装2个4kg的灭火器箱。

江南工作井地下一层设置4具20kg装推车式磷酸铵盐灭火器箱和6个内装2个4kg的灭火器箱。地下二层设置3具20kg装推车式磷酸铵盐灭火器和6个内装2个4kg的灭火器箱。地下三层设置8个内装2个4kg的灭火器箱。地下四层设置6个内装2个4kg的灭火器箱。地下五层设置8个内装2个4kg的灭火器箱。

(6)管材

①消火栓管、水喷雾管采用热浸锌无缝钢管，泡沫管采用不锈钢管。

②隧道内管径小于DN100的消防支管均采用丝扣连接，管径大于等于DN100的消防管道采用沟槽式连接，局部接口处安装困难可采用焊接，需作防腐处理。

(7)水泵进出水管道的固定采用弹性吊架、支架或托架。DN150、DN250消防总管需在各类弯头处及引出DN100、DN150支管处的总管两端各设置一道管道支吊架，管道的支吊架按《室内管道支架及吊架》(03S402)施工。

(8)消火栓安装要求

①消防水管进入消火栓箱应“横平竖直”，不得斜进箱内。

②消火栓栓口应垂直墙面朝外。

③消火栓栓口中心距车道路面高度应为1.10m。

(9)水泵控制方式

①消火栓泵的控制方式为：消火栓箱内按钮启动、泵房内手动启动、控制室远程启动。

②水喷雾泵控制方式为：雨淋阀压力开关启动、泵房内手动启动、控制室远程启动。

③泡沫泵控制方式为：压力开关启动、泵房内手动启动、控制室远程启动。

④所有泵的启闭状态均在控制室内显示。

(10)管道试压

①隧道内消火栓管试验压力为1.05MPa，水喷雾和泡沫管试验压力为1.6MPa。

②管道水压试验按《建筑给水排水及采暖工程施工质量验收规范》(GB 50242—2002)执行。

二、给排水与消防系统安装施工

1. 施工工艺流程

施工准备→测量划线定位、支架预制→管道支架安装→隧道管道安装→水泵、消防箱、消防器材安装→试验、冲洗→系统调试→竣工验收。

(1)水泵安装

①一般要求：安装前应核对基础定位尺寸及高程，其允许偏差应符合规范要求；水泵型号应与设计相符，动力机械与水泵功率应匹配；产品合格证明书及随机配件应齐全；水泵安装前应对其外表及组装件进行一次外观质量检查；如发现有质量问题，不得安装；安装后，水

泵泵体的底座应水平，且与基座接触严密，定位基准线应符合设计要求，设备的平面位置及允许偏差应符合相关规范的规定；水泵的管口与管道连接应严密，无渗漏水现象；电机的绝缘电阻应符合相关规范的规定。

②废水泵安装：水泵就位前应检查基础预埋的地脚螺栓位置是否与到货水泵相符，螺栓大小、材质、垂直度必须满足安装要求，水泵就位后螺丝应拧紧，扭力矩均匀，螺母、垫圈及底座间接触紧密；垫铁组应放置平稳，位置正确，接触紧密，每组不应超过三块，且垫铁之间应点焊，防止滑动；泵体水平度沿垂度的允许偏差每米不得大于0.1mm。联轴器应无损伤，两轴的不同轴度及联轴节间的端面间隙应符合相关标准的规定。

③潜污泵安装：潜污泵安装前应将水池内所有建筑垃圾清理干净，以免造成水泵堵塞；潜污泵在池内潜入水中的深度应符合设备技术规定及设计要求；自动耦合装置中的两根导轨应垂直安装并保持互相平行；自动耦合装置中的螺栓、螺母等所有连接件安装时应紧固；水泵自动耦合装置就位前应检查基础地脚螺栓（或膨胀螺栓）的大小、材质，其垂直度必须满足安装要求，螺丝应拧紧，扭力矩均匀，螺母、垫圈及底座间接触紧密；潜污泵吊装后导向挂件上的两只挂耳应以导管为中心均匀放置，防止偏向某一边致使水泵倾斜或卡住而破坏密封性能。安装时可以反复提起再吊下，直到使水泵获得正确的安装位置。

④消防泵及稳压装置安装：消防泵及稳压泵的安装应符合《机械设备安装工程施工及验收通用规范》（GB 50231—2009）的有关规定；消防泵及稳压泵的规格、型号应符合设计要求，并应有产品合格证和安装使用说明；消防泵的出水管上应安装静音止回阀（消声）和压力表，并安装试水用的放水阀门，消防水泵泵组的总出水管上还应安装压力表和泄压阀，安装压力表时应加缓冲装置，压力表和缓冲装置之间应安装旋塞，压力表量程应为工作压力的2~2.5倍；吸水管上的阀门应在消防水泵固定于基础之后再进行安装，其直径不小于消防水泵吸水口直径，采用闸阀，吸水管水平管段上不应有气囊和漏气现象；消防气压给水设备的气压罐，其容积气压、水位及工作压力应符合设计要求；消防气压给水设备上的安全阀、压力表、水流指示器等的安装应符合产品使用说明书的要求；消防气压给水设备的安装位置、进水管及出水管方向应符合设计要求，安装时其四周应有检修通道，其宽度不小于0.7m，消防气压给水设备顶部至楼板或梁底的距离不宜小于1.0m；气压罐的出水管上应安装远传压力表（参考型号：YT2－150），压力表的量程为工作压力的1.5~2倍；消防泵的稳压装置安装完毕后，应进行运行试验，试验压力及泵的启、停压力应符合设计要求。

⑤立式泵安装：水泵基座表面平整，强度符合设计要求，基座地脚螺栓埋设位置正确、牢固，水泵基座与基座接触严密，水泵的管口与管道连接应严密，无渗漏现象，压力表位置、高度、表盘轴向应便于观察和维修，水泵吸水口应安装滤网，滤网安装位置应符合厂家出厂的技术要求。

⑥水泵试运转应符合下列要求：电机转动方向正确；水泵运转无卡阻现象和异常声音；水泵带负荷连续运转不应少于2h；仪表指示正确，水泵填料处滴水正常；检查轴承冷却水管、润滑水管是否接通；各密封部位无渗漏现象；滚动轴承温度不高于80℃，特殊轴承温度应符合设备技术文件的规定；电动机电流不超过额定值；安全保护装置灵敏、可靠；水泵运转程序应符合厂家技术要求。

⑦卧式泵安装：水泵就位前应检查基础预埋的地脚螺栓位置是否与到货水泵相符，螺栓

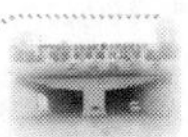

大小、材质、垂直度必须满足安装要求，水泵就位后螺丝应拧紧，扭力矩均匀，螺母、垫圈及底座间接触紧密：垫铁组应放置平稳，位置正确，接触紧密，每组不应超过三块，且垫铁之间应点焊，防止滑动；泵体水平度沿垂度的允许偏差每米不得大于0.1mm。联轴器应无损伤，两轴的不同轴度及联轴节间的端面间隙应符合相关标准的规定。安装完成的卧式泵如图9-11所示。

图9-11 卧式泵

(2)消防器材安装

①安装前应核对设备型号与设计是否相符，产品合格证、说明书及随机配件是否齐全。

②箱体安装前应进行外观质量检查，如发现有质量问题不得使用。

③箱体在安装过程中应与装修紧密配合，不得损坏装修面，与装修面的接缝应整齐美观。

④消火栓箱安装应牢固、平直，安装后箱体上下角的水平位移不得超过2mm，消防水管进消火栓箱应"横平竖直"，不得斜进箱内。

⑤消火栓安装前应作耐压强度试验。试验应从每批(同牌号、同规格、同型号)数量中抽查10%且不少于一个，如有漏、裂等不合格现象应再抽查20%，仍有不合格的则需逐个试验。强度和严密性试验压力应为消火栓出厂规定的压力，同时应有试验记录备查。

⑥消火栓安装时位置应正确，启闭灵活，关闭严密。室内消火栓栓口应垂直朝外，一般栓口中心距离装修完成面高度为1.1m或满足设计要求。

⑦水泵接合器应保证与管道垂直安装，阀门的开启应灵活，各接头处应无漏水现象。

⑧手提灭火器应按设计要求的型号、数量及位置进行配置，摆放在消防设备洞内，安装时应注意型号、数量是否准确，同时应注意摆放整齐、留出足够距离，以互不影响使用为宜。

⑨防火门和密闭门应严格按施工图定制，门框安装牢固，预埋件焊接牢固，铁脚需安装在水泥砖上。门扇关闭后门缝应均匀平整，开启自由轻便。安装后专人保管并移交钥匙。

隧道内的消火栓如图9-12所示，工作井上方路面设置的消火栓组如图9-13所示。

图9-12 隧道内侧壁消火栓

图9-13 工作井上方设置的消火栓组

(3)管道安装

①一般要求以及准备工作：依据图纸进行现场放线，并进行地下管线以及地表障碍物的

调查，防止盲目施工造成对原有设施的损坏；核对综合管线图，如有问题应及时协调，避免碰撞；给排水管道所用管材、管道附件以及其他材料均应进行全面检查，不得有损坏和裂纹，管材必须符合设计标准及规范的要求，且应有合格证和出厂检验报告。

②管沟及预埋件：沟槽开挖高程应符合设计要求，不得超挖，如局部超挖则应用相同土质填补，整实至接近天然密实度，也可以用砂或者砂砾石填补整实；基坑、沟槽底高程的允许偏差应符合相关规范要求；填土中的管沟、沟底管基应满足设计铺管要求；管道穿过基础、墙壁和楼板，应按设计要求预留孔洞；管道安装前，必须清除内部污垢和杂物，安装中断或完毕的敞口处封闭；管道铺设前，应对沟槽进行清理，不得有杂物，沟底应平整；并经监理检验签证后方可铺设。

③管道铺设要求：管道坐标以及高程允许偏差应符合规范要求，明装钢管成排安装时，直线部分应互相平行。曲线部分，当管道水平或垂直平行时，应与直线部分保持等距，管道水平上下并行时，曲率半径应相等；钢管水平安装的支架间距，不得大于规范或设计图中的规定；给水立管管卡安装，层高小于或等于 5m，每层需安装 1 个，层高大于 5m，每层不得少于 2 个。管卡安装高度，距地面为 1.5～1.8m，2 个以上管卡可匀称安装；管道采用法兰连接时，法兰应垂直于管子中心线，其表面应相互平行；给排水管道的法兰射垫采用橡胶垫，射垫材质符合设计要求和施工规范规定，且无双层；法兰射垫不得突入管内，其外缘到法兰螺孔为宜。法兰中间不得放置斜面垫或几个射垫，连接法兰的螺杆突出螺母长度，不宜大于螺杆直径的 1/2；弯曲钢管、弯曲半径应符合相关规范的规定；水平管道纵横方向弯曲，立管垂直度，成排管段和成排阀门安装允许偏差应符合施工规范要求；各种管道接口应该符合设计要求，连接平整、严密牢固；管道铺设后，先回填管道两侧以及管顶 0.5m 的土，管口部分不填，当水压试验合格后方可全部回填。回填土应分层整实，密实度达到 85% 以上；管道的坡度应符合设计及施工规范要求；管道的螺纹连接应保证螺纹无断丝；镀锌钢管和配件的镀锌层无破损，螺纹露出部分防腐蚀良好，接口处无外露油麻等缺陷；管道的焊接应保证焊口平直度、焊缝加强面符合施工规范规定，焊波均匀一致，焊缝表面无结瘤、夹渣和气孔。

(4)泡沫——水喷雾消防施工

①雨淋阀组安装前应进行检查，并做强度试验。试验数量为 100%，且合格率为 100%，每个雨淋阀组必须做严密性试验，雨淋阀组的安装方向、位置必须符合设计要求。安装必须稳固、可靠。雨淋阀开启方式：电磁阀打开泄压、打开快开阀门；机械应急泵启动方式：控制中心手动、泵房手动、压力开关动作反馈雨淋阀开启。隧道内雨淋阀组如图 9-14 所示。

②泡沫液储罐的安装应符合《机械设备安装工程施工及验收通用规范》(GB 50231—2009)的有关规定，其规格、型号应符合设计要求，并应有产品合格证和安装使用说明；泡沫液储罐的容积、工作压力应符合设计要求，压力表等的安装应符合产品使用说明书的要求，在安装前应对基础进行检查，安装应牢固，所有连接件应满足要求。安装完成的泡沫液储罐如图 9-15 所示。

(5)附属设备及材料安装

①阀门、管件等在安装前均应进行检查，并清除管内、管口杂物，作耐压强度试验；门的安装位置、方向应符合设计要求，阀门、管件的连接应牢固、紧密，不得有渗漏现象。安装后阀门与管道中心线应垂直，操作机构灵活、准确；有传动装置的阀门，指示机构指示的位置应

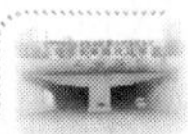

正确，传动可靠，无卡涩现象；阀门安装应保证其型号、规格符合设计要求，表面洁净，朝向正确，启闭灵活；管件表面不得有裂纹、重皮和麻面；安装的阀门在工程最终验收前不得有漏水痕迹。

②压力表及表盘在安装前应按设计要求核对其型号、规格，并检查产品合格证及说明书是否齐全；压力表安装位置正确、牢固、严密不漏。安装前均应按规定逐个校验，作好铅封后方可安装。

③管道支、吊、托架的间距及形式应满足施工图及相关规范的要求，管道支、吊、托架的位置应正确，埋设应平整牢固，管道支、吊、托架与管道接触应紧密，固定应牢靠，固定在建筑结构上的管道支、吊架不得影响结构安全。

图 9-14　隧道内雨淋阀组

图 9-15　安装完成的泡沫液储罐

2. 保证质量的技术措施

(1)管道支架间距过大或位置不准确，应严格按照有关规定及设计要求设置，吊杆垂直，管距合适。

(2)为防止给水管道安装后通水水流不畅，水质浑浊甚至堵塞，安装前应认真清理管子内部，使用管子割刀断管时，管口应用铲刀扩口，以保证断面不缩小，在安装过程中应随时加管堵封严，以防止交叉施工时异物落入。

(3)排水管段及管件连接处有弯曲现象，打麻时应认真将管与管件找正、找直。

(4)通水之前将器具内污物清理干净，不得借通水之利将污物冲入下水管内，以免管道堵塞。

(5)阀门安装前必须作外观检查，检查有无砂眼及橡胶垫是否完好，并进行强度试验。

(6)管道附件安装前必须先检查是否有裂纹及砂眼、偏扣、乱口，以防安装后发生漏水。

(7)丝扣管道不可乱丝、缺丝及丝扣牙深度不够，以防连接不严密产生漏水。

(8)排水管道倒坡或坡度过小均影响使用效果，各种管道坡度按设计要求找准。

(9)管道安装前，必须清除内部污垢和杂物，安装中断或完毕的敞口处应临时封闭。

(10)压力管道安装完毕后要进行水压试验，消火栓供水管以及给水管压水值为1MPa。

(11)管道水压试验时，要在最高处设放气阀放尽空气，否则试验压力不稳定。

3. 安全措施

管道试压试验技术要求较高，安全把关较严，必须使参加此项工作的全体人员严肃认真地对待。方案实施前,必须认真地组织学习与安排,注意如下安全事项。

(1)试压试验小组负责统一指挥工作并发布指令,全线人员必须按指令程序协调进行工作,任何人不得随意进行操作,发现隐患或异常现象应及时报告,及时处理。

(2)在试验进行过程中,与该项目工作无关的人员不许靠近或围观,不许随意敲打管子,各连接处、盲板等位置不许站人,更不许攀上管道。管线范围内应有人分段负责安全监护。

(3)试压前,位差较大的管道系统应考虑介质的静压影响,以液体管道最高点的压力为准,但最低点的压力不得超过管道附件及阀门的承受能力。

(4)试验过程中如遇管道漏水,不得带压修补,应作好记录并降压,逐渐排放使压力归零位然后修补,缺陷消除后再重新试验,试验中应排除与试验无关的其他作业。

(5)系统进行各项试验时,操作人员应尽量远离试压管道、管件、阀门及带压附件,谨防带压附件爆裂和意外伤害。

(6)电气机具等用电应派专业电工进行布线、接线,电气设备应有保护接地和完善的安全措施,试验用机器应由专业人员进行操作。

(7)试验用压力表必须经过校正,合格后才能使用。压力表应于试验前按要求标明上下限表针位(用红线标记),以便试压时观察与控制,指定专人监视。

(8)高空检查时,架子必须牢固可靠,并系好安全带。

4. 系统调试与试运转

(1)管道试压

①管道系统安装完成后可进行试压,对已安装的管道进行检测,确保不合格的工程产品不进入下一道工序。管道试压一般分为单项试压和系统试压两种。单项试压是在干管敷设完后或隐蔽部位的管道安装完毕,要求进行水压试验;系统试压是在全部干、立、支管安装按设计或规范要求进行水压试验,试验压力按设计要求。

②系统试压前应成立试压小组,检查各系统的流程情况,单项试压记录等。参与试压人员需配备载线对讲机以便联络。

③系统试压应遵循先总管、后干管再支管的原则。

④水压试验应用清洁水,且环境温度应在5℃以上。

⑤水管道系统试验压力应符合设计说明和规范要求。

⑥所有在吊顶内的各种管道的水压试验应在封吊顶前结束。

⑦试验时应在建设单位代表、监理、质检员、施工员在场时进行,试验合格当场办理好签证。

⑧消防给水管试验压力为1.4MPa,生活给水管试验压力为工作压力的1.5倍。试压介质为温度保持在5℃以上的洁净水。埋地管道水压试验在管基检查合格,管身上部回填土不小于0.5m(管道接口处除外),管内充水24h后进行。

(2)管道灌水试验

隐蔽或埋地的排水管道在隐蔽前,以及室内雨水管道在安装后,应对管道的外观质量和安装尺寸进行复核检查,无误后再做灌水试验。

排水管道灌水高度不低于底层卫生洁具的上边缘或底层地面高度,待管道灌满水15min水面下降后,再灌满观察5min,液面不降、管道及接口无渗漏者为合格。

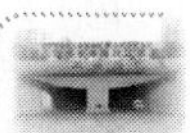

室内雨水管道灌水到每根立管上部的雨水斗，灌满后静置1h，不渗不漏者为合格。

(3)管道通球试验

室内排水立管及水平干管在安装后做通球试验，目的是为了检查管内有无障碍物。其方法是采用橡皮球逐个试验，橡皮球球径不小于排水管管径的2/3。

水平干管通球试验在干管安装完毕，管道末端P弯或S弯安装前进行；排水立管通球试验在立管安装完毕，透气帽安装前进行。通球试验时，将橡皮球逐个从水平干管末端或排水立管顶部放入，以橡皮球100%顺利通过者为合格。

(4)管道冲洗和消毒

管道系统施工完毕且试压合格后，应进行通水冲洗，饮用水管道在冲洗后进行消毒。

①管道冲洗

管道冲洗的目的是为了冲出管内的焊渣、泥沙及其他杂物，确保管内清洁，冲洗介质采用自来水。冲洗步骤如下：

a. 接通自来水水源，并在管网干管最低点连接排放管道至排水沟槽。

b. 打开自来水向管内灌水，待灌满后迅速打开泄空阀，使管内焊渣、泥沙及其他杂物在重力流下随水流一起流出。

c. 管道冲洗流量不小于1.5m/s，当重力流不能满足要求时，采用加压泵加压使之达到要求。

d. 按上述步骤反复进行冲洗，直至出口的色度经目测与入口基本一致为合格。

e. 管道冲洗合格后拆除临时用的盲板、阀门、法兰等，将管道进行复原，办理管道冲洗记录及系统封闭工程手续。

②管道消毒

饮用水管道在冲洗合格后应进行消毒，使之满足卫生要求。方法是采用每升加有20～30mg游离氯的清水在管道中静泡24h以上进行消毒，消毒后用自来水冲洗干净。

第四节　照明系统

一、照明系统设计

1. 照明系统概述

根据隧道整体布局，隧道照明的供配电采用0.4kV低压供电方式。隧道0.4kV电源分别由江南、江北竖井10/0.4kV变电所不同母线以隧道中心里程为分界点分别供电。隧道内每一侧照明由两段母线交叉供电，以确保在任一进线电源失电瞬间，不致使隧道该区段的照明灯具全部熄灭。本设计隧道内应急照明采用分散式电源装置，在各个变电所都设有EPS电源柜，其电源由变电所内低压柜接引。由EPS电源柜引出馈出，分别向隧道左侧、右侧、安全通道、电缆通道的应急照明灯具供电。

隧道基本照明控制采用定时、就地和遥控三种方式；出、入口照明采用照明控制仪进行光控、就地控制和遥控。根据洞外环境亮度、交通量的变化，按白天(晴朗)、傍晚(多云)、阴雨天、重阴、夜间、深夜六级标准对洞内照度进行控制。晴朗的白天基本照明和加强照明灯具全部开启，傍晚或多云天气加强照明灯减半，阴雨天加强照明灯开启1/4，重阴天加强照明灯开启1/8，夜间加强照明灯全部关闭，深夜交通量较小时基本照明灯具减半。隧道内照明灯具采用具有五防（防水、防尘、防震、防腐、防护）功能的隧道灯具，防护等级不低于IP65。灯具采用就地补偿，补偿后功率因数不低于0.9。

2. 车道层照明

（1）照明供电电源

隧道正常照明按照各区域位置电源分别引自江北隧道出口低压变电所、江北工作井低压变电所、江南工作井低压变电所、江南明挖段低压变电所。应急照明电源以隧道盾构段中心里程为界，分别引自江北工作井内EPS和江南工作井内EPS。隧道内每一段照明由两台变压器交叉供电，以确保在任一进线电源十点瞬间，不致使隧道该区段的照明灯具全部熄灭。

（2）照明设计标准

主线行车速度为60km/h，单向行驶双车道，单向交通量大于2 400辆/h；匝道行车速度为40km/h，单向行驶双车道。洞外亮度3 500cd/m^2；隧道各段照度标准均满足《公路隧道通风照明设计规范》（JTJ 026.1—1999）的要求。隧道各段长度和照度要求如下：

①主线（设计速度：60km/h）

基本段亮度：4.5cd/m；

入口段亮度：L_{th} = 88cd/m，入口段长度：D_{th} = 66m；

过渡1段亮度：L_{th1} = 26.4cd/m，过渡1段长度：D_{th} = 44m；

过渡2段亮度：L_{th1} = 8.8cd/m，过渡2段长度：D_{th} = 67m；

出口段亮度：L_{th1} = 22.5cd/m，出口段长度：D_{th} = 60m；

应急照明：1.0cd/m^2。

②匝道（设计速度：40km/h）

基本段亮度：4.5cd/m；

入口段亮度：L_{th} = 48cd/m，入口段长度：D_{th} = 28m；

过渡1段亮度：L_{th1} = 14.4cd/m，过渡1段长度：D_{th} = 26m；

过渡2段亮度：L_{th1} = 4.8cd/m，过渡2段长度：D_{th} = 44m；

出口段亮度：L_{th1} = 22.5cd/m，出口段长度：D_{th} = 60m；

应急照明：1.0cd/m^2。

③洞外引道及地面道路照明根据城市主干道亮度要求，平均亮度均为1.5cd/m^2，均匀度为0.4Lmin/Lav。

（3）灯具布置

①基本照明及应急照明

隧道基本照明采用2×35W高效节能三基色荧光灯，安装在隧道两侧，间距为4m。应急照明灯每隔32m一套，灯位同正常照明灯，正常时作为常开灯使用。

②加强照明

加强照明灯具安装于隧道两侧。入口段采用400W高压钠灯，间距为1.0m；过渡1段采

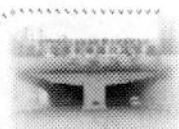

用250W高压钠灯,间距为2.1m;过渡2段采用150W高压钠灯,间距为8.0m。出口段采用150W高压钠灯光源隧道灯,安装在隧道两侧,间距为2.0m。

(4)灯具控制方式

①基本照明

隧道车行道基本照明深夜灯具开一半,其余时间全开,应急照明灯24h全开。电缆通道照明在配电箱集中手动控制,安全逃生通道照明可在配电箱手动控制,也可通过电脑自动控制。

②加强照明

入口段加强照明按晴天、多云(黄昏)、阴天、重阴天进行控制,晴天灯具全开,多云或黄昏加强照明灯开一半,阴天加强照明灯开1/4,重阴天加强照明灯开1/8,夜间关闭加强照明。出口段加强照明灯阴天及傍晚开一半,晴天全开,夜间全关。

(5)照明配线

隧道内照明主干线采用交联聚乙烯绝缘、聚烯烃护套无卤低烟阻燃铠装铜芯电力电缆,应急照明回路采用交联聚乙烯绝缘、聚烯烃护套无卤低烟耐火铜芯铠装电力电缆。照明分支配线采用聚氯乙烯绝缘铜芯电线,应急照明回路为耐火型,其他回路为阻燃型。照明干线电缆在电缆通道内沿电缆支架敷设至照明配电箱处后,穿预埋钢管引上至行车道照明配电箱。照明分支配线从照明配电箱引出后,穿钢管保护沿隧道壁明敷至灯具。照明管线在穿越结构沉降缝、变形缝时应进行补偿处理。

(6)接地及安全措施

本工程采用TN-S接地系统,变压器中性点直接接地,接地电阻$R \leqslant 1\Omega$。照明配电系统设专用保护零线,所有电气设备外壳、配电柜(箱)外壳、灯具外壳、电缆桥架、金属线槽等均应与专用保护零线可靠连接。

(7)照明节能

本设计通过设置光过渡段、合理布置照明灯具、选择适当照明器具、优化照明控制等措施,以降低照明用电能耗。

隧道入口段采用天然光过渡与人工光过渡相结合的混合光过渡形式。在光过渡段利用顶棚透光与不透光材料的间隔搭配,实现降低自然光亮度的目的,迅速降低驾驶员进入隧道时的视野亮度,由此降低人工光过渡照明的入口起点照明亮度,以减少加强照明负荷。在隧道两端的出口处,采用照明控制仪对加强照明灯具的开、关进行自动控制,以降低非必要时段开启照明灯具所带来的照明电能损耗。隧道照明灯具内设单灯电容补偿,以提高功率因数,减少无功损耗,有效节能。

3. 工作井照明

(1)范围包括:江北、江南工作井内动力照明低压供电干线、照明系统、应急照明系统、动力系统。

(2)供电电源:江北、江南工作井动力与照明电源分别由各自工作井内的变电所低压屏引来,江北、江南工作井应急照明电源引自各工作井内的EPS电源室。

(3)负荷供电:一级动力负荷由工作井内变电所两段低压母线,各引一路低压电源末端双电源自动切换后供电,其余由一路电源供电,应急照明由EPS供电。

(4)设备选择:动力照明配电箱、双电源切换箱、电气控制箱均采用成套型箱;照明主要采用高效节能的三基色荧光灯配电子整流器。

(5)导线选择及敷设:与消防有关的动力照明线缆均采用耐火型铜芯电缆(线),配线采用穿钢管暗敷设;其他动力设备采用阻燃型铜芯电缆(线),动力配线采用沿电缆井明敷、电缆桥架、穿钢管敷设相结合的方式;一般照明采用阻燃型铜芯电缆(线),应急照明采用耐火型铜芯电缆(线),照明配线采用穿钢管暗敷设的方式。

(6)接地与安全:接地电阻 $R\leqslant 1\Omega$,本设计低压配电采用 TN - S 系统,设专用保护零线(PE 线),PE 线在低压配电柜处引出,电气设备金属外壳、电缆桥架、电缆支架、插座保护极与专用 PE 线牢固连接,配线必须将工作零线与专用保护 PE 线严格分开,并用颜色加以区分,对于所有进出的电力线缆孔洞,待电力线缆敷设完毕应进行放火封堵。

二、照明系统安装施工

1. 施工工艺流程(图 9-16)

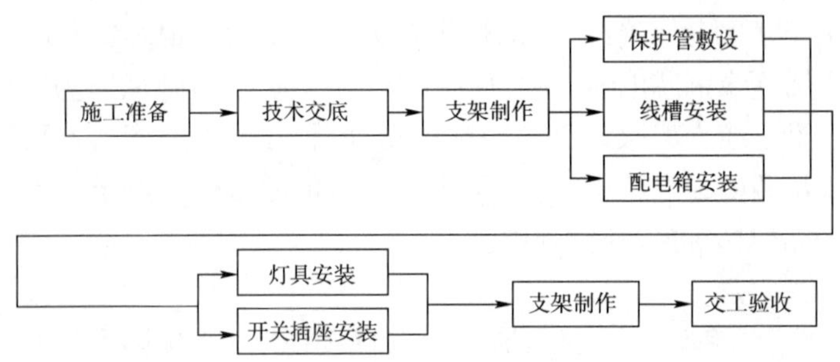

图 9-16 电气装置安装工程施工工艺流程图

2. 穿线管施工

(1)钢管的预制加工

①钢管煨弯。

②管子切断。

③管子套丝。

(2)钢管连接

①管径 20mm 及其以下钢管,必须用管箍丝扣连接。

②管路超过下列长度,应加装接线盒,其位置应便于穿线:无弯时 45m,有一个弯时 30m,有两个弯时 20m,有三个弯时 12m。

③管进盒、箱连接:盒、箱开孔应整齐并与管径吻合,盒、箱上的开孔用开孔器开孔,保证开孔无毛刺,要求一管一孔,不得开长孔。

(3)管线明设的步骤

确定各用电设备的安装位置→划出管路中心线和管路交叉位置→埋设木砖→量管线长度→把电管按建筑形状弯曲→计算管段长度并下料→管口加工→将管子、接线盒、开关盒装配连接成→整体进行安装→做好接地。

(4)可挠金属软管的安装

①钢管与器具间的电线保护管宜采用金属软管或可挠金属电线保护管;金属软管的长

度在照明工程中不大于1.2m。吊顶内分线盒至器具间的连接采用金属软管,应急照明器采用有防火要求的普利卡软管。

②金属软管敷设在不易受机械损伤的场所。当在潮湿场所使用金属软管时,采用带有非金属护套且附配套连接器件的防液型金属软管,其护套需经过阻燃处理。

③金属软管无退绞、松散,中间无接头;与设备、器具连接时,采用专用接头;连接处密封可靠;防液型金属软管的连接处封闭良好。

3. 管内穿线

(1)选择导线

相线、零线及保护地线应加以区分,用黄、绿、红导线分别作A、B、C相线,黄绿双色线作接地线,蓝线作零线。

(2)穿带线

穿带线的目的是检查管路是否畅通,管路的走向及盒、箱质量是否符合设计及施工图要求。带线采用ϕ2mm的钢丝,先将钢丝的一端弯成不封口的圆圈,再利用穿线器将带线穿入管路内,在管路的两端应留有10~15cm的余量(在管路较长或转弯多时,可以在敷设管路的同时将带线一并穿好)。

(3)清扫管路

配管完毕后,穿线之前必须对所有的管路进行清扫。清扫管路的目的是清除管路中的灰尘、泥水等杂物。

(4)放线及断线

①放线:放线前应根据设计图对导线的规格、型号进行核对,放线时导线应置于放线架或放线车上,不能将导线在地上随意拖拉,更不能野蛮使力,以防损坏绝缘层或拉断线芯。

②断线:剪断导线时,导线的预留长度按以下情况予以考虑:接线盒、开关盒、插销盒及灯头盒内导线的预留长度为15cm;配电箱内导线的预留长度为配电箱箱体周长的1/2;出户导线的预留长度为1.5m,干线在分支处可不剪断而直接作分支接头。

(5)导线与带线的绑扎

当导线根数较少时,可将导线前端的绝缘层削去,然后将线芯直接插入带线的盘圈内并折回压实,绑扎牢固;当导线根数较多或导线截面较大时,可将导线前端的绝缘层削去,然后将线芯斜错排列在带线上,用绑线缠绕绑扎牢固。

(6)管内穿线

在穿线前,应检查钢管(电线管)各个管口的护口是否齐全,如有遗漏和破损,均应补齐和更换。

(7)导线连接

导线连接应满足以下要求:导线接头不能增加电阻值;受力导线不能降低原机械强度;不能降低原绝缘强度。为了满足上述要求,在导线做电气连接时,必须先削掉绝缘再进行连接,然后加焊,包缠绝缘。当导线通过接线端子与设备或器具连接时,采用压线钳压接接线端子。手压钳压接0.2~6mm^{2}导线,10mm^{2}及以上导线可使用油压钳压接。

(8)导线包扎

首先用橡胶绝缘带从导线接头处始端的完好绝缘层开始,缠绕1~2个绝缘带宽度,再以半幅宽度重叠进行缠绕。

(9)芯线与电器设备的连接

截面积在 $10mm^2$ 及以下的单股铜芯线直接与设备器具的端子连接,截面积在 $2.5mm^2$ 及以下多股铜芯线拧紧搪锡或接续端子后与设备、器具的端子连接,截面积大于 $2.5mm^2$ 的多股铜芯线,除设备自带插接式端子后与设备、器具的端子连接;多股铜芯线与插接式端子连接前,端部必须拧紧搪锡,每个设备和器具的端子接线不多于2根电线。

4. 照明灯具的安装

灯具安装与土建、装饰单位密切配合,预留灯具位置,同时和消防报警系统探测器安装、通风空调系统风口安装统筹考虑,合理布置,并画出详细的布置图,进行会签。装饰单位预留的孔洞在预留好后与安装单位办理交接,确认预留孔洞的尺寸及相对位置,必须满足安装要求。

(1)步骤:施工准备→检查灯具→灯具支吊架制作安装→灯具安装接线→通电试亮。

(2)材料要求:各种型号规格的灯具及开关、插座必须符合设计要求和国家标准规定,灯内配线严禁外露,灯具配件齐全,无机械损伤、变形、油漆剥落,灯罩破裂,灯箱歪翘等现象,所有的灯具、开关、插座均应有产品合格证,所需灯具已到齐,所需辅料已准备充足,安装灯具所需的支吊架必须根据灯具的质量选用相应规格的镀锌材料。

(3)嵌入式灯具安装,先拉好灯位中心线、十字线定位,成排安装的灯具中心线允许偏差为5mm,在吊顶板上开灯位孔洞时,应先在灯具中心点位置钻一小洞,再根据灯具边框尺寸扩大吊顶板眼孔,使灯具边框能盖好吊顶孔洞,轻型灯具直接固定在吊顶龙骨上。

(4)吸顶式安装:根据设计图确定出灯具的位置,将灯具紧贴在建筑物顶板表面,使灯体完全遮盖住灯头盒,并用胀管螺栓将灯具予以固定,在电源线进入灯具进线孔处应套上塑料胶管以保护导线。

(5)3kg以上的灯具必须有专门的支吊架,且支吊架安装牢固可靠,导线进入照明器具的绝缘保护良好,不伤线芯,连接牢固紧密且留有适当余量。隧道内照明灯具安装支吊架如图9-17所示。

(6)应急及疏散标志灯的安装:应急照明灯具除正常电源外另有一路电源供电。应急照明在正常电源断电后,电源转换时间为:疏散照明≤15s,备用电源≤15s,安全照明≤0.5s。疏散照明由安全出口标志灯和疏散标志灯组成,安装位置及高度根据施工图确定,一般安装在疏散出口和楼梯口里侧的上方。应急照明线路在每个防火分区有独立的应急照明回路,穿越不同防火分区的线路有防火封堵措施。应急照明灯具的接线方式不同于一般的照明,应根据设计及灯具的技术文件接线。

(7)照明器具与管的连接:硬、软管与照明器具连为一体,如照明装置和电线管不匹配,则需现场加工。

(8)通电试亮:灯具安装完毕且各条支路的绝缘电阻摇测合格后,方能进行通电试亮工作,通电后应仔细检查和巡视,检查灯具的控制是否灵活、准确;开关与灯具控制顺序是否相对应。如发现问题必须先断电,然后查找原因进行修复。通电连续运行24h,所有灯具均开启,且每2h记录运行状态1次,连续试运行时间内无故障即可交工。

(9)照明配电箱安装:配电箱(盘)内的接线完成后,应保证其内部接线无接头,排列整洁、美观、线号清晰、多股软线压接应搪锡，感观良好，配电箱门及外壳均应有明显可靠的PE线连接点。PE线不允许利用箱体和外壳串接，最小截面应符合规范要求。隧道内照明配电箱如图9-18所示。

图9-17　隧道内照明灯具支吊架

图9-18　隧道内照明配电箱

5. 保证质量的技术措施

(1)施工准备：所有施工用机具设备应准备充足，并仔细检查机具设备等的好坏状况，工器具应摆放合理整齐，易于存取。

(2)灯具测量定位：尽量减少人为测量误差，采用经纬仪测量法定位。

(3)套箍偏中，有松动，插不到位，胶黏剂抹的不均匀时，应用小刷均匀涂抹配套供应的胶黏剂，插入时用力转动插入到位。

(4)大管煨弯时，有凹扁、裂痕及烤伤、烤变色现象，因烤烘面积小，加热不均匀。消除缺陷方法：应灌砂用电炉间接烤或用火烤，且烤烘面积要大，加热要均匀，也可另用模具一次煨成。

(5)管路敷设出现垂直与水平超偏，管卡间距不均匀：固定管卡前未拉线，造成水平误差；使用卷尺测量有误，应使用水平仪复核，让始终点水平，然后弹线再固定管卡，先固定起终两点，中间加挡管卡，选择规格产品，并要用尺杆测量使管卡固定高度一致。

三、系统调试与试运转

1. 系统调试

(1)检查照明配电柜、箱内电气元件，接线正常、无松动、脱落现象，接线端子标记清晰，电力线路标相序正确后，根据送电系统的回路编号，切断所有受电器的开关，检查回路绝缘达到规范要求，各岗位人员到位、责任明确，在指挥员统一号令下，分别对各回路送电。送电后各岗位人员检查电器进线端上端头线间电压，相间电压需与送电部位的电压值相同，且回路无异常现象。

(2)电气器具和灯具安装完毕后，组织人员按表箱所标的编号数分别向每条照明支路进行送电并对应贴上相应标记，确保每条照明支路的正常运行。

(3)检查配电装置内不同电源馈线间或馈线两侧的相位一致。

(4)测量绝缘电阻时应符合以下规定：

①配电装置及馈电线路的绝缘电阻值不应小于0.5MΩ。

②测量馈电线路绝缘电阻时，应将断路器、用电设备、电器及仪表等断开。

③动力照明配电装置的交流耐压试验应符合以下规定：试验电压为1 000V，当回路绝缘电阻值在10MΩ以上时，可采用2 500V兆欧表代替，试验持续时间1min。

(5)照明回路调试步骤：

①卸下不具备送电条件的分支回路导线。

②对各分支回路编号，做好回路标志。

③以各分支回路开关进行“通”、“断”操作试验。

④对电源插座进行序号检查，应符合“左零右火”的原则。

⑤对灯具进行通电试亮，并检查电器开关操作的可靠性和安全性，开关的通断应与面板标志一致。

⑥对单项负荷进行平衡检查，并做好记录。

⑦对螺口灯具的外螺纹进行安全检查。

⑧对灯具的外壳进行安全检查。

2. 系统试运行

(1)灯具安装完毕，首先进行各支路的绝缘摇测。检查灯具装配中导线连接有无断路、短路及绝缘层损伤，绝缘测试合格后按区段逐级送电运行。

(2)运行中定时检查，控制灯具开关及导线的发热情况，同时检查控制开关是否开断灵活，接线是否正确。

(3)照明系统通电试运行时间为24h，所有照明灯具均开启，每2h记录运行状态1次，连续试运行时间内无故障。

第五节　监控与通信系统

一、监控与通信系统设计

1. 监控与通信系统设计概述

监控系统是确保杭州市庆春路过江隧道实现正常运营、实现各种机电设备的自动控制和管理；有效降低隧道的营运成本；提高隧道的安全性和应急应变能力；提高隧道的管理水平及品质的一个多功能集成系统。监控系统对隧道及南北两侧出入口、风井、控制中心等区域实行统一监控、集中管理，在疏导交通、防灾和消灾等方面起到非常重要的作用。

(1)监控系统采取分布式系统结构，结构上分为信息管理层、设备控制层、现场设备层三层，实现信息的集中管理、隧道资源的监测监控、分系统的独立操作等三大基本功能。

(2)监控与通信系统包括以下子系统。

①中央计算机子系统（含服务器、打印机、综合显示屏、工作站、电源、接地、防雷及防过电压等）。

②交通监控子系统（含区域控制器、可变信息板等）。

③设备监控子系统(通风控制柜、照明控制柜、水泵控制等)。

④结构体健康监控子系统。

⑤闭路电视监视子系统。

⑥通信子系统(包括有线、无线、时钟等子系统)。

⑦广播子系统。

⑧火灾自动报警子系统。

⑨大屏幕显示子系统。

⑩其他设备监测子系统。

2. 监控与通信系统主要内容

(1)中央计算机系统由主服务器、冗余热备服务器、磁盘阵列、IO 服务器、操作工作站、网管维护工作站、综合显示大屏、显示器、闭路电视视频显示器、打印机、三层工业以太网交换机、通信设备、网络及线缆、电源、防雷、接地、机柜等组成。中央控制室设 2 台黑白网络激光打印机,供各分系统共用,2 台打印机互为备用;另设 1 台彩色网络激光打印机,用于彩色打印及图表打印。

(2)主服务器、冗余热备服务器、IO 服务器采用 64 位 MP 处理器双 CPU 配置(可升至 4 路),支持三级高速缓存;ECC 内存,内存容量不少于 16GB,至少可扩充至 32GB;SCSI 硬盘,硬盘容量大于等于 73GB × 5、1 个 DVD - ROM;双端口 1 000Mbps 网卡;不少于 6 个 64 位 PCI - X 插槽,支持热插拔;冗余电源及风扇,支持热插拔。

(3)以太网交换机,采用网管型模块化三层交换机,提供 4 个千兆 SEP 光口,24 个 10/100M 双绞线接口;基于高速砷化镓半导体(GaAs)ASIC 芯片的 ORINGTM 自愈环网技术,其基于硬件的算法可确保每个节点的自愈时间小于 1ms,环网自愈时间小于 15ms;支持标准的 xSTP 生成树协议,采用 FPGA 和 CPLD 动态重构及重复编程技术,内置同意的 MicOS 实时操作系统;支持 IGMP 组播协议及 IGMPSnooping;无风扇设计,工作温度为 - 40℃ ~ + 85℃,平均无故障工作时间大于 100 万 h;通过工业控制设备安全认证、信息技术设备安全认证。

(4)磁盘阵列采用 2GB 光纤通道技术或 IP SAN 技术;存储容量:RAID5 之后的容量不小于 4TB,光纤阵列控制器数量大于等于 4;阵列控制器接口速度:2GB/s FC - Switched;RAID 级别支持:5;电源板 1 + 1 冗余内存热备配置。

(5)系统工作站可通过权限登录分为交通与设备监控、电力监控、火灾报警、闭路电视(CCTV)监控工作站,且互为备用。

工作站应采用高性能、高速度和高可靠性的国际知名品牌的主流产品;64 位操作系统;内存容量至少 2GB,并可扩展;配备 2 个 SCSI 接口、容量至少为 120GB 的 RAID1 硬盘,并可扩展;CPU 主频不低于 2. 4Hz;具有 AGP8X 接口的不低于 64M 独立显存的图形适配器;LCD 显示器不小于 19 英寸,分辨率不低于 1 280 × 1024,明亮度不低于 250cd/m^2,对比度不低于 400:1,响应时间不超过 16ms。可视角不小于 160°,其可靠性、稳定性和辐射强度应符合国际标准;配有一个支持 Windows 功能 105 键的键盘、一个支持即插即用的光电式鼠标器、一台 DVD 刻录机,并配置音响。配置至少 2 个 10Mbps/100Mbps 自适应以太网接口。至少含有 USB、串口、并口等接口。

(6)隧道监控系统设置 1 台 60kVA UPS 电源(控制中心)、2 条 40kVA UPS 电源(工作井),电池柜设置在电源室。中央控制室接地采用综合接地方式。从控制中心综合接地体上引出接地桩(镀锌扁铁)接至接地干线,电缆直接与接地排箱内的相关排箱连接,综合接地电阻小于1Ω。

UPS输入电源为三相五线制(380V)交流电源,输入电压可调范围为380VAC(-45%~+15%);输出为三相五线制(380V)交流电源,输出电压稳态的精度为±1%;输入频率为50Hz±10%;输出频率为50Hz±2Hz;输入功率因数输入频率因数不低于0.99,对电网辐射的电流谐波含量小于5%,负载功率因数小于等于0.8,满载时系统频率大于等于87%;输出波形为连续的正弦波,在带100%不均衡负载时,波形失真度线性负载小于等于3%,非线性负载小于等于5%;过载能力:10min(125%额定电流),60s(150%额定电流);具有隔离变压器,保证UPS输出侧与市电的完全隔离。设备应能提供大屏幕LCD中文显示和全中文的网络集中监控管理方案和软件系统。

(7)平图式大屏幕投影(DLP)屏整体拼接规模为2(行)×8(列),共16个67英寸显示单元。拼图式大屏幕投影(DLP)屏嵌装在统一色调、式样的骨架体上。拼图式大屏幕投影仪用于显示中央计算机网络各站点界面和显示CCTV、交通、设备监控、FAS及电力监控界面等信息。

综合显示大屏屏幕规模为16块67英寸大屏幕投影单元按照2(行)×8(列)方式拼接;采用一次反射式封闭式箱体结构;投影机基于DLPTM技术,分辨率为1024×768,数据传输为LVDS方式;必须通过CCC、UL、CE认证;投影机对比度不小于1 700:1,机芯亮度不小于900ANSI流明;显示单元支持直通的复合视频或者S-Video(可以复合程一路1 080p/1 080i/720p标准格式的HDTV信号)信号输入,直通的RGB信号和多屏处理器桌面信号输入,通过投影单元内置信号处置器输入的视频信号、RGB信号均能实现在像素级的缩放、整墙漫游移动及叠加的功能,与外置多屏处理器形成信号冗余处理;可以显示至少64路视频信号,任何信号在大屏幕上的显示速度均不应该有任何延迟,画面播放速度不少于24帧/s;整套系统可以显示至少32路RGB信号,所有RGB信号在大屏幕上实时显示,任何信号在大屏幕上的显示速度均不应该有任何延迟,画面播放速度不小于24帧/s;投影机屏幕采用专利的复合玻璃屏幕(提供屏幕的专利证书),屏幕安装物理拼缝小于0.5mm;必须提供多屏显示墙整墙通过CCC认证的证书;每块显卡输出4路DVI-I信号显存为128M。一共输出4个图形通道,每通道为32M;多路视频和RGB数据流通过网络方式能无延迟、实时的在大屏幕上显示;需提供软件支持。

(8)机柜采用统一样式、规格等,控制室温、湿度需符合有关的技术文件要求,无凝露,室内采用防静电架空地板,架空地板高度为300mm,架空地板及工作台面的静电泄漏电阻应符合《防静电活动地板通用规范》(SJIT 10796—2001)的规定。中央控制室内防静电地板及控制台需接地;控制室机柜架、控制台均需底座槽钢、嵌入式绝缘膨胀螺栓固定,需采用防腐防锈措施,高度同架空地板。

(9)由交通、设备监控、话务调度、广播及电视监控,火灾报警监控、电力监控、收费监控操作席等独立控制部分组成主控台,并设置话务台、网管席位、维护席位等。控制台各部分尺寸比例恰当,满足人机工程学的要求,布局设计上符合《电子设备控制台的布局、形式和基本尺寸》(GB/T 7269—2008)的要求,且与整个控制室融合。

(10)各类电缆、电线均应在架空地板下的线槽内敷设,需排列整齐,标有铭牌,电源线与信号线应敷设于有两个腔的线槽内,线槽由金属板隔开。

(11)系统软件应采用先进的组态软件;在组态软件的基础上开发相应的应用软件,采用模块化程序结构,各功能模块相对独立,并能相互协调工作,同时可以扩展及升级,数据文件结构及程序采用开放式结构;系统软件开发应遵从软件功能图的相关要求,并在集成开发商的统一协调下,严格按软件开发的程序执行。

二、监控与通信各系统功能

1. 视频监控系统

视频监控系统采用模拟摄像机 + 视频光端机 +DRV + 视频矩阵的模式。共 87 个监控点,其中彩色固定摄像机 83 个,智能快球 4 个。主要设于隧道内(每隔 100m 设置)、出入口、变电所区域。监控中心设置在一层管理中心,由 6 台 21 英寸彩色监视器组成的电视墙,矩阵采用 128 路输入/48 路输出。数据存储设置 15d 录像存储。

2. 设备监控系统`

设备监控系统实现对通风系统、给排水系统、照明系统及环境监测进行监测和控制管理。并结合通信接口对电力监控系统进行数据采集(高低压、EPS、UPS)。监控中心设置在一层管理中心。现场设备数据均通过隧道内每 600m 设置区域控制器 ACU(由交通监控系统建设)和远程 I/O 模块箱,通过 ACU 柜内的交换机上至管理中心。ACU 箱根据预留箱孔设置;远程 I/O 模块箱为壁挂式,安装高度为箱底离地 1.5m。线缆敷设采用金属封闭线槽与钢管保护相结合的方式。

(1)系统构成

BAS 在江南、江北工作井各设置一套冗余的 PLC 控制器 RTU,隧道现场分布设置区域控制器 ACU12 套和 RI/O 站 7 套,区域控制器 ACU 按一定的距离均匀分布在隧道的车道侧壁;I/O 控制箱根据被监控机电设备物理位置的分布,分别设置在江北主线雨水泵房变电所、Y 匝道雨水泵房、Z 匝道雨水泵房、江南雨水泵房、江南暗埋段变电所、左右线车道下江中泵房处。

每套远程 I/O 控制箱通过光纤口接入区域控制器 ACU。江南、江北工作井 RTU 控制器及区域控制器 ACU 均通过 2 个光纤工业以太网口分别接入隧道监控系统双环网,至隧道管理中心的中央监控系统。

隧道管理中心设置有设备监控系统的工作站,并与其他工作站互为备用。设备监控系统作为火灾报警系统的一个重要的联动系统,在隧道管理中心设备监控系统的工作站与火灾报警系统之间有直接通信接口,保证设备监控系统更迅速有效地参加救灾行动。

(2)监控对象

①对隧道环境的监控。包括洞外的亮度、洞口及隧道内的照度,隧道风的风向及风速,反映汽车尾气及交通状况的 CO 浓度和浓雾透光率。

②对通风系统的监控。包括隧道车道通风系统:轴流风机、射流风机、电动风门、电动风阀;隧道设备管廊、安全通道通风系统:通风风机、可逆诱导风机、电动风门;隧道工作井内通风系统等。

③对照明系统的监控。包括隧道的加强照明、基本照明、引道及光过渡段照明灯。

④对应急电源的监控。包括 EPS 应急照明电源装置，UPS 不间断监控电源装置。

⑤对给排水系统的监控。包括隧道出入口雨水泵房、江中泵房、工作井内泵房的给排水设备。

(3) BAS 与 FAS 控制分工原则

专用消防设备由 FAS 联动控制；平时和火灾工况共用的设备由 BAS 控制，火灾时由 FAS 下达指令，BAS 作为联动系统，优先执行火灾模式控制。

3. 广播系统

广播系统共有 152 只高音号角喇叭与 22 只壁挂喇叭，隧道段音区采用防水号角扬声器(30W)；工作井采用挂壁式音箱进行广播，可实现日常业务管理广播、紧急疏散、急救广播；当收到火灾报警信号时，能自动进入火灾紧急广播状态，与火灾自动报警系统实现联动。为无线调频广播提供音频接口，实现有线与无线两种广播方式。

4. 程控电话子系统

程控电话子系统采用数字程控交换机，容量为 300 线，在江北工作井设置远端机。系统功能包括实现紧急电话的使用、通过中央计算机系统提供紧急电话的相关信息以实现监控工作站对应显示紧急电话的状态及位置信息，并在综合显示屏(由监控专业设计)上显示该紧急电话位置附近的摄像机图像。程控交换机及总配线架设置于江南工作井弱电设备室内。话机安装在紧急电话箱内；隧道内紧急电话采用抗噪声电话机(热键)；在隧道两端工作井内的相关房间，根据功能区域的划分，分别设置紧急电话和自动电话，如水泵房、变电所、设备室内等重要区域的紧急电话应离地 1.5m；办公区域采用自动电话方式，安装信息插座离地 0.3m，均暗敷设。

5. 交通流视频检查系统

交通流视频检测系统在隧道范围内实时收集各类交通运行信息，对交通流的变化进行检测，作为中控室实行交通引导控制的参考依据，并通过实时图像监视的配合，给出交通控制命令。每 400m 设置一套虚拟线圈，提供交通参数信息。交通流视频检测系统采集的事故检测信息、交通参数信息等可与中央计算机系统数据共享。CCTV 系统经视频分配设备为本系统提供优质视频图像信号，包括隧道内涉及交通监控方面的信号。交通流视频分析处理设备设置于隧道管理中心弱电设备机房 19 英寸的标准机柜中。

6. 专用移动通信系统

专用移动通信系统包括公安消防交警、内部管理、数字电视和调频广播，通过定制的 POI 和多频合路器合路实现隧道全覆盖。合路设备分别安装于江北工作井、江南工作井、盾构段中间通道层；江北、江南工作井、管理中心采用从江北工作井和江南工作井耦合信源方式，结合全向吸顶天线覆盖。另外中国移动、中国联通、中国电信为多制式覆盖，上下行分开每条隧道安置两条泄露电缆覆盖，此部分无线系统的覆盖由运营商负责建设。

7. 交通监控系统

交通监控系统由交通信号控制和交通诱导两部分组成。交通信号控制部分：根据所检测的交通信息，按照一定的交通控制模式，针对不同交通情况实施不同的交通信号控制，改变各类交通信号，如车道信号灯、交通信号灯、隧道禁闭指示灯、分流指示灯等交通信号的状态。交通诱导部分：在不同的交通状态下，根据系统控制需要，对可变信息板、限速板的显示

内容和控制状态进行灵活调整，对交通出行者进行一定的引导，辅助交通信号控制，从而使整个交通通畅有序。

隧道外可变信息板采用模块化结构，主出入口采用双基色显示，尺寸为 2m(高) ×5m(宽)，匝道可变信息板共 8 块模组，第 1 块为全彩屏(1m×1m)，其他 7 块采用双基色显示；隧道内部可变信息板采用尺寸为 0.6m(高) ×5.4m(宽)的双基色显示。

隧道外可变限速板采用像素管封装模式，显示尺寸为 1.5m(高) ×1.5m(宽)。隧道内可变限速板显示尺寸为 1.0m(高) ×1.0m(宽)。

在两端隧道入口处设大型龙门架，其上安装可变信息板、可变限速标志、交通信号灯等设备，并吊挂交通标志牌。龙门架应满足线缆敷设及电气接地等要求，所有设备的安装应牢固、美观。可变信息板如图 9-19 所示。

图 9-19　隧道内、外的可变信息板

8. 中央计算机系统

中央计算机系统由主服务器、冗余热备服务器、磁盘阵列、IO 服务器、操作工作站、网管维护工作站、显示器、打印机、核心工业以太网交换机、通信设备、网络及线缆、机柜等组成。中央控制室设 2 台黑白网络激光打印机，供各分系统共用，2 台打印机互为备用；另设 1 台彩色网络激光打印机，用于彩色打印及图表打印。

系统工作站可通过权限登录分为交通与设备监控、电力监控、火灾报警、闭路电视(CCTV)监控工作站。交通与设备监控、话务调度、广播及电视监视、火灾报警监控、电力监控、收费监控操作席等独立控制部分组成主控台，并设置话务台、网管席位、维护席位等。

控制室机柜架、控制台采用底座槽钢、嵌入式绝缘膨胀螺栓固定，需采用防腐防锈措施，高度同架空地板。各类电缆、电线均应在架空地板下的线槽内敷设，需排列整齐，标有铭牌，电源线与信号线应敷设于有两个腔的线槽内。

系统软件采用先进的组态软件。在组态软件的基础上开发相应的应用软件，采用模块化程序结构，各功能模块相对独立，并能互相协调工作，同时可以扩展及升级，数据文件结构及程序采用开放式结构。系统软件开发应遵从软件功能图的相关要求，并在集成开发商的统一协调下，严格按软件开发的程序执行。

9. UPS 不间断电源系统

该系统设置 1 台 60kVA UPS 电源(控制中心)、2 台 40kVA UPS 电源(江南、江北工作井)，电池柜。UPS 不间断电源通过 RS485 通信接口方式和电力监控系统通信，实现电力监控系统的统一管理。UPS 厂家需提供通信协议(MODBUS)及数据格式等。

10. 大屏拼接系统

拼图式大屏幕背投影(DLP)屏整体拼接规模为2(行)×8(列),共16个67英寸显示单元。拼图式大屏幕背投影(DLP)屏嵌装在统一色调、式样的骨架体上。拼图式大屏幕背投影仪用于显示中央计算机网络各站点界面和显示 CCTV、交通、设备监控、FAS 及电力监控界面等信息。隧道监控中心 DLP 拼接大屏如图 9-20 所示。

图 9-20 隧道监控中心 DLP 拼接大屏

11. 防雷接地系统

防雷接地系统所有电气设备需良好接地,并采取多层防雷措施。江南和江北工作井监控系统采用联合接地方式,从联合接地体上引出接地桩(镀锌扁铁),接至接地干线,电缆直接与设备用房接地排箱相连接,江南江北工作井弱电设备室及管理中心监控室设置,从接地点引入两根 ZR－BVR25 到机房内。在机房安装一个等电位汇接箱,形成等电位接地体,要求电阻值≤1Ω。将机房内的各种接地(如直流工作地、安全保护地、防雷接地、防静电接地)等都接到等电位均压环上。

12. 综合管路系统

各系统线缆均采用镀锌桥架、金属软管和镀锌钢管相结合的方式敷设,金属线槽内敷设的线缆不得超过线槽截面的50%,钢管的截面利用率不得超过30%。

根据隧道内各系统连接线缆的设计,综合管道、线槽设计如下:

(1)江北明挖段采用3层桥架,分别设置300×150桥架一层(控制线、通信线等线缆)、200×100桥架两层(电源线、光纤等线缆、预留一层桥架)。

(2)盾构段采用3层桥架,分别设置300×150桥架一层(控制信、通信线等线缆)、300×100桥架两层(电源线、光纤等线缆、预留一层桥架)。

(3)工作井水平桥架主要采用规格为400×150、300×100、200×100的桥架,综合布线,程控电话、监控安防和设备监控合用桥架。垂直竖井采用规格为400×150的桥架。

(4)UPS 不间断电源系统和广播系统的管线部分独立穿管敷设。

(5)室外及其他部分采用镀锌钢管,不同线径敷设相应的钢管。

13. 火灾报警子系统(FAS)

火灾报警子系统由火灾自动报警控制主机、中文彩色图像显示终端、双波长火焰探测器、线型感温探测器、智能型感烟探测器、智能型感温探测器、地址模块、输入模块、控制模块(带反馈功能)、手动报警按钮(带地址)、声光报警器、信号线缆、电源线等组成。

在江北、江南工作井及隧道管理中心各设置一套 FAS 报警控制主机、报警控制主机之间通过总线环网接入隧道管理控制室,至隧道管理中心的中央监控系统。在江南工作井设置一套分布式光纤主机作为整座隧道的电缆通道及设备管廊感温火灾探测系统的主机。

FAS 模块箱安装在车行隧道的一侧壁上,间隔100m左右一个,设置在消火栓箱的上方;双波长火焰探测器、手动报警按钮(带地址)用于车行隧道,将双波长火焰探测器、手动报警

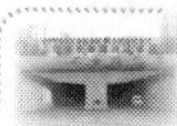

按钮(带地址)合装在综合报警盘内设置在车行隧道的侧墙上,综合报警盘底边离车道1.3m,间隔50m,感温光纤敷设于电缆通道及设备管廊的顶部;在盾构段车道逃生通道处侧墙上安装声光报警器,在火灾状态下指引人逃生。

系统具有报警、显示及联动等功能,且为独立系统。通过FAS工作站的网卡,将确认报警信息送往中央计算机信息系统,可在综合屏上显示,并作为相关系统及消防设备联动的依据,火灾报警的地址信息与相应的风机、广播音区、水喷雾分区、摄像机对应起来。

系统接受隧道内的双波长火焰探测器、感温光纤系统以及手动报警按钮等手动和自动报警信号,接到报警信号联动控制及反馈如下。

(1)对消火栓系统的控制显示功能:控制消火栓泵的启停、显示泵的转换开关的位置、显示消防泵的工作及故障状态、显示系统总管水流指示状态、控制及显示系统总管电动蝶阀、显示启动水泵按钮的位置,直启消火栓水泵。

(2)对水喷雾、泡沫泵灭火系统的控制显示功能:控制水喷雾泵、泡沫泵的启停、显示泵转换开关的位置、显示水喷雾泵的工作及故障状态、显示系统总管水流指示状态、控制及显示系统总管电动蝶阀、控制及显示雨淋阀箱的电动蝶阀、启水泵雾、泡沫泵。

(3)显示和控制工作井通风机房内的排烟轴流风机,直启排烟轴流风机。

(4)显示和控制江南、江北工作井的专用消防风机和专用电动防火阀;显示江南、江北工作井的专用防火阀。

(5)接收气体灭火系统的火灾预报警、报警确认、系统故障信号、气体释放信号、手动/自动状态信号;自动控制气体灭火装置。

(6)联动设备监控子系统,启动隧道内相应的火灾模式。

(7)联动CCTV子系统,将相应摄像机摄取的图像切换至详情监视器并录像。

(8)联动广播子系统,强切进入火灾紧急广播状态。

(9)接通逃生通道的声光报警,显示逃生滑道位置。

报警点及消防设备状态可以在智能火灾报警控制器上显示,同时也可在控制中FAS工作站以及综合显示屏上显示。

三、系统安装施工

1. 施工工艺流程(图9-21)

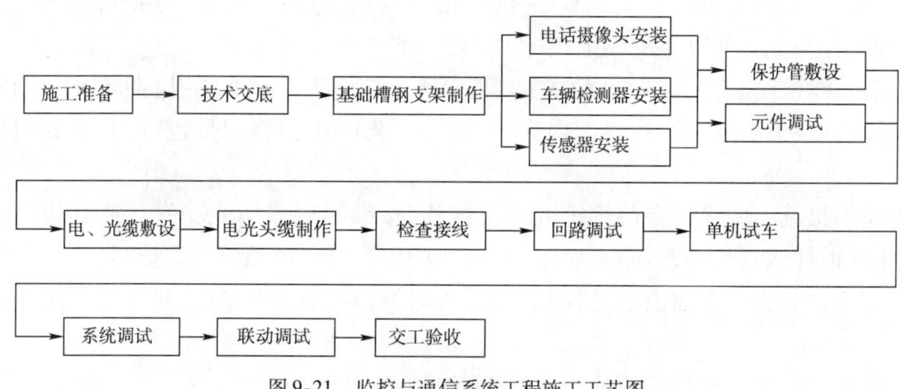

图9-21　监控与通信系统工程施工工艺图

2. 安装施工步骤

监控与通信系统安装主要包括有线无线广播系统、CCTV 系统、监控信号传输系统、通信电源系统、通信管路工程、外场设备、监控中心、系统软件等。

(1)通信机房设备的安装

①机房设备安装要水平、紧固。

②设备安装位置要求便于操作和维修。

③线缆的敷设中不得有接头,并预留有 3~5m 的余量。

④机房设备的安装要保证各设备之间连接方便,位置得当。

⑤设备安装柜的机壳应保证有可靠的接地。

(2)紧急电话的安装

①紧急电话的安装是隧道车行道层,安装时应保证施工人员安全,并在施工现场按规定设保护设施。

②紧急电话安装前对其基础和接地电阻进行检查确认。

③紧急电话的安装要垂直、牢固。

④安装后应注意设备外表的保护设施。

⑤线缆在敷设时应留有 3~5m 的余量。

(3)光缆敷设及接续

①光缆敷设施工工艺流程:施工准备→光缆检查→光缆盘编号→光缆敷设→光缆测试。

②敷设光缆前应对光纤进行检查,光纤应无断电,其衰耗值应符合设计要求。

③核对光缆的长度,并应根据施工图的敷设长度来选配光缆。配盘时应使接头避开河沟、交通要道和其他障碍物,架空光缆的接头应设在杆旁 1m 以内。

④敷设光缆时其弯曲半径不应小于光缆外径的 20 倍。光缆的牵引端头应作好技术处理,可采用牵引力自动控制性能的牵引机进行牵引,牵引速度宜为 10m/min,一次牵引的直线长度不宜超过 1km。

⑤光缆接头的预留长度不应小于 8m,光缆敷设完毕应检查光纤有无损伤,并对光缆敷设损耗进行抽检。确定没有损伤时再进行接续。

⑥架空光缆应在杆下设置伸缩余兜,其数量应根据所在冰凌区级别确定,重负荷区每杆设 1 个,中负荷区 2~3 杆宜设 1 个,轻负荷区可不设,但中间不得绷紧。光缆余兜的宽度宜为 1.52~2m,深度宜为 0.2~0.25m。光缆架设完毕后,应将光缆端头用塑料带包扎,盘成圈置于光缆预留盒中,预留盒应固定在杆上。

⑦管道光缆敷设时,无接头的光缆在直道上敷设应由人工逐个人孔同步牵引;预先作好接头的光缆,其接头部分不得在管道内穿行,光缆端头应用塑料胶带包好,并盘成圈放置在托架高处。

⑧光缆的接续应由受过专门训练的人员操作,接续时应采用光功率计或其他仪器进行监视,使接续损耗达到最小,接续后应作好接续保护,并安装好光缆接头护套。

⑨光缆敷设后宜测量通道的总损耗,并用光时域反射计观察光纤通道全程波导衰减特性曲线。

⑩在光缆的接续点和终端应作永久性标志。

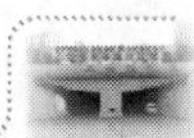

(4)摄像机安装

①安装工艺流程:基础检查→设备检查→底座安装→设备安装→设备接线→设备调试。

②安装前检查:将摄像机逐个通电进行检测和粗调,摄像机处于正常工作后方可安装;检查云台的水平、垂直转动角度,并根据设计要求定准云台转动起点方向;检查摄像机防护套的雨刷动作;检查摄像机在防护套内的紧固情况;检查摄像机座与支架或云台安装尺寸。

③隧道内摄像机安装:基础定位打孔,底座安装,先对摄像机进行初步安装及接线,检查各项功能,观察监视区域的覆盖范围和图像及质量,通电测试及固定:用便携式仪器对摄像机监视范围及监视角度进行调节,经查测各项功能完好且工作正常后再进行固定。

④隧道外摄像机安装:基础制作与检查,云台支架安装,摄像机安装,按设计进行接线,设备调试。

(5)火灾检测与报警系统安装

①施工工艺流程:预埋管线盒→报警及控制线检测→报警系统设备到货检查→设备安装前的保管→报警系统设备就位安装→接线→报警系统接地装置的安装→调试。

②对安装设备前期预埋管线、线盒进行检查清理,对报警及控制线进行检测,测出绝缘对地电阻是否符合设计及设备安装的要求。

③设备到货检查,设备安装前应妥善保管,并应采取防尘、防潮、防腐蚀措施。

④设备就位安装。

⑤火灾感温线缆的安装位置应符合设计要求,应在隧道壁上固定牢靠。

⑥手动火灾报警按钮按设计图纸距离安装在隧道的侧壁上,通过总线连接在火灾报警主机上,手动报警按钮安装在隧道侧壁,安装高度为底边距地面1.2m,且应有明显标志,手动火灾报警按钮应安装牢固,不得倾斜,按钮的连接导线应留有不小于15cm的余量,且在其端部应有明显标志。

⑦火灾报警控制器在墙上安装时,其底面距地面高度为1.3~1.5m;落地安装时,其底面宜高出地面0.1~0.2m,并安装牢固,不得倾斜。

⑧火灾探测器、手动报警器、火灾报警主机安装完毕后,应按照设计规范的要求进行接线。

⑨系统接地装置的安装,工作接地线采用铜芯绝缘导线或电缆。由中心控制室引至接地体的工作接地线,在通过墙壁时应穿入钢管或其他坚固的保护管,工作接地与保护地线必须分开,保护接地导体不得利用金属软管。

⑩设备安装完毕后,系统调试前需对设备安装保护罩,并制作安装各种提示警告告示牌。

四、系统调试与试运转

1. CCTV系统调试

(1)通电测试及固定:用便携式仪器对摄像机监视范围及监视角度进行调节,经细调及测看后,各项功能完好,工作正常后再进行固定。

(2)设备调试:对安装好的设备进行测试,检查设备输出信号及监视器画面是否符合要求,设备动作是否与设计一致。

2. 火灾报警系统调试

(1)火灾自动报警系统竣工验收,在公安消防监督机构监督下,由建设主管单位主持,设计、施工、调试等单位参加,共同进行。

(2)火灾自动报警系统验收前,建设单位向公安消防监督机构提交验收申请报告。

(3)火灾自动报警系统验收前,公安消防监督机构应进行操作、管理、维护人员配备情况检查。

(4)火灾自动报警系统验收前,公安消防监督机构应进行施工质量复查,复查内容应包括火灾自动报警系统的主电源、备用电源、自动切换装置等的安装位置及施工质量;消防用电设备的类别、型号、适用场所、安装高度、保护半径、保护面积和探测器的间距等;火灾施工照明和疏散指示控制装置的安装位置和施工质量。

第十章　隧道建设管理

第一节　建设管理模式

庆春路过江隧道是采用BOT模式进行建设的大型城市基础设施项目，过江隧道建设是一项复杂的系统工程，依据庆春路过江隧道工程特点，构建科学的建设管理模式和良好的运行机制是项目建设成败的关键。

一、建设管理主体确定[34]

1. 招标人在BOT招标前完成的工作

庆春路过江隧道工程招标工作启动前，项目招标人杭州市钱江新城建设管理委员会已经完成项目的初步设计并取得相关批复，通过了项目环境影响报告书的评审，取得了工程场地地震安全性评价批复，完成工程详细勘察，通过防洪评价评审，明确工程战时设防要求，完成工程水土保持方案报告书，完成疏散救援通道方案专题研究、水域条件分析及河床最低冲刷高程研究、兼顾人防可行性研究、水域条件及河床演变分析等研究的专家评审。已经完成征地以及前期动拆迁等工作。并且已完成南、北两工作井的施工图设计和工程施工，以及数百平方米施工管理用房。

2. BOT招标过程

根据杭州市人民政府的授权，庆春路过江隧道工程招标工作由杭州市钱江新城建设管理委员会负责。项目招标工作自2006年5月开始至2007年7月完成签订项目BOT合同，历时一年。庆春路过江隧道工程是杭州市政府采用BOT模式进行大型基础设施建设和运营的第一次尝试，为了保证招标工作的质量，招标采用了两阶段竞争方式。

第一阶段，参照《招标投标法》中的公开招标方式，以“公开招标”方式进行，通过《浙江日报》和相关网络发布招标信息，邀请不特定的法人或组织参与投资方案的竞争，经招标人组织的评审后按照综合得分从高到低选择前两名进入第二阶段的竞争。

第二阶段，参照《政府采购法》中的竞争性谈判程序，由招标人组建的谈判小组与入选的前两名进行竞争性谈判，并将最终谈判结果上报市政府，由市政府正式发文确定项目投资人。

经过两阶段竞争，浙江浙大网新集团有限公司中标，成为庆春路过江隧道项目的投资人。2007年6月8日，庆春路过江隧道BOT项目投资主体协议正式签订。庆春路过江隧道工程投资总额为14.32亿元；隧道建设期为3年，2010年12月28日通车并投入试运营；20

年运营期，期满后移交杭州市政府或政府指定的接收人。

由浙江浙大网新集团有限公司组建并依法注册有限责任公司——杭州庆春路过江隧道有限公司，负责隧道建设和建成后的营运。项目公司及时办理了建设主体的转移，成为杭州庆春路过江隧道工程建设管理主体。

3. 项目公司设立

根据 BOT 合同约定，由投资人设立项目公司即杭州庆春路过江隧道有限公司，项目公司负责本隧道工程建设期的投资、建设管理；运营期的经营、管理和维护，拥有隧道冠名权、电力、电信管线经营权，隧道建设用地范围内的广告经营权（需经审批认可）。

20 年运营期内，由政府每年以专营补贴方式支付给投资人作为投资回报。原则上每年 7 月和次年 1 月分别支付年专营补贴的二分之一。首期专营补贴从正式通车运营之日起算满两个季度后在最接近上述支付日的时间支付。专营期最后一年的专营补贴在移交工作完成后支付。

二、建设管理体系

1. 建立标准化管理体系的制度文件

本着制度要达到"明确管理目标，提出工作要求，细化工作程序，落实人员责任，完善考核制度"的要求；同时体现实效性、针对性、可操作性和闭环管理的特点。制定了五大类共 43 项制度文件。

（1）综合管理类共制定了 6 项制度，内容包括：工作职责、重大问题决策、公文处理、档案管理、保密工作、人事培训。

（2）工程管理类制定了 14 项制度，内容包括：环境保护、水土保持、绿色防护、施工组织设计、施工图审核、开工报告、技术管理、变更设计、施工工艺设计管理办法、工程测量、工程进度、工程信息、调度信息、突发事件应急处理办法。

（3）安全质量管理类制定了 12 项制度，内容包括：安全生产管理、工程质量管理、安全考核办法、安全分级管理、监理管理、旁站监理、施工现场管理、创优规划、样板示范工程、质量分级管理、质量检测试验、第三方监测。

（4）计划财务管理类制定了 9 项制度，内容涵盖：招标投标、合同管理、计划统计、投资控制、验工计价、工程价款结算、财务管理、资金管理。

（5）物资设备管理类制定了 2 项物资设备管理制度，用于规范物资设备的采购行为。

2. 构建标准化管理的台账制度

杭州庆春路过江隧道有限公司为全面落实住房和城乡建设部、浙江省关于市政工程质量和安全的总要求，同时也为企业的规范化管理奠定基础，制定了一系列的台账制度。

（1）综合管理类：收文发文、档案借阅、会议记录、管理制度、人事管理、汽车管理。

（2）工程管理类：开工报告、设计文件、施工图纸、设计图纸审核、施工组织设计、施工技术交底、贯通测量、桩基检测、工程验收、会议纪要。

（3）安全质量管理类：安全质量保证体系、创优规划、精品工程、上级检查、安全质量监督、安全专项整治、日常检查、半年质量检评、事件调查、施工单位考核、监理单位考核、年度评比。

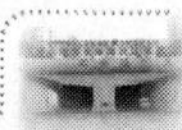

(4)计划财务管理类:概预算、招投标、合同、计划统计、变更设计、验工计价、建设成本、固定资产、财务拨款、财务报表、审计。

(5)物资设备管理类:甲供物资设备、甲控物资设备、自购物资设备。

3. 各参建单位管理制度标准化的达标管理

通过管理制度标准化推广工作,将标准化管理体系文件汇编进一步下发给各参建单位,从而有效地带动了设计、监理、检测、施工各参建单位的标准化管理。在建设过程中,坚持以管理制度标准化、人员配备标准化、现场管理标准化、过程控制标准化为目标,以建设标准化项目公司、标准化监理部、标准化项目部、标准化工地和标准化作业为抓手,积极构建以杭州庆春路过江隧道有限公司建设管理单位为龙头,参建各方广泛参与,贯穿项目建设全过程、全方位的标准化管理格局,以标准化管理规范建设、设计、监理、施工等各项工作,促进隧道建设项目管理水平全面提高。

杭州庆春路过江隧道有限公司标准化项目公司的创建标志主要体现在"五有"、"六到位"、"五定"、"四体系"。管理制度五个有,即工作有目标、实施有规范、操作有程序、过程有控制、结果有考核;人员配备六到位,即安全、质量、工期、投资效益、环境保护、技术创新六个方面做到事事有人管,件件有人抓;现场管理五确定,即定人、定时、定岗、定责、定点;过程控制四体系,即目标体系、责任体系、分级控制体系、评价评估体系完备。另一方面,公司花大力气抓好标准化指挥部软硬件建设,硬件设施实施了"两牌三室两网一栏",即项目公司铭牌、部门铭牌到位,会议室、接待室、档案室齐全,食堂、办公、交通设施满足基本需要,集团内局域网、外因特网完备。施工期间还接入中国电信的百兆光纤,实施了每周生产例会、典型作业评点、安全案例分析、关键岗位点名等多项功能。软件管理方面实施了"三图两表两职责,55 项制度、49 本台账","三图两表两职责" 即工程平面示意图、工程总体形象进度图、控制工程形象进度图、年度计划安排表、晴雨表、部门职责和岗位职责。工程平面示意图张挂于会议室、总经理室、副总经理室、总工程师室;工程总体形象进度图、控制工程形象进度图、年度计划安排表和晴雨表张挂于相关办公室。五个部门职责和岗位职责上墙。

第二节 建设管理内容

1. 质量管理

2008 年 4 月 15 日,杭州庆春路过江隧道有限公司向全体参建单位发出了"建精品,创优质,打造全国一流过江隧道"的创建精品工程的目标。要求全体参建单位把创建精品工程作为提升隧道建设管理水平的一个创举和途径,要求全体参建单位必须始终将工程质量抓在手上,放在心上,把质量取胜的理念贯穿于庆春路过江隧道建设全过程。公司采取了"建立一个体系,控制两大源头,开展三项检查,推行四化施工。",通过引进吸收当今世界先进制造业采用的现场管理手段,应用于庆春路过江隧道工程建设,推行样板管理,工序签认等,确保质量过程受控。

(1)建立一个体系,夯实质量基础。建立了分级质量控制点,明确了各参建单位、各层次创建精品工程的目标责任链。Ⅰ级控制点由领导负责,Ⅱ级控制点由部门负责,Ⅲ级控制点由专业工程师负责，做到人人有职责，事事有标准。

(2)控制两大源头，严格质量标准。一方面加强方案技术预控，确保施工质量源头受控。坚持把“技术方案不完善，预控措施不到位，项目不准开工”作为铁的纪律来执行，每个项目上场都要确立质量目标，确定施工工艺。另一方面强化原材料进场检验，确保实体质量源头受控。全面推行原材料质量记录单制度，坚持监理平行抽检、旁站见证和组织交叉抽检相结合，引进第三方检测机构加大对全线原材料的抽检力度。在原材料使用高峰期，每周对现场的原材料进行随机抽检，杜绝不合格材料进入现场。建设过程中，组织了隧道、地下和岩土工程专家对相关设计和施工方案进行集中审查，确立了关键工序的施工技术方案、施工工法工艺、质量标准和质量目标，并分门别类地编制了施工作业指导书，为工程施工的高质量向前推进奠定了坚实基础。

(3)开展三项检查，强化问题管理。第一，坚持“三全”检查，消灭问题于萌芽之时。按照“全员、全面、全项目”的三全要求，定期开展对全线施工质量的徒步检查，针对每次三全检查后梳理出的突出问题、倾向性问题安排专项检查和复查。第二，加强专项检查，确保一次成优。通过高频次的检查，确保把质量问题解决在施工过程之中。第三，加大第三方抽查频次，确保质量全程受控。委托了第三方对隧道的原材料、钻孔桩成桩质量等进行抽查。

(4)推行“四化”施工，缔造精品工程。第一，全面推行工厂化，主要对混凝土、钢筋混凝土管片等全部实行工厂化制作，对路基填料的级配碎石、改良土实行工厂化生产。第二，全面推行机械化，分专业按工作面配备成套机械设备。第三，推行专业化施工。第四，质量控制信息化。

同时在现场管理中，落实工序签认，推行看板管理。始终坚持全面推行主要工序的交接验收确认、签认和留名制度，建立每个施工工序与环节的质量责任界定、追溯体系，每一个工程、每一个项目都把责任分解到人、落实到位，并现场挂牌公示。公司在项目开工之前，就要求设计、施工、监理等相关单位认真研究图纸，合理划分主要的施工工序，获得层层展开的一个系统安全质量控制图，实施“目标分解看板”，制订相关措施。根据质量特征影响的大小及危害程度，重点加强对质量监控点的界定、设置和把控，找准安全质量控制点一招制胜。结合项目易出现的质量通病编制防治手册下发到各单位进行提前预防和治理，先后制订了《过程控制实施细则》、《试验监控细则》，供日常巡查“执法”，实施点式处罚。另外，实行建设、施工、监理等单位安全质量检查人员在现场检查的签认登记制度，切实提高安全质量检查人员的责任心。

2. 工期管理

在工期管理方面，坚持在科学组织上找出路，从超前谋划上挤时间，合理调配资源，加强组织领导，确保各标段节点工期满足杭州庆春路过江隧道有限公司指导性施工组织设计的要求，标段工期满足总工期的要求。在建设过程中，始终以达成共识为基础、以施工组织优化为核心、以计划管理为手段、以科技创新为支撑，采取“围绕一个核心，抓住三个环节，把控四项关键”，实现了工期的整体要求。

(1)坚持施工组织优化，谋划工程全局。

①始终围绕施工组织这个核心，深入研究分析主要难题和主要工作量、各阶段的工作重点、相关阶段工期节点和接口管理等，如加快设计供图进度，做好施工图咨询单位与设计单

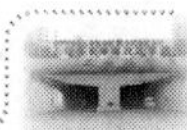

位衔接，明确办法，缩短过程时间。

②坚持超前谋划，合理配置资源，确保进度均衡协调。

③优化施工方案，确保施工工期。根据气候变化情况和施工工艺创新，不断动态优化施工方案。首先，通过设计方案优化，达到缩短工期目的：如围护结构钻孔灌注桩改为 SMW 工法桩；其次，机械投入、减少模板周转次数等平行作业，加快了施工进度。

(2)抓住三个环节，奠定快速基础

面对影响庆春路过江隧道工程快速推进的"土地、图纸、财物"三大关键，坚持把握政策、分段突击、灵活多样、整体推进的原则，通过迅速拿下征地拆迁，加快设计供图，确保财物供应，占领了工程快速推进的制高点。如公司和施工单位经常性进驻设计单位，督促设计加快进度；协调咨询单位加快施工图的审查进度。

(3)把控四项关键，实现最短工期

①争分夺秒，以最快速度开局，以节省工期。

②动态盯控，以计划管理周密节省工期。重点盯控，倒排工期编制施工组织，动态管理，狠抓计划兑现和节点控制。

③积极主动，以加强现场协调节省工期。抓住施工现场协调这个点紧盯现场快速解决问题。

④勇于探索，以施工科技创新节省工期。对项目的控制性和重难点部位、工序，通过专家论证，从施工方法上开展了深度创新；通过设计服务现场，极大地缩短控制性及难点部位、工序的工期。

3. 安全管理

庆春路过江隧道工程的建设过程、流程、环节，高危作业特别繁多，风险和进度矛盾十分突出。建设高峰时段，全线作业人员逾千人，机械设备百余台套；隧道涉及电力、煤气管道、高压水管，各种光电缆几十处，其中，220kV 等级的电力保护 1 处，安全风险极高，稍有不慎，就会引发重大的安全事故。随着工程建设快速推进，人员设备快速云集，作业工序快速变化，安全风险成倍放大。庆春路过江隧道毫不动摇地把确保安全作为生产的根本要求，以一丝不苟，高度负责的态度抓好安全生产。

在安全管理制度设计、安全综合系统建设、应急预案准备、事故灾难演练、现场监管机制安排等方面做了大量艰苦细致的工作，建设期间未发生重大安全事故，联调联试、试运行期间未发生一起行车事故。

(1)健全管理制度，落实安全责任

公司严格执行工程建设程序，建立健全安全生产责任制、考核奖励机制和安全事故应急预案，制定建设项目安全生产措施，督促并检查参建单位加强安全生产管理责任制和安全保证体系的正常运转。要求设计单位按照法律、法规和工程建设强制性标准提供设计文件，且符合安全施工和安全使用的要求。督促施工单位建立健全安全生产工作机制，提高施工单位自身的安全管理水平，落实安全生产的主体责任；要求监理单位制订针对安全技术措施的检查方案，并按照安全生产监理细则实施安全监理。

(2)构建安全文化，夯实管理基础

向全体参建者发出了《安全生产倡议书》，并与每个单位签订了《安全承诺书》，让每一位建设者感悟安全，启迪人生。摆正安全与进度，安全与效益的关系，使安全观念内化于心，固化于制，外化于行。施工单位与每一位参建人员都签下“一切为了安全，我一定遵章守纪，决不违章”的承诺书，形成“人人都要管安全、人人都是安全监督员”的良好氛围。同时，开展贴近现场、贴近施工，有针对性、知识性、趣味性的安全专题活动，通过出报刊、挂横幅，立警示牌、树曝光台，开专题会和演讲会等多种形式，全力营造“关爱生命，关注安全”的浓厚工地文化，潜移默化地影响和规范作业人员的作业行为；

(3)坚持预防为主，实现安全稳定

①加强安全培训教育。坚持“以人为本、简易便行、实用实效”的原则，实施岗前培训，杭州庆春路过江隧道有限公司组织安全培训十余次，培训建设、施工、监理单位管理人员达千余人；同时要求各施工单位结合实际开展各种形式的现场安全教育，真正把“现场农民工”看作是安全教育的主体，通过引导和教育，唤醒他们心中潜在的自我意识与趋利避害的本能，自觉地在安全生产中增强自我防范和自我保护意识。

②强化安全方案审查。深基坑施工、模架施工、大型运架机械设备作业等重点项目，加强源头控制，坚持开工前安全条件审查，严格安全专项方案审查。施工安全专项方案，需经本单位技术负责人签字，报总监理工程师批准后和开工报告一起上报公司。

③抓好季节性和环境变化安全预控。雷暴雨、台风、暴风雪、持续低温等灾害性天气季节性变化的施工安全工作，应及时下发《关于做好防范台风等灾害性天气施工安全的通知》，《冬季施工安全管理办法》等细则，明确各项防范处理措施、应急预案、防范体系和组织，专人负责收集相关信息并及时准确地发布防范处理指令；并加强日常应急措施、应急物资储备的检查。

④加强安全联防和应急救援机制管理。对既有线施工项目严格落实方案预审、联合评审制度，严格执行施工安全协议制度，严格执行建设、设计、施工、监理、设备管理单位“五级”负责安全联防联控制度，严格落实施工现场应急救援机制管理制度。制定了突发事件应急措施细则和安全应急救援预案，并积极开展有针对性的事故应急处理演习。

⑤开展危险源分析，加强安全生产计划管理。结合工程进度和生产任务安排，公司定期组织相关单位认真排查施工现场的危险点、危险源，制定预控计划和措施，每月将施工安全的月度计划与生产计划同时下发，主要包括安全生产目标、安全控制关键、安全管理措施、架子队用工模式、资源配置要求、奖惩制度等。每周组织施工、监理单位再布置，将危险源分析预控落实到现场，具体要求是：作业前，由施工单位进行安全交底，现场监理工程师检查当天每项工作中的危险点及预控措施布置情况；作业过程中，施工单位安全员要全程检查和监控，现场监理要加强危险点防范措施的监督，作业结束后，监理工程师要对每天的危险点控制进行评估总结，公司现场监控组、安全包保组加强巡查和抽查。

(4)坚持风险评估，实现分级管理和动态管理，根据工程风险大小，将安全风险源分为A、B、C三个等级，由公司领导、项目部主要领导、总监理工程师等进行包保监控，关键时段、关键作业现场把关。

4. 投资管理

全面推行建设项目资金预算管理，建立投资控制模拟运行表，从项目一开始就分项进行核算，涵盖工程预付款及其结算抵扣、工程形象进度款、甲供料款、按合同约定需扣除的质量

保证金、验工计价与工程结算的时间差异等内容。现场及时核对优化施工图,优化后节省投资显著;规范变更设计管理,在保证质量、安全等的前提下,投资节省;有效匹配、节约人力与机械设备资源,对存在的问题采取应对措施加以改进,确保投资总体控制在批准的概算之内。

(1)做好投资计划的动态管理。根据施工组织设计,编制投资计划,执行过程中在确保年度计划不变的前提下,根据实际完成情况及时调整下达各单位的月度投资计划,为筹措资金提供依据,同时为确保年度计划的完成提供保障。

(2)及时筹措资金,严格资金拨付,加强资金监管。根据月度投资计划及施工单位上报的用款计划测算月度资金使用量,及时上报资金预算。资金到位后,即刻按合同的约定对预付款、进度款、验工计价结算款等进行拨付。为防止挪用建设资金的情况发生,公司建立资金考核机制,将施工单位的资金管理纳入公司管理考核。计财部设专人通过网上银行对施工单位资金流向进行日常检查,并经常性深入现场,实地了解情况,对发现的问题要求及时整改。同时,公司还要求各施工单位建立农民工工资保证金专户,在专户内留存适量资金,并将此要求纳入承包合同。

5. 环保管理

落实环保设施与主体工程同时设计、同时施工、同时投产的"三同时"原则,通过健全环境保护管理文件,抓好临时用地的复耕复垦、水土保持工作,施工过程满足环保要求,建好绿色长廊和声屏障等一系列有力措施,实施依法环保、全员环保、科技环保,着力把庆春路过江隧道工程建设对环境的影响降到最低程度。

(1)落实环保设计措施。严格落实声屏障设置,杜绝不按环评批复意见变更环保工程措施的现象,隧道工程没有发生一起居民集体上访事件,验收、开通工作顺利。

(2)抓好施工期环保管理。施工期的环保工作纳入建设项目标准化管理,建设、设计、施工、监理单位把环保的要求体现到管理制度、人员配备、现场管理、过程控制标准化中,不断改进和规范施工期环保管理工作。公司负总体责任,根据环保批复要求,加强施工期环保的监督检查,及时发现处理环保出现的问题,保证环保措施落到实处。施工单位明确现场环境保护管理范围、环境标准,制订针对性的环保控制措施并认真抓好落实。

①严格处理施工垃圾和施工废水。比如施工现场泥浆池设置规范,大小尺寸满足需求,泥浆集中存放,集中运走至当地环保部门指定的地方。

②减少噪声扰民。对给周围的老百姓造成影响的钢筋切割、混凝土施工、土石方开挖施工的噪声污染,尽量选择白天集中施工;高度注意夜间施工的噪声影响,尽量采用低噪声施工设备。对距离居民区 160m 以内的工程,则根据需要限定施工时间。少数高噪声设备尽可能不在夜间施工作业,必须在夜间从事有噪声污染的施工应先通知附近居民,以征得附近居民的理解,如有可能采取限时作业措施。

③减少空气污染。主要采用加大便道洒水力度,大面积土方开挖实施任何保护措施,弃土露天堆放网膜覆盖,运渣车封闭运输并实行限路线、限时间、限车速、限载重的"四限"管理。

④注意水土保持。高标准修建弃土场防护工程,防止一下雨便造成水土流失;及时种植取弃土场的植被,既对水土保持有利,又美化了景观。

⑤做好完工清场工作。及时清洗施工机械、设备,机具废水、废油等有害物质及生活用水,排放到集中处,对固体污染物运至当地环保部门指定的垃圾场进行掩埋,并对施工过程中破坏原有植被的区域进行绿化。

(3)把好环保专项验收关。公司依据建设项目竣工验收计划,加强对内对外的沟通和协调,在开通前及时进行环保专项验收。

①按照工程项目特点对收尾工作进行系统规划,加强对施工单位收尾清理工作的指导、督促和检查;把收尾清理工作内容纳入验收条件,工程收尾清理不合格的不得进行验收。

②认真清理因施工活动引起的建筑、生活垃圾,集中运至当地环保部门指定的地点。

③对施工中形成的各类基坑,进行回填平整或采取土地整治和防护措施,不留隐患;生活、办公驻地房屋和拌和站、预制厂、材料加工厂等生产房屋和生产设施拆除后,及时做好场地垃圾清理和场地平整工作,并按规定进行复垦和办理临时用地归还手续。

6. 技术创新管理

瞄准国际先进水平、推进技术创新;实施开放科研、加强资源整合;借鉴既有成果、注重创新提高,及时把创新成果运用到实际工程中去。围绕超深超长深基坑开挖、大型泥水盾构江底掘进等技术难点,积极组织科技人员,进行科技攻关和工法创新。

第三节 建设质量管理体系

庆春路过江隧道工程质量管理体系的建立与运行,无论是设计还是施工都遵循"质量至上"的原则,质量是百年大计,是工程主体结构的灵魂与根本。及时建立完善的质量保证体系并不断修正,是确保工程质量的前提条件,同时质量自控体系的有效运行是质量控制的坚实保障。

一、质量体系的建立

1. 质量方针与目标

公司根据国家和行业标准及规定,结合庆春路过江隧道工程的实际情况,颁布了隧道工程建设的质量方针和目标。质量方针:科学管理,系统控制;严格标准,落实责任;百年大计,质量第一。工程质量总目标:工程质量符合国家、行业有关标准、规范和设计文件要求,整体质量达到世界先进水平,并经得起运营的检验和历史的考验,具体指标如下。

(1)按照验收标准,各检验批、分项工程、分部工程、单位工程质量检验合格率达到100%。

(2)工程质量零缺陷。在合理使用和正常维护条件下,主体工程,应满足不少于100年设计使用寿命。

(3)综合质量达到省级优质工程,争创国优。

(4)竣工文件真实可靠,齐全整洁,实现一次验交。

(5)消灭工程质量事故。

2. 质量管理机构与组织

成立以公司总经理为组长,副总经理、总工程师、施工单位项目部经理、监理单位项目部

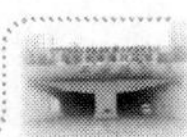

总监理工程师、设计单位项目负责人为副组长，公司各部门负责人、工程部安全质量部门（简称"安质部"）专业工程师、施工单位项目部分管副经理和总工程师、监理单位副总监理工程师和各监理组长为组员的隧道工程施工质量管理领导小组，对隧道工程质量实行统一领导；公司设立安全质量部，负责隧道质量日常监督管理，形成全员抓质量的体制。设计、咨询、监理、施工单位都成立了专门的管理机构，配备了专职人员，负责各自工作范围内的质量管理工作。

3. 质量标准与制度

（1）质量管理总纲

为体现标准化管理以制度管人、以制度管事的精髓，公司借鉴我国已建越河、江、海隧道工程的成果经验，并结合庆春路过江隧道工程的实际，在工程开工前制定了《质量安全建设管理自控体系》、《庆春路过江隧道工程质量管理暂行办法》和《质量管理实施细则》等三个质量管理的纲领性文件。确立了质量管理方针和目标，成立质量管理机构，明确各方质量管理的岗位职责，给建设、设计、施工、监理单位的质量管理和控制指引了方向；实施细则的制定更是严格规定了各级管理人员，包括建设、监理、施工单位对施工工序的检查频次，确保对每个施工工序及每一个分项工程、分部工程、单位工程完成后相应责任人进行现场检查确认，合格后方可进行下一道工序施工。质量实施细则的要求高于验收标准的要求，重点强调了建设、设计、监理现场检查和核实的要求。

（2）质量控制的奖罚办法

根据《项目经理和总监安全质量进度风险抵押金考核办法》，每月针对施工单位和监理单位主要负责人进行考核，不满足要求扣除风险抵押金。

二、质量体系的运行

质量体系的运行更加具有实践性，从施工现场的实际情况看，体系的有效运行首先需要施工单位更加科学的管理，同时离不开建设、监理单位及时有效的引导和监控。

1. 质量控制计划管理，推行首查责任制

严肃质量的检查纪律，一是施工单位按照分级控制体系的要求，全面明确各级施工的现场领导把关人员，控制住现场施工质量；二是全面推行监理的月度检查计划制度，总监理工程师（副总监理工程师）的工作计划经公司审批后下发；三是强化对质量检查计划的兑现考核。公司根据施工、监理单位完成质量检查计划的情况，进行量化考核。

公司执行首查负责制，核心思想是谁检查谁负责，并落实问题的闭合，避免只检查，只提问题，不跟踪不落实的陋习。不论建设单位、监理单位还是施工单位的管理人员到现场检查，对于发现的问题不论是以通报形式、还是口头形式都必须由检查人跟踪到底，不闭合不放过，一抓到底。质量体系有效运行的核心是及时有效地发现并解决质量问题，通过首查负责制能有效地发挥和调动每位管理人员的力量和智慧，将质量把关责任分解到每位管理人员的身上。

2. 工艺试验样板先行，实施首件认可制

公司建设质量过程控制从工艺试验源头抓起，地基处理、桩基试桩、路基填筑、围护结构施工、主体结构施工、盾构掘进等项目全部推行试验先行，根据试验数据优化、修正设计参数和设计方案，优化、统一工序，细化、量化工艺，统一工序之间、分部工程之间、子系统之间的衔接，大力开展新工艺的研究，推广应用具有先进性、科学性和实用性的新工艺，提高施工效率、降低成本、节约资源、保护环境。工艺试验成果经评审通过，首件工程经验收合格后，进行全面施工或按工艺要求全面指导施工。

(1)工艺试验管理

①方案先行。每个新开工项目首先确立试验段或先导段，认真组织编制施工方案，加大施工方案审查力度，坚持重大方案专家论证，层层把关，及时优化施工方案，坚决按照批准后的方案实施

②注重过程。试验段施工现场设立显著标志，对作业标准、工艺流程、操作规范、现场人员等一一明示；盯紧施工过程的每一个环节、每一道工序、每一项工艺，及时、准确地掌握试验段工程进展情况，实现对施工质量的全过程监控；建立以施工单位各层次自检、各工序互检、监理单位随工检查、旁站检查、平行抽检、项目管理机构抽检的基本质量控制模式，坚持平推检查、专项检查、链式检查相结合

③试验总结。在工程实施过程中，根据试验数据，及时优化、修正设计参数和设计方案，组织对试验结果进行验收和评估，制订作业标准、工艺流程和操作规范。

(2)注重典型引路

工艺性试验实行首件认可许可制度，首件施工质量全面优质达标后，以点带面，层层推进，形成以点带段，以段带线，发挥亮点的辐射作用，发挥成段的延伸扩张作用和工艺工法的指导作用，突出样板示范效应，以点带面、以点促面、点面结合，全面推广和发挥典型示范效应和推动作用。

(3)加强推广应用

对试验过程中总结的新工艺、改良工法及作业标准，及时在全线应用推广。在具体实施过程中，明确每一道工序的作业标准和质量要求，严格按工艺工法作业，严禁擅自改变工法或工艺设计。通过规范施工过程的工艺和工序流程，保证工程质量，提高施工管理水平。要求在每项工程的每个环节、每个时段都要自觉坚持标准、执行标准，以标准化管理、标准化实施来确保“捍卫质量，保卫安全”目标的全面实现。

样板引路的思路贯穿于庆春路过江隧道工程建设的整个过程。通过试验段、先导段施工，确立工艺工法，为大面积展开施工提供可靠的技术支持和有效的质量控制措施。

3. 全面推行工序管理、现场工序签认和“四确认”制度

工程项目质量控制是个系统工程，从可行性研究、勘察设计、施工、竣工验收等，都有一个质量控制问题，而施工阶段质量控制是工程项目全过程质量控制的关键环节。公司深刻认识到工程项目的施工过程，是由一系列相互关联、相互制约的工序所构成，工序质量是基础，直接影响工程项目的整体质量。要控制工程项目施工过程的质量，必须加强工序过程控制。

(1)工序管理

开工之前要求设计、施工、监理等相关单位认真研究图纸，核对具体的工程项目，对施工的工程对象进行全面分析、比较，准确合理地划分施工工序，获得层层展开的一个系统安全质量控制图。根据施工工序的特点，找出安全质量控制的关键点和薄弱点，从而制订相关措施。根据质量特征影响的大小及危害程度，重点加强对质量监控点的界定、设置和把控。

(2)工序签认

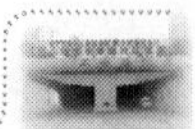

隧道工程全面推行工程建设的终身实名制，执行工序现场签认制度，现场工班组建立台账，每道工序完成后，工班长、各级技术人员和管理人员按照工序管理程序签字确认，强力推行主要工序的交接、验收、签认和留名制，建立每道施工工序与环节的质量责任界定、追溯体系，把每一个工程、每一个项目的责任分解到人。

(3)“四确认”制度

着重解决施工、监理单位措施不实，整改不力，执行力不强等问题，坚决执行现场人员核查确认制度、工序签名确认制度、安全检查确认制度和现场监控确认制度(“四确认”)，切实消灭现场监管不全面，施工现场带班作业人员不够，任由劳务工擅自作业等顽疾。“四确认”制度的执行从根本上控制了现场技术管理人员、现场监理不到位的情况，并通过现场建立的台账进行跟踪检查，有效地监控了关键岗位人员的到岗情况。

4. 强化监理管理，实行“监理派工单”制度

监理工作是建设管理的延伸，发挥好监理的作用是项目建设管理的重要环节。庆春路过江隧道工程的建设充分调动了监理的作用。第一，从监理人员配备上，严格要求监理单位按照投标文件的承诺到位，在关键时刻和关键工序上甚至要求监理人员进行超配。第二，定期召开监理工作会议(每周一次)，由公司分管安全质量的副总主持，研究落实近一段时间出现的主要质量问题，并对监理存在的一些问题进行沟通，对近期的监理工作进行部署。第三，要求监理单位坚决执行监理月计划、周安排和“监理派工单制度”，切实去除监理人员数量不足，施工监理没有全过程、全覆盖的诟病。特别是实施“监理派工单制度”，要求现场小组长每天给每位监理人员分派第二天的监理任务，建设单位可以对每天的监理内容和地点进行有效地掌控。

5. 强化质量管理机构人员配置，执行现场监督检查制度

专职安全质量管理人员的配备数量，不低于编制的20%。公司安全质量部配备了2名专职人员，人员分工明确，岗位责任明晰。

质量管理人员深入现场，工作踏实，是庆春路过江隧道能够保质保量顺利通车的保障力量。在质量管理上，成立了现场检查组，隶属安全质量部统一管理，人员骨干由安全质量部人员承担，从监理、施工单位抽调了部分人员进行充实，会同监理形成了一股有力的日常监督检查力量。现场检查主要握住五个关键行为的监督、监控。一是牢牢抓住影响质量安全关键作业的行为监控；二是牢牢抓住影响安全关键岗位的行为监控；三是牢牢抓住影响质量安全关键人员的行为监控；四是牢牢抓住影响安全质量关键工人的行为监控；五是牢牢抓住影响安全质量关键队伍的行为监控。

6. 充实技术力量，走专家认证之路

庆春路过江隧道工程建设是一项具有挑战性的工作，在科学管理精神的指引下，在许多方面需要打破常规，超常发展，充分发挥科学技术对隧道工程的引领作用。

(1)形成技术力量。组建强大的评估咨询团队，包括设计文件咨询、沉降评估等，对隧道的关键技术和关键工序质量等进行研究。

(2)走“专家论证”之路。公司成立了科研领导小组，组建了现场技术攻关队伍，并邀请了专家对现场技术难点、施工关键点深入调研，共同研究，共同攻关，为隧道建设搭建了科技平台、提供了技术服务。为切实解决工程建设过程中的技术难题，分别成立了专家组，完善

方案审批，定期现场诊断，做好技术把关。公司组织施工单位多次召开专家研讨会，对方案、工艺和关键工序进行论证研讨，切实解决了现场存在的施工难题。通过走专家论证之路，全面控制住隧道工程质量，实现科学管理、高效管理。

7. 打造"学习型组织"，快速提升"五项能力"

庆春路过江隧道工程建设标准高、工期短，工程条件复杂，建设过程中大量采用了新工艺、新技术和新材料，要求管理人员要用先进的理念、高端的知识、娴熟的管理技巧武装自己，具备贯彻执行的能力、解决问题的能力、开拓创新的能力、规范管理的能力，这是建成一流隧道的立足之本。

(1)加强组织领导

公司成立建设项目管理培训工作领导小组，负责建设项目管理培训工作的组织、检查和监督，领导小组下设办公室，负责建设项目管理培训工作的日常协调，师资选聘，教材审定，人员组织，场地落实以及培训工作的推进、检查、评比、考核，办公室设在安全质量部。公司管理人员除及时参加市有关部门组织的培训外，并根据工程实际情况，按照专业全覆盖、人员全覆盖的要求，开展各类行之有效的培训。同时督促施工、监理单位构建"树形培训层次"，加强施工组织和安全管控能力。

(2)定期分层培训

每月组织一次对验标、新标准、新文件的学习和培训，注重学以致用，形成专门的学习记录。公司领导班子成员自行组织并参加相关理论知识和业务能力培训；公司各业务部门全体进行理论知识和业务能力培训。

(3)加强专题培训

①开展项目施工特色的针对性培训。

②开展阶段工序培训。

③开展竣工验收培训。

公司在联调联试开展前，组织进行项目竣工验收阶段各项法规、文件培训，培训的主要内容为联调联试方案、验收程序、概算清理、竣工资料编制等，同时邀请档案方面专家进行规范编制竣工资料的专项培训。

(4)培训方式多样

采用了"走出去、请进来"的培训方式着力提高管理团队的素质，"走出去"既到外面去交流学习，公司先后组织了去上海、武汉交流学习。"请进来"就是邀请专家组织培训会，实行分层分类分专业培训，做到专业全覆盖、人员全覆盖。全面学习建设管理知识，迅速提高一流建设认知水平。

8. 严格控制质量关键环节，突出质量控制重点

庆春路隧道作为系统工程，精密测量、沉降控制等是工程质量控制的重要内容和关键环节，必须按照系统控制原理，对工程质量目标进行系统策划、全面管理，将总体质量目标按不同建设阶段、控制内容和控制主体进行分解，牢牢把握关键环节，紧紧抓住控制重点，全面实施目标管理。

(1)精密测量

精密测量是建设高质量过江隧道最重要、最基本的条件之一。一是必须严格按照相关规定，适时建立控制测量网络。公司委托浙江华东建设工程有限公司进行庆春路过江隧道

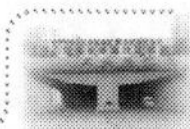

施工控制网测量测绘工作,分别建立了杭州市庆春路过江隧道工程 C 级 GPS 控制网和二等水准控制网并定期对控制网进行复测。以 C 级 GPS 控制网和二等水准控制网为基准设置线路中线,指导施工单位做好引入测量工作。公司对隧道精密测量控制网进行统一管理,组织编制项目精密测量实施细则,统一基桩埋设标准与平差软件,规范基桩测设、评估验收、交桩及复测工作,建立统一的精密测量数据库,组织联测并提出测量问题处理方案,组织开展测量工作检查。二是严格实施构筑物精确定位。施工单位对交桩资料、桩位进行核对和复测,在设计单位指导下做好测设、施工控制网加密及维护工作,并按照复核后的资料和精度要求进行构筑物精准定位,严格构筑物施工测量精度控制。

(2)线形控制

设计单位按照线形控制理论进行隧道平面设计,向施工单位提供详细的施工段顺序、观测点布置方案,提出监控方案,对监控结果进行比对,及时调整完善设计。施工单位加强监控量测,及时组织研究解决相关问题;制订施工监控实施方案,细化明确相关技术与工作接口要求,严格按照设计提供的施工顺序施工,实时进行变形观测,及时将观测结果与设计比对,合理调整施工参数;监理单位对监控实施方案进行审核,并监督方案实施。

(3)沉降控制

施工单位严格按规范、指南和相关文件精神,切实把沉降变形观测等施工监测作为关键工序控制。依据设计文件和沉降变形要求,编制施工监测方案,进行观测点布设和沉降变形观测,做好观测点保护和观测数据采集工作,统一数据库格式,并对入库数据的真实性负责。第三方监测进行独立的测量,依据沉降变形观测数据进行分析评估,并将评估结果和评估过程中发现的问题及时反馈给建设单位和设计单位。监理单位严格按设计文件和相关规范要求,对施工监测和第三方监测进行检查、监督。施工监测、第三方监测单位及时上报监测资料(包括施工过程中出现的相关问题)。

(4)工程接口

各参建单位将接口管理作为隧道工程建设管理的一项重点内容,依据相关规定制定接口管理实施细则,做好事前控制工作。细化接口管理工作流程和责任,确保土建、装修与机电,机电内各分系统等接口工程质量,实现工程接口协调统一零缺陷。设计单位按照系统工程原理,研究提出接口设计措施;提出保证接口施工质量管理的指导意见,做好设计交底工作。施工单位认真领会设计文件,细化接口工程施工界面和施工技术措施,研究采用保证接口质量的施工组织方案和施工方法,并认真组织施工。

(5)联调联试

联调联试的质量控制,主要采取设备综合评定的做法。设备综合评定就是利用联调联试期间,根据剩余工程推进、静态验收的问题整改和联调联试各专业项目动态测试结果,对设备进一步精调细整,不断提升设备质量,实现设备质量稳定可靠,确保庆春路过江隧道按期优质投入运营。

通过设备综合评定,及时发现问题,制订整改措施,实行签认、留名、建档、存档和记名检、记名修的整治责任管理,实现问题整治的全整改、全达标;通过设备综合评定,各专业统筹兼顾,协调统一,强化专业对接,确保专业之间的无缝衔接,实行联合整治,实现整体同步达优;通过设备综合评定,深化、优化、细化设计,实现运营使用功能优化。通过设备综合评定的实践，推行隧道设备综合评定工作，是有效提升即将运营设备质量的重要载体，是纵深推进标准化管理的重要内容，是按期优质开通庆春路过江隧道的客观要求。

三、质量事故处理规定

为加强庆春路过江隧道工程的质量管理，及时调查处理工程质量事故，根据《建设工程质量管理条例》、《特别重大事故调查程序暂行规定》、《质量管理实施细则》等文件精神要求，公司细化形成了完整的事故报告制度，发生质量事故时，施工单位必须马上口头或电话汇报，并在12h之内向公司书面报告，及时通知有关单位和杭州市质量安全监督总站。公司及时向有关部门报告，同时在24h内向杭州市质量安全监督总站提出书面报告。

公司接到事故报告后，应立即成立工程质量事故调查组，公司领导担任组长，设计、咨询、监理、施工及有关单位为成员单位。由公司组织咨询、设计、监理、施工等单位到现场调查，判别质量事故的类别。一般质量事故由公司负责组织，施工单位、监理单位参加调查，施工单位应如实汇报质量事故工程、工序的施工工艺、所用材料、施工机具及施工资料等情况，监理单位对施工单位提供的资料进行核实；工程质量大事故由公司组织调查处理，并报质监站备案；工程质量重大事故由公司调查并提出处理意见，由市主管部门批复；工程质量特别重大事故的调查处理按国务院《特别重大事故调查程序暂行规定》办理。

自开工以来，公司以建设一流隧道为目标，坚持把质量和安全摆在最核心、最本质、最重要的位置，着力推行标准化管理，创新思路，创新机制，创新管理，超前谋划，攻坚克难，精心组织、精心施工、精心管理，未发生一起质量事故，确保安全、高效、优质建设庆春路过江隧道工程。

第四节　建设安全管理体系

安全生产重于泰山，公司集全体参建单位的智慧和力量，用心用力，深入分析安全生产“危”在哪里，“机”在哪里，“着力点”在哪里，积极谋划安全生产应对危机的措施，研究和探索更加符合庆春路过江隧道的安全生产实际的科学发展理念和发展模式，实现安全生产的持续快速发展。公司安全管理体系的建立与运行紧紧围绕优质、安全的目标，按照安全管理“四无一控制”（即：1. 杜绝生产安全一般及以上事故，杜绝一般C类及以上交通事故，不发生一般D类交通事故；2. 无责任因公死亡和重大伤亡事故；3. 无机械设备大事故；4. 无责任火灾、风灾、触电事故）的奋斗目标，全面加强施工安全管理，强化施工现场过程控制，有效控制施工惯性事故，实现施工安全稳定可控。

一、安全体系的建立

1. 安全管理

（1）指导思想：坚持“安全第一、预防为主、综合治理”的方针，深入推进标准化管理，明确安全责任，预控危险源头，严格过程控制，狠抓责任追究，全面落实“六位一体”的建设要求，确保隧道工程建设的期到必成。

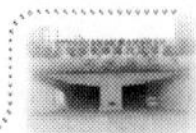

(2)总体要求：坚持以施工安全为重点，深入研究工程的重点、难点，牢牢把握施工的安全关键点，理顺工作思路，强化各项措施，实现庆春路过江隧道2010年12月28日的开通目标。

(3)安全目标：消灭安全事故，确保工程建设实现"零事故"，"构建和谐施工打造平安隧道"。即：消灭交通安全事故，消灭道路运输交通安全事故，消灭人身伤亡责任事故，消灭机械设备事故，消灭火灾事故，消灭自轮运转设备运行责任事故，消除安全不良影响。

(4)安全生产方针：安全第一、预防为主、综合治理。以预防为主，抓好危险源头控制，优化施工方案，严格控制过程，重抓落实。

2. 安全管理机构与组织

(1)成立隧道工程安全生产领导小组。以公司总经理为组长，公司副总经理、总工程师、项目经理、项目总监理工程师、设计单位负责人为副组长，公司各部门即参建单位部门负责人等为组员。重点完善和规范责任管理体系，即：以一把手为主体的安全决策指挥保障体系；以分管领导为主体的安全技术管理体系；以安全质量部经理为主体的安全监察体系；以施工单位分管领导和监理单位负责人为主体的安全卡控体系；以专业工程师为主体的专业管理体系；以服务队为主体的基层安全管理体系。建立健全与隧道安全要求相适应的制度体系和运行机制，完善各级管理人员安全风险抵押制度，严格安全施工考核。建设安全生产领导小组办公室设在公司安全质量部，负责指导、检查、监督安全管理工作。

(2)建立健全各参建单位安全管理机构。公司健全完善安全工作领导小组体系，公司主要领导任组长，分管领导任副组长，各部门主要负责人为组员。工程管理部为安全管理的责任部门；设计单位全面负责设计及施工技术安全，设计单位派出足够的设计人员参与具体施工安全技术的实施；监理单位配备专职安全监理工程师，负责监理对象的安全日常监督检查工作，督促检查施工单位安全卡控体系；针对施工单位施工安全的重难点、安全关键点和安全隐患点，编制出安全工作监理实施细则，明确各岗位的工作职责和安全追究责任；施工单位成立安全生产领导小组，项目经理为组长，是安全生产管理的第一责任人，对安全生产负有全面责任。副经理为副组长，职能部门和施工队负责人为组员，设立安全质量部负责项目安全监察和日常工作。建立健全安全保障体系，全面落实安全生产责任制。建立健全以安全生产责任制为核心的安全生产保证体系，实行安全"一票否决"。

3. 安全生产保证措施

(1)科学施工，完善安全生产操作规程

认真审核安全生产保证计划和各项实施性施工组织设计，要求施工组织设计、施工方案、作业方法要科学合理，每个分项工程都要制订完善的安全生产操作规程。严格要求施工单位进行安全技术交底，严格按安全技术规程，防止各种违章指挥和违章作业行为的发生。在制订施工方案的同时，必须制订相应的安全技术措施，尤其是重点项目和关键部位工程在确定施工方案的同时，要制订切实可行的安全技术保证措施。

(2)抓住重点，控制难点，做好超前预防预控

着重对施工安全、大型机械设备结构安全、大型设备的操作安全、关键工序的作业安全，火工品安全、高空作业安全、基坑开挖与支护安全以及联调联试期间的施工、施工车辆走行安全等关键环节进行管理，全面深入开展安全专项整治活动和规范施工人员劳动保护。加

强劳动安全管理和教育培训工作,杜绝事故的发生,认真落实重大安全事故隐患监控、整治的责任,对列入公司重大、特大安全事故隐患实行挂牌督办,严格落实整改责任和措施,坚决整改到位。进一步做好重大危险源分析和管理工作,建立"动态台账"和监控网络,严防重、特大事故的发生。

(3)开展施工基础项目专项整治

对威胁人身安全的基坑防护、施工用电、主体结构脚手架等施工项目进行重点整治。一是要求基坑支护方案要经过验算,基坑支护方案必须经严格的审查、批准程序;基坑支护时一定要按设计方案施工;基坑内积水要及时排除,防止基坑坍塌。二是严控施工现场用电管理,终端配电箱必须设置漏电保护器;用电线路必须采用电缆并通过漏电保护器,起到有效的保护作用;用电电缆线路布置合理,配电箱必须锁闭。三是要严格做好主体结构脚手架的安全防护,严格按照方案设置。四是严禁不戴安全帽、安全带等劳动保护用品进行登高作业。

(4)开展坚持"四确认制度"(现场人员核查确认制度、工序签名确认制度、安全检查确认制度和现场监控确认制度)和"监理派工单制度"的专项整治

切实去除监理人员数量不足,该到的地方不到,该旁站的没旁站,监控留有死角,施工监理没有全过程、全覆盖的诟病,特别是针对岁末年初,"两节"、"两会"期间,上级检查会议多,领导工作头绪多,职工思想问题多,冬季安全生产困难多等实际,认真开展安全案例教育,加强监督检查,发现问题,放大处理,深刻反思,系统追问,进一步强化措施,杜绝人为因素引起安全事故的发生。

(5)开展劳动安全专项整治

深化以防范构筑物坍塌、车辆伤害、高空坠落、物体打击、起重机械施工用电与脚手架倒塌等易发事故和规范施工人员劳动保护为重点的安全专项整治行动,认真建立健全施工单位项目部、作业队、作业班组三级劳动安全管理网络;健全特殊工种、特种设备作业人员安全生产的有关作业规程;加强对施工从业人员的培训考核;落实防暑降温、防寒过冬等季节性安全措施,通过层层抓安全,处处查落实,事事看效果,把现场安全管理工作的内容具体化、定量化。

4. 安全管理综合措施

(1)安全生产教育与培训

结合隧道工程实际,公司向全体参建者发出了《安全生产倡议书》,并与每个单位签订了《安全承诺书》,让每一位建设者感悟安全,启迪人生。积极引导干部职工牢固树立"安全第一"的理念,摆正安全与进度,安全与效益的关系,使安全观念内化于心,固化于制,外化于行。施工单位与每一位参建人员都签《安全承诺书》,形成安全生产的良好氛围。同时,开展贴近现场、贴近施工,有针对性、知识性、趣味性的安全专题活动,通过出报刊、挂横幅,立警示牌、树曝光台,开专题会和演讲会等多种形式,全力营造"关爱生命,关注安全"的浓厚工地文化,潜移默化地影响和规范作业人员的作业行为。

同时,项目开工前,要求施工单位对所有参建员工进行上岗前的安全教育,并做好记录。教育内容包括:安全技术知识、各工种操作规程、安全制度、工程特点及该工程的危险源等。经考核合格后,方可上岗作业。对于从事电器、爆破、焊接、机动车驾驶、张拉等特殊工种的

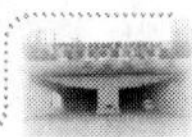

人员，经过专业培训，获得《安全操作合格证》后，方准持证上岗，要求监理单位组织检查确认。

(2)开工前安全生产检查

工程开工前，由安全生产领导小组会同有关部门，对将开工的项目进行全面的安全检查验收，检查验收的主要内容包括：施工组织设计是否有安全措施，施工机械设备是否配齐安全防护装置，安全防护设施是否符合要求，施工人员是否经过安全教育和培训，施工方案是否进行交底，施工安全责任制是否建立，施工中潜在事故和紧急情况是否有应急预案等。

(3)定期安全生产检查

每月组织一次由有关职能部门的负责人和专业工程师参加的安全生产大检查，并积极配合上一级进行专项和重点检查；施工单位每日进行自检、互检、交接班检查。

(4)经常性安全检查

要求参建各单位安全管理人员日常巡回安全检查。使用《事故易发点检查表》每日进行检查，检查重点：施工用电、机械设备、脚手架工程、模板工程、焊接作业、季节性施工等。

(5)专业性安全检查

针对施工现场的重大危险源，采取"五级负责，三级督办，二级挂牌"安全卡控制度，加大对大型机械等专业检查力度。

(6)季节性、节假日安全生产专项检查

夏季检查防洪、防暑、防雷电措施落实情况；冬季防冻、防煤气中毒、防火、防滑措施落实情况；春秋季检查防风、防火措施落实情况；节假日加班及节假日前后安全生产检查。

(7)安全检查记录

定期检查按公司文件规定进行检查、打分、评价；施工单位每日的自检、交接检以及经常性安全生产检查，在相应的"工作日志"上记载、归档；专业性安全检查，季节性、节假日安全生产检查，使用《安全检查记录表》检查后结果进行通报。

(8)隐患整改

隐患登记、分析。各种安全检查查出的隐患，要逐项登记，根据隐患信息，对安全生产进行动态分析，从管理上、安全防护技术措施上分析原因，为加强安全管理与防护提供依据。

整改：检查中查出的隐患发放《隐患整改通知书》，督促整改单位消除隐患，《隐患整改通知书》要按定人、定时、定措施进行整改。

复查：被检查单位收到《隐患整改通知书》后必须立即按照整改要求和期限进行整改，整改完成后将《隐患整改反馈单》报回检查组，有关部门及时进行复查。

销案：有关部门复查被检查单位整改隐患达到合格后，在《隐患整改反馈单》上或检查台账上签署复查意见，复查人签名，即行销案。

二、安全体系的运行

为全面实现庆春路过江隧道工程安全管理的总体目标和总体要求，工作重点如下。

1. 强化安全意识，牢固树立安全第一的思想

(1)牢固树立建设安全的责任意识。确保庆春路过江隧道工程建设的安全，政治责任和社会责任重大。因此，隧道工程建设的全体参建者始终保持安全工作的政治意识、大局意识

和责任意识,从讲政治、讲和谐、讲发展的高度进一步增强抓好施工安全的紧迫感和危机感,把安全发展的理念扎根于每一名参建者的思想深处,落实到现场每一名作业人员的行动上,变成全体作业人员的自觉行动。各参建单位始终保持警钟长鸣、常抓不懈,不能有丝毫的懈怠、不能有任何的麻痹,要结合工程建设实际狠抓各项安全措施的落实。

(2)牢固树立建设安全的忧患意识。隧道工程建设工期紧迫、任务艰巨,跨越江堤、钱塘江航道的盾构施工风险极大,交叉施工中存在安全薄弱环节,联调联试安全控制难度巨大。必须清醒认识到施工所面临的严峻形势,始终保持如临深渊、如履薄冰、如坐针毡的风险意识、危机意识和忧患意识,始终坚持安全第一、预防为主的方针,居安思危、超前预想、真正做到防患于未然。

(3)牢固树立建设安全是确保工期目标实现的首要前提的保障意识。在处理安全与工期的关系上,必须认识到安全是基础、是前提,是确隧道工程建设的真正保障,是确保工期顺利推进的强大生产力。要求各参建单位必须把立足点放在安全工作上,必须在确保安全的前提下组织生产。在安全的投入上必须要有保证;在安全没有把握时,决不能盲目施工抢工期。

2. *以标准化管理为抓手,全面落实安全管理的各项要求*

(1)深入开展安全生产教育和培训工作。坚持“公司指导、施工监理负责、按需施教、突出重点、以人为本、全员培训”的基本原则,明确培训内容,丰富培训方式,加强培训管理和师资队伍建设,优化师资配置,科学制订培训方案,认真组织教学,严格考核发证,实现全面提高建设者安全意识和技术素质的目的,为隧道工程安全生产提供人才保证和智力保证。通过各种方式、各种形式大力宣传安全生产法律、法规、方针、政策,提高全民安全防护意识;针对工作量大和工期紧迫的情况,在培训内容上突出专业性,培训对象上突出一线质量、安全、技术、监理人员和关键岗位作业人员,培训安排上突出小区域、多批次,全面提高建设队伍的安全管理水平;加强对劳务工的三级教育,本着“管什么培训什么、干什么培训什么”的原则来研究不同层面的培训工作,按不同工点、不同岗位,分专业分批次开展培训,培训面要达到100%。要求各单位切实加强领导,采取得力措施,加大培训力度,规范培训管理,落实培训计划,提高培训质量。

(2)全面推行现场“四确认”和“监理派工单”制度。坚决执行现场人员核查确认制度、工序签名确认制度、安全检查确认制度和现场监控确认制度,切实消灭现场监管不全面,施工现场经常没有带班作业人员,任由劳务工擅自作业等顽疾。坚决执行“监理派工单制度”,切实去除监理人员数量不足,该到的地方不到,该旁站的没旁站,监控留有死角,施工监理没有全过程、全覆盖的诟病。把专项整治指标层层分解,压力逐级传递,切实落实责任,做到工作有布置、有标准、有检查、有考核,有奖惩。

(3)注重标准化工地的创建。现场失管失控、不达标是现场所有问题的主要根源,公司坚持典型引路、坚持持续改进,在以往标准化工地创建的基础上,进一步强化标准化作业、现场文明施工和现场安全控制,全面实现施工行为的规范化,安全管理的程序化、场容场貌的秩序化和施工现场安全防护的标准化。积极推广应用先进的安全科学技术,在施工中积极采用新技术、新设备、新工艺和新材料,逐步淘汰落后的、危及质量安全的设施、设备和施工技术。牢固树立“以人为本”的理念,加强对农民工的安全技术知识培训,提高从业人员的整

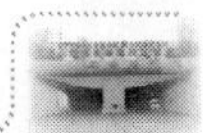

体素质，改善农民工作业、生活环境。定期对施工单位开展安全质量标准化工作情况进行通报，对成绩突出的施工企业和施工现场给予表彰，以点带面，带动隧道工程安全质量标准化工作的深入开展。牢固树立“人人讲标准、事事有标准、处处达标准”的理念，在每项工作的每个环节、每个时段自觉坚持标准、执行标准，以标准化管理、标准化实施来确保优质、安全目标的全面实现。

(4)加大安全投入，全面推行“四化”管理。安全投入是安全生产的基本保障，安全生产的实现要靠切实的投入作保证，在深入推行安全建设标准化管理方面，不仅要有完善的技术标准、管理标准和作业标准，而且还要以机械化、工厂化、专业化、信息化等为支撑手段，这是搞好安全标准化管理的基本保证，也是实现安全长治久安的有效措施。

(5)全面实施安全检查的计划管理。为有效控制安全风险，实现安全的预控管理，安全检查全面实施计划管理，一是按照标准化管理的要求，全体参建单位全面实施“五定三统一一负责”的检查制度；二是全面推行监理的月度检查计划制度，总监理工程师(副总监理工程师)的工作计划由公司审定；三是强化对安全检查计划的兑现考核。公司根据施工、监理单位完成安全检查计划的情况，进行量化考核，适时纳入施工、监理单位的考核。

(6)开展安全评价评估。抓安全评估，强化参建各方的行为管理。一是在工程建设项目中完善施工安全评估评价体系，现场评定出安全优秀工点、合格工点、不合格工点，根据公司的文件予以奖惩。二是突出抓好安全行为管理，使每一个作业人员明确每一道工序的作业行为是否能符合作业标准，是否能确保施工质量和操作安全。三是建立项目经理的行为信用评价信息库，建立一般管理人员和作业人员行为评定档案。以标准规范行为，把行为转变成习惯。

(7)组织安全生产大检查。组织各施工、监理单位积极开展安全生产大检查、安全生产月活动，深入开展隐患排查整改和重大危险源的重点监控管理，跟踪督办，排查各类安全事故隐患。要求主要领导指挥向前，亲自研究筹划，亲自动员部署，亲自制订整改方案，亲自组织分析梳理问题，亲自组织自验，加强对安全专项整治活动的统一领导、统一组织。对列入公司重大、特大安全事故隐患实行挂牌督办，严格落实整改责任和措施，坚决整改到位。克服松懈麻痹思想，确保每次检查面达到100%，回查率达到100%，整改率达到100%。

(8)强化安全方案审查。庆春路过江隧道工程风险点多，风险程度高，对于盾构掘进施工、深基坑施工、主体结构模架施工、大型机械设备作业等重点项目，坚决加强源头控制，坚持开工前安全条件审查，严格安全专项方案审查。审查施工组织设计中是否包括了安全技术措施，制订措施的内容是否符合各专业要求，各工种、各施工部位，新技术、新设备、新工艺、新材料的施工安全技术措施是否切实可行。施工现场的安全保证体系是否健全完善，从第一责任人到其他责任人、到各服务队的安全责任制是否分解落实，安全管理监督网络是否齐全，安全管理人员、安全管理投入是否与工程需要相适应，季节性安全措施、安全应急预案是否齐备。对于施工安全专项方案，需经本单位技术负责人签字，报总监理工程师批准后和开工报告一起上报公司。

(9)走专家论证之路。走“专家治理”和“专家论证”之路，切实解决工程建设过程中的安全技术难题，提高安全管理水平，为打造一流工程提供强有力的安全技术支撑。引入专家组的技术力量，进一步完善安全技术方案、做好技术把关和现场诊断。实践证明，通过走专家治理和专家论证之路,确保了隧道工程的安全,实现了科学管理、高效管理。

3. 加强重点工程的安全监管,确保安全工作有序可控

(1)确保深基坑施工安全

①确保围护结构的质量。围护结构的抗侧压能力、抗渗能力、插入比是基坑稳定的关键,施工过程中我们将对SMW工法桩的垂直度、桩径、桩底高程、接缝质量、水泥掺量等进行严格的控制。

②采取措施。对薄弱地段的土体进行加固,主体隧道与泵房、变电所、匝道封堵墙拐角处土体采用SMW深层搅拌桩进行加固,经抽样检测确认加固范围及加固体强度达到设计要求后才能进行基坑开挖。

③确保基坑降水的质量。采用管井为主,轻型井点降水相结合的方式,合理布置降水井,达到降水效果。管井降水在基坑土方开挖前20d开始进行,降水前进行试抽水,检查降水系统安全性,确保井点降水质量和效果,根据抽水试验参数优化降水方案。坑内水位降至基坑底面以下1.0m,降水达到设计要求的降水效果后方可进行基坑土方开挖。

④处理好开挖和支撑的关系。在开挖过程中掌握好“分层、分步、对称、平衡、限时”五个要点,遵循“竖向分层、纵向分区分段、先支后挖、随挖随撑、快速封底”的原则,处理好开挖和支撑的关系,严格按照“时空效应原理”组织施工。

⑤及时施作垫层、底板封闭土体尽早形成支撑受力体系。基坑开挖到底后应及时施作垫层混凝土封底,减少土体暴露时间,并在最短的时间内将结构底板施作完毕,形成基坑支撑体系,增强基坑安全。

⑥处理拆支撑和结构混凝土施工的关系。结构钢筋混凝土按照底板→中隔墙→边墙→顶板的顺序从下至上逐层施工,为配合结构施工,支撑也需从下至上逐层拆除,此时应处理好拆支撑和结构混凝土施工的关系,施工中应注意:必须待结构混凝土达到设计强度后才能拆除支撑。

⑦加强监测。及时反馈信息指导施工,对基坑施工的全过程进行严密监测,以便及时发现问题及时处理,将事故制止在萌芽状态。拟进行支撑轴力、围护结构位移、土体位移、地下水位、地表沉降、周围管线、周边建筑物的沉降和变形等多项监测,在雨季等特殊施工情况下加强监测频率,确保基坑和周边环境的安全。

⑧编制“深基坑施工应急预案”,备好应急物资,做到有备无患。为了确保深基坑施工的安全,做到万无一失,编制可行的“深基坑施工应急预案”,备好各种应急物资,成立抢险应急分队,时常组织抢险演练,做到有备无患。一旦发生险情时便可以做到“早发现,快反应,及时处理”,把损失降低到最小。

(2)确保盾构施工安全

①盾构穿越钱塘江,在施工中采取如下措施。

要求盾构改造中针对地质情况对刀盘、刀具进行特殊设计。采用特制的高耐磨性刀盘,结构表面采用特殊材料进行耐磨工艺处理;刀具采用了复合地层中特殊的三级保护设计,以增强刀盘、刀具的耐磨性,并安装刀盘刀具磨损检测装置,保证盾构机一次掘进通过江底;要求在推进施工前,对盾构整套设备进行全面的检查调试,保证盾构各方面性能完好;要求合理选择掘进参数,精细操作,避免在过江段出现异常情况而停机;要求做好带压进仓作业的

各项准备,必要时进行带压进仓作业。

②盾构机穿越钱塘江防洪大堤,在施工中采取如下措施。

在下穿防洪堤前50m设立试验推进区,设置相应深度的土体垂直及水平位移监测点,地下水位及水压监测点、自始至终监测深层监测点的变化状况,主要摸索施工工艺中不同施工参数对盾构顶端上部的深度范围内地层的扰动影响,摸索不同盾构推进速度和泥水压力及盾构注浆工艺(同步注浆、二次注浆)对地层的影响。精确测定地层的变形与盾构机泥水压力设定值、盾构掘进速度的实际值,并采用数理统计的原理,找出上述参数之间的关联。通过模拟推进,测得采集盾构下穿防洪堤前的最优施工参数,指导施工。

盾构穿越防洪堤时,利用模拟推进积累的参数推进,同时要有专职人员昼夜对防洪堤进行沉降监测,及时观察结构的变形情况。采用先进的通信手段,将监测数据及时、准确地反馈给盾构施工工作面,使得中央控制室能够根据地面所反映的情况,进行正确判断,指导盾构掘进参数及时优化调整。

监测范围为隧道中心线两侧各50m范围,沉降监测点沿堤线方向设5排(5m设1监测点);在防浪墙顶设1排水平位移监测点,组成监测网。监测频率为:通过前,1次/d;通过时,2次/d;以后逐步减少到1~7d检测1次;出现异常情况应加密监测频率。监测时间为3个月。

加强盾构掘进技术参数的控制,盾构施工过程中严格控制切口压力,尽量减少压力的波动;同时严格控制与切口压力有关的施工参数,如泥浆压力、推进速度、总推力、排泥量、泥水质量、同步注浆质量,并根据不同的地层不断进行调整和优化。

辅助施工措施提前在防洪堤四周布设注浆孔,施工过程中,根据沉降情况适时施作地面动态跟踪注浆,直至稳定状态,注浆量视实际情况而定,以确保沉降量控制在规定范围之内。当盾构穿越防洪堤后,继续对其监测,根据实际监测情况以及隧道的沉降测量,必要时及时采取二次补压浆。

在穿越钱塘江大堤施工前,分析危险因素,根据危险源制订相应的应急预案。

③盾构始发(出洞)和到达(进洞),在施工中采取如下措施。

盾构始发(出洞)对端头地层进行加固(旋喷桩+冷冻法),加固土体范围强度、均匀性和渗透性满足要求,并进行加固效果检测;做好洞口防水密封。预先安装洞门圈预埋钢环,盾构进洞时采用箱型密封结构,在箱腔内进行油脂填充;盾构壳体进入洞门密封后,立即进行同步注浆和二次注浆;加强盾构出洞段的掘进控制。

盾构到达(进洞)对端头地层进行加固(旋喷桩),加固土体范围、强度、均匀性和渗透性满足要求,并检测其效果;盾构到达期间,在加固范围外侧布置深层降水井抽水;在盾构进洞时,在洞圈内安装帘布橡胶板,当盾构前体盾壳推出洞门时,调整弹簧钢板使其尽量压紧帘布橡胶板;盾构到达时,对近洞口的10环管片采用[14槽钢通过管片吊装孔进行拉紧,确保管片缝隙不发生渗漏;在盾构机切口出洞门前,对脱出盾构尾部的管片进行注浆;加强盾构进洞段的掘进控制。

(3)确保主体结构模架施工安全

牢牢抓住模架自身稳定、高空作业等安全关键环节,严格落实各项安全卡控措施,严格现场过程检查和监控,科学检测、过程把关,确保施工安全。检查落实模架刚度、强度和稳定性，基础必须坚实稳固。每次拼装前，必须对各零部件的完好情况进行检查，对所吊的构件质量进行严格的计算把关。明确设备负责人，做到安全设施齐备，装置齐全，严禁带病运转。

(4)确保机电安装施工安全

针对起重伤害、高处坠落、材料机具侵限、车辆伤害、施工现场料具堆放、作业层违章等是机电施工中的安全薄弱点，制定控制展开表，全面落实施工、监理单位的责任。

(5)确保吊装作业和交叉施工的安全

吊装作业和交叉施工多种工序交叉施工，安全隐患无处不在。要求各施工、监理单位针对每一个作业面，落实好现场管理和监控人员，确保吊装作业和交叉施工的绝对安全。

(6)确保防火、用电安全

加强冬季施工的防火管理，特别是要加强对电焊、气割、生煤炉、电炉等火源的控制，防止发生火灾事故。施工单位要加强用电安全管理，对现场施工及生活用电进行不定期的安全检查，特别是元旦、春节期间，要进行专项检查。严禁随意拉扯和超负荷用电，全面落实现场“一机一闸一箱一漏”的用电安全措施。

(7)确保季节性施工安全

做好季节性施工安全是安全管理的又一重点。在进入雨季施工前，施工单位应根据施工特点，编制安全技术措施。雷雨天时，作业人员要远离高压线。在高温季节施工，应按劳动保护规定做好防暑降温工作。防汛防洪防台期间，要加强防洪工作的落实，建立组织机构，落实领导责任，确保防洪防台工作万无一失。

(8)确保联调联试的安全。庆春路过江隧道工程联调联试时间紧、任务重、标准高，集中试验期间，针对每天的试验计划制订安全措施，检查督促施工单位安排施工现场看守工作；对每日检测出的问题做好专项记录，建立问题库，制订整改措施和整改期限，明确责任人，根据试验安排集中整改、记名销号。检查督促监理单位针对每天的试验计划制订安全措施，对集中施工期间施工单位每天申报的计划进行审核，对施工全过程旁站。

4. 坚持最严格的考核，严格事故责任追究

严格执行省、市和公司关于加强安全工作管理的文件规定，一是召开安全现场会，对发生安全危险行为和管理混乱的施工单位进行曝光，并批评教育；对于下达整改通知还整改不到位且管理混乱的监理单位和施工单位人员，公司进行通报，并抄送所在的上级单位，严厉追究相关当事人的责任。逐渐加大发生安全事故的成本，促使各施工、监理单位进一步加大安全工作的自觉性。二是严格按安全风险抵押金考核办法和质量、保卫安全责任状的相关规定。对事故责任单位和责任人予以严肃的处理。

5. 建立施工安全红线管理办法，严格违规责任追究

为加强隧道施工安全管理，全面落实对施工和监理单位的责任追究制度，及时发现并消除施工现场安全隐患，确保安全工程目标实现，制定了施工安全红线管理办法。所有参建单位必须严格遵守安全生产的法律、法规、规章，建立健全安全生产保障体系，切实落实安全生产责任制，并在工程实施中各负其责，及时发现并消除现场施工安全隐患；对违反本办法所规定的施工管理红线的施工和监理单位，公司将予以最严格的责任追究。

6. 及时获知现场安全信息，便于安全动态管理

为加强隧道工程施工现场的管理，强化现场安全、质量、进度的控制，全面落实现场标准

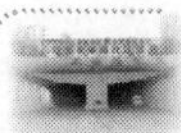

化管理和现场文明施工，结合隧道工程建设实际，加强安全检查工作。对施工、监理单位的安全质量管理行为、工程实体质量、工程进度和现场施工安全进行全面检查。公正、独立、自主、科学地开展工程检查工作，以事实为依据，以数据和影像资料为凭证，为公司开展安全、质量、进度评比提供依据。安全检查的重点是施工安全管理、深基坑、盾构施工、大型机械设备的使用安全管理等；发现安全隐患，立即予以制止，并督促整改。通过安全检查，规范了现场监理单位和施工单位的行为，督促其增加了人员力量，保证了施工安全，避免了多起事故的发生。

7. 加强应急救援演练，建立健全安全生产应急救援体系

完善庆春路过江隧道工程安全生产应急救援网络系统和预警机制，搭建应急救援信息平台；通过有计划地举行参建各方的安全生产事故应急救援演习，从实战出发，强化训练，做到闻警出动，快速救援，强化施工单位的应急救援实战能力；特别加强应急救援知识的宣传教育和培训工作，不断提高生产施工从业人员的自我保护意识和应急处置能力。

三、安全事故的调查与处理

公司为加强安全生产管理，向各参建单位下发了《庆春路过江隧道工程建设安全管理工作办法》，对安全事故的报告、调查处理等事宜作出了明确的规定。

建设项目发生生产安全事故时，建设单位及其他有关单位应按照国家有关规定向当地安全生产监督管理部门报告，并在规定时间内提交书面报告。

施工现场发生生产安全事故时，施工单位应立即如实向建设单位和当地安全生产监督管理部门报告，并在规定时间内提交书面报告。

建设项目发生安全事故后，施工单位和建设单位应严格保护事故现场，采取有效措施抢救人员和财产，防止事故扩大。需要移动现场物件时，应做出标志并做好书面记录，现场重要痕迹应当拍照或录像，妥善保管好有关物证。

在发生安全生产事故后，事故现场有关人员应当立即报告本单位负责人。单位负责人接到事故报告后，应当迅速采取有效措施，组织抢救，防止事故扩大，减少人员伤亡和财产损失，并按照《生产安全事故报告和调查处理条例》（中华人民共和国国务院令第 493 号）立即上报有关部门，进行安全事故调查处理。不得隐瞒不报、谎报或者拖延不报，不得故意破坏事故现场、毁灭有关证据。

对出现安全生产事故而隐瞒不报的或存在重大安全隐患被媒体曝光的，公司将追究施工、监理等相关单位的责任。

事故责任依次划分为全部责任、主要责任、重要责任、次要责任和无责任。公司将对责任单位和个人进行必要的处罚；罚款金额由公司安全质量部拟定，报公司安全生产委员会核定后执行。

第五节　建设投资管理

庆春路过江隧道工程 BOT 合同约定建设投资总额为 14. 32 亿元，由浙大网新集团有限公司出资建设，其中：项目资本金占总投资的 25% 。资本金以外的资金采用银行贷款进行融

资。项目公司作为项目法人对庆春路过江隧道工程项目的资金筹措、工程建设、运营、还本付息及资产保值增值全过程负责。作为投资人项目公司必须进行有效地投资控制，以使得项目收益能够得到保障。

一、合同管理

为加强庆春路过江隧道工程建设项目合同管理工作，规范公司的合同管理行为，维护合同当事人的合法权益，明确合同经办人员在工作中的职责，根据《中华人民共和国合同法》等法律法规及杭州市相关规定，结合本公司实际情况，采取建立健全合同管理制度、完善条款细目、规范签订程序、提高工作效率、加强执行管理等手段，满足了高标准、快节奏的建设需要。

1. 建立管理制度

公司自成立后就制定了《合同管理办法》，并设立合同管理领导小组，公司总经理为领导小组组长，公司副总经理、总工程师为副组长，各部门负责人为小组成员，协助做好各专业合同管理工作。公司计财部为合同归口管理部门，并配有合同专业管理人员，进行合同的审查、把关，建立合同管理台账，使各类合同做到有序、可控，并及时反馈合同履行情况，定期向相关领导汇报合同管理情况。

2. 重视合同条款订立

合同约定条款是投资控制的关键，是验工计价和投资控制管理的基础。公司在招标阶段就重视对合同条款的订立，合同订立既能符合有关要求，又能体现风险合理分担的原则，既能满足工程量清单计价的要求，又要达到总价控制的目的。根据公司制定的合同管理办法做好对合同的管理工作。

3. 规范签订程序

建立健全重大合同集体讨论及合同会签制度，按程序签订合同：(1)通过招投标确定中标单位签订工程施工、监理、甲供物资等合同。公司按照招投标程序完成招标后，严格按照招标文件中的合同示范文本及时与中标单位签订合同。(2)合同额未达到50万元和合同额超过50万元的一些技术服务以及其他合同，公司将及时进行总经理办公会议讨论，并严格审查合同文本，完善合同条款，尽量降低合同价，对合同对方的资信情况进行了解、审查，确保合同的完整性，并形成总经理会议纪要，然后抓紧时间按合同管理办法签订合同。(3)在其他部门承办合同签订的情况下，计财部积极在其承办过程中严格审查合同文本，并督促合同的流转，抓紧时间完成合同的签订。合同签订后，及时整理与合同有关的文件资料，归档保存，以备查验。

4. 提高签订效率

缩短合同的签订时间，加快内部的流转时间，提高合同的签订效率，为施工单位快速进场创造条件。与中标单位签订合同时，在中标通知发出的同时，督促中标单位及时办理履约保函以及准备进场等工作。同时抓紧时间办理本公司的合同流转程序，积极与中标单位联系沟通合同条款事项，待合同流转程序完成后及时通知对方单位签订合同。

5. 加强执行管理

公司与所有参建单位都会发生合同关系，包括施工总承包合同、监理合同、技术服务合

同、物资合同等，在合同的实施阶段，严格履行合同约定的义务，正确行使合同约定的权利，确保合同双方全面、正确地履行合同。在合同管理中主要做好以下几点：

(1)建立合同履约情况的检查、监督制度，定期或不定期地组织开展合同检查工作。检查内容主要包括：检查承包人的组织机构是否健全，管理制度是否完善；检查、监督承包人工期计划安排是否符合合同的约定，施工进度是否满足合同的要求；检查、监督承包人是否有转包和违法分包工程的情况；对承包人劳务用工的检查、监督；对承包人物资设备、原材料的采购和使用的检查、监督；对承包人的资金动作进行监控等。一经发现有违背合同条款的事项，立即责令整改。

(2)及时跟踪、掌握合同履行的动态，定期检查各类合同的履行、变更等情况。规范做到有法可依，有据可查，并严格按程序办理，避免纠纷的产生，为合理控制工程造价打下基础。

(3)定期对合同履行情况进行考核。

二、验工计价管理

在项目初期，庆春路过江隧道有限公司根据杭州市有关建设工程验工计价办法以及施工总包合同，结合庆春路过江隧道工程建设管理的要求和具体情况，制定了《庆春路过江隧道工程验工计价管理办法》，并在日常工程中严格执行。从实际执行效果看，起到了规范验工计价行为、合理控制工程投资、维护各参建方合法权益的作用。

庆春路过江隧道工程的验工计价工作实行公司统一领导、归口管理。计划财务部负责牵头组织，工程管理部、安全质量部、物资设备部共同参与、分级审核。采取的主要做法如下。

1. 分级把关、各司其职

验工计价由施工单位根据当月所完成的质量合格的工程数量、工作内容，按照施工合同的约定编制并报送验工计价文件。

监理单位负责对施工单位所报文件进行现场数量、质量的确认，并由现场监理、总监在相关表格上签字盖章。

工程管理部、安全质量部、物资设备部对监理单位审核签认后的计价文件再次进行数量、质量的审核确认，并由专业工程师及部门负责人签字确认。

计划财务部根据审核后的工程数量，结合施工总承包合同对验工计价金额进行审核，编制验工计价汇总表，并由主管工程师、计财部负责人(财务总监)在相关表格上签字。

验工计价结果经公司副总经理、总经理(董事长)批准后作为计量及支付的依据。

2. 严格规范验工计价行为

庆春路过江隧道工程采取施工总价承包合同的模式，在合同执行过程中，不因工程数量的变化而调整合同价格。对合同清单内工程，根据工程量清单的项目和单价进行单项费用包干计价。对超出工程量清单的项目、数量增加的工程以及由此增加的费用，由总承包人承担。

对由于建设方案、建设标准、建设规模的重大调整而引起的变更，公司根据招标人批复的变更文件及时与施工单位签订补充合同，并依据补充合同进行验工计价。

在验工过程中，公司严格遵循“条件具备、依据充分、计量准确、手续完备”的原则，对所有投资进行验工计价，确认已完工程、设备及安装、服务类工作的质量、数量和费用，避免出现虚假验工、超前验工。

三、财务管理

庆春路过江隧道有限公司财务管理工作执行总经理（董事长）负责制，财务总监协管，计划财务部归口管理，工程、安质、物资、综合部配合。

在庆春路过江隧道工程建设过程中财务管理方面主要做了以下几项工作：

（1）建立财务管理体系，严格执行国家、浙江省、杭州市等有关基本建设财务管理的法律法规、规章制度和公司股东会、董事会和监事会的各项财务决议

工程财务管理人员由网新建投及集团公司派人参加。公司成立后编制人员陆续到位，按照内部牵制的原则进行了岗位分工。

公司在财务管理方面主要执行《基本建设财务管理办法》、《工程价款结算办法》等基本建设财务管理制度。并根据公司管理需要发布了有关管理办法，形成了完整的财务管理制度体系。

（2）严格执行《企业会计制度》及其他相关规定，规范会计核算，按时编制月报、年报

按照《企业会计制度》的有关规定，建立了会计核算体系。业务经办人员按照有关要求取得发票和相关原始单据；财务人员按照《中华人民共和国会计法》等相关法规，作好原始凭证的审核，不合法的原始凭证不予接受，对记载不准确、不完整的原始凭证予以退回，并要求更正、补充；按照复式记账原理，根据权责发生制原则，对取得的审核无误的原始单据进行账务处理，及时编制会计报表并向各股东方报告。

（3）及时编报建设资金预算，请领、管理和拨付建设资金，科学、合理筹措和使用建设资金，保障建设资金安全

在年度投资计划的基础上，结合施工组织进度，考虑工程预付款、结算款、甲供物资资金并除质量保证金后，作为年度预算。年度预算根据各月具体情况分解为月度预算。在预算执行过程中，编制滚动预算，作为预算的调整。按照当月资金预算，合理安排资金来源。

庆春路过江隧道工程总投资中，从资金性质来说有权益性资金和债务性资金。在资金的使用上，按照先请领权益性资金后使用债务性资金的原则筹集资金，这样做节省了建设期利息，降低了工程造价。

（4）根据合同、验工计价、发票等资料，办理工程资金、物资设备的预付、结算和清算。

在工程价款结算方面严格按照《工程价款结算办法》的规定，办理工程价款的结算。每月按照施工单位提报的施工计划，验工计价后扣除质量保证金、代征税后支付 85%，质保期满支付（或抵扣）质保金。

物资设备方面根据合同约定比例支付预付款，到货后扣除质保金支付结算款。

（5）按合同约定，监督、检查拨付参建单位项目资金的使用情况，防止参建单位挪用、转移建设资金，确保建设项目顺利进行

为避免工程款被挪用，影响工程的建设，公司建立了对施工单位的资金监管体系：

①实行资金支付审批制度。就是施工单位按月上报次月用款计划，在我方同意的范围内自主支付，超额部分报批同意后支付。

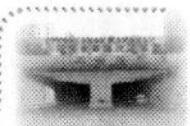

②进行实地检查。对可疑资金运动进行实地检查,落实每一笔资金的用途,对此也形成了制度;

③落实国家关于保障农民工权益的政策。要求施工单位按照规定,收到工程款后,按一定比例将工程款存入农民工工资保证金专户,定期结算,及时拨付农民工工资。

通过资金监控体系的有效运作,有效避免了建设资金被挪用的风险。

(6)依法接受审计和检查,及时整改发现的问题。在工程建设过程中,公司接受了多个部门的专项审计、年报审计、延伸审计。经过审计,财务管理没有发现重大违法违纪的问题

四、变更设计管理

庆春路过江隧道工程项目由于工期改变(如2007年9月20日设定工期)、施工方案修改(如盾构穿穿越素混凝土连续墙)、设计标准提高(如提高绿化标准)等方案变化,引起设计变更较多,公司为加强变更设计管理,避免变更设计的随意性,结合隧道工程的实际,制定了变更设计管理办法,用于规范变更设计行为,严肃变更设计。

1. 成立变更设计管理机构

(1)公司成立变更设计审查领导小组,负责变更设计管理工作。组长由总经理担任,副组长由副总经理、总工程师和财务总监担任,组员由工程、安质、计财部部长组成。

(2)领导小组下设办公室,设在工程部,工程部牵头负责日常的变更设计管理工作,计财、安质部做好配合工作。公司由总工程师牵头负责变更设计工作。

2. 严格执行变更设计程序

变更设计程序按照公司变更设计管理办法规定的流程执行。

(1)设计变更原则

①设计变更应以优化完善设计,确保工程质量和设计功能,保障施工进度、施工安全及运营安全为前提,经过认真深入的调查研究,并同时为各方所接受;设计变更应严格执行"先变更,后施工"原则,凡未按规定程序、未经建设单位同意的变更,均为无效变更;经隧道公司同意确认的各种工程变更,工程总包单位须无条件接受,并按有关规范和标准执行。

②每项变更需清晰地记录详细内容(包括改动原因、变更后可能引起的其他变更、对质量、造价、进度的影响等)并每月在总包月度报告和监理月报中及时反映。

③所有设计变更均需附工程量清单和费用估算及变更前后的对比资料,作为变更的参考依据,未附上述资料的变更不予审定。

(2)设计变更须有依据

①设计单位提出设计变更的依据:

建设单位、相关政府部门的要求(联系单或会议纪要);规划红线调整、建筑动拆迁等外部边界条件的变化(相关会议纪要);设计过程中的调整、补充、完善;施工图交底及施工审图中确认的内容(相关会议纪要);施工过程中发现的与现场地形、地质、周边条件不符合的内容。

②施工单位提出设计变更的依据:

施工单位提出的优化设计建议;施工工艺变化引起的设计调整;施工误差引起的设计调整;现场施工特殊情况需要。

(3)设计变更审定及签发程序

所有设计变更均由提议单位提出申请，说明变更理由及技术经济比较，经提议单位项目（技术）负责人（总工程师和副总工程师）同意后由项目经理提出申请，设计单位核算认可（核算人签认）后，报监理单位初步审核（总监理工程师代表签认），提交隧道公司工程部；由隧道公司工程部根据变更内容决定（主管副经理签认）是否需要组织监理和总包（含设计）单位对设计变更理由、必要性及经济性进行会议讨论，经工程部认可或会议讨论通过后，设计变更文件由总包设计项目负责人审查（总体负责人签认）和总监理工程师审核（总监理工程师签认）认定，经隧道公司总工程师同意，由业主代表签发（重大变更需经主管部门批准）。

在施工过程中，因施工状况需要的紧急变更，必须经设计书面核准，报总监理工程师（或总监理工程师代表）认可，通知隧道公司工程部先行实施，但应在7d内履行上述变更程序。

3. 严格变更设计的审查和执行

（1）凡是上报的变更设计，都要按上级单位的有关要求，分析原因、分清责任、严格审查。

（2）对变更设计数量和费用进行详尽核实，防止差、错、漏及重复，变更设计不只是一味地增加费用，对于应该核减的未实施的工程量也坚决予以核减。

（3）对变更设计引起的费用严格按批准意见和施工总承包合同执行，该由总承包风险费承担的费用坚决不予调整。

第六节　建设协调及问题探讨

一、建设协调

1. 建立多层面的协调机制

实践证明，建立多层面、全方位的协调机制，就是破解难题的最有效手段。庆春路隧道主要通过以下四个层面进行协调。

（1）市级层面的协调机制。通过成立以市领导为组长的领导小组，根据工程进展情况及时召开领导小组会议，协调解决工程建设中的重大问题。

（2）招标人与市主管部门层面的协调机制。通过成立以新城领导为组长的工程建设现场协调小组，定期召开会议，落实领导小组会议相关精神，协调解决工程建设过程中出现的重点问题。

（3）项目公司与招标人相关部门的协调。主要是在技术标准、专业方案、设计变更等方面的协调，以解决建设过程中的技术难点、安全质量控制、新技术应用等。

（4）项目公司在各参建单位间的协调。重点在任务分工、进度推进、资源配置、安全质量控制、接口管理等方面做好协调。

2. 创造最有利的建设环境

2010年12月28日竣工通车目标的实现，与良好的建设环境密切相关。通过不同形式的宣传，隧道工期的紧迫性成了各方共识，借此乘势而上，营造全方位支持建设的氛围，为隧道工程各阶段的工作推进带来极大助力；通过自上而下、全面动员，也极大促进了建设工作

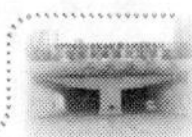

的推进速度,最终为隧道工程建设提供了良好的建设环境。

公司在重大方案确定、建设资金安排、难点个案协调等方面,下大力气切实解决,为整体工作推进奠定了良好基础。

3. 争取最广泛的外围支持

建设项目作为一个系统工程,除参建各方的共同努力外,更需要来自建设相关各方以致全社会的共同支持。公司重点在与网新集团等上级单位做好汇报,与市政、电力、钱塘江管理局等相关单位(部门)加强沟通,迅速解决过程中的各类问题。

(1)实事求是,取得认同

在各类技术方案的协调中,公司以实事求是为宗旨,尽可能以真实可信的数据和严谨的分析取得共同的认可。例如,在110kV、220kV电力管线保护方案、新塘河设计孔跨方案协调中,都是通过反复的论证,才能最终取得共识。

(2)求同存异,得到共赢

处理好建设过程中的尖锐矛盾,本着求同存异,经多方协调,均得到了有效妥善的解决,取得了共赢的局面。例如,江北管线迁改、涉河涉堤、新塘河框架桥等。

(3)依法合规,获得支持

在隧道工程正常施工过程中,也存在诸如像110kV、220kV电力管线要求迁改从而漫天要价等现象,在积极向新城汇报的同时,坚持依法合规,采取了保护性施工措施并表明坚定决心,最终取得了圆满的结果。

4. 大局着想,形成合力

引导各参建单位从大局出发,整合各参建单位资源优势,为全面完成任务创造条件,作为公司日常管理的主要工作。

(1)全面合理引导、达成共识

从隧道项目面临的环境机遇、政府和利益相关方要求,分析了按期完工的重要性和必要性;从关键线路及关键工序,论证了工期的可行性;从外部环境,分析了实行工期的有利性;通过反复共同的探讨,参建单位取得了共识。

(2)以设计供图为轴心,全面开展各项协调

指定项目部主要领导、主要技术人员和设计沟通,加快设计流程,配合做好难点问题的协调工作。施工阶段,为尽快稳定方案完成设计供图。第一,全力做好与市建委、市消防局、交通警察局、浙江省钱塘江管理局、杭州市河道管理中心等部门的沟通衔接,尽快稳定相关设计方案;第二,落实设计单位,通过缩短设计处理流程,加快设计供图进度;第三,做好施工图咨询单位与设计单位衔接,明确办法,节省过程时间,加快设计供图;第四,供图计划根据现场实际,明确轻重缓急,分批完成。

(3)以推进工程为导向,做好施工单位的协调

公司侧重对交叉工序、工程任务的指导性安排,按照有利工程推进的原则,及时协调施工过程中的矛盾和问题。

(4)以总体施工组织为核心,做好物资供应保障

由于隧道工程工期短,相应的物资供应一旦不能及时到位,相关的施工进度必然受到严重影响。而物资招标程序启动、物资设备厂家的供应能力、材料价格变化、物资设备规格参

数的变化，给隧道工程的物资供应保障带来了严峻挑战。

①提前介入，迅速对接，以最快的速度组织物资进场

招标结果出来后，公司第一时间通知中标候选人做好准备工作，立即组织其和施工单位进行资料对接。用最快的速度核对规格型号和数量、拟定生产供货计划。

②紧盯过程，果断行动，确保整个供货过程始终保持最快速度

对于供货慢的单位，公司第一时间赶赴供应商总部与其主要领导直接对话，达成采取非常规手段保障供应的共识。公司每天监控进场的数量，从根本上解决现场供应紧张问题。

针对供货紧张的情况，公司采取哪里有问题就派人到哪里蹲点的办法。公司派人驻守生产厂，盯控装车、行车计划落实等全过程，并且在发出后每天分时段跟踪行程，及时与运输部门沟通联系，跟踪整个运输过程，努力把在途中的时间压缩到最短，同时反馈信息，用以指导现场施工和相关准备工作。

二、问题探讨[35]

在庆春路过江隧道工程建设中，还存在一些需要探讨和不断完善的地方，需要政府、建设、设计、施工各方共同研究，为后续的隧道工程建设品质的进一步提升提供保障。

1. 施工阶段重大设计变更问题

庆春路过江隧道工程由于考虑到与钱江世纪城规划的滨江广场地下空间结合，江南主线工程范围东线终点为 LK3 +440，给地下空间留有接口，由东西两个匝道 A(东)匝道(AK0 +152.108 ~ AK0 +550，397.872m)；B(西)匝道(BK0 +127.423 ~ BK0 +533，405.577m)作为出入通道。在东匝道已经实施后，2008 年 10 月，因萧山区地下空间规划调整，政府主导将隧道江南段匝道取消，直接出地面。自东线 LK3 +440 接入，隧道向南延伸，于东线 LK3 +627.15、西线 RK3 +619.2 处双线合龙，在市心北路处开口(LK4 +180)出地，与市心北路接通，接线全长 740m。

项目公司立即停止了江南段匝道的建设，并按照招标人要求积极组织设计单位尽快开展初步设计修改的研究和论证，在取得修改初步设计文件后立即向省、市发改委报告，同时积极督促和协调落实建设用地等相关事宜。

此项重大变更导致四个方面的问题：(1)使 BOT 合同结算变得复杂。隧道江南匝道造价核减不但涉及围护结构、主体结构、装饰装修、机电安装等相关工程内容，尤其机电部分涉及整个机电系统的调整，而且还涉及措施费、科研费、临时道路、临时排水、档案编制等若干费用的分摊核减等；因为初步设计的修改，已经实施部分的匝道需要凿除清理，已经规划的现场临时设施需要搬迁等因素都将造成施工单位的索赔。(2)增加项目前期工作难度。因隧道初步设计的修改，项目公司需组织进行环保后评价、水土保持后评价等由于变更引起的报批报审工作。(3)江南延长段增大了隧道建设的工期压力。(4)可能造成投资人无法正常履行合同义务。因为投资大幅增加将导致投资人受益受损；项目融资困难，将影响到项目建设的顺利。

建议在以后的 BOT 模式下的建设项目应尽可能地避免类似重大变更的出现，尤其是已经全面进入施工阶段。

2. 整体规划和隧道方案协调问题

由于钱江世纪城规划的滨江广场的设计进度与本隧道的设计进度不一致，致使江南管

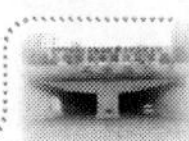

理中心的建筑设计方案难以考虑周围景观的协调性，管理中心建筑设计只好等滨江广场景观设计。由于工期紧迫，江南工作井内部结构、建筑施工全面进行，管理中心和风塔建筑设计不得不进行。其设计的滞后，增大了隧道建设工期造成的工期压力。隧道主出入口设计方案、江南风塔和管理中心的方案也因为整体规划的原因，方案不能及时确定。

建议整体规划应与隧道设计同步，以尽早确定设计方案。

3. 市政工程接口问题

庆春路过江隧道与杭州地铁2号线在跨越钱塘江段线路是平行的，隧道江北段与地铁2号线钱江路站相邻，地铁钱江路站有两条通道下穿隧道主体结构；隧道江南段与地铁2号线钱江世纪城站相邻，地铁钱江世纪城站有两条通道下穿隧道主体结构并且地铁6号线未来建设时盾构将下穿隧道。地铁车站下穿通道的施工至少将滞后隧道工程一年多。为了减少地铁2号线后期施工的难度，减少对隧道结构的影响，经招标人协调项目公司与杭州地铁集团签订委托建设协议，由项目公司组织建设位于隧道下方的地铁车站通道结构及土体加固等建设内容。

隧道与地铁的接口部分由项目公司组织实施是合理的，但产生了结算及验收问题。项目公司委托隧道施工单位进行实施，相关的费用结算标准应当参照其投标文件进行组价，但地铁集团施行跟踪审计，其结算方式及参照标准与隧道有很多不同，结算产生的歧义很多；位于隧道下方的通道结构仅为地铁车站通道的一部分，验收程序仅能作为局部结构验收，但其结算流程需要相关的验收文件也无法提供，也致使短期内很难完成结算工作。

建议类似的接口问题，市政府尽早牵头，相关单位加强沟通，可以通过两种方式加以解决：(1)在BOT项目招标阶段解决。将接口部分纳入BOT合同范围，结算、验收执行BOT合同条款。(2)施工阶段解决。政府授权项目公司组织实施，按照BOT有关条款，进行验收和结算。

4. 隧道工作井应纳入BOT建设范畴

隧道江南、江北工作井是由招标人自行招标组织建设的工程内容，为了保证隧道建设进程，及早打通两岸新城直接对接的连接通道，惠及两岸人，在BOT招标工作开展的同时即已经实施工作井的建设工作。在BOT招标完成后，由项目公司按照已经签订的工作井施工和监理合同价款直接支付给招标人，但工作井建设管理由招标人自行组织进行，涉及工程变更等价款调整也由招标人自行承担并未纳入BOT范围。

庆春路过江隧道工程作为独立的项目，将工作井的建设及结算全部纳入BOT合同范畴更为合理，可以保证工程项目的完整性。当然招标进程与建设进度要求确实存在一定的矛盾，如果能将招标进程与工作井建设相协调，全部建设内容都直接纳入到BOT合同范畴，由项目公司整体负责工程的建设管理，不仅保证了BOT项目的完整性，同时也会尽可能降低因工作井和隧道主体结构施工监理单位不同造成的质量遗留问题的出现和处理。为项目公司承担后续的运营管理创造较好的条件。

庆春路过江隧道的建成通车，为杭州人民提供了又一条便捷的过江通道，使得北岸的钱江新城和南岸的钱江世纪城两个CBD联系更加紧密，也为以BOT模式进行大型城市基础设施项目建设提供了参考范例。在BOT模式下项目投融资、建设管理、运营管理等方面还有很多值得进一步研究和探讨的问题。

附录1:杭州庆春路过江隧道碑记

钱塘江,襟沧海而揽重湖,亘东南以界吴越,乃都会之名川,为雄州之天堑。禹谷来风,胥涛卷雪;朝花胜火,夕照熔金。素车白马,至今传说春秋;前伍后文,终古奔腾潮汐。赭龛对峙,见证历史之沧桑;曲折东流,承载人文之厚重。自日月新天,云霞海曙;湖山焕彩,梅柳江春。尤以改革开放以来,举国腾飞,名城崛起;天虹迭现,地铁肇开。更展沿江开发,跨江发展之鸿猷,爰庆春路过江隧道之杰构!维工程于二〇〇八年初夏作始,至二〇一〇年孟冬告竣,参与工程全体人员孜孜矻矻,殚精竭虑于工艺创新之求索;兢兢业业,凝思聚力于风险管理之谨严。举凡盾构施工遭逢复杂之水文地质,类皆履蒲临深,从容应对,研讨咨询,及时措置。诸如降水放坡超深开挖以缩短工期、提升效益;冷冻密封原位修复以化解除情、创新技术。于是波澜不惊,化险为夷,遂令现代科技慧光独运,社会人文睿智聚凝,建造之硕果满树纷披,科研课题之鸿文多篇发表。风雨兼程,三阅寒暑,巨灵绝地,举重若轻。以遁潜为跨越,何让飞梁;变天堑为通衢,别开生面。钱江新城与钱江世纪城隔江无缝连接,杭州城区与萧山新区殊方缩地同城。杭城从西湖时代迈向钱江时代,隧道厥为其重要标志,是亦伟矣,岂不盛哉!

青史千年,岁月如歌,银涛万叠,江声依旧。而壮图雄略,信超迈乎前人;猛志豪情,应激越于来者。爰立石勒文,用陈征程之始末。是为记。

二〇一〇年十二月岁在庚寅之冬月　王翼奇撰文　吴世明书丹

杭州市人民政府　浙大网新集团有限公司谨立

附录 2:已发表的论文

[1] 吴世明,李宗梁,焦齐柱. 庆春路过江隧道超深基坑降水放坡结合 SMW 工法的应用[C]//地下工程建设与环境和谐发展——第四届中国国际隧道工程研讨会文集. 2009, 10:827-837.

[2] 张忠苗,赵玉勃,吴世明,王博. 过江隧道深基坑中 SMW 工法加钢支撑围护结构现场监测分析[J]. 岩石力学与工程学报,2010 ,29(6):1270-1278. (EI 检索)

[3] 张忠苗,赵玉勃,吴世明,张迪. 杭州庆春路过江隧道基坑围护体系设计分析[J]. 岩土工程学报,2010 ,32(9):1399-1405. (EI 检索)

[4] 林刚,徐长节,蔡袁强. 不平衡堆载作用下深基坑开挖,支护结构性状研究[J]. 岩土力学,2010 , 31(8):2592-2598. (EI 检索)

[5] 蔡袁强,李碧青,徐长节. 挖深不同情况下基坑支护结构性状研究[J]. 岩土工程学报, 2010 , 32(Supp. 1):28-31. (EI 检索)

[6] Changjie Xu , Zhiyuan Luo. Internal force and deformation analysis of pile-brace support structure of foundation pit considering deformation compatibility[J]. Applied Mechanics and Materials, 2011 ,Vols. 90-93:446-452. (EI 检索)

[7] Shouze Cheng , Weihua Wang , Changjie Xu. The calculation of incremental method based on earth pressure modification[J]. Applied Mechanics and Materials, 2013 , Vols. 256-259:507-513. (EI 检索)

[8] 徐长节,徐礼阁,孔凤明. 深基坑承压水的风险控制及处理实例[J]. 岩土力学. (录用, EI 刊源)

[9] 徐长节,成守泽,蔡袁强. 非对称开挖条件下的基坑变形性状分析[J]. 岩土力学. (录用,EI 刊源)

[10] 董天乐,张迪,朱丹. 庆春路过江隧道江南工作井降水设计与施工[J]. 岩土工程界, 2006 ,10(7):78-83.

[11] 张忠苗,林存刚,吴世明. 泥水盾构施工引起的地面固结沉降实例研究[J]. 浙江大学学报(工学版),2012 ,46(3):431-440. (EI 检索)

[12] 林存刚,吴世明,张忠苗,刘俊伟,李宗梁. 盾构掘进速度及非正常停机对地面沉降的影响[J]. 岩土力学,2012 ,33(8):2472-2482. (EI 检索)

[13] Lin Cungang, Wu Shiming, Zhang Zhongmiao. Case study of long-term ground settlements induced by slurry shield tunnelling[J]. Advanced Materials Research,2011 , Vols. 243-249:3078-3081. (EI 检索)

[14] 林存刚,吴世明,张忠苗,李宗梁,刘冠水. 泥水盾构隧道施工引起的地面沉降分析及

预测[J]. 土木建筑与环境工程学报,2012 ,34(5):25-32.(EI 检索)

[15] 林存刚,张忠苗,吴世明. 泥水盾构掘进参数对地面沉降的影响实例研究[J]. 土木工程学报,2012 ,45(4):116-126.(EI 检索)

[16] 林存刚,张忠苗,吴世明. 软土地层盾构隧道施工引起的地面隆陷研究[J]. 岩石力学与工程学报,2011 ,30(12):2583-2592.(EI 检索)

[17] 林存刚,吴世明,张忠苗,刘冠水,李宗梁. 考虑盾尾注浆隆起的盾构掘进地面位移预测[J]. 土木建筑与环境工程学报,2012 ,34(6):80-88.(EI 检索)

[18] 李宗梁,银鸽. 盾构施工引起地面沉降的双子神经网络预测[J]. 地下空间与工程学报,2012 年 3 月.(录用,核心期刊)

[19] 张忠苗,林存刚,吴世明,刘冠水,王承山,谢文斌. 过江隧道穿越大堤的地层沉降分析及控制[J]. 岩土工程学报,2011,,33(6):978-984.(EI 检索)

[20] Zhang Zhongmiao, Lin Cungang, Wu Shiming. Analysis on the embankment settlements induced by slurry shield under- tunnelling[J]. Advanced Materials Research, 2011, Vols. 261-263:938-942.(EI 检索)

[21] 李宗梁,黄锡刚. 泥水盾构穿越堤坝沉降控制研究[J]. 现代隧道技术,2011,48(1):103-110.(核心期刊)

[22] 林存刚,张忠苗,吴世明. 基于极限拉应变法的盾构掘进注浆隆起对上覆结构的影响[J]. 浙江大学学报(工学版),2012 ,46(12):2215-2223.(EI 检索)

[23] Lin Cungang, Wu Shiming, Zhang Zhongmiao. Slurry shield tunneling in clayey soils: typical problems and countermeasures[J]. Advanced Materials Research, 2011 , Vols. 243-249:2944-2947.(EI 检索)

[24] 吴世明. 盾构到达端头止水与防渗问题研究[J]. 筑路工程与施工机械化,2012 ,(4):29-33.(核心期刊)

[25] 刘冠水,王湛. 临江大直径运河隧道盾构到达端头加固技术研究[J]. 筑路工程与施工机械化,2012(4):24-28.(核心期刊)

[26] 林存刚,吴世明,张忠苗,刘冠水. 粉砂地层泥水盾构刀盘脱困工程实例分析[J]. 岩石力学与工程学报,2012 年增刊 2.(EI 检索)

[27] Zhan Wang, Guanshui Liu. Improvements on Technologies of shield tunnel construction in sandy soil [J]. Applied Mechanics and Materials, 2012 , Vols. 226-228: 957-962.(EI 检索)

[28] 王金昌,刘冠水,孙廉威. 盾构到达端头土体加固的数值模拟研究[J]. 筑路工程与施工机械化,2012 ,(4):34-38.(核心期刊)

[29] Wu Shiming, Lin Cungang, Zhang Zhongmiao. Application of structural health monitoring in Hangzhou Qiantang River Tunnel[C]//2011 International Conference on Electric Technology and Civil Engineering (ICETCE). 2011.(EI 检索)

[30] Lin Cungang, Wu Shiming, Zhang Zhongmiao. Monitoring and analysis of deformations and movements of slurry shield tunnel linings[C]//2011 International Conference on Electric Technology and Civil Engineering (ICETCE). 2011.(EI 检索)

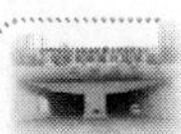

[31] 吴世明,王湛,王立忠. 大断面过江隧道运营期受力变形健康监测分析[J]. 浙江大学学报(工学版).(录用,EI 刊源)

[32] Wang Zhan, Liu Guanshui, Wu Shiming, Sun lianwei. Numerical study on the longitudinal deformation pattern of shield tunnel[C]//The 2nd International Conference on Civil Engineering and Urban Planning (CEUP2012).(EI 检索)

[33] Liu Guanshui, Wu Shiming, Yu Luqing. Monitoring of large section tunnel crossing Qiantang river during operation period[C]//International Conference on Vibration, Structural Engineering and Measurement (ICVSEM2012).(EI 检索)

[34] 张忠苗,林存刚,吴世明,李宗梁,谢文斌,王承山. 杭州庆春路过江隧道施工风险控制实例分析[J]. 岩石力学与工程学报,2011 ,30(Supp. 2):3471-3480.(EI 检索)

[35] 吴世明,林存刚,张忠苗,王宁. 泥水盾构下穿堤防的风险分析及控制研究[J]. 岩石力学与工程学报,2 ,11 ,30(5):1034-1042.(EI 检索)

[36] Lin Cungang, Wu Shiming, Zhang Zhongmiao. One technique for shield tail brushes' repair using liquid nitrogen freezing method in the artesian aquifer[C]//International Conference on Pipelines and Trenchless Technology. 2011.(EI 检索)

[37] 赵新合,陈馈. 钱塘江底承压水层盾尾刷改造及更换技术[J]. 建筑机械化,2010,(8):66-68.

[38] 何天铭. 液氮冻结技术在承压水地层盾尾密封刷检修中的应用[J]. 隧道建设,2010 ,30(5):591-595.

[39]沈越,李宗梁,吴世明. 杭州庆春路过江隧道 BOT 项目建设管理与思考[J]. 价值工程,2012(11).

[40] Yuanqiang Cai, Zhigang Cao, Honglei Sun, Changjie Xu. Effects of the dynamic wheel - rail interaction on the ground vibration generated by a moving train[J]. International Journal of Solids and Structures. 47 (2010) :2246-2259(SCI 检索)

[41] Honglei Sun, Yuanqiang Cai, Changjie Xu. Three- dimensional simulation of track on poroelastic half - space vibrations due to a moving point load [J]. Soil Dynamics and Earthquake Engineering. 30 (2010): 958-967.(SCI 检索)

[42] Z. G. Cao, Y. Q. Cai, H. L. Sun, C. J. Xu. Dynamic responses of a poroelastic half - space from moving trains caused by vertical track irregularities [C]//International Journal for Numerical and Analytical Methods in Geomechanics,2010.(SCI 检索)

[43] Honglei Sun, Yuanqiang Cai, Changjie Xu. Three-dimensional steady-state response of a railway system on layered half-space soil medium subjected to a moving train. International Journal for Numerical and Analytical Methods in Geomechanics. 2009, 33:529-550.(SCI 检索)

[44] Yuanqiang Cai, Zhigang Cao, Honglei Sun, Changjie Xu. Dynamic response of pavements on poroelastic half-space soil medium to a moving traffic load. Computers and Geotechnics , 36 (2009) 52-60.(SCI 检索)

[45] Yuanqiang Cai, Honglei Sun, Changjie Xu. Three-dimensional analyses of dynamic respon-

ses of track-ground system subjected to a moving train load. Computers and Structures, 86 (2008) 816-824. (SCI 检索)

[46] Yuanqiang Cai, Honglei Sun, Changjie Xu. Response of railway track system on poroelastic half-space soil medium subjected to a moving train load. International Journal of Solids and Structures, 45 (2008) 5015-5034. (SCI 检索)

[47] Yuanqiang Cai, Honglei Sun, Changjie Xu. Steady state responses of poroelastic half-space soil medium to a moving rectangular load. International Journal of Solids and Structures, 44 (2007) 7183-7196. (SCI 检索)

[48] Yuanqiang Cai, Xueyu Geng, Changjie Xu. Solution of one-dimensional finite-strain consolidation of soil with variable compressibility under cyclic loadings. Computers and Geotechnics. 34 (2007) 31-40. (SCI 检索)

[49] Xueyu Geng, Changjie Xu, Yuanqiang Cai. Non-linear consolidation analysis of soil with variable compressibility and permeability under cyclic loadings. International Journal for Numerical and Analytical Methods in Geomechanics, 30 (2006) 803-821. (SCI 检索)

[50] 曹志刚,蔡袁强,徐长节. 移动车辆荷载作用下路面的动力响应[J]. 浙江大学学报(工学版),2009,43(4):777-781. (EI 检索)

[51] 蔡袁强,孙宏磊,徐长节. 移动荷载下上覆弹性板饱和地基的动力响应[J]. 计算力学学报,2008,25(2):156-161. (EI 检索)

[52] 刘飞禹,蔡袁强,徐长节,王军. 循环荷载下软土动弹性模量衰减规律研究[J]. 浙江大学学报 (工学版),2008,42(9):1479-1483. (EI 检索)

[53] 孙宏磊,蔡袁强,徐长节. 移动荷载作用下横观各向同性饱和地基的动力响应[J]. 浙江大学学报(工学版),2006 ,40(8):1382-1387. (EI 检索)

参考文献

[1] 中铁第四勘察设计院集团有限公司．杭州市庆春路过江隧道可行性研究报告[R]．武汉,2005.

[2] 中铁第四勘察设计院集团有限公司．杭州庆春路过江隧道初步设计文件．武汉,2006.

[3] 浙江省工程勘察院集团有限公司．杭州市庆春路过江隧道工程岩土工程勘察报告[R]．杭州,2004.

[4] 中铁第四勘察设计院集团有限公司.杭州市庆春路过江隧道修改初步设计文件．武汉.2009.

[5] 中铁第四勘察设计院集团有限公司．杭州市庆春路过江隧道设计文件．武汉.2009.

[6] 杭州市庆春路过江隧道工程建设指挥部,浙江大学岩土工程研究所,中铁第四勘察设计院集团有限公司,等．高承压水地基深基坑工程关键技术及环境效应研究[R]．杭州,2009.

[7] 董天乐,张迪,朱丹．庆春路过江隧道江南工作井降水设计与施工[J]．岩土工程界,2006,10(7):78～83.

[8] 张忠苗,赵玉勃,吴世明,等．过江隧道深基坑中SMW工法加钢支撑围护结构现场监测分析[J]．岩石力学与工程学报,2010,29(6):1270～1278.

[9] 赵玉勃．庆春路过江隧道基坑围护监测分析与盾构推进土体应力计算[D]．杭州:浙江大学,2011.

[10] 吴世明,李宗梁,焦齐柱．庆春路过江隧道超深基坑降水放坡结合SMW工法的应用[C]//第四届中国国际隧道研讨会论文集.2009,827:837.

[11] 张忠苗,赵玉勃,吴世明,等．杭州庆春路过江隧道基坑围护体系设计分析[J]．岩土工程学报,2010,32(9):1399～1405.

[12] 赵玉勃,张忠苗．盾构法隧道推进引起周围土体的附加应力分析[J]．岩土工程学报,2010,32(9):1386～1391.

[13] Peck R B. Deep excavations and tunneling in soft ground[C]//State of the Art Report. Proceedings of 7th International Conference on Soil Mechanics and Foundation Engineering. Mexico City, 1969: 225-290.

[14] 李宗梁,黄锡刚．泥水盾构穿越堤坝沉降控制研究[J]．现代隧道技术,2011,48.

[15] 李宗梁．大型泥水盾构施工地表沉降分析及控制[D]．上海:同济大学,2010.

[16] 吴世明,林存刚,张忠苗,等．泥水盾构下穿堤防的风险分析及控制研究[J]．岩石力学与工程学报,2011,20(5):1034-1042.

[17] 张忠苗,林存刚,吴世明,等．杭州庆春路过江隧道施工风险控制实例分析[J]．岩石力学与工程学报,2011,30(Supp. 2):3471-3480.

[18] 陈志宁．土压平衡盾构盾尾密封刷检修技术[J] 隧道建设,2008年12月,28(6):740-741.

[19] 杜建华,等. 盾构掘进施工中盾构机盾尾密封更换关键技术研究[J]. 铁道建筑,2007(3):47-48.

[20] 李勇成,张志鹏. 强透水地层下更换盾尾密封刷技术[J]. 探矿工程:岩土钻掘工程,2008.35(4):80-81.

[21] 胡向东,程烨尔,等. 盾构尾刷冻结法更换的温度场数值分析[J]. 岩石力学与工程学报,2009.28(A02):3516-3525.

[22] 李术希、汤池. 盾构机在高水压环境下的盾尾刷更换技术[J]. 科技创新导报,2008(26):10-10.

[23] 赵新合,陈馈. 钱塘江底承压水层盾尾刷改造及更换技术[J]. 建筑机械化,2010(8):66-68.

[24] 陈成,杨平,等. 高承压含水层中更换盾尾刷长距离液氮冻结技术[J]. 施工技术,2011.40(4):74-77.

[25] 何天铭. 液氮冻结技术在承压水地层盾尾密封刷检修中的应用[J]. 隧道建设,2010.30(5):591-595.

[26] Cungang Lin, Shiming Wu, Zhongmiao Zhang. One technique for shield tail brushes´repair using liquid nitrogen freezingmethod in the artesian Aquifer[C]//ICPTT 2011. 2011 ASCE:858-867.

[27] 吴德兴,李伟平,郑国平. 国内外公路隧道火灾排烟设计理念比较[J]. 公路交通技术,2008 年 ,第 5 期.

[28] 方银钢,朱合华,闫治国. 上海长江隧道火灾安全疏散研究[C]//中国土木工程学会第十三届年会暨隧道及地下工程分会第十五届年会论文集.2008.

[29] 肖明清. 南京纬三路长江隧道总体设计的关键技术研究[J]. 现代隧道技术,2009 年 10 月,46(5):1-5.

[19] 管鸿浩. 武汉长江隧道通风设计[J]. 隧道建设,2005 年 10 月,25(5):23-27.

[31] 李福清,姜颖. ϕ11.36 越江隧道管片拱顶大面积密集植筋可行性技术研究[C]//第二届全国岩土与工程学术大会论文集(上册).2006.

[32] 吕锋,等. 江(海)底公路隧道安全疏散设计初探[J]. 消防科学与技术,2007 年 3 月,26(2):158-160.

[33] 中国科学技术大学. 庆春路过江隧道盾构段排烟方案分析报告[R].2009.

[34] 王光荣. 城市基础设施 BOT/BT 项目招商若干问题研究[M]. 杭州:浙江大学出版社,2010.

[35] 沈越,李宗梁,吴世明. 杭州庆春路过江隧道 BOT 项目建设管理与思考[J]. 价值工程,2012(11).

[36] 杭州市庆春路过江隧道 BOT(投资建设 - 运营 - 移交)合同.

[37] 杭州市人大常委会. 杭州市市政公用事业特许经营条例.2007.

[38] 中华人民共和国建设部. 市政公用事业特许经营管理办法(建设部令第 126 号).2004.